DANO MORAL

O GEN | Grupo Editorial Nacional, a maior plataforma editorial no segmento CTP (científico, técnico e profissional), publica nas áreas de saúde, ciências exatas, jurídicas, sociais aplicadas, humanas e de concursos, além de prover serviços direcionados a educação, capacitação médica continuada e preparação para concursos. Conheça nosso catálogo, composto por mais de cinco mil obras e três mil e-books, em www.grupogen.com.br.

As editoras que integram o GEN, respeitadas no mercado editorial, construíram catálogos inigualáveis, com obras decisivas na formação acadêmica e no aperfeiçoamento de várias gerações de profissionais e de estudantes de Administração, Direito, Engenharia, Enfermagem, Fisioterapia, Medicina, Odontologia, Educação Física e muitas outras ciências, tendo se tornado sinônimo de seriedade e respeito.

Nossa missão é prover o melhor conteúdo científico e distribuí-lo de maneira flexível e conveniente, a preços justos, gerando benefícios e servindo a autores, docentes, livreiros, funcionários, colaboradores e acionistas.

Nosso comportamento ético incondicional e nossa responsabilidade social e ambiental são reforçados pela natureza educacional de nossa atividade, sem comprometer o crescimento contínuo e a rentabilidade do grupo.

HUMBERTO THEODORO JÚNIOR

DANO MORAL

9.ª edição | revista, atualizada e reformulada

■ O autor deste livro e a editora empenharam seus melhores esforços para assegurar que as informações e os procedimentos apresentados no texto estejam em acordo com os padrões aceitos à época da publicação, e todos os dados foram atualizados pelo autor até a data de fechamento do livro. Entretanto, tendo em conta a evolução das ciências, as atualizações legislativas, as mudanças regulamentares governamentais e o constante fluxo de novas informações sobre os temas que constam do livro, recomendamos enfaticamente que os leitores consultem sempre outras fontes fidedignas, de modo a se certificarem de que as informações contidas no texto estão corretas e de que não houve alterações nas recomendações ou na legislação regulamentadora.

■ Fechamento desta edição: *24.08.2023*

■ O Autor e a editora se empenharam para citar adequadamente e dar o devido crédito a todos os detentores de direitos autorais de qualquer material utilizado neste livro, dispondo-se a possíveis acertos posteriores caso, inadvertida e involuntariamente, a identificação de algum deles tenha sido omitida.

■ **Atendimento ao cliente: (11) 5080-0751 | faleconosco@grupogen.com.br**

■ Direitos exclusivos para a língua portuguesa
Copyright © 2024 by
Editora Forense Ltda.
Uma editora integrante do GEN | Grupo Editorial Nacional
Travessa do Ouvidor, 11 – Térreo e 6º andar
Rio de Janeiro – RJ – 20040-040
www.grupogen.com.br

■ Reservados todos os direitos. É proibida a duplicação ou reprodução deste volume, no todo ou em parte, em quaisquer formas ou por quaisquer meios (eletrônico, mecânico, gravação, fotocópia, distribuição pela Internet ou outros), sem permissão, por escrito, da Editora Forense Ltda.

■ Capa: Fabricio Vale

■ **CIP – BRASIL. CATALOGAÇÃO NA FONTE.
SINDICATO NACIONAL DOS EDITORES DE LIVROS, RJ.**

T355d
Theodoro Júnior, Humberto

Dano moral / Humberto Theodoro Júnior. – 9. ed. – Rio de Janeiro: Forense, 2024.

Inclui bibliografia
ISBN 978-65-5964-888-7

1. Direito civil – Brasil. 2. Responsabilidade civil (Direito) – Brasil. 3. Danos morais – Brasil. I. Título.

23-85810 CDU: 347.5(81)

Meri Gleice Rodrigues de Souza – Bibliotecária – CRB-7/6439

AGRADECIMENTOS

No trabalho de atualização da obra para esta nova edição, continuamos a contar com a prestimosa colaboração da Professora Helena Lanna Figueiredo, coadjuvada pela revisão da nossa assistente, Dra. Aníger Lara Neiva Pires, às quais desejamos registrar nosso reconhecimento e os melhores agradecimentos.

APRESENTAÇÃO À 9ª EDIÇÃO

Ao contrário do que se passa com o dano material – fonte de responsabilidade civil minuciosamente disciplinada pelo direito positivo –, a previsão de reparação do dano moral é vaga e genericamente prevista pelo legislador pátrio. A ela refere-se a Constituição, ao garantir a inviolabilidade da intimidade, da vida privada, da honra e da imagem das pessoas, e ao declarar o direito à indenização pelo dano material ou moral decorrente de sua violação (CF, art. 5º, X). Também o Código Civil de 2002, que primeiro cogitou no direito privado da responsabilidade civil pelo dano moral, simplesmente o enquadrou nas hipóteses de ato ilícito. Nem na Constituição, nem no Código Civil se encontra uma conceituação detalhada do dano moral, de seus elementos essenciais e dos critérios de quantificação da respectiva indenização.

O tema, portanto, ingressou em nosso ordenamento jurídico como uma espécie de cláusula geral, cujas características são a flexibilidade, a vagueza e a incompletude da norma, que, em casos como o da exigência de observar-se a boa-fé na pactuação, na interpretação e na execução do contrato (CC, arts. 113 e 422), o faz sem indicar a extensão do dever do contratante e sem definir as consequências da sua infração.[1]

Diante da intencional incompletude da norma construída a partir de cláusula geral, parte da tarefa do legislador é "transferida ao intérprete que *recebe por delegação* da lei construir as soluções que o legislador não quis ou não pode exercer".[2] Doutrina e jurisprudência, nesse terreno, exercem significativo papel de fonte complementar do direito. Principalmente quando se depara com um sistema de precedentes vinculantes, como é o caso do CPC em vigor (art. 927). "Em síntese: a determinação do conteúdo que há de ser conferido efetivamente ao dispositivo que caracteriza cláusula geral (por não estar descrito no texto legislativo), implica ponderações e valorizações da jurisprudência e da doutrina que se reportam a um âmbito de referência tecido por variadas *escolas*: os casos precedentes, o seu criterioso agrupamento por hipóteses em que foi similar a *ratio decidendi*, a história institucional, bem como as opiniões consolidadas doutrinariamente por autores a quem é reconhecida autoridade opinativa, os usos e costumes do tráfico jurídico, as soluções advindas do Direito Comparado, quando compatíveis com o sistema".[3]

É dentro dessa perspectiva que esta obra doutrinária, em suas diversas edições, tem cuidado de acompanhar, com a maior atenção, os rumos que a jurisprudência vem ado-

---

[1] MARTINS COSTA, Judith. *A boa-fé no direito privado*: critérios para sua aplicação. São Paulo: Marcial Pons, 2015, p. 145

[2] MARTINS COSTA, Judith. *A boa-fé no direito privado*: critérios para sua aplicação. São Paulo: Marcial Pons, 2015, p. 159.

[3] MARTINS COSTA, Judith. A boa-fé no direito privado: critérios para sua aplicação. São Paulo: Marcial Pons, 2015, p. 173.

tando na construção do sistema de reparação do dano moral. Trata-se de tema dos mais frequentes nos tribunais, cuja relevância tem sido ressaltada pelo volumoso número de recursos julgados em regime paradigmático (recursos especiais repetitivos e incidentes de assunção de competência), sem falar nas várias súmulas já editadas pelo STJ.[4]

Não foi diferente o que se fez na atualização da jurisprudência para esta nova edição. Destaque-se, porém, a exclusão de vários julgados antigos, em virtude de superação das teses neles enunciadas. É claro, também, que estivemos atentos às inovações legislativas ocorridas nesse entretempo.

Esperamos, enfim, ter mantido o padrão prático e dogmático que justificou a acolhida das oito edições anteriores.

O autor
Julho de 2023.

---

[4] Exemplos: Súmula 37: "São cumuláveis as indenizações por dano material e dano moral oriundos do mesmo fato"; Súmula 227: "A pessoa jurídica pode sofrer dano moral"; Súmula 281: "A indenização por dano moral não está sujeita à tarifação prevista na Lei de Imprensa"; Súmula 370: "Caracteriza dano moral a apresentação antecipada de cheque pré-datado"; Súmula 385: "Da anotação irregular em cadastro de proteção ao crédito, não cabe Súmulas do Superior Tribunal de Justiça Página 36 de 84 indenização por dano moral, quando preexistente legítima inscrição, ressalvado o direito ao cancelamento"; Súmula 387: "É lícita a cumulação das indenizações de dano estético e dano moral"; Súmula 388: "A simples devolução indevida de cheque caracteriza dano moral"; Súmula 403: "Independe de prova do prejuízo a indenização pela publicação não autorizada de imagem de pessoa com fins econômicos ou comerciais"; Súmula 624: "É possível cumular a indenização do dano moral com a reparação econômica da Lei n. 10.559/2002 (Lei da Anistia Política)"; Súmula 642: "O direito à indenização por danos morais transmite-se com o falecimento do titular, possuindo os herdeiros da vítima legitimidade ativa para ajuizar ou prosseguir a ação indenizatória". No campo do debate doutrinário, por todos, v., MORAES, Maria Celina Bodin de. Danos à pessoa humana: uma leitura civil constitucional dos danos morais. Rio de Janeiro: Renovar, 2003.

SUMÁRIO

Capítulo I – DANO MORAL 1
1. Configuração do dano moral no plano do ato ilícito 1
2. A evolução da responsabilidade civil pelo dano moral 3
3. A cumulação do dano material e o dano moral 6
4. Dano moral e gravidade da lesão psicológica 7
    4.1. A posição da jurisprudência 9
5. Dano moral e lesão à estética da pessoa 11
    5.1. Dano moral e dano estético 12
    5.2. A cumulação do dano estético com o dano moral na jurisprudência do Superior Tribunal de Justiça 14
6. Dano moral coletivo 15
7. Titularidade da pretensão indenizatória por dano moral 18
    7.1. Legitimidade de pessoa jurídica 23
        7.1.1. Legitimidade do condomínio 27
    7.2. Legitimidade do nascituro 29
        7.2.1. Legitimidade de criança de tenra idade 30
    7.3. Legitimação passiva em caso de dano moral praticado por meio da imprensa 31
8. A legitimidade passiva 33
9. Um problema de competência 34
10. A estimativa do dano moral da petição inicial 37
    10.1. O valor da causa na ação indenizatória de dano moral 38
    10.2. Pedido determinado e sucumbência recíproca 39
11. Prova do dano moral 41
    11.1. Exemplos de dano moral que dispensam prova 47
    11.2. Concorrência de culpas 49
    11.3. Responsabilidade pelo dano moral sem culpa do agente 50
12. O problema da liquidação do dano moral 54

12.1. Juros e correção monetária	57
12.2. A reparação do dano moral e a prescrição	58
12.3. A reparação do dano moral e o imposto de renda	59
13. O caráter "punitivo" da indenização imposta ao causador do dano moral	60
14. O arbitramento da indenização do dano moral é ato exclusivo e indelegável do juiz	62
15. Os critérios a observar no arbitramento judicial do dano moral: um julgamento de prudência e equidade	63
16. Síntese	66
17. O dano moral e o recurso especial	67
17.1. O dano moral e seu controle pelo STJ	70
17.2. Outras contribuições da jurisprudência do STJ. Arbitramento do dano moral com base no salário mínimo	74
18. Dano moral. Prescrição	74
18.1. Dano moral nas relações trabalhistas	75
19. Conclusões	79

Capítulo II – NOVOS RUMOS DA RESPONSABILIDADE CIVIL 81

1. Introdução	81
2. Tendência à objetivação da responsabilidade civil	81
3. Abuso de direito e responsabilidade civil	82
4. O enriquecimento sem causa	83
5. Perda de uma chance	84
6. Dano existencial ou dano ao projeto de vida	88
7. Elementos que identificam a reparação cabível no caso de responsabilidade civil	90

Capítulo III – INDENIZAÇÃO DO DANO MORAL COM CARÁTER PUNITIVO 93

1. Introito	93
2. A evolução do direito em matéria de responsabilidade civil delitual	94
3. A completa separação entre a sanção penal e a sanção civil	95
4. Princípio da legalidade das penas	96
5. Dano moral	97
6. A tese dos que defendem o caráter de pena civil para o ressarcimento do dano moral	99
6.1. O enriquecimento sem causa como limite à reparação do dano moral	103

	6.2. Dano moral e dano social	104
	6.3. Indenização punitiva de dano moral reprimido pelo Código do Consumidor (responsabilidade objetiva)	104
7.	Conclusões	106

Capítulo IV – APLICAÇÃO DO DANO MORAL 111

1. Dano moral e direito civil 111
    1.1. Dano moral e abuso de direito 111
        1.1.1. Protesto indevido 112
        1.1.2. Inscrição em cadastro de inadimplentes 113
        1.1.3. Cadastro positivo dos tomadores de crédito 116
        1.1.4. Imputação de crime para abertura de inquérito policial 119
        1.1.5. Prevenção e tratamento do superendividamento do consumidor 120
    1.2. Cláusula de exclusão de responsabilidade civil 121
    1.3. Direito à imagem 123
        1.3.1. Utilização indevida da imagem de terceiros para fins comerciais ou econômicos 124
        1.3.2. Utilização de imagem sem autorização para outros fins 125
        1.3.3. Dano moral e lei de imprensa 127
        1.3.4. A posição atual da jurisprudência em matéria de ofensa moral praticada pela imprensa 129
        1.3.5. Dano moral e internet 133
        1.3.6. Direito ao esquecimento 139
    1.4. Dano moral e racismo 142
    1.5. Dano moral e abuso de confiança 144
2. Dano moral e direito de família 145
    2.1. Dano moral na ruptura do casamento ou da união estável 145
    2.2. Indenização ao grupo familiar no caso de dano derivado de morte da vítima 148
        2.2.1. Proteção dos direitos da personalidade do falecido 153
    2.3. Dano moral e morte de menor 154
    2.4. Dano moral derivado de perícia sobre paternidade 155
    2.5. Dano moral por abandono material e afetivo 156
    2.6. Dano moral por violência doméstica 158
3. Dano moral e direito médico 159
    3.1. Ação indenizatória por erro médico 159

	3.1.1.	Introito	159
	3.1.2.	A natureza da responsabilidade civil do médico	159
	3.1.3.	Contratos de meio e contratos de resultado	160
	3.1.4.	Natureza do contrato médico	161
	3.1.5.	A ação indenizatória e o ônus da prova	162
	3.1.6.	A prova da culpa médica	164
	3.1.7.	Culpa e presunção	165
	3.1.8.	Culpa isolada e culpa concorrente	167
	3.1.9.	O dano e sua prova	167
	3.1.10.	Relação de causalidade	171
	3.1.11.	Algumas situações especiais	172
	3.1.12.	Irresponsabilidade do hospital por dano moral	175
3.2.	Plano de saúde. Recusa de cobertura		177
3.3.	Suicídio em hospital		179
3.4.	Dano moral ocorrido em partos		179
	I – Demora na assistência médico-hospitalar à parturiente		179
	II – Utilização de fórceps causando dano ao bebê		180
	III – Dano moral por violência obstétrica		180
3.5.	Dano moral na cirurgia estética		181
4. Dano moral e direito do consumidor			185
4.1.	Não indenizabilidade de aborrecimentos de pequena monta		185
	4.1.1.	Dano por frustração contratual e produto danificado	189
4.2.	Dano moral em serviços de turismo		194
	I – Responsabilidade dos agentes dos negócios de turismo		194
	II – Regras do CDC *x* Tratados e Convenções Internacionais		195
	III – Defeitos na prestação de serviço aéreo		197
	IV – *Overbooking*		199
4.3.	Dano moral por inscrição em cadastro de inadimplência		200
	4.3.1.	Devedor inscrito irregularmente, mas que não nega a dívida, nem se propõe a pagá-la	208
4.4.	Dano moral e pedido de desculpas pela falha na prestação do serviço		208
4.5.	Dano moral e tabagismo		209
4.6.	Poluição ambiental. Consumidor por equiparação		210
5. Dano moral e direito empresarial			210
5.1.	Títulos de crédito e dano moral		210

	5.2. Protesto de títulos	211
	5.3. Dano moral e cheque pré ou pós-datado	214
	5.4. Serviços bancários	215
	I – Tarifa de manutenção de conta inativa	215
	II – Saque frustrado em terminal de autoatendimento	215
	III – Saque indevido de numerário	216
	IV – Tempo de atendimento presencial em agências bancárias	216
	5.5. Operações de bancos e cartões de crédito	217
	5.5.1. Cartão de crédito. Cobrança indevida	218
	5.5.2. Cartão de crédito. Lançamento indevido de assinatura de revista	219
	5.6. Seguro de danos materiais e morais	219
6.	Dano moral e processo civil	220
	6.1. O advogado e o dano moral praticado contra o juiz no processo	220
	6.2. Danos morais e despesas com advogado	221
	6.3. Dano moral e violação ao segredo de justiça	222
7.	Dano moral e direito penal	222
	7.1. Absolvição após cumprimento de prisão em flagrante	222
	7.2. Erro judiciário	223
	7.3. Dano moral por denunciação caluniosa	224
8.	Dano moral e direito administrativo	226
	8.1. Dano moral e a responsabilidade do estado por omissão	226
9.	Dano moral e direito do trabalho	229
	9.1. Dano moral em acidente do trabalho	229
	9.2. Assédio moral no ambiente de trabalho	231

Capítulo V – JURISPRUDÊNCIA 237

1.	Cumulação de dano moral e material	237
2.	Dano moral e dano estético	242
3.	Morte. Dano moral. Legitimidade de irmãos. Interesse de menor. Ministério Público	245
4.	Imprensa. Exploração de imagem	249
5.	Imprensa. Dano moral. Charge	253
6.	Dano moral. Imprensa. Fatos inverídicos veiculados. Responsabilidade	257
7.	Declarações veiculadas pela imprensa. Imputação de crime	258
8.	Nascituro. Dano moral	263

9.	Dano moral. Caráter punitivo da reparação	267
10.	Acidente do trabalho. Dano moral. Culpa do empregador inocorrente	271
11.	Acidente do trabalho. Culpa do empregador demonstrada	274
12.	Acidente do trabalho. Morte. Concorrência de culpas. Dano moral. Legitimação	285
13.	Protesto cambiário. Dano moral. Arbitramento	289
14.	Dano moral. Alarme em estabelecimento comercial. Culpa inexistente	299
15.	Prescrição. Cancelamento do registro do cadastro de inadimplentes	309
16.	Danos morais por denunciação caluniosa. Crime inexistente	310
17.	Dano moral. Inquérito policial equivocadamente iniciado em nome de outra pessoa	315
18.	Dano por fato do produto. CDC, art. 27. Prescrição	319
19.	Dano ao consumidor. Vício aparente. Prazo decadencial	323
20.	Dano ao consumidor. Explosão de celular	331
21.	Dano moral. Descumprimento de contrato	333
22.	Dano moral. Utilização de imagem de menor	338
23.	Dano moral. Castração de animal sem observância das normas sanitárias	345
24.	Dano moral. Indenização por obra divulgada sem autorização do autor	349
25.	Dano moral. Pedido de quebra abusivo	355
26.	Dano moral. Batizado do filho pelo pai sem o conhecimento da mãe	362

BIBLIOGRAFIA 369

Capítulo I
DANO MORAL

Sumário: 1. Configuração do dano moral no plano do ato ilícito – 2. A evolução da responsabilidade civil pelo dano moral – 3. A cumulação do dano material e o dano moral – 4. Dano moral e gravidade da lesão psicológica: 4.1. A posição da jurisprudência – 5. Dano moral e lesão à estética da pessoa: 5.1. Dano moral e dano estético. 5.2. A cumulação do dano estético com o dano moral na jurisprudência do Superior Tribunal de Justiça – 6. Dano moral coletivo – 7. Titularidade da pretensão indenizatória por dano moral: 7.1. Legitimidade de pessoa jurídica. 7.1.1 Legitimidade do condomínio. 7.2. Legitimidade do nascituro: 7.2.1. Legitimidade da criança de tenra idade. 7.3. Legitimação passiva em caso de dano moral praticado por meio da imprensa – 8. A Legitimidade passiva – 9. Um problema de competência – 10. A estimativa do dano moral da petição inicial: 10.1. O valor da causa na ação indenizatória de dano moral. 10.2. Pedido determinado e sucumbência recíproca – 11. Prova do dano moral: 11.1. Exemplos de dano moral que dispensam prova. 11.2. Concorrência de culpas. 11.3. Responsabilidade pelo dano moral sem culpa do agente – 12. O problema da liquidação do dano moral: 12.1. Juros e correção monetária. 12.2. Dano moral e prescrição. 12.3. A reparação do dano moral e o imposto de renda – 13. O caráter "punitivo" da indenização imposta ao causador do dano moral – 14. O arbitramento da indenização do dano moral é ato exclusivo e indelegável do juiz – 15. Os critérios a observar no arbitramento judicial do dano moral: um julgamento de prudência e equidade – 16. Síntese – 17. O dano moral e o recurso especial: 17.1. O dano moral e seu controle pelo STJ. 17.2. Outras contribuições da jurisprudência do STJ. Arbitramento do dano moral com base no salário mínimo – 18. Dano moral. Prescrição: 18.1. Dano moral nas relações trabalhistas – 19. Conclusões.

1. CONFIGURAÇÃO DO DANO MORAL NO PLANO DO ATO ILÍCITO

Em direito civil, há um dever legal amplo de *não lesar* a que corresponde a obrigação de indenizar, configurável sempre que, de um comportamento contrário àquele dever de indenidade, surta algum prejuízo injusto para outrem, seja material, seja moral (CC, art. 186).

No convívio social, o homem conquista bens e valores que formam o acervo tutelado pela ordem jurídica. Alguns deles se referem ao patrimônio e outros à própria personalidade humana, como atributos essenciais e indisponíveis da pessoa. É direito seu, portanto, manter livre de ataques ou moléstias de outrem os bens que constituem seu patrimônio, assim como preservar a incolumidade de sua personalidade.

É ato ilícito, por conseguinte, todo ato praticado por terceiro que venha refletir, danosamente, sobre o patrimônio da vítima ou sobre o aspecto peculiar do homem como ser moral. *Materiais*, em suma, são os prejuízos de natureza econômica, e, *morais*, os danos de natureza não econômica e que "se traduzem em turbações de ânimo, em reações desagradáveis, desconfortáveis, ou constrangedoras, ou outras desse nível, produzidas na esfera do lesado".[1] Assim, há dano moral quando a vítima suporta, por exemplo, a desonra e a dor provocadas por atitudes injuriosas de terceiro, configurando lesões nas esferas interna e valorativa do ser como entidade individualizada.[2] Em sentido estrito, o dano moral é a "violação do direito à dignidade", de modo que "qualquer agressão à dignidade pessoal constitui dano moral e é por isso indenizável".[3]

Para existir a lesão, segundo o STJ, não é necessário que haja alguma reação psíquica:

> "4. Não merece prosperar o fundamento do acórdão recorrido no sentido de que o recém-nascido não é apto a sofrer o dano moral, por não possuir capacidade intelectiva para avaliá-lo e sofrer os prejuízos psíquicos dele decorrentes. Isso, porque *o dano moral não pode ser visto tão somente como de ordem puramente psíquica – dependente das reações emocionais da vítima –, porquanto, na atual ordem jurídica-constitucional, a dignidade é fundamento central dos direitos humanos, devendo ser protegida e, quando violada, sujeita à devida reparação.*
> (...)
> 6. O Supremo Tribunal Federal, no julgamento do RE 447.584/RJ, de relatoria do Ministro Cezar Peluso (*DJ* de 16.3.2007), acolheu a proteção ao dano moral como verdadeira 'tutela constitucional da dignidade humana', considerando-a 'um autêntico direito à integridade ou à incolumidade moral, pertencente à classe dos direitos absolutos'.
> 7. O Ministro Luiz Fux, no julgamento do REsp 612.108/PR (1ª Turma, *DJ* de 3.11.2004), bem delineou que 'deflui da Constituição Federal que a dignidade da pessoa humana é premissa inarredável de qualquer sistema de direito que afirme a existência, no seu corpo de normas, dos denominados direitos fundamentais e os efetive em nome da promessa da inafastabilidade da jurisdição, marcando a relação umbilical entre os direitos humanos e o direito processual'" (g.n.).[4]

A ofensa à dignidade ocorre independentemente da idade e do discernimento da pessoa ofendida:

> "– Ainda que tenha uma percepção diferente do mundo e uma maneira peculiar de se expressar, *a criança não permanece alheia à realidade que a cerca, estando igualmente sujeita a sentimentos como o medo, a aflição e a angústia.*
> – Na hipótese específica dos autos, não cabe dúvida de que a recorrente, então com apenas três anos de idade, foi submetida a elevada carga emocional. Mesmo sem

---

[1] BITTAR, Carlos Alberto. *Reparação civil por danos morais*. 2. ed. São Paulo: Revista dos Tribunais, 1994, n. 5, p. 31.
[2] BITTAR, Carlos Alberto. *Reparação civil por danos morais*. 2. ed. São Paulo: Revista dos Tribunais, 1994, n. 6, p. 34.
[3] CAVALIERI FILHO, Sergio. *Programa de responsabilidade civil*. 15. ed. São Paulo: Atlas, 2022, p. 103. "No sistema jurídico brasileiro, fundado na Constituição de 1988, a proteção da integridade e dos atributos da personalidade tem seu fundamento no princípio da dignidade humana (art. 1º, III), de modo que se pode reconduzir toda a violação de direito que implique dano extrapatrimonial, em uma ofensa à dignidade humana. Trata-se do resultado da tutela integral da personalidade promovida como um dos fundamentos do sistema jurídico vigente, com base em sua expressa conformação constitucional" (MIRAGEM, Bruno. *Responsabilidade civil*. 2. ed. Rio de Janeiro: Forense, 2021, p. 89-90).
[4] STJ, 1ª T., REsp 910.794/RJ, Rel. Min. Denise Arruda, ac. 21.10.2008, *DJe* 04.12.2008.

noção exata do que se passava, é certo que percebeu e compartilhou da agonia de sua mãe tentando, por diversas vezes, sem êxito, conseguir que sua filha fosse atendida por clínica credenciada ao seu plano de saúde, que reiteradas vezes se recusou a realizar os exames que ofereceriam um diagnóstico preciso da doença que acometia a criança".[5]

De maneira mais ampla, pode-se afirmar que são danos morais os ocorridos na esfera da subjetividade, ou no plano valorativo da pessoa na sociedade, alcançando os aspectos mais íntimos da personalidade humana ("o da *intimidade* e da *consideração pessoal*"), ou o da própria valoração da pessoa no meio em que vive e atua ("o da *reputação* ou da *consideração social*").[6] Derivam, portanto, de "práticas atentatórias à personalidade humana".[7] Traduzem-se em "um sentimento de pesar íntimo da pessoa ofendida"[8] capaz de gerar "alterações psíquicas" ou "prejuízo à parte social ou afetiva do patrimônio moral" do ofendido.[9]

2. A EVOLUÇÃO DA RESPONSABILIDADE CIVIL PELO DANO MORAL

Se os valores íntimos da personalidade são tutelados pela ordem jurídica, haverá, necessariamente, de munir-se o titular de mecanismos adequados de defesa contra as agressões injustas que, eventualmente, possa sofrer no plano subjetivo ou moral.

Quando se cuida de dano patrimonial, a sanção imposta ao culpado é a responsabilidade pela recomposição do patrimônio, fazendo com que, à custa do agente do ato ilícito, seja indenizado o ofendido com o bem ou valor indevidamente desfalcado. A esfera íntima da personalidade, todavia, não admite esse tipo de recomposição. O mal causado à honra, à intimidade, ao nome, em princípio é irreversível. A reparação, destarte, assume o feitio apenas de sanção à conduta ilícita do causador da lesão moral. Atribui-se um valor à reparação, com o duplo objetivo de atenuar o sofrimento injusto do lesado e de coibir a reincidência do agente na prática de tal ofensa, mas não como eliminação mesma do dano moral.

---

[5] STJ, 3ª T., REsp 1.037.759/RJ, Rel. Min. Nancy Andrighi, ac. 23.02.2010, *DJe* 05.03.2010. No mesmo sentido: "Em situações nas quais a vítima não é passível de detrimento anímico, como ocorre com doentes mentais, a configuração do dano moral é absoluta e perfeitamente possível, tendo em vista que, como ser humano, aquelas pessoas são igualmente detentoras de um conjunto de bens integrantes da personalidade" (STJ, 4ª T., Rel. Min. Luis Felipe Salomão, ac. 17.03.2015, *DJe* 16.04.2015).

[6] BITTAR, Carlos Alberto. *Reparação civil por danos morais*. 2. ed. São Paulo: Revista dos Tribunais, 1994, n. 7, p. 41. Em sentido amplo, o dano moral "envolve esses diversos graus de violação dos direitos da personalidade, abrange todas as ofensas à pessoa, considerada esta em suas dimensões individual e social, ainda que sua dignidade não seja arranhada" (CAVALIERI FILHO, Sergio. *Programa de responsabilidade civil*. 15. ed. São Paulo: Atlas, 2022, p. 105).

[7] STJ, 3ª T., voto do Relator Eduardo Ribeiro, no REsp 4.236, *in* BUSSADA, Wilson. *Súmulas do Superior Tribunal de Justiça*. São Paulo: Jurídica Brasileira, 1995, v. I, p. 680. Nesse sentido: "1. O Tribunal de origem concluiu pela inexistência do dever de indenizar, uma vez que a autora não comprovou que 'o ocorrido os teria abalado psicologicamente ou violado seus **direitos da personalidade**' (fl. 273, e-STJ)" (STJ, 2ª T., REsp 1.597.588/MG, Rel. Min. Herman Benjamin, ac. 19.05.2016, *DJe* 01.06.2016).

[8] STF, 2ª T., RE 69.754/SP, Rel. Min. Thompson Flores, ac. 11.03.1971, *RT* 485/230.

[9] STF, RE 116.381/RJ, *in* BUSSADA, Wilson. *Súmulas do Superior Tribunal de Justiça*. São Paulo: Jurídica Brasileira, 1995, v. I, p. 6.873.

Pode-se, em suma, afirmar, com apoio em Mazeaud e Mazeaud, que o objetivo da teoria da responsabilidade civil pelos danos morais "não é apagar os efeitos da lesão, mas reparar os danos".[10]

A teoria sobre a sanção reparatória do dano moral, conquanto antiga, sofreu muitas contestações e evoluiu lentamente, até chegar aos termos da concepção atual.

A abordagem ao tema do dano moral, com efeito, já se fazia presente no Código de Hamurabi, na Babilônia, quase 2.000 anos antes de Cristo, onde ao lado da vingança ("olho por olho, dente por dente"), se admitia, também, a reparação da ofensa mediante pagamento de certo valor em dinheiro, permitindo aos estudiosos entrever, nisso, a presença embrionária da ideia que resultou, modernamente, na "teoria da compensação econômica, satisfatória dos danos extrapatrimoniais".[11] Também, no Código de Manu (Índia), havia pena pecuniária para certos danos extrapatrimoniais, como, por exemplo, a condenação penal injusta. Também, em Roma, se admitia a reparação por danos à honra, mas, a exemplo dos Códigos de Hamurabi e Manu, a sanção era aplicada a certos fatos, e não genericamente.

A partir da *Lei Aquilia* (286 a.C.) e principalmente com a legislação de Justiniano, houve uma ampliação no campo da reparabilidade do dano moral. Há, contudo, enorme controvérsia entre os pesquisadores do Direito Romano acerca da extensão de tal ampliação, não sendo poucos os que, como Gabba, afirmam ter inexistido, em Roma, a regulamentação do dano moral, cuja reparabilidade teria surgido, de fato, como teoria moderna, nunca cogitada entre os antigos.

O certo, porém, é que, sem maior e mais profunda sistematização, o Direito Romano previa numerosas hipóteses em que dispensava proteção a interesses não patrimoniais por meio de reparação pecuniária. Parece, assim, "fora de dúvida que ele não condenou, não desconheceu o interesse moral e, bem ao contrário, o admitiu na proporção em que a época social era com ele compatível".[12] Como pensam Mazeaud e Mazeaud, a jurisprudência romana chegou à ideia de que "na vida humana, a noção de valor não consiste apenas em dinheiro, ao contrário existem, além do dinheiro, outros bens aos quais o homem civilizado atribui um valor e que devem ser protegidos pelo direito".[13]

Ao longo da história do direito moderno, revelou-se penosa a elaboração da teoria de uma ampla reparabilidade do dano moral. A mais séria e insistente resistência era a daqueles que negavam a legitimidade moral da atribuição de um preço à dor. Com isso, somente se admitia indenização para lesões extrapatrimoniais quando, para certos e determinados eventos, houvesse prévia e expressa previsão de sanção civil pecuniária (*numerus clausus*).

---

[10] MAZEAUD, Henri; MAZEAUD, Leon; MAZEAUD, Jean. *Leçons de droit civil*. Paris: Montchrestien, 1978, t. 2, v. 1, p. 373, apud BITTAR, Carlos Alberto. *Reparação civil por danos morais*. 2. ed. São Paulo: Revista dos Tribunais, 1994, p. 68.

[11] SILVA, Wilson Melo da. *O dano moral e sua reparação*. Rio de Janeiro: Forense, 1969, p. 253.

[12] MENDONÇA, Manuel Inácio Carvalho de. *Doutrina e prática das obrigações ou tratado geral dos direitos de crédito*. 4. ed. aum. e atual. pelo juiz José de Aguiar Dias. Rio de Janeiro: Revista Forense, 1956, t. II, n. 478, p. 58.

[13] MAZEAUD, Henri; MAZEAUD, Leon. *Traité Théorique et Pratique de la Responsabilité Civile Délictuelle et Contractuelle*. 3. ed. Paris: Recueil Sirey, 1938, v. I, p. 3.663.

Após a descoberta dos chamados direitos de personalidade, avolumou-se a corrente dos defensores dos direitos essenciais da pessoa humana, em cujo seio assumiu posição de destaque a plena reparabilidade das lesões à pessoa, na esfera extrapatrimonial. Várias leis, em diversos países tomaram providências tutelares em defesa de direitos autorais, de imagens etc. Finalmente, o tema veio a figurar no bojo do Código Civil Italiano de 1942.

Entre nós, embora sem maior explicitude acerca dos direitos da personalidade, a doutrina majoritária defendia a tese de que o art. 159 do Código Civil [de 1916], ao disciplinar a responsabilidade civil aquiliana e ao mencionar a reparabilidade de qualquer dano, estaria incluindo, em sua sanção, tanto o dano material como o moral. A jurisprudência, todavia, vacilava e predominava a corrente que negava a reparabilidade do dano moral fora das hipóteses explicitamente enumeradas em textos de lei.

Com a Constituição de 1988 veio, finalmente, o enunciado do princípio geral que pôs fim às vacilações e resistências dos tribunais (art. 5º, V e X). Por fim, o Código Civil de 2002 adotou expressamente a reparabilidade do dano moral (art. 186).

Hoje, então, está solidamente assentada a ampla e unitária teoria da reparação de todo e qualquer dano civil, ocorra ele no plano do patrimônio ou na esfera da personalidade da vítima. Há de indenizar o ofendido todo aquele que cause um mal injusto a outrem, pouco importando a natureza da lesão. Quanto à extensão da reparação do dano (seja patrimonial ou moral), o regime do Código Civil (art. 944) é o da reparação integral, ou seja, deve proporcionar à vítima a recolocação em situação equivalente a em que se encontrava antes de ocorrer o fato danoso. Em tese, essa reposição pode ocorrer de duas maneiras: *(i) in natura*, mediante recomposição do mesmo bem no patrimônio do lesado ou por sua substituição por coisa similar; ou *(ii)* por reparação *pecuniária*, consistente em pagamento de soma equivalente aos prejuízos do lesado.

Em relação ao dano moral, é possível cogitar-se das duas formas de reparação. Observa Karl Larenz que "o dano imaterial pode ser ressarcido enquanto isso seja possível por meio da restituição *in natura*: isso tem lugar sobretudo em casos de retratação pública de declarações publicamente manifestadas, idôneas para ofender a honra de outrem ou para prejudicar o seu crédito (§ 824 do BGB)".[14]

Entretanto, adverte Pontes de Miranda – em face do dano extrapatrimonial – que "a reparação natural é, quase sempre, impossível" reconhecendo, por outro lado, que se pode admitir, em outras circunstâncias, que o dano moral ou se repara pelo ato que o apague (retratação do caluniador ou do injuriante), ou pela prestação do que foi considerado reparador.[15]

Para o STJ, embora reconhecendo a tese doutrinária da possível reparação natural no terreno da lesão extrapatrimonial, a conclusão é de que ela, por si só, "não se mostra

---

[14] LARENZ, Karl. *Derecho de obligaciones*. Madrid: Editorial Revista de Derecho Privado, 1959, t. I, § 14, p. 229.

[15] PONTES DE MIRANDA, Francisco Cavalcanti. *Tratado de direito privado*. Rio de Janeiro: Borsoi, 1959, v. 54, § 5536, p. 61. "De acordo com KANT, no mundo social existem duas categorias de valores: o *preço e a dignidade*. Enquanto o preço representa um valor exterior (de mercado) e manifesta interesses particulares, a dignidade representa um valor interior (moral) e de interesse geral. *As coisas têm preço; as pessoas, dignidade*. O valor moral se encontra infinitamente acima do valor de mercadoria, porque, ao contrário deste, não admite ser substituído por equivalente" (MORAES, Maria Celina Bodin de. *Danos à pessoa humana*: uma leitura civil-constitucional dos danos morais. Rio de Janeiro: Renovar, 2003, p. 81).

suficiente para a compensação dos prejuízos sofridos pelo lesado", da maneira integral exigida pelo art. 944 do CC. Daí ter concluído o aresto pela imposição cumulada da publicação do ato de retratação com a indenização pecuniária.[16]

Da implantação recente, entre nós, da plenitude de reparabilidade da lesão moral, decorreram numerosos e complexos problemas, de ordem teórica e prática, alguns dos quais ainda não inteiramente solucionados.

Deles selecionamos os que se nos afiguraram mais relevantes e mesmo mais intrigantes, conforme a seguir se verá.

3. A CUMULAÇÃO DO DANO MATERIAL E O DANO MORAL

Antes da Constituição de 1988, mesmo quando se admitia a reparação do dano moral, a jurisprudência predominante negava sua cumulatividade com o dano material, ao pretexto de que havendo o ressarcimento de todos os efeitos patrimoniais nocivos do ato ilícito já estaria, a vítima, suficientemente reparada.

Hoje, porém, em caráter muito mais amplo, está solidamente assentado, na doutrina e na jurisprudência, não só a plena reparabilidade do dano moral como sua perfeita cumulatividade com a indenização da lesão patrimonial. O estágio em que a orientação pretoriana repelia a cumulação, sob o pretexto de que a indenização do dano material excluiria a da lesão moral em face de um só evento ilícito, pode-se dizer que foi superado.

Em acórdãos unânimes da 3ª Turma do Superior Tribunal de Justiça, tem sido proclamado que:

> "Se há um dano material e outro moral; que podem existir autonomamente, se ambos dão margem à indenização, não se percebe porque isso não deva ocorrer quando os dois se tenham como presentes, ainda que oriundos do mesmo fato. De determinado ato ilícito decorrendo lesão material, esta haverá de ser indenizada. Se apenas de natureza moral, igualmente devido o ressarcimento. Quando reunidas, a reparação há de referir-se a ambas. Não há porque cingir-se a uma delas, deixando a outra sem indenização".[17]

Admitiu-se, nos dois precedentes acima, que o homicídio de pessoa que exerce trabalho remunerado e mantinha a família produz tanto a lesão econômica como a moral:

> "O dano material, em virtude da morte, é evidente, e devido nos termos do art. 1.537 do Código Civil [de 1916]. O dano moral é distinto, não se confundindo a hipótese com aquela outra de que resultou a Súmula 491 do STF".[18]

Na mesma linha de pensamento, julgou a 2ª Turma do Superior Tribunal de Justiça, no REsp 3.604/SP.[19] Finalmente, depois de reiteradas e uniformes decisões, o

---

[16] STJ, 3ª T., REsp 959.565/SP, Rel. Min. Paulo de Tarso Sanseverino, ac. 24.05.2011, *DJe* 27.06.2011.
[17] STJ, 3ª T., REsp 6.852/RS, Rel. Min. Eduardo Ribeiro, ac. 29.04.1991, *DJU* 03.06.1991, p. 7425 e STJ, 3ª T., REsp 4.236, Rel. Min. Nilson Naves, ac. 04.06.1991, *DJU* 01.07.1991, p. 4.190.
[18] STJ, REsp 6.852/RS, Rel. Min. Eduardo Ribeiro, ac. 29.04.1991, *DJU* 03.06.1991, *Lex-JSTJ*, 29/190.
[19] *DJU* de 22.10.1990; *Rev. Jurídica*, 161/151.

tema veio a ser incluído nos enunciados da Súmula do Superior Tribunal de Justiça, sob n. 37, *verbis*:

> "São cumuláveis as indenizações por dano material e dano moral oriundo do mesmo fato".

4. DANO MORAL E GRAVIDADE DA LESÃO PSICOLÓGICA

Viver em sociedade e sob o impacto constante de direitos e deveres, tanto jurídicos como éticos e sociais, provoca, sem dúvida, frequentes e inevitáveis conflitos e aborrecimentos, com evidentes reflexos psicológicos, que, em muitos casos, chegam mesmo a provocar abalos e danos de monta.

Para, no entanto, chegar-se à configuração do dever de indenizar, não será suficiente ao ofendido demonstrar sua dor. Somente ocorrerá a responsabilidade civil se se reunirem todos os seus elementos essenciais: dano, ilicitude e nexo causal.

Se o incômodo é pequeno (irrelevância) e se, mesmo sendo grave, não corresponde a um comportamento indevido (licitude), obviamente não se manifestará o dever de indenizar (ausência da responsabilidade civil cogitada no art. 186 do CC). Como adverte a boa doutrina, "o papel do juiz é de relevância fundamental na apreciação das ofensas à honra, tanto na comprovação da existência do prejuízo, ou seja, se se trata efetivamente da existência do ilícito, quanto à estimação de seu *quantum*. A ele cabe, com ponderação e sentimento de justiça, colocar-se como homem comum e determinar se o fato contém os pressupostos do ilícito e, consequentemente, o dano e o valor da reparação".[20]

Não é possível deixar ao puro critério da parte a utilização da Justiça "por todo e qualquer melindre", mesmo os insignificantes. Vem bem a propósito a advertência do Prof. Antônio Chaves:

> "propugnar pela mais ampla ressarcibilidade do dano moral não implica no reconhecimento que todo e qualquer melindre, toda suscetibilidade exacerbada, toda exaltação do amor próprio, pretensamente ferido, a mais suave sombra, o mais ligeiro roçar de asas de uma borboleta, mimos, escrúpulos, delicadezas excessivas, ilusões insignificantes desfeitas, possibilitem sejam extraídas da caixa de Pandora do Direito, centenas de milhares de cruzeiros".[21]

Como advertia Cunha Gonçalves, em lição esposada pelo Superior Tribunal de Justiça,[22]

> "a reparação não é devida a quaisquer *carpideiras*. Não basta fingir dor, alegar qualquer espécie de mágoa; há gradações e motivos a provar e que os tribunais possam *tomar a sério*".[23]

---

[20] AMARANTE, Aparecida. *Responsabilidade civil por dano moral*. Belo Horizonte: Del Rey, 1991, p. 274.
[21] CHAVES, Antônio. *Tratado de direito civil*. 3. ed. São Paulo: Revista dos Tribunais, 1985, v. III, p. 637.
[22] REsp 3.604 – voto do Min. Ilmar Galvão, *in*: BUSSADA, Wilson. *Súmulas do Superior Tribunal de Justiça*. São Paulo: Jurídica Brasileira, 1995, v. I, p. 687.
[23] GONÇALVES, Luis da Cunha. *Tratado de direito civil*. Em comentário ao Código Civil Português. 2. ed. atual. e aum. São Paulo: Max Limonad, 1957, v. XII, t. II, p. 547.

Em outras palavras, "para ter direito de ação, o ofendido deve ter motivos apreciáveis de se considerar atingido, pois a existência da ofensa poderá ser considerada tão insignificante que, na verdade, não acarreta prejuízo moral".[24] Para que se considere ilícito o ato que o ofendido tem como desonroso é necessário que, segundo um juízo de razoabilidade, autorize a presunção de prejuízo grave, de modo que "pequenos melindres", insuficientes para ofender os bens jurídicos, não devem ser motivo de processo judicial. *De minimis non curat praetor,* já ressaltavam as fontes romanas.

Enfim, entre os elementos essenciais à caracterização da responsabilidade civil por dano moral, hão de incluir-se, necessariamente, a ilicitude da conduta do agente e a gravidade da lesão suportada pela vítima.[25]

Nesse sentido, podemos destacar alguns acórdãos do STJ:

> *(i)* "A jurisprudência desta Corte entende que, quando a situação experimentada não tem o condão de expor a parte a dor, vexame, sofrimento ou constrangimento perante terceiros, não há falar em dano moral, uma vez que se trata de mero aborrecimento ou dissabor, mormente quando a falha na prestação de serviços, embora tenha acarretado aborrecimentos, *não gerou maiores danos ao recorrente*, como ocorreu na presente hipótese" (g.n.).[26]
>
> *(ii)* "3. '*In casu*, a aplicação de vacina vencida, por si só, não é capaz de ensejar a reparação por danos morais, uma vez que não foi constatada nenhuma intercorrência que pudesse abalar a honra dos autores ou causar-lhes situação de dor, sofrimento ou humilhação. *Embora seja inquestionável o aborrecimento e dissabor por que passaram os ora recorrentes, estes não foram suficientes para atingir os direitos de personalidade, enquanto consumidores, a ponto de justificar o dever indenizatório*'. (AgInt no AgInt no AREsp 869.188/RS, Rel. Ministro Marco Aurélio Bellizze, Terceira Turma, julgado em 09/03/2017, *DJe* 21/03/2017) 4. Agravo interno a que se nega provimento'" (g.n.).[27]

Quanto à prova, a lesão ou dor moral é fenômeno que se passa no psiquismo da pessoa e, como tal, não pode ser concretamente pesquisado. Daí porque não se exige do autor da pretensão indenizatória que prove o dano extrapatrimonial. Cabe-lhe apenas comprovar a ocorrência do fato lesivo, de cujo contexto o juiz extrairá a idoneidade, ou não, para gerar dano grave e relevante, segundo a sensibilidade do homem médio e a experiência da vida.

Nesse sentido, já se decidiu que: "os bens morais são próprios da pessoa, de foro íntimo. Os transtornos, os abalos de crédito, a desmoralização perante a comunidade em que se vive, não precisam ser provados por testemunha nem por documento. Resultam naturalmente do fato, não sendo exigível a comprovação de reflexo patrimonial do prejuízo.

---

[24] AMARANTE, Aparecida. *Responsabilidade civil por dano moral*. Belo Horizonte: Del Rey, 1991, p. 274.
[25] AMARANTE, Aparecida. *Responsabilidade civil por dano moral*. Belo Horizonte: Del Rey, 1991, p 274; CHAVES, Antônio. *Tratado de direito civil*. 3. ed. São Paulo: Revista dos Tribunais, 1985, v. III, p. 637.
[26] STJ, 4ª T., AgInt no AREsp 1.354.773/MS, Rel. Min. Raul Araújo, ac. 02.04.2019, *DJe* 24.04.2019.
[27] STJ, 4ª T., AgInt no AgInt no AREsp 1.091.417/RS, Rel. Min. Luis Felipe Salomão, ac. 03.10.2017, *DJe* 05.10.2017.

Esse dano deve ser reparado, ainda que essa reparação não tenha caráter ressarcitório, e sim, compensatório".[28] Tal entendimento se repetiu sucessivamente nos tribunais do país.

A jurisprudência do STJ, por exemplo, é uníssona no sentido de que, a propósito do dano moral, "a responsabilidade do agente decorre da comprovação do ato ilícito, sendo desnecessária a comprovação do dano em si". Mas, "para se presumir o dano moral pela simples comprovação do fato, esse fato tem que ter a capacidade de causar dano, o que se apura por um juízo de experiência".[29]

4.1. A posição da jurisprudência

Depois de alguns anos de convivência com as causas de danos morais, já se pode sentir a firmeza da jurisprudência contra o abuso das pretensões caprichosas de indenizações dessa natureza.

Certa feita, uma cliente bancária se considerou merecedora de indenização por ter sido impedida de fazer entrar na agência um carrinho de bebê, que não passava pelo dispositivo de controle de metais. O TRF da 4ª Região repeliu a demanda, argumentando que não se poderia ver no evento uma ofensa à liberdade individual da cliente na agência bancária, ou de quebra do princípio da isonomia, "pois todos os cidadãos estão sujeitos aos sistemas de segurança de locais de acesso público, medida esta necessária até no resguardo da segurança da própria autora". Para o Tribunal, em suma, o correto é que "na caracterização do dano moral se exige a excepcionalidade, uma intensidade de sofrimento que não seja aquela própria dos aborrecimentos corriqueiros de uma vida normal".[30]

É o que tem sido acentuado pelo Superior Tribunal de Justiça: "mero aborrecimento, dissabor, mágoa, irritação ou sensibilidade exacerbada estão fora da órbita do dano moral", mormente quando decorrente de ato de outrem que corresponda a regular exercício de direito.[31]

O simples litígio acerca de inteligência de cláusula contratual, se não motivado por conduta abusiva ou de má-fé do contratante, também foi julgado pelo TJRGS como não ensejador de reparação por dano moral, sob o fundamento de que "ausente o ato ilícito, não se fala em dano moral". Ou mais explicitamente: "mero descumprimento contratual não dá ensejo à reparação de dano moral, salvo quando se demonstrar, de forma inequívoca, que o atraso no pagamento da cobertura causou abalo psicológico considerável no segurado".[32]

---

[28] TRF, 1ª Reg., Ap. 1997.01.00.042077-1, 3ª T., Rel. Juiz Tourinho Neto, ac. 25.11.1997, *Ciência Jurídica*, 85/87.

[29] STJ, 3ª T., REsp 1.102.787/PR, Rel. Min. Sidnei Beneti, ac. 16.03.2010, *DJe* 29.03.2010. No mesmo sentido: "1. A inscrição indevida do nome do usuário de serviço público em cadastro de inadimplentes gera o direito à indenização independentemente da **comprovação** do **dano moral**, que, na hipótese, é *in re ipsa* (...)" (STJ, 2ª T., AgRg no REsp 1.486.517/RS, Rel. Min. Diva Malerbi, ac. 03.05.2016, *DJe* 12.05.2016).

[30] TRF, 4ª R., Ap. Cív. 2000.70.00.031492-6/PR, Rel. Des. Edgard Lippmann Jr., ac. 1º.12.2004, *DJU*-2 de 22.12.2004, p. 173.

[31] STJ, 4ª T., REsp 303.396/PB, Rel. Min. Barros Monteiro, ac. 05.11.2002, *RSTJ* 175/416. O caso referia-se à deliberação do banco de não renovar contrato de abertura de crédito de cheque especial.

[32] TJRGS, 3º Gr. Câm. Cív., EI 70004091278, Rel. Des. Marco Aurélio dos Santos Caminha, ac. 06.09.2002, *RJTJRGS*, 224/144-145. No mesmo sentido: "A orientação deste Superior Tribunal é no sentido de que

É certo que o comportamento do credor (banco principalmente) pode extravasar os limites da razoabilidade na defesa de seu direito e ingressar na área da ilicitude capaz de justificar o dano moral indenizável. Mas, para isso, é preciso que o dano correspondente à dor imputada à vítima se dê em função de "atos que, indevidamente, ofendem seus sentimentos de honra e dignidade, provocando mágoa e atribulações na esfera interna pertinente à sensibilidade moral". No caso, porém, de simples débito lançado na conta corrente bancária sem autorização do respectivo titular, o ato, mesmo que irregular, "não induz, por si só, o reconhecimento de dano moral, a despeito do aborrecimento que isso possa ter provocado; o dano moral apenas se caracterizaria se o lançamento do débito tivesse consequências externas, *v.g.*, devolução de cheques por falta de provisão de fundos ou inscrição do nome do correntista em cadastro de proteção ao crédito".[33]

Atrasos de voo às vezes podem causar abalos morais sérios em face das condições do passageiro e das circunstâncias denotantes de conduta gravemente irregular da companhia aérea.[34] Mas, o simples atraso não pode sempre ser qualificado como ofensa grave à personalidade de quem o sofre. Se se está num aeroporto que oferece boa infraestrutura para a espera, afastada fica "a caracterização de dano moral, porque, em verdade, não pode ser ele banalizado, o que se dá quando confundido com mero percalço, dissabor ou contratempo a que estão sujeitas as pessoas em sua vida comum".[35] O atraso a que se refere o acórdão deu-se no aeroporto de Salvador, considerado como "um dos mais confortáveis do país, dotado de todo um sistema de segurança, razoável entretenimento, opções de alimentação e conforto, a afastar, *data maxima venia*, a possibilidade de lesão moral pela espera, ainda que incômoda". Pode-se ter como tranquila a posição do STJ a respeito do tema, no sentido de que as situações ensejadoras de reparação do dano moral "não se confundem com percalços da vida comum";[36] e que "o mero dissabor não pode ser alçado ao patamar do dano moral, mas somente aquela agressão que exacerba a naturalidade dos fatos da vida, causando fundadas aflições ou angústias no espírito de quem ela se dirige".[37]

---

o simples inadimplemento contratual, em regra, não configura dano moral indenizável. Comprovadas, porém, circunstâncias específicas que possam configurar a lesão extrapatrimonial, os danos morais são devidos, como ocorreu no caso concreto, em virtude da detectada propaganda enganosa" (STJ, 3ª T., AgInt no AREsp 2.213.403/RJ, Rel. Min. Marco Aurélio Bellizze, ac. 20.03.2023, *DJe* 22.03.2023).

[33] STJ, 3ª T., REsp 409.917/MG, Rel. Min. Ari Pargendler, ac. 30.04.2002, *RSTJ* 163/316. O caso referia-se a um simples débito de conta de luz.

[34] STJ, 3ª T., REsp 1.280.372/SP, Rel. Min. Ricardo Villas Bôas Cueva, ac. 07.10.2014, *DJe* 10.10.2014. O caso julgado referiu-se a atraso de voo em que o passageiro restou desamparado, tendo de pernoitar no aeroporto, em condições de causar-lhe "abalo psíquico". Em outro acórdão, também se reconheceu o dano moral indenizável em decorrência de atraso de voo que forçou o pernoite de pessoa idosa no aeroporto (STJ, 4ª T., AgRg no AREsp 452.080/RJ, Rel. Min. Luís Felipe Salomão, ac. 03.06.2014, *DJe* 12,06.2014). A propósito do conflito entre o Código de Defesa do Consumidor e a Convenção de Varsóvia, no que diz com a reparação por dano moral decorrente da má prestação de serviço de transporte aéreo internacional de pessoas, o STF, em julgamento de repercussão geral, assentou a tese de que "não se aplicam as Convenções de Varsóvia e Montreal às hipóteses de danos extrapatrimoniais decorrentes de contrato de transporte aéreo internacional" (STF, RE 1.394.401/SP).

[35] STJ, 4ª T., REsp 283.860/SP, Rel. Min. Aldir Passarinho Júnior, ac. 12.11.2002, *DJU* 16.12.2002, p. 340.

[36] STJ, 4ª T., REsp 217.916/RJ, Rel. Min. Aldir Passarinho Júnior, ac. 24.10.2000, *DJU* 11.12.2000, p. 208; *RT* 789/193.

[37] STJ, 4ª T., REsp 215.666/RJ, Rel. Min. César Asfor Rocha, ac. 21.06.2001, *RSTJ* 150/382.

O STJ confirmou o entendimento de que:

> "o aborrecimento, sem consequências graves, por ser inerente à vida em sociedade – notadamente para quem escolheu viver em grandes centros urbanos –, é insuficiente à caracterização do abalo, tendo em vista que este depende da constatação, por meio de exame objetivo e prudente arbítrio do magistrado, da real lesão à personalidade daquele que se diz ofendido. Como leciona a melhor doutrina, só se deve reputar como dano moral a dor, o vexame, o sofrimento ou mesmo a humilhação que, fugindo à normalidade, interfira intensamente no comportamento psicológico do indivíduo, chegando a causar-lhe aflição, angústia e desequilíbrio em seu bem-estar".[38]

Em seu voto, o Relator alertou quanto ao fato de que "a indenização por dano moral não deve ser banalizada, alimentando o que parte da doutrina e da jurisprudência denomina de 'indústria do dano moral'".

Nesse sentido, o STJ já decidiu que "a interrupção no serviço de telefonia caracteriza, via de regra, mero dissabor, não ensejando indenização por danos morais".[39]

5. DANO MORAL E LESÃO À ESTÉTICA DA PESSOA

Mesmo antes da Constituição de 1988, o Código Civil [de 1916] já continha norma específica que autorizava, no caso de lesões corporais, não só o ressarcimento das perdas patrimoniais infligidas ao ofendido, como também a imposição ao ofensor de uma verba referente à lesão estética (aleijume ou deformação permanente) (arts. 1.538, § 1º, e 1.539).

Com a implantação da ressarcibilidade plena do dano puramente moral, houve quem entendesse que, nas lesões deformantes, haveria cumulação de três verbas indenizatórias: uma, pelo prejuízo econômico (tratamento médico e hospitalar, dias parados, redução da capacidade laborativa etc.); outra, pela deformidade permanente; e uma última, pela dor moral provocada pelo aleijume.

Há, *data venia*, um excesso em tal posicionamento. Indenizar a lesão deformante e, ao mesmo tempo, considerá-la causa de reparação por dano moral corresponde a um evidente *bis in idem*, capaz de transformar a medida ressarcitória em fonte de enriquecimento sem causa.

O que pode é, num mesmo evento, concorrerem lesões distintas, geradas pela deformidade estética. Assim, uma pessoa que depende da estética para sua vida profissional, pode além do desgosto psíquico provocado pelo aleijume, perder a condição de continuar usufruindo de sua carreira, como se dá com artistas, modelos etc. *In casu*, pode-se falar em duas indenizações: uma, pela dor moral do aleijume, e outra, pela perda material das condições profissionais preexistentes à lesão. Se, porém, a justificativa da indenização prejudicada restringe-se à própria deformidade física, não há como dissociá-la da reparação do dano moral.

---

[38] STJ, 4ª T., AgRg no REsp 1.269.246/RS, Rel. Min. Luis Felipe Salomão, ac. 20.05.2014, *DJe* 27.05.2014.
[39] STJ, 4ª T., AgRg no AI 1.170.293/RS, Rel. Min. Maria Isabel Gallotti, ac. 12.04.2011, *DJe* 28.04.2011.

A distinção era feita, com exatidão, pelo Superior Tribunal de Justiça:

"O dano estético subsume-se no dano moral".[40]

"Afirmado o dano moral em virtude exclusivamente do dano estético, não se justifica o cúmulo de indenizações. A indenização por dano estético se justificaria se a por dano moral tivesse sido concedida a outro título".[41]

Entretanto, paulatinamente o STJ veio modificando o seu entendimento quanto ao tema, culminando na edição, em 2009, da Súmula 387, no sentido de que "é lícita a cumulação das indenizações de dano estético e dano moral". A possibilidade dessa cumulação, entretanto, depende de as consequências do evento danoso poderem ser separadamente indentificáveis.[42]

A evolução da jurisprudência quanto ao tema será apontada a seguir.

5.1. Dano moral e dano estético

Nas lesões pessoais, quando além da incapacitação laborativa remanesce dano estético, a lei civil previa uma elevação da verba reparatória por quantia superior aos danos materiais (Código Civil [de 1916], art. 1.538, § 1º). A regra, entretanto, não foi repetida no Código de 2002.

A tendência inicial da jurisprudência, após o reconhecimento da reparabilidade do dano moral era no sentido de considerar o acréscimo determinado pelo Código Civil como uma prefixação do dano não patrimonial. Não haveria, assim, lugar para cumular-se a reparação do dano estético com a indenização do dano moral.

No entanto, depois de uma certa oscilação, o STJ tem decidido que tal cúmulo é possível:

(i) "Dano moral. Indenização.
O dano moral, decorrente de lesão corporal grave, deve ser indenizado, independentemente do dano estético. Recurso conhecido e provido".[43]

(ii) "Acidente de trânsito, Lesão física. Fratura exposta. Danos moral e estético. Cumulabilidade. Possibilidade. Origens distintas. Precedentes (...)
Nos termos em que veio a orientar-se a jurisprudência das Turmas que integram a Seção de Direito Privado deste Tribunal, as indenizações pelos danos moral e estético podem ser cumuladas, mesmo quando derivadas do mesmo fato, se inconfundíveis suas causas e passíveis de apuração em separado".[44]

(iii) "Danos material, moral e estético. Cumulação. Possibilidade, na espécie (...)
II – Possível a cumulação dos danos material, estético e moral, ainda que decorrentes de um mesmo sinistro, se possível a identificação das condições justificadoras de cada espécie".[45]

---

[40] STJ, 4ª T., REsp 56.101-9/RJ, Rel. Min. Fontes de Alencar, ac. 25.04.1995, *RSTJ* 77/246.
[41] STJ, 3ª T., REsp 57.824-8/MG, Rel. Min. Costa Leite, ac. 03.10.1995, *RSTJ* 79/199.
[42] STJ, 4ª T., REsp 377.148/RJ, Rel. Min. Barros Monteiro, ac. 20.09.2005, *DJe* 01.08.2006, p. 451.
[43] STJ, 3ª T., REsp 84.752/RJ, Rel. Min. Ari Pargendler, ac. 21.02.2000, *DJU* 08.05.2000, p. 88.
[44] STJ, 4ª T., REsp 289.885/RJ, Rel. Min. Sálvio de Figueiredo, ac. 15.05.2000, *DJU* 02.04.2001, p. 303.
[45] STJ, 4ª T., REsp 40.100/MG, Rel. Min. Aldir Passarinho Júnior, ac. 24.10.2000, *DJU* 05.03.2001, p. 164. No mesmo sentido: STJ, 4ª T., REsp 812.506/SP, Rel. Raul Araujo, ac. 19.04.2012, *DJe* 27.04.2012.

(iv) "Agravo regimental. Agravo em recurso especial. Indenização por danos morais e estéticos. Acolhimento do pedido de danos morais.
1. É lícita a cumulação de indenização de danos morais e de danos estéticos (Súmula n. 387/STJ)".[46]

(v) "Danos moral e estético. Cumulação. Possibilidade.
1. É possível a cumulação do dano moral e do dano estético, quando possuem ambos fundamentos distintos, ainda que originários do mesmo fato".[47]

(vi) "11. 'É lícita a cumulação das indenizações de dano estético e dano moral' (Súmula 387/STJ).
12. A reparabilidade do dano estético exsurge, tão somente, da constatação da deformidade física sofrida pela vítima.
13. Para além do prejuízo estético, a perda parcial de um braço atinge a integridade psíquica do ser humano, trazendo-lhe dor e sofrimento, com afetação de sua autoestima e reflexos no próprio esquema de vida idealizado pela pessoa, seja no âmbito das relações profissionais, como nas simples relações do dia a dia social. É devida, portanto, compensação pelo dano moral sofrido pelo ofendido, independentemente de prova do abalo extrapatrimonial".[48]

(vii) "7. Conforme a Súmula 387 do STJ, é cumulável o dano moral com o dano estético, devendo ambas as modalidades de dano ser quantificadas de forma independente, o que não configura *bis in idem*. O dano estético busca a recomposição do abalo psicológico que resulta do desvirtuamento da imagem da vítima, causado por deformidade, como ocorre, por exemplo, com cicatrizes permanentes que causem deformação do corpo".[49]

O TJ de São Paulo, assim decidiu um caso em que a paciente, por descuido do cirurgião, sofreu queimadura provocada por contato com o bisturi elétrico, de que resultou cicatriz causadora de enfeiamento do corpo feminino:

"Responsabilidade civil. Dano moral.
1 – Configurada ocorrência de dano estético e moral em virtude de erro médico, que ao realizar uma cirurgia craniana para retirada de um tumor cerebral, lhe provocou, com o bisturi elétrico, queimadura grave na parte inferior da perna direita, restando cicatrizes, impunha-se a procedência da ação.
2 – A sequela sofrida pela autora tem notório caráter de enfeiamento do corpo feminino. Embora não cause repugnância, é suficiente para determinar constrangimento em sua portadora, definidor do dano moral".[50]

---

[46] STJ, 3ª T., AgRg no AREsp 72.023/BA, Rel. Min. João Otávio de Noronha, ac. 03.12.2015, *DJe* 10.12.2015.
[47] STJ, 2ª T., AgRg no AI 276.023/RJ, Rel. Min. Paulo Gallotti, j. 27.06.2000, *DJU* 28.08.2000, p. 68, *RSTJ* 138/172. No mesmo sentido: STJ, 4ª T., AgRg no REsp 1.302.727/RS, Rel. Min. Antonio Carlos Ferreira, ac. 02.05.2013, *DJe* 14.05.2013.
[48] STJ, 3ª T., REsp 1.637.884/SC, Rel. Min. Nancy Andrighi, ac. 20.02.2018, *DJe* 23.02.2018.
[49] TJMG, 15ª Câmara, Ap. 1.0388.13.000169-5/001, Rel. Des. José Américo Martins da Costa, ac. 06.02.2020, *DJ* 21.02.2020.
[50] TJSP, 3ª Câm. Dir. Púb., Ap. 790.817-5/4, Rel. Des. Laerte Sampaio, ac. 15.07.2001, *RT*, v. 877, p. 199.

5.2. A cumulação do dano estético com o dano moral na jurisprudência do Superior Tribunal de Justiça

Consolidada se acha a jurisprudência do STJ no sentido da cumulatividade do ressarcimento do dano moral e do dano estético, ainda que oriundos de um só fato. Di-lo, com ênfase, a Súmula n. 387, editada pela 2ª Seção daquele Tribunal.[51]

Entre os antecedentes da Súmula, presta-se o REsp 910.794 a bem esclarecer a visão do STJ em torno do tema.[52] Do acórdão extraem-se os seguintes dados, que retratam, com riqueza, as bases da jurisprudência sumulada:

a) a cumulação se justifica quando, ainda que derivados de um mesmo fato, "um dano e outro possam ser reconhecidos autonomamente", ou seja, devem eles "ser passíveis de identificação em separado";

b) no caso de amputação de um dos braços do recém-nascido, em virtude de erro médico, o STJ reconhece que o mesmo fato enseja duas formas distintas de dano: o moral e o estético. "O primeiro, correspondente à violação do direito à *dignidade* e à *imagem da vítima*, assim como ao sofrimento, à aflição e à angústia a que seus pais e irmãos foram submetidos, e o segundo, decorrente da modificação da estrutura corporal do lesado, enfim, da *deformidade* a ele causada";

c) "o dano moral não pode ser visto tão somente como de ordem puramente psíquica – dependente das reações emocionais da vítima [o que excluiria os absolutamente incapazes, como um recém-nascido ou a vítima que, perde definitivamente a consciência, da tutela contra o dano moral] – porquanto, na atual ordem jurídica-constitucional, a *dignidade* é fundamento central dos direitos humanos, devendo ser protegida e, quando violada, sujeita à devida reparação";

d) o julgado do STJ vale-se da lição doutrinária de que "o dano moral pode ser considerado como violação do direito à dignidade, não se restringindo, necessariamente, a alguma reação psíquica (CAVALIERI FILHO, Sérgio. *Programa de Responsabilidade Civil.* 7. ed. São Paulo: Atlas, 2007, p. 76/78)"; entendimento compartilhado pela jurisprudência do Supremo Tribunal Federal, que já decidiu que a proteção contra o dano moral corresponde a uma verdadeira "tutela constitucional da *dignidade humana*" visto que nesta se integra "um autêntico direito à integridade ou à incolumidade moral, pertencente à classe dos direitos absolutos";[53]

e) na hipótese de mutilação da vítima o STJ considerou devida a condenação cumulativa à reparação dos danos moral e estético, "na medida em que o recém-nascido obteve grave deformidade – prejuízo de caráter *estético* – e teve seu direito a uma vida digna seriamente atingido – prejuízo de caráter *moral*" (deverá suportar, ao longo da vida, dor, vexame, sofrimento e humilhação).

---

[51] "É lícita a cumulação de indenização de danos morais e de danos estéticos, conforme disposto a Súmula 387/STJ" (STJ, 2ª T., REsp 1.722.505/ES, Rel. Min. Herman Benjamin, ac. 06.03.2018, *DJe* 22.11.2018). No mesmo sentido: STJ, 3ª T., REsp 1.637.884/SC, Rel. Min. Nancy Andrighi, ac. 20.02.2018, *DJe* 23.02.2018.

[52] STJ, 1ª T., REsp 910.794/RJ, Rel.ª Min.ª Denise Arruda, ac. 21.10.2008, *DJe* 04.12.2008.

[53] STF, 2ª T., RE 447.584/RJ, Rel. Min. Cezar Peluso, ac. 28.11.2006, *RTJ* 202/833.

Em outro precedente da Súmula n. 387, a 3ª Turma do STJ afirmou o cabimento de indenizações separadas para os danos morais e os danos estéticos oriundos do mesmo fato e acrescentou, mais que, as sequelas físicas indenizáveis a título de lesão estética não precisam de ser visíveis, nem de causar repercussão negativa na aparência da vítima, desde que provoquem "intenso sofrimento". A pretensão indenizatória acolhida, na espécie, referia-se a graves sequelas físicas suportadas por uma parturiente por queimadura química no intestino e na vagina, em razão de erro nos trabalhos hospitalares de preparo do parto. O *quantum* arbitrado (R$ 200.000,00) representou o somatório das duas lesões cumuladas, isto é, o dano estético e o dano moral.[54]

O problema de ordem prática reside em como determinar o valor das duas reparações, já que não existe regra legal para orientar o julgador. Tanto para o dano moral como para o dano estético, tudo se resolve mediante pura estimativa judicial, sem parâmetro algum predeterminado em lei.

Assim, somam-se duas verbas abstratamente delineadas para afinal chegar-se a uma reparação que cubra tanto a lesão estética como o dano moral. Muito mais prático e razoável seria tratar-se a sequela estética como um elemento computável na estimativa do dano moral. Toda a dificuldade para identificar e separar as duas reparações desapareceria e a operação judicial se tornaria mais facilmente demonstrável e compreensível.

No caso, por exemplo, da mutilação do recém-nascido, que perdeu um membro por falha médica, a indenização dos dois danos, o moral e o estético, foi afinal fixada, globalmente, em R$ 300.000,00.[55] Em outro aresto, diante da amputação traumática de um pé de um adulto, a lesão estética, malgrado reconhecida como distinta da lesão moral, ensejou, para fins de indenização, uma estimativa englobada com o dano moral.[56]

Pode-se, pois, afirmar que a posição atual da jurisprudência do STJ é de reconhecimento da distinção entre o dano moral e o dano estético, para justificar as indenizações próprias para cada um deles, mesmo quando originários de um único fato. Em última análise, contudo, o resultado final não vai além de uma majoração da verba correspondente aos danos não patrimoniais, já que inexiste em lei norma que possa determinar a maneira distinta de arbitrar uma e outra reparação. Vale dizer: para o STJ, "se do fato exsurge, cumuladamente, danos morais e danos estéticos, deve ser reconhecida na condenação, a cumulação pleiteada".[57] Em termos práticos, o julgamento, *in casu*, não deve deixar de levar em conta, na condenação, a necessidade de reparar tanto o dano moral como o dano estético, proporcionando ao ofendido uma indenização que, equitativamente, corresponda a ambas as lesões.

6. DANO MORAL COLETIVO

Inicialmente, as Turmas do STJ divergiam quanto à possibilidade de configuração de dano moral coletivo.

---

[54] STJ, 3ª T., REsp 899.869/MG, Rel. Min. Humberto Gomes de Barros, ac. 13.02.2007, *DJU* 26.03.2007, p. 242.
[55] STJ, 1ª T., REsp 910.794/RJ, Rel. Min. Denise Arruda, ac. 21.10.2008, *DJe* 04.12.2008.
[56] STJ, 4ª T., REsp 705.457/SP, Rel. Min. Aldir Passarinho Júnior, ac. 02.08.2007, *DJU* 27.08.2007, p. 260.
[57] STJ, 3ª T., REsp 254.445/PR, Rel.ª Min.ª Nancy Andrighi, ac. 08.05.2003, *DJU* 23.06.2003, p. 351.

Em julgamento de recurso especial interposto em ação civil pública, onde se questionou a necessidade de a concessionária de serviço de telefonia instalar postos de atendimento ao usuário do serviço, a Primeira Turma entendeu que "eventual dano moral, em casos tais, se limitaria a atingir pessoas individuais e determinadas". Assim, em seu voto, reiterando o entendimento expresso em precedente (REsp 598.281/MG), o Relator dispôs que:

> "O dano ambiental ou ecológico pode, em tese, acarretar também dano moral – como, por exemplo, na hipótese de destruição de árvore plantada por antepassado de determinado indivíduo, para quem a planta teria, por essa razão, grande valor afetivo.
> Todavia, a vítima do dano moral é, necessariamente, uma pessoa. Não parece ser compatível com o dano moral a ideia da 'transindividualidade' (= da indeterminabilidade do sujeito passivo e da indivisibilidade da ofensa e da reparação) da lesão. É que o dano moral envolve, necessariamente, dor, sentimento, lesão psíquica, afetando 'a parte sensitiva do ser humano, como a intimidade, a vida privada, a honra e a imagem das pessoas' (Clayton Reis, *Os Novos Rumos da Indenização do Dano Moral*, Rio de Janeiro: Forense, 2002, p. 236).
> (...) No que pertine ao tema central do estudo, o primeiro reparo que se impõe é no sentido de que não existe 'dano moral ao meio ambiente'. Muito menos ofensa moral aos mares, rios, à Mata Atlântica ou mesmo agressão moral a uma coletividade ou a um grupo de pessoas não identificadas. A ofensa moral sempre se dirige à pessoa enquanto portadora de individualidade própria; de um *vultus* singular e único. Os danos morais são ofensas aos direitos da personalidade, assim como o direito à imagem constitui um direito de personalidade, ou seja, àqueles direitos da pessoa sobre ela mesma.
> (...) A Constituição Federal, ao consagrar o direito de reparação por dano moral, não deixou margem à dúvida, mostrando-se escorreita sob o aspecto técnico-jurídico, ao deixar evidente que esse dever de reparar surge quando descumprido o preceito que assegura o direito de resposta nos casos de calúnia, injúria ou difamação ou quando o sujeito viola a intimidade, a vida privada, a honra e a imagem das pessoas (art. 5º, incisos V e X), todos estes atributos da personalidade. Ressuma claro que o dano moral é personalíssimo e somente visualiza a pessoa, enquanto detentora de características e atributos próprios e invioláveis. Os danos morais dizem respeito ao foro íntimo do lesado, pois os bens morais são inerentes à pessoa, incapazes, por isso, de subsistir sozinhos. Seu patrimônio ideal é marcadamente individual, e seu campo de incidência, o mundo interior de cada um de nós, de modo que desaparece com o próprio indivíduo".[58]

Por outro lado, analisando recurso especial interposto em ação civil pública ajuizada para questionar a conduta da concessionária do serviço de transporte público coletivo que pretendia condicionar a utilização do benefício do acesso gratuito ao transporte coletivo

---

[58] STJ, 1ª T., REsp 971.844/RS, Rel. Min. Teori Albino Zavascki, ac. 03.12.2009, *DJe* 12.02.2010. No mesmo sentido: STJ, 1ª T., AgRg no REsp 1.109.905/PR, Rel. Min. Hamilton Carvalhido, ac. 22.06.2010, *DJe* 03.08.2010; STJ, 1ª T., REsp 598.281/MG, Rel. p/ ac. Min. Teori Albino Zavascki, ac. 02.05.2006, *DJe* 01.06.2006; STJ, 1ª T., AgRg no REsp 1.305.977/MG, Rel. Min. Ari Pargendler, ac. 09.04.2013, *DJe* 16.04.2013.

ao prévio cadastramento dos idosos junto a ela, a Segunda Turma do STJ entendeu ser possível a condenação da empresa ao pagamento de danos morais coletivos:

> "1. O dano moral coletivo, assim entendido o que é transindividual e atinge uma classe específica ou não de pessoas, é passível de comprovação pela presença de prejuízo à imagem e à moral coletiva dos indivíduos enquanto síntese das individualidades percebidas como segmento, derivado de uma mesma relação jurídica-base.
> 2. O dano extrapatrimonial coletivo prescinde da comprovação de dor, de sofrimento e de abalo psicológico, suscetíveis de apreciação na esfera do indivíduo, mas inaplicável aos interesses difusos e coletivos.
> 3. Na espécie, o dano coletivo apontado foi a submissão dos idosos a procedimento de cadastramento para o gozo do benefício do passe livre, cujo deslocamento foi custeado pelos interessados, quando o Estatuto do Idoso,[59] art. 39, § 1º, exige apenas a apresentação de documento de identidade.
> 4. Conduta da empresa de viação injurídica se considerado o sistema normativo".[60]

Atualmente, pode-se reconhecer que a jurisprudência do STJ se acha pacificada quanto à possibilidade de condenação de dano moral coletivo:

> *(i)* "A jurisprudência do Superior Tribunal de Justiça é pacífica quanto à possibilidade de condenação por danos morais coletivos sempre que constatada prática ilícita que viole valores e interesses fundamentais de uma coletividade. Nesse sentido: Precedentes: REsp 1.586.515/RS, Rel. Ministra Nancy Andrighi, Terceira Turma, *DJe* 29/5/2018; REsp 1.517.973/PE, Rel. Ministro Luis Felipe Salomão, Quarta Turma, *DJe* 1º/2/2018; REsp 1.487.046/MT, Rel. Ministro Luis Felipe Salomão, Quarta Turma, *DJe* 16/5/2017; EREsp 1.367.923/RJ, Rel. Min. João Otávio de Noronha, Corte Especial, *DJe* 15/03/2017; AgRg no REsp 1.529.892/RS, Rel. Ministra Assusete Magalhães, Segunda Turma, *DJe* 13/10/2016; REsp 1.101.949/DF, Rel. Ministro Marco Buzzi, Quarta Turma, *DJe* 30/5/2016; AgRg no REsp 1.283.434/GO, Rel. Ministro Napoleão Nunes Maia Filho, Primeira Turma, *DJe* 15/4/2016; AgRg no REsp 1.485.610/PA, Rel. Ministro Mauro Campbell Marques, Segunda Turma, *DJe* 29/2/2016; AgRg no REsp 1526946/RN, Rel. Ministro Humberto Martins, Segunda Turma, *DJe* 24/9/2015; AgRg no REsp 1.541.563/RJ, Rel. Ministro Humberto Martins, Segunda Turma, *DJe* 16/9/2015; REsp 1.315.822/RJ, Rel. Ministro Marco Aurélio Bellizze, Terceira Turma, *DJe* 16/4/2015; REsp 1291213/SC, Rel. Ministro Sidnei Beneti, Terceira Turma, *DJe* 25/9/2012; REsp 1221756/RJ, Rel. Ministro Massami Uyeda, Terceira Turma, *DJe* 10/2/2012".[61]
> *(ii)* "1. Conforme consolidada jurisprudência desta Corte, 'Se, diante do caso concreto, for possível identificar situação que importe lesão à esfera moral de uma comunidade – isto é, violação de direito transindividual de ordem coletiva, de valores de uma sociedade atingidos sob o ponto de vista jurídico, de forma a envolver não apenas a dor psíquica,

---

[59] Atual "Estatuto da Pessoa Idosa", por força da Lei 14.423/2022.
[60] STJ, 2ª T., REsp 1.057.274/RS, Rel. Min. Eliana Calmon, ac. 01.12.2009, *DJe* 26.02.2010. No mesmo sentido: STJ, 2ª T., REsp 1.367.923/RJ, Rel. Min. Humberto Martins, ac. 27.08.2013, *DJe* 06.09.2013; STJ, 2ª T., REsp 1.509.923/SP, Rel. Min. Humberto Martins, ac. 06.10.2015, *DJe* 22.10.2015; STJ, 3ª T., REsp 1.315.822/RJ, Rel. Min. Marco Aurélio Bellizze, ac. 24.03.2015, *DJe* 16.04.2015.
[61] STJ, 2ª T., REsp 1.820.000/SE, Rel. Min. Herman Benjamin, ac. 17.09.2019, *DJe* 11.10.2019.

mas qualquer abalo negativo à moral da coletividade – exsurge o dano moral coletivo' (REsp 1.402.475/SE, Rel. Ministro Herman Benjamin, Segunda Turma, julgado em 09/05/2017, *DJe* 28/06/2017).

2. No caso, o Tribunal de origem, soberano no exame dos fatos, concluiu que a comunidade ficou exposta aos riscos decorrentes do não reposicionamento dos cabos de telefonia, que ficou ao alcance dos transeuntes que circulavam no local".[62]

7. TITULARIDADE DA PRETENSÃO INDENIZATÓRIA POR DANO MORAL

Um dos sérios problemas a enfrentar, na sanção do ilícito extrapatrimonial, é o da definição de quem seja o efetivo titular do direito à indenização do dano moral.

Quando o ofendido comparece, pessoalmente, em juízo para reclamar reparação do dano moral que ele mesmo suportou em sua honra e dignidade, de forma direta e imediata, não há dúvida alguma sobre sua legitimidade *ad causam*. Quando, todavia, não é o ofendido direto, mas terceiros que se julgam reflexamente ofendidos em sua dignidade, pela lesão imposta a outra pessoa, torna-se imperioso limitar o campo de repercussão da responsabilidade civil, visto que se poderia criar uma cadeia infinita ou indeterminada de possíveis pretendentes à reparação da dor moral, o que não corresponde, evidentemente, aos objetivos do remédio jurídico em tela.

Exigem-se, por isso mesmo, prudência e cautela da parte dos juízes no trato desse delicado problema. Uma coisa, porém, é certa: o Código Civil de 1916 previa, expressamente, a existência de interesse moral, para justificar a ação, só quando tocasse "diretamente ao autor ou à sua família" (art. 76, parágrafo único). Embora o Código Civil de 2002 não tenha repetido a regra, a jurisprudência continua a segui-la, como princípio relevante na matéria. Nesse sentido, a jurisprudência do STJ aponta que a legitimidade deve alinhar-se à ordem de vocação hereditária,[63] matéria que, afinal, veio a figurar na Súmula 642 daquela Corte.[64]

Daí ser fácil aceitar que pais, esposas, filhos e irmãos do ofendido direto tenham titularidade para pleitear indenização por dano moral indireto ou reflexo,[65] de forma não excludente.[66] O STJ também admite, em hipóteses especiais, que pessoas muito próximas

---

[62] STJ, 1ª T., AgInt no AREsp 426.382/RJ, Rel. Min. Sérgio Kukina, ac. 23.10.2018, *DJe* 30.10.2018.

[63] "A Quarta Turma desta Corte Superior, por ocasião do julgamento do REsp 1.076.160/AM (publicado no *DJ* de 21/6/2012), ressalvando expressamente eventuais particularidades de casos concretos, concluiu que a regra mais consentânea com o ordenamento jurídico pátrio é a de que a legitimidade para propositura de ação indenizatória por dano moral em razão de morte deve alinhar-se, mutatis mutandis, à ordem de vocação hereditária, com as devidas adaptações. Interpretação sistemática e teleológica dos arts. 12 e 948, inciso I, do Código Civil de 2002; art. 63 do Código de Processo Penal e art. 76 do Código Civil de 1916" (STJ, 4ª T., REsp 1.095.762/SP, Rel. Min. Luis Felipe Salomão, ac. 21.02.2013, *DJe* 11.03.2013).

[64] "O direito à indenização por danos morais transmite-se com o falecimento do titular, possuindo os herdeiros da vítima legitimidade ativa para ajuizar ou prosseguir a ação indenizatória" (Súmula 642/STJ).

[65] STJ, 3ª T., REsp 331.333/MG, Rel. Min. Gomes de Barros, ac. 14.02.2006, *DJU* 13.03.2006, p. 315; STJ, 2ª T., REsp 1.121.800/PR, Rel. Min. Castro Meira, ac. 18.11.2010, *DJe* 01.12.2010.

[66] "Em conformidade como o entendimento desta Corte, 'os legitimados para a propositura de ação indenizatória em razão de morte de parentes são o cônjuge ou companheiro(a), os descendentes, os ascendentes e os colaterais, de forma não excludente e ressalvada a análise de peculiaridades do caso

afetivamente do ofendido se sintam atingidas pelo evento danoso, ainda que não sejam parentes.[67] Fala-se, na hipótese, no "chamado dano moral reflexo ou em ricochete"[68].

A jurisprudência, por exemplo, admite a legitimidade do cônjuge e dos pais da vítima sobrevivente para, conjuntamente com esta, pleitear compensação por danos morais, desde que sejam atingidos de forma indireta pelo ato lesivo "dano por ricochete":

> "deve-se reconhecer, contudo, que, em alguns casos, não somente o prejudicado direto padece, mas outras pessoas a ele estreitamente ligadas são igualmente atingidas, tornando-se vítimas indiretas do ato lesivo. Assim, experimentam os danos de forma reflexa, pelo convívio diuturno com os resultados do dano padecido pela vítima imediata, por estarem a ela ligadas por laços afetivos e circunstâncias de grande proximidade, aptas a também causar-lhes o intenso sofrimento pessoal".[69]

Quanto à legitimidade dos pais para requerer indenização pela morte de filho, a jurisprudência a reconhece, ainda que o descendente tenha constituído nova família, com o casamento e a concepção de filhos:

> "não obstante a formação de um novo grupo familiar com o casamento e a concepção de filhos, o poderoso laço afetivo que une mãe e filho não se extingue, de modo que o que se observa é a coexistência de dois núcleos familiares, em que o filho é seu elemento interseccional, sendo correto afirmar que os ascendentes e sua prole integram um núcleo inextinguível para fins de demanda indenizatória por morte. (...) Nessa linha de intelecção, os ascendentes têm legitimidade para a demanda indenizatória por morte da sua prole ainda quando esta tenha constituído o seu grupo familiar imediato, o que deve ser balizado apenas pelo valor global da indenização devida, ou seja, pela limitação quantitativa da indenização".[70]

Para o Superior Tribunal de Justiça, "os irmãos possuem legitimidade para postular reparação por dano moral decorrente da morte de irmã, cabendo apenas a demonstração de que vieram a sofrer intimamente com o trágico acontecimento, presumindo-se esse dano quando se tratar de menores de tenra idade que viviam sob o mesmo teto".[71]

O STJ tem mantido sua jurisprudência no sentido de que o dano moral suportado pela morte de irmão é indenizável. Mas, em caso em que se desconhecia o grau de intimidade da convivência entre a autora da ação indenizatória e seu irmão morto, o STJ

---

concreto que possam inserir sujeitos nessa cadeia de legitimação ou dela excluir' (REsp n. 1.291.845/RJ, Relator Ministro Luis Felipe Salomão, Quarta Turma, julgado em 4/12/2014, DJe 9/02/2015)" (STJ, 3ª T., AgInt no AgInt no AREsp 982.632/RJ, Rel. Min. Marco Aurélio Bellizze, ac. 12.06.2018, DJe 22.06.2018).

[67] STJ, 4ª T., AgInt no AREsp 1.290.597/RJ, Rel. Min. Lázaro Guimarães, ac. 20.09.2018, DJe 26.09.2018.

[68] STJ, 4ª T., REsp 1.119.632/RJ, Rel. Min. Raul Araújo, ac. 15.08.2017, DJe 12.09.2017.

[69] Voto do relator no REsp 1.041.715/ES, STJ, 3ª T., Rel. Min. Massami Uyeda, ac. 06.05.2008, DJe 13.06.2008. No mesmo sentido: STJ, 3ª T., REsp 1.208.949/MG, Rel. Min. Nancy Andrighi, ac. 07.12.2010, DJe 15.12.2010.

[70] STJ, 4ª T., REsp 1.095.762/SP, Rel. Min. Luis Felipe Salomão, ac. 21.02.2013, DJe 11.03.2013, já citado.

[71] STJ, 4ª T., REsp 160.125/DF, Rel. Min. Sálvio de Figueiredo Teixeira, ac. 23.03.1999, DJU 24.05.1999, p. 172. No mesmo sentido: STJ, 3ª T., AgRg no AI 1.413.481/RJ, Rel. Min. Ricardo Villas Bôas Cueva, ac. 13.03.2012, DJe 19.03.2012.

arbitrou quantia módica (R$ 4.500,00) para a reparação, a fim de que não fosse propiciado "o enriquecimento indevido".[72]

Antônio Chaves, lembrando as conclusões da III Conferência de Desembargadores, realizada no Rio de Janeiro, em 1965, prevê que o ressarcimento do dano moral possa ser reclamado "pela vítima, pelos descendentes, cônjuges e colaterais até o 2º grau".[73] É compreensível, que nesse círculo mais próximo de parentesco, seja mais fácil de presumir a ocorrência da dor moral pelo dano suportado diretamente por outra pessoa, principalmente nos casos de morte ou incapacitação. É bom de ver, todavia, que, fora da família em sentido estrito (pais, filhos e cônjuges), dependerá de análise mais acurada do juiz para, *in concreto,* determinar a razoabilidade da repercussão psicológica do ato não patrimonial danoso.

Muitas vezes, mesmo sem o parentesco civil, pode a pessoa ser fortemente abalada pela lesão a um ente querido como o filho de criação, o noivo, o companheiro etc.

Entretanto, o STJ já afastou a legitimidade do noivo para reclamar dano moral por morte da noiva. Isto porque:

> "o dano por ricochete a pessoas não pertencentes ao núcleo familiar da vítima direta da morte, de regra, deve ser considerado como não inserido nos desdobramentos lógicos e causais do ato, seja na responsabilidade por culpa, seja na objetiva, porque extrapolam os efeitos razoavelmente imputáveis à conduta do agente. (...) o noivo não possui legitimidade ativa para pleitear indenização por dano moral pela morte da noiva, sobretudo quando os pais da vítima já intentaram ação reparatória na qual lograram êxito".[74]

Em outras circunstâncias, um parente, mesmo em grau próximo, pode não manter qualquer tipo de convivência ou afetividade com a vítima do dano; pode até mesmo ignorar-lhe a existência ou ser seu desafeto. É claro que, em semelhante conjuntura, não haverá lugar para pleitear reparação por dano moral reflexo.

O STJ já advertiu, por exemplo, que em matéria de falecimento de irmão, é de exigir-se "demonstração de que vieram a sofrer intimamente com o trágico acontecimento", embora se possa presumir esse fato quando "se tratar de menores de tenra idade que viviam sob o mesmo teto".[75] Nessa mesma perspectiva, aquela Alta Corte também assentou que "a indenização por danos morais em caso de morte de irmão depende da prova do vínculo afetivo entre aquele que pleiteia a indenização e a vítima, para presumir a dor gerada pela perda do convívio familiar".[76] Procedente, portanto, é a ressalva da jurisprudência de que "no âmbito de um círculo familiar mais amplo, como aquele em que se inserem os tios, os sobrinhos, os primos e, em certos casos, até mesmo os irmãos, impossível presumir a ocorrência do dano moral em razão tão só da morte do parente".[77]

---

[72] STJ, 4ª T., REsp 596.102, Rel. Min. Barros Monteiro, ac. 12.12.2005, *DJU* 27.03.2006, p. 279.
[73] CHAVES, Antônio. *Tratado de direito civil.* 3. ed. São Paulo: Revista dos Tribunais, 1985, v. III, p. 621.
[74] STJ, 4ª T., REsp 1.076.160/AM, Rel. Min. Luis Felipe Salomão, ac. 10.04.2012, *DJe* 21.06.2012.
[75] STJ, 4ª T., REsp 160.125/DF, Rel. Min. Sálvio de Figueiredo, ac. 23.03.1999, *DJU* 24.05.1999, p. 172.
[76] STJ, 3ª T., AgRg no REsp 1.105.126/RS, Rel. Min. Sidnei Beneti, ac. 28.04.2009, *DJe* 14.05.2009.
[77] 1º TACivSP, 7ª Câm., Ap. 1.268.164-4, Rel. Juiz Ariovaldo Santini Teodoro, ac. 16.03.2004, *RT* 826/265.

Assim, enquanto um irmão que nenhuma convivência ou afetividade mantinha com o falecido pode ser excluído do direito à indenização por dano moral, um tio, por exemplo, que morava na mesma residência da vítima, e se achava inserido intimamente no núcleo familiar e, por isso, suportou profundo sofrimento com a morte trágica da sobrinha, tem legitimidade para pleitear a reparação do dano extrapatrimonial a que foi submetido.[78]

Há de se considerar, ainda, a realidade destacada pelo STJ que "o sofrimento pela morte de parente é disseminado pelo núcleo familiar, como em força centrífuga, atingindo cada um dos membros, em gradações diversas, o que deve ser levado em conta pelo magistrado para fins de arbitramento do valor da reparação do dano moral".[79] Não é obrigatório que todos os parentes do falecido sejam contemplados com indenização igual, se o grau de convivência e afetividade não era o mesmo.

Incumbe, pois, ao juiz, o poder de, caso a caso, pesquisar e comprovar a ocorrência efetiva do *dano moral* suportado por aquele que promove a ação indenizatória, a par do *nexo causal* com a conduta culposa do demandado. É mais razoável, e mais consentâneo com o bom senso, evitar apriorismos que possam inflexibilizar os critérios de solução do problema. Não há melhor caminho a trilhar, *in casu*, do que relegar ao *prudente arbítrio* do juiz a definição, diante dos fatos concretos, da cuidadosa averiguação das circunstâncias *subjetivas* e *objetivas* em que o dano moral ocorreu. Só assim a indenização será deferida ou indeferida, segundo padrões de *justiça* e *equidade*, tanto em relação às condições da conduta do agente e da vítima, como das consequências e repercussões efetivamente provocadas sobre o bem psíquico que se pretende lesionado.[80] Além disso, há um outro problema sério, que é o de quantificar a indenização, quando concorrem vários interessados reclamando ressarcimento por dor moral provocada por um só evento, como, por exemplo, a morte de um só parente dos diversos autores do pleito indenizatório.

Uma coisa é de se ressaltar, segundo o entendimento do Superior Tribunal de Justiça:

> "Para evitar especulações desonestas, conta-se com o bom senso dos juízes, que haverão de rejeitar pedidos, deduzidos por quem não tenha legitimidade, e arbitrar com *recomendável moderação* o montante da reparação".[81]

No caso, por exemplo, de ofensa a um pai de família, não é razoável atribuir uma indenização de monta a cada um dos membros do conjunto familiar, mormente quando este esteja integrado por menores de pequena idade, ainda sem o discernimento necessário para dar ao evento uma dimensão moral maior. É preferível ver-se, na hipótese, o núcleo familiar como uma unidade ou uma comunidade, cuja honra foi ofendida e que, assim, se faz merecedora de reparação geral, em benefício conjunto de todos os seus integrantes. Não que uma criança não tenha honra a ser tutelada, mas é que a sua imaturidade não justificaria uma reparação isolada, fora do contexto maior da família.

---

[78] TJSP, 12ª Câm. de Direito Público, Ap. 0136273-40.2010.8.26.0000, Rel. Des. Osvaldo de Oliveira, ac. 28.11.2012, *RT* 929/928.
[79] STJ, 2ª T., REsp 1.121.800/RR, Rel. Min. Castro Meira, ac. 18.11.2010, *DJe* 01.12.2010.
[80] CASTRO Y BRAVO, Federico. *Temas de derecho civil*. Madrid: Gráficos Marisal, 1972, p. 10, apud AMARANTE, Aparecida. *Responsabilidade civil por dano moral*. Belo Horizonte: Del Rey, 1991, p. 276-277.
[81] STJ, REsp 6.852, Rel. Min. Eduardo Ribeiro, ac. 29.04.1991, *in LeXJSTJ*, vol. 29, p. 185.

O STJ já entendeu que, embora se deva considerar a família como uma unidade, para fins de arbitramento do dano moral, o valor deve levar em consideração, também, o número de parentes legitimados, para evitar que o montante se torne ínfimo para cada um dos afetados:

> "4. Em se tratando de danos morais, o sistema de responsabilidade civil atual rechaça indenizações ilimitadas que alcançam valores que, a pretexto de reparar integralmente vítimas de ato ilícito, revelam nítida desproporção entre a conduta do agente e os resultados ordinariamente dela esperados.
>
> 5. É certo que a solução de simplesmente multiplicar o valor que se concebe como razoável pelo número de autores tem a aptidão de tornar a obrigação do causador do dano demasiado extensa e distante de padrões baseados na proporcionalidade e razoabilidade. Por um lado, a solução que pura e simplesmente atribui esse mesmo valor ao grupo, independentemente do número de integrantes, também pode acarretar injustiças. Isso porque, se no primeiro caso o valor global pode se mostrar exorbitante, no segundo, o valor individual pode se revelar diluído e se tornar ínfimo, hipóteses opostas que ocorrerão no caso de famílias numerosas.
>
> 6. Portanto, em caso de dano moral decorrente de morte de parentes próximos, a indenização deve ser arbitrada de forma global para a família da vítima, não devendo, de regra, ultrapassar o equivalente a quinhentos salários mínimos, podendo, porém, ser acrescido do que bastar para que os quinhões individualmente considerados não sejam diluídos e nem se tornem irrisórios, elevando-se o montante até o dobro daquele valor".[82]

Importante destacar a posição jurisprudencial acerca da legitimidade do espólio para reclamar compensação por dano moral suportado pelo *de cujus*.[83] Analisando situação em que o dano moral foi provocado após a morte do *de cujus,* o STJ entendeu pela ilegitimidade, uma vez que "o espólio não pode sofrer dano moral por constituir uma universalidade de bens e direitos, sendo representado pelo inventariante (art. 12, V, do CPC/73) [NCPC, art. 75, VII] para questões relativas ao patrimônio do *de cujus*". Entretanto, reconheceu a legitimidade do cônjuge sobrevivente e dos herdeiros.[84]

Esta Corte Superior entendeu, ainda, que "o espólio não tem legitimidade para ajuizar ação de compensação dos danos morais sofridos pelos herdeiros, em virtude do falecimento do pai".[85] Isto porque, nessa hipótese, "o espólio pleiteia bem jurídico pertencente aos herdeiros por direito próprio e não por herança", de tal sorte que "não há coincidência entre o postulante e o titular do direito pleiteado, sendo, a rigor, hipótese de ilegitimidade *ad causam*".[86]

---

[82] STJ, 4ª T., REsp 1.127.913/RS, Rel. Min. Marco Buzzi, ac. 20.09.2012, *DJe* 30.10.2012.
[83] "1. Nos termos da Súmula 642 do STJ: 'O direito à indenização por danos morais transmite-se com o falecimento do titular, possuindo os herdeiros da vítima legitimidade ativa para ajuizar ou prosseguir a ação indenizatória'" (STJ, 4ª T., AgInt no REsp 1.810.985/RS, Rel. Min. Raul Araújo, ac. 10.10.2022, *DJe* 21.10.2022).
[84] Voto do relator no REsp 1.209.474/SP, STJ, 3ª T., Rel. Min. Paulo de Tarso Sanseverino, ac. 10.09.2013, *DJe* 23.09.2013.
[85] STJ, Corte Especial, EREsp 1.292.983/AL, Rel. Min. Nancy Andrighi, ac. 01.08.2013, *DJe* 12.08.2013.
[86] STJ, 4ª T., REsp 1.143.968/MG, Rel. Min. Luis Felipe Salomão, ac. 26.02.2013, *DJe* 01.07.2013.

Entretanto, haverá legitimidade do espólio "nas hipóteses de ações ajuizadas pelo falecido ainda em vida, tendo o espólio assumido o processo posteriormente (i), e nas ajuizadas pelo espólio pleiteando danos experimentados em vida pelo *de cujus* (ii)".[87]

Por fim, o STJ já reconheceu a legitimidade dos sucessores "para ajuizar ação de reparação em decorrência de perseguição, tortura e prisão, sofridos durante a época do regime militar, sendo tal ação reparatória considerada imprescritível".[88]

7.1. Legitimidade de pessoa jurídica

Outra indagação importante é a que versa sobre a situação da pessoa jurídica. Seria a lesão moral um fenômeno exclusivo da pessoa natural? A melhor jurisprudência tem acolhido a lição doutrinária que ensina serem o nome, o conceito social e a privacidade, bens jurídicos solenemente acobertados pela tutela constitucional, bens que cabem tanto à pessoa física como à jurídica. Logo, não há razão alguma para excluir, aprioristicamente, as pessoas jurídicas do direito de reclamar ressarcimento dos prejuízos suportados no plano do nome comercial, do seu conceito na praça, do sigilo de seus negócios etc.

Assim, os tribunais adotam, hoje, o entendimento de que:

> "não tem mais lugar a tese de que a pessoa jurídica, por não ter sentimentos, nem sentir dor, não possua honra, fama, moral, enfim os atributos que a distinguem no universo dos negócios de outras tidas por contumazes descumpridoras de suas obrigações. O bom conceito no mundo dos negócios constitui sem dúvida, patrimônio imaterial da pessoa jurídica que, uma vez maculado injustamente, assegura-lhe o direito à reparação do dano moral".[89]

O extinto Tribunal de Alçada de Minas, por diversas vezes, teve oportunidade de voltar ao tema:

> *(i)* "Possuindo a pessoa jurídica interesse de ordem imaterial, faz jus à indenização por dano moral, assegurada no art. 5º, X, da Carta Magna, em decorrência do protesto de título efetivado posteriormente à quitação da dívida, por acarretar abalo de seu conceito no mercado em que atua".[90]
>
> *(ii)* "Admissível a indenização por dano moral causado à pessoa jurídica, em decorrência de manifestações que acarretam abalo de seu conceito no mercado em que atua, uma vez que o direito à honra e à imagem é garantido pela Carta Constitucional, em seu art. 5º, X, cuja interpretação não há de se restringir às pessoas naturais".[91]

---

[87] STJ, 4ª T., REsp 1.143.968/MG, Rel. Min. Luis Felipe Salomão, ac. 26.02.2013, *DJe* 01.07.2013.
[88] STJ, 2ª T., AgInt no REsp 1.669.328/SC, Rel. Min. Francisco Falcão, ac. 21.02.2019, *DJe* 01.03.2019. Atualmente, a matéria figura na Súmula do STJ, sob nº 647, com o seguinte enunciado: "São imprescritíveis as ações indenizatórias por danos morais e materiais decorrentes de atos de perseguição política com violação de direitos fundamentais ocorridos durante o regime militar".
[89] TAMG, Ap. 223. 146-3, Rel. Juiz Francisco Bueno, ac. 20.02.1997.
[90] TAMG, 6ª Câm. Cív., Ap. 106.196-1, Rel. Juíza Maria Elza Campos Zettel, ac. 19.03.1993, *RT* 716/2703.
[91] TAMG, 2ª Câm. Cív., Ap. 164.750-1, Rel. Juiz Almeida Melo, ac. 21.12.1993, *TJTAMG* 531160. Precedentes: *RT* 627/28; *RT* 680/85; *JB* 157/199-203; *RJTJRGS* 1491578-580.

O mesmo entendimento tem merecido apoio do Superior Tribunal de Justiça, como se vê dos seguintes arestos:

> *(i)* "A pessoa jurídica pode ser sujeito passivo de danos morais, considerados estes como violadores de sua honra objetiva. Precedentes".[92]
>
> *(ii)* "A honra objetiva da pessoa jurídica pode ser ofendida pelo protesto indevido de título cambial. Cabível a ação de indenização, por dano moral, sofrido por pessoa jurídica; visto que a proteção dos atributos morais e personalidade não está reservada somente às pessoas físicas".[93]
>
> *(iii)* "4. Por sua natureza de bem imaterial, é ínsito que haja prejuízo moral à pessoa jurídica quando se constata o uso indevido da marca. A reputação, a credibilidade e a imagem da empresa acabam atingidas perante todo o mercado (clientes, fornecedores, sócios, acionistas e comunidade em geral), além de haver o comprometimento do prestígio e da qualidade dos produtos ou serviços ofertados, caracterizando evidente menoscabo de seus direitos, bens e interesses extrapatrimoniais.
> 5. O dano moral por uso indevido da marca é aferível *in re ipsa*, ou seja, sua configuração decorre da mera comprovação da prática de conduta ilícita, revelando-se despicienda a demonstração de prejuízos concretos ou a comprovação probatória do efetivo abalo moral".[94]

Entretanto, "A pessoa jurídica não tem legitimidade para demandar a pretensão de reparação por danos morais decorrentes de aventada ofensa ao direito de culto aos antepassados e de respeito ao sentimento religioso em favor de seus sócios". Isso porque, tratando-se de direito da personalidade e, portanto, intransmissível, é "incabível a dedução em nome próprio de pretensão reparatória de danos morais alheios".[95]

Há quem pense que, integrando o nome comercial, o fundo de comércio da pessoa jurídica, configuraria um valor econômico e, assim, não poderia ser, em caso de ofensa, senão objeto de dano patrimonial. Ocorre, nesse tipo de raciocínio, o equívoco de confundir "nome comercial" com "conceito comercial" do empresário. O fato de o nome do comerciante, como a marca de seus produtos, representar um objeto valorizável economicamente, não exclui o lado ético relativo ao "bom nome" de que o empresário tem o direito de usufruir no relacionamento social. Uma concorrência desleal pode afetar puramente o lado econômico do nome comercial. Mas um protesto ilegal, ou o escândalo acerca da conduta contratual da diretoria de uma sociedade, podem, inegavelmente, acarretar ao conceito da empresa uma lesão que, na prática, ficará restrita ao plano moral.

Além disso, há uma razão prática de relevante função jurídica: se se considera a pessoa jurídica como detentora apenas de um nome de valor patrimonial, os danos que este

---

[92] STJ, 4ª T., REsp 177.995/SP, Rel. Min. Barros Monteiro, ac. 15.09.1998, *DJU* 09.11.1998, p. 114.
[93] STJ, 3ª T., REsp 147.702/MA, Rel. Min. Eduardo Ribeiro, ac. 21.11.1998, *DJU* 05.04.1999, p. 125.
[94] STJ, 4ª T., REsp 1.327.773/MG, Rel. Min. Luis Felipe Salomão, ac. 28.11.2017, *DJe* 15.02.2018.
[95] STJ, 2ª T., REsp 1.649.296/PE, Rel. Min. Mauro Campbell Marques, ac. 05.09.2017, *DJe* 14.09.2017.

sofresse, em similitude com aqueles suportados pela pessoa natural no respectivo nome e conceito, dificilmente seriam indenizados. É que, em se tratando de dano material, teria a pessoa jurídica a seu cargo o pesadíssimo, e quase sempre insuportável, ônus de provar o resultado econômico da lesão sofrida. Assim, é muito mais razoável e justo colocar a pessoa jurídica na mesma condição da pessoa física, de modo a permitir uma reparação à luz da potencialidade ofensiva da agressão extrapatrimonial sem cogitar da prova de reflexos econômicos mensuráveis. Situações iguais em essência encontrariam, nessa ótica, tratamento também iguais no plano da responsabilidade civil. Basta, portanto, esse tipo de consideração prático-jurídica, se não ocorressem outros inerentes aos elementos extrapatrimoniais, para justificar a admissibilidade da reparação do dano moral também em favor das pessoas jurídicas.

A possibilidade de a pessoa jurídica sofrer dano moral encontra-se, atualmente, sumulada pelo Enunciado n. 227 do STJ: "a pessoa jurídica pode sofrer dano moral". Entretanto, o reconhecimento do dano moral sofrido pela pessoa jurídica requer que haja "violação de sua honra objetiva, ou seja, de sua imagem e boa fama, sem o que não é caracterizada a suposta lesão".[96] Daí por que não se reconhece lesão pelo mero corte no fornecimento de energia elétrica.[97]

Cumpre observar, ainda, que o STJ não reconhece legitimidade da pessoa jurídica de direito público para requerer, do particular, indenização por dano moral:

> "3. (...) de modo geral, a doutrina e jurisprudência nacionais só têm reconhecido às pessoas jurídicas de direito público direitos fundamentais de caráter processual ou relacionados à proteção constitucional da autonomia, prerrogativas ou competência de entidades e órgãos públicos, ou seja, direitos oponíveis ao próprio Estado e não ao particular. Porém, ao que se pôde pesquisar, em se tratando de direitos fundamentais de natureza material pretensamente oponíveis contra particulares, a jurisprudência do Supremo Tribunal Federal nunca referendou a tese de titularização por pessoa jurídica de direito público. Na verdade, há julgados que sugerem exatamente o contrário, como os que deram origem à Súmula n. 654, assim redigida: 'A garantia da irretroatividade da lei, prevista no art. 5º, XXXVI, da Constituição da República, não é invocável pela entidade estatal que a tenha editado'. (...) 5. No caso em exame, o reconhecimento da possibilidade teórica de o município pleitear indenização por dano moral contra o particular constitui a completa subversão da essência dos direitos fundamentais, não se mostrando presente nenhum elemento justificador do pleito, como aqueles apontados pela doutrina e relacionados à defesa de suas prerrogativas, competência ou alusivos a garantias constitucionais do processo. Antes, o caso é emblemático e revela todos os riscos de se franquear ao Estado a via da ação indenizatória".[98]

Entretanto, o STJ reconheceu o dano moral sofrido pelo INSS, em razão de fraude praticada contra a autarquia por seus agentes, em interessante acórdão, que afastou, por

---

[96] STJ, 2ª T., REsp 1.370.126/PR, Rel. Min. Og Fernandes, ac. 14.04.2015, *DJe* 23.04.2015.
[97] STJ, 2ª T., REsp 1.298.689/RS, Rel. Min. Castro Meira, ac. 09.04.2013, *DJe* 15.04.2013.
[98] STJ, 4ª T., REsp 1.258.389/PR, Rel. Min. Luis Felipe Salomão, ac. 17.12.2013, *DJe* 15.04.2014.

distinguishing, o entendimento de que pessoa jurídica de Direito Público não pode ser vítima de dano moral:

> "2. Consignou-se no acórdão recorrido: 'repetindo a sistemática empregada tantas outras vezes, a advogada requereu fossem preparados novos cálculos; o contador os elaborou, alcançando resultado claramente exagerado; o procurador autárquico anuiu prontamente com o mesmo; e o magistrado, em tempo bastante expedito, homologou as contas e determinou a expedição do alvará de levantamento em favor da advogada, fechando-se assim o ciclo – sendo certo que, via de regra, os segurados não chegavam a receber qualquer parcela do montante desviado, que era partilhado entre os membros da organização criminosa' (fl. 2.370, e-STJ).
>
> 3. O Tribunal de origem manteve a condenação à reparação dos danos materiais, mas afastou o 'pagamento de uma compensação por danos morais, posto que inviável cogitar-se, diante da própria natureza das atividades desempenhadas pelo INSS, de impacto negativo correspondente a descrédito mercadológico' (fl. 2.392, e-STJ). Reconhecimento de dano moral: distinção presente no caso dos autos.
>
> 4. Embora haja no STJ diversas decisões em que se reconheceu a impossibilidade da pessoa jurídica de Direito Público ser vítima de dano moral, o exame dos julgados revela que essa orientação não se aplica ao caso dos autos.
>
> 5. Por exemplo, no Recurso Especial 1.258.389/PB, da relatoria do Min. Luis Felipe Salomão, o que estava sob julgamento era ação indenizatória ajuizada por município em razão de programas radiofônicos e televisivos locais que faziam críticas ao Poder Executivo. No Recurso Especial 1.505.923/PR, Relator Min. Herman Benjamin, a pretensão indenizatória se voltava contra afirmações de que autarquia federal teria produzido cartilha com informações inverídicas. No Recurso Especial 1.653.783/SP, Relator Min. Mauro Cambpell, discutiu-se o uso indevido de logotipo do Ibama.
>
> 6. Diversamente do que se verifica no caso dos autos, nesses precedentes estava em jogo a livre manifestação do pensamento, a liberdade de crítica dos cidadãos ou o uso indevido de bem imaterial do ente público. Danos extrapatrimoniais.
>
> 7. Também não afasta a pretensão reparatória o argumento de que as pessoas que integram o Estado não sofrem 'descrédito mercadológico'.
>
> 8. O direito das pessoas jurídicas à reparação por dano moral não exsurge apenas no caso de prejuízos comerciais, mas também nas hipóteses, mais abrangentes, de ofensa à honra objetiva. Nesse plano, até mesmo entidades sem fins lucrativos podem ser atingidas.
>
> 9. Transcreve-se no acórdão recorrido trecho da condenação criminal, relativa aos mesmos fatos, em que o Órgão Especial do Tribunal de Justiça do Estado do Rio de Janeiro afirmou: 'além do descrédito da Justiça, as consequências concretas dos delitos, representadas pelas perdas patrimoniais, foram extremamente graves. Somente pelas cifras apuradas nestes autos evidencia-se o colossal prejuízo causado ao erário, que será impossível reparar cabalmente, a despeito das medidas assecuratórias adotadas' (fl. 2.366, e-STJ).
>
> 10. Não se pode afastar a possibilidade de resposta judicial à agressão perpetrada por agentes do Estado contra a credibilidade institucional da autarquia.
>
> 11. Quanto à imposição de condenação na instância superior, devem ser acolhidas as bem lançadas razões apresentadas pelo eminente Min. Og Fernandes.

12. Considerando que 'o acórdão recorrido limitou-se a reconhecer a impossibilidade jurídica do pedido de indenização por danos morais' afirmou Sua Excelência que 'o provimento jurisdicional a ser exarado na instância extraordinária deve apenas afastar tal premissa, não sendo possível reconhecer, desde logo, a procedência do pleito indenizatório'".[99]

Por outro lado, reconheceu o STJ, a necessidade de que a pessoa jurídica demonstre objetivamente o prejuízo extrapatrimonial sofrido:

"3. Para a pessoa jurídica, o dano moral é fenômeno distinto daquele relacionado à pessoa natural. Não se aceita, assim, o dano moral em si mesmo, isto é, como uma decorrência intrínseca à existência de ato ilícito. Necessidade de demonstração do prejuízo extrapatrimonial.
4. Na hipótese dos autos, não há demonstração apta de prejuízo [extra]patrimonial alegadamente sofrido pela pessoa jurídica de propriedade da recorrida.
5. Os âmbitos de proteção da honra e, consequentemente, as causas de danos extrapatrimoniais para pessoa jurídica e pessoa natural são muito distintas, não se permitindo que se tome uma como fundamento da outra. Na hipótese, a imputação negativa foi feita contra a imobiliária, contra a pessoa jurídica, e não contra a pessoa natural do recorrido".[100]

7.1.1. *Legitimidade do condomínio*

Existe discussão doutrinária a respeito de o condomínio possuir ou não personalidade jurídica. Os que defendem a sua personalidade o fazem ao argumento de que o rol do art. 44 do Código Civil é apenas exemplificativo. Certo é que, possuindo ou não legitimidade, o condomínio pode estar em juízo, representado por seu síndico ou administrador (CPC, art. 75, XI).

O STJ já entendeu não ser possível ao condomínio ter sua honra objetiva violada e, por isso, requerer indenização por dano moral:

"2. O propósito recursal é decidir sobre a negativa de prestação jurisdicional; a legitimidade ativa do condomínio para pleitear, em favor próprio, a compensação de dano moral; a caracterização do dano moral do condomínio; o valor da condenação a título compensatório do dano moral. (...)
4. O condomínio tem legitimidade ativa para pleitear, em favor próprio, indenização por dano moral, não podendo fazê-lo em nome dos condôminos.
5. No âmbito das Turmas que compõem a Segunda Seção do STJ, prevalece a corrente de que os condomínios são entes despersonalizados, pois não são titulares das unidades autônomas, tampouco das partes comuns, além de não haver, entre os condôminos, *a affectio societatis*, tendo em vista a ausência de intenção dos condôminos de estabelecerem, entre si, uma relação jurídica, sendo o vínculo entre eles decorrente do direito exercido sobre a coisa e que é necessário à administração da propriedade comum.

---

[99] STJ, 2ª T., REsp 1.722.423/RJ, Rel. Min. Herman Benjamin, ac. 24.22.2020, *DJe* 18.12.2020.
[100] STJ, 3ª T., REsp 1.759.821/DF, Rel. Min. Nancy Andrighi, ac. 13.08.2019, *Dje* 15.08.2019.

6. Caracterizado o condomínio como uma massa patrimonial, não há como reconhecer que seja ele próprio dotado de honra objetiva, senão admitir que qualquer ofensa ao conceito que possui perante a comunidade representa, em verdade, uma ofensa individualmente dirigida a cada um dos condôminos, pois quem goza de reputação são os condôminos e não o condomínio, ainda que o ato lesivo seja a este endereçado.

7. Diferentemente do que ocorre com as pessoas jurídicas, qualquer repercussão econômica negativa será suportada, ao fim e ao cabo, pelos próprios condôminos, a quem incumbe contribuir para todas as despesas condominiais, e/ou pelos respectivos proprietários, no caso de eventual desvalorização dos imóveis no mercado imobiliário.

8. Hipótese em que se afasta o dano moral do condomínio, ressaltando que, a par da possibilidade de cada interessado ajuizar ação para a reparação dos danos que eventualmente tenha suportado, o ordenamento jurídico autoriza o condomínio a impor sanções administrativas para o condômino nocivo e/ou antissocial, defendendo a doutrina, inclusive, a possibilidade de interdição temporária ou até definitiva do uso da unidade imobiliária".[101]

A propósito de atrito entre condôminos, o TJRS condenou o procurador de um condomínio a indenizar síndica que, durante a assembleia geral, foi acusada de transferir valores para sua conta pessoal:

"Não obstante a indignação do réu, falando em nome dos seus constituintes, em relação às contas prestadas pela autora, relativos aos anos anteriores de sua administração, certo é que o meio utilizado por ele não foi o correto, tampouco a forma. É certo que o réu poderia impugná-las em assembleia ou por meio de ação judicial. Contudo, restou evidenciado que o réu, ao intervir no anúncio da nova administração e proferir a manifestação, que não nega que fez, acabou por atacar a honra da autora, humilhando-a perante os demais condôminos presentes, na medida em que afirmava que ela vinha efetuando transferências da conta do condomínio para sua conta particular.

4. É evidente o dano moral sofrido em razão da conduta praticada pelo réu, que colocou em xeque a probidade da autora na administração do condomínio".[102]

Já em ação de indenização ajuizada por condômina em desfavor do condomínio, por danos patrimoniais e morais sofridos em razão de avarias no forro da sacada do seu apartamento, infiltrações e infestação de cupins, o STJ entendeu existir falha do condomínio quanto à manutenção e preservação da estrutura predial, a justificar a indenização pleiteada.[103]

O condomínio também já foi condenado pelo TJDFT por ter determinado, em assembleia, a suspensão de fornecimento de água a condômino inadimplente. Segundo o acórdão, a decisão assemblear não tem caráter absoluto, razão pela qual medidas ilegais

---

[101] STJ, 3ª T., REsp 1.736.593/SP, Rel. Min. Nancy Andrighi, ac. 11.02.2020, *DJe* 13.02.2020.
[102] TJRS, 2ª Turma Recursal, Recurso Inominado 71007067358, Rel. Des. Elaine Alexandre de Souza, ac. 16.05.2018, *DJe* 27.05.2018.
[103] STJ, 4ª T., AgInt no AgInt no AREsp 1.571.339/SP, Rel. Min. Maria Isabel Gallotti, ac. 29.06.2020, *DJe* 03.08.2020.

e arbitrárias não devem prevalecer. No caso analisado, a medida, além de abusiva, afetou a dignidade do condômino, ensejando a condenação:

> "2. É vedada a suspensão de fornecimento de água, tendo como objetivo coibir o condômino a adimplir com as obrigações condominiais, haja vista os meios legais disponíveis ao condomínio para efetuar a cobrança do inadimplente, impondo-se que a punição seja tão somente de natureza patrimonial.
> 3. Esta e. Corte Judicial mantém o entendimento de que a decisão de assembleia não tem caráter absoluto, de modo que, conquanto prevaleça o entendimento acerca da soberania das decisões de assembleia condominial, a suspensão do fornecimento de água revela-se conduta ilegal e arbitrária, visto que fere o direito de personalidade do condômino ao ser privado de bem essencial à vida, notadamente, quando a inadimplência se refere à quota extraordinária relativa à instalação de hidrômetro para individualizar o consumo dos moradores.
> 4. Não há dúvida de que a conduta abusiva da apelante violou direitos de personalidade da autora, diante da condição humilhante exposta por meses, em que vivia de doação de água dos vizinhos para sua sobrevivência. Ademais, a necessidade de ficar descendo e subindo escadas com galões e baldes de água por longo período, para pessoa de quase 60 anos de idade, com sobrepeso, acarretou problemas de saúde na autora (estresse físico, com fortes dores nos membros superiores e joelhos), conforme relatório médico, acostado nos autos, ensejando a obrigação de reparação de danos morais, nos termos dos arts. 187 e 927, do Código Civil".[104]

7.2. Legitimidade do nascituro

Situação interessante, também, é a do nascituro, que somente adquire personalidade civil após o nascimento com vida. A lei, no entanto, desde a concepção, já lhe protege os direitos eventuais (CC, art. 2º). Isso faz com que, embora para o direito positivo, o nascituro, antes do parto, não seja ainda pessoa, ele goze de um *status,* pelo menos, de "uma personalidade condicional", cuja consolidação, ou extinção, se dará com o evento superveniente do termo da gravidez.[105]

Fatos como a morte do pai ou a imputação de bastardia ao filho apenas concebido são capazes de acarretar à pessoa, após o nascimento e pela vida afora, graves repercussões à sua personalidade e à normalidade de seu psiquismo.[106] Muito correta, portanto, foi a decisão do extinto 2º TACivSP, na Apelação n. 489.775-017, relatada pelo Juiz Adail Moreira, quando, com excelentes fundamentos doutrinários, reconheceu ao nascituro,

---

[104] TJDFT, 1ª Turma Cível, Ap. 07038652720198070010, Rel. Des. Carlos Rodrigues, ac. 29.07.2020, *DJe* 02.09.2020.

[105] Cf. WALD, Arnoldo. *Curso de direito civil brasileiro. Parte geral.* 3. ed. São Paulo: Sugestões Literárias, 1991, p. 158; MONTEIRO, Washington de Barros. *Curso de direito civil. Parte geral.* 30. ed. São Paulo: Saraiva, 1991, v. I, p. 59-60; SERPA LOPES, Miguel Maria de. *Curso de direito civil.* 5. ed. Rio de Janeiro: Freitas Bastos, 1999, v. I, p. 234.

[106] "Os filhos, havidos ou não da relação do casamento, ou por adoção, terão os mesmos direitos e qualificações, *proibidas quaisquer designações discriminatórias relativas à filiação*" (art. 227, § 6º, da CF/88) (g.n.).

sob condição de nascer com vida, o direito a uma adequada indenização pela perda de seu genitor, culposamente provocada por seu empregador.

Nesse sentido é a jurisprudência do STJ ao reconhecer, em determinadas circunstâncias, "que o nascituro também tem direito à indenização por danos morais".[107]

7.2.1. Legitimidade de criança de tenra idade

Diversa é a situação de criança de tenra idade. Embora não tenha capacidade para, pessoalmente, requerer indenização por dano moral, pode fazê-lo por meio de seu representante legal:

> (i) "4. As crianças, mesmo da mais tenra idade, fazem jus à proteção irrestrita dos direitos da personalidade, assegurada a indenização pelo dano moral decorrente de sua violação, nos termos dos arts. 5º, X, *in fine*, da CF e 12, *caput*, do CC/02.
> 5. A sensibilidade ético-social do homem comum na hipótese, permite concluir que os sentimentos de inferioridade, dor e submissão, sofridos por quem é agredido injustamente, verbal ou fisicamente, são elementos caracterizadores da espécie do dano moral *in re ipsa*".[108]

> (ii) "A recusa indevida à cobertura médica pleiteada pelo segurado é causa de danos morais, pois agrava a situação de aflição psicológica e de angústia no espírito daquele. Precedentes – As crianças, mesmo da mais tenra idade, fazem jus à proteção irrestrita dos direitos da personalidade, entre os quais se inclui o direito à integridade mental, assegurada a indenização pelo dano moral decorrente de sua violação, nos termos dos arts. 5º, X, *in fine*, da CF e 12, *caput*, do CC/02.
> – Mesmo quando o prejuízo impingido ao menor decorre de uma relação de consumo, o CDC, em seu art. 6º, VI, assegura a efetiva reparação do dano, sem fazer qualquer distinção quanto à condição do consumidor, notadamente sua idade. Ao contrário, o art. 7º da Lei nº 8.078/90 fixa o chamado diálogo de fontes, segundo o qual sempre que uma lei garantir algum direito para o consumidor, ela poderá se somar ao microssistema do CDC, incorporando-se na tutela especial e tendo a mesma preferência no trato da relação de consumo".

---

[107] "Em que pese entender o STJ 'que o nascituro também tem direito a indenização por danos morais' (Ag n. 1268980/PR, Rel. Ministro Herman Benjamin, *DJ* de 02/03/2010), não são todas as situações jurídicas a que submetidas o concebido que ensejarão o dever de reparação, senão aquelas das quais decorram consequências funestas à saúde do nascituro ou suprimam-no do convívio de seus pais ante a morte destes. Precedentes. 3.2 Na hipótese dos autos, o fato que teria ocasionado danos morais àquela que era nascituro à época dos fatos, seria o resultado equivocado do exame de ultrassonografia com Translucência Nucal, que indicou ser ela portadora de 'Síndrome de Down'. Contudo, segundo a moldura fática delineada pela Corte a quo, a genitora, no dia seguinte ao recebimento do resultado equivocado, submeteu-se, novamente, ao mesmo exame, cujo diagnóstico mostrou-se diverso, isto é, descartou a sobredita patologia. Não se ignora o abalo psíquico que os pais suportaram em virtude de tal equívoco, dano, contudo, que não se pode estender ao nascituro" (STJ, 4ª T., REsp 1.170.239/RJ, Rel. Min. Marco Buzzi, ac. 21.05.2013, *DJe* 28.08.2013).

[108] STJ, 3ª T., REsp 1.642.318/MS, Rel. Min. Nancy Andrighi, ac. 07.02.2017, *DJe* 13.02.2017.

7.3. Legitimação passiva em caso de dano moral praticado por meio da imprensa

Merece ser destacado um problema de legitimação passiva gerado por uma interpretação restritiva da Lei de Imprensa, segundo a qual só a empresa jornalística, e não o autor do artigo ou o entrevistado, deveria responder civilmente pelo dano moral acarretado à vítima de notícia capaz de configurar calúnia, injúria ou difamação. O próprio Supremo Tribunal Federal e, posteriormente, o Superior Tribunal de Justiça, assentaram tal exegese.

É de ressaltar-se, entretanto, que, quando editada a Lei n. 5.250, de 9 de fevereiro de 1967, pouco se discutia no País sobre ressarcimento civil dos danos morais. Aliás, foi, nesse sentido, pioneira a Lei de Imprensa, entre outras, no campo de tipificação da calúnia, difamação e injúria como ilícitos civis, de modo a impor-lhes indenização tarifária. Ao contrário, o que, de forma uníssona e massacrante, se tinha como assentada jurisprudência da Suprema Corte Constitucional e Federal (STF) era a impossibilidade de indenização do dano moral puro.

Justificável, portanto, à época, a conclusão de que somente a empresa de jornalismo poderia responder pela indenização. E assim o era porque não havia, segundo a jurisprudência da época, qualquer outro fundamento legal, a não ser o art. 49, da Lei de Imprensa, que justificasse a indenização de um dano moral puro, não havia previsão constitucional de proteção contra as lesões ao nome, à intimidade e à honra que se tornou realidade com a Carta de 1988, e a exegese do art. 159 do Código Civil [de 1916] [CC/2002, art. 186] era no sentido de que somente os danos materiais ali previstos se sujeitavam à reparação civil.

A partir do momento em que a mesma conduta (ofensa à honra e integridade moral) passou a ser tipificada como *ilícito civil* em várias outras normas do ordenamento jurídico, inquestionável é que ultrapassada restou a antiga jurisprudência restritiva, formada em torno da Lei de Imprensa, por incompatível não só com o art. 159 do Código Civil de 1916 (atual art. 186 do CC de 2002), como, principalmente, com a nova Carta Magna (art. 5º, V e X).

A Lei de Imprensa, dessa forma, foi suplantada por normas mais amplas, hierarquicamente superiores, e até supervenientes, que passaram a dar ênfase à cobertura indenizatória para todas as espécies de ilícitos contra o patrimônio imaterial das pessoas humanas.

Por isso mesmo é que, modernamente os mais avançados Pretórios, sensíveis às mudanças sociais e legais e atentos à noção de justiça, têm se insurgido contra o antiquado pensamento do Supremo Tribunal Federal, nos moldes do que ocorreu anteriormente, com a indenização civil dos danos morais.

Aliás, seria mesmo um absurdo que o lesado, diante de um criminoso, passível inclusive de ser condenado pela prática dos crimes de calúnia e difamação, não pudesse contra ele se voltar, no plano civil, sob o argumento de que só o poderia fazer contra seu patrão (empresa jornalística), quando em vários outros diplomas legais, esse direito lhe é assegurado (*v.g.*, CC de 2002, arts. 186, 942, 953; CPC/2015, art. 515, VI e § 1º; CF, art. 5º, V e X).

Destarte, todo aquele que sofre injurídica ofensa à honra, sem exceção alguma, tem "assegurado o direito de resposta proporcional ao agravo, além de indenização por dano material, moral ou à imagem" (CF, art. 5º, V). E, por esses danos, serão responsáveis sempre os autores e aqueles que, segundo a lei, devem responder por atos de terceiro.

Tendo o dano moral sido objeto de publicação em periódico, além do autor do ilícito, a Lei de Imprensa institui, também, a responsabilidade civil da empresa empregadora.[109] Aliás, não é essa uma hipótese isolada no ordenamento jurídico brasileiro. Pelo mesmo princípio da preposição ou da propriedade, se encontram vários responsáveis solidários por atos de terceiros. Em acidentes de veículos respondem, solidariamente, condutor do automotor e seu proprietário, segundo a teoria da guarda da coisa perigosa e da culpa *in eligendo*; o art. 932 do Código Civil estabelece a responsabilidade do patrão pelos atos de seus funcionários, a Constituição atribui, outrossim, à Administração a responsabilidade do Estado pelos danos causados por seus agentes, dentre muitas outras hipóteses.

Em todas as situações de multiplicidade de responsáveis, emprega-se, indistintamente, a regra esposada no art. 942 do Código Civil, segundo o qual "os bens do responsável pela ofensa ou violação do direito de outrem ficam sujeitos à reparação do dano causado; e se a ofensa tiver mais de um autor, todos responderão solidariamente pela reparação", sendo, também, devedores os responsáveis por atos de terceiros (arts. 932 e 933). Pode, destarte, a vítima escolher entre acionar o patrão ou o empregado, o Poder Público ou seu funcionário, o proprietário ou o motorista do carro, o jornalista ou a empresa exploradora do periódico. A regra da responsabilidade do mais forte economicamente pelo ato do subordinado, do eleito, e similares sempre foi concebida como reforço e garantia do direito de indenização, e jamais como limitação ao direito de se ver reparado.

A tese exposta goza do prestígio de ser adotada pelo Superior Tribunal de Justiça, além dos tribunais estaduais, principalmente quando se trata de punir civilmente o dano moral cometido por meio da imprensa. É certo que nunca se reconheceu à imprensa a liberdade de caluniar ou injuriar pessoas, mediante veiculação de notícias falsas ou deturpadas. É antiquíssima a jurisprudência a respeito do tema e se mantém firme e atual semelhante posicionamento.[110]

Eis um acórdão paradigmático daquela alta Corte:

> "Recurso especial. **Responsabilidade civil. Dano moral.** Matéria jornalística. Extrapolação do direito de informar. Ofensa à honra configurada. (...)
> 1. Consoante a jurisprudência sedimentada nesta Corte Superior, os direitos à informação e à livre manifestação do pensamento, apesar de merecedores de relevante proteção constitucional, não possuem caráter absoluto, encontrando limites em outros direitos e

---

[109] "Processual civil. Recurso especial. Divergência jurisprudencial. Responsabilidade civil. Lei de Imprensa (n. 5.250/67, art. 49, § 2º). Danos morais. Polo passivo. Pessoa física ou jurídica. Possibilidade. Escolha do autor, tanto contra a empresa titular do veículo de comunicação, como ao jornalista ou contra aquele que a tanto deu margem" (STJ, 4ª T., REsp 210.961/SP, Rel. Min. Massami Uyeda, ac. 21.09.2006, *DJU* 12.03.2007, p. 234).

[110] "4.2.1. A ampla liberdade de informação, opinião e crítica jornalística reconhecida constitucionalmente à **imprensa** não é um direito absoluto, encontrando limitações, tais como o compromisso com a veracidade da informação" (STJ, 4ª T., REsp 738.793/PE, Rel. p/ ac. Min. Marco Buzzi, ac. 17.12.2015, *DJe* 08.03.2016).

garantias constitucionais não menos essenciais à concretização da dignidade da pessoa humana, tais como o direito à honra, à intimidade, à privacidade e à imagem.

2. No desempenho da nobre função jornalística, o veículo de comunicação não pode descuidar de seu compromisso ético com a veracidade dos fatos narrados e, menos ainda, assumir postura injuriosa ou difamatória com o simples propósito de macular a honra de terceiros. (...)".[111]

É esse, outrossim, o ensinamento da mais abalizada doutrina referente ao assunto:

> "a ação civil deverá ser proposta contra a pessoa natural ou jurídica que explora o meio de informação, ou divulgação, o que não impede que se mova a ação diretamente contra o autor, desde que idôneo financeiramente".[112]

Em suma, provada a ofensa à honra oriunda de ato imputável a jornalista, divulgada através de periódico, inequívoco é o direito da vítima de procurar a sua reparação ampla, seja através de ação penal, exercício do direito de resposta ou da ação civil de reparação de danos materiais e morais. Poderá, nesse momento, optar por todas as vias, ou por alguma delas apenas. A reparação civil, nesse caso, estará amparada não só na Lei de Imprensa, mas em diversos princípios gerais esparsos por toda a legislação. E não poderá o juiz, alegando a responsabilidade da empresa, eximir o ofensor de responder por ato seu, doloso ou culposo, que ofendeu a honra de alguém, sob pena de negativa de vigência às regras do Código Civil e da Constituição Federal.

O entendimento encontra-se sumulado pelo Enunciado n. 221 do STJ: "São civilmente responsáveis pelo ressarcimento de dano, decorrente de publicação pela imprensa, tanto o autor do escrito quanto o proprietário do veículo de divulgação".

8. A LEGITIMIDADE PASSIVA

Interessante acórdão do STJ condenou o denominado "terceiro cúmplice" a pagar indenização por danos morais, por sua conduta que buscou unicamente incentivar a rescisão do contrato firmado entre um atleta e sua patrocinadora, *in verbis*:

> "5.1. Ante o reconhecimento e a ampliação de novas áreas de proteção à pessoa humana, resultantes da nova realidade social e da ascensão de novos interesses, surgem também novas hipóteses de violações de direitos, o que impõe sua salvaguarda pelo ordenamento jurídico, inclusive quanto ao comportamento de terceiro que interfere ou induz o inadimplemento da obrigação.
>
> 5.2. Os contratos são protegidos por deveres de confiança, os quais se estendem a terceiros em razão da cláusula de boa-fé objetiva. De acordo com a Teoria do Terceiro Cúmplice, terceiro ofensor também está sujeito à eficácia transubjetiva das obrigações, haja vista que seu comportamento não pode interferir indevidamente na relação, perturbando

---

[111] STJ, 3ª T., REsp 1.297.426/RO, Rel. Min. Ricardo Villas Bôas Cueva, ac. 03.11.2015, *DJe* 10.11.2015.
[112] MIRANDA, Darcy Arruda. *Comentários à Lei de Imprensa*. 3. ed. São Paulo: Revista dos Tribunais, 1995, n. 723, p. 745.

o normal desempenho da prestação pelas partes, sob pena de se responsabilizar pelos danos decorrentes de sua conduta.

5.3. O envio de carta por terceiro a patrocinadora do jogador, relatando e emitindo juízo de valor sobre suposta conduta criminosa, sem nenhum intuito informativo e com nítido caráter difamatório e vingativo, buscou unicamente incentivar a rescisão do contrato firmado entre o atleta e a destinatária da carta, estando configurado ato danoso indenizável".[113]

9. UM PROBLEMA DE COMPETÊNCIA

No tocante a dano moral ao trabalhador ocorrido durante o desenvolvimento da relação de emprego, após a Constituição de 1988 formou-se uma forte corrente no sentido de que a responsabilidade indenizatória, na espécie, teria sua apreciação absorvida pela competência especial da Justiça do Trabalho.

Por outro lado, o entendimento do Superior Tribunal de Justiça era no sentido de que, a prevalecer a tese da competência da justiça especializada, a Justiça estadual teria esvaziada por completo sua competência relativamente à responsabilidade civil por ato ilícito decorrente de acidente do trabalho. Até mesmo os danos materiais teriam que se deslocar para o âmbito da Justiça do Trabalho.

Decidia, assim, o Superior Tribunal de Justiça que, em se tratando de acidente do trabalho, a indenização do direito comum, fosse por dano material ou moral era da competência da Justiça Comum.[114]

Para pôr fim à celeuma jurisprudencial em torno da disputa de competência entre a Justiça Comum e a Justiça do Trabalho, adveio a Emenda Constitucional n. 45, de 08.12.2004, que atribuiu expressamente à Justiça do Trabalho, "as ações de indenização por dano moral ou patrimonial, decorrentes da relação de trabalho" (CF, art. 114, VI, em seu texto atual).

Dando aplicação imediata a essa nova competência explicitada na Constituição, o Supremo Tribunal Federal, em julgamento de *Conflito de Competência*, historiou toda a evolução da controvérsia e deu sua interpretação final, amoldando-a às exigências da razoabilidade e da segurança jurídica. Proclamou que, de fato, após a Emenda Constitucional n. 45/2004, cabe à Justiça do Trabalho as ações de indenização por danos morais e patrimoniais oriundas de acidente do trabalho. Fez, porém, uma importantíssima ressalva quanto às ações em trâmite pela Justiça Comum. Eis a ementa do julgamento a que procedeu o Pleno do STF no CC n. 7.204-1, julgado em 29.06.2005:

> "Constitucional. Competência judicante em razão da matéria. Ação de indenização por danos morais e patrimoniais decorrentes de acidente do trabalho, proposta pelo empregado em face de seu (ex-)empregador. Competência da Justiça do Trabalho. Art. 114 da Magna Carta. Redação anterior e posterior à Emenda Constitucional n. 45/2004.

---

[113] STJ, 3ª T., REsp 1.895.272/DF, Rel. Min. Marco Aurélio Bellizze, ac. 26.04.2022, *DJe* 29.04.2022.
[114] STJ, 2ª Seção, CC 20.499/SC, Rel. Min. Eduardo Ribeiro, ac. 24.03.1999, *DJU* 10.05.1999, p. 100; CC 22.706/SP, Rel. Min. Nilson Naves, ac. 23.09.1998, *DJU* 30.11.1998, p. 45.

Evolução da jurisprudência do Supremo Tribunal Federal. Processos em curso na justiça comum dos Estados. Imperativo de política judiciária.

1. Numa primeira interpretação do inciso I do art. 109 da Carta de Outubro, o Supremo Tribunal Federal entendeu que as ações de indenização por danos morais e patrimoniais decorrentes de acidente do trabalho, ainda que movidas pelo empregado contra seu (ex-)empregador, eram da competência da Justiça comum dos Estados-Membros.

2. Revisando a matéria, porém, o Plenário concluiu que a Lei Republicana de 1988 conferiu tal competência à Justiça do Trabalho. Seja porque o art. 114, já em sua redação originária, assim deixava transparecer, seja porque aquela primeira interpretação do mencionado inciso I do art. 109 estava, em boa verdade, influenciada pela jurisprudência que se firmou na Corte sob a égide das Constituições anteriores.

3. Nada obstante, como imperativo de política judiciária – haja vista o significativo número de ações que já tramitaram e ainda tramitam nas instâncias ordinárias, bem como o relevante interesse social em causa –, o Plenário decidiu, por maioria, que o marco temporal da competência da Justiça trabalhista é o advento da Emenda Constitucional n. 45/2004. Emenda que explicitou a competência da Justiça Laboral na matéria em apreço.

4. A nova orientação alcança os processos em trâmite pela Justiça comum estadual, desde que pendentes de julgamento de mérito. É dizer: as ações que tramitam perante a Justiça comum dos Estados, com sentença de mérito anterior à promulgação da Emenda Constitucional n. 45/2004, lá continuam até o trânsito em julgado e correspondente execução. Quanto àquelas cujo mérito ainda não foi apreciado, hão de ser remetidas à Justiça do Trabalho, no estado em que se encontram, com total aproveitamento dos atos praticados até então. A medida se impõe, em razão das características que distinguem a Justiça comum estadual e a Justiça do Trabalho, cujos sistemas recursais, órgãos e instâncias não guardam exata correlação.

5. O Supremo Tribunal Federal, guardião-mor da Constituição Republicana, pode e deve, em prol da segurança jurídica, atribuir eficácia prospectiva às suas decisões, com a delimitação precisa dos respectivos efeitos, toda vez que proceder a revisões de jurisprudência definidora de competência *ex ratione materiae*. O escopo é preservar os jurisdicionados de alterações jurisprudenciais que ocorram sem mudança formal do Magno Texto.

6. Aplicação do precedente consubstanciado no julgamento do Inquérito 687, Sessão Plenária de 25.8.1999, ocasião em que foi cancelada a Súmula 394 do STF, por incompatível com a Constituição de 1988, ressalvadas as decisões proferidas na vigência do verbete.

7. Conflito de competência que se resolve, no caso, com o retorno dos autos ao Tribunal Superior do Trabalho".[115]

Cumpre ressaltar acórdão daquela Corte Superior no sentido de que "se o acidente ocorreu no âmbito de uma relação de trabalho, só a Justiça do Trabalho pode decidir se o tomador dos serviços responde pelos danos sofridos pelo prestador terceirizado".[116] O caso em análise tratava de pedido de indenização de funcionária terceirizada, a serviço da Caixa Econômica Federal, que fora ofendida por cliente da instituição bancária. Em seu

---

[115] STF, Pleno, CC 7.204/MG, Rel. Min. Carlos Britto, ac. 29.06.2005, *DJU* 09.12.2005, p. 5.
[116] STJ, 2ª Seção, CC 97.458/SP, Rel. Min. Sidnei Beneti, ac. 22.06.2011, *DJe* 29.06.2011.

voto, o ilustre Ministro relator entendeu ser da Justiça do Trabalho a competência para decidir a questão, uma vez que o evento danoso decorreu da prestação do serviço, *in verbis*:

> "embora a pretendida indenização por danos morais não decorra de ato ilícito praticado por empregado da Caixa Econômica Federal (empresa tomadora dos serviços), mas, por cliente da aludida instituição bancária, releva que no momento em que sofreu a ofensa, encontrava-se a autora prestando serviços nas dependências de uma de suas agências. Desse modo, a atração da competência da Justiça trabalhista se justifica, pois, a despeito da existência de duas relações subjacentes com naturezas jurídicas distintas: a primeira com a suposta ofensora (cliente da instituição financeira); e a segunda estabelecida diretamente com a CEF, enquanto tomadora dos serviços, vislumbra-se conexão imediata do dano sofrido com a prestação do serviço à aludida instituição financeira, havendo a necessidade de que, a partir da análise da pretensão deduzida, possa-se decidir, inclusive, sobre a permanência ou não da CEF no polo passivo da demanda, avaliação que, pelas particularidades do caso, será melhor exercida pela Justiça do Trabalho" (voto do Ministro relator, no CC *cit.*).

Ainda a propósito da competência da Justiça do Trabalho ampliada pela Emenda Constitucional n. 45/2004, o STJ faz uma distinção relevante entre as ofensas morais ocorridas durante o contrato de trabalho e aquelas havidas entre o antigo patrão e o ex--empregado, depois de extinta a relação empregatícia:

> "Conflito de competência – Honra – Ofensas – Ex-patrão contra ex-empregado – Ação de indenização danos morais – Direito civil – Justiça Estadual.
> 1. Ação de indenização por danos morais, movida por ex-empregado e sua mulher contra o ex-patrão, porque este teria ofendido a honra dos primeiros, é da competência da Justiça Estadual, pois as ofensas foram irrogadas no momento da cobrança de verbas rescisórias, quando já findo o contrato de trabalho.
> 2. A competência *ratione materiae* define-se pela natureza do pedido e da causa de pedir que, no caso, são de índole civil.
> 3. Conflito de competência conhecido para declarar competente o Juízo de Direito da 7ª Vara Cível de São José dos Campos/SP, suscitado".[117]

Destarte, para o STJ, ação de indenização por atos ilícitos que tenham apenas ligação remota com a relação de trabalho já extinta não atraem a competência da justiça especializada:

> "A ação de indenização por danos morais e materiais proposta por ex-empregado contra ex-empregador, ou vice-versa, embora tenha remota ligação com a extinção do contrato de trabalho, não possui natureza trabalhista, fundando-se nos princípios e normas concernentes à responsabilidade civil".[118]

---

[117] STJ, 2ª Seção, CC 95.325/SP, Rel. Min. Fernando Gonçalves, ac. un. de 13.08.2008, *DJe* 21.08.2008.
[118] STJ, 3ª T., AgRg no Ag. 1.129.255/SP, Rel. Min. Ricardo Villas Bôas Cueva, ac. 21.06.2012, *DJe* 28.06.2012. No mesmo sentido: STJ, 3ª T., AgRg no REsp 738.639/MG, Rel. Min. Paulo de Tarso Sanseverino, ac. 05.10.2010, *DJe* 15.10.2010.

10. A ESTIMATIVA DO DANO MORAL DA PETIÇÃO INICIAL

Vez ou outra, decisões surgem impondo ao autor da ação de reparação do dano moral o ônus de formular pedido certo e determinado, fazendo constar da petição inicial o valor da indenização pretendida, para não vulnerar o princípio do contraditório e ampla defesa.[119] Afirma-se que, "em não sendo mencionado o *quantum* pretendido, não se dará ao réu a possibilidade de contrariar o pedido de forma pontual, com objetividade e eficiência, obstando, assim, o seu direito à ampla defesa e ao contraditório".[120]

O argumento, porém, não é convincente, nem tem merecido acolhida na jurisprudência dominante no Superior Tribunal de Justiça.

Não há critério legal algum que permita ao autor, *in casu*, fazer uma estimativa segura da reparação a que faz jus, porque é reconhecidamente impossível uma operação precisa de equivalência entre a dor moral e a correspectiva reparação econômica.[121]

Só uma pessoa tem a força e atribuição de dar valor à reparação da lesão não patrimonial: o juiz. Daí a conclusão inarredável de que "na ausência de um padrão ou uma contraprestação, que dê o correspectivo da mágoa, o que prevalece é o critério de *atribuir ao juiz o arbitramento da indenização*.[122]

Essa falta de parâmetro no direito positivo torna temerária e arriscada qualquer tentativa do autor de predeterminar o valor da indenização reclamada. O caso, por sua dependência integral a um posterior arbitramento,[123] autoriza, sem dúvida, a formulação do pedido genérico de indenização por dano moral.[124]

Ensina, a propósito, Ada Pellegrini Grinover que o pedido genérico, na espécie, não atrita, de maneira alguma, com a garantia do contraditório, que pode amplamente ser travado durante o debate na fase cognitiva, na instrução e na liquidação. Os critérios para o arbitramento é que devem ser apontados pelo autor, mediante explicitação de quais os elementos que irão influir na fixação a ser obtida por meio da decisão judicial. Diante da explicitação de tais dados pelo autor, nenhuma surpresa pode advir para o demandado, "que, reitere-se, terá oportunidade de amplo debate sobre tais critérios ao longo da instrução (quer no processo de conhecimento condenatório, quer no de liquidação)".[125]

O caráter genérico do pedido de indenização por dano moral, segundo jurisprudência do STJ não se desnatura nem mesmo quando o autor aponta valores meramente estimativos na petição inicial, "à guisa de sugestão", ou seja: "a estimativa na petição inicial, de valor do dano não confere certeza ao pedido".[126]

---

[119] TJRJ, Ag. 99.002.03350, 13ª CC., ac. 25.11.1999, *Revista de Direito do Consumidor* 37/319.
[120] TJSP, Ag. 143.520-4/1-00, 8ª CC., Rel.ª Des.ª Zélia Maria Antunes Alves, ac. 15.05.2000, *RT* 781/232.
[121] DIAS, José de Aguiar. *Da responsabilidade civil*. 8. ed. Rio de Janeiro: Forense, 1987, v. 2, p. 862.
[122] PEREIRA, Caio Mário da Silva. *Da responsabilidade civil*. 2. ed. Rio de Janeiro: Forense, 1990, p. 338.
[123] CAHALI, Yussef Said. *Dano moral*. 2. ed. São Paulo: Revista dos Tribunais, 1998, p. 705.
[124] ANDRADE, André Gustavo Corrêa de. Dano moral e pedido genérico de indenização. *Revista dos Tribunais*, São Paulo, v. 781, p. 36, nov. 2000.
[125] GRINOVER, Ada Pellegrini. *Dano moral*. Observações sobre a ação de responsabilidade civil por danos morais decorrentes de abuso da liberdade de imprensa. São Paulo: Fisco e Contribuinte, 1999, p. 291, *apud* ANDRADE, André Gustavo Corrêa de. Dano moral e pedido genérico de indenização. *Revista dos Tribunais*, São Paulo, v. 781, p. 44, nov. 2000.
[126] STJ, 4ª T., REsp 20.102/PR, Rel. Min. Fontes de Alencar, ac. 14.09.1992, *DJU* 12.04.1993, p. 6.071; STJ, 3ª T., REsp 136.588/RJ, Rel. Min. Waldemar Zveiter, ac. 07.04.1998, *DJU* 1º.06.1998, p. 85.

A generalidade da pretensão indenizatória, na espécie, decorre da sua própria natureza. Por isso, "a formulação de pedido genérico de indenização não configura violação aos princípios da ampla defesa e do contraditório, porque autor e réus se encontram em situação de absoluta igualdade quanto à imprevisibilidade do valor do dano moral; e ao réu sempre será possível discutir, debater ou refutar raciocínios, argumentações e critérios concernentes à fixação do valor".[127]

Aliás, é abundante e uniforme a jurisprudência do STJ consagradora da legitimidade do pedido genérico nas ações de indenização por dano moral:

> *(i)* "Em se tratando de responsabilidade civil fundada em dano moral, admite-se que o pedido seja formulado sem se especificar o valor pretendido a título de indenização".[128]
>
> *(ii)* "Tratando-se de pedido indenizatório relativo a dano moral, não se justifica o indeferimento da inicial, pela ausência de indicação do valor exato pleiteado, o qual poderá ser arbitrado em sentença".[129]
>
> *(iii)* "O pedido alusivo à indenização por dano moral, pela natural dificuldade de ser valorada a lesão, não necessita ser de logo quantificado pela parte autora na exordial".[130]

10.1. O valor da causa na ação indenizatória de dano moral

Prevê expressamente o CPC/2015 que na ação indenizatória, inclusive a fundada em dano moral, o valor da causa será *o valor pretendido pelo autor* (art. 292, V). Observa Teresa Arruda Alvim Wambier que, nesse ponto, o CPC inova, ao incluir a previsão de que o valor da causa, na espécie, é aquele que corresponde ao entendimento firmado pelo STJ, nos seguintes termos:

> "Esta Corte possui entendimento no sentido de que 'se há indicação clara na petição inicial do benefício econômico pretendido na demanda, ainda que em patamar mínimo, é este que deve figurar como valor da causa, sendo que, mesmo que haja a impossibilidade de se avaliar a dimensão integral desse benefício, não se justifica a fixação do valor da causa em quantia muito inferior ao de um valor mínimo desde logo estimável' (Pet 2398/SP, Corte Especial, Rel. Ministra Laurita Vaz, *DJe* 12.05.2010)".[131]

Com isso, não se admite mais que o autor pretenda um valor estimado e atribua à causa para os devidos efeitos um valor menor:

> "2. Se desde logo é possível estimar um valor, ainda que mínimo, para o benefício requerido na demanda, a fixação do valor da causa deve corresponder a essa quantia. Precedentes. 3. De acordo com a iterativa jurisprudência desta Corte, quando há in-

---

[127] ANDRADE, André Gustavo Corrêa de. Dano moral e pedido genérico de indenização. *Revista dos Tribunais*, São Paulo, v. 781, p. 49, nov. 2000.
[128] STJ, 4ª T., REsp 169.867/RJ, Rel. Min. César Asfor Rocha, ac. 05.12.2000, *DJU* 19.03.2001, p. 112.
[129] STJ, 3ª T., AgRg no AI 295.154/SP, ac. 29.08.2000, *DJU* 02.10.2000, p. 168.
[130] STJ, 4ª T., AgRg no AI 253.249/SP, Rel. Min. Aldir Passarinho Júnior, ac. 04.05.2000, *DJU* 21.08.2000, p. 147.
[131] STJ, 2ª T., AgRg no REsp 1.445.991/SP, Rel. Min. Mauro Campbell Marques, ac. 05.06.2014, *DJe* 11.06.2014.

dicação na petição inicial do valor requerido a título de danos morais, ou quando há elementos suficientes para sua quantificação, ele deve integrar o valor da causa. 4. O Código de Processo Civil de 2015 estabelece que o valor da causa, nas ações indenizatórias, inclusive as fundadas em dano moral, será o valor pretendido".[132]

Isso, entretanto, não impede que o autor formule pedido genérico, como reconhece a jurisprudência do STJ.[133] Porém, se tal ocorrer, não poderá sugerir indenização em algum valor sem que seja ele o prevalente para a determinação do valor da causa. Tudo ficará a critério do arbitramento judicial. No entanto, a impossibilidade de avaliar a dimensão integral do benefício pretendido "não justifica a fixação do valor da causa em quantia muito inferior a um valor mínimo desde logo estimável".[134]

Fredie Didier Júnior entende que, na ação indenizatória relacionada ao dano moral, o valor pretendido deve ser obrigatoriamente explicitado na petição inicial.[135] Sua tese, todavia, não é acolhida pelo STJ, como já consignado.

A controvérsia em torno do valor da causa e da sucumbência nas ações sobre dano moral foi superada pela jurisprudência atual do STJ. Para aquela Alta Corte, nas ações da espécie, "o valor da causa é meramente estimativo" e não deve ser objetivamente considerado para o cálculo de honorários sucumbenciais, pois "não encontra lastro objetivo, sendo mera estimativa da parte autora", mesmo nos casos de improcedência da demanda.[136]

Dentro do mesmo enfoque, o STJ entende que nas referidas ações "a fixação do quantum em valor inferior ao requerido não configura sucumbência recíproca, pois o montante deduzido na petição inicial é meramente estimativo".[137] Ou seja: não se considera sucumbente parcial a parte que não obtém condenação correspondente à totalidade do valor dado à causa, tema que foi objeto da Súmula 326 do STJ,[138] que continua em vigor no regime do atual CPC.[139]

10.2. Pedido determinado e sucumbência recíproca

Se o autor, em vez de deixar o arbitramento a critério do juiz, se dispõe ele mesmo a estipular, na petição inicial, o *quantum* postulado para reparação do dano, duas con-

---

[132] STJ, 3ª T., REsp 1.698.665/SP, Rel. Min. Ricardo Villas Bôas Cueva, ac. 24.04.2018, *DJe* 30.04.2018.
[133] STJ, 3ª T., AgRg nos EDcl no AREsp 158.865/RJ, Rel. Min. Sidnei Beneti, ac. 26.06.2012, *DJe* 29.06.2012; STJ, 1ª T., REsp 693.172/MG, Rel. Min. Luiz Fux, ac. 23.08.2005, *DJU* 12.09.2005, p. 233.
[134] STJ, 1ª T., REsp 642.488/DF, Rel. Min. Teori Albino Zavascki, ac. 12.09.2006, *DJU* 28.09.2006, p. 193. No mesmo sentido: STJ, 1ª T., AgRg no AREsp 215/RS, Rel. Min. Benedito Gonçalves, ac. 13.03.2012, *DJe* 16.03.2012. Cf. também: MEDINA, José Miguel Garcia. *Direito processual civil moderno*. 2. ed. São Paulo: Revista dos Tribunais, 2016, p. 463.
[135] DIDIER JÚNIOR, Fredie. *Curso de direito processual civil*. 17. ed. Salvador: JusPodivm, 2015, v. 1, p. 581.
[136] STJ, 4ª T., AgInt no Resp 1.803.435/DF, Rel. Min. Raúl Araújo, ac. 10.10.2019, *DJe* 24.10.2019.
[137] STJ, 4ª T., AgRg no AREsp 142.694/PR, Rel. Min. Antonio Carlos Ferreira, ac. 11.02.2014, *DJe* 26.02.2014. No mesmo sentido: STJ, 4ª T., AgRg no AREsp 448.873/SP, Rel. Min. Raúl Araújo, ac. 25.08.2015, *DJe* 16.09.2015; STJ, 3ª T., AgRg nos EDcl no AREsp 184.173/CE, Rela. Min. João Otávio de Noronha, ac. 20.06.2013, *DJe* 28.06.2013.
[138] "Na ação de indenização por dano moral, a condenação em montante inferior ao postulado na inicial não implica sucumbência recíproca" (Súmula 326/STJ).
[139] STJ, 4ª T., REsp 1.837.386/SP, Rel. Min. Antônio Carlos Ferreira, ac. 16.08.2022, *DJe* 23.08.2022.

sequências, em princípio, se imporiam: a) a sentença não poderia arbitrar a indenização em valor maior do que o pedido, sob pena de proferir julgamento *ultra petita*; b) se o arbitramento fosse menor do que o pedido, haveria sucumbência parcial do autor, de sorte a justificar rateio dos encargos processuais. Foi o que prevaleceu nos seguintes julgados:

> *(i)* "Se o pedido de indenização por moral refere quantia determinada, e a sentença só o acolhe em parte, caracterizada está a sucumbência recíproca, exigindo a aplicação do art. 21 do Código de Processo Civil [CPC/2015, art. 86]. Embargos de divergência recebidos".[140]
>
> *(ii)* "A fixação de valor diverso ao pretendido na inicial, a título de danos morais, conduz à sucumbência recíproca, permitindo o cabimento do recurso adesivo. 2 – Nos termos do art. 398 do CPC, sempre que uma das partes requerer a juntada de documento, o Juiz ouvirá, a seu respeito, a outra, no prazo de cinco dias, restando caracterizado o cerceamento de defesa, quando o julgamento do feito for influenciado por documento relevante, do qual não teve vista a parte contrária".[141]

O STJ, entretanto, em julgado posterior, mostrou-se mais liberal no tratamento dado ao pedido certo de indenização do dano moral:

> *(i)* "Dada a multiplicidade de hipóteses em que cabível a indenização por dano moral, aliada à dificuldade na mensuração do valor do ressarcimento, tem-se que a postulação contida na exordial se faz em caráter meramente estimativo, não podendo ser tomada como pedido certo para efeito de fixação de sucumbência recíproca, na hipótese de a ação vir a ser julgada procedente em montante inferior ao assinalado na peça inicial".[142]
>
> *(ii)* "2.2. Em que pese a discrepância entre o valor indicado no pedido e o quantum arbitrado na condenação, não há falar em sucumbência dos autores da demanda, vencedores em seu pedido indenizatório. Incide a orientação que emana da Súmula n. 326/STJ.
> 3. O valor sugerido pela parte autora para a indenização por danos morais traduz mero indicativo referencial, apenas servindo para que o julgador pondere a informação como mais um elemento para a árdua tarefa de arbitrar o valor da condenação.
> 4. Na perspectiva da sucumbência, o acolhimento do pedido inicial – este entendido como sendo a pretensão reparatória stricto sensu, e não o valor indicado como referência –, com o reconhecimento do dever de indenizar, é o bastante para que ao réu seja atribuída a responsabilidade pelo pagamento das despesas processuais e honorários advocatícios, decerto que vencido na demanda, portanto sucumbente".[143]

---

[140] STJ, 2ª Seção, Emb. Div. no REsp 63.520/RJ, Rel. Min. Ari Pargendler, ac. 28.05.1999, *DJU* 10.04.2000, p. 67. No mesmo sentido: STJ, 3ª T., REsp 242.557/SP, Rel. Min. Waldemar Zveiter, ac. 16.02.2001, *DJU* 02.04.2001, p. 289.

[141] TJMG, 13ª Câm. Cív., Ap. Cív. 1.0439.08.091739-6/001, Rel. Des. Francisco Kupidlowski, ac. 07.04.2011, súmula publicada em 25.04.2011.

[142] STJ, 4ª T., REsp 332.943/SP, Rel. Min. Aldir Passarinho Júnior, ac. 22.10.2002, *DJU* 17.02.2003, p. 283. No mesmo sentido: STJ, 2ª Seção, REsp 1.114.398/PR, Rel. Min. Sidnei Beneti, ac. 08.02.2012, *DJe* 16.02.2012.

[143] STJ, 4ª T., REsp 1.837.386/SP, Rel. Min. Antônio Carlos Ferreira, ac. 16.08.2022, *DJe* 23.08.2022. No mesmo sentido: "Segundo o entendimento consolidado desta Corte, 'na ação de indenização por dano moral, a condenação em montante inferior ao postulado na inicial não implica sucumbência recíproca'

Essa nova orientação acabou sendo vitoriosa, pois tornou-se objeto de Súmula: "Na ação de indenização por dano moral, a condenação em montante inferior ao postulado na inicial não implica sucumbência recíproca" (STJ, Súmula 326).

Se, porém, o autor formula pedidos diferentes todos de reparação devidas por fatos diversos, ainda que interligados, e a condenação acolhe apenas um dos pedidos de dano moral, o caso não é de simples estimativa do dano, mas de pedidos rejeitados. Nessa hipótese, "se o autor deduziu três pedidos e apenas um foi acolhido, os ônus da sucumbência deverão ser suportados reciprocamente, na proporção de 2/3 para o autor e 1/3 para o réu".[144]

11. PROVA DO DANO MORAL

O dano moral pressupõe uma lesão – a dor – que se passa no plano psíquico do ofendido. Por isso, não se torna exigível, na ação indenizatória, a prova de semelhante evento. Sua verificação se dá em terreno onde à pesquisa probatória não é dado chegar. Isto, porém, não quer dizer que a vítima possa obter reparação em juízo com a simples e pura afirmação de ter suportado dano moral.

A situação fática em que o ato danoso ocorreu integra a causa de pedir, cuja comprovação é ônus do autor da demanda. Esse fato, uma vez comprovado, será objeto de análise judicial quanto à sua natural lesividade psicológica, segundo a experiência da vida, ou seja, daquilo que comumente ocorre em face do homem médio na vida social.

Apreciando caso em que a indenização por dano moral era pretendida por parente que nem sequer convivia com a vítima de acidente fatal, o antigo 1º Tribunal de Alçada Civil de São Paulo destacou o seguinte:

> "Não há como se afastar a assertiva de que a morte de um irmão ocasione aos outros dor e sofrimento, passíveis de indenização por dano moral. No entanto, na espécie tal dano precisa ser comprovado, porque no caso a presunção de sofrimento é relativa e não absoluta, admitindo por isso prova em contrário. A respeito colhe de Wladimir Valler: 'Em alguns casos, como na hipótese de ofensa à honra, por calúnia, difamação ou injúria, o dano moral está ínsito na ofensa e dessa forma se prova por si. O dano moral emerge *in re ipsa* das próprias ofensas cometidas, sendo de difícil, para não dizer impossível averiguação.
>
> Em outras hipóteses (como no caso em julgamento), entretanto, a prova do dano moral está submetida ao regime geral das provas, de modo que o ônus da prova incumbe a quem alega ter sofrido o dano moral (art. 333, I, do CPC) [NCPC, art. 373, I]. Fato alegado e não provado, é o mesmo que inexistente – *allegatio et non probatio, quasi non allegatio*. Entretanto, nessa matéria de prova de dano moral não se poderá exigir uma prova direta. Não será evidentemente, com atestados médicos ou com o depoimento de duas ou três testemunhas, que se demonstrará a dor, o sofrimento, a aflição, em suma, o dano moral alegado por aquele que pleiteia, em juízo, a reparação. Admissível, por conseguinte, que o dano moral seja demonstrado por meio de presunções *hominis*.

(Súmula 326 do STJ)" (STJ, 4ª T., AgInt no AREsp 1.644.368/SC, Rel. Min. Raul Araújo, ac. 10.08.2020, *DJe* 26.08.2020).

[144] STJ, 3ª T., REsp 324.629/MG, Rel.ª Min.ª Nancy Andrighi, ac. 10.12.2002, *RSTJ* 186/313.

> Para tanto, o juiz, na falta de regras jurídicas particulares, poderá aplicar as regras de experiência comum administradas pela observação do que ordinariamente acontece, como expressamente autoriza o art. 335 do CPC' [NCPC, art. 375] (VALLER, Wladimir. *A reparação do dano moral no direito brasileiro*. 5. ed. Campinas: E. V. Editores, 1997, p. 309/310).
>
> Assim assentado na lição citada, vários fatores levam à manutenção do julgado monocrático, reconhecendo-se válidos os argumentos que contrariaram a presunção relativa em favor dos apelantes".[145]

No Tribunal de Justiça do Rio Grande do Sul, por sua vez, teve-se como não provado o dano moral diante de uma situação em que apenas se evidenciava a nulidade de cláusula contratual abusiva (obrigação de aceite de letra de câmbio emitida pelo credor). Eis os argumentos do aresto:

> "Por derradeiro, no tocante ao pedido de indenização por dano moral pleiteado pela autora, tenho que é descabido na espécie sob exame, devendo ser rejeitado.
>
> Para que haja a responsabilidade civil, e a consequente obrigação de indenizar daí advinda, é necessária a concorrência de três requisitos: a) a existência de um dano ou ofensa; b) conduta do agente, culposa ou dolosa; c) nexo de causalidade, ou seja, um liame subjetivo ligando a ofensa produzida à conduta praticada.
>
> De forma inequívoca, no presente caso não houve a ocorrência de nenhum destes elementos ensejadores da responsabilidade civil, haja vista que, apesar de se tratar de cláusula abusiva aquele que autoriza o banco a emitir letras de câmbio contra o devedor correntista, o demandando após de livre e espontânea vontade, eis que não se cogitou, *in casu*, de vícios de consentimento no contrato, sua assinatura no documento, concordando, a princípio, com todos os termos nele expostos, o que vale dizer que não houve conduta culposa ou dolosa da instituição na contratação pactuada junto à autora. E desta forma, em não havendo conduta que produza lesão na esfera moral da requerente, bem como o nexo de causalidade ligando ambos os fatos, não há falar em indenização por dano moral".[146]

Na verdade, o que não se prova é a dor moral, porque se passa na esfera subjetiva do ofendido, onde a pesquisa probatória não tem como alcançar. O dano, porém, objetivamente, atinge um direito da personalidade, que exteriormente pode ser detectado e cuja ofensa pode ser evidenciada, indiferentemente da penetração do psiquismo da vítima.

Pela gravidade da ofensa ao direito da personalidade (honra, intimidade, nome etc.), o juiz pode avaliar a repercussão da dor que de fato afetou o titular do direito violado. Assim, não é correto afirmar-se que a condenação, *in casu*, independe de prova do dano. Este é avaliado exteriormente, de modo que a vítima não pode deixar de provar que um direito ligado à sua personalidade foi realmente ofendido, de maneira grave e ilícita.

---

[145] 1º TACivSP, Ap. 814.738-4, 6ª C. Férias, Rel. Juiz Jorge Farah, ac. 28.01.1999, *RT* 722/254.
[146] TJRS, 5ª CC., Ap. 599.257.342, Rel. Des. Alberto Bencke, ac. 07.10.1999, *Revista de Direito do Consumidor* 37/332.

Como bem explica Sergio Cavalieri Filho, "esse é o sentido do entendimento da doutrina e da jurisprudência no que respeita à existência do dano moral *in re ipsa*". Assim, "se a ofensa é grave e de repercussão, por si só justifica a concessão de uma satisfação de ordem pecuniária ao lesado".[147]

Nessa ordem de ideias, o TJ do Paraná decidiu que o abandono das obras de edificação de moradias que deveriam ser entregues concluídas aos promissários compradores ensejaria reparação de dano material, mas não de dano moral. A frustração das expectativas contratuais não seria suficiente para configurar lesão na esfera moral.[148]

Da mesma forma, por falta de prova de elemento essencial ao dano moral ilícito, o antigo 1º Tribunal de Alçada Cível de SP decidiu que "não faz jus à indenização por dano moral aquele que teve contra si ajuizada ação de cobrança julgada improcedente, se não provado o dolo ou má-fé do autor na propositura da demanda, uma vez que o acesso ao Judiciário constitui direito de cidadania".[149]

Em caso de protesto indevido, há evidente verificação, de dano moral, pois este tipo de ato jurídico, quando praticado fora dos limites da lei, fatalmente ocasiona lesão a um direito da personalidade: o bom nome, a honra da vítima:

> "Como se sabe, o STJ já firmou entendimento de que, 'nos casos de protesto indevido de título ou inscrição irregular em cadastros de inadimplentes, o dano moral se configura *in re ipsa*, isto é, prescinde de prova, ainda que a prejudicada seja a pessoa jurídica' (REsp. 1.059.663/MS, Rel. Min. Nancy Andrighi, *DJe* 17.12.08). Recurso provido".[150]

O devedor, porém, que realmente está em mora há vários meses, não pode queixar de dano moral porque o protesto foi tirado sem sua prévia intimação, se nada fez, após o vencimento, para solucionar a pendência junto ao credor. Mesmo porque não houve ilicitude na conduta do cartório. Daí a decisão do STJ, de que "não causa dano moral o oficial de registro que, em obediência a provimento do Tribunal de Justiça, registra protesto cambial, intimando apenas um dos emitentes da nota promissória".[151]

Em caso de *recall*, muito frequente no comércio de automóveis, em que o fabricante convoca os proprietários para trocar peças defeituosas, o STJ decidiu que não há dano moral, se o reparo do defeito se deu antes de qualquer acidente com o veículo, nada havendo que pudesse comprovar o pretenso "choque emocional" da proprietária. Acentuou o STJ que "não convence a defesa de que o *recall* teria o condão de causar dano moral à compradora de veículo, pois essa prática é, sim, favorável ao consumidor, não podendo ser aceita como instrumento de oportunismo a alimentar infundados pleitos indenizatórios".[152]

---

[147] CAVALIERI FILHO, Sergio. *Programa de responsabilidade civil*. 15. ed. São Paulo: Atlas, 2022, p. 111.
[148] TJPR, 7ª Câm. Cív., Ap. Cív. 164.438-0, Rel. Des. Accacio Cambi, ac. 30.11.2004, *Revista Síntese de Direito Civil e Processual Civil*, v. 34, p. 85.
[149] 1º TACivSP, Ap. 866.294-0, 12ª Câm., Rel. Juiz Matheus Fontes, ac. 18.05.2004, *RT* 832/230.
[150] TJPR, 11ª Câm. Cível, Rel. Des. Gamaliel Seme Scaff, *DJPR* 08.09.2015, p. 247.
[151] STJ, 3ª T., REsp 400.401/RS, Rel. Min. Humberto Gomes de Barros, ac. 17.05.2005, *RSTJ* 199/329; *RT* 841/211.
[152] STJ, 4ª T., AgRg no Ag 675.453/PR, Rel. Min. Aldir Passarinho, ac. 14.02.2006, *DJU* 13.03.2006, p. 327.

Em suma: a indenização do dano moral independe de prova direta da dor psíquica suportada pela vítima de uma ofensa a sua esfera dos direitos da personalidade. A violação, todavia, terá de ser adequadamente provada, para que o juiz forme o seu convencimento acerca do dano a ser indenizado. Alegado, pois, que o credor lançou na SERASA registro indevido de inadimplência, tem o autor de provar a ocorrência do assento e de sua ilegitimidade. Desse dado objetivo indispensável é que decorrerá o dano moral indenizável, deduzido a partir da idoneidade do fato provado para afetar a esfera íntima da personalidade do devedor. É assim que a jurisprudência do STJ "está consolidada no sentido de que na concepção moderna da reparação do dano moral prevalece a orientação de que a responsabilização do agente se opera por força do simples fato da violação, de modo a tornar-se desnecessária a prova do prejuízo em concreto".[153]

Entretanto, se o dano em razão da inscrição indevida em cadastro de inadimplentes for reflexo, entendeu o STJ ser necessária a prova do efetivo prejuízo, pois não decorre do ato ilícito:

> "1. O dano moral reflexo, indireto ou por ricochete é aquele que, originado necessariamente do ato causador de prejuízo a uma pessoa, venha a atingir, de forma mediata, o direito personalíssimo de terceiro que mantenha com o lesado um vínculo direto. Precedentes.
> 2. A Súmula 227 do STJ preconiza que a pessoa jurídica reúne potencialidade para experimentar dano moral, podendo, assim, pleitear a devida compensação quando for atingida em sua honra objetiva.
> 3. No caso concreto, é incontroversa a inscrição indevida do nome do sócio-gerente da recorrente no cadastro de inadimplentes, acarretando a esta a negativa de empréstimo junto à Caixa Econômica Federal. Assim, ainda que a conduta indevida da recorrida tenha atingido diretamente a pessoa do sócio, é plausível a hipótese de ocorrência de prejuízo reflexo à pessoa jurídica, em decorrência de ter tido seu crédito negado, considerando a repercussão dos efeitos desse mesmo ato ilícito. Dessarte, ostenta o autor pretensão subjetivamente razoável, uma vez que a legitimidade ativa *ad causam* se faz presente quando o direito afirmado pertence a quem propõe a demanda e possa ser exigido daquele em face de quem a demanda é proposta.
> 4. O abalo de crédito desponta como afronta a direito personalíssimo – a honradez e o prestígio moral e social da pessoa em determinado meio – transcendendo, portanto, o mero conceito econômico de crédito.
> 5. A jurisprudência desta Corte já se posicionou no sentido de que o dano moral direto decorrente do protesto indevido de título de crédito ou de inscrição indevida nos cadastros de maus pagadores prescinde de prova efetiva do prejuízo econômico, uma vez que implica 'efetiva diminuição do conceito ou da reputação da empresa cujo título foi protestado', porquanto, 'a partir de um juízo da experiência, [...] qualquer um sabe os efeitos danosos que daí decorrem' (REsp 487.979/RJ, Rel. Min. Ruy Rosado de Aguiar, *DJ* 08.09.2003).
> 7. Não obstante, no que tange ao dano moral indireto, tal presunção não é aplicável, uma vez que o evento danoso direcionou-se a outrem, causando a este um prejuízo direto

---

[153] STJ, 4ª T., REsp 196.024/MG, Rel. Min. César Asfor Rocha, ac. 02.03.1999, *RSTJ* 124/397.

e presumível. A pessoa jurídica foi alcançada acidentalmente, de modo que é mister a prova do prejuízo à sua honra objetiva, o que não ocorreu no caso em julgamento, conforme consignado no acórdão recorrido, mormente porque a ciência acerca da negação do empréstimo ficou adstrita aos funcionários do banco".[154]

Não só o fato lesivo tem de ser provado, mas também sua ilicitude, visto que muitas vezes o evento danoso ao nome e à tranquilidade do ofendido não corresponde a qualquer tipo de ato ilícito e, portanto, não pode justificar indenização alguma, nem mesmo a título de dano moral. Ou seja:

> "Responsabilidade civil. Dano moral. O reconhecimento da responsabilidade civil por danos morais pressupõe a prática e ilícito. Sem demonstração de ilegalidade não se acolhe pedido de indenização por danos morais (art. 186 do Código Civil)".[155]

Justamente pelo fato impugnado ter correspondido ao exercício regular do direito de defesa, o TJMG decidiu que:

> "A juntada, pelo banco, de informações extraídas do serviço de proteção ao crédito com o indicativo de existência de pendências financeiras, nos autos de ação judicial e com o documento a instruir a contestação, não configura dano moral indenizável diante da publicidade do próprio cadastro do SPC e, ainda, diante do *exercício do direito de defesa*"[156] (g.n.).

Em caso em que o morador de apartamento teve de invadir a unidade vizinha, cujo dono estava ausente em viagem de férias, para debelar vazamento que tornava iminente dano grave ao apartamento inferior, o TJSP decidiu que tendo o desastre restado provado, não havia danos morais a reparar. A inexigibilidade de outra conduta naquela emergência impedia a configuração de ato ilícito para justificar qualquer tipo de indenização por moléstia à esfera da personalidade.[157]

Foi justamente por falta de ilicitude atribuível ao transportador, que o STJ recusou indenização por dano moral por morte de menor vítima de assalto à mão armada durante a viagem. O fato danoso foi considerado inteiramente alheio ao transporte em si e por isso incidiu a excludente da força maior para eximir a responsabilidade do transportador.[158]

É importante ter em mira que o dano moral, embora prescinda da prova direta da dor psíquica suportada pelo ofendido, não prescinde da comprovação da ilicitude da conduta do ofensor. Afinal, trata-se de responsabilidade civil delitual. Por outro lado, se a conduta for qualificada de ilícita para justificar a indenização do dano material, não

---

[154] STJ, 4ª T., REsp 1.022.522/RS, Rel. Min. Luis Felipe Salomão, ac. 25.06.2013, *DJe* 01.08.2013.
[155] TJDF, 2ª TRJEsp., ACJ 2015.10.1.003002-8; Ac. 907.558, Rel. Juiz Aiston Henrique de Souza, *DJDFTE* 27.11.2015, p. 310.
[156] TJMG, 13ª Câm. Cível, ApCv. 1.0707.13.029812-8/001, Rel. Des. Luiz Carlos Gomes da Mata, *DJEMG* 04.12.2015.
[157] TJSP, 8ª Câm. Dir. Privado, Ap. Civ. 117.433-4, Rel. Des. Silvio Marques Neto, ac. 19.02.2001, *JTJ* 241/88.
[158] STJ, 4ª T., REsp 586.663/RS, Rel. Min. Barros Monteiro, ac. 17.11.2005, *DJU* 19.12.2005, p. 417.

pode, ao mesmo tempo ser tida como lícita no exame do seu aspecto moral. O que, por acaso, pode ocorrer é a constatação de inexistência do afirmado dano moral e, por isso, nada mais haverá de ser reparado além do dano patrimonial.

Nesse sentido, decidiu o STJ que não é possível utilizar "dois critérios distintos de apuração quanto à ilicitude de uma conduta, para fins de avaliação do dano material e do dano moral. Se uma conduta é *ilícita* para fins de reparação do dano material, ela será ilícita também para a avaliação do dano moral". Mas, a situação, como a de descumprimento de obrigação contratual, sem embargo de sua ilicitude, pode não ter provocado qualquer dano moral a indenizar. Essa avaliação, contudo, "não se pauta na licitude ou ilicitude da conduta, *mas na inexistência de dano*". O caso era de recusa, indevida do plano de saúde a cobrir parte dos gastos de um tratamento médico cirúrgico. Para o acórdão, a conduta do plano de saúde foi ilícita e justificou indenização do prejuízo material do associado, mas da ilicitude não teria decorrido necessariamente um dano moral.[159]

Em suma: na ótica do STJ, "para se presumir o dano moral pela simples comprovação do ato ilícito, esse ato deve ser objetivamente capaz de acarretar a dor, o sofrimento, a lesão aos sentimentos íntimos juridicamente protegidos".[160] Por isso, em várias situações, o Poder Judiciário afasta a caracterização do dano moral, de modo a evitar abusos e dar ênfase ao aspecto ético da pretensão de indenização por essa espécie de dano.[161] Em regra, para o STJ, o descumprimento contratual não gera dano moral, a não ser quando a situação for particularmente apta a identificar violação de direitos da personalidade:

(i) "3. A jurisprudência desta Corte é no sentido de que o mero descumprimento contratual não enseja indenização por dano moral".[162]

(ii) "1. Segundo a jurisprudência do Superior Tribunal de Justiça, inexiste dano moral com o descumprimento contratual, exceto quando verificada situação peculiar, apta a justificar o reconhecimento de violação a direito da personalidade. Precedentes.

2. A Terceira Turma da Corte Superior de Justiça firmou entendimento no sentido de que a configuração do dano moral só ocorrerá quando os dissabores e aborrecimentos enfrentados pelo adquirente do bem violarem direito da personalidade.

3. Analisando os fundamentos adotados pela Corte originária para justificar a condenação ao pagamento de danos morais, verifica-se inexistir descrição de situação espe-

---

[159] STJ, 3ª T., AgRg no EDcl no REsp 1.096.560/SC, Rel. Min. Sidnei Beneti, ac. 06.08.2009, *DJe* 23.10.2009.
[160] STJ, 3ª T., AgRg no REsp 1.346.581/SP, Rel. Min. Sidnei Beneti, ac. 23.10.2012, *DJe* 12.11.2012.
[161] MELLO, Marco Aurélio Bezerra de. *Direito civil*. Responsabilidade civil. 3. ed. Rio de Janeiro: Forense, 2019, p. 137. O autor ilustra algumas dessas situações: o conhecido caso megabônus, em que o STJ reconheceu a má prestação do serviço ao consumidor, mas incapaz de gerar, por si só, dano moral (4ª T., REsp 1.151.688/RJ, Rel. Min. Luis Felipe Salomão, ac. 17.02.2011, *DJe* 22.02.2011); negativação indevida do nome do devedor junto ao SPC e SERASA, quando seu nome já constava desses cadastros; ligeira interrupção de serviço público, ainda que essencial, não gera, por si só, dano moral; o simples disparo de alarme antifurto em estabelecimentos comerciais poderá gerar dano moral em casos especiais, analisáveis caso a caso; extravio de carta registrada, por si só, não gera dano moral (4ª T., REsp 1.097.266/PB, Rel. p/ ac. Min. Raul Araújo, ac. 25.05.2013).
[162] STJ, 3ª T., AgInt no AREsp 2.052.256/SP, Rel. Min. Ricardo Villas Bôas Cueva, ac. 10.10.2022, *DJe* 17.10.2022.

cífica que aponte violação a direito da personalidade da recorrida, não sendo, portanto, suficiente para justificar o dano extrapatrimonial".[163]

11.1. Exemplos de dano moral que dispensam prova

Quando, porém, o fato figurante na *causa petendi* tem natural e reconhecida potencialidade ofensiva na esfera psíquica, não tem a vítima que provar a lesão sofrida. Eis alguns exemplos extraídos da jurisprudência:

(i) "Dano moral. Título pago. Protesto. Responsabilidade do banco. Prejuízo. Prova. Desnecessidade.
I – Na linha dos precedentes desta Corte, o banco que leva a protesto título pago responde pelos danos morais decorrentes, o que prescinde da prova do prejuízo".[164]
(ii) "Dano moral. Inscrição irregular. SERASA. Prova. Desnecessidade.
II – Nos termos da jurisprudência da Turma, em se tratando de indenização decorrente da inscrição irregular no cadastro de inadimplentes 'a exigência de prova do dano moral (extrapatrimonial) se satisfaz com a demonstração da existência da inscrição irregular' nesse cadastro".[165]
(iii) "Responsabilidade civil. Duplicata. Protesto. Dano moral.
II – Em se tratando de indenização decorrente do protesto indevido a exigência de prova de dano moral (extrapatrimonial) se satisfaz com a própria demonstração do protesto".[166]
(iv) "Dano moral. Instituição financeira. Cliente que, após o cancelamento de cartão de crédito, com comprovada quitação prévia de todos e quaisquer débitos, teve seu nome incluído como inadimplente junto ao SERASA, pelo valor correspondente a anuidade do referido cartão cancelado. (...)
Há que se timbrar, ao demais, que inegavelmente por ter tido seu nome negativado perante a Serasa – fato confessado pela própria entidade bancária – suportou A. vexames, humilhações e pressões psicológicas daí decorrentes, haja vista que ao *homo medius* causa inafastável desgosto ter seu nome apontado ao apróbio e ao escárnio, mormente por fatos que de rigor não podem lhe ser atribuídos. Tal, de *per se*, caracteriza o dano moral e a consequente necessidade de indenizá-lo, desnecessária qualquer outra maior comprovação".[167]
(v) "Dano moral. Indenização. Instituição financeira. Devolução injustificável de cheques sob a alegação de se encontrarem sem fundos. Constitui dano indenizável a devolução de cheques, pelo banco, se a conta bancária espelhava saldo suficiente para cobrir o paga-

---

[163] STJ, 3ª T., AgInt nos EDcl no REsp 1.928.983/RJ, Rel. Min. Marco Aurélio Bellizze, ac. 06.06.2022, *DJe* 08.06.2022.
[164] STJ, 4ª T., REsp 291.977/RJ, Rel. Min. Sálvio de Figueiredo, ac. 13.02.2001, *DJU* 02.04.2001, p. 303. No mesmo sentido: STJ, 1ª T., AgInt no AREsp 1.867.219/SP, Rel. Min. Benedito Gonçalves, ac. 03.10.2022, *DJe* 05.10.2022.
[165] STJ, 4ª T., AgRg no AI 203.613/SP, Rel. Min. Sálvio de Figueiredo, ac. 21.03.2000, *DJU* 08.05.2000, p. 98. No mesmo sentido: 4ª T., AgInt no AREsp 2.114.822/SP, Rel. Min. Raul Araújo, ac. 13.10.2022, *DJe* 26.09.2022.
[166] STJ, 4ª T., AgRg no REsp 242.040/SP, Rel. Min. Sálvio de Figueiredo, ac. 18.04.2000, *DJU* 05.06.2000, p. 173.
[167] 1º TACivSP, 5ª CC, Ap. 793.753-9, Rel. Juiz Carlos Luiz Bianco, ac. 23.02.2000, *RT* 781/247-248.

mento das cártulas, pois inquestionável o transtorno e o constrangimento sofridos pelo cliente, ainda que seu nome não tenha constado dos serviços de proteção ao crédito".[168]

(vi) "Banco. Indenização. Dano moral (...) Devolução de vários cheques por insuficiência de fundos (...)

Se o banco, na qualidade de depositário, não creditou na conta de cliente o valor de cheque depositado, em decorrência de furto de malotes no interior da agência, fato que acarretou a devolução de vários cheques, por insuficiência de fundos, é dever da instituição financeira reparar os danos morais e materiais sofridos pelo correntista, tendo em vista a teoria do risco profissional, a qual funda-se no pressuposto de que a casa bancária, ao exercer atividade com fins de lucro, assume o risco dos danos que vier a causar".[169]

(vii) "A simples devolução indevida de cheque caracteriza dano moral" (STJ, Súmula n. 388).

(viii) "Protesto indevido. Pessoa Jurídica. Dano Moral. Prova do prejuízo. Desnecessidade.

I – O protesto indevido de título gera direito à indenização por dano moral, independentemente da prova objetiva do abalo à honra e à reputação sofrida pela autora, que se permite, na hipótese, facilmente presumir, gerando direito a ressarcimento que deve, de outro lado, ser fixado sem excessos, evitando-se enriquecimento sem causa da parte atingida pelo ato ilícito.

II – Precedentes do STJ.

III – Recurso conhecido e parcialmente provido".[170]

(ix) "A 2ª Seção desta Corte firmou o entendimento no sentido de que a aquisição de alimento industrializado, que expõe o consumidor a risco concreto de lesão à sua saúde ou à sua incolumidade física e psíquica, é suficiente para caracterizar dano moral indenizável, sendo desnecessária a ingestão do produto contaminado por corpo estranho para a configuração do dano".[171]

(x) "A recusa indevida/injustificada, pela operadora de plano de saúde, de autorizar a cobertura financeira de tratamento médico a que esteja legal ou contratualmente obrigada enseja reparação a título de dano moral por agravar a situação de aflição psicológica e de angústia no espírito do beneficiário, estando caracterizado o dano *in re ipsa* (AgRg no REsp 1.505.692/RS, Rel. Ministro Ricardo Villas Bôas Cueva, Terceira Turma, *DJe* 2/8/2016)".[172]

(xi) "De acordo com orientação deste Superior Tribunal de Justiça, 'o dano moral por uso indevido de marca deriva diretamente da prova que revele a existência de contrafação (dano moral *in re ipsa*), dispensando a prova de efetivo prejuízo' (AgInt no REsp 1537883/PR, Rel. Ministro Raul Araújo, Quarta Turma, julgado em 15/08/2019, *DJe* 04/09/2019). Precedentes".[173]

---

[168] TJBA, 1ª CC, Ap. 53.106-4, Rel. Des. Carlos Alberto Dutra Cintra, ac. 10.11.1999, *RT* 777/336.
[169] 1º TACivSP, 5ª CC., Ap. 803.446-4, Rel. Juiz Thiago de Siqueira, ac. 31.05.2000, *RT* 784/255-256.
[170] STJ, 4ª T., REsp 282.757/RS, Rel. Min. Aldir Passarinho Júnior, ac. 21.11.2000, *DJU* 19.02.2001, p. 182. No mesmo sentido: STJ, 3ª T., REsp 1.059.663/MS, Rel. Min. Nancy Andrighi, ac. 02.12.2008, *DJe* 17.12.2008.
[171] STJ, 4ª T., AgInt no REsp 1.517.591/MG, Rel. Min. João Otávio de Noronha, ac. 06.03.2023, *DJe* 09.03.2023; STJ, 2ª Seção, REsp 1.899.304/SP, Rel. Min. Nacy Andrighi, ac. 25.08.2021, *DJe* 04.10.2021.
[172] STJ, 3ª T., AgInt no AREsp 2.006.867/DF, Rel. Min. Moura Ribeiro, ac. 24.10.2022, *DJe* 26.10.2022.
[173] STJ, 4ª T., AgInt no REsp 1.332.417/RS, Rel. Min. Marco Buzzi, ac. 04.04.2022, *DJe* 06.04.2022.

(xii) "Nos termos da jurisprudência firmada no âmbito desta Corte de Justiça, a existência de falha na prestação de serviço público essencial – tal como constada nos presentes autos – dispensa a comprovação da ocorrência de dano moral, o qual, nesses casos, configura-se *in re ipsa*".[174]

3. Tendo o acórdão recorrido afirmado expressamente a efetiva ocorrência de falha na prestação do serviço público, afastando, portanto, eventual excludente de responsabilidade da agravante, resta impossibilitada, na atual quadra processual, a revisão das conclusões adotadas pela origem, porquanto tal providência encontra óbice no teor da Súmula 7/STJ.

4. Fica prejudicada a análise da divergência jurisprudencial se a tese sustentada esbarra em óbice sumular quando do exame do recurso especial pela alínea a do permissivo constitucional.

5. Agravo interno não provido".[175]

Por outro lado, para o STJ, não se caracteriza dano moral *in re ipsa* aquele decorrente de acidente de veículos automotores:

"3. Não caracteriza dano moral *in re ipsa* os danos decorrentes de acidentes de veículos automotores sem vítimas, os quais normalmente se resolvem por meio de reparação de danos patrimoniais.

4. A condenação à compensação de danos morais, nesses casos, depende de comprovação de circunstâncias peculiares que demonstrem o extrapolamento da esfera exclusivamente patrimonial, o que demanda exame de fatos e provas".[176]

Da mesma forma, o STJ entende que o "vazamento de dados pessoais, a despeito de se tratar de falha indesejável no tratamento de dados de pessoa natural por pessoa jurídica, não tem o condão, por si só, de gerar dano moral indenizável". Quer isto dizer que "o dano moral não é presumido, sendo necessário que o titular dos dados comprove eventual dano decorrente da exposição dessas informações".[177]

11.2. Concorrência de culpas

Pode acontecer que o fato causador do dano moral seja imputável, em concorrência, tanto ao demandado quanto ao demandante. Em situação desse feitio, o STJ decidiu o seguinte:

(i) "Responsabilidade civil. Acidente de trânsito. Atropelamento. Dano moral. Arbitramento. Culpa concorrente. Influência na quantificação do valor (...)

I – Admitida a culpa concorrente, o valor então fixado a título de dano moral deve ser reduzido pela metade, salvo se assentado expressamente que o *quantum* estaria razoável mesmo com a ocorrência da culpa recíproca.

---

[174] O caso tratava de falha na prestação de serviços de energia elétrica: STJ, 1ª T., AgInt no AREsp 1.885.205/RS, Rel. Min. Sérgio Kukina, ac. 28.03.2022, *DJe* 31.03.2022.
[175] STJ, 1ª T., AgInt no AREsp 1.885.205/RS, Rel. Min. Sérgio Kukina, j. 28.03.2022, *DJe* 31.03.2022.
[176] STJ, 3ª T., REsp 1.653.413/RJ, Rel. Min. Marco Aurélio Bellizze, ac. 05.06.2018, *DJe* 08.06.2018.
[177] STJ, 2ª T., AREsp 2.130.619/SP, Rel. Min. Francisco Falcão, ac. 07.03.2023, *DJe* 10.03.2023.

II – Dentre outros critérios, o grau de culpa deve ser observado no arbitramento do dano moral".[178]

(ii) "Danos materiais e morais. Atropelamento em via férrea. Morte de transeunte. (...) Pensão (...). Necessidade de redução em decorrência da culpa concorrente (...)

1. No acórdão embargado, ficou estabelecida a concorrência de causas, uma vez que, concomitantemente à negligência da concessionária ao não se cercar das práticas de cuidado necessário para evitar a ocorrência de sinistros, houve imprudência na conduta da vítima, que atravessou a linha férrea em local inapropriado, próximo a uma passarela, o que, na esteira da jurisprudência desta Corte, acarreta a redução da indenização por dano moral à metade (REsp n. 1.172.421/SP, Relator o Ministro Luis Felipe Salomão, Segunda Seção, *DJe* de 19/9/2012, julgado sob o rito dos recursos repetitivos)".[179]

(iii) "(...) Atropelamento em via férrea. Danos morais. Culpa concorrente. Deficiência na sinalização comprovada (...).

1. A jurisprudência do STJ no julgamento do REsp 1.210.064/SP, submetido ao rito dos recursos repetitivos, pacificou o entendimento de que, nos casos de atropelamento de pedestres em via férrea, caracteriza-se a culpa concorrente nas situações em que a concessionária de transporte ferroviário deixa de cumprir com o dever de cercar e fiscalizar os limites da linha férrea, mormente em locais urbanos e populosos, adotando conduta negligente no tocante às necessárias práticas de cuidado e vigilância tendentes a evitar a ocorrência de sinistros e a vítima, por sua vez, de forma imprudente atravessa a linha ferroviária em local inapropriado.

2. No caso, ficou caracterizada falha na segurança dos serviços da concessionária, no sentido de que 'não há a presença de cancelas, a passarela se localiza longe da travessia e o sinal sonoro e semáforo não estavam funcionando no dia do acidente' (...)".[180]

11.3. Responsabilidade pelo dano moral sem culpa do agente

Comuns são os casos em que o ato danoso decorre de serviços públicos desempenhados pela administração direta ou por empresas delegatárias de tais serviços. Segundo dispõe o § 6º do art. 37 da CF, há responsabilidade objetiva (*i.e.*, independentemente de verificação de culpa) das pessoas jurídicas de direito público e das de direito privado prestadoras de serviços públicos, sempre que seus agentes causarem danos a terceiros.

As dúvidas surgiram quanto à circunstância de a vítima ser ou não um usuário do serviço público. Principalmente por parte das concessionárias, havia a pretensão de limitar a incidência da responsabilidade objetiva à relação entre ela e os usuários de seus serviços. Assim, o dano sofrido pelo passageiro do transporte público estaria sujeito à responsabilidade objetiva. Mas o atropelamento de um transeunte somente seria indenizável se configurada a culpa da concessionária ou de seu preposto.

Depois de muita discussão, a jurisprudência já se pacificou tendo o STF, em assento de *repercussão geral,* firmado seu entendimento no sentido de que "há responsabilidade

---

[178] STJ, 4ª T., REsp 284.499/RS, Rel. Min. Sálvio de Figueiredo, ac. 28.11.2000, *DJU* 05.03.2001, p. 174.
[179] STJ, 3ª T., Edc. no REsp 1.325.034/SP, Rel. Min. Marco Aurélio Belizze, ac. 16.02.2016, *DJe* 19.02.2016.
[180] STJ, 4ª T., AgRg no REsp 1.517.128/RJ, Rel. Min. Raul Araújo, ac. 17.09.2015, *DJe* 13.10.2015.

civil objetiva (dever de indenizar danos causados independentemente de culpa) das empresas que prestam serviço público mesmo em relação a terceiros, ou seja, aos *não usuários*". Ressaltou o julgado que a Constituição Federal não faz qualquer distinção sobre a qualificação do sujeito passivo do dano, ou seja, "não exige que a pessoa atingida pela lesão ostente a condição de usuário do serviço. Em suma: decidiu o STF ser irrelevante se a vítima é usuária do serviço ou um terceiro em relação a ele, bastando que o dano seja produzido pelo sujeito na qualidade de prestador de serviço público".[181]

Orienta-se o STJ segundo o mesmo entendimento:

> *(i)* "(...) Ação de indenização por danos morais. Alagamento das residências dos autores em razão de rompimento de adutora decorrente de falha na prestação de serviço. (...)
> 1. A responsabilidade da companhia de água é interpretada de forma objetiva, cabendo-lhe o ônus de adotar medidas de segurança e vigilância para evitar acidentes. No entanto, o dever de indenizar pode ser elidido quando caracterizado o caso fortuito, a força maior ou a culpa exclusiva da vítima, o que inocorre na hipótese".[182]
> *(ii)* "Agravo regimental. Agravo em recurso especial. Ação indenizatória. Danos morais. Acidente. Contrato de transporte. Responsabilidade objetiva. Súmula nº 83/STJ. Nexo de causalidade. Comprovação. Súmula nº 7/STJ. Divergência jurisprudencial. Preclusão consumativa. Alegação de ofensa a dispositivo constitucional. Não cabimento.
> 1. É objetiva a responsabilidade da concessionária prestadora de serviço nos casos em que se comprova o descumprimento de cláusula de incolumidade inerente ao contato de transporte".[183]

Ainda em relação à responsabilidade objetiva das prestadoras de serviços públicos, cumpre destacar cinco acórdãos que condenaram o INSS, os correios, a companhia de águas e o departamento de estradas a indenizar os prejuízos provocados pela falha na prestação do serviço:

a) O INSS foi condenado por ter concedido o benefício com o nome errado da beneficiária, o que redundou na negativa de seu pagamento por três anos, "devido à má prestação do serviço público e a violação ao princípio constitucional da eficiência do serviço público". Esse lapso, segundo o acórdão "supera o limite do razoável, ainda que seja considerada a rotina burocrática e administrativa dos entes públicos. Cabível, portanto, a condenação da Autarquia em danos morais".[184]

b) O STJ condenou os correios a indenizar o dano moral suportado por advogado que contratou o Sedex normal para envio de recurso, uma vez que a entrega ocorreu a destempo, redundando na perda do prazo recursal. Segundo aquela Corte Superior, a contratação do serviço ocorreu com a garantia da chegada da correspondência até o próximo dia útil ao da postagem. Assim, a falha na prestação do serviço pelo correio gera a

---

[181] STF, Pleno, RE 591.874, Rel. Min. Ricardo Lewandowski, ac. 26.08.2009, *DJe* 21.11.2009.
[182] STJ, 4ª T., AgRg no AREsp 610.448/RJ, Rel. Min. Marco Buzzi, ac. 19.11.2015, *DJe* 27.11.2015.
[183] STJ, 3ª T., AgRg no AREsp 797.467/SP, Rel. Min. João Otávio de Noronha, ac. 04.02.2016, *DJe* 18.02.2016.
[184] TRF-2ª Região, 2ª T., Agravo Interno em Ap. 0000155-17.2010.4.02.5155/RJ, Rel. Des. Messod Azulay Neto, ac. 21.07.2011, *Revista Jurídica LEX*, n. 52, p. 233, jul.-ago. 2011.

sua responsabilização perante o causídico, não pela perda do prazo processual, mas pelas consequências danosas que essa perda resultou à imagem do profissional:

> "3. Não se confunde a responsabilidade do advogado, no cumprimento dos prazos processuais, com a dos Correios, no cumprimento dos contratos de prestação de serviço postal. A responsabilidade do advogado pela protocolização de recurso no prazo é de natureza endoprocessual, que gera consequências para o processo, de modo que a não apresentação de recursos no prazo tem consequências próprias, em face das quais não se pode, certamente, arguir a falha na prestação de serviços pelos Correios. Porém, essa responsabilidade processual do causídico não afasta a responsabilidade de natureza contratual dos Correios pelos danos eventualmente causados pela falha do serviço, de modo que, fora do processo, o advogado – como qualquer consumidor – pode discutir o vício do serviço por ele contratado, e ambas as responsabilidades convivem: a do advogado, que se limita às consequências internas ao processo, e a dos Correios, que decorre do descumprimento do contrato e da prestação de um serviço defeituoso. Assim, muito embora não se possa opor a culpa dos Correios para efeitos processuais da perda do prazo, extraprocessualmente a empresa responde pela falha do serviço prestado como qualquer outra. (...)
>
> 5. Porém, quanto aos danos morais, colhe êxito a pretensão. É de cursivo conhecimento, no ambiente forense e acadêmico, que a perda de prazo recursal é exemplo clássico de advocacia relapsa e desidiosa, de modo que a publicação na imprensa oficial de um julgamento em que foi reconhecida a intempestividade de recurso é acontecimento apto a denegrir a imagem de um advogado diligente, com potencial perda de clientela e de credibilidade. É natural presumir que eventos dessa natureza sejam capazes de abalar a honra subjetiva (apreço por si próprio) e a objetiva (imagem social cultivada por terceiros) de um advogado, razão suficiente para reconhecer a ocorrência de um dano moral indenizável".[185]

c) "1. O extravio de correspondência registrada acarreta dano moral *in re ipsa*.

2. Tendo o consumidor optado por enviar carta registrada, é dever dos Correios comprovar a entrega da correspondência, ou a impossibilidade de fazê-lo, por meio da apresentação do aviso de recebimento ao remetente. Afinal, quem faz essa espécie de postagem possui provável interesse no rastreamento e no efetivo conhecimento do recebimento da carta pelo destinatário, por isso paga mais.

3. Constatada a falha na prestação do serviço postal, é devida a reparação por dano moral".[186]

d) Em outra oportunidade, o STJ condenou a companhia de águas a indenizar o dano moral sofrido por pessoa jurídica em razão de "vazamento de esgoto em frente ao estabelecimento comercial da autora, empresa do ramo de restaurantes" e da "demora da concessionária de serviço público em resolver o problema".[187]

e) Ainda, houve condenação da Petrobras e da Dersa – Desenvolvimento Rodoviário S/A, em solidariedade, pelos danos morais provocados aos moradores das áreas afetadas

---

[185] STJ, 4ª T., REsp 1.210.732/SC, Rel. Min. Luis Felipe Salomão, ac. 02.10.2012, *DJe* 15.03.2013.
[186] STJ, 4ª T., REsp 1.097.266/PB, Rel. p/ ac. Min. Raul Araújo, ac. 07.02.2013, *DJe* 23.08.2013.
[187] STJ, 4ª T., AgRg no AREsp 215.772/RJ, Rel. Min. Antônio Carlos Ferreira, ac. 04.12.2012, *DJe* 18.12.2012.

por acidente na construção do Rodoanel Mário Covas, por ter sido necessária a desocupação de seus lares por três dias.[188] Segundo o acórdão,

> "O direito à inviolabilidade do lar está expressamente previsto no art. 5º, XI, da CF/88, bem como as limitações a esse direito. Da mesma forma, o direito à moradia encontra abrigo constitucional (art. 6º, *caput*, da CF/88). Assim, ambos têm sido amplamente admitidos como direitos fundamentais e, por consequência, têm em sua origem a íntima relação com a própria dignidade da pessoa humana. Daí decorre sua natural prevalência, de regra, quando em rota de colisão com outros direitos. (...)
> Na situação concreta ora examinada, a conduta excepcional de retirada dos moradores de suas residências, conquanto necessária e eficaz para a proteção dos recorrentes, cuidou de evitar a ocorrência de danos mais graves. Porém, resultou em dano moral puro decorrente da angústia que naturalmente envolveu os recorrentes quando, totalmente fora de suas legítimas expectativas, se viram obrigados a deixar seus lares às pressas, tomados pela incerteza de que não seriam destruídos pelo risco de eminente explosão. (...)
> Destarte, reconhecido o dano moral puro e *in re ipsa* decorrente diretamente da situação excepcional que determinou a retirada dos recorrentes de seus lares, necessária se faz a fixação do quantum indenizatório destinado à compensação do referido dano, uma vez que a responsabilidade das recorridas – solidária e objetiva – fora reconhecida expressamente pelo Tribunal de origem e não foi impugnada, seja pelo recurso especial, seja em sede de contrarrazões" (trecho do acórdão da relatora Min. Nancy Andrighi).

Caso emblemático de dano moral causado a terceiros foi o apreciado pelo TJRGS: a festa de casamento desenvolvia-se em recinto adequado e sob patrocínio de empresa especializada, quando ocorreu a suspensão do fornecimento de energia elétrica, submetendo toda a família dos nubentes aos vexames de uma escuridão prolongada. Acolheu o Tribunal o pedido de reparação de dano moral, formulado pela família contra a concessionária responsável pelo serviço de eletricidade, com os seguintes argumentos:

> "A interrupção no fornecimento de energia elétrica e a demora no restabelecimento da prestação do serviço (cerca de três horas) constituem em ato ilícito que ofende a dignidade da pessoa humana, considerando a importância da data e a vergonha experimentada diante dos convidados, onde imperioso se mostra o dever de indenizar.
> Não há que se falar em culpa, pois a ré, na condição de prestadora de serviço público de fornecimento de energia elétrica, responde objetivamente aos danos que causar, consoante art. 37, § 6º, da CF/1988".[189]

Por outro lado, além da responsabilidade objetiva, o STJ já reconheceu solidariedade entre o Estado e a concessionária pela reparação de danos morais, em acidente ocorrido em rodovia em obras, no qual a vítima se tornou tetraplégica.[190]

---

[188] STJ, 3ª T., REsp 1.292.141/SP, Rel. Min. Nancy Andrighi, ac. 04.12.2012, *DJe* 12.12.2012.
[189] TJRGS, 1ª Turma Recursal Cível, Rec. Inom. 71001936673, Rel.ª Des.ª Vivian Cristina Angonese Splengler, ac. 14.05.2009, *RT*, v. 886, p. 294.
[190] STJ, 1ª T., REsp 1.501.216/SC, Rel. Min. Olindo Menezes, ac. 16.02.2015, *DJe* 22.02.2016.

12. O PROBLEMA DA LIQUIDAÇÃO DO DANO MORAL

O problema mais sério suscitado pela admissão da reparabilidade do dano moral reside na quantificação do valor econômico a ser reposto ao ofendido. Quando se trata de dano material, calcula-se exatamente o desfalque sofrido no patrimônio da vítima, e a indenização consistirá no seu exato montante. Mas quando o caso é de dano moral, a apuração do *quantum* indenizatório se complica porque o bem lesado (a honra, o sentimento, o nome etc.) não se mede monetariamente, ou seja, não tem dimensão econômica ou patrimonial.

Cabe, assim, ao prudente arbítrio dos juízes e à força criativa da doutrina e jurisprudência, a instituição de critérios e parâmetros que haverão de presidir às indenizações por dano moral, a fim de evitar que o ressarcimento, na espécie, não se torne expressão de *puro arbítrio*, já que tal se transformaria numa quebra total de princípios básicos do Estado Democrático de Direito, tais como, por exemplo, o princípio da legalidade e o princípio da isonomia.

Se a vítima pudesse exigir a indenização que bem quisesse e se o juiz pudesse impor a condenação que lhe aprouvesse, sem condicionamento algum, cada caso que fosse ter à Justiça se transformaria num jogo lotérico, com soluções imprevisíveis e as mais disparatadas. Onde estaria, então, o amparo que a Constituição assegurou ao princípio da legalidade? Aonde iria parar o princípio do tratamento igualitário de todos perante a ordem jurídica?

Para fugir aos cálculos arbitrários, no caso, por exemplo, de indenização por dano moral nas relações de consumo, Tupinambá Miguel Castro do Nascimento sugere o recurso à analogia, com base no art. 4º da Lei de Introdução. Uma vez que, por exemplo, o Código do Consumidor não cuidou de apontar qualquer critério, poder-se-ia lançar mão dos dados constantes do Código Brasileiro de Telecomunicações (Lei n. 4.117, de 27.08.1962), onde existem cálculos reparatórios organizados em função de certos números de salários mínimos.[191] Esse recurso à solução analógica com as regras da Lei de Telecomunicações e, às vezes, também, da Lei de Imprensa, já foi, algumas vezes, adotado, igualmente, pela jurisprudência.[192]

Já em antigo acórdão do Tribunal de Apelação de Minas Gerais, Amilcar de Castro invocava as lições de Ripert, Pedro Lessa, Clóvis, Planiol, Vanni, entre muitos outros, para afirmar que, na espécie, a indenização não compensa nem faz desaparecer a dor do ofendido. A reparação não compreende, por isso mesmo, uma "avaliação da dor em dinheiro". Representa, apenas, uma forma de tutelar um bem não patrimonial que foi violado. A indenização é feita, então, como maneira de substituir um bem jurídico por outro.[193]

Como a dor não se mede monetariamente, a importância a ser paga terá de submeter-se a um poder discricionário, mas segundo "um prudente arbítrio dos juízes na fixação

---

[191] NASCIMENTO, Tupinambá Miguel Castro do. *Responsabilidade civil no Código do Consumidor*. Rio de Janeiro: Aide, 1991, n. 15, p. 102.
[192] 1º TACivSP, Ap. 516.041/8, *RT* 698/104.
[193] Tribunal de Apelação de Minas Gerais, 2ª Câm. Civ., Ap. nº 1.409, Rel. Des. Amílcar de Castro, ac. 19.10.1942; *Revista Forense*, Rio de Janeiro, v. 93, p. 529, jan. 1942.

do *quantum* da condenação, arbítrio esse que emana da natureza das coisas". E concluía o douto Des. Amilcar de Castro:

> "Causando o dano moral, fica o responsável sujeito às consequências de seu ato, a primeira das quais será essa de pagar uma soma que for arbitrada, conforme a gravidade do dano e a fortuna do responsável, a critério do poder judiciário, como justa reparação do prejuízo sofrido, e não como fonte de enriquecimento".[194]

Recomendava, ainda, o mesmo decisório, que a condenação fosse o pagamento do "que for arbitrado razoavelmente", porque não se trata de "enriquecer um necessitado" nem de "aumentar a fortuna de um milionário", mas apenas de "impor uma sanção jurídica ao responsável pelo dano moral causado".[195]

A reparação do dano moral, segundo Aguiar Dias deve seguir um processo idôneo que busque para o ofendido um "equivalente adequado". Lembra, para tanto, a lição de Lacoste, segundo a qual não se pretende que a indenização fundada na dor moral "seja sem limite". Aliás, "a reparação pecuniária será sempre, sem nenhuma dúvida, inferior ao prejuízo experimentado, mas, de outra parte, quem atribuísse demasiada importância a esta reparação de ordem inferior se mostraria mais preocupado com a ideia de lucro do que mesmo com a injúria às suas afeições; pareceria especular sobre sua dor e seria evidentemente chocante a condenação cuja cifra favorecesse tal coisa".[196] Diante da real impossibilidade de mensurar monetariamente a lesão extrapatrimonial, chega-se, com Silvio Venosa, à conclusão de que "a indenização por dano exclusivamente moral denota um cunho eminentemente punitivo e não indenizatório".[197] Melhor a nosso ver é falar-se, na espécie, em caráter compensatório e não indenizatório da reparação do dano apenas moral, como costuma fazer a jurisprudência.[198]

Uma vez que nenhuma possibilidade há de medir-se pelo dinheiro um sofrimento puramente moral, Caio Mário da Silva Pereira recomenda que se faça um jogo duplo de noções:

> "*a*) de um lado, a ideia de punição do infrator, que não pode ofender em vão a esfera jurídica alheia;
> *b*) de outro lado, proporcionar à vítima uma compensação pelo dano suportado, pondo-lhe o ofensor nas mãos uma soma que não é o *pretium doloris*".[199]

Quanto à punição do culpado, a condenação "não pode deixar de considerar as condições econômicas e sociais dele, bem como a gravidade da falta cometida, segundo

---

[194] Tribunal de Apelação de Minas Gerais, 2ª Câm. Civ., Ap. nº 1.409, Rel. Des. Amílcar de Castro, ac. 19.10.1942; *Revista Forense*, Rio de Janeiro, v. 93, p. 529, jan. 1942.
[195] Tribunal de Apelação de Minas Gerais, 2ª Câm. Civ., Ap. nº 1.409, Rel. Des. Amílcar de Castro, ac. 19.10.1942; *Revista Forense*, Rio de Janeiro, v. 93, p. 530, jan. 1942.
[196] Apud DIAS, José de Aguiar. *Da responsabilidade civil*. 9. ed. Rio de Janeiro: Forense, 1994, v. II, p. 740, nota 63.
[197] VENOSA, Sílvio de Salvo. *Código Civil interpretado*. 2. ed. São Paulo: Atlas, 2011, p. 2.004.
[198] TJPR, Ap. 19.411-2, Rel. Des. Oto Luiz Sponholz, ac. 05.05.1992, *RP* 66/206; STJ, 2ª Seção, REsp 1.374.284/MG, Rel. Min. Luis Felipe Salomão, ac. 27.08.2014, *DJe* 05.09.2014.
[199] PEREIRA, Caio Mário da Silva. *Instituições de direito civil*. 8. ed. Rio de Janeiro: Forense, 1986, v. II, n. 176, p. 235.

um critério subjetivo" – observa Caio Mário. Quanto ao ressarcimento, deve corresponder a um equivalente que a quantia em dinheiro proporciona à vítima "na proporção da lesão sofrida".[200]

Mais do que em qualquer outro tipo de indenização, a reparação do dano moral há de ser imposta a partir do fundamento mesmo da responsabilidade civil, que não visa a criar fonte injustificada de lucros e vantagens sem causa. Vale, por todos os melhores estudiosos do complicado tema, a doutrina de Caio Mário, em torno do arbitramento da indenização do dano moral:

> "E, se em qualquer caso se dá à vítima uma reparação de *damno vitando,* e não de *lucro capiendo,* mais do que nunca há de estar presente a preocupação de conter a reparação dentro do razoável, para que jamais se converta em fonte de enriquecimento".[201]

Se de um lado se aplica uma punição àquele que causa dano moral a outrem, e é por isso que se tem de levar em conta a sua capacidade patrimonial para medir a extensão da pena civil imposta, de outro lado, tem-se de levar em conta também a situação e o estado do ofendido, para medir a reparação em face de suas condições pessoais e sociais. Se a indenização não tem o propósito de enriquecê-lo, tem-se que atribuir-lhe aquilo que, no seu estado, seja necessário para proporcionar-lhe apenas obtenção de "satisfações equivalentes ao que perdeu", como lembram Mazeaud e Mazeaud.[202]

Em análise feita já à luz da Constituição de 1988, o grande civilista contemporâneo Caio Mário da Silva Pereira traçou o seguinte balizamento para a fixação do ressarcimento no caso de dano moral, que, sem dúvida, corresponde à melhor e mais justa lição sobre o penoso tema:

> "A vítima de uma lesão a algum daqueles direitos sem cunho patrimonial efetivo, mas ofendida em um bem jurídico que em certos casos pode ser mesmo mais valioso do que os integrantes de seu patrimônio, deve receber uma soma que lhe compense a dor ou o sofrimento, a ser arbitrada pelo juiz, atendendo as circunstâncias de cada caso, e tendo em vista as posses do ofensor e a situação pessoal do ofendido. Nem tão grande que se converta em fonte de enriquecimento, nem tão pequena que se torne inexpressiva".[203]

Rafael Garcia López, lembrado por Arruda Alvim como autor de excelente monografia sobre assunto, ensina, coerentemente com o que se acaba de expor, que o ressarcimento

---

[200] PEREIRA, Caio Mário da Silva. *Instituições de direito civil.* 8. ed. Rio de Janeiro: Forense, 1986, v. II, n. 176, p. 235.
[201] PEREIRA, Caio Mário da Silva. *Instituições de direito civil.* 8. ed. Rio de Janeiro: Forense, 1986, v. II, n. 176, p. 235.
[202] MAZEAUD, Henri; MAZEAUD, Leon. *Traité Théorique et Pratique de la Responsabilité Civile Délictuelle et Contractuelle.* 3. ed. Paris: Recueil Sirey, 1938, v. I, n. 313; apud PEREIRA, Caio Mário da Silva. *Responsabilidade civil.* 2. ed. Rio de Janeiro: Forense, 1990, n. 45, p. 63-64. Marco Aurélio Bezerra de Mello enumera alguns paradigmas que devem ser observados nessa quantificação, a saber: "a) a intensidade do sofrimento do ofendido (extensão do dano); b) o grau de culpabilidade do ofensor; c) as possibilidades econômicas do ofensor; d) a irrelevância da posição social e econômica do ofendido" (MELLO, Marco Aurélio Bezerra de. *Direito civil.* Responsabilidade civil. 3. ed. Rio de Janeiro: Forense, 2019, p. 143).
[203] PEREIRA, Caio Mário da Silva. *Responsabilidade civil.* 2. ed. Rio de Janeiro: Forense, 1990, n. 49, p. 67.

da lesão aos bens que integram o âmbito estritamente pessoal da esfera jurídica do sujeito de direito, dá-se "por via satisfativa sujeita ao critério equitativo do juiz".[204]

Caberá, portanto, ao juiz arbitrar o valor que, no caso concreto, entende suficiente para indenizar a vítima, sempre pautando-se no critério da razoabilidade.

Para o STJ, o arbitramento deve levar em conta o método bifásico, que leva em consideração o interesse jurídico lesado e as peculiaridades do caso concreto.[205] Referido método, segundo o Ministro Luis Felipe Salomão "atende às exigências de um arbitramento equitativo, pois, além de minimizar eventuais arbitrariedades, evitando a adoção de critérios unicamente subjetivos pelo julgador, afasta a tarifação do dano. Traz um ponto de equilíbrio, pois se alcançará uma razoável correspondência entre o valor da indenização e o interesse jurídico lesado, além do fato de estabelecer montante que melhor corresponda às peculiaridades do caso". A sua aplicação ocorre da seguinte forma:

a) Na primeira fase, "o valor básico ou inicial da indenização é arbitrado tendo-se em conta o interesse jurídico lesado, em conformidade com os precedentes jurisprudenciais acerca da matéria (grupo de casos)";

b) Na segunda, "ajusta-se o valor às peculiaridades do caso, com base nas suas circunstâncias (gravidade do fato em si, culpabilidade do agente, culpa concorrente da vítima, condição econômica das partes), procedendo-se à fixação definitiva da indenização, por meio de arbitramento equitativo pelo juiz".[206]

A jurisprudência do STJ é pacífica no sentido de que o valor arbitrado pelas instâncias ordinárias somente pode ser objeto de revisão pela Corte Superior, "nas hipóteses em que a condenação se revelar irrisória ou exorbitante, distanciando-se dos padrões de razoabilidade".[207]

12.1. Juros e correção monetária

Como reparação de ato ilícito, o ressarcimento do dano moral sujeita o responsável a juros moratórios e correção monetária.

Os juros, à taxa legal, incidem desde a consumação do dano, visto que "nas obrigações provenientes de ato ilícito, considera-se o devedor em mora, desde que o praticou" (Cód. Civil, art. 398).

---

[204] LÓPEZ, Rafael Garcia. *Responsabilidade civil por dano moral*. Barcelona: Bosch Ed., 1990, p. 80; ARRUDA ALVIM, José Manoel; ALVIM, Thereza; ARRUDA ALVIM, Eduardo; SOUZA, James J. Martins. *Código do Consumidor comentado*. 2. ed. rev. e atual. São Paulo: Revista dos Tribunais, 1995, p. 119, nota 133.

[205] STJ, 4ª T., AgInt no REsp 1.517.591/MG, Rel. Min. João Otávio de Noronha, ac. 06.03.2023, *DJe* 09.03.2023. "Busca-se com esse método um nível maior de isonomia ao jurisdicionado diante de casos que sejam semelhantes, tornando mais razoável e justo esse difícil mister do magistrado". Além disso, "está em consonância com a sistemática do atual Código de Processo Civil, que, dentre outras disposições que visam prestigiar a segurança jurídica e a isonomia na distribuição da justiça, estabelece o dever do magistrado de respeitar o precedente judicial" (MELLO, Marco Aurélio Bezerra de. *Direito civil*. Responsabilidade civil. 3. ed. Rio de Janeiro: Forense, 2019, p. 149).

[206] STJ, 4ª T., REsp 1.332.366/MS, Rel. Min. Luis Felipe Salomão, ac. 10.11.2016, *DJe* 07.12.2016.

[207] STJ, 4ª T., AgRg no AREsp 209.841/RS, Rel. Min. Raul de Araújo, ac. 09.10.2012, *DJe* 06.11.2012.

O STJ, após divergência quanto ao termo inicial dos juros, pacificou o tema, entendendo pela sua incidência a partir do evento danoso:

> "1. O acertamento do direito à indenização por dano moral e sua quantificação pela via judicial não elide o fato de que a obrigação de indenizar nasce com o dano decorrente da prática do ilícito, momento em que a reparação torna-se exigível. Inteligência dos arts. 186, 927 e 398, todos do Código Civil.
> (...) 3. 'Os juros moratórios fluem a partir do evento danoso, em caso de responsabilidade extracontratual' (Súmula 54/STJ)".[208]

Quanto à correção monetária, é de ser calculada a partir do ato judicial que arbitrar o *quantum* indenizatório. Antes, porém, de calcular os juros é necessário corrigir o principal da condenação, pois deverão aqueles ser aplicados sobre o valor atualizado da indenização.

Sobre o tema existe jurisprudência sumulada do STJ: "A correção monetária do valor da indenização do dano moral incide desde a data de arbitramento" (Súmula 362/STJ). É certo, pois, que o reajuste das indenizações por dano moral há de ser feito a contar da data em que o valor foi definido na sentença e não da data do ato ilícito ou da propositura da ação.[209] Quando o juiz condena e arbitra o valor da condenação, o faz segundo uma estimativa contemporânea ao julgado e não segundo dados pretéritos.

12.2. A reparação do dano moral e a prescrição

Para o STJ, o prazo prescricional da ação de indenização de dano moral somente se inicia quando o titular do direito tem pleno conhecimento da lesão e de sua extensão:

> *(i)* "O termo inicial para o ajuizamento da ação em que se objetiva a reparação de danos materiais e morais decorrentes de dano ambiental inicia-se a partir do conhecimento dos fatos e de suas consequências pelo titular do direito subjetivo. Precedentes. Incidência da Súmula 83/STJ".[210]
> *(ii)* "'Por aplicação da teoria *da actio nata*, o prazo prescricional, relativo à pretensão de indenização de dano material e compensação de dano moral, somente começa a correr quando o titular do direito subjetivo violado obtém plena ciência da lesão e de toda a sua extensão, bem como do responsável pelo ilícito, inexistindo, ainda, qualquer condição que o impeça de exercer o direito de ação'. (AgInt no AREsp 639.598/SP, Rel. Ministra Nancy Andrighi, Terceira Turma, julgado em 13/12/2016, *DJe* 03/02/2017). Precedentes".[211]

---

[208] STJ, Corte Especial, EREsp 494.183/SP, Rel. Min. Arnaldo Esteves Lima, ac. 16.10.2013, *DJe* 12.12.2013. Se, contudo, se tratar de responsabilidade contratual, os juros de mora incidem "desde a citação da parte ré" (STJ, Corte Especial, EDcl nos EREsp 903.258/RS, Rel. p/ ac. Min. João Otávio de Noronha, ac. 06.05.2015, *DJe* 11.06.2015).

[209] "A não incidência a partir do evento danoso se deve ao fato de que se presume que no momento do arbitramento judicial a soma em dinheiro já está atualizada segundo a convicção do órgão julgador. Assim, admitir a retroação à data do dano seria o mesmo que admitir a correção monetária por duas vezes" (MELLO, Marco Aurélio Bezerra de. *Direito Civil*. Responsabilidade civil. 3. ed. Rio de Janeiro: Forense, 2019, p. 150).

[210] STJ, 4ª T., AgInt no REsp 1.781.490/MA, Rel. Min. Maria Isabel Gallotti, Quarta Turma, ac. 06.08.2019, *DJe* 12.08.2019.

[211] STJ, 4ª T., AgInt no REsp 1.747.184/PR, Rel. Min. Luis Felipe Salomão, ac. 29.04.2019, *DJe* 02.05.2019.

12.3. A reparação do dano moral e o imposto de renda

Acha-se consolidada a jurisprudência do STJ de que "a indenização por dano estritamente moral não é fato gerador do Imposto de Renda, pois limita-se a recompor o patrimônio imaterial da vítima, atingido pelo ato ilícito praticado".[212]

Para o STJ, "a indenização por dano moral não aumenta o patrimônio do lesado, apenas o repõe, pela via da substituição monetária, *in statu quo ante*. A vedação de incidência do imposto de renda sobre indenização por danos morais é também decorrência do princípio da reparação integral, um dos pilares do direito brasileiro. A tributação, nessas circunstâncias e, especialmente, na hipótese de ofensa a direitos da personalidade, reduziria a plena eficácia material do princípio, transformando o Erário simultaneamente em sócio do infrator e beneficiário do sofrimento do contribuinte".[213]

Em outro aresto, o STJ reafirmou esse entendimento de que se é de indenização que se trata, não pode haver incidência do imposto de renda. Para incidir esse tributo, o fato gerador deve ser proveniente do trabalho ou da aplicação de capital ou de ambos. É necessário que haja efetiva geração de riqueza, o que não ocorre no caso de reparação do ato ilícito praticado sob a forma de dano moral.[214]

Recentemente, o entendimento foi expresso em sede de recurso especial repetitivo, nos seguintes termos:

> "1. A verba percebida a título de dano moral tem a natureza jurídica de indenização, cujo objetivo precípuo é a reparação do sofrimento e da dor da vítima ou de seus parentes, causados pela lesão de direito, razão pela qual torna-se infensa à incidência do imposto de renda, porquanto inexistente qualquer acréscimo patrimonial. (Precedentes: REsp 686.920/MS, Rel. Ministra Eliana Calmon, Segunda Turma, julgado em 06.10.2009, *DJe* 19.10.2009; AgRg no Ag 1021368/RS, Rel. Ministro Luiz Fux, Primeira Turma, julgado em 21.05.2009, *DJe* 25.06.2009; REsp 865.693/RS, Rel. Ministro Teori Albino Zavascki, Primeira Turma, julgado em 18.12.2008, *DJe* 04.02.2009; AgRg no REsp 1.017.901/RS, Rel. Ministro Francisco Falcão, Primeira Turma, julgado em 04.11.2008, *DJe* 12.11.2008; REsp 963.387/RS, Rel. Ministro Herman Benjamin, Primeira Seção, julgado em 08.10.2008, *DJe* 05.03.2009; REsp 402.035/RN, 2ª Turma, Rel. Min. Franciulli Netto, *DJ* 17.05.2004; REsp 410.347/SC, desta Relatoria, *DJ* 17.02.2003).
> 2. *In casu*, a verba percebida a título de dano moral adveio de indenização em reclamação trabalhista.
> 3. Deveras, se a reposição patrimonial goza dessa não incidência fiscal, *a fortiori*, a indenização com o escopo de reparação imaterial deve subsumir-se ao mesmo regime, porquanto *ubi eadem ratio, ibi eadem legis dispositio*.
> 4. 'Não incide imposto de renda sobre o valor da indenização pago a terceiro. Essa ausência de incidência não depende da natureza do dano a ser reparado. Qualquer espécie de dano (material, moral puro ou impuro, por ato legal ou ilegal) indenizado,

---

[212] STJ, 1ª Seção, REsp 963.387/RS, Rel. Min. Herman Benjamin, ac. 08.10.2008, *DJe* 05.03.2009; *Rev. Dir. Privado*, n. 39, p. 334.
[213] REsp 963.387/RS, Rel. Min. Herman Benjamin, ac. 08.10.2008, *DJe* 05.03.2009.
[214] STJ, 2ª T., REsp 1.068.456/PE, Rel.ª Min.ª Eliana Calmon, ac. 18.06.2009, *DJe* 1º.07.2009.

o valor concretizado como ressarcimento está livre da incidência de imposto de renda. A prática do dano em si não é fato gerador do imposto de renda por não ser renda. O pagamento da indenização também não é renda, não sendo, portanto, fato gerador desse imposto. (...) Configurado esse panorama, tenho que aplicar o princípio de que a base de cálculo do imposto de renda (ou de qualquer outro imposto) só pode ser fixada por via de lei oriunda do poder competente. É o comando do art. 127, IV, do CTN. Se a lei não insere a 'indenização', qualquer que seja o seu tipo, como renda tributável, inocorrendo, portanto, fato gerador e base de cálculo, não pode o fisco exigir imposto sobre essa situação fática. (...) Atente-se para a necessidade de, em homenagem ao princípio da legalidade, afastar-se as pretensões do fisco em alargar o campo da incidência do imposto de renda sobre fatos estranhos à vontade do legislador.' ('Regime Tributário das Indenizações', Coordenado por Hugo de Brito Machado, Ed. Dialética, pg. 174/176)".[215]

13. O CARÁTER "PUNITIVO" DA INDENIZAÇÃO IMPOSTA AO CAUSADOR DO DANO MORAL

Fala-se, frequentemente, em doutrina e jurisprudência, num certo caráter punitivo que a reparação do dano moral teria, de tal sorte que, ao condenar o ofensor a indenizá-lo, a ordem jurídica teria em mente não só o ressarcimento do prejuízo acarretado ao psiquismo do ofendido, mas também estaria atuando uma sanção contra o culpado tendente a inibir ou desestimular a repetição de situações semelhantes.

Há, nisso, razão de ordem ética, que, todavia, deve ser acolhida com adequação e moderação no campo da responsabilidade civil, que é geneticamente de direito privado, e não de direito público, como se dá com o direito penal. A este, e não ao direito privado, compete reprimir as condutas que, na ordem geral, se tornam nocivas ao interesse coletivo. Urge, pois, respeitar-se a esfera de atuação de cada segmento do direito positivo, sob pena de sujeitar-se o indivíduo a sofrer sanções repetidas e cumuladas por uma única infração. Um dos princípios fundamentais da repressão pública aos delitos é justamente o que repele o *bis in idem*, isto é, a imposição de duas condenações, em processos diferentes, pela mesma conduta ilícita.

Daí que o caráter repressivo da indenização por dano moral deve ser levado em conta pelo juiz *cum grano salis*. A ele se deve recorrer apenas a título de critério secundário ou subsidiário, e nunca como dado principal ou determinante do cálculo do arbitramento, sob pena de desvirtuar-se a responsabilidade civil e de impregná-la de um cunho repressivo exorbitante e incompatível com sua natureza privada e reparativa apenas da lesão individual. Emblemática é a previsão do art. 944 do Código Civil, segundo a qual "a indenização mede-se pela extensão do dano".

É de lembrar-se sempre que na reparação da lesão moral nunca se chegará a qualquer tipo concreto de equivalência entre o prejuízo e o ressarcimento, como certa feita enfatizou o Supremo Tribunal Federal, em acórdão, invocado pelo Min. Athos Gusmão.[216] Daí que

---

[215] STJ, 1ª Seção, REsp 1.152.764/CE, Rel. Min. Luiz Fux, ac. 23.06.2010, *DJe* 01.07.2010.
[216] REsp 1.604/SP, *apud* BUSSADA, Wilson. *Súmulas do Superior Tribunal de Justiça*. São Paulo: Jurídica Brasileira, 1995, v. I, p. 678.

os critérios a prevalecer em semelhante indenização não podem descambar para planos rígidos de cálculos aritméticos, em função do patrimônio do culpado, e muito menos de multiplicadores aplicados sobre o dado econômico envolvido no evento ilícito.

É tão injusta e não equânime a sentença que impõe uma reparação moral em nível econômico insuportável para o ofensor, como aquela que toma como base o valor da dívida em torno da qual se consumou o dano moral e manda, simplesmente, indenizar o ofendido por um valor equivalente a tantas vezes o valor da dívida ilicitamente manipulada. O dano moral derivado, por exemplo, de um protesto cambial indevido ou do assento de uma execução improcedente no Serviço de Proteção ao Crédito – SPC, quase nada tem a ver com o valor econômico em jogo. Tomá-lo em consideração para fixar indenizações pífias ou para exacerbar reparações intoleráveis é, sem dúvida, medida que não se compatibiliza com o ideal de "equidade e moderação" preconizado, *in casu*, tanto pela boa doutrina como pela melhor jurisprudência.[217]

O extinto Tribunal de Alçada de Minas Gerais, em caso de pretensão a uma exagerada indenização de cem vezes o valor do título indevidamente protestado, concedeu-a apenas pelo equivalente a 200 salários mínimos, tomando como limite analógico o teto da Lei de Imprensa para casos de ofensa à norma. E assim se justificou:

> "O pedido do pagamento de uma indenização correspondente a cem vezes o valor do título executado é abusivo. Para fixar o *quantum* devido a título de dano moral, o juiz deve considerar as condições das partes, a gravidade da lesão, sua repercussão e as circunstâncias fáticas, não podendo olvidar a repercussão na esfera do lesado e o potencial econômico-social da lesante".

Em suma: melhor é desprezar qualquer critério apriorístico, inflexível e impessoal, para buscar sempre julgar "de acordo com as contingências de cada caso concreto" e segundo "o critério mais adequado para o arbitramento a que alude o art. 1.553 do Código Civil [de 1916]"[218-219] [CC/2002, art. 946]. Em outros termos e segundo jurisprudência firme do STJ, a reparação devida em razão do dano moral deve sempre ser estimada à luz da razoabilidade em face das circunstâncias de cada caso.[220]

---

[217] STJ, REsp 1.604/SP, apud BUSSADA, Wilson. *Súmulas do Superior Tribunal de Justiça*. São Paulo: Jurídica Brasileira, 1995, v. I, p. 678; CUPIS, Adriano de. *El daño – teoría general de la responsabilidad civil*, p. 364-365 Apud REsp 1.604/SP; PEREIRA, Caio Mário da Silva. *Responsabilidade Civil*. 2. ed. Rio de Janeiro: Forense, 1990, n. 252, p. 338-339.

[218] Voto do Min. Athos Gusmão, REsp 1.604/SP.

[219] "Não existem critérios fixos para a quantificação do **dano moral**, devendo o órgão julgador ater-se às peculiaridades de cada caso concreto, de modo que a reparação seja estabelecida em montante que desestimule o ofensor a repetir a falta, sem constituir, de outro lado, enriquecimento sem causa. Assim, não há necessidade de alterar o *quantum* indenizatório no caso concreto, em face da razoável quantia, fixada por esta Corte Superior em R$ 10.000,00 (dez mil reais)" (STJ, 4ª T., AgRg no AREsp 261.339/RS, Rel. Min. Marco Buzzi, ac. 17.11.2015, *DJe* 24.11.2015).

[220] STJ, 4ª T., AgRg no AREsp 814.893/ES, Rel. Min. Raul Araújo, ac. 03.05.2016, *DJe* 13.05.2016; STJ, 1ª T., AgInt no AREsp 873.494/CE, Rel. Min. Sérgio Kukina, ac. 03.05.2016, *DJe* 16.05.2016; STJ, 3ª T., AgRg no AREsp 784.591/RJ, Rel. Min. Moura Ribeiro, ac. 07.06.2016, *DJe* 10.06.2016.

14. O ARBITRAMENTO DA INDENIZAÇÃO DO DANO MORAL É ATO EXCLUSIVO E INDELEGÁVEL DO JUIZ

Por se tratar de arbitramento fundado exclusivamente no bom senso e na equidade, ninguém além do próprio juiz está credenciado a realizar a operação de fixação do *quantum* com que se reparará a dor moral.[221]

Está, portanto, solidamente estabelecido na doutrina que, não apenas o poder de decidir sobre a existência e configuração do dano moral e do nexo causal entre ele e a conduta do agente, mas, também e sobretudo, a sua *quantificação*, correspondem a temas que somente podem ser confiados *às mãos do julgador* e ao seu *prudente arbítrio*.[222]

É inaceitável, nessa ordem de ideias, relegar a determinação do valor da indenização do dano moral a uma atividade de árbitros em procedimento comum de liquidação por arbitramento. Isto equivaleria, *in casu*, a uma delegação de jurisdição, o que é inadmissível, segundo os princípios. O julgamento por equidade apenas o juiz está credenciado a promover, em tais circunstâncias.

Por isso mesmo, a jurisprudência tem sido enfática em proclamar que:

> "O arbitramento do dano moral é apreciado ao inteiro arbítrio do juiz, que, não obstante, em cada caso, deve atender à repercussão econômica dele, à dor experimentada pela vítima e ao grau de dolo ou culpa do ofensor".[223]

Já houve, outrossim, quem recusasse ao Tribunal de Segundo Grau a competência para arbitrar a indenização, quando o juiz de primeira instância não o houvesse feito, por qualquer razão, como, por exemplo, por ter julgado improcedente o pedido de reparação do dano moral, porque a decisão do recurso que procedesse, desde logo, ao referido arbitramento ofenderia os princípios do contraditório e do duplo grau de jurisdição.

Não nos parece procedente tal censura. É certo que vozes abalizadas defendem, na doutrina, a exigência de respeitar-se o contraditório até mesmo nas questões suscitadas de ofício pelo juiz.[224] Mas isso, obviamente, diz respeito, a questões não anteriormente

---

[221] "Assim, reconhecido que o valor do dano moral não deve ser adredemente definido pelo legislador, majoritário é também o acatamento de que o procedimento mais justo para se alcançar o valor devido pelo dano imaterial sofrido é o arbitramento judicial, sem a necessidade de liquidação posterior, afastando-se a regra do artigo 509, inciso I, do Código de Processo Civil em prestígio à efetividade da prestação jurisdicional" (MELLO, Marco Aurélio Bezerra de. *Direito civil*. Responsabilidade civil. 3. ed. Rio de Janeiro: Forense, 2019, p. 140).

[222] AMARANTE, Aparecida. *Responsabilidade civil por dano moral*. Belo Horizonte: Del Rey, 1991, p. 276; CASTRO Y BRAVO, Federico. *Temas de derecho civil*. Madrid: Gráficos Marisal, 1972, p. 10. Ressalta Anderson Schreiber: "o desafio que, hoje, se impõe aos juristas brasileiros é justamente o de definir os métodos de aferição deste merecimento de tutela, reconhecendo a importância da discricionariedade judicial na tarefa, mas sem deixá-la exclusivamente ao arbítrio dos tribunais" (SCHREIBER, Anderson. *Direitos da personalidade*. São Paulo: Atlas, 2011, p. 108).

[223] TJSP, Ap. 219.366-1/5, Rel. Des. Felipe Ferreira, ac. 28.12.1994, *RT* 717/126; TSJP, Ap. 6.303-4/1, Rel. Des. Guimarães e Souza, ac. 02.04.1996, *RT* 730/207. No mesmo sentido: 2º TACivSP, Ap. 490.355/6, Rel. Juiz Renato Sartorelli; e Ap. 501.974-0/3, Rel. Juiz Milton Sanseverino.

[224] COMOGLIO, Luigi Paolo; FERRI, Corrado; TARUFFO, Michele. *Lezioni sul processo civile*. Bologna: Il Mulino, 1996, p. 70-71.

aventadas e debatidas no processo, ou seja, aquelas completamente novas, cujo tratamento e solução pelo juiz ou tribunal representaria completa surpresa para as partes.

Não é a hipótese da questão já posta oportunamente em juízo e que, sem embargo, não foi inteiramente solucionada em primeira instância. Aqui, a regra a observar é a do art. 1.013, § 1º, do Código de Processo Civil, que cuida do efeito devolutivo da apelação e que nunca foi havida como incompatível com o contraditório e o duplo grau de jurisdição:

> "Serão, porém, objeto de apreciação e julgamento pelo tribunal todas as questões suscitadas e discutidas no processo, ainda que não tenham sido solucionadas, desde que relativas ao capítulo impugnado".

Até mesmo em grau de recurso especial, o Superior Tribunal de Justiça já admitiu o arbitramento do dano moral que antes fora negado pelo tribunal de origem, *in verbis*:

> "Quanto ao problema da fixação do dano moral diretamente por esta Turma, modificando a fixação feita pelo juiz, lembraria que de acordo com a súmula, quando conhecemos da causa passamos a aplicar o Direito à espécie. E, no caso, pelas próprias circunstâncias que cercam o dano moral, o arbitramento feito pela Turma é pelo menos tão merecedor de acatamento quanto o arbitramento que possa ser feito, com imensa perda de economia processual, por um arbitrador que, ao final e ao cabo, irá chegar a resultados semelhantes, guiado por um juízo necessariamente subjetivo".[225]

No mesmo sentido:

> "Verificada a ocorrência de danos morais decorrentes do protesto indevido, deve o juiz fixar, desde logo, o valor da indenização, sendo desnecessária a remessa à liquidação por arbitramento".[226]

15. OS CRITÉRIOS A OBSERVAR NO ARBITRAMENTO JUDICIAL DO DANO MORAL: UM JULGAMENTO DE PRUDÊNCIA E EQUIDADE

Impõe-se a rigorosa observância dos padrões adotados pela doutrina e jurisprudência, inclusive dentro da experiência registrada no direito comparado para evitar-se que as ações de reparação de dano moral se transformem em expedientes de extorsão ou de espertezas maliciosas e injustificáveis. As duas posições, sociais e econômicas, da vítima e do ofensor, obrigatoriamente, estarão sob análise, de maneira que o juiz não se limitará a fundar a condenação isoladamente na fortuna eventual de um ou na possível pobreza do outro.

Assim, nunca poderá o juiz arbitrar a indenização do dano moral tomando como base tão somente o patrimônio do devedor. Sendo a dor moral insuscetível de uma equivalência com qualquer padrão financeiro, há uma universal recomendação, nos ensinamentos dos doutos e nos arestos dos tribunais, no sentido de que "o montante da indenização será

---

[225] Voto do Min. Athos Carneiro, no REsp 6.048-0/RS, 4ª T., ac. un. de 12.05.1992, *LEX-JSTJ* 37/55.
[226] STJ, 3ª T., REsp 782.969/PR, Rel. Min. Nancy Andrighi, ac. 17.08.2006, *DJU* 04.09.2006, p. 270.

fixado equitativamente pelo Tribunal" (Código Civil Português, art. 496, inciso 3). Por isso, lembra R. Limongi França a advertência segundo a qual "muito importante é o juiz na matéria, pois a equilibrada fixação do *quantum* da indenização muito depende de sua ponderação e critério".[227]

Para Wilson Melo da Silva, a reparação, na espécie, atenderá sempre "a superiores preceitos de equidade".[228] Exigir-se-á, invariavelmente – conforme Artur Oscar Oliveira Deda, "uma estimação prudente e equitativa".[229]

E, para aproximar-se do arbitramento que seja *prudente* e *equitativo*, a orientação maciça da jurisprudência, apoiada na melhor doutrina, exige que o arbitramento judicial seja feito a partir de dois dados relevantes:

a) o nível econômico do *ofendido*; e
b) o porte econômico do *ofensor*; ambos cotejados com as condições em que se deu a ofensa.[230]

Aplicando a mesma orientação, que se pode dizer universal nos pretórios, o extinto Tribunal de Alçada de Minas Gerais teve oportunidade de assentar em acórdão antigo:

> "'Para a fixação do *quantum* em indenização por danos morais, devem ser levados em conta a capacidade econômica do agente, seu grau de dolo ou culpa, a posição social ou política do ofendido, a prova da dor'.[231] Mas tendo sempre presente a advertência do Superior Tribunal de Justiça: 'é de repudiar-se a pretensão dos que postulam exorbitâncias inadmissíveis com arrimo no dano moral, que não tem por escopo favorecer o enriquecimento indevido'".[232]

Em suma: a correta estimação da indenização por dano moral jamais poderá ser feita levando em conta apenas o potencial econômico da empresa demandada. É imperioso cotejar-se também a repercussão do ressarcimento sobre a situação social e patrimonial do ofendido, para que lhe seja proporcionada – como decidiu o Tribunal de Justiça de São Paulo – "Satisfação na justa medida do abalo sofrido, sem enriquecimento sem causa".[233]

A sentença, para não deixar praticamente impune o agente do dano moral, haverá de ser "suficientemente expressiva para compensar a vítima pelo sofrimento, tristeza ou vexame sofrido e penalizar o causador do dano, levando em conta ainda a intensidade

---

[227] LIMONGI FRANÇA, Rubens. Reparação do dano moral. *Revista dos Tribunais*, São Paulo, v. 631, p. 36, maio 1988.
[228] SILVA, Wilson Melo da. Verbete "Dano Moral". *Enciclopédia Saraiva de Direito*. São Paulo: Saraiva, 1977, v. 22, p. 275.
[229] DEDA, Artur Oscar Oliveira. Verbete "Dano Moral – Reparação". *Enciclopédia Saraiva de Direito*. São Paulo: Saraiva, 1977, v. 22, p. 290.
[230] STJ, 4ª T., Resp 6.048-0/RS, Rel. Min. Barros Monteiro, ac. 12.05.1992, *Lex-JSTJ* 37/55.
[231] TAMG, Ap. 140.330-7, Rel. Juiz Brandão Teixeira, ac. 05.11.1992, *DJMG* 19.03.1993, p. 9.
[232] STJ, AgRg no Ag 108.923, 4ª T., Rel. Min. Sálvio de Figueiredo Teixeira, ac. um. de 24.09.1996, *DJU* 29.10.1996, p. 41.666.
[233] Ap. 142.932-1-3, Rel. Des. Urbano Ruiz, ac. 21.05.1991, *RT* 675/100.

da culpa e a capacidade econômica dos ofensores", isto, porém, "sem chegar ao extremo de caracterizar um enriquecimento sem causa".[234]

Cabe, aqui, com pertinência, a lição ministrada pelo Tribunal de Justiça do Paraná, *in verbis:*

> "Ao magistrado compete estimar o valor da reparação de ordem moral, adotando os critérios da prudência e do bom senso e levando em estima que o *quantum* arbitrado representa um valor simbólico que tem por escopo não o pagamento do ultraje – a honra não tem preço – mas a compensação moral, a reparação satisfativa devida pelo ofensor ao ofendido".[235]

Para cumprir a tarefa de um árbitro prudente e equitativo, na difícil missão de dar reparação ao dano moral, sem cair na pura arbitrariedade, adverte a boa doutrina que:

> "Ao fixar o valor da indenização, não procederá o juiz como um fantasiador, mas como um homem de responsabilidade e experiência, examinando as circunstâncias particulares do caso e decidindo com fundamento e moderação. Arbítrio prudente e moderado não é o mesmo que arbitrariedade".[236]

Se, à falta de critérios objetivos da lei, o juiz tem de se valer da prudência para atender, em cada caso, às suas peculiaridades assim como à repercussão econômica da indenização pelo dano moral, o certo é que o valor da condenação, como princípio geral, "não deve ser nem tão grande que se converta em fonte de enriquecimento, nem tão pequeno que se torne inexpressivo".[237]

Tentando fugir da falta de critérios objetivos, o extinto 1º Tribunal de Alçada Civil de São Paulo chegou a adotar parâmetros da Lei de Imprensa e da Lei de Telecomunicações, por analogia, já que, cuidando de ofensas morais (injúria, calunia etc.), aqueles diplomas normativos determinam que as condenações se façam entre cinco e cem salários mínimos (Lei n. 4.117/1962, art. 84) ou até duzentos salários mínimos (Lei n. 5.250/1967, art. 52).[238] Mas, mesmo dentro dos limites da citada legislação, que são elásticos e bastante amplos, haverá o julgador de pautar seu arbitramento final nos moldes da prudência e da moderação, para evitar resultados injustificáveis e que só poderiam contribuir para desacreditar a seriedade e justiça que nunca poderão ausentar-se dos pronunciamentos judiciais.

Em regime de recurso especial repetitivo, o STJ ressaltou a moderação, o bom senso e os limites da reparação que não podem faltar quando se cuida de dano moral:

> "Para fins do art. 543-C do Código de Processo Civil [atual CPC, art. 1.036]: a) a responsabilidade por dano ambiental é objetiva, informada pela teoria do risco integral,

---

[234] TJRJ, Ap. 4.789.193, Rel. Des. Laerson Mouro, ac. 1º.03.1994, *COAD*, Bol. 31/94, p. 490, n. 66.291.
[235] TJPR, Ap. 19.411-2, Rel. Des. Oto Luiz Sponholz, ac. 05.05.1992, *RP* 66/206.
[236] DEDA, Artur Oscar Oliveira. Verbete "Dano Moral – Reparação". *Enciclopédia Saraiva de Direito*. São Paulo: Saraiva, 1977, v. 22, p. 290.
[237] TJMG, Ap. 87.244-3, Rel. Des. Bady Curi, ac. 09.04.1992, *Jurisprudência Mineira* 118/161.
[238] Cf. Ap. 516.041/8, Rel. Juiz Octaviano Santos Lobo, ac. 12.05.1993, *RT* 698/104.

sendo o nexo de causalidade o fator aglutinante que permite que o risco se integre na unidade do ato, sendo descabida a invocação, pela empresa responsável pelo dano ambiental, de excludentes de responsabilidade civil para afastar sua obrigação de indenizar; b) em decorrência do acidente, a empresa deve recompor os danos materiais e morais causados; e c) na fixação da indenização por danos morais, recomendável que o arbitramento seja feito caso a caso e com moderação, proporcionalmente ao grau de culpa, ao nível socioeconômico do autor, e, ainda, ao porte da empresa, orientando-se o juiz pelos critérios sugeridos pela doutrina e jurisprudência, com razoabilidade, valendo-se de sua experiência e bom senso, atento à realidade da vida e às peculiaridades de cada caso, de modo que, de um lado, não haja enriquecimento sem causa de quem recebe a indenização e, de outro, haja efetiva compensação pelos danos morais experimentados por aquele que fora lesado".[239]

16. SÍNTESE

O juiz, em cujas mãos o sistema jurídico brasileiro deposita a responsabilidade pela fixação do valor da reparação do dano moral, deverá fazê-lo de modo impositivo, levando em conta o binômio "possibilidades do lesante" – "condições do lesado", cotejado sempre com as particularidades circunstanciais do fato danoso, tudo com o objetivo de alcançar:

   a) um "valor adequado ao lesado, pelo vexame, ou pelo constrangimento experimentado";
   b) uma "compensação" razoável e equitativa não para "apagar os efeitos da lesão, mas para reparar os danos",[240] "sendo certo que não se deve cogitar de mensuração do sofrimento, ou da prova da dor, exatamente porque esses sentimentos estão ínsitos no espírito humano".[241]

A sanção civil, no caso dos danos morais, realiza, sem dúvida, por meio indireto, a tarefa de devolver o "equilíbrio às relações privadas".[242] Ora, tarefa como essa não pode ser desempenhada sem que o juiz, encarregado do arbitramento, leve em consideração "a situação patrimonial e pessoal das partes e a proporcionalidade ao proveito obtido com o ilícito".[243] Daí falar-se, também, com frequência na necessidade de empregar-se, no arbitramento, o "critério da equidade", com que se busca evitar que a reparação de dano real se transforme, pelo seu vulto exagerado e não equânime na figura do *summum ius, summa injuria*. Para que se cumpra a função de desestimular a reiteração, a sanção deve ser expressiva, mas não exagerada ou desproporcional.

---

[239] STJ, 2ª Seção, REsp 1.374.284/MG, Rel. Min. Luis Felipe Salomão, ac. 27.08.2014, *DJe* 05.09.2014.
[240] BITTAR, Carlos Alberto. *Reparação civil por danos morais*. 2. ed. São Paulo: Revista dos Tribunais, 1994, n. 11, p. 68.
[241] BITTAR, Carlos Alberto. *Reparação civil por danos morais*. 2. ed. São Paulo: Revista dos Tribunais, 1994, n. 13, p. 79.
[242] BITTAR, Carlos Alberto. *Reparação civil por danos morais*. 2. ed. São Paulo: Revista dos Tribunais, 1994, n. 19, p. 115.
[243] BITTAR, Carlos Alberto. *Reparação civil por danos morais*. 2. ed. São Paulo: Revista dos Tribunais, 1994, n. 34, p. 209.

Dentro dessa ótica, não se deve impor uma indenização que ultrapasse, evidentemente, a capacidade econômica do agente, levando-o à ruína. Se a função da reparação do dano moral é o restabelecimento do "equilíbrio nas relações privadas", a meta não seria alcançada, quando a reparação desse consolo espiritual à vítima fosse à custa da desgraça imposta ao agente. Não se pode, como preconiza a sabedoria popular, "vestir um santo desvestindo outro".

Segundo esse entendimento, o TJRGS decidiu que a fixação do montante da indenização há de ser feita à luz do "prudente arbítrio do juiz, tendo em conta certos requisitos e condições, tanto da vítima quanto do ofensor. Especialmente, deve ser observada a *capacidade econômica* do atingido, mas também daquele que comete o ilícito". Só assim, ter-se-á observado o critério de justiça, de bom senso e de "exequibilidade do encargo a ser suportado pelo devedor".[244]

Da mesma maneira, não se pode arbitrar a indenização, sem um juízo ético de valoração da gravidade do dano, a ser feito dentro do quadro circunstancial do fato e, principalmente, das condições da vítima. O valor da reparação terá de ser "equilibrado", por meio da prudência do juiz. Não se deve arbitrar uma indenização pífia nem exorbitante, diante da expressão ética do interesse em jogo, nem tampouco se pode ignorar a situação econômico social de quem vai receber a reparação, pois jamais se deverá transformar a sanção civil em fonte pura e simples de enriquecimento sem causa.

Por fim, e para evitar o julgamento *ultra petita,* se a parte formula pedido certo, indicando o *quantum* reclamado como o necessário à reparação do dano moral suportado, ao juiz não é dado arbitrá-la em quantia maior. Pode reduzir a indenização, mas não ampliá-la, diante da regra da adstrição da sentença ao pedido (CPC, arts. 141 e 492).

17. O DANO MORAL E O RECURSO ESPECIAL

A previsão legislativa do ressarcimento do dano moral está contida numa espécie de norma legal em branco, já que o legislador não fornece dado algum para delimitar o montante da respectiva reparação. Isto faz com que o juiz seja levado a completar a obra legislativa, caso a caso, criando e manipulando parâmetros dentro dos quais a indenização se cumpra de modo razoável e equitativo. Em face de um sistema como esse não se pode recusar a ver no arbitramento da indenização por dano moral uma questão de direito, já que ao deliberar sobre ela o julgador não se limita à aplicação de norma legal a determinado fato, mas participa intensamente da criação da regra concreta que afinal faz prevalecer na solução do caso *sub iudice*.

Ao contrário da indenização dos danos materiais, que se define pela recomposição do patrimônio ofendido, por meio da observância da fórmula "danos emergentes e lucros cessantes", preconizada pelo art. 402 do Código Civil, na reparação dos danos morais o que se busca é oferecer à vítima uma "compensação" para atenuar o "sofrimento havido", ao mesmo tempo em que se aplica ao agente uma "sanção" para desestimular a reiteração dos atos lesivos à personalidade de outrem, no dizer de Carlos Alberto Bittar.[245] Por isso,

---

[244] TJRGS, Ap. Civ. 70017161290, 6ª Câm. Cív., Rel. Des. Marilene Bonzanini Bernardi, ac. 06.03.2008, *RJTJRGS*, v. 268, p. 184-185.

[245] BITTAR, Carlos Alberto. Danos morais: critérios para a sua fixação. *Repertório IOB de jurisprudência: civil, processual, penal e comercial*, n. 15, p. 293-291, 1 quinz. ago. 1993.

o Superior Tribunal de Justiça tem, em diversos acórdãos, reconhecido no arbitramento do dano moral uma questão de direito com base na qual é possível o manejo do recurso especial.

No Recurso Especial n. 53.321/RJ, por exemplo, a 3ª Turma do Superior Tribunal de Justiça, por unanimidade, assentou que "por maiores que sejam as dificuldades, e seja lá qual for o critério originariamente eleito, o certo é que, a meu ver, o valor da indenização por dano moral não pode escapar ao controle do Superior Tribunal de Justiça. Urge que esta Casa, à qual foi constitucionalmente cometida tão relevantes missões, forneça disciplina e exerça controle, de modo a que o lesado, sem dúvida alguma, tenha reparação, mas de modo também que o patrimônio do ofensor não seja duramente atingido. O certo é que o enriquecimento não pode ser sem justa causa".

Observou o voto do Relator, Min. Nilson Naves, a disparidade entre as indenizações deferidas em favor da mesma pessoa por fatos ofensivos à honra, no teor similar, divulgados na mesma data em dois jornais distintos. Numa ação, o valor da indenização foi arbitrado em dez salários e noutra em dois mil e quatrocentos salários. O recurso especial foi conhecido e provido para reduzir o valor da condenação, nos seguintes termos: "no julgamento da causa, reputo em demasia a indenização, que o acórdão arbitrou em 2.400 mínimos. Veja-se que na outra ação, em sendo o mesmo pano de fundo, fora eleito valor diverso e menor, a título de reparação. O que restitui o prejudicado a estado anterior é a indenização do dano material. A propósito, confira-se o art. 54 da Lei de Imprensa (Lei n. 5.250, de 09.02.1967), bem como a doutrina, por exemplo, a lição transcrita linhas acima. Na indenização do dano moral, porém, deve o juiz arbitrá-la moderadamente (confira-se o art. 942 do Anteprojeto de Caio Mário). É por isso que, levando em conta tal recomendação, e atento aos dispostos nos itens I e II do art. 53, da Lei de Imprensa, e considerando ainda que se deve, sempre, adotar a técnica do quantum fixo (ver o precedente de que foi relator, no Tribunal de Justiça do Rio de Janeiro, o então Desembargador e hoje Ministro Menezes Direito), dou provimento em parte ao recurso especial, para reduzir a condenação, fixando o valor da indenização em mil (1.000) salários mínimos".

O acórdão aludido foi publicado com a seguinte ementa:

> "Responsabilidade civil – Imprensa (Publicação de notícia ofensiva) – Ofensa à honra – Dano moral – Valor da indenização – Controle pelo STJ.
> 1. Quem pratica pela imprensa abuso no seu exercício responde pelo prejuízo que causa. Violado direito, ou causado prejuízo, impõe-se sejam reparados os danos. Caso de reparação de dano moral, inexistindo, nesse ponto, ofensa a texto de lei federal.
> 2. Em não sendo mais aplicável a indenização a que se refere a Lei n. 5.520/1967, deve o juiz no entanto quantificá-la moderadamente. O critério da pena de multa máxima prevista no Código Penal (em dobro, segundo o disposto no CC [de 1916], art. 1.547, parágrafo único) nem sempre é recomendável.
> 3. O valor da indenização por dano moral não pode escapar ao controle do Superior Tribunal de Justiça.
> 4. Recurso Especial conhecido pelo dissídio e provido em parte, para reduzir-se o valor da condenação".[246]

---

[246] STJ, 3ª T., REsp 53.321/RJ, Rel. Min. Nilson Naves, ac. 16.09.1997, *DJU* 24.11.1997.

Em outro julgado, a mesma 3ª Turma do Superior Tribunal de Justiça voltou a admitir e prover recurso especial interposto contra arbitramento de indenização por dano moral e, por meio do voto do Relator Min. Eduardo Ribeiro, fez interessantes observações, *in verbis*:

> "Inegável existir alguma resistência a que se possa, em recurso especial, decidir a respeito do arbitramento feito, nas instâncias ordinárias, para ressarcir o dano moral. Supõe-se, em regra, que a questão se prenda aos fatos, à semelhança do que ocorre com honorários, tal expresso na Súmula 389 do Supremo Tribunal Federal.
>
> Certo que a fixação da importância devida, em tais casos, envolve, até mesmo alguma dose de subjetivismo e o tema se mostra rebelde a um preciso enquadramento legal que permitisse fosse indicado com exatidão, qual o valor correto. Daí não se segue, a meu ver, seja de todo impossível, em todos os casos, uma reapreciação da matéria.
>
> Tenho como própria a invocação do art. 5º da Lei de Introdução. O fim da lei é propiciar reparação e não o enriquecimento. Na medida em que o arbitramento destoe do que se possa considerar razoável, ensejando aquela consequência, a determinação legal, que é impositiva, terá sido desatendida.
>
> Também pela letra 'c' parece-me possível, em tese o uso do especial. Alguns julgados, tendo em conta determinados fatos, chegaram a certos valores para a reparação do dano moral. Possível cotejar as situações para verificar se justificadas eventuais disparidades, já que mesmo o ordenamento jurídico em que se fundaram as decisões.
>
> Considero que, no caso dos autos, o recurso pode ser conhecido pelas duas razões acima. O acórdão baseou-se apenas no fato de que o nome do autor, ora recorrido, figurou indevidamente, no SPC, por culpa da recorrente. Não cogitou de outras circunstâncias, descritas na inicial, naturalmente porque não provadas. Indenização correspondente a duzentos salários mínimos é francamente exagerada, distanciando-se das finalidades que lhe são próprias. Vale assinalar que o próprio acórdão consignou que, em outros casos, o arbitramento foi de cem salários mínimos, não explicando porque, no caso, haveria de alcançar o dobro.
>
> Divorcia-se a decisão, ainda, dos parâmetros eleitos em outros julgados, citados no recurso. Basta apontar o que fixou a indenização em dez salários mínimos, em virtude do indevido protesto de uma duplicata.
>
> Conheço do recurso e dou-lhe provimento parcial, para fixar em seis mil reais a importância da indenização. Tive em conta que o constrangimento sofrido pelo autor não foi particularmente grande, já que, como salientado, restringiu-se à inclusão de seu nome no SPC, não se demonstrando que disso hajam resultado outras situações vexatórias".

A publicação do acórdão em questão se deu com a seguinte ementa:

> "Dano moral – Indenização – Arbitramento.
>
> Possível, em tese, rever o valor da indenização em recurso especial. Assim, quando se mostra evidentemente exagerada, distanciando-se das finalidades da lei que não deseja o enriquecimento de quem sofreu a ofensa. Possibilidade, ainda, de conhecimento pelo dissídio, cotejando-se o valor com o estabelecido para outras hipóteses.
>
> Hipótese em que se impunha a redução do valor fixado, tendo em vista que o constrangimento sofrido pelo autor não foi muito significativo".[247]

---

[247] STJ, 3ª T., REsp 87.719/RJ, Rel. Min. Eduardo Ribeiro, ac. unânime de 24.03.1998, *DJU* 25.05.1988.

Também a 4ª Turma do Superior Tribunal de Justiça esposa igual entendimento:

"Dano moral – *Quantum* – Controle pela instância especial – Possibilidade.
O valor da indenização por dano moral sujeita-se ao controle do Superior Tribunal de Justiça, sendo certo que no caso o valor foi fixado em parâmetros razoáveis, na linha dos concedidos por este Tribunal em casos semelhantes, não ensejando, assim, a sua redução".[248]

Atualmente, o entendimento unânime daquela Corte Superior é no sentido de que "o valor dos danos morais somente pode ser revisto pelo STJ quando for ínfimo ou exorbitante em face das circunstâncias do caso, não sendo cabível, no âmbito da Corte, o reexame de 'justo' e/ou das provas dos autos".[249]

17.1. O dano moral e seu controle pelo STJ

Está assente na jurisprudência do STJ que o arbitramento judicial da indenização por dano moral é questão relevante de direito cujo reexame se comporta no âmbito do recurso especial. Com efeito, reiteradamente tem-se decidido em tal sentido:

a) "Dano moral. Critérios. Precedentes da corte. Agravo desprovido.

I – O arbitramento da condenação a título de dano moral deve operar-se com moderação, proporcionalmente ao grau de culpa, ao porte empresarial das partes, suas atividades comerciais e, ainda, ao valor do negócio, orientando-se o juiz pelos critérios sugeridos pela doutrina e pela jurisprudência, com razoabilidade, valendo-se da experiência e do bom senso, atento à realidade da vida, notadamente à situação econômica atual, e às peculiaridades de cada caso.

II – O arbitramento do valor por dano sujeita-se ao controle da corte, *a fim de evitar abusos e exageros*, que entretanto, não se vislumbram na espécie"[250] (destacamos).

b) "Dano moral. Lojas de departamento. Constrangimento ilegal e cárcere privado. Indenização. *Quantum* (...)

III – A indenização por danos morais deve ser fixada em termos razoáveis, não se justificando que a reparação venha a constituir-se em enriquecimento sem causa, com manifestos abusos e exageros, devendo o arbitramento operar-se com moderação, proporcionalmente ao grau de culpa e ao porte econômico das partes, orientando-se o juiz pelos critérios sugeridos pela doutrina e jurisprudência, com razoabilidade, valendo-se de sua experiência e do bom senso, atento à realidade da vida e às peculiaridades de cada caso (...)

IV – *Em face dos manifestos e frequentes abusos na fixação do* quantum *indenizatório, no campo da responsabilidade civil, com maior ênfase em se tratando de danos morais, lícito é ao Superior Tribunal de Justiça exercer o respectivo controle*".[251]

---

[248] STJ, 4ª T., REsp 202.826/RJ, Rel. Min. Sálvio de Figueiredo, ac. 13.04.1999, *DJU* 24.05.1999, p. 178.
[249] STJ, 1ª T., REsp 1.501.216/SC, Rel. Min. Olindo Menezes, ac. 16.02.2016, *DJe* 22.02.2016. No mesmo sentido: STJ, 4ª T., AgInt no REsp 1.714.785/RS, Rel. Min. Maria Isabel Gallotti, ac. 04.10.2018, *DJe* 15.10.2018; STJ, 3ª T., AgInt no REsp 1.697.392/RO, Rel. Min. Marco Aurélio Bellizze, ac. 18.02.2019, *DJe* 21.02.2019.
[250] STJ, 4ª T., AgRg no Ag 244.708/MG, Rel. Min. Sálvio de Figueiredo, ac. 14.12.1999, *DJU* 08.03.2000, p. 128.
[251] STJ, 4ª T., REsp 265.133/RJ, Rel. Min. Sálvio de Figueiredo, ac. 19.09.2000, *DJU* 23.10.2000, p. 145.

c) "Administrativo. Militar. Lesão incapacitante para o serviço ativo. Indenização por danos morais. Redução do valor. Possibilidade (...)

3. Segundo precedentes desta Corte, 'em face dos manifestos e frequentes abusos na fixação do *quantum* indenizatório, no campo da responsabilidade civil, com maior ênfase em se tratando de danos morais, lícitos é ao Superior Tribunal de Justiça exercer o respectivo controle' (REsp 215.607/RJ, Rel. Min. Sálvio de Figueiredo, *DJU* de 13.9.1999). (...)

4. A indenização, em caso de danos morais, não visa reparar, no sentido literal, a dor, a alegria, a honra, a tristeza ou a humilhação; são valores inestimáveis, mas isso não impede que seja precisado um valor compensatório, que amenize o respectivo dano, com base em alguns elementos como a gravidade objetiva do dano, a personalidade da vítima, sua situação familiar e social, a gravidade da falta, ou mesmo a condição econômica das partes.

5. Arbitrado sem moderação, em valor muito superior ao razoável, imperiosa a redução do valor devido à título de danos morais, dentro dos critérios seguidos pela jurisprudência desta Corte".[252]

d) "Ofensa à honra. Indenização (...) Quantificação.

O valor da indenização por dano moral não pode escapar ao controle do Superior Tribunal de Justiça (REsp 53.321/RJ, Rel. Min. Nilson Naves). Para se estipular o valor do dano moral devem ser consideradas as condições pessoais dos envolvidos, evitando-se que sejam desbordados os limites dos bons princípios e da igualdade que regem as relações de direito, para que não importe em um prêmio indevido ao ofendido, indo muito além da recompensa ao desconforto, ao desagrado, aos efeitos do gravame suportado. Recurso parcialmente conhecido e nessa parte parcialmente provido".[253]

e) "Dano moral. *Quantum* indenizatório. Controle pelo Superior Tribunal de Justiça. Precedente. (...)

II – O valor da indenização por dano moral sujeita-se ao controle do Superior Tribunal de Justiça, sendo certo que, na fixação da indenização a esse título, recomendável que o arbitramento seja feito com moderação, observando as circunstâncias do caso, aplicáveis a respeito os critérios da Lei n. 5.250/1967".[254]

f) "Admite a jurisprudência do Superior Tribunal de Justiça, excepcionalmente, em recurso especial, reexaminar o valor fixado a título de indenização por danos morais, quando ínfimo ou exagerado".[255]

g) "A análise da insurgência contra os valores atribuídos ao dano moral e aos honorários advocatícios esbarra na vedação prevista na Súmula n. 7/STJ. Apenas em hipóteses excepcionais, quando manifestamente irrisórias ou exorbitantes as quantias fixadas – situação não verificada no caso dos autos –, é possível a revisão do quantum por esta Corte".[256]

h) "O entendimento desta Corte é pacífico no sentido de que o valor estabelecido pelas instâncias ordinárias a título de indenização por danos morais pode ser revisto nas

---

[252] STJ, 5ª T., REsp 239.973/RN, Rel. Min. Edson Vidigal, ac. 16.05.2000, *DJU* 12.06.2000, p. 129.
[253] STJ, 4ª T., REsp 169.867/RJ, Rel. Min. César Asfor Rocha, ac. 15.12.2000, *DJU* 19.03.2001, p. 112.
[254] STJ, 4ª T., REsp 295.175/RJ, Rel. Min. Sálvio de Figueiredo, ac. 13.02.2001, *DJU* 02.04.2001, p. 304.
[255] STJ, 4ª T., AgRg no AREsp 23.311/SP, Rel. Min. Maria Isabel Gallotti, ac. 17.03.2016, *DJe* 22.03.2016.
[256] STJ, 4ª T., AgRg no AREsp 833.057/SC, Rel. Min. Antônio Carlos Ferreira, ac. 15.03.2016, *DJe* 21.03.2016.

hipóteses em que a condenação se revelar irrisória ou exorbitante, distanciando-se dos padrões de razoabilidade, o que não se evidencia no caso em tela".[257]

i) "A revisão do *quantum* indenizatório fixado a título de danos morais somente é possível quando irrisório ou exorbitante".[258]

j) "Embora esta Corte tenha por vezes afastado a aplicação da Súmula 7 para rever os valores arbitrados por danos extrapatrimoniais, apenas o faz quando tais quantias revistam caráter irrisório ou exorbitante".[259]

Se, por outro lado, o valor arbitrado mostra-se razoável e proporcional, o STJ não admite a revisão em sede de recurso especial:

a) "Pretensão de revisão do *quantum* indenizatório fixado em consonância com os princípios da razoabilidade e da proporcionalidade. Vedação".[260]

b) "A indenização por danos morais fixada em *quantum* sintonizado aos princípios da razoabilidade e da proporcionalidade não enseja a possibilidade de interposição do recurso especial, dada a necessidade de exame de elementos de ordem fática, cabendo sua revisão apenas em casos de manifesta excessividade ou irrisoriedade do valor arbitrado, o que não se evidencia no presente caso. Incidência da Súmula 7 do STJ (AgInt no AREsp 1.722.400/SP, Relator Ministro Marco Buzzi, Quarta Turma, julgado em 15/12/2020, *DJe* 17/12/2020)".[261]

Outros três acórdãos merecem consideração, pela objetividade com que o STJ enfrentou o tema da avaliação do dano moral:

a) No primeiro, a 4ª Turma declarou que, em caso de morte em acidente de trânsito, sua tendência tem sido fixar os danos morais em aproximadamente quinhentos salários mínimos, salvo fatores excepcionais, como comportamento doloso do causador do acidente.[262]

b) Em caso de menor que perdeu a visão do olho direito, a indenização dos danos morais foi fixada em cem salários mínimos (R$ 41.500,00), sendo R$ 31.125,00 em favor da vítima e R$ 10.375,00 em favor dos pais do menor.[263]

c) Para a vítima de tiro durante assalto em um banco, onde exercia a função de gerente, e do qual resultou a mutilação dos seus testículos, o STJ reduziu para quinhentos salários mínimos, a indenização fixada pelo tribunal de origem em mil salários mínimos, a fim de compatibilizar o ressarcimento do dano moral com os parâmetros aceitos pela jurisprudência daquela Corte Superior em casos de lesão grave.[264]

---

[257] STJ, 4ª T., AgRg no AREsp 849.599/MG, Rel. Min. Raul Araújo, ac. 03.03.2016, *DJe* 10.03.2016. No mesmo sentido: STJ, Corte Especial, REsp 1.102.479/RJ, Rel. Min. Marco Buzzi, ac. 04.03.2015, *DJe* 25.05.2015.

[258] STJ, 3ª T., AgRg no AREsp 809.163/RJ, Rel. Min. João Otávio de Noronha, ac. 03.03.2016, *DJe* 09.03.2016.

[259] STJ, 3ª T., AgRg no AREsp 776.652/RJ, Rel. Min. Marco Aurélio Bellizze, ac. 23.02.2016, *DJe* 03.03.2016.

[260] STJ, 3ª T., AgInt no AREsp 1.914.200/RJ, Rel. Min. Ricardo Villas Bôas Cueva, ac. 03.04.2023, *DJe* 27.04.2023.

[261] STJ, 4ª T., AgInt no AREsp 2.167.774/SP, Rel. Min. Antonio Carlos Ferreira, ac. 17.04.2023, *DJe* 20.04.2023.

[262] STJ, 4ª T., REsp 625.161/RJ, Rel. Min. Aldir Passarinho Júnior, ac. 27.11.2007, *DJU* 17.12.2007, p. 177.

[263] STJ, 4ª T., REsp 659.598/PR, Rel. Min. Aldir Passarinho Júnior, ac. 18.09.2008, *DJe* 13.10.2008.

[264] STJ, 4ª T., REsp 651.396/MA, Rel. Min. Massami Uyeda, ac. 20.09.2007, *DJU* 15.10.2007, p. 275.

Em meticuloso levantamento dos numerosíssimos casos de dano moral revistos pelo STJ, José Roberto Ferreira Gouvêa e Vanderley Arcanjo da Silva, demonstram o esforço daquela Alta Corte "para efetuar as correções necessárias a fim de que o valor dos danos morais seja fixado de forma consentânea com os seus objetivos: sancionar o ofensor; salvaguardar a honra e a paz interior do ofendido, atenuando o seu sofrimento; impedir o enriquecimento sem causa; e, acima de tudo, zelar pela eficácia e credibilidade da prestação jurisdicional buscada por aqueles que dela precisam". Concluem os autores, corretamente, que:

> "Para que essas metas sejam alcançadas, adquire relevância ímpar o julgamento realizado com prudência, moderação, equidade e razoabilidade, elementos indissociáveis que poderão ser obtidos não só a partir do bom senso do magistrado, mas também por meio do respeito à doutrina e à jurisprudência amplamente consolidadas. O entendimento jurisprudencial do STJ vem aos poucos se assentando de modo paradigmático em relação às hipóteses mais comuns de dano moral".[265]

Com efeito, o propósito do STJ nesse tormentoso terreno da quantificação do dano moral, segundo se deduz da importante resenha jurisprudencial preparada por José Roberto Ferreira e Vanderlei Arcanjo da Silva, é corrigir as intoleráveis distorções verificadas no primeiro grau de jurisdição, que às vezes encontram respaldo em arestos dos tribunais de segundo grau. É emblemática a posição, a respeito, adotada pelo STJ, segundo a versão do Min. Aldir Passarinho Júnior:

> "Inicialmente registro que esta Corte tem exercido controle sobre os valores fixados a título de danos morais, tanto para minimizar a discrepância de decisões proferidas pelos diversos Tribunais do país, como também nos casos em que o respectivo valor for irrisório ou abusivo".[266]

A interferência do STJ, destarte, desempenha o elevado papel de dar justas e adequadas dimensões ao problema do dano moral, quer para impedir de se alastrarem as quantificações inexpressivas, capazes de anular a função jurídica da tutela à personalidade, quer, as exageradas, que, por sua vez, "atingiriam de maneira acentuadamente perversa a harmonia social e até mesmo, no caso das últimas, o equilíbrio econômico do país".[267]

Na descoberta e compreensão dos parâmetros que o STJ vem balizando para a correta e justa reparação do dano moral, o trabalho de José Roberto Ferreira Gouvêa e Vanderlei Arcanjo da Silva mostra-se de grande valor e utilidade, pois centenas de acórdãos foram compilados e divididos em grupos homogêneos segundo fatos e circunstâncias. Dentro de cada grupo, foram levantados os critérios quantificadores mínimos e máximos, de modo a oferecer uma rica visão sobre os parâmetros traçados pelo STJ, podendo, assim,

---

[265] GOUVÊA, José Roberto Ferreira; SILVA, Vanderlei Arcanjo da Silva. A quantificação dos danos morais pelo Superior Tribunal de Justiça. *Revista Jurídica*, São Paulo, v. 52, n. 323, p. 42, set. 2004.
[266] STJ, 4ª T., AgRg no AI 459.601/RJ, Rel. Min. Aldir Passarinho Júnior, ac. 05.12.2002, *DJU* 24.03.2003, p. 234.
[267] GOUVÊA, José Roberto Ferreira; SILVA, Vanderlei Arcanjo da Silva. A quantificação dos danos morais pelo Superior Tribunal de Justiça. *Revista Jurídica*, São Paulo, v. 52, n. 323, p. 34, set. 2004.

diminuir, se não eliminar, o exame de subjetivismo no tratamento do assunto nos diversos juízos e tribunais do país.

17.2. Outras contribuições da jurisprudência do STJ. Arbitramento do dano moral com base no salário mínimo

A par do trabalho desenvolvido no sentido de afastar a arbitrariedade da estimativa da reparação do dano moral, evitando as indenizações inexpressivas e repelindo as exageradas, o STJ tem traçado orientações importantes para a uniformização jurisprudencial em torno da matéria.

Em relação às ofensas cometidas por meio da imprensa, está assentado que a responsabilidade tarifada, estipulada anteriormente à Constituição de 1988, não prevalece, devendo a indenização submeter-se ao prudente arbítrio dos magistrados, segundo os parâmetros utilizados no tratamento dos danos da espécie.[268]

O art. 7º, IV, da CF veda o uso do salário mínimo como indexador para qualquer fim obrigacional. O Supremo Tribunal Federal, por isso, decidiu que também na estimativa do dano moral está interditado o cálculo da indenização vinculado ao salário mínimo.[269] Na mesma linha de entendimento, o STJ tem decidido que "não é cabível a indenização por danos morais ser fixada em salários mínimos, devendo ser adotada a técnica do *quantum fixo*".[270] Trata-se, porém, de decisões antigas, cuja orientação acabou sendo superada, já que, atualmente, são recorrentes os julgados do STJ que adotam ou aprovam o arbitramento da reparação do dano moral a partir de referências ao salário mínimo. Dois exemplos recentes e significativos podem ser lembrados:

a) "1. Acidente automobilístico com resultado morte por culpa exclusiva da empresa transportadora. 2. A jurisprudência desta Casa entende ser razoável e proporcional, com ressalva de casos excepcionais, a fixação do valor indenizatório relativo ao dano-morte entre 300 e 500 salários mínimos. Precedentes".[271]

b) "V – Razoável reformar o acórdão do tribunal de origem para fixar o limite global da indenização por dano moral no valor de 300 (trezentos) salários mínimos atuais a serem repartidos igualmente para cada um dos autores da ação, porquanto, consoante a jurisprudência das Turmas da 2ª Seção, o montante razoável para tal indenização estaria na faixa entre 300 (trezentos) e 500 (quinhentos) salários mínimos".[272]

18. DANO MORAL. PRESCRIÇÃO

A obrigação de reparar o dano moral integra a responsabilidade civil pelo ato ilícito (CC, art. 186), de modo que a pretensão do ofendido à competente indenização sujeita-se, em regra, ao prazo prescricional de três anos a contar da ofensa praticada (CC, art. 206,

---

[268] STJ, 4ª T., REsp 513.057/SP, Rel. Min. Sálvio de Figueiredo, ac. 18.09.2003, *DJU* 19.12.2003, p. 484.
[269] STF, 1ª T., RE 216.538/MG, Rel. Min. Moreira Alves, ac. 27.03.2001, *DJU* 18.05.2001, p. 87.
[270] STJ, 3ª T., REsp 436.850/RO, Rel. Min. Menezes Direito, ac. 05.12.2002, *RSTJ* 183/266.
[271] STJ, 3ª T., AgInt nos EDcl no AREsp 1.935.888/MT, Rel.ª Min.ª Nancy Andrighi, j. 25.10.2021, *DJe* 28.10.2021.
[272] STJ, 1ª T., AgInt no REsp 1.957.506/RJ, Rel.ª Min.ª Regina Helena Costa, j. 29.08.2022, *DJe* 31.08.2022.

§ 3º, V). No entanto, há caso em que algum fato especial pode suspender ou impedir a contagem do prazo, desde logo, ou seja, a partir do ato danoso.

Nesse sentido, caso analisado pelo STJ a respeito de pedido de indenização realizado por prisão abusiva perpetrada por policiais civis, que causou sequelas permanentes ao preso. Na hipótese dos autos, entendeu aquela Corte Superior que o prazo prescricional para a ação de indenização contra ato do Estado deveria ser contado a partir da ciência inequívoca dos efeitos decorrentes do ato lesivo:

> "1. Ação de indenização ajuizada em face de Estado, objetivando (i) o recebimento de indenização por danos morais e materiais, em razão da ação abusiva praticada por policiais civis, no cumprimento de mandado de prisão, as quais redundaram em incapacidade laboral do autor, (ii) bem como pelo tempo em que ficou preso cautelarmente, por crime que após foi absolvido em razão de legítima defesa.
> 2. O termo *a quo* do prazo prescricional para o ajuizamento de ação de indenização contra ato do Estado, por dano moral e material, conta-se da ciência inequívoca dos efeitos decorrentes do ato lesivo. É que a prescrição da ação indenizatória, *in casu*, teve como lastro inicial o momento da constatação das lesões sofridas e de suas consequências. Precedentes: (REsp 700/716/MS, *DJ* 17.04.2006, REsp 742.500/RS, *DJ* 10.04.2006, REsp 673/576/RJ, *DJ* 21.03.2005, REsp 735.377/RJ, *DJ* 27.06.2005).
> 3. A pendência da incerteza acerca do reconhecimento do ato lesivo praticado pela Administração Pública impede aduzir-se à prescrição, posto instituto vinculado à inação.
> 4. É assente em doutrina que: 'Não é toda causa de impossibilidade de agir que impede a prescrição, como faz presumir essa máxima, mas somente aquelas causas que se fundam em motivo de ordem jurídica, porque o direito não pode contrapor-se ao direito, dando e tirando ao mesmo tempo' (Câmara Leal *in* 'Da Prescrição e da Decadência', 1978, Forense, Rio de Janeiro, p. 155).
> 5. *In casu*, tendo o recorrente ajuizado a ação indenizatória (em razão da ação abusiva praticada por policiais civis, no cumprimento de mandado de prisão) em 15/09/1999, revela-se inocorrente a prescrição, porquanto o delineamento das lesões sofridas e suas consequências se deu no ano de 1995, portanto dentro do quinquídio legal. Por isso que consoante documento de fls. 17, a vítima esteve sob cuidados médicos desde o dia 09.09.1993 (um dia após a ação dos policiais), tendo sido submetido à cirurgia e que na data do atestado, 08.08.1995, foi considerado incapacitado para suas atividades".[273]

18.1. Dano moral nas relações trabalhistas

Diante das pretensões do ex-empregado contra seu ex-empregador, oriundas do contrato laboral extinto, costuma-se falar que duas prescrições – uma de dois anos e outra de cinco – teriam sido previstas pelo art. 7º, inc. XXIX, da Constituição e pelo art. 11 da CLT. Na realidade, contudo, os dois prazos ali estipulados *são de natureza diversa*.

Após a extinção do contrato de trabalho, assinala a Constituição *o prazo de dois anos* para que o ex-empregado reclame os créditos constituídos durante a prestação de serviços e que não tenham sido voluntariamente satisfeitos pelo ex-empregador. Trata-se de um

---

[273] STJ, 1ª T., REsp 1.116.842/PR, Rel. Min. Luiz Fux, ac. 03.09.2009, *DJe* 14.10.2009.

prazo decadencial, e, por isso, fatal, não suscetível de interrupção ou suspensão. No seu termo final, extinguir-se-á, pela inércia da parte, o próprio direito, acaso existente, de reclamar eventuais créditos remanescentes da relação laboral finda.

De outro lado, enquanto não ultrapassado o biênio constitucional, subsiste a pretensão do trabalhador de cobrar do patrão os créditos surgidos durante a vigência da relação empregatícia. A esta pretensão é que se aplicará a *prescrição quinquenal*, mencionada no art. 7º, XXIX, da CF e reiterada no art. 11 da CLT, calculada parcela por parcela vencida antes da cessação da relação empregatícia. Aqui, sim, trata-se de *prazo prescricional*, em sentido técnico, que conduz apenas à perda da pretensão e não do direito propriamente dito.

Há, pois, *dois prazos extintivos distintos*, que devem ser observados sucessivamente: a) o *prazo prescricional de cinco anos* para cobrar créditos resultantes do contrato de trabalho – tenha ou não sido extinta a relação; b) *o prazo decadencial de dois anos*, contados do término do contrato, para ajuizamento da ação de cobrança dos créditos (prazo específico aplicável às relações empregatícias já encerradas). Nessa segunda hipótese, o prazo quinquenal geral será contado, regressivamente, a partir da data da reclamação trabalhista.

Mesmo após a extinção do contrato de trabalho, pode o ex-empregado acionar o ex-empregador por obrigações contraídas em função da relação empregatícia, desde que o faça dentro do prazo decadencial de dois anos depois da extinção (CLT, art. 11, I), e, desde, ainda, que se respeite o prazo prescricional de cinco anos.

Se o fato gerador da pretensão indenizatória tiver ocorrido *após a extinção do contrato laboral*, mesmo assim poderá ser reclamado como responsabilidade contratual, desde que: (i) seja diretamente vinculado à relação trabalhista; e (ii) seja acionado o ex-empregador dentro do prazo decadencial de dois anos, assinalado pela CLT e pela Constituição.

Nesse sentido, a jurisprudência do TST:

> "Recurso de revista. Indenização por danos morais. Assédio e difamação. Prescrição. Art. 7º, XXIX, da CF. O entendimento externado pelo órgão uniformizador de jurisprudência *interna corporis* desta Corte Superior, a SBDI-1, é no sentido de que, tratando-se de pedido de indenização por danos morais, ao fundamento de que a lesão decorreu da relação de trabalho, não se aplica o prazo prescricional preconizado no Código Civil, porquanto o ordenamento jurídico trabalhista possui previsão específica para a prescrição, cujo prazo é de dois anos, conforme estabelecem os arts. 7º, XXIX, da CF e 11 da CLT. Recurso de revista não conhecido".[274]

Se o ato ilícito imputado ao ex-empregador for praticado após a extinção do contrato de trabalho, o prazo de dois anos contar-se-á da data da prática do ato ofensivo.

Logo, ultrapassado o biênio do art. 11 da CLT, eventuais danos morais praticados pelo ex-empregador em face do ex-empregado só poderão ser reclamados nos termos da legislação civil, já que estarão juridicamente desvinculados da relação de trabalho. Ou seja: nada se pode reclamar como obrigação contratual trabalhista, após dois

---

[274] TST, 8ª T., RR 187800-63.2005.5.15.0129, Rel. Min. Dora Maria da Costa, ac. 08.09.2010, *DJe* 08.09.2010.

anos da extinção da relação trabalhista. O prazo bienal do art. 11 da CLT é fatal ou decadencial.

Como ensina a doutrina trabalhista, o prazo prescricional fixado pelo art. 7º, XXIX, da Constituição e pelo art. 11 da CLT para as reclamações trabalhistas, por ser de direito especial, afasta qualquer outro fixado nas leis civis comuns ou gerais.

É que no âmbito próprio das relações de emprego, o tratamento dispensado ao tema da prescrição é enfocado a partir de uma perspectiva bem diferente daquela predominante no direito privado. Na prática, há o reconhecimento da inconveniência de prazos dilatados para as ações trabalhistas, principalmente aquelas em torno de danos morais, sejam elas suscitadas durante a vigência do contrato laboral, seja após sua extinção. Com efeito, o litígio a respeito de eventuais danos morais é sempre um sério fator de instabilidade para a relação entre patrão e empregado, conduzindo, em regra, à sua ruptura definitiva.

É que, além de tudo, a passagem do tempo, como é notório, conduz nesse terreno a ações de resultados incertos e duvidosos, em razão da dificuldade óbvia de reconstituir e provar, com adequação, fatos remotos após o decurso de muito tempo da respectiva ocorrência.

Assim, a opção do legislador por prescrição breve e típica, na espécie, explica-se pela intenção normativa de obrigar o ex-empregado, em seu próprio interesse, a demandar logo o ex-empregador, fazendo com que tenha sempre em mente "que qualquer negligência (ou inércia) mais longa tornará mais difícil ou mesmo impossível fazer valer sua afirmação sobre fatos controversos e dos quais só possua prova testemunhal".[275]

O mesmo entendimento se encontra na doutrina de Taísa de Lima, segundo o qual "o prazo prescricional trabalhista, na prática, tem gerado mais malefícios do que benefícios, à medida em que fomenta demandas tardias e destituídas de fundamento fatual e jurídico – as chamadas 'aventuras jurídicas'". Disso conclui:

> "Seria, portanto, socialmente nocivo o estabelecimento de prazo prescricional ainda mais longo, para os casos de dano moral trabalhista. Tal implicaria em incentivo à 'cultura do demandismo', mais um óbice à paz social que o Direito visa a restabelecer. Na verdade, a exiguidade do prazo prescricional – além de favorecer a estabilidade das relações sociais, consolidando-as – atende aos interesses do trabalhador, como observa Isis de Almeida".[276]

Não é diferente a lição de Rodolfo Pamplona Filho e Leandro Fernandez, quando abordam a prescrição de ações relativas a fatos posteriores à extinção do vínculo de trabalho, mas ainda ligado a deveres dele oriundos:

> "No curso do contrato, o prazo prescricional é de cinco anos, ao passo que, no que diz respeito às pretensões surgidas após a extinção contratual, o prazo, por força da inci-

---

[275] ALMEIDA, Isis de. *Manual da prescrição trabalhista*. São Paulo: Ed. LTr, 1990, p. 24.
[276] LIMA, Taísa Maria Macena de. A prescrição no dano moral decorrente da relação de emprego. *Revista do TRT – 3ª R.*, Belo Horizonte, v. 28, n. 58, p. 56, jan.-dez. 1998.

dência da parte final do inciso XXIX do art. 7º da CF/88, não será de cinco, mas de dois anos. No caso das lesões pós-contratuais, o termo inicial é identificado no momento em que se torna exigível a reparação com a ciência do dano".[277]

Mesmíssima é a tese firmada na jurisprudência do TST, a mais elevada Corte Trabalhista:

> "Daí partindo, o Colegiado Turmário concluiu que as pretensões da Reclamante já estão prescritas, pois a *actio nata* remonta a 31.01.2008 – data da ciência inequívoca da lesão –, ao passo que a presente ação apenas foi ajuizada em 25.10.2010, quando já escoado o prazo bienal. De fato, tal exegese deve prevalecer, pois a literalidade da norma não comporta a ilação pretendida pela Reclamante, visto claramente reservar à fase pós-contratual o prazo prescricional bienal. Também a interpretação teleológica bem respaldar a tese decisória, pois, uma vez extinto o contrato de trabalho, não subsistem o temor reverencial e o fundado receio de perda do emprego, não se justificando, assim, a aplicabilidade de prazo prescricional mais elastecido".[278]

Em suma, são teses unanimemente consagradas pela jurisprudência e doutrina especializadas trabalhistas:

a) não se aplica à pretensão de reparação de dano moral pós extinção do contrato de trabalho o prazo prescricional previsto no Código Civil;
b) verificada essa modalidade de dano, a prescrição reger-se-á pelo disposto no art. 7º, XXIX, da CF e no art. 11 da CLT;
c) o prazo bienal, próprio da ação pós-extinção do contrato de trabalho, contar-se-á, entretanto, não da data da extinção do vínculo empregatício, mas da data da prática do ato ofensivo ao patrimônio moral do outro ex-contratante; e
d) a apreciação do dano vinculado ao contrato de trabalho extinto assim como da prescrição da respectiva ação indenizatória se inclui na competência da Justiça Trabalhista, por definição constitucional (CF, art. 114, I, acrescentado pela EC 45/5004).[279] Se, porém, a pretensão for desvinculada dos efeitos do contrato laboral extinto, para

---

[277] PAMPLONA FILHO, Rodolfo; FERNANDEZ, Leandro. *Tratado da prescrição trabalhista*: aspectos teóricos e práticos – de acordo com o CPC/15, com a reforma trabalhista e com as súmulas, OJ's e teses prevalecentes do TST e dos TRT's. São Paulo: Ed. LTr, 2017, p. 248.

[278] TST, Subseção I Especializada em Dissídios Individuais, E-RR 692.31.2010.5.04.0351, Rel. Min. Márcio Eurico Vitral Amar, ac. 05.06.2014, *DEJT* 13.06.2014. No mesmo sentido: "Recurso de Revista. Prescrição. Dano moral pós-contratual. Marco inicial. Ciência da lesão. Transcendência jurídica reconhecida. (...) O termo inicial para a contagem do mencionado prazo prescricional [2 anos], decorrente de lesão pós-contratual a ser observado, na hipótese, é a ciência da lesão por parte da reclamante..." (TST, 8ª T., RR 1160-57.2017.5.09.0012, Rel. Min. Aloysio Correa da Veiga, *DEJT* 23.09.2022).

[279] Súmula Vinculante 22/STF: "A Justiça do Trabalho é competente para processar e julgar as ações de indenização por danos morais e patrimoniais decorrentes de acidente de trabalho proposta por empregado contra empregador, inclusive aquelas que ainda não possuíam sentença de mérito em primeiro grau, quando da promulgação da Emenda Constitucional n. 45/04". "Ação de indenização proposta por trabalhador contra ex-empregador. Danos morais. Ofensas irrogadas no âmbito de reclamatória trabalhista. Competência da Justiça laboral (CF, art. 114, VI e IX)" (STJ, 2ª Seção, CC 127.909/BA, Rel. Min. Raul Araújo, ac. 14.05.2014, *DJe* 05.06.2014).

escapar da prescrição bienal do art. 7º, XXIX, a ação indenizatória será processada na Justiça comum, sujeitando-se, por conseguinte, à prescrição trienal aplicável à responsabilidade civil extracontratual (CC, art. 206, § 6º, V).[280]

19. CONCLUSÕES

Diante do exposto, impõem-se as seguintes conclusões:

a) é hoje inquestionável, no direito brasileiro, o princípio da reparabilidade do dano moral, que pode ser demandado isoladamente ou em cumulação com o dano material;

b) não havendo pauta ou tarifação na lei para a grande maioria dos casos de ofensa à honra e aos direitos da personalidade, compete ao juiz arbitrar, com prudência e equidade, o valor da indenização por dano moral;

c) os parâmetros para a estimativa da indenização devem levar em conta os recursos do ofensor e a situação econômico-social do ofendido, de modo a não minimizar a sanção a tal ponto que nada represente para o agente, e não exagerá-la, para que não se transforme em especulação e enriquecimento injustificável para a vítima. O bom senso é a regra máxima a observar por parte dos juízes;

d) fora um ou outro caso escandaloso, como o do Banco do Brasil perante a Justiça do Maranhão, onde a indenização por um protesto cambiário de título de insignificante valor levou à condenação de mais de *duzentos e cinquenta milhões de reais* (?!?), o que se nota na tendência jurisprudencial das principais Cortes de Justiça do País é, justamente, a prevalência do bom senso, da moderação e da equidade nas ações de responsabilidade civil por lesão à honra;

e) a competência para processar e julgar as causas da espécie, que se reconhecia sempre à Justiça Comum, foi atribuída pela Emenda Constitucional n. 45/2004 à Justiça do Trabalho, toda vez que o dano moral provier de ato ilícito ocorrido durante a relação de trabalho.

---

[280] PAMPLONA FILHO, Rodolfo; FERNANDEZ, Leandro. *Tratado da prescrição trabalhista*: aspectos teóricos e práticos – de acordo com o CPC/15, com a reforma trabalhista e com as súmulas, OJs e teses prevalecentes do TST e dos TRT's. São Paulo: Ed. LTr, 2017, p. 248.

Capítulo II
NOVOS RUMOS DA RESPONSABILIDADE CIVIL

Sumário: 1. Introdução – 2. Tendência à objetivação da responsabilidade civil – 3. Abuso de direito e responsabilidade civil – 4. O enriquecimento sem causa – 5. Perda de uma chance – 6. Dano existencial ou dano ao projeto de vida. – 7. Elementos que identificam a reparação cabível no caso de responsabilidade civil.

1. INTRODUÇÃO

É cediço que o tema da responsabilidade civil sofreu várias e profundas alterações ao longo do tempo. A ideia de reparação e indenização foi sendo aperfeiçoada, a fim de permitir a mais ampla compensação das vítimas de atos ilícitos. Indenizam-se não apenas os danos materiais, mas os morais. Além disso, doutrina e jurisprudência engendraram novas espécies de danos indenizáveis, alargando, sobremaneira, a responsabilidade do agente causador do prejuízo. Assim é que surgiram conceitos como os da perda de uma chance, do dano existencial, do assédio moral.

Esse capítulo irá analisar esses novos rumos da responsabilidade civil.

2. TENDÊNCIA À OBJETIVAÇÃO DA RESPONSABILIDADE CIVIL

A ideia de responsabilidade civil surgiu atrelada à noção de culpa, vista como pressuposto necessário à obrigação de indenizar. Esse dogma, segundo Fernando Noronha, é devido à escola de direito natural, denominada "escola jusracionalista". Para o autor, a vinculação da responsabilidade à culpa era bastante adequada ao individualismo do *laissez faire, laissez passer*, uma vez que:

> "em nascentes economias industriais, como eram as europeias e também a norte-americana desse Século XIX, obrigar à reparação de danos ditos 'inevitáveis', apesar de toda a diligência, implicaria em prejudicar o desenvolvimento econômico, impondo às empresas custos tidos como incomportáveis, porque elas, ao tempo, não estavam em condições de impedir os acidentes, nem de transferir para a sociedade o ônus respectivo, através da indústria seguradora, então ainda incipiente".[1]

Entretanto, a industrialização multiplicou os acidentes provocados por máquinas, tornando, muitas vezes, quase impossível à vítima obter indenização, em razão da difi-

---

[1] NORONHA, Fernando. Responsabilidade civil: uma tentativa de ressistematização. *Revista de Direito Civil, Imobiliário, Agrário e Empresarial*, São Paulo, n. 64, p. 16, abr.-jun. 1993.

culdade de se comprovar a culpa do agente. Destarte, paulatinamente, a responsabilidade por culpa foi sendo substituída pela ideia de indenização pelo risco da atividade empreendida. Assim, a vítima não mais dependeria da demonstração da culpa do agente, sendo suficiente a existência do dano e do nexo causal com a atividade do agente.

Num primeiro momento, doutrina e jurisprudência adotaram as presunções de culpa, o que dispensava a vítima, em certas situações, de comprovar a culpa do causador do dano, a quem caberia o ônus de provar que não agiu de forma negligente, imprudente ou imperita. Essas presunções, contudo, foram sendo interpretadas "em termos de consagrarem verdadeiras hipóteses de responsabilidade objetiva, por isso só cedendo mediante prova de caso fortuito ou de força maior".[2] Houve, destarte, progressiva extensão da responsabilidade objetiva, de tal sorte que, atualmente – se ainda continua sendo o ato ilícito básico, por definição da lei, fundado na culpa (Código Civil, art. 186) – avolumam-se tanto os casos em que esse requisito é afastado, que a vinculação geral do dever de indenizar praticamente deixou de ser feita com o elemento subjetivo, pelo menos majoritariamente nos exemplos práticos tratados no Judiciário.

O parágrafo único do art. 927 do Código Civil dispõe, por exemplo, haver "obrigação de reparar o dano, independentemente de culpa, nos casos especificados em lei, ou quando a atividade normalmente desenvolvida pelo autor do dano implicar, por sua natureza, risco para os direitos de outrem".

As hipóteses de responsabilidade objetiva determinada pela lei encontram-se presentes, entre outros exemplos: (i) na atividade das pessoas jurídicas de direito público ou prestadoras de serviço público (art. 37, § 6º, da CF); (ii) no fato do produto ou do serviço, nas relações de consumo (arts. 12 a 17 do CDC); (iii) no dano ambiental provocado pelo poluidor (Lei n. 6.938/81); (iv) na responsabilidade indireta de pais, tutores, empregados e donos de hotel, prevista no art. 932 do Código Civil; (v) nos danos causados por objetos caídos de edifícios e por animais (arts. 936 a 938 do CC); (vi) nos danos resultantes de atividade nucleares (art. 21, XXIII, da CF); (vii) na responsabilidade dos empresários individuais e as empresas pelos danos causados pelos produtos postos em circulação (art. 931 do CC); (viii) na responsabilidade por abuso de direito (art. 188, I, do CC) etc.

Já a responsabilidade objetiva derivada do risco da atividade empreendida pelo autor do dano, abarca diversas situações, mormente se considerarmos a intensa industrialização da sociedade moderna.

A tendência à objetivação da responsabilidade civil, portanto, é salutar, na medida em que permite a ampliação dos casos indenizáveis.

3. ABUSO DE DIREITO E RESPONSABILIDADE CIVIL

O Código Civil, em seu art. 186, conceitua o ato ilícito, atrelando-o à noção de culpa: "aquele que, por ação ou omissão voluntária, negligência ou imprudência, violar direito e causar dano a outrem, ainda que exclusivamente moral, comete ato ilícito".

---

[2] NORONHA, Fernando. Responsabilidade civil: uma tentativa de ressistematização. *Revista de Direito Civil, Imobiliário, Agrário e Empresarial*, São Paulo, n. 64, p. 17, abr.-jun. 1993.

Por outro lado, estatui o art. 187 que "também comete ato ilícito o titular de um direito que, ao exercê-lo, excede manifestamente os limites impostos pelo seu fim econômico ou social, pela boa-fé ou pelos bons costumes". Destarte, o uso abusivo de um direito é considerado *ilícito*.

Entretanto, a ilicitude do ato "cometido com abuso de direito é de natureza *objetiva*, aferível independentemente de dolo ou culpa".[3] Vale dizer, "não é necessária a *consciência* de se excederem, com o seu exercício, os limites impostos pela boa-fé, pelos bons costumes ou pelo fim social ou econômico do direito; basta que excedam seus limites".[4]

Nesse sentido, também, o enunciado 37 da I Jornada de Direito Civil do CJF: "a responsabilidade civil decorrente do abuso do direito independe de culpa e fundamenta-se somente no critério objetivo-finalístico".

Além disso, a configuração do abuso de direito nem sempre depende da existência de dano. De tal sorte que, em regra, "é aferível de modo objetivo, prescindindo do dolo ou culpa e também do dano para caracterizar-se".[5] Entretanto, se não houver dano, não haverá que se falar em reparação, prevalecendo, apenas, a nulidade do ato abusivo.

Para jurisprudência sobre o tema, ver o Capítulo IV, item 1.1.

4. O ENRIQUECIMENTO SEM CAUSA

Entre os casos de injusto locupletamento à custa de bens e interesses alheios, o Código Civil, na linha do direito privado contemporâneo, inclui o do enriquecimento sem causa, que atua como fonte geradora do dever de reparar o prejuízo injustamente provocado.

Segundo o art. 884 do CC, "aquele que, sem justa causa, se enriquecer à custa de outrem, será obrigado a restituir o indevidamente auferido, feita a atualização dos valores monetários". Consistindo o enriquecimento em coisa determinada, o dever de quem a recebeu sem causa de direito consistirá na respectiva restituição. "Se a coisa não mais subsistir, a restituição se fará pelo valor do bem na época em que foi exigido" (art. 884, parágrafo único).

O enriquecimento sem causa se caracteriza sempre que o patrimônio de alguém for majorado, com a consequente diminuição do patrimônio de outrem, sem qualquer causa jurídica para isto. Explica José Roberto de Castro Neves:

> "O direito não tolera que alguém receba vantagem, obtendo acréscimo patrimonial em detrimento de outrem sem uma causa jurídica, isto é, por meio de um ato que não seguiu uma estrutura econômico-social reconhecida pelo ordenamento jurídico. Dessa forma, o negócio sem causa não receberá reconhecimento jurídico, porquanto o ato não estará cumprindo a sua função social. Assim, se alguém paga algum valor a outrem indevidamente, o ordenamento entende que esse enriquecimento, sem uma causa ju-

---

[3] NERY JÚNIOR, Nelson; NERY, Rosa Maria de Andrade. *Código Civil comentado*. 7. ed. São Paulo: RT, 2009, comentários ao art. 187, p. 391.
[4] VARELA, Antunes; LIMA, Pires de, *apud* NERY JÚNIOR, Nelson; NERY, Rosa Maria de Andrade. *Código Civil comentado*. 7. ed. São Paulo: RT, 2009, comentários ao art. 187, p. 391.
[5] NERY JÚNIOR, Nelson; NERY, Rosa Maria de Andrade. *Código Civil comentado*. 7. ed. São Paulo: RT, 2009, comentários ao art. 187, p. 391.

rídica justificável, lhe é contrário, impondo a quem recebeu a vantagem indevida que a restitua e, com isso, promova o reequilíbrio patrimonial".[6]

Segundo o autor, o negócio sem causa seria válido se os elementos necessários à sua existência e validade estivessem presentes. Entretanto, "o ordenamento jurídico não consente com o benefício sem causa". De tal sorte que "a vantagem econômica acompanhada da ausência de causa jurídica é considerada imoral. Por isso se admitirá que o lesado reclame a restituição de seu patrimônio".[7]

Destaca, ainda, a situação em que a causa do negócio deixa de existir. Exemplificando a situação, José Roberto de Castro Neves cita a perda, sem culpa, do objeto de uma obrigação de dar coisa certa. "Sem objeto, extingue-se a obrigação (art. 234 do CC/2002). Se o devedor já recebeu a prestação, deve restituir o valor ao credor, porque não há mais obrigação, pela perda de objeto. Do ponto de vista do pagamento feito, ele tornou-se se causa".[8]

A sanção aplicada ao enriquecimento sem causa representa a preocupação do ordenamento jurídico de preencher eventual lacuna no sistema de reparação do ato ilícito, de modo a que nenhuma causa de prejuízo reste fora do dever geral de indenizar quem o suporta injuridicamente.

O STJ tem entendimento sedimentado quanto ao enriquecimento sem causa:

> *a)* "É entendimento assente desta Corte que a repetição é consequência lógica do reconhecimento judicial da ilegalidade de cláusulas contratuais abusivas e do acolhimento do pedido de restituição do que foi pago a mais, em atenção ao princípio que veda o enriquecimento sem causa, prescindindo, pois, da prova de erro, prevista no art. 965 do Código Civil [CC/2002, art. 877]. Precedentes".[9]
>
> *b)* "Possível a repetição de indébito sempre que constatada a cobrança indevida de algum encargo contratual, mostrando-se desnecessária prova de erro no pagamento, porquanto suficiente à justificação da incidência dos institutos, o repúdio ao enriquecimento sem causa".[10]
>
> *c)* "O pagamento indevido deve ser restituído para obviar o enriquecimento sem causa. A repetição será na forma simples quando não existir má-fé do credor ou o encargo tenha sido objeto de controvérsia judicial".[11]

5. PERDA DE UMA CHANCE

A evolução da responsabilidade civil culminou na permissão, por parte da doutrina, de se indenizar a perda de uma chance da vítima do ato ilícito. A ideia surgiu no direito

---

[6] NEVES, José Roberto de Castro. O enriquecimento sem causa como fonte de obrigações. *Revista dos Tribunais*, São Paulo, v. 843, p. 106, jan. 2006.

[7] NEVES, José Roberto de Castro. O enriquecimento sem causa como fonte de obrigações. *Revista dos Tribunais*, São Paulo, v. 843, p. 106, jan. 2006.

[8] NEVES, José Roberto de Castro. O enriquecimento sem causa como fonte de obrigações. *Revista dos Tribunais*, São Paulo, v. 843, p. 108, jan. 2006.

[9] STJ, 4ª T., REsp 557.301/RS, Rel. Min. Jorge Scartezzini, ac. 28.06.2005, *DJU* 22.08.2005, p. 283.

[10] STJ, 3ª T., AgRg no REsp 897.659/RS, Rel. Min. Paulo de Tarso Sanseverino, ac. 26.10.2010, *DJe* 09.11.2010.

[11] STJ, 3ª T., AgRg no Ag. 947.169/RJ, Rel. Min. Humberto Gomes de Barros, ac. 03.12.2007, *DJU* 12.12.2007, p. 424.

francês e, posteriormente, no norte-americano, que atribuíram às chances perdidas um caráter autônomo para fins de indenização.

Para os ordenamentos estrangeiros, a chance, segundo Rafael Peteffi da Silva, "representa uma expectativa necessariamente hipotética, materializada naquilo que se pode chamar de ganho final ou dano final, conforme o sucesso do processo aleatório". E acrescenta, "quando esse processo aleatório é paralisado por um ato imputável, a vítima experimentará a perda de uma probabilidade de um evento favorável. Esta probabilidade pode ser estatisticamente calculada, a ponto de lhe ser conferido um caráter de certeza".[12]

No país, o instituto é recente, mas a doutrina reconhece a necessidade de que a chance perdida seja séria e real para que seja indenizada. Segundo Fernando Noronha, "o dano da perda de chance, para ser reparável, ainda terá de ser certo, embora consistindo somente na possibilidade que havia, por ocasião da oportunidade que ficou perdida, de obter o benefício, ou de evitar o prejuízo". Mas ressalta, "mais ou menos incerto será apenas saber se essa oportunidade, se não tivesse sido perdida, traria o benefício esperado". Daí porque o valor da indenização dependerá do grau de probabilidade de que a vantagem seria alcançada ou de que o prejuízo seria evitado.[13]

A jurisprudência também exige a comprovação de que a perda da chance seja real e, não, meramente hipotética, para a aplicação da teoria. Nesse sentido, diversos acórdãos do STJ:

> *(i)* "III. Com efeito, a jurisprudência desta Corte admite a responsabilidade civil e o consequente dever de reparação de possíveis prejuízos com fundamento na denominada teoria da perda de uma chance, 'desde que séria e real a possibilidade de êxito, o que afasta qualquer reparação no caso de uma simples esperança subjetiva ou mera expectativa aleatória' (STJ, REsp 614.266/MG, Rel. Ministro Ricardo Villas Bôas Cueva, Terceira Turma, *DJe* de 02/08/2013). No mesmo sentido: STJ, REsp 1.354.100/TO, Rel. Ministra Eliana Calmon, Segunda Turma, *DJe* de 06/03/2014; STJ, REsp 1.308.719/MG, Rel. Ministro Mauro Campbell Marques, Segunda Turma, *DJe* de 01/07/2013)".[14]

> *(ii)* "3. A teoria da perda de uma chance aplica-se quando o evento danoso acarreta para alguém a frustração da chance de obter um proveito determinado ou de evitar uma perda.
> 4. Não se exige a comprovação da existência do dano final, bastando prova da certeza da chance perdida, pois esta é o objeto de reparação.
> 5. Caracterização de dano extrapatrimonial para criança que tem frustrada a chance de ter suas células embrionárias colhidas e armazenadas para, se for preciso, no futuro, fazer uso em tratamento de saúde.
> 6. Arbitramento de indenização pelo dano extrapatrimonial sofrido pela criança prejudicada".[15]

---

[12] SILVA, Rafael Peteffi da. *Responsabilidade civil pela perda de uma chance*. São Paulo: Atlas, 2007, p. 13.
[13] NORONHA, Fernando. *Direito das obrigações*. São Paulo: Saraiva, 2003, v. I, p. 666-667.
[14] STJ, 2ª T., AgRg no AREsp 173.148/RJ, Rel. Min. Assusete Magalhães, ac. 03.12.2015, *DJe* 15.12.2015.
[15] STJ, 3ª T., REsp 1.291.247/RJ, Rel. Min. Paulo de Tarso Sanseverino, ac. 19.08.2014, *DJe* 01.10.2014.

No mesmo sentido, entendimento do TRF 1ª Região:

> "A Teoria da Perda de uma Chance pressupõe a demonstração de que a vítima de uma conduta lesiva perpetrada por outrem possuía chance real e séria de obter uma situação futura mais favorável, da qual foi privada. Na hipótese, o empreendimento do autor encontrava-se apenas no plano hipotético, sem nenhuma infraestrutura iniciada, não havendo que se falar em indenização por perda de uma chance".[16]

Para o STJ, a indenização por perda de uma chance demanda que exista o liame causal "entre a conduta ilícita e a chance perdida, sendo desnecessário que esse nexo se estabeleça diretamente com o dano final". Assim, em caso de erro médico, "o nexo causal que autoriza a responsabilidade pela aplicação da teoria da perda de uma chance decorre da relação entre a conduta do médico, omissiva ou comissiva, e o comprometimento real da possibilidade de um diagnóstico e tratamento da patologia do paciente".[17]

Já se reconheceu, por exemplo, a perda de uma chance provocada pelo advogado que deixou de interpor o recurso que poderia mudar a decisão de primeiro grau. Entretanto, "a reparação da oportunidade retirada depende da comprovação de que esta é real, concreta e relevante".[18]

No mesmo sentido:

> *(i)* "a perda de uma chance leva à caracterização da responsabilidade do causídico não quando há mera probabilidade de reforma de uma decisão lançada no processo, e sim quando a alteração dessa vai além da eventualidade, tangenciando a certeza. Caso em que restou demonstrado que a conduta da advogada ré, ao deixar de interpor recurso, gerou perda de uma chance a sua cliente".[19]

> *(ii)* "'Em caso de responsabilidade de profissionais da advocacia por condutas apontadas como negligentes, e diante do aspecto relativo à incerteza da vantagem não experimentada, as demandas que invocam a teoria da 'perda de uma chance' devem ser solucionadas a partir de detida análise acerca das reais possibilidades de êxito do postulante, eventualmente perdidas em razão da desídia do causídico' (REsp 993.936/RJ, Relator Ministro Luis Felipe Salomão, Quarta Turma, julgado em 27/3/2012, *DJe* de 23/4/2012)".[20]

O STJ também adota esse entendimento:

> "1. Responsabilidade civil do advogado, diante de conduta omissiva e culposa, pela impetração de mandado de segurança fora do prazo e sem instruí-lo com os documentos

---

[16] TRF 1ª Região, Ap. 0002236-43.2009.4.01.4300, Rel. Des. Federal Tourinho Neto, ac. 26.07.2011, *DJe* 05.08.2011.

[17] STJ, 3ª T., AgInt no REsp 1.923.907/PR, Rel. Min. Paulo de Tarso Sanseverino, ac. 20.03.2023, *DJe* 23.03.2023.

[18] TJDF, 6ª T. Cív., APC 2014.01.1.139172-5, Rel. Des. Hector Valverde Santanna, *Revista Magister de Direito Civil e Processual Civil*, v. 69, p. 165-166, nov.-dez. 2015.

[19] TJRS, 16ª C. Cív., AC 70049320005, Rel. Des. Paulo Sérgio Scarparo, ac. 28.06.2012, *Revista Brasileira de Direito Comercial*, n. 7, p. 141, out.-nov. 2015.

[20] STJ, 4ª T., AgInt no AREsp 1.538.774/SP, Rel. Min. Raul Araújo, ac. 07.06.2021, *DJe* 01.07.2021.

necessários, frustrando a possibilidade da cliente, aprovada em concurso público, de ser nomeada ao cargo pretendido. Aplicação da teoria da 'perda de uma chance'".[21]

Por outro lado, a Corte Superior recusou a indenização, quando não se provou a perda real da chance do cliente em razão da conduta omissiva do advogado:

> "1. É difícil antever, no âmbito da responsabilidade contratual do advogado, um vínculo claro entre a alegada negligência do profissional e a diminuição patrimonial do cliente, pois o que está em jogo, no processo judicial de conhecimento, são apenas chances e incertezas que devem ser aclaradas em juízo de cognição.
> 2. Em caso de responsabilidade de profissionais da advocacia por condutas apontadas como negligentes, e diante do aspecto relativo à incerteza da vantagem não experimentada, as demandas que invocam a teoria da 'perda de uma chance' devem ser solucionadas a partir de detida análise acerca das reais possibilidades de êxito do postulante, eventualmente perdidas em razão da desídia do causídico. Precedentes.
> 3. O fato de o advogado ter perdido o prazo para contestar ou interpor recurso – como no caso em apreço –, não enseja sua automática responsabilização civil com base na teoria da perda de uma chance, fazendo-se absolutamente necessária a ponderação acerca da probabilidade – que se supõe real – que a parte teria de se sagrar vitoriosa ou de ter a sua pretensão atendida.
> 4. No caso em julgamento, contratado o recorrido para a interposição de recurso especial na demanda anterior, verifica-se que, não obstante a perda do prazo, o agravo de instrumento intentado contra a decisão denegatória de admissibilidade do segundo recurso especial propiciou o efetivo reexame das razões que motivaram a inadmissibilidade do primeiro, consoante se dessume da decisão de fls. 130-134, corroborada pelo acórdão recorrido (fl. 235), o que tem o condão de descaracterizar a perda da possibilidade de apreciação do recurso pelo Tribunal Superior.
> 5. Recurso especial não provido".[22]

O STJ vem admitindo a aplicação da teoria também para as hipóteses de responsabilidade civil da administração pública:

> "(...) 3. Esta teoria tem sido admitida não só no âmbito das relações privadas *stricto sensu*, mas também em sede de responsabilidade civil do Estado. Isso porque, embora haja delineamentos específicos no que tange à interpretação do art. 37, § 6º, da Constituição Federal, é certo que o ente público também está obrigado à reparação quando, por sua conduta ou omissão, provoca a perda de uma chance do cidadão de gozar de determinado benefício".[23]

Já se reconheceu, também, a responsabilidade de hospital pela recusa de atendimento a paciente, uma vez que lhe retirou a chance da cura:

> "(...) 4. Restando evidenciado que nossas leis estão refletindo e representando quais as prerrogativas que devem ser prioritariamente observadas, a recusa de atendimento

---

[21] STJ, 4ª T., EDcl no REsp 1.321.606/MS, Rel. Min. Antônio Carlos Ferreira, ac. 23.04.2013, *DJe* 08.05.2013.
[22] STJ, 4ª T., REsp 993.936/RJ, Rel. Min. Luis Felipe Salomão, ac. 27.03.2012, *DJe* 23.04.2012.
[23] STJ, 2ª T., REsp 1.308.719/MG, Rel. Min. Mauro Campbell Marques, ac. 25.06.2013, *DJe* 01.07.2013.

médico, que privilegiou trâmites burocráticos em detrimento da saúde da menor, não tem respaldo legal ou moral.

5. A omissão adquire relevância jurídica e torna o omitente responsável quando este tem o dever jurídico de agir, de praticar um ato para impedir o resultado, como na hipótese, criando, assim, sua omissão, risco da ocorrência do resultado.

6. A simples chance (de cura ou sobrevivência) passa a ser considerada como bem juridicamente protegido, pelo que sua privação indevida vem a ser considerada como passível de ser reparada.

7. Na linha dos precedentes deste Superior Tribunal de Justiça, restando evidentes os requisitos ensejadores ao ressarcimento por ilícito civil, a indenização por danos morais é medida que se impõe.

8. Recurso especial parcialmente provido".[24]

Em outra oportunidade, o TJGO aplicou a teoria para indenizar trabalhador que, por ter negada a abertura de conta-salário, perdeu vaga de emprego:

"1. A conta-salário é um direito do trabalhador e, desde que esteja com a carta de encaminhamento, não é permitido ao banco se negar a abrir a conta-salário. Caso o trabalhador tenha dívidas, sejam elas com o próprio banco onde deseja abrir a conta-salário ou com outras instituições, o banco não pode se recusar a abrir a aludida conta, uma vez que esta se destina apenas ao recebimento de pagamento e que não deseja nenhum tipo de crédito vinculado a ela.

2. Sendo indevida a recusa de abertura de conta-salário, a perda da vaga de emprego em razão da recusa gera dano, que deve ser indenizado. O dano material deve ser comprovado. Havendo prova do salário que a parte deixou de auferir em razão do ato ilícito, deve ser indenizado".[25]

A teoria apresenta dificuldade no tocante à quantificação do dano. Segundo entendimento do STJ, "o objeto da reparação é a perda da possibilidade de obter um ganho como provável, sendo que há que se fazer a distinção entre o resultado perdido e a possibilidade de consegui-lo. A chance de vitória terá sempre valor menor que a vitória futura, o que refletirá no montante da indenização".[26]

Por isso, já decidiu o STJ que "na responsabilidade civil pela perda de uma chance, o valor da indenização não equivale ao prejuízo final, devendo ser obtido mediante valoração da chance perdida, como bem jurídico autônomo".[27]

6. DANO EXISTENCIAL OU DANO AO PROJETO DE VIDA

Discute-se, em sede doutrinária, a possibilidade de incluir o dano existencial ou dano ao projeto de vida como uma espécie autônoma ou se deve ser incluído no conceito de dano moral puro.

---

[24] STJ, 3ª T., REsp 1.335.622/SF, Rel. Min. Ricardo Villas Bôas Cueva, ac. 18.12.2015, *DJe* 27.02.2012.
[25] TJGO, 2ª C. Cív., AC 0337042-40.2014.8.09.0051, Rel. Des. Amaral Wilson de Oliveira, *Revista Brasileira de Direito Comercial*, n. 7, p. 186, out.-nov. 2015.
[26] STJ, 2ª T., REsp 1.308.719/MG, Rel. Min. Mauro Campbell Marques, ac. 25.06.2013, *DJe* 01.07.2013.
[27] STJ, 3ª T., AgInt no AREsp 1.737.042/RJ, Rel. Min. Moura Ribeiro, ac. 09.05.2022, *DJe* 11.05.2022.

Teresa Ancona Lopes conceitua o dano existencial como sendo a "lesão que compromete as várias atividades através das quais a pessoa atua para plena realização na esfera individual. Seus efeitos comprometem as realizações do interesse da pessoa quotidianamente nas várias áreas de sua atuação, comprometendo sua qualidade de vida".[28] A sua caracterização, segundo a autora, depende de um "prejuízo ao bem-estar pessoal ou ao projeto de vida".[29]

Essa espécie de dano representaria o abandono "de uma rotina incorporada à pessoa como manifestação de sua forma de ser e de agir".[30]

O dano existencial, em outras palavras, "constitui espécie do gênero *dano não patrimonial* ou *dano extrapatrimonial* a impor à pessoa humana a *renúncia compulsória e indesejada de atividades cotidianas e lícitas* cuja abstinência forçada prejudica, de forma significativa, a *liberdade de escolha* da vítima".[31]

Destarte, o dano ao projeto de vida estaria caracterizado toda vez que, por força de um ato ilícito, a vítima se visse privada de continuar com seus hábitos e hobbies, provocando um "vazio existencial", levando-a a replanejar sua vida.[32]

Teresa Ancona Lopes ilustra o dano existencial com os seguintes exemplos: o assédio moral e sexual no ambiente de trabalho; o *stalking* (pessoa que persegue insistente e doentiamente outra); o *bullying*; o impedimento da morte de um doente terminal.[33] Sua conclusão é no sentido de que, em casos "de determinadas e graves ofensas à pessoa, o dano existencial configura melhor proteção à dignidade do ser humano individual e socialmente".[34]

Hidemberg Alves de Frota e Fernanda Leite Bião distinguem o dano existencial do dano moral, na medida em que "enquanto os danos morais propriamente ditos dizem

---

[28] LOPES, Teresa Ancona. Dano existencial. *Revista de Direito Privado*, São Paulo, n. 57, p. 291, jan.-mar. 2014.

[29] LOPES, Teresa Ancona. Dano existencial. *Revista de Direito Privado*, São Paulo, n. 57, p. 291, jan.-mar. 2014.

[30] SOARES, Flaviana Rampazzo. *Responsabilidade civil por dano existencial*. Porto Alegre: Livraria do Advogado, 2009, p. 45.

[31] FROTA, Hidemberg Alves da; BIÃO, Fernanda Leite. O dano ao projeto de vida: uma leitura à luz do humanismo existencial. *Revista do Instituto dos Advogados de Minas Gerais*, Belo Horizonte, n. 16, p. 33, 2010.

[32] BEBBER, Júlio César. Danos extrapatrimoniais (estético, biológico e existencial): breves considerações. *Revista LTr*: legislação do trabalho, p. 28, apud FROTA, Hidemberg Alves da; BIÃO, Fernanda Leite. O dano ao projeto de vida: uma leitura à luz do humanismo existencial. *Revista do Instituto dos Advogados de Minas Gerais*, Belo Horizonte, n. 16, p. 32, 2010.

[33] LOPES, Teresa Ancona. Dano existencial. *Revista de Direito Privado*, São Paulo, n. 57, p. 295-296, jan.-mar. 2014. Consta do Código Penal a seguinte figura delitual, inserida pela Lei n. 14.132/2021: "Art. 147-A. Perseguir alguém, reiteradamente e por qualquer meio, ameaçando-lhe a integridade física ou psicológica, restringindo-lhe a capacidade de locomoção ou, de qualquer forma, invadindo ou perturbando sua esfera de liberdade ou privacidade. Pena – reclusão, de 6 (seis) meses a 2 (dois) anos, e multa. § 1º A pena é aumentada de metade se o crime é cometido: I – contra criança, adolescente ou idoso; II – contra mulher por razões da condição de sexo feminino, nos termos do § 2º-A do art. 121 deste Código; III – mediante concurso de 2 (duas) ou mais pessoas ou com o emprego de arma. § 2º As penas deste artigo são aplicáveis sem prejuízo das correspondentes à violência. § 3º Somente se procede mediante representação".

[34] LOPES, Teresa Ancona. Dano existencial. *Revista de Direito Privado*, São Paulo, n. 57, p. 301, jan.-mar. 2014.

respeito à questão *subjetiva* do sofrimento psicológico de monta, o *dano existencial* se reporta a aspecto *objetivo*, pertinente ao cerceamento da liberdade do indivíduo de exercitar atividade relevante à sua satisfação pessoal como *ser-no-mundo-com-os--outros*".[35]

7. ELEMENTOS QUE IDENTIFICAM A REPARAÇÃO CABÍVEL NO CASO DE RESPONSABILIDADE CIVIL

Dispõe o art. 402 do Código Civil que, em regra, as perdas e danos indenizáveis em virtude do descumprimento das obrigações em geral compreendem não só o que o credor efetivamente perdeu (dano emergente)[36] como o que razoavelmente deixou de lucrar (lucros cessantes).

O que enseja, na prática, sérias discussões é até onde pode ir o cálculo dos prejuízos acarretados pelo ato ilícito. A regra a observar é a do art. 403 do Código Civil, segundo a qual "ainda que a inexecução [da obrigação] resulte de dolo do devedor, as perdas e danos só incluem os prejuízos efetivos [dano emergente] e os lucros cessantes por efeito dela [da inexecução da obrigação] direto e imediato".

Debruçando-se sobre o problema, o Supremo Tribunal Federal[37] e o Superior Tribunal de Justiça[38] uniformizaram sua jurisprudência em torno dos prejuízos ressarcíveis em ação de repetição de indébito, firmada em matéria tributária (IRPJ e CSLL), mas, cuja *ratio decidendi* se aplica a qualquer modalidade obrigacional, no tocante à avaliação dos danos previstos no art. 403 do CC. No precedente do STF (com repercussão geral) acatado pelo STJ (em recurso repetitivo) procedeu-se à distinção entre os conceitos de "dano remoto" (ou dano indireto) e "dano imediato" (ou dano emergente).

Para tal jurisprudência, o conceito de "dano emergente", cogitado pelo Código Civil, existe em oposição ao de "dano remoto". Com efeito, "o art. 403 do CC/2002, dispõe que 'as perdas e danos só incluem os prejuízos efetivos e os lucros cessantes por efeito dela (inexecução) direto e imediato'. Dessa forma, invocar eventuais prejuízos que o credor vier a sofrer ao tomar dinheiro emprestado para saldar suas obrigações porque o devedor está em mora com ele, significa trazer para o conceito de 'dano emergente' situações típicas de 'dano remoto'".[39] É que o nexo de causalidade, no exemplo pretoriano, não teria se estabelecido, em caráter necessário, entre a mora do devedor e a busca de crédito no sistema bancário pelo credor. Algum fato novo é que teria determinado, na realidade, a

---

[35] FROTA, Hidemberg Alves da; BIÃO, Fernanda Leite. O dano ao projeto de vida: uma leitura à luz do humanismo existencial. *Revista do Instituto dos Advogados de Minas Gerais*, Belo Horizonte, n. 16, p. 38, 2010.

[36] Ensina Sílvio Venosa, em relação ao dano emergente, que "as perdas e os danos são avaliados pelo efetivo prejuízo causado pelo descumprimento. Por uma diminuição econômica no patrimônio do credor. O dano é efetivo e não hipotético, o que nem sempre é efetivo ou perceptível em sede de dano moral ou extrapatrimonial" (VENOSA, Sílvio de Salvo. *Código Civil interpretado*. 2 ed. São Paulo: Atlas, 2011, p. 458).

[37] STF, Pleno, RE 1.063.187/SC, Rel. Min. Dias Toffoli, ac. 27.09.2021, *DJe* 16.12.2021

[38] STJ, 1ª Seção, REsp 1.138.695/SC, Rel. Min. Mauro Campbell Marques, ac. 22.05.2013, *DJe* 31.05.2013 (Recurso Repetitivo em retratação, ac. de 26.04.2023, Tema 505, Informativo de Jurisprudência n. 772-02.05.2023).

[39] Informativo de Jurisprudência n. 772-02.05.2023.

contração de empréstimo para o giro financeiro da empresa. Só remotamente se poderia pensar em relacioná-lo ao inadimplemento contratual.

Em outros termos, as perdas e danos, sejam os prejuízos efetivos ou os lucros cessantes, só são indenizáveis se se apresentarem como efeito "direto e imediato" do descumprimento da obrigação pelo devedor, e nunca aqueles que o credor tenha enfrentado remotamente durante a mora do inadimplente sem vínculo direto e imediato com o ato ilícito.[40]

Da mesma forma, é importante ressaltar lição de Sílvio Venosa, no sentido de que o credor não pode cobrar, a título de perdas e danos, verba resultante de sua própria desídia. É o que ocorre, por exemplo, com o veículo abalroado, quando "seu proprietário o deixa ao relento, com um agravamento das condições de reparação". Nessa situação retratada pelo autor, "não pode o devedor ser obrigado a pagar por um dano para o qual não concorreu".[41] De fato, a regra resulta do princípio da boa-fé objetiva, que veda à parte beneficiar-se de sua própria torpeza. A vítima, no caso descrito, não pode agravar o dano e, com isso, favorecer-se com o aumento da indenização.

Situação semelhante ocorre com os lucros cessantes, quando o proprietário do veículo abalroado faz jus à compensação dos rendimentos normais pela utilização da viatura pelo período normalmente necessário para o respectivo conserto. Nesse caso, não é lícito ao credor ampliar injustificadamente o prazo de recuperação do automóvel, acarretando uma indenização maior pelo devedor. O que sobejar ao tempo realmente necessário não poderá ser levado à conta de lucros cessantes ressarcíveis.

Sobre o arbitramento do dano moral, ver Capítulo I, itens 13, 14 e 16.2.

---

[40] Lembra Nelson Nery que, segundo Agostinho Alvim, "que de maneira rigorosa o termo *imediato* significa sem intervalo, e *direto*, aquilo que vem em linha reta, haja ou não intervalo. A expressão *direto e imediato* significa o nexo causal *necessário*. Em razão dessa teoria, o nexo de causalidade rompe-se não apenas quando o credor ou terceiro é autor da causa próxima do novo dano, mas ainda quando a causa próxima é fato natural. O legislador, portanto, quando adotou a teoria do dano direto e imediato, repugnou-lhe sujeitar o autor do dano a todas as nefastas consequências do seu ato, quando já não ligadas diretamente a ele. Agostinho Alvim concorda com essa tese; afinal, não é justo decidir-se pela responsabilidade ilimitada do autor do primeiro dano. Assim, a simples distância não rompe o nexo, não assim quando surge uma concausa (Agostinho Alvim. *Inexecução*, n. 225 *et seq.*, p. 322 *et seq*, especialmente p. 328)" (NERY JÚNIOR, Nelson; NERY, Rosa Maria de Andrade. *Código Civil comentado*. 12. ed. São Paulo: Revista dos Tribunais, 2017, p. 920). Na jurisprudência, tem sido adotada a teoria de Agostinho Alvim de que "só admite o nexo de causalidade quando o dano é efeito necessário de uma causa", razão pela qual o STJ decidiu que, em matéria de responsabilidade civil do Estado, "não há como afirmar que a deficiência do serviço do Estado tenha sido a causa direta e imediata do ato ilícito praticado pelo foragido. A violência contra a recorrida, que produziu os danos reclamados, ocorreu mais de dez meses após o foragido ter se evadido do presídio. Ausente o nexo causal, fica afastada a responsabilidade do Estado" (STJ, 1ª T., REsp 719.738/RS, Rel. Min. Teori Albino Zavascki, ac. 16.09.2008, *DJe* 22.09.2008).

[41] VENOSA, Sílvio de Salvo. *Código Civil interpretado*. 2. ed. São Paulo: Atlas, 2011, p. 458.

Capítulo III
INDENIZAÇÃO DO DANO MORAL COM CARÁTER PUNITIVO

Sumário: 1. Introito – 2. A evolução do direito em matéria de responsabilidade civil delitual – 3. A completa separação entre a sanção penal e a sanção civil – 4. Princípio da legalidade das penas – 5. Dano moral – 6. A tese dos que defendem o caráter de pena civil para o ressarcimento do dano moral: 6.1. O enriquecimento sem causa como limite à reparação do dano moral. 6.2. Dano moral e dano social. 6.3. Indenização punitiva de dano moral reprimido pelo Código do Consumidor (responsabilidade objetiva) – 7. Conclusões.

1. INTROITO

Tem-se repetido, com muita frequência, em doutrina e jurisprudência, que o juiz deve, ao arbitrar a indenização do dano moral, dar-lhe um valor que não apenas represente uma compensação para a dor do ofendido, mas que também sirva de punição para o agente do dano, de modo a desestimulá-lo a reiterar atos ilícitos similares.

Assim é, por exemplo, o que se proclamou nos seguintes acórdãos:

(i) "Responsabilidade civil... Critérios para o arbitramento do dano moral:
a) A reparação do dano moral tem natureza também punitiva, aflitiva para o ofensor, com o que tem a importante função, entre outros efeitos, de evitar que se repitam situações semelhantes...".[1]

(ii) "Demarcam-se, como dados propiciadores da configuração do dano moral, a necessidade de a ação judicial acarretar a exigível intimidação para que fatos análogos não se repitam, além de se constituir, sob certo aspecto, em forma punitiva civil dirigida ao ilícito, sem desconsiderar que propicia a pecúnia um conforto maior para quem suportou tão grande trauma pela morte violenta da chefe da família".[2]

(iii) "Cuida-se de técnica que, a um só tempo, sanciona o lesante e oferece exemplo à sociedade para que não floresçam condutas que possam ferir valores que o direito protege".[3]

---

[1] TARGS, Ap. 195.039094, Rel. Juiz Armínio José Abreu Lima da Rocha, ac. 24.05.1995, *RT* 723/472; TJRGS, Ap. 593133689, Rel. Des. Sérgio Gischkow Pereira, ac. 08.02.1994, *RJTJRGS* 164/312.
[2] TJSP, Ap. 123.209-1, ac. 30.05.1990, *in* CAHALI, Yussef Said. *Dano moral*. 2. ed. São Paulo: Revista dos Tribunais, 1998, p. 177.
[3] 1º TACivSP, Ap. 551.620, ac. 02.08.1995, AASP, 1.935/30 *in* CAHALI, Yussef Said. *Dano moral*. 2. ed. São Paulo: Revista dos Tribunais, 1998, p. 177.

Em doutrina, Yussef Said Cahali invoca vastas referências bibliográficas estrangeiras para defender o caráter punitivo da indenização por dano moral.[4]

Esse entendimento, a nosso ver, merece ponderada revisão, se se atentar para as bases sistemáticas do sistema punitivo equacionado institucionalmente pelo direito constitucional brasileiro, assentadas que se acham segundo rigoroso princípio de reserva legal, como, a seguir, procuraremos ressaltar.

2. A EVOLUÇÃO DO DIREITO EM MATÉRIA DE RESPONSABILIDADE CIVIL DELITUAL

Nas coletividades primitivas não se conseguia separar a ideia do direito da vítima à reparação do dano da ideia de vingança do agredido contra agressor.

Reconhecia-se no homem o instinto natural de pagar o mal pelo mal, fazendo compensar a ofensa sofrida pela imposição, ao causador, de dano equivalente. O homem primitivo reagiria, diante do dano, tal como a criança que, depois de tropeçar, chuta a pedra que a magoou.

Descrevia Ihering esse estágio de comportamento humano da seguinte maneira:

> "El dolor gobierna soberanamente el sentimiento jurídico del hombre primitivo. La injusticia es apreciada no según su causa, sino según su efecto; no según las circunstancias relativas a la persona del autor sino desde el ángulo de la victima. La piedra lo ha golpeado, él siente el dolor y el dolor lo empuja a la venganza".[5]

Não se tinha ideia de indenização de prejuízo suportado pela vítima no campo do direito. O sentimento predominante era o da autoconservação e a medida da sanção era fruto de avaliação pessoal da própria vítima, o que, sem dúvida, comprometia a convivência e a solidariedade dentro do grupo social. Eis uma interessante descrição do problema da reparação do dano privado em tão recuada época:

> "Es el imperio de la fuerza. A la violencia se opone la violencia. El mal se paga con el mal. Por el daño recibido se causa un daño semejante. Es la Ley del Talión: 'ojo por ojo y diente por diente'. Es éste el período de la venganza privada, la forma más antigua de represión de la injusticia".[6]

A evolução do equacionamento do dano privado, em épocas posteriores, registrou um abrandamento na violência com que reagia a vítima. Sem eliminar totalmente o direito à vingança, passou-se a reconhecer ao ofendido o poder de perdoar o mal mediante o pagamento, pelo ofensor, de uma soma de dinheiro livremente estimada. Essa época foi chamada de tempo da composição privada, do resgate, da pena privada.[7]

---

[4] CAHALI, Yussef Said. *Dano moral*. 2. ed. São Paulo: Revista dos Tribunais, 1998, n. 1.6, p. 33-42.

[5] IHERING, apud ALSINA, Jorge Bustamante. *Teoría general de la responsabilidad civil*. 5. ed. Buenos Aires: Abeledo-Perrot, 1987, p. 3.

[6] ALSINA, Jorge Bustamante. *Teoría general de la responsabilidad civil*. 5. ed. Buenos Aires: Abeledo-Perrot, 1987, p. 14.

[7] ALSINA, Jorge Bustamante. *Teoría general de la responsabilidad civil*. 5. ed. Buenos Aires: Abeledo-Perrot, 1987, p. 14.

Só num estágio mais moderno da civilização, em que a organização social e política se consolidou e o poder se afirmou de forma estável e acatada, é que se convenceu da necessidade de institucionalizar as reparações do dano, tornando-as obrigatórias, mas sujeitando-as a um regime oficial que pudesse proporcionar a tranquilidade pública.

Daí em diante, coube ao Estado impor o sistema de composição legal para o delito privado, que o ofendido deveria aceitar e o ofensor estaria obrigado a pagar.

Finalmente, o Estado contemporâneo não apenas irá definir as composições, mas também assumirá o castigo dos culpados. Controlará, outrossim, tanto a repressão das infrações praticadas contra ele como as que se dirigem contra os particulares, mas que têm reflexos sobre a tranquilidade pública.

3. A COMPLETA SEPARAÇÃO ENTRE A SANÇÃO PENAL E A SANÇÃO CIVIL

A partir do momento em que o Estado moderno assume a função de aplicar sanção aos culpados para reprimir os atos danosos, a noção de responsabilidade sofre notável transformação, provocando seu desdobramento: de um lado, estabelece-se a *responsabilidade penal*, que busca o *castigo* do delinquente; de outro, a *responsabilidade civil* que tende apenas a ressarcir à vítima o dano particular sofrido.

Quando Napoleão proporcionou à humanidade o primeiro Código Civil dos tempos modernos, nele vinha consagrada a lição de Ihering: "Tout ce qu'il y a de personnel, tout ce qui pourrait rappeler l'idée de peine est exclu dans la réparation du dommage".[8]

Na grande lei civil francesa vinha, pois, ressaltada a completa separação entre os delitos civis e os delitos penais. As relações do ato danoso com a ordem política não interessam ao direito privado. "Ils ne sont enviagés que sous le rapport de l'intérêt de la personne lésée".[9]

Para a lei civil, todo indivíduo responde por seus atos, de sorte que se alguém causa a outrem algum dano, é preciso que, havendo culpa, seja obrigado a reparar a vítima.

Esse preceito alcança todas as espécies de danos e todas elas se sujeitam a uma reparação uniforme, que tem por única medida "o valor do prejuízo sofrido". Não importa a qualificação do delito. Desde o homicídio até o ferimento leve, desde o incêndio de um edifício até o estrago de um pequeno móvel, "tudo fica submetido à mesma lei, tudo é declarado suscetível de uma estimativa que indenizará ao lesado os danos que ele experimentou".[10] É o que, expressamente, dispõe o art. 944 do Código Civil brasileiro: "a indenização mede-se pela extensão do dano".

---

[8] "Qualquer coisa pessoal, qualquer coisa que possa lembrar a ideia de dor está excluída na reparação do dano" (IHERING, apud MAZEAUD, Henri; MAZEAUD, Léon. *Traité Théorique et Pratique de la Responsabilité Civile Délictuelle et Contractuelle*. 4. ed. Paris: Sirey, 1947, t. I, n. 42, p. 48).

[9] "Eles são considerados apenas em relação ao interesse da parte lesada" (MAZEAUD, Henri; Léon. *Traité Théorique et Pratique de la Responsabilité Civile Délictuelle et Contractuelle*. 4. ed. Paris: Sirey, 1947, t. I, n. 42, p. 48).

[10] MAZEAUD, Henri; MAZEAUD, Léon. *Traité Théorique et Pratique de la Responsabilité Civile Délictuelle et Contractuelle*. 4. ed. Paris: Sirey, 1947, t. I, n. 43, p. 49.

Castigo, pena, só se impõe em defesa da sociedade e segundo as normas penais da legislação. A ação penal é, outrossim, pública, cabendo apenas ao Estado punir o delinquente. À vítima do delito não assiste mais nenhum tipo de vingança contra o ofensor. A este cabe, na ordem privada, apenas e tão somente exigir o ressarcimento do prejuízo sofrido.[11]

4. PRINCÍPIO DA LEGALIDADE DAS PENAS

O direito moderno, além de retirar a pena delitual do âmbito da responsabilidade civil, submete-a a rigoroso regime de estrita previsão legal. Acha-se inserida entre os direitos fundamentais a declaração de que "não há crime sem lei anterior que o defina, nem pena sem prévia cominação legal" (CF, art. 5º, XXXIX).

Nenhuma autoridade tem, pois, o poder de criar pena, senão o legislador, nem de ampliar as penas legalmente instituídas ou de aplicá-las a situações diversas daquelas expressamente previstas pela lei que as cominou.

> "O princípio da legalidade das penas e dos delitos significa que toda pena só pode ser aplicada de acordo com a lei preexistente, e todo delito deve estar elencado na norma legal, deve ter previsão legal".[12]

Trata-se de garantia que remonta à antiguidade, contemplada que já era pela Carta Magna de João-sem-Terra. A Declaração dos Direitos do Homem e do Cidadão, da Revolução Francesa, também lhe deu grande destaque, *in verbis*:

> "Ninguém pode ser punido senão em virtude de uma lei estabelecida e promulgada anteriormente ao delito e legalmente aplicada".

No Brasil, observa Celso Ribeiro Bastos, dito conceito vem figurando dentre as garantias fundamentais desde a Carta de 1824 e dele não se afastou nenhuma das Constituições que se lhe sucederam.[13]

O regime das penas entre nós é, pois, guiado pelo princípio da reserva da lei. Só a lei tem autoridade para apenar qualquer conduta. "Sem prévia cominação legal, não há pena"; e nenhum juiz pode punir alguém em processo judicial sem que exista "cominação legal", porquanto a "ameaça, *in abstracto*, contida na lei anterior, é pressuposto necessário para que a pena possa ser fixada pelo juiz competente".[14]

Aplicar judicialmente uma pena sem prévia estipulação em lei não só contraria a garantia da legalidade das penas como a do devido processo legal, já que nesta garantia se inclui também a de que o juiz deve julgar segundo as leis existentes. "De outro modo, o magistrado estaria legislando e julgando ao mesmo tempo, o que infringiria o consagrado

---

[11] MAZEAUD, Henri; MAZEAUD, Léon. *Traité Théorique et Pratique de la Responsabilité Civile Délictuelle et Contractuelle*. 4. ed. Paris: Sirey, 1947, t. I, n. 32, p. 39.
[12] FERREIRA, Luiz Pinto. *Comentários à Constituição Brasileira*. São Paulo: Saraiva, 1989, v. I, p. 157.
[13] BASTOS, Celso Ribeiro. *Comentários à Constituição do Brasil*. São Paulo: Saraiva, 1989, v. II, p. 211.
[14] CRETELLA JÚNIOR, José. *Comentários à Constituição de 1988*. Rio de Janeiro: Forense Universitária, 1989, v. I, n. 294, p. 476.

princípio da *separação dos poderes*, ficando, no caso, numa só mão, o Poder Legislativo e o Poder Judiciário".[15]

Não há penas a flutuar fora das leis escritas. Não há crime, não há pena, sem prévia cominação legal – proclama, também, o art. 1º do Código Penal. A lei penal se apartou da lei civil e formou

> "um sistema fechado: ainda que se apresente omissa ou lacunosa, não pode ser suprida pelo arbítrio judicial, ou pela analogia, ou pelos 'princípios gerais do direito', ou pelo costume"... "Pouco importa que alguém haja cometido um fato antissocial, excitante da reprovação pública, francamente lesivo do *minimum* de moral prática que o direito penal tem por função assegurar, com suas reforçadas sanções, no interesse da ordem, da paz, da disciplina social: se esse fato escapou à previsão do legislador, isto é, se não corresponde, precisamente, *a parte objecti* e *a parte subjecti*, a uma das *figuras delituosas*, anteriormente recortadas *in abstracto* pela lei, o agente não deve contas à Justiça repressiva, por isso mesmo que não ultrapassou a esfera da *licitude jurídico-penal*".[16]

A reserva legal nem mesmo permite que haja leis penais vagas ou em branco e muito menos penas instituídas por meio de simples regulamentos. É, ainda, a partir de normas de valorização e não de pura desobediência, com base em norma de dever, que as leis penais configuram os delitos contra os bens jurídicos da coletividade. Dentro dessa perspectiva, a Constituição não tolera que a lei penal "se destine a tutelar valores puramente *morais* ou a desempenhar fins estritamente *educativos*", no dizer de Maria Fernanda Palma, que acrescenta:

> "A legitimidade do poder punitivo decorrente do Estado de direito democrático apela à utilização do Direito Penal para proteger os bens essenciais à existência da sociedade, definidos pela sua substancialidade valorativa e pela sua existência interindividual".[17]

O dispositivo constitucional consagrador do princípio do *nulla poena sine lege*, portanto, "contém uma reserva absoluta de lei formal, que exclui a possibilidade de o legislador transferir a outrem a função de definir o crime e de estabelecer penas".[18]

Se nem a lei incompleta pode atribuir a outros órgãos a cominação de pena, muito menos pode o Judiciário, por iniciativa própria, considerar determinada conduta, nunca tipificada pelo legislador, como merecedora de punição, segundo critério puramente judicial.

5. DANO MORAL

Quando o juiz concede ao ofendido uma reparação pelo dano moral, o faz dentro das regras do direito civil e não do direito penal.

---

[15] CRETELLA JÚNIOR, José. *Comentários à Constituição de 1988*. Rio de Janeiro: Forense Universitária, 1989, v. I, n. 292, p. 474.
[16] HUNGRIA, Nélson. *Comentários ao Código Penal*. 4. ed. Rio de Janeiro: Forense, 1958, v. I, t. I, p. 13-14.
[17] PALMA, Maria Fernanda. Constituição e Direito Penal – Questões inevitáveis. In: MIRANDA, Jorge (coord.). *Perspectivas constitucionais*. Coimbra: Coimbra Editora, 1997, v. II, p. 230-231.
[18] SILVA, José Afonso da. *Curso de direito constitucional positivo*. 15. ed. São Paulo: Malheiros, 1995, p. 430.

O fundamento da condenação é a repressão do ilícito civil, cuja sede normativa se encontra nos arts. 186 e 927 do Código Civil. Nesses dispositivos, não há previsão alguma de pena que o juiz da causa de reparação do dano privado possa adicionar à indenização por prejuízos da vítima. O autor do ilícito civil, ou seja, aquele que "violar direito" ou "causar dano a outrem, ainda que exclusivamente moral", não recebe outra imposição dos referidos preceitos legais senão a de ficar "obrigado a repará-lo".

A responsabilidade penal, no direito contemporâneo, não nasce do prejuízo ou da lesão sofrida pelo ofendido. Supõe, também, a ocorrência de um prejuízo, mas de um dano que perturbe e ofenda a ordem social. E a pena, então, é um meio de a sociedade "se defender contra todos os fatos que lhe causem danos, ou seja, os que ameacem a ordem sobre a qual ela se ache assentada".[19]

É para impedir que o autor de semelhante agressão a cometa novamente e para evitar que outros sejam tentados a imitá-lo, que a sociedade, por meio da lei penal, pune o delinquente. Esse é o terreno específico do direito penal.[20]

Mas, porque a pena é sempre uma grave restrição à liberdade, bem fundamental ao Estado de Direito, a ordem jurídica não relegou para o juiz:

> "a questão de determinar quais são os atos prejudiciais à sociedade; a pena é uma arma que se tem como muito perigosa para ficar à livre disposição dos tribunais. É importante que cada um saiba, quando age, se está interditado a praticar sua ação pela lei penal, e que tenha a certeza de não ser molestado a não ser quando enfrente disposições desse tipo de lei".[21]

Por isso mesmo,

> "é um princípio essencial do direito penal, uma salvaguarda da liberdade individual, que ninguém pode ser atingido por uma pena fora do caso em que um texto formal proíbe o ato do qual se tornou culpado: *nulla poena sine lege*". Mas, para aplicar a pena legalmente instituída em defesa da sociedade, pouco importa que a transgressão do preceito "tenha ou não causado prejuízo ao particular. É a sociedade que reage; ela não se preocupa com os danos individuais da vítima".[22]

Completamente diversa é a responsabilidade civil, que pressupõe não mais um prejuízo social, mas um dano privado. Aqui, "a vítima não é mais a sociedade inteira, mas um particular". E o particular "não pode mais punir; somente a sociedade tem tal direito", segundo a advertência de Mazeaud et Mazeaud.

A consequência dessa completa separação entre a responsabilidade penal e a responsabilidade civil é que a vítima do dano não poderá punir o autor do ato que lhe foi prejudicial. Explicam os civilistas franceses:

---

[19] MAZEAUD, Henri; MAZEAUD, Léon. *Traité Théorique et Pratique de la Responsabilité Civile Délictuelle et Contractuelle*. 4. ed. Paris: Sirey, 1947, t. I, n. 8, p. 5.
[20] MAZEAUD, Henri; MAZEAUD, Léon. *Traité Théorique et Pratique de la Responsabilité Civile Délictuelle et Contractuelle*. 4. ed. Paris: Sirey, 1947, t. I, n. 9, p. 5.
[21] MAZEAUD, Henri; MAZEAUD, Léon. *Traité Théorique et Pratique de la Responsabilité Civile Délictuelle et Contractuelle*. 4. ed. Paris: Sirey, 1947, t. I, n. 9, p. 5.
[22] MAZEAUD, Henri; MAZEAUD, Léon. *Traité Théorique et Pratique de la Responsabilité Civile Délictuelle et Contractuelle*. 4. ed. Paris: Sirey, 1947, t. I, n. 9, p. 6.

"ela demandará do culpado somente indenização; os tribunais, presos à sua ação, lhe estipularão geralmente uma soma de dinheiro, a que se dá o nome de perdas e danos".[23]

Para justificar uma reparação do dano moral que vá além do prejuízo individual do ofendido, tem-se buscado amparo na tese de que todas as obrigações, mesmo as de direito privado, devem ser interpretadas e sancionadas à luz de sua função social. Acontece que a responsabilidade civil, tratando-se de dano material ou moral, não tem outra função que não seja a de reparar o dano individual suportado pela vítima do ilícito.

A maior ou menor repercussão social, a maior ou menor intensidade do dolo ou da culpa, são dados completamente irrelevantes no plano da responsabilidade civil. O valor da indenização a ser proporcionada à vítima deve ser absolutamente desvinculado da gravidade do ato cometido, porque sua função não é punir, mas apenas ressarcir.

De fato, a função da responsabilidade civil em caso de dano moral é compensar a vítima, "atenuando e proporcionando um benefício futuro". Há "necessidade de contrabalançar a sensação de dor da vítima, o suplício moral, com certo estímulo de ordem pecuniária que ofereça a antítese do atentado".[24] A repercussão social, nesse passo, pode ser levada em conta para a configuração do dano reparável, mas a reparação continuará sempre sendo da lesão sofrida pela vítima e não do seu alcance no plano da coletividade, enquanto não existir sanção penal específica para o caso e a responsabilidade permanecer no âmbito da lei civil.

Desde que o Estado de Direito isolou a responsabilidade penal da responsabilidade civil, para avocá-la inteiramente para si, a vítima perdeu, por completo, o direito de punir aquele que lhe causa prejuízos. A responsabilidade civil, para o ofendido, não é uma "questão de vingança" ou de "punição", mas apenas de "reparação". O objeto de sua ação, por isso, só pode ser "perdas e danos".[25]

6. A TESE DOS QUE DEFENDEM O CARÁTER DE PENA CIVIL PARA O RESSARCIMENTO DO DANO MORAL

Yussef Said Cahali, defendendo a persistência do caráter punitivo em outros casos de reparação civil, procura distinguir entre a figura da indenização do prejuízo material e a da reparação do dano moral. A primeira, sim, seria reintegração pecuniária ou ressarcimento *stricto sensu*, ao passo que a segunda deve ser vista como "sanção civil direta ao

---

[23] MAZEAUD, Henri; MAZEAUD, Léon. *Traité Théorique et Pratique de la Responsabilité Civile Délictuelle et Contractuelle*. 4. ed. Paris: Sirey, 1947, t. I, n. 10, p. 6-7.

[24] NISHIYAMA, Adolfo Mamoru; TOLEDO, Roberta Cristina Paganini. Dano moral: estudo constitucional e novo elemento de ponderação. *Revista dos Tribunais*, São Paulo, v. 997, p. 65, nov. 2018. Explicam, ainda, os autores: "O vocábulo compensar é mais adequado ao falarmos de dano moral, em vez das tradicionais locuções 'indenizar', 'ressarcir' e 'reparar'. (...) Em razão da natureza subjetiva do prejuízo experimentado, a ocorrência do dano moral não restabelece o *status quo ante*. Daí a necessidade de sua compensação. (...) A compensação do dano moral deve se converter em tutela equivalente" (NISHIYAMA, Adolfo Mamoru; TOLEDO, Roberta Cristina Paganini. Dano moral: estudo constitucional e novo elemento de ponderação. *Revista dos Tribunais*, São Paulo, v. 997, p. 65, nov. 2018, p. 74-75).

[25] MAZEAUD, Henri; MAZEAUD, Léon. *Traité Théorique et Pratique de la Responsabilité Civile Délictuelle et Contractuelle*. 4. ed. Paris: Sirey, 1947, t. I, n. 19, p. 29.

ofensor ou reparação da ofensa", no dizer de Caio Mário da Silva Pereira.[26] Entende, por isso, Cahali, que na reparação dos danos morais, "o dinheiro não desempenha a função de equivalência, como em regra, nos danos materiais, porém, concomitantemente, a função satisfatória é a de pena".[27]

Em outras palavras, não sendo possível aplicar-se o *princípio da equivalência* no terreno da reparação civil do dano moral, esta acabaria por conservar os primitivos caracteres sancionatório e aflitivo da antiga repressão civil ao ato ilícito danoso.

Mas, não é bem assim. Depois que o Estado assumiu o monopólio da punição dos delitos, uma pena civil, em regime como o brasileiro, somente pode ter base em autorização de lei. Se inexiste uma regra legal que trate a indenização do dano moral como pena, seu cálculo haverá de se fazer apenas dentro dos parâmetros razoáveis da dor sofrida e da conduta culposa do agente. É, sem dúvida, uma *sanção*, mas sanção civil como é a responsabilidade executiva pela satisfação do débito inadimplido. Sanção que se dá como interferência estatal no patrimônio do devedor, limitada, contudo, ao necessário apenas para eliminar o prejuízo patrimonial suportado pelo credor diante do inadimplemento do devedor.

A indenização, mesmo no dano material, é uma sanção, mas uma sanção que tem uma finalidade diversa da simples pena-castigo, finalidade específica de restaurar a situação jurídico-patrimonial do ofendido, motivo pelo qual seu montante não deverá ser superior ao dano que sofreu.

Da mesma forma, a indenização do dano moral é sanção aplicada ao ofensor, mas terá de ser liquidada apenas "na proporção da lesão sofrida".[28] Mesmo quando se admite, como na doutrina alemã, que a indenização do dano moral deve levar em conta a gravidade da culpa, observa Diogo Leite de Campos que não é possível partir desta característica "para atribuir à indenização dos danos não patrimoniais a função de pena privada... A reparação é avaliada, sobretudo, segundo o dano, e pertence ao lesado. A sua finalidade indenizatória e a estrutura reparatória que daí decorre ultrapassam a função de sanção que se lhe pretende atribuir, só se vendo o necessário defasamento entre o dano e a sua graduação conforme a culpa do autor do dano".[29]

Inserir no cálculo dessa sanção um *plus* para prevenir e evitar a possibilidade de reiteração do ato nocivo, em nome da sociedade, é avançar sobre um terreno que não toca, ordinariamente, ao direito civil disciplinar, mas ao direito público por meio de legislação especial e adequada, com propósitos muito diferentes dos que o direito privado persegue.[30]

---

[26] PEREIRA, Caio Mário da Silva. *Instituições de direito civil*. 15. ed. Rio de Janeiro: Forense, 1997, v. II, n. 176, p. 243.
[27] CAHALI, Yussef Said. *Dano moral*. 2. ed. São Paulo: Revista dos Tribunais, 1998, n. 16, p. 41.
[28] PEREIRA, Caio Mário da Silva. *Instituições de direito civil*. 15. ed. Rio de Janeiro: Forense, 1997, v. II, n. 176, p. 243.
[29] CAMPOS, Diogo Leite de. Lições de direitos da personalidade, separata do vol. LXVI (1990) do *Boletim da Faculdade de Direito de Coimbra*, Coimbra, 1992, p. 62, nota n. 83.
[30] De fato, "a ostensiva punição do agente não se compatibiliza com o art. 5º, inciso XXXIX, da Constituição Federal, que preleciona não haver crime sem lei anterior que o defina, nem pena sem prévia cominação legal. Deixar ao prudente arbítrio do julgador o estabelecimento de um caráter punitivo a compor a compensação por danos morais é o mesmo que criar pena sem prévia cominação legal" (NISHIYAMA,

Há vários países que adotam orientação diversa e proclamam oficialmente o caráter punitivo das indenizações civis, como os Estados Unidos, a Inglaterra, o Canadá, a Rússia etc., critério que observam até mesmo em relação aos danos materiais. Não é, todavia, o caso nem da França nem do Brasil.

É certo que, na análise do direito positivo francês e brasileiro, poder-se-ão encontrar exemplos de normas legais que instituem algumas reparações civis as quais correspondem praticamente a penas impostas a causadores de dano privado, como as multas contratuais e as *astreintes*, já que a parte pode exigi-las sem comprovar dano algum em concreto. Assim, embora recusando reconhecer à responsabilidade civil uma função punitiva, o direito francês (como o brasileiro) acaba, por via indireta, se valendo de aberturas laterais para excepcionar o caráter puramente ressarcitório da reparação do ato ilícito.[31]

Contudo, deve-se ponderar, em primeiro lugar, que esse tipo de pena excepcional não tem propriamente função de sancionar a inexecução, mas, sobretudo, assegurar a execução das obrigações civis.[32]

O que, por outro lado, precisa ser ressaltado é que essas exceções em que a reparação civil assume feitio punitivo só existem porque a própria lei as instituiu. Não são produto de vontade discricionária dos tribunais, mas resultado da vontade expressa do legislador. Assim está cumprido o mandamento constitucional do *nulla poena sine lege*, mesmo que a lei *in casu* seja civil e não penal. O que importa é respeitar o sistema da Carta Magna, sendo indiferente saber se a lei punitiva veio com o rótulo civil ou penal. O que não pode faltar é a fonte legal e esta existirá sempre nas exceções já lembradas.

É por isso que, na França, malgrado opinião de alguns autores que procuram entrever na responsabilidade civil a genérica função punitiva, ao lado da ressarcitiva, a Corte de Cassação tem-se mantido oficialmente contrária a semelhante tendência.

> "Elle prend soin en effet de rappeler fréquemment que la responsabilité civile n'a pas de fonction pénale et que la gravité de la faute ne peut donc justifier une condamnation supérieure à la valeur du dommage, ce qui procurerait à la victime un enrichissement, pas plus d'ailleurs que l'absence de culpabilité ou la légèreté de la faute ne peut être prise en compte pour minorer l'indemnisation".[33]

Adolfo Mamoru; TOLEDO, Roberta Cristina Paganini. Dano moral: estudo constitucional e novo elemento de ponderação. *Revista dos Tribunais*, São Paulo, v. 997, p. 66, nov. 2018).

[31] VINEY, Geneviève. Les obligations. La responsabilité: effets. *Traité de Droit Civil*, sous la direction de JACQUES GHESTIN. Paris: L. G. D. J., 1988, n. 6, p. 9-15. Como bem ressaltam Adolfo Mamoru Nishiyama e Roberta Cristina Paganini Toledo, "disposições de caráter punitivo que não se referem a delitos, mas que cominam multa, indenizações, consideram-se excepcionais e o caráter do valor de desestímulo é uma excepcionalidade, por não estar contido expressamente em norma constitucional" (NISHIYAMA, Adolfo Mamoru; TOLEDO, Roberta Cristina Paganini. Dano moral: estudo constitucional e novo elemento de ponderação. *Revista dos Tribunais*, São Paulo, v. 997, p. 66, nov. 2018).

[32] VINEY, Geneviève. Les obligations. La responsabilité: effets. *Traité de Droit Civil*, sous la direction de JACQUES GHESTIN. Paris: L. G. D. J., 1988, n. 6, p. 11.

[33] "Com efeito, faz questão de recordar frequentemente que a responsabilidade civil não tem função penal e a gravidade da falta não pode, por isso, justificar uma condenação superior ao valor do dano, o que proporcionaria à vítima um enriquecimento, assim como a ausência culpa ou a ligeireza da culpa não podem ser tidas em conta para reduzir a indenização" (VINEY, Geneviève. Les obligations. La responsabilité: effets. *Traité de Droit Civil*, sous la direction de JACQUES GHESTIN. Paris: L. G. D. J., 1988, n. 6, p. 8).

De maneira geral, o direito europeu continental rejeita a transformação da responsabilidade civil em instrumento de punição do agente do ato ilícito civil. Por isso, sentenças arbitrais internacionais que aplicam "indenizações punitivas" são recebidas com reserva nos países europeus, justamente porque a ordem jurídica local não condiz com esse tipo de punição, em campo de responsabilidade civil.[34]

Eis um exemplo significativo de posição jurisprudencial que rejeita a "indenização punitiva", oriunda do direito anglo-saxônico, no âmbito da responsabilidade civil:

> "Un tribunal arbitral siégeant en Suisse a refusé, par une sentence CCI rendue dans l'affaire n. 5946, d'accorder à l'une des parties un dédommagement dépassant la réparation du dommage réel en invoquant l'argument suivant: 'Les indemnités dépassant les dommages compensatoires pour constituer une punition de la partie fautive (dommages punitifs ou exemplaires) sont contraires à l'ordre public suisse'".[35]

Prevalece, em princípio, na Europa, fora do direito inglês, o entendimento de que os árbitros, em litígios internacionais, têm a possibilidade de afastar a aplicação de regras como de *indenização tripla* (perdas e danos punitivos), porque são "étrangères à la conception partagée par la majorité des États Membres de la Communauté internationale et menaçantes pour les intérêts du commerce international et la sécurité des relations d'échanges internationaux".[36] Enquanto a lei não se dispuser a criar tarifas para a indenização dos danos morais, a tarefa do Judiciário será muito árdua e, para os jurisdicionados, haverá sempre o risco de surpresas e incertezas. O subjetivismo dos juízes e tribunais continuará gerando um clima de insegurança e desigualdade entre os diversos litigantes, e o arbitramento, à falta de parâmetros objetivos, manterá a feição de "loteria judiciária".[37]

Entretanto, por penosa que seja a tarefa, nela não há lugar para inserir-se a vingança privada e a consequente exacerbação da condenação para lhe imprimir o caráter penal correspondente à política criminal de desestímulo do delinquente à reiteração na prática delituosa.

Quando a ação ilícita ultrapassa o campo do interesse privado da vítima, para repercutir no terreno do interesse coletivo e social, a lei penal cuida de tipificá-la e apená-la segundo os critérios da política criminal. Estender esse tipo de repressão ao juiz civil, sem ter autorização e parâmetro na lei positiva, redunda em flagrante des-

---

[34] Cf. ABDELGAWAD, Walid. *Arbitrage et droit de la concurrence*. Paris: LGDJ, 2001, n. 899, p. 392.

[35] "Um tribunal arbitral situado na Suíça recusou, por meio de uma sentença da CCI proferida no caso nº 5946, conceder a qualquer uma das partes uma compensação superior aos danos reais com base no seguinte argumento: 'Condenações superiores aos danos compensatórios para constituir punição da parte infratora (indenizações punitivas ou exemplares) são contrárias à ordem pública suíça'" (ABDELGAWAD, Walid. *Arbitrage et droit de la concurrence*. Paris: LGDJ, 2001, n. 900, p. 392).

[36] "Estranhas à concepção compartilhada pela maioria dos Estados membros da comunidade internacional e ameaçadoras para os interesses do comércio internacional e a segurança das relações comerciais internacionais" (ABDELGAWAD, Walid. *Arbitrage et droit de la concurrence*. Paris: LGDJ, 2001, n. 1.215, p. 517).

[37] VINEY, Geneviève. Les obligations. La responsabilité: effets. *Traité de Droit Civil*, sous la direction de JACQUES GHESTIN. Paris: L. G. D. J., 1988, n. 152, p. 207.

respeito à tipicidade e legalidade da imposição de pena, sem falar no risco, frequente, de ser o ofensor punido duas vezes pelo mesmo fato, ou seja, pela sentença criminal e pela sentença civil de reparação de dano moral. Esse *bis in idem* retrata, também, um dos sérios motivos para que se afaste o juiz da inconveniente tese do caráter punitivo da indenização civil na espécie.

Tudo conspira, portanto, para se manter a responsabilidade civil, mesmo no dano moral, não como uma cruzada contra a ilicitude, mas apenas contra as consequências danosas do ato para a vítima. Com isto se mantém a coerência do sistema que há muito tempo separou, completamente, a responsabilidade civil da responsabilidade penal.

Sobre o tema da incompatibilidade do caráter punitivo da indenização do dano moral com o sistema do direito positivo brasileiro, há excelente ensaio de Eduardo Henrique de Oliveira Yoshikawa.[38]

6.1. O enriquecimento sem causa como limite à reparação do dano moral

Em nossa jurisprudência, repetidamente, afirma-se que a reparação do dano moral, além de compensar a dor suportada pelo ofendido, tem a função social de punir o ofensor de modo a desestimular a reiteração da conduta nociva.

Entretanto, no afã de evitar a "indústria do dano moral" e impedir condenações exorbitantes, um limite é sempre imposto pelos tribunais: o valor da indenização não deve motivar o enriquecimento sem causa para a vítima. Simetricamente, algo igual ou assemelhado ocorre na jurisprudência norte-americana, para a qual seria ofensiva à garantia constitucional da *due process clause*, a indenização punitiva exorbitante, que não guardasse "nenhuma proporção com o dano efetivamente sofrido pela vítima" e tampouco seguisse "as diretrizes fixadas em julgados anteriores".[39]

Diante disso, pode-se fazer a seguinte comparação entre as posições jurisprudenciais prevalentes nos Estados Unidos da América e no Brasil:

> a) "um direito fundamental previsto na Constituição Federal norte-americana pode limitar a aplicação dos *punitive damages* em valor que seja extremamente exorbitante, mas nunca impedir sua aplicação, já que se trata de instituto que, ao punir o agente ofensor e com isso evitar que condutas parecidas sejam repetidas no futuro, visa proteger a coletividade";
>
> b) "ao passo que, no Brasil um princípio informador do direito obrigacional, tal como é a vedação do enriquecimento sem causa, prevista expressamente em norma infraconstitucional, impede a plena aplicação dos *punitive damages* no país".[40]

---

[38] YOSHIKAWA, Eduardo Henrique de Oliveira. A incompatibilidade do caráter punitivo da indenização do dano moral com o direito positivo brasileiro (à luz do art. 5º, XXXIX, da CF/88 e do art. 944, *caput*, do CC/2002). Revista *de Direito Privado,* São Paulo, n. 35, p. 77-96, jul.-set. 2008.

[39] Suprema Corte, Caso BMW v. Ira Gore. Disponível em: www.law.cornell.edu/supct/html/94-896.ZO.html. Acesso em: 27 maio 2014, *apud* GATTAZ, Luciana de Godoy Penteado. *Punitive damages* no direito brasileiro. *Revista dos Tribunais,* São Paulo, v. 964, p. 209, fev. 2016.

[40] GATTAZ, Luciana de Godoy Penteado. *Punitive damages* no direito brasileiro. *Revista dos Tribunais,* São Paulo, v. 964, p. 211-212, fev. 2016.

6.2. Dano moral e dano social

Os defensores do cabimento, em nosso sistema jurídico, da indenização punitiva argumentam com a conotação que se encontra na Constituição entre a tutela dos direitos da personalidade e a reparação do dano moral (CF, art. 5º, V e X). Com base nisso entendem que seria viável reconhecer que, além da ofensa à esfera individual, ocorre também um dano social, quando se atinge um direito da personalidade, tal como ocorre nos casos de dano moral. Atingindo essa modalidade de lesão toda a sociedade, "num rebaixamento imediato do nível de vida da população", justificada restaria a indenização punitiva contra o agente ofensor.[41]

Acontece que, para justificar a reparação do dano social, além do dano pessoal, ter-se-ia de instituir um fundo gerido pelo Ministério Público ou por algum Conselho Federal criado especialmente para dito fim, cabendo ao gestor aplicar os recursos arrecadados à reconstituição dos bens sociais lesados. É o que se passa, por exemplo, com o sistema da Lei da Ação Civil Pública, quando cogita de indenização por lesão a direitos difusos ou coletivos (Lei n. 7.347/1985, art. 13).

Ademais, teria de ser concebida uma legitimação processual extraordinária, para permitir que a pessoa ofendida moralmente, agindo de forma individual, pudesse demandar em nome próprio indenização destinada a entidade comunitária distinta. Entretanto, só a lei, em nosso direito positivo, pode legitimar órgãos para promover defesa de direitos difusos ou coletivos (Lei n. 7.347/1985, art. 5º), assim como só a lei pode autorizar, excepcionalmente, a figura da substituição processual – defesa em nome próprio de direito ou interesse de outrem (CPC, art. 18).

Donde a conclusão: a indenização do dano moral em caráter punitivo, fundada em pretenso dano social, não corresponde ao sistema de responsabilidade civil vigente no atual direito privado positivo brasileiro. Sua introdução, por vontade política, seria possível sem incorrer em inconstitucionalidade, mas haveria de dar-se por meio de ato de lei e não por criação pretoriana.

A jurisprudência majoritária entende que esse obstáculo é real, tanto que, embora argumentando com a necessidade de a indenização por dano moral operar como desestímulo à reiteração da prática danosa, a limita ao montante que não provoque o enriquecimento sem causa para o lesado. Com isso, respeitam-se duas exigências da ordem jurídica positiva em vigor: *(i)* não se institui nem se aplica pena sem prévia autorização de lei (art. 5º, XXXIX), e *(ii)* não se impõe indenização que vá além da extensão do dano suportado pelo ofendido (Cód. Civil, art. 944), evitando assim o enriquecimento sem causa vetado pelo art. 884, do mesmo Código.

6.3. Indenização punitiva de dano moral reprimido pelo Código do Consumidor (responsabilidade objetiva)

A aplicação da indenização punitiva mitigada aceita pela jurisprudência refere-se, em grande número de casos, a dano moral fundado em relações de consumo, terreno em

---

[41] AZEVEDO, Antônio Junqueira de. Por uma nova categoria de dano na responsabilidade civil: o dano social. *Revista Trimestral de Direito Civil*, São Paulo, v. 19, p. 380-383, jul.-set. 2004.

que a responsabilidade civil é *objetiva* e, portanto, se configura sem indagação de culpa ou dolo do fornecedor.

Embora se reportem os decisórios nacionais, *in casu*, à teoria dos *punitive damages* construída pretorianamente pelo direito norte-americano, a solução brasileira não se enquadra no padrão invocado. É que a indenização punitiva admitida no país do norte não cabe em qualquer modalidade de responsabilidade civil, mas apenas quando haja *grande repercussão social* do ato danoso praticado com *dolo* ou *culpa grave*. Em situação, portanto, de responsabilidade objetiva, para se chegar nos EUA à reparação punitiva é indispensável que o ofensor tenha agido comprovadamente com culpa grave ou dolo, ou seja, a imposição da pena civil se dá sempre "em caráter extremamente excepcional".[42]

Assim, além de inexistir, no direito positivo brasileiro, norma que autorize a indenização civil individual punitiva, e de ser vedado expressamente em nosso direito civil o enriquecimento sem causa, a importação do instituto do direito norte-americano por alguns julgados de nossos tribunais atrita com o próprio paradigma eleito. Isto porque a jurisprudência nacional aplica a indenização positiva, aos danos morais ocorridos nas relações de consumo, de maneira objetiva, sem qualquer indagação acerca de culpa grave ou dolo do fornecedor na causação do prejuízo suportado pelo consumidor.

A convivência pura e simples entre responsabilidade objetiva e a reparação punitiva é algo que ao *common law* repugna, já que para esse sistema jurídico tal mecanismo repressivo "tem o elemento subjetivo [culpa grave ou dolo] como seu componente central". Aliás, tanto lá como aqui, há obrigatoriedade da prova da conduta dolosa ou gravemente culposa do agente ofensor, até mesmo porque, traçando-se um paralelo, no próprio direito penal a responsabilidade objetiva é absolutamente vedada".[43]

Procedente, pois, a observação de Luciana Gattaz no sentido de que, nos acórdãos que geralmente aplicam, entre nós, indenização punitiva a relações de consumo, curiosamente "não se exigiu a comprovação da culpa grave ou dolo dos ofensores":

> "É dizer, houve a aplicação de indenização punitiva sem que se exigisse qualquer prova por parte do consumidor, já que, como se sabe, na responsabilidade objetiva [presente no direito do consumidor] não há juízo de censurabilidade à conduta subjetiva. Além disso, todos os casos [analisados pela autora] tratavam de situações em que houve mera negligência por parte da prestadora de serviços, ou seja, não houve dolo ou grave culpa, com exceção de pouquíssimas situações, daí porque mais equivocada ainda a aplicação do instituto". Correta, portanto, a conclusão da mesma autora de que, "nada obstante as críticas já expostas acima, mais uma vez e infelizmente, a jurisprudência demonstrou pouca técnica na aplicação da indenização punitiva".[44]

---

[42] GATTAZ, Luciana de Godoy Penteado. *Punitive damages* no direito brasileiro. *Revista dos Tribunais*, São Paulo, v. 964, p. 207, fev. 2016.

[43] GATTAZ, Luciana de Godoy Penteado. *Punitive damages* no direito brasileiro. *Revista dos Tribunais*, São Paulo, v. 964, p. 207, fev. 2016.

[44] GATTAZ, Luciana de Godoy Penteado. *Punitive damages* no direito brasileiro. *Revista dos Tribunais*, São Paulo, v. 964, p. 207, fev. 2016.

7. CONCLUSÕES

Há vários problemas que angustiam o desenvolvimento econômico e social do país, na difícil quadra ora vivida pelo Brasil. O dano maior é, sem dúvida, contra o desemprego, consequência imediata da estagnação da economia. A solução é uma só: o estímulo à iniciativa privada para que nossos investimentos reaqueçam a economia. A resposta, porém, é a dificuldade de os agentes de produção conviverem com o chamado "custo Brasil", que, no risco dos encargos fiscais, sociais e trabalhistas, transforma-se numa barreira de difícil transposição por quem se interesse por investir nas fontes de produção entre nós.

Não é preciso ser economista nem cientista político para saber que, numa economia liberal, só a perspectiva de lucro estimula a ampliação dos investimentos nas fontes produtoras de bens e serviços. O capital privado não é suicida e, por isso, foge do risco da estagnação. Se a perspectiva, além de não ser de lucro, é de prejuízo e esterilização dos recursos investidos, a fuga dos capitais do país é a única via encontrada.

A desorganização da economia nacional, guiada pela excessiva e desestimulante carga tributária e pelos exorbitantes encargos sociais, que impedem a competitividade no mercado internacional e que reduzem a força aquisitiva interna, não pode ser agravada por uma postura paternalista e irracional da jurisprudência dos tribunais. Basta o caos administrativo e o terror fiscal. No entanto, a atividade econômica vem, de fato, encontrando da parte do Judiciário, nos últimos tempos, novos e pesados desalentos. A pretexto de defender o consumidor, a legislação tutelar das relações de consumo tem servido, muitas vezes, para desestabilizar os contratos, quando o fito do Código de Defesa do Consumidor não foi o de tutelá-lo à custa da ruína do fornecedor. Ao contrário, ao que se visou foi, declaradamente, a meta da harmonia e do equilíbrio entre fornecedores e consumidores.

A pretexto de amparar o trabalhador, liberaliza-se a imposição do ônus de indenizá-lo pelo direito comum, e em duplicidade com o seguro social, nas hipóteses de acidente do trabalho. Está certo que a Constituição prevê a responsabilidade da empresa, sem prejuízo da reparação previdenciária. Mas o faz, para as hipóteses de culpa do empregador pelo acidente. No entanto, o que se vê, em grande número de decisões, é a imposição da indenização civil comum apenas a partir de argumentos extraídos do risco da atividade industrial. Ora, é justamente esse risco que o seguro social cobre. Ao empregador, que já custeia o seguro social, cabe suportar a indenização de direito comum tão somente nos casos de efetiva culpa pelo dano. Do contrário, ter-se-ia, por um só evento danoso, dupla responsabilidade e ambas por um só risco: no plano da infortunística e no plano de direito comum.

Por último, tem preocupado a economia nacional, a avalanche de demandas em torno do dano moral, terreno em que, à falta de parâmetros legais, a liberdade judicial conduz, muitas vezes, a arbitramentos de indenizações milionárias que, lotericamente enriquecem a vítima e, lamentavelmente, arruínam ou desestabilizam as empresas que as têm de suportar.

O "custo Brasil", destarte, se agrava por obra de tal postura jurisprudencial. É uma ilusão pensar que se podem extrair do meio produtivo reparações mirabolantes sem que isto deixe de influir sobre a economia nacional. O mundo econômico é formado por vasos comunicantes. Tudo o que se exige de sacrifício dos meios de produção transforma-se *incontinenti* em custos dos bens produzidos. Quem irá responder por esses custos majorados é a sociedade consumidora como um todo. Se o empresário onerado não conseguir repassar o custo para os preços finais, seu negócio se arruinará, e mais uma vez quem suportará a consequência mais grave será a sociedade, porque do desestímulo à produção lucrativa decorrem, imediatamente, o fechamento de empresas, a redução de empregos e a escassez de produtos indispensáveis.

Quando, pois, se tem uma causa de dano moral a ser decidida na Justiça, é necessário que o julgador se conscientize de que de sua orientação depende todo um sistema político, social e econômico. O reflexo de sua decisão não se esgota na solução do conflito individual que, no momento, deve compor. Da postura judicial em cada caso singular nasce, pelo somatório dos julgamentos, o clima geral do meio socioeconômico, que obviamente será de desânimo empresarial se, além dos encargos tributários e sociais, tiver ainda que suportar o peso do paternalismo dos tribunais.

A Lei de Introdução às normas do Direito Brasileiro (LINDB), em seus arts. 20 e 21 – incluídos pela Lei n.º 13.655/2018 – dispôs, expressamente, que a decisão que se basear em valores jurídicos abstratos ou que decretar a invalidade de ato, contrato, ajuste, processo ou norma administrativa, deverá considerar "as consequências práticas da decisão" e "indicar de modo expresso suas consequências jurídicas e administrativas".

Entende-se por "valores jurídicos abstratos", segundo o Decreto n.º 9.830/2019, que regulamentou os arts. 20 a 30 da LINDB, "aqueles previstos em normas jurídicas com alto grau de indeterminação e abstração" (art. 3º, §1º). É o que se passa, por exemplo, com a previsão da Constituição e do Código Civil relativa à indenização do dano moral. Na indicação das consequências práticas da decisão em torno da aplicação processual de normas da espécie, o julgador "apresentará apenas aquelas consequências práticas que, no exercício diligente de sua atuação, consiga vislumbrar diante dos fatos e fundamentos de mérito e jurídico" (art. 3º, §2º), sem deixar de ponderar os reflexos eventuais sobre a conjuntura social e os riscos de prejuízos para os interesses gerais (LINDB, art. 21, parágrafo único).

Consoante se vê, o legislador preocupou-se com a necessidade de o juiz analisar sua decisão de forma mais ampla, levando em consideração não apenas a consequência do caso em particular, mas o impacto que ela poderá gerar em toda a sociedade ou, ao menos, em todos aqueles que se encontram na mesma situação jurídica.

Enfim, urge assentar de vez que:

a) a responsabilidade civil não é meio de impor pena ao culpado pelo dano privado;
b) seu objetivo é apenas reconstituir o patrimônio de quem sofreu prejuízo por efeito de ato ilícito de outrem;
c) se o dano moral não é de fácil dimensionamento no plano econômico, é certo que não pode servir de pretexto para enriquecimento da vítima, nem de ruína para o ofensor.

Com equidade haverá de ser arbitrada a indenização, que tem institucionalmente o propósito de compensar a lesão e nunca de castigar o causador do dano e de premiar o ofendido com enriquecimento sem causa.

Tem-se, é claro, que levar em conta na estimativa da reparação do dano moral, as condições socioeconômicas da vítima e do ofensor. Nunca, porém, para isolar a situação do agente e, por causa de seu mais avantajado patrimônio, transformar a indenização num prêmio lotérico capaz de mudar a sorte econômica do ofendido. Não é possível imaginar que, pela dor moral, alguém tenha condição de transformar-se de pessoa humilde em potentado, somente porque o agente da ofensa foi uma pessoa de recursos.

Não cabe ao juiz civil transmudar o julgamento da ação de responsabilidade civil num instrumento de aplicação de pena ao infrator, se nenhuma lei expressamente o autorizou a tanto.

Em nosso sistema constitucional, só a lei pode instituir pena aplicável ao agente de ato dito ilícito. Se nenhuma norma legal cogita de instituir ou cominar pena para determinado ato lesivo, ao juiz civil somente toca impor ao agente o dever de indenizar o prejuízo acarretado à vítima. Nada mais.

Se no direito norte-americano pode acontecer o emprego da indenização do dano moral como meio punitivo, duas observações, no entanto, se impõem: *a*) não são todas as indenizações da espécie que assumem proporções de maior vulto; apenas em casos de grande repercussão social, o júri delibera transformar a indenização ressarcitória em indenização punitiva. No comum dos casos, as cortes se limitam a pequenas reparações; *b*) o direito americano está assentado em bases institucionais e sistemáticas muito diferentes das vigorantes no direito nacional. Aqui, entre nós, o uso da sentença civil para transformar a indenização do prejuízo individual em pena, sem que lei alguma o autorize, ofende a garantia constitucional do *nulla poena sine lege* (CF, art. 5º, XXXIX).

O direito inglês também admite, excepcionalmente, o emprego da responsabilidade civil como pena. Mas, "as perdas e danos punitivos são atualmente de uso mais corrente nos Estados Unidos do que na Inglaterra, onde se tornaram objeto de sérias limitações em 1964".[45] Segundo decisão da Câmara dos Lordes, "no direito inglês as perdas e danos punitivos atualmente só podem ser impostos em três hipóteses: 1) no comportamento opressivo, arbitrário ou inconstitucional de funcionários; 2) nos casos em que o réu tenha calculado que seu comportamento lhe proporcionaria um proveito capaz de ultrapassar amplamente a reparação cabível ordinariamente ao autor, como se dá com maior frequência nas questões sobre difamação e atentados à vida privada; 3) nos casos em que as perdas e danos exemplares estejam previstos pela lei (notadamente em matéria de contratação)".[46]

Não se pode deixar de atentar para o fato de que o enriquecimento sem causa é repudiado por todos os tipos de ordenamento jurídico e, mais do que simples regra positiva, ostenta a natureza de princípio geral do direito:

> "El principio de que nadie puede enriquecerse a costa de otro en perjuicio de otro, constituye a la par que una regla de Derecho, uno de los más firmes postulados de la moral, que aquél ha incorporado a su seno para revestirlo de eficacia jurídica".[47]

---

[45] VINEY, Geneviève. Les obligations. La responsabilité: effets. *Traité de Droit Civil*, sous la direction de JACQUES GHESTIN. Paris: L. G. D. J., 1988, n. 5, p. 6-7.

[46] VINEY, Geneviève. Les obligations. La responsabilité: effets. *Traité de Droit Civil*, sous la direction de JACQUES GHESTIN. Paris: L. G. D. J., 1988, p. 7, nota 26.

[47] "O princípio de que ninguém pode enriquecer à custa de outrem, em detrimento de outrem, constitui, além de uma regra de Direito, um dos mais fortes postulados da moral, que ele incorporou em seu seio para revestir-se de eficácia" (MOLA, Rovira. Enriquecimento injusto. *Nueva Enciclopedia Jurídica*, v.

Em suma: entre nós, a indenização pelo dano moral não deve ser insignificante, mas também não será exorbitante. Será sempre meio de encontrar equitativo equilíbrio entre a situação do ofendido e a do ofensor e, em hipótese alguma, servirá de causa para propiciar o enriquecimento do ofendido, nem para provocar a ruína do ofensor.

VIII, p. 570 e ss. *Apud* CAPEROCHIPI, Alvarez. *El enriquecimiento sin causa*. 3. ed. Granada: Editorial Comares, 1993, p. 21, nota 11).

Capítulo IV
APLICAÇÃO DO DANO MORAL

Sumário: 1. Dano moral e Direito Civil: 1.1. Dano moral e abuso de direito. 1.1.1. Protesto indevido. 1.1.2. Inscrição em cadastro de inadimplentes. 1.1.3. Cadastro positivo dos tomadores de crédito. 1.1.4. Imputação de crime para abertura de inquérito policial. 1.1.5. Prevenção e tratamento do superendividamento do consumidor. 1.2. Cláusula de exclusão de responsabilidade civil. 1.3. Direito à imagem. 1.3.1. Utilização indevida da imagem de terceiros para fins comerciais ou econômicos. 1.3.2. Utilização de imagem sem autorização para outros fins. 1.3.3. Dano moral e lei de imprensa. 1.3.4. A posição atual da jurisprudência em matéria de ofensa moral praticada pela imprensa. 1.3.5. Dano moral e internet. 1.3.6. Direito ao esquecimento. 1.4. Dano moral e racismo. 1.5. Dano moral e abuso de confiança – 2. Dano moral e Direito de Família: 2.1. Dano moral na ruptura do casamento ou da união estável. 2.2. Indenização ao grupo familiar no caso de dano derivado de morte da vítima. 2.2.1. Proteção dos direitos da personalidade do falecido. 2.3. Dano moral e morte de menor. 2.4. Dano moral derivado de perícia sobre paternidade. 2.5. Dano moral por abandono material e afetivo. 2.6. Dano moral por violência doméstica – 3. Dano moral e direito Médico: 3.1. Ação Indenizatória por erro médico. 3.1.1. Introito. 3.1.2. A natureza da responsabilidade civil do médico. 3.1.3. Contratos de meio e contratos de resultado. 3.1.4. Natureza do contrato médico. 3.1.5. A ação indenizatória e o ônus da prova. 3.1.6. A prova da culpa médica. 3.1.7. Culpa e presunção. 3.1.8. Culpa isolada e culpa concorrente. 3.1.9. O dano e sua prova. 3.1.10. Relação de causalidade. 3.1.11. Algumas situações especiais. 3.1.12. Irresponsabilidade do hospital por dano moral. 3.2. Plano de saúde. Recusa de cobertura. 3.3. Suicídio em hospital. 3.4. Dano moral ocorrido em partos. 3.5. Dano moral na cirurgia estética. – 4. Dano moral e Direito do Consumidor: 4.1. Não indenizabilidade de aborrecimentos de pequena monta. 4.2. Dano moral em serviços de turismo. 4.3. Dano moral por inscrição em cadastro de inadimplência. 4.3.1. Devedor inscrito irregularmente, mas que não nega a dívida, nem se propõe a pagá-la. 4.4. Dano moral e pedido de desculpas pela falha na prestação do serviço. 4.5. Dano moral e tabagismo. 4.6. Poluição ambiental. Consumidor por equiparação – 5. Dano moral e Direito Empresarial: 5.1. Títulos de crédito e dano moral. 5.2. Protesto de títulos. 5.3. Dano moral e cheque pré ou pós-datado. 5.4. Serviços bancários 5.5. Operações de bancos e cartões de crédito. 5.5.1. Cartão de crédito. Cobrança indevida. 5.5.2. Cartão de crédito. Lançamento indevido de assinatura de revista. 5.6. Seguro de danos materiais e morais.

1. DANO MORAL E DIREITO CIVIL

1.1. Dano moral e abuso de direito

Não raro o abuso de direito tem sido invocado para justificar pretensões de reparação por dano moral. É claro que o exercício regular de um direito, mesmo quando cause constrangimento ou dor psíquica a outrem, não serve de supedâneo à obrigação de indenizar (CC, art. 188, I). O uso abusivo do direito, isto é, aquele feito com desvio de sua função natural, para transformar-se em veículo do único propósito de lesar outrem, equipara-se ao ato ilícito e, como tal, enquadra-se na hipótese prevista no art. 187 do Código Civil, acarretando para o agente o dever de reparar integralmente o prejuízo injustamente imposto ao ofendido, tal como se passa com qualquer ato ilícito previsto no Código Civil (art. 186).

Os casos mais frequentes de indenização por danos morais derivados de abuso de direito referem-se aos protestos cambiários, à denunciação caluniosa, à atuação da imprensa em suas várias modalidades, aos cadastros de impontualidade (SPC e SERASA).

1.1.1. Protesto indevido

A respeito do protesto, embora se trate de instituto concebido juridicamente, apenas com a função de documentar a situação de devedor em relação ao título de crédito, o certo é que, no comércio, a existência de título protestado é vista como sério sinal de insolvência e risco mesmo de quebra.

Se o protesto é apenas facultativo e o credor não tem razão séria para tomar a medida, mas, ao contrário, sabe que o devedor teve razões ponderáveis para não acatar o saque, o caso é de abuso de direito, por parte daquele que promove o apontamento, com desonrosas consequências para o sacado. A situação se agrava mais ainda quando se caracteriza como dolosa, ou seja, quando o tomador leva o título a protesto sabendo que o devedor efetivamente não deve a soma cambiária. Em situações desse jaez, a jurisprudência não titubeia em reconhecer configurada a responsabilidade civil por dano moral:

> *(i)* "Impõe-se a responsabilidade indenizatória por danos morais decorrentes de protesto indevido de título, com reflexos na reputação da vítima, em face das falsas informações de insolvabilidade veiculadas no meio bancário e da preocupação quanto ao futuro profissional".[1]
>
> *(ii)* "A responsabilidade civil decorrente do protesto de título de crédito já pago constitui matéria pacífica tanto na doutrina como na jurisprudência pátria. É inegável, nesses casos, o prejuízo moral e patrimonial experimentado pelo sacado ou emitente do título, sobretudo em se tratando de devedor comerciante".[2]
>
> *(iii)* "Dadas as peculiaridades que o protesto cambial tomou em nosso país, estigmatizando como mau pagador aquele que figure como sacado no registro público respectivo, é induvidosa a ocorrência de dano moral que dele se origine".[3]
>
> *(iv)* "Reconhecido como indevido o aponte a protesto, sustado por força do ajuizamento de medida cautelar, e admitida a responsabilidade do recorrido, que agiu com imprudência, há de ser acolhido o pedido de danos morais".[4]

---

[1] TAMG, Ap. 199.657-4, 2ª Câm. Civ., Rel. Juiz Lucas Sávio, ac. 14.11.1995, in *RJTAMG* 61, p. 124.
[2] TRF-5ª R., Ap. 27.859-CE, 1ª T., Rel. Juiz Ridalvo Costa, in *COAD-ADV*, 25/94, p. 393, n. 65.884.
[3] TAMG, Ap. 223.146-3, Rel. Juiz Francisco Bueno, ac. 20.02.1997.
[4] STJ, 4ª T., REsp 802.645/RS, Rel. Min. Cesar Asfor Rocha, ac. 15.08.2006, *DJU* 04.09.2006, p. 285.

(v) "Esta Corte, consoante entendimento pacífico, tem admitido a alteração do valor indenizatório de danos morais, para ajustá-lo aos limites do razoável, quando patente, como sucede na espécie, a sua desmesura. Tem sido de vinte salários mínimos a indenização por danos morais, resultante de situações semelhantes como a inscrição inadvertida em cadastros de inadimplentes, a devolução indevida de cheques, o protesto incabível de cambiais etc."[5]

Mas, em caso de endosso do título de crédito, o entendimento do STJ, em sede de recurso especial repetitivo, é no sentido de que "só responde por danos materiais e morais o endossatário que recebe título de crédito por endosso-mandato e o leva a protesto se extrapola os poderes de mandatário ou em razão de ato culposo próprio, como no caso de apontamento depois da ciência acerca do pagamento anterior ou da falta de higidez da cártula".[6]

1.1.2. Inscrição em cadastro de inadimplentes

Numerosas são, por outro lado, as ações de indenização por dano moral em que os promoventes acusam seus credores (bancos e comerciantes em geral) de lhes terem causado dano moral por meio de inscrição de ocorrência desabonadora no Serviço de Proteção ao Crédito – SPC ou na SERASA, por considerar tal expediente como constrangimento empregado na cobrança de crédito, prática ilícita segundo o art. 42 do Código de Defesa do Consumidor.

A doutrina, todavia, adverte que esses registros cadastrais de pontualidade são indispensáveis à segurança das relações comerciais e nunca foram qualificados como praxes ilícitas. Pelo contrário, o Código do Consumidor reconhece sua existência e os aprova, tanto que disciplina sua instalação e funcionamento, "equiparando-os ao serviço público (art. 43, § 4º, do CDC)". Logo, "sua utilização pelo credor não pode ser tida como abusiva", para fins de dano moral, tornando "ausente a possibilidade jurídica do pedido".[7]

O constrangimento que o Código de Defesa do Consumidor (art. 42) quis impedir na cobrança de dívidas "não é qualquer forma de constrangimento, mas apenas o constrangimento *ilegal ou abusivo*". Por não corresponder à praxe ilegal nem tampouco abusiva, "não é ilegal ameaçar o devedor de negativação dos serviços de proteção ao crédito, de envio do título ao Cartório de Protesto, ou, ainda, do ajuizamento de ação judicial".[8]

A propósito do cadastro de pontualidade da clientela mantido em comum pelo sistema bancário nacional, já tivemos oportunidade de observar o seguinte:

---

[5] STJ, 4ª T., REsp 625.089/MS, Rel. Min. Fernando Gonçalves, ac. 12.12.2005, *DJU* 01.02.2006, p. 562.
[6] STJ, 2ª Seção, REsp 1.063.474/RS, Rel. Min. Luis Felipe Salomão, ac. 28.09.2011, *DJe* 17.11.2011.
[7] Ac. do extinto TACrimSP, *apud* NUNES, Luiz Antônio Rizzato. *O Código de Defesa do Consumidor e sua interpretação jurisprudencial*. São Paulo: Saraiva, 1997, p. 383.
[8] NUNES, Luiz Antônio Rizzato. *O Código de Defesa do Consumidor e sua interpretação jurisprudencial*. São Paulo: Saraiva, 1997, p. 389-390.

> "A SERASA é uma sociedade anônima, isto é, uma entidade privada, que mantém um cadastro da clientela bancária, para prestação de serviços exclusivamente a seus associados, que são vários bancos nacionais. Os dados compilados, como acontece em qualquer cadastro bancário, são confidenciais e sigilosos. Seus registros não são publicados ou divulgados perante estranhos. Servem apenas de fonte de consulta para os bancos associados, os quais utilizam as informações como dados necessários ao estudo e deferimento das operações de crédito usualmente praticadas.
>
> Anotar, portanto, a conduta de certo cliente no cadastro da SERASA é operação de rotina que jamais poderá ser vista como ato ilegal ou abusivo, mesmo porque a atividade bancária tem, nos dados sigilosos do cadastro da clientela, o principal instrumento de segurança da atividade creditícia que desempenha. Na verdade, nenhum estabelecimento de crédito pode prescindir do apoio de rigoroso controle cadastral sobre a idoneidade moral e patrimonial dos seus mutuários, em virtude da própria natureza das operações que constituem a essência de sua mercancia.
>
> Se, pois, o lançamento, no caso da consulta, foi verdadeiro, em hipótese alguma poderá ser havido como danoso do ponto de vista moral, pelo menos para justificar uma indenização civil. É que sem o dado da ilicitude inadmissível é cogitar-se de responsabilidade civil, seja por dano material, seja por dano moral, conforme já se demonstrou.
>
> A anotação de que se queixa o autor da ação indenizatória teria como objeto o inadimplemento dos financiamentos que lhe foram concedidos pelo Banco demandado. Ora, a falta de pagamento ocorreu, de fato, a seu devido tempo. Logo, sendo verdadeiro o conteúdo do registro cadastral, impossível seria tê-lo como 'ilícito', para justificar uma indenização por dano moral.
>
> Ausentes se acham, à evidência, os requisitos indispensáveis à configuração do ato ilícito. E, sem a ilicitude, impensável é a responsabilidade civil, pelo menos em caso de simples dor psicológica suportada subjetivamente por alguém".[9]

Assim, também, tem sido, desde longa data, o pronunciamento dos tribunais:

> "Indenização – Dano moral – SPC – Estabelecimento bancário – Culpa – Nexo causal.
> – O fato de o banco credor passar à entidade de proteção ao crédito informações sobre devedores realmente inadimplentes constitui, tão somente, exercício regular de direito.
> – Não provado o nexo causal, impossível imputar ao banco conduta culposa, que geraria constrangimento capaz de ensejar dano moral".[10]

Em linha de princípio, o dano moral, como ato ilícito, não prescinde do elemento subjetivo, de modo que os registros de proteção ao crédito, bem como os atos de protesto e as medidas judiciais de cobrança, quando manejados sem abuso, não podem ensejar responsabilidade civil para o credor. Assim, sendo legítimo o protesto, o pagamento

---

[9] THEODORO JÚNIOR, Humberto. *Responsabilidade civil*. 4. ed. Rio de Janeiro: Aide, 1997, p. 30-31.
[10] TAMG, Ap. Cível 239.590, 2ª Câm. Cív., Rel. Juiz Nilson Reis, ac. unânime de 26.08.1997, *in DJMG* 1º.11.1997, p. 7-8. No mesmo sentido: TAMG, Ap. Civ. 126.630-0, 4ª Câm. Civ., Rel. Juiz Ferreira Esteves, ac. unânime de 13.05.1992, *in JUIS – Jurisprudência Informatizada Saraiva*, CD-Rom n. 9 – 3º trimestre/97; 1º TACivSP, Ap. 605.607-5, 8ª Câm., Rel. Juiz Manoel Mattos, ac. unânime 05.09.1996, *in JUIS – Saraiva*, CD-Rom n. 9; 1º TACivSP, AI 733.220-7, Rel. Juiz. Ariovaldo Santini Teodoro, ac. 20.05.1997.

posterior da dívida, não acarreta dano moral indenizável pelo fato de não ter o credor procedido ao cancelamento previsto no art. 26 da Lei n. 9.492/1997, uma vez que o ônus da diligência cabe ao devedor e não ao credor.[11]

Ainda por ausência de ilicitude, "a denegação de concessão de financiamento por instituição financeira não constitui, *de per si*, ato ilícito, destacadamente por configurar o mútuo um negócio jurídico cuja consolidação é antecedida de um procedimento *interna corporis* objetivo e subjetivo no âmbito do agente econômico, com inúmeras variantes a serem observadas, dentre as quais a liquidez, rentabilidade e segurança".[12]

Também por igual motivo, "não comete ato ilícito o comerciante que, recebendo cheque sem provisão de fundos, encaminha o nome do emitente para cadastro de proteção ao crédito",[13] já que não há configuração de dano moral.

Se, de um lado, não comete dano moral o credor que executa a obrigação vencida, também entende a jurisprudência que o devedor que não paga o débito no vencimento não causa dano da espécie ao credor:

> "O mero inadimplemento contratual não enseja, por si só, indenização por dano moral. 'Salvo circunstância excepcional que coloque o contratante em situação de extraordinária angústia ou humilhação, não há dano moral. Isso porque, o dissabor inerente à expectativa frustrada decorrente de inadimplemento contratual se insere no cotidiano das relações comerciais e não implica lesão à honra ou violação da dignidade humana' (REsp n. 1.129.881/RJ, relator Ministro Massami Uyeda, 3ª Turma, unânime, *DJe* 19.12.2011)".[14]

É, outrossim, jurisprudência antiga e consolidada no STJ a tese de que não é vedada a "inscrição do nome do devedor em serviço de proteção ao crédito quando, a respeito da dívida, existe litígio posto em juízo. Hipóteses em que se teve como ausente o *fumus boni iuris*" para obtenção de medida cautelar impeditiva.[15]

É evidente, no entanto, que haverá dano moral ressarcível sempre que o lançamento realizado no cadastro do Serviço de Proteção ao Crédito – SPC, ou na SERASA for indevido (dívida já paga ou a qualquer título inexigível). É que os efeitos de tais registros são nocivos ao conceito do devedor, podendo comprometer-lhe a honra e o bom nome no seio da comunidade em que vive. Se não havia razão legítima para explicar o assento, reveste-se a conduta de quem o promoveu do caráter abusivo e ilícito. Nesses casos, en-

---

[11] STJ, 4ª T., REsp 1.195.668/RS, Rel. p/ ac. Min. Maria Isabel Gallotti, ac. 11.09.2012, *DJe* 17.10.2012.
[12] STJ, 4ª T., REsp 1.329.927/PR, Rel. Min. Marco Buzzi, ac. 23.04.2013, *DJe* 09.05.2013.
[13] STJ, 3ª T., REsp 831.336/RJ, Rel. Min. Humberto Gomes de Barros, ac. 06.03.2008, *DJe* 01.04.2008.
[14] STJ, 4ª T., AgRg no AgRg no Ag 546.608/RJ, Rel. Min. Maria Isabel Gallotti, ac. 03.05.2012, *DJe* 09.05.2012.
[15] STJ, 3ª T., REsp 212.542/SC, Rel. Min. Eduardo Ribeiro, ac. 03.02.2000, *DJU* 15.05.2000, p. 159. "A tese encartada no aresto *a quo* não pode prevalecer em razão da hodierna jurisprudência adotada por esta Corte, conforme AgRg no REsp n. 670.807/RJ, no sentido que a pura e simples existência de demanda judicial não autoriza, por si só, a suspensão do registro do devedor no Cadin. Nos termos do art. 7º da Lei n. 10.522/02, para que ocorra a suspensão é indispensável que o devedor comprove uma das seguintes situações: 'I – tenha ajuizado ação, com o objetivo de discutir a natureza da obrigação ou o seu valor, com o oferecimento de garantia idônea e suficiente ao Juízo, na forma da lei; II – esteja suspensa a exigibilidade do crédito objeto do registro, nos termos da lei'" (STJ, 1ª T., AgRg no AgRg no REsp 855.262/RJ, Rel. Min. José Delgado, ac. 02.08.2007, *DJ* 23.08.2007, p. 220).

tende o STJ que o dano moral "configura-se *in re ipsa*, isto é, prescinde de prova, ainda que a prejudicada seja pessoa jurídica".[16]

Reconhece-se, também, que o devedor, mesmo inadimplente, tem o direito de ser notificado antes do lançamento de seu nome no serviço de proteção ao crédito (CDC, art. 43, § 2º). Desse modo, se não se observa essa cautela, que daria oportunidade à purga da mora, configurado estaria o direito a uma indenização por dano moral.

O STJ, entretanto, já sedimentou o seguinte entendimento, em julgamento de recurso especial repetitivo:

> "O STJ já consolidou sua jurisprudência no sentido de que 'a ausência de prévia comunicação ao consumidor da inscrição do seu nome em cadastros de proteção ao crédito, prevista no art. 43, § 2º do CDC, enseja o direito à compensação por danos morais, salvo quando preexista inscrição desabonadora regularmente realizada' (Recursos Especiais em Processos Repetitivos nºs 1.061.134/RS e 1.062.336/RS)".[17]

Vale dizer: a reiteração de notas desabonadoras contra o mesmo devedor inadimplente, não obriga a comunicação prévia a cada uma das inserções repetitivas, ou pelo menos não configura, pela omissão, dano moral indenizável.

Ainda sobre o tema, há interessante julgado do TJSP em que se negou procedência à pretensão de indenização de dano moral pelo fato de o credor ter cobrado dívida constante de título prescrito e promovido inscrição em cadastro de proteção ao crédito:

> "(...) O fato de a dívida estar prescrita não a torna inexistente e pode ser objeto de cobrança. A prescrição alcança tão somente o direito de ação do credor em exigir judicialmente o pagamento do débito contraído pela autora. Cadastro de dívida na plataforma 'Serasa Limpa Nome' de acesso exclusivo da consumidora (...)".[18]

1.1.3. *Cadastro positivo dos tomadores de crédito*

O sistema de proteção ao crédito tradicionalmente adotado no mercado brasileiro compreende bancos de dados negativos, nos quais se registram apenas os inadimplementos praticados pelos consumidores (Serasa, SPC, Cadin etc.). A partir do volume observado na inadimplência, mede-se o risco corrido pelos fornecedores de crédito, com reflexo imediato sobre as taxas remuneratórias praticadas no comércio bancário e nas operações de vendas a prazo. Assim, sem uma seleção entre bons e maus pagadores, já que o cadastro só registra o inadimplemento, a elevação do preço do crédito afeta indiscriminadamente todos aqueles que se valem das operações da espécie. Numa política de possível redução dessas taxas generalizadas, imaginou-se um meio de tratar diferentemente aqueles que

---

[16] STJ, 3ª T., AgRg no AREsp 718.767/RJ, Rel. Min. Marco Aurélio Bellizze, ac. 16.02.2016, *DJe* 22.02.2016. No mesmo sentido: STJ, 3ª T., AgInt no AREsp 1.345.802/MT, Rel. Min. Moura Ribeiro, ac. 25.02.2019, *DJe* 27.02.2019.

[17] STJ, 2ª Seção, REsp 1.083.291/RS, Rel. Min. Nancy Andrighi, ac. 09.09.2009, *DJe* 20.10.2009.

[18] TJSP, 11ª C. Civ. de Dir. Privado, Ap. Civ. 1022657-07.2022.8.26.0564, Rel. Des. Marino Neto, j. 07.07.2023, Registro 2023.0000567873.

oferecem menor risco no mercado creditício, proporcionando-lhes preços que levem em conta sua comprovada pontualidade e segurança no relacionamento comercial.

Dentro desta perspectiva, surgiu a Lei nº 12.414, de 9 de junho de 2011, que disciplina a formação e consulta a bancos de dados com informações de adimplemento de pessoas naturais ou jurídicas, para formação de histórico de crédito. Nesse novo tipo de cadastro não se lançarão apenas dados restritivos (inadimplementos), mas toda a vida do cadastrado no que diz respeito às operações de crédito, de modo que os fornecedores possam ter acesso a um verdadeiro "histórico de crédito" da pessoa com quem pretendam contratar. Nos termos da lei, o cadastro compreenderá o "conjunto de dados relativos à pessoa natural ou jurídica armazenados com a finalidade de subsidiar a concessão de crédito, a realização de venda a prazo ou de outras transações comerciais e empresariais que impliquem risco financeiro" (art. 2º, I) e terá como gestor uma pessoa jurídica que atenda aos requisitos mínimos de funcionamento previstos na Lei e em regulamentação complementar, responsável pela administração de banco de dados, bem como pela coleta, armazenamento, pela análise e pelo acesso de terceiro aos dados armazenados (art. 2º, II).

O cadastro positivo, na observação de Silvânio Covas, corresponde a "uma metodologia moderna de avaliar com precisão o risco de crédito, ponderando as informações negativas com informações positivas, valorizando os pagamentos honrados e não somente as eventuais dívidas não pagas. Analisa todo o histórico de endividamento do cidadão e a forma como ele paga suas dívidas contraídas com os bancos, com as empresas do comércio e com as de serviços (luz, água, telefone, gás)".[19] É, em síntese, uma fonte de dados que se presta a reconhecer, no mercado, o "bom pagador". Se antes o fornecedor só tinha meios de identificar os maus pagadores, agora poderá contar com possibilidade de reconhecer, positivamente, quais são aqueles que cumprem com pontualidade as obrigações assumidas.[20]

Conforme ressalta Antônio Herman de Vasconcellos e Benjamin a respeito desse cadastro positivo do consumidor, "embora, à primeira vista, possa representar mais uma prática abusiva em detrimento do consumidor, no que tange à proteção de sua intimidade", em realidade tem por fundamento "facilitar a vida do consumidor ao constatar que ele é bom pagador e por certo honrará outros compromissos".[21]

---

[19] COVAS, Silvânio. Senado Federal aprova a Lei do Cadastro Positivo. *In: Tribuna de Direito*, 213/13. *Apud* MORATO, Antônio Carlos. O cadastro positivo de consumidores e seu impacto nas relações de consumo. *Revista de Direito Bancário e do Mercado de Capitais,* São Paulo, v. 53, p. 13-14, jul.-set. 2011.

[20] MIRAGEM, Bruno. Comentários ao Dec. 7.829/2012. *Revista de Direito do Consumidor,* São Paulo, v. 84, p. 326, out.-dez. 2012. Observa o autor que a Lei nº 12.414/2011 e o Dec. nº 7.829/2012, que a regulamentou, preocuparam-se não só com a criação de um banco de dados que pudesse retratar "o histórico de crédito do cadastrado", mas que também explicitasse "os direitos do titular das informações arquivadas de modo a assegurar-lhe, especialmente, o acesso e a correção dos dados arquivados" (p. 328-329).

[21] BENJAMIN, Antônio Herman de Vasconcellos e. *In*: GRINOVER, Ada Pellegrini *et al. Código Brasileiro de Defesa do Consumidor* – comentado pelos autores do Anteprojeto. 10. ed. Rio de Janeiro: Forense, 2011, v. 1, p. 425.

A respeito das informações sobre operações bancárias, há normas especiais traçadas pela Lei nº 12.414/2011, constantes do art. 12 e seus parágrafos, prevendo-se a possibilidade de o Conselho Monetário Nacional adotar medidas e normas complementares. Caberá ao Poder Executivo regulamentar a lei, em especial quanto ao uso, guarda, escopo e compartilhamento das informações recebidas pelos bancos de dados (art. 13).

As informações sobre adimplemento não poderão constar do banco de dados por período superior a quinze anos (art. 14) e serão de acesso limitado a consulentes que com o cadastrado mantiverem ou pretenderem manter relação comercial ou creditícia (art. 15). Prevê a Lei nº 12.414/2011 a responsabilidade civil objetiva e solidária do banco de dados, da fonte e do consulente pelos danos materiais e morais que causarem ao cadastrado (art. 16). Sendo este um consumidor, além das sanções instituídas pela Lei nº 12.414 (art. 17), incidirão, também, as previstas no Código de Proteção e Defesa do Consumidor.

O Decreto nº 9.936/2019, que regulamentou a Lei nº 12.414/2011, estabeleceu os seguintes deveres para o gestor do banco de dados (art. 10):

> I – indicar, em cada resposta a consulta, a data da última atualização das informações enviadas ao banco de dados;
>
> II – adotar as cautelas necessárias à preservação do sigilo das informações que lhe forem enviadas e divulgá-las apenas para as finalidades previstas na Lei nº 12.414, de 2011;
>
> III – manter sistemas de guarda e acesso com requisitos de segurança que protejam as informações de acesso por terceiros não autorizados e de uso em desacordo com as finalidades previstas na Lei nº 12.414, de 2011;
>
> IV – dotar os sistemas de guarda e acesso das informações de características de rastreabilidade passíveis de serem auditadas;
>
> V – disponibilizar, em seus sítios eletrônicos, para consulta do cadastrado, com acesso formalizado, de maneira segura e gratuita:
>
> a) as informações sobre o cadastrado constantes do banco de dados no momento da solicitação;
>
> b) a indicação das fontes que encaminharam informações sobre o cadastrado, com endereço e telefone para contato;
>
> c) a indicação dos gestores dos bancos de dados com os quais as informações sobre o cadastrado tenham sido compartilhadas; e
>
> d) a indicação clara dos consulentes que tiveram acesso ao histórico de crédito e à nota de crédito do cadastrado nos seis meses anteriores à data da solicitação;
>
> VI – informar claramente os direitos do cadastrado definidos em lei e em normas infralegais pertinentes à sua relação com as fontes e os gestores de bancos de dados, inclusive em seu sítio eletrônico;
>
> VII – disponibilizar, em seu sítio eletrônico, a relação de órgãos governamentais aos quais o cadastrado poderá recorrer em caso de violação de dados; e
>
> VIII – manter por, no mínimo, quinze anos os dados sobre as autorizações concedidas, os pedidos de cancelamento e a reabertura de cadastro, exclusão, revogação e correção de anotação.

Previu, ainda, o regulamento da Lei nº 12.414 que "o envio das informações pelas fontes aos gestores de bancos de dados será realizado por mecanismos que preservem a integridade e o sigilo dos dados enviados" (Dec. nº 9.936/2019, art. 16). Restou ressalvado, ainda, que "não poderá ser registrada pelo gestor do banco de dados como informação negativa a ausência de comunicação pela fonte sobre a situação de adimplência do cadastrado" (Dec. nº 9.936/2019, art. 20).

Por fim, impende destacar acórdão do STJ, proferido em julgamento de recurso especial repetitivo, que reconheceu a licitude do sistema denominado *credit scoring*, de avaliação do risco de concessão do crédito:

> I – Teses:
> 1) O sistema *credit scoring* é um método desenvolvido para avaliação do risco de concessão de crédito, a partir de modelos estatísticos, considerando diversas variáveis, com atribuição de uma pontuação ao consumidor avaliado (nota do risco de crédito).
> 2) Essa prática comercial é lícita, estando autorizada pelo art. 5º, IV, e pelo art. 7º, I, da Lei nº 12.414/2011 (Lei do cadastro positivo).
> 3) Na avaliação do risco de crédito, devem ser respeitados os limites estabelecidos pelo sistema de proteção do consumidor no sentido da tutela da privacidade e da máxima transparência nas relações negociais, conforme previsão do CDC e da Lei nº 12.414/2011.
> 4) Apesar de desnecessário o consentimento do consumidor consultado, devem ser a ele fornecidos esclarecimentos, caso solicitados, acerca das fontes dos dados considerados (histórico de crédito), bem como as informações pessoais valoradas.
> 5) O desrespeito aos limites legais na utilização do sistema *credit scoring*, configurando abuso no exercício desse direito (art. 187 do CC), pode ensejar a responsabilidade objetiva e solidária do fornecedor do serviço, do responsável pelo banco de dados, da fonte e do consulente (art. 16 da Lei nº 12.414/2011) pela ocorrência de danos morais nas hipóteses de utilização de informações excessivas ou sensíveis (art. 3º, § 3º, I e II, da Lei nº 12.414/2011), bem como nos casos de comprovada recusa indevida de crédito pelo uso de dados incorretos ou desatualizados.[22]

1.1.4. Imputação de crime para abertura de inquérito policial

A respeito da falsa imputação de crime para abertura de inquérito policial ou ação criminal, está assente a jurisprudência no sentido de que o simples arquivamento do inquérito ou a improcedência da denúncia formulada não são suficientes para impor responsabilidade civil ao autor da *notitia criminis*.

A comunicação da suspeita de crime à autoridade policial não é apenas um direito da vítima, é também um dever de todo cidadão, a quem compete colaborar na *persecutio criminis* e na apuração da verdade em torno das condutas ilícitas ou prenunciadoras de ilicitude penal.

Quando, porém, a acusação é maldosa ou leviana, torna-se abusiva a provocação da atuação dos órgãos repressivos da delinquência e, pelos reflexos altamente negativos que produz, o seu efeito jurídico imediato, para o agente, é sua sujeição à responsabilidade civil de indenizar o dano moral acarretado à vítima da imputação infamante.

---

[22] STJ, 2ª Seção, REsp 1.419.697/RS, Rel. Min. Paulo de Tarso Sanseverino, ac. 12.11.2014, *DJe* 17.11.2014.

O crime de denunciação caluniosa, para a lei penal, só se configura quando o agente atua com dolo específico. Para a responsabilidade civil também se entende que não basta a culpa ordinária, sendo necessária a intenção maldosa de imputar falsamente o crime à vítima, ou pelo menos a culpa grave, próxima do dolo, que é a conduta temerária na veiculação da falsa *notitia criminis* perante as autoridades responsáveis pela aplicação das leis penais. Nesse sentido, Wladimir Valler distingue o elemento subjetivo do crime de denunciação caluniosa (dolo criminal) daquele necessário para a configuração da responsabilidade civil por dano moral (conduta temerária).[23] E Aguiar Dias contenta-se em exigir, para o cabimento do direito de indenização pela falsa acusação desonrosa, a culpa do acusador que agiu "sem tomar as precauções necessárias para não perpetrar uma injustiça; nesse caso, a temeridade ou a mera leviandade configura o abuso".[24]

Nesse sentido, o entendimento do STJ: "a *notitia criminis*, desde que não caracterizada má-fé, enquadra-se no exercício regular de direito, não ensejando qualquer reparação civil".[25] "Não comete ato ilícito quem, em boa-fé, leva ao conhecimento da autoridade policial fato que, em tese, constitui crime, ainda que posteriormente o inquérito seja arquivado".[26]

1.1.5. Prevenção e tratamento do superendividamento do consumidor

A Lei nº 14.181/2021 acrescentou vários artigos ao CDC, com o duplo objetivo de prevenir e solucionar o grave problema econômico e moral causado pelo superendividamento do consumidor, que afeta tanto os interesses coletivos do mercado como a política social de proteção do mínimo existencial e de preservação da dignidade da pessoa humana, no âmbito das relações de consumo.

Como meio de prevenção e recuperação da saúde financeira do consumidor, novas repressões às condutas abusivas do fornecedor foram inseridas no CDC, entre as quais a proibição de práticas irresponsáveis na concessão de crédito, extremamente prejudiciais ao consumidor, como, por exemplo, não avaliar, de forma responsável, as condições de crédito do consumidor mediante análise das informações disponíveis em bancos de dados de proteção ao crédito (CDC, art. 54-D, II), proibindo, outrossim, o assédio praticado pelo fornecedor que pressiona o consumidor para contratar fornecimento de produto ou crédito, principalmente quando se tratar de pessoa idosa, analfabeta, doente ou em estado de vulnerabilidade agravada, ou quando a contratação envolver prêmio (CDC, art. 54-C, IV).

A transgressão das medidas de proteção contra o assédio, que atenta contra a liberdade e autodeterminação da pessoa vulnerável no âmbito do mercado de consumo, assim como o descumprimento de qualquer das obrigações previstas nos arts. 52 e 54-C do CDC, além

---

[23] VALLER, Wladimir. *A reparação do dano moral no direito brasileiro*. Campinas: E. V. Editora, 1994, n. 27, p. 115.
[24] DIAS, José de Aguiar. *Da responsabilidade civil*. 9. ed. Rio de Janeiro: Forense, 1994, vol. II, n. 184, p. 463.
[25] STJ, 4ª T., AgRg no AREsp 80.952/ES, Rel. Min. Maria Isabel Gallotti, ac. 03.10.2013, *DJe* 18.10.2013. No mesmo sentido: STJ, 4ª T., AgInt no AREsp, Rel. Min. Marco Buzzi, ac. 27.05.2019, *DJe* 03.06.2019.
[26] STJ, 3ª T., AgRg no Ag 846.167/PI, Rel. Min. Humberto Gomes de Barros, ac. 18.10.2007, *DJU* 31.10.2007, p. 326.

de permitir a revisão do contrato para compatibilizar as condições de remuneração e pagamento com as possibilidades financeiras do consumidor, enseja, ainda, responsabilizá-lo por perdas e danos, patrimoniais e morais (CDC, art. 54-D, parágrafo único).

Como se vê, a legislação consumerista renovada trata a indução do consumidor ao endividamento excessivo como ato abusivo capaz de ofender a dignidade humana e, por isso, passível de enquadramento nas hipóteses de eventos idôneos à causação de dano moral.[27]

1.2. Cláusula de exclusão de responsabilidade civil

A cláusula de não indenizar é estipulação inserida nos contratos, cuja finalidade é excluir a obrigação da parte inadimplente de indenizar o outro contratante. Ou, na lição de Carlos Roberto Gonçalves, "é o acordo de vontades que objetiva afastar as consequências da inexecução ou da execução inadequada do contrato". Sua função, segundo o autor, é "alterar, em benefício do contratante, o jogo dos riscos, pois estes são transferidos para a vítima".[28]

Justamente porque afasta a obrigação do infrator de indenizar, muito se discute a respeito da validade de tal estipulação.

Nas relações de consumo é assente a invalidade de tal cláusula, por força dos arts. 24, 25 e 51 do CDC, que consideram nulas as cláusulas que exonerem o fornecedor, que impossibilitem ou atenuem a obrigação de indenizar ou que impliquem renúncia ou disposição de direitos pelo consumidor.

Referida cláusula também não é válida em contratos de transporte, nos termos da Súmula n. 161 do Supremo Tribunal Federal: "em contrato de transporte, é inoperante a cláusula de não indenizar".

Entretanto, nas demais relações entre particulares, não abrangidas pela lei consumerista, havendo igualdade dos contratantes, parece que a cláusula seria válida. Para Carlos Roberto Gonçalves, entretanto, a validade da cláusula depende da observância de alguns requisitos: (i) bilateralidade de consentimento, de sorte que não é admitida se estipulada unilateralmente; (ii) não colisão com preceito de ordem pública, não valendo se afastar responsabilidade imposta em razão de ordem pública ou dos bons costumes; (iii) igualdade de posição das partes, não podendo ser inserida em contratos de adesão; (iv) inexistência do escopo de eximir o dolo ou a culpa grave do estipulante, para que não se consagre a impunidade nas situações de ações danosas de maior gravidade; e (v) ausência da intenção de afastar obrigação essencial do contratante.[29]

Essa é a linha adotada pelo STJ que afasta a eficácia de cláusula de não indenizar quando a obrigação decorre da própria atividade exercida pelo contratante:

> *(i)* "Responsabilidade contratual. Furto de veículo do estacionamento de restaurante. Dever de guarda. O dever de guarda decorre da entrega do veículo, pelo cliente

---

[27] Para análise mais ampla das inovações trazidas pela Lei de Prevenção e Tratamento do Superendividamento do Consumidor, v., nosso *Direitos do Consumidor*. 11. ed. Rio de Janeiro: Forense, 2023, n. 7.1 e 7.2, p. 645-650. Cf., também: MARQUES, Cláudia Lima; BENJAMIN, Antônio Herman Vasconcellos; MIRAGEM, Bruno. *Comentários ao Código de Defesa do Consumidor*. 7. ed. São Paulo: Ed. RT, 2021.

[28] GONÇALVES, Carlos Roberto. *Direito civil brasileiro*. 7. ed. São Paulo: Saraiva, 2012, v. 4, p. 477.

[29] GONÇALVES, Carlos Roberto. *Direito civil brasileiro*. 7. ed. São Paulo: Saraiva, 2012, v. 4, p. 478-479.

ao preposto do estabelecimento, donde a responsabilidade pela indenização se o manobrista passa as chaves a outrem que não o proprietário, pouco importando se ocorreu roubo, ou se simplesmente o empregado foi enganado pelo autor da subtração. Invalidade de cláusula de não indenizar, impressa no tíquete comprobatório do depósito. Recurso especial conhecido pelo dissídio pretoriano, mas ao qual se nega provimento".[30]

(ii) "A empresa responde, perante o cliente, pela reparação de **dano** ou **furto** de **veículo** ocorridos em seu **estacionamento** (Súmula n. 130/STJ). O mesmo raciocínio se aplica quando o **veículo** foi furtado nas dependências de lava-rápido, enquanto se encontrava sob sua responsabilidade".[31]

(iii) "Na hipótese dos autos, em que o credor pignoratício é um banco e o bem ficou depositado em cofre desse mesmo banco, não é possível admitir o furto ou o roubo como causas excludentes do dever de indenizar. Há de se levar em conta a natureza específica da empresa explorada pela instituição financeira, de modo a considerar esse tipo de evento, como um fortuito interno, inerente à própria atividade, incapaz de afastar, portanto, a responsabilidade do depositário".[32]

(iv) Quanto ao furto ocorrido em estacionamento de supermercado, "nos termos da Súmula 130 do Superior Tribunal de Justiça, 'a empresa responde, perante o cliente, pela reparação de **dano** ou **furto** de **veículo** ocorridos em seu **estacionamento**'".[33] O mesmo se aplica aos estacionamentos de hotel[34] e *shopping centers*.[35]

No mesmo sentido, jurisprudência do TJMG:

> "Apelação cível. Furto de bens no interior de veículo. Estacionamento. Supermercado. Dever de guarda. Comodidade e captação de clientela. Danos materiais. Bens de alto valor. Razoabilidade. Dano moral. Como é de conhecimento comum, o estabelecimento comercial, que oferece estacionamento aos seus clientes, responsabiliza-se por eventual furto/roubo de veículo em seu interior, sendo nula a cláusula que exclui previamente a responsabilidade por eventuais danos, haja vista seu dever de vigilância e guarda, bem como pelo fator de afluência de clientela com o oferecimento do estacionamento. Deve o fornecedor indenizar o consumidor pelos danos materiais experimentados, consistentes no valor dos bens subtraídos do interior de seu automóvel, mas dentro de um juízo de razoabilidade, decotando-se da condenação bens de elevado valor sem prova consistente sequer da efetiva propriedade. O furto de bens em interior de veículo, estacionado em estabelecimento comercial, causa transtornos que extrapolam o mero contratempo corriqueiro, atingindo atributos personalíssimos da vítima".[36]

---

[30] STJ, 4ª T., REsp 8.754/SP, Rel. Min. Athos Carneiro, ac. 30.04.1991, *DJU* 20.05.1991, p. 6.537.
[31] STJ, 3ª T., AgRg no REsp 1.535.751/MG, Rel. Min. Ricardo Villas Bôas Cueva, ac. 15.10.2015, *DJe* 20.10.2015.
[32] STJ, 3ª T., REsp 1.133.111/PR, Rel. Min. Sidnei Beneti, ac. 06.10.2009, *DJe* 05.11.2009.
[33] STJ, 4ª T., AgRg no AREsp 603.026/SP, Rel. Min Raul Araújo, ac. 12.02.2015, *DJe* 05.03.2015.
[34] STJ, 3ª T., AgRg no REsp 402.442/ES, Rel. Min. Vasco Della Giustina, ac. 15.04.2010, *DJe* 23.04.2010.
[35] STJ, 4ª T., REsp 1.269.691/PB, Rel. Min. Luis Felipe Salomão, ac. 21.11.2013, *DJe* 05.03.2014.
[36] TJMG, 14ª Câm. Cív., Ap. 1.0145.10.034410-3/001, Rel. Des. Estevão Lucchesi, ac. 07.02.2013, *DJ* 22.02.2013.

Por outro lado, a cláusula é lícita quando firmada em contratos paritários:

(i) "Contrato de prestação de serviços de logística. Responsabilidade da contratada por perdas de estoque. Atuação da ré dentro dos centros de distribuição da autora, inexistindo emissão de notas fiscais de remessa e retorno de armazém geral. Inaplicabilidade do Decreto n.º 1.102/1903. Responsabilidade civil regida pelas disposições fixadas em contrato paritário. Incidência da cláusula excludente de responsabilidade. Inobservância da garantia contratual conferida à ré de exclusivo controle de acesso ao sistema wms, dedicado ao controle de estoque. Cadastro e concessão de permissões de usuários ao sistema wms submetidos ao exclusivo controle da área de tecnologia da informação da autora. Condição para a caracterização do dever de indenizar pelas perdas de estoque não configurada. Nova disciplina dos encargos de sucumbência. Sentença que já reconhecera a obrigação de a autora arcar com tais encargos".[37]

(ii) "São válidas e aptas a produzir seus jurídicos efeitos as cláusulas excludentes de responsabilidade insertas em contratos de fornecimento de energia elétrica celebrado entre pessoa jurídica e concessionária de serviços públicos, mormente quando demonstrado que a interrupção no fornecimento de energia elétrica decorreu de falhas nos sistemas da empresa geradora, verdadeiro fortuito externo".[38]

(iii) "Estabelecendo a Convenção cláusula de não indenizar, não há como impor a responsabilidade do condomínio, ainda que exista esquema de segurança e vigilância, que não desqualifica a força da regra livremente pactuada pelos condôminos".[39]

Da mesma forma, o Enunciado 631 da Jornada de Direito Civil do Conselho da Justiça Federal dispõe:

"como instrumento de gestão de riscos na prática negocial paritária, é lícita a estipulação de cláusula que exclui a reparação por perdas e danos decorrentes do inadimplemento (cláusula excludente do dever de indenizar) e de cláusula que fixa valor máximo de indenização (cláusula limitativa do dever de indenizar)".

1.3. Direito à imagem

Bem jurídico que merece proteção até em nível de garantia constitucional é a *imagem* da pessoa. Às vezes, porém, se pretende, sem configuração de dano indenizável, expor a figura pública das grandes personalidades a críticas e censuras que não seriam toleráveis para o homem comum. Essa discriminação não pode, obviamente, ser levada ao extremo de considerar *res nullius* a privacidade, o nome, a dignidade e a imagem do homem públi-

---

[37] TJSP, 25ª Câmara de Direito Privado, Apelação Cível 1024800-47.2015.8.26.0100, Rel. Des. Edgard Rosa, ac.13.12,2018, *DJe* 06.03.2019.

[38] TJMG, 10ª Câmara Cível, Apelação Cível 1.0153.11.000533-4/001, Rel. Des. Vicente de Oliveira Silva, ac. 23.08.2016, *DJeMG* 02.09.2016.

[39] STJ, 3ª T., REsp 168.346/SP, Rel. Acórdão Min. Carlos Alberto Menezes Direito, ac. 20.05.1999, *DJU* 06.09.1999, p. 80. No mesmo sentido: STJ, 3ª T., REsp 45.902/SP, Rel. Min. Claudio Santos, ac. 22.08.1995, *DJU* 09.10.1995, p. 33548; STJ, 3ª T., REsp 31.124/SP, Rel. Min. Nilson Naves, ac. 29.03.1993, *DJU* 17.05.1993, p. 9334; TJMG, 14ª Câmara Cível, Apelação Cível 1.0024.09.760305-4/001, Rel. Des. Rogério Medeiros, ac. 29.05.2014, *DJeMG* 17.06.2014.

co. O TJ do Rio de Janeiro, analisando pedido de dano moral formulado contra empresa jornalística por importante casal de artistas, teve ensejo de tecer interessantes observações doutrinárias e legais em torno do tormentoso problema de separar a vida pública da vida privada, no que se relaciona ao direito à imagem, *in verbis*:

> "Direito à imagem. Dano moral. Ofensa a casal em reportagens em revista e TV. Atribuição ao varão de conduta imoral e debochada. Direito à informação. Compatibilidade. Dano moral caracterizado e decorrente da deturpação impingida à imagem do casal, que por anos a fio se mostrou harmonioso e estruturado, em razão de reportagens cujo teor imputa ao varão conduta imoral e debochada, segundo as regras que a sociedade impõe ao convívio familiar, causando constrangimentos e vexame, por consequência, à companheira.
>
> Direito à preservação da intimidade e a não divulgação de comentários ofensivos à imagem construída, mesmo em se tratando de artistas famosos, devendo o direito à informação ser compatibilizado com ele, que também está constitucionalmente previsto".[40]

Vê-se da fundamentação do acórdão do TJRJ o seguinte e procedente argumento:

> "A circunstância de os embargados serem pessoas famosas e suas vidas causarem curiosidade ao público, que deseja saber detalhes da separação, não justifica que sejam trazidos a lume episódios, não reconhecidos como verdadeiros, que por si só são ofensivos. Não obstante tenha o público, nos últimos tempos, se acostumado a narrativas acabrunhantes sobre a vida íntima de grandes personagens, como Presidente dos Estados Unidos, Princesa Diana e outros, o certo é que todos esses episódios resultaram na exposição depreciativa da vida dessas pessoas, que assim tiveram a intimidade exposta completamente e a privacidade de todo anulada. Dúvida não há que existe a curiosidade do público, mas questiona-se a prática de satisfazer por qualquer meio essa curiosidade e da forma que ela é satisfeita tem respaldo legal, ou seja, se pode uma pessoa, a pretexto de ser famosa, ser totalmente exposta e ficar ao desamparo da legislação, que afinal de contas a todos garante a privacidade e a intimidade" (*RF* 353/307-308).

A resposta do acórdão foi no sentido de não desamparar a privacidade e a intimidade das pessoas famosas.

1.3.1. *Utilização indevida da imagem de terceiros para fins comerciais ou econômicos*

A jurisprudência do STJ tem feito uma distinção entre o uso da imagem de terceiro com fim comercial e aquele feito sem nenhuma conotação econômica.

Assim, já consta de jurisprudência sumulada o entendimento de que "independe de prova do prejuízo a indenização pela publicação não autorizada de imagem de pessoa com fins econômicos ou comerciais" (Súmula n. 403/STJ).

Entretanto, não procede o pedido de reparação por danos materiais e morais, quando a divulgação da fotografia sem autorização não se fez com fito econômico e não teria

---

[40] TJRJ, 1º Grupo de Câm. Cív., Emb. Infr. 136/99, Rel.ª Des.ª Maria Augusta Vaz M. Figueiredo, ac. 26.05.1999, *RF* 353/306.

causado dano à integridade física ou moral do fotografado. O caso referia-se a folder de divulgação de jogos universitários e a imagem era de uma pessoa que prestava serviços no complexo esportivo da universidade.[41]

1.3.2. Utilização de imagem sem autorização para outros fins

a) Programa televisivo. Imagem exibida de uma brincadeira.

Importante ressaltar julgado do STJ que condenou programa de televisão a indenizar os danos morais suportados por pessoa que teve sua imagem exibida, sem sua autorização, por ter participado de "brincadeira" promovida pelo programa. Considerou a Corte Superior que a denominada brincadeira teria extrapolado a normalidade, gerando constrangimento e abalo psicológico à autora da ação. Segundo o acórdão:

> "no caso, foram despejadas baratas vivas sobre o corpo da autora, que caminhava pela rua. A 'brincadeira' – para nomeá-la de alguma forma – repercutiu sensivelmente na personalidade desta, pois não se trata aqui de mero transtorno, mas de verdadeiro desgosto, com repercussões danosas ao comportamento e à atividade social da autora, bem como repercutiu em sua conduta profissional, vendo-se impedida de trabalhar, ainda sob o impacto do terror infundido pela tal 'brincadeira', conforme atestam os depoimentos, pessoal e de testemunhas, a partir de fls. 122 e ss., acrescendo-se que a representante da requerida confirma o teor da reprodução do programa – o que, a toda evidência, caracteriza aquiescência à prova, não assim, confissão, como pretendido em sede de declaração e de apelo pela autora. Incabível, portanto, assemelhá-lo ao ânimo de brincadeira previsto na doutrina. Brincadeira não se confunde com as características acima analisadas, causadoras de dano moral em elevado grau, onde incluído o dano à imagem e à privacidade, sobrelevando apontar, por despido de razão, o raciocínio de que não haveria tal abalo, por se tratar de filmagem em local público. A imagem foi indevidamente utilizada, sem autorização, conforme se extrai do depoimento da representante da requerida, ao mencionar tarja preta – ou seja, necessária a aquiescência da futura vítima para exibição. O constrangimento não se desfaz com a utilização de 'mosaicos', posto que a autora sofreu abalo quando da realização da 'brincadeira'. Efetivamente, configura-se o dano sofrido quer sob o aspecto psíquico, quer em face da ridicularização sofrida, além da usurpação do direito de imagem com exposição pública da ré, tudo, é claro, com propósito de auferir lucro para a emissora".[42]

No mesmo sentido, julgado do TJSP:

> "Indenizatória – Uso indevido de imagem – Veiculação de imagem em programa humorístico – Publicação sem prévia e expressa autorização do autor – Requerente que passou a ser alvo de chacotas em seu círculo social – Constrangimentos que, no caso, ultrapassaram o conceito de mero dissabor – Danos morais 'in re ipsa' caracterizados – Indenização devida".[43]

---

[41] STJ, 4ª T., REsp 803.129/RS, Rel. Min. João Otávio de Noronha, ac. 29.09.2009, *DJe* 13.10.2009.
[42] STJ, 4ª T., REsp 1.095.385/SP, Rel. Min. Aldir Passarinho Júnior, ac. 07.04.2011, *DJe* 15.04.2011.
[43] TJSP, 5ª Câmara de Direito Privado, Apelação Cível 1041656-18.2017.8.26.0100, Rel. Des. Erickson Gavazza Marques, ac. 28.08.2019, Data de Registro 03.09.2019.

b) Matéria jornalística de evento histórico.

Em situação de divulgação de imagem para fins jornalísticos, para reportar fatos históricos de repercussão social, o STJ entendeu não haver qualquer ilícito passível de indenização:

> *(i)* "3. É inexigível a autorização prévia para divulgação de imagem vinculada a fato histórico de repercussão social. Nessa hipótese, não se aplica a Súmula 403/STJ.
> 4. Ao resgatar da memória coletiva um fato histórico de repercussão social, a atividade jornalística reforça a promessa em sociedade de que é necessário superar, em todos os tempos, a injustiça e a intolerância, contra os riscos do esquecimento dos valores fundamentais da coletividade.
> 5. Eventual abuso na transmissão do fato, cometido, entre outras formas, por meio de um desvirtuado destaque da intimidade da vítima ou do agressor, deve ser objeto de controle sancionador. A razão jurídica que atribui ao portador da informação uma sanção, entretanto, está vinculada ao abuso do direito e não à reinstituição do fato histórico.
> 6. Na espécie, a Rádio e Televisão Record veiculou reportagem acerca de trágico assassinato de uma atriz, ocorrido em 1992, com divulgação de sua imagem, sem prévia autorização. De acordo com a conjuntura fática cristalizada pelas instâncias ordinárias, há relevância nacional na reportagem veiculada pela emissora, sem qualquer abuso na divulgação da imagem da vítima. Não há se falar, portanto, em ato ilícito passível de indenização".[44]
>
> *(ii)* "1. Ação indenizatória promovida por ex-goleiro do Santos Futebol Clube em virtude da veiculação indireta de sua imagem (por ator profissional contratado), sem prévia autorização, em cenas do documentário biográfico "Pelé Eterno".
> 2. Recurso especial fundado na alegação de que a simples utilização não autorizada da imagem do autor, ainda que de forma indireta, impõe às empresas responsáveis pela produção e comercialização da obra audiovisual biográfica objeto da controvérsia o dever de compensá-lo por danos morais, independentemente da comprovação de existência de efetivo prejuízo.
> 3. A representação cênica de episódio histórico em obra audiovisual biográfica não depende da concessão de prévia autorização de terceiros ali representados como coadjuvantes.
> 4. O Supremo Tribunal Federal, no julgamento da ADI nº 4.815/DF, deu interpretação conforme à Constituição, sem redução de texto, aos arts. 20 e 21 do Código Civil, reconhecendo ser inexigível a autorização de pessoa biografada relativamente a obras biográficas literárias ou audiovisuais bem como desnecessária a autorização de pessoas nelas retratadas como coadjuvantes.
> 5. A simples representação da imagem de pessoa em obra biográfica audiovisual que tem por objeto a história profissional de terceiro não atrai a aplicação da Súmula nº 403/STJ, máxime quando realizada sem nenhum propósito econômico ou comercial".
> 6. Recurso especial não provido".[45]

---

[44] STJ, 3ª T., REsp 1.631.329/RJ, Rel. p/ acórdão Min. Nancy Andrighi, ac. 24.10.2017, *DJe* 31.10.2017.
[45] STJ, 3ª T., REsp 1.454.016/SP, Rel. p/acórdão Min. Ricardo Villas Bôas Cueva, ac. 12.12.2017, *DJe* 12.03.2018.

c) Publicação em revista de cenas retiradas de filme.

Analisando controvérsia em que uma revista publicou fotos da artista com cenas de nudez retiradas de um filme, a Corte superior entendeu haver dano indenizável:

> "2. Publicação pela empresa demandada na Revista Playboy de fotografias com cenas de nudez retiradas de filme protagonizado pela atriz demandante, sem o seu consentimento. 3. Reconhecimento pelas instâncias de origem da ocorrência de abuso no direito de informar por ter a empresa demandada, por vias transversas, alcançado êxito em sua cobiça de publicar a nudez da atriz demandante, que reiteradamente negara convites de se expor em revista de cunho erótico".[46]

d) Álbum de figurinhas.

Em outra situação, o TJSP também deferiu indenização pela utilização da imagem do autor da ação em álbum de figurinhas, sem a devida autorização:

> "Ação de indenização por danos materiais e morais – Direito de imagem – (...) Continuidade da comercialização do álbum de figurinhas e consequente continuidade da violação do direito de imagem – Utilização da imagem do autor em álbum de figurinhas da requerida, sem a devida autorização – Danos morais caracterizados – Inteligência da Súmula 403, STJ – Precedentes – Valor fixado em R$ 10.000,00 – Pedido de redução – Desacolhimento – Incidência dos juros de mora desde o evento danoso (Súmula 54 do STJ) – Apelação do autor – Imagem exibida em uma única figurinha e de forma coletiva, não sendo o autor o destaque dela – Dano material devido – Porém, não no valor pleiteado (R$ 30.000,00) – Valor que deverá ser apurado em liquidação de sentença, levando em consideração os parâmetros delineados na fundamentação".[47]

e) Utilização de fotografia sem a divulgação do autor.

Para o STJ, não tendo sido observado o direito moral de atribuição do autor da obra, expressamente previsto na Lei 9.610/98, é cabível a condenação para divulgar o nome do autor da fotografia e compensar o dano causado.[48]

1.3.3. *Dano moral e lei de imprensa*

Havia antiga jurisprudência que limitava a responsabilidade por dano moral à empresa jornalística, eliminando-se, por isso, a legitimidade passiva da ação indenizatória do entrevistado ou articulista.

A posição atual observada nos Tribunais é bem outra:

> "Ofensa à honra. Matéria veiculada em televisão. Legitimidade passiva do entrevistado. Indenização. Não tarifada. Quantificação.
> Em se tratando de responsabilidade civil fundada em dano moral, admite-se que o pedido seja formulado sem se especificar o valor pretendido a título de indenização. A

---

[46] STJ, 3ª T., REsp 1.726.206/RJ, Rel. Min. Paulo de Tarso Sanseverino, ac. 05.11.2019, *DJe* 11.11.2019.
[47] TJSP, 8ª Câmara de Direito Privado, Ap. 1010951-31.2020.8.26.0068, Rel. Des. Benedito Antonio Okuno, ac. 16.02.2022, Data do Registro 17.02.2022.
[48] STJ, 3ª T., REsp 1.822.619/SP, Rel. Min. Nancy Andrighi, ac. 18.02.2020, *DJe* 20.02.2020.

pessoa entrevistada que fez afirmação injuriosa veiculada em programa televisivo, de que decorreu a ação indenizatória de dano moral promovida pelo que se julga ofendido em sua honra, tem legitimidade para figurar o seu polo passivo.

A Constituição de 1988 afastou, para a fixação do valor da reparação do dano moral, as regras referentes aos limites tarifados previstas pela Lei de Imprensa, sobretudo quando, como no caso, as instâncias ordinárias constataram soberana e categoricamente o caráter insidioso da matéria de que decorreu a ofensa. Precedentes. Ademais, a ação foi proposta com base no direito comum".[49]

Aliás, é conveniente ressaltar que a antiga Lei de Imprensa (Lei n. 5.250/1967) foi considerada, pelo STF, totalmente revogada, por "não recepcionada pela Constituição de 1988".[50] Para a Suprema Corte, há incompatibilidade material insuperável entre a antiga Lei n. 5.250/1967 e a Constituição de 1988, sendo impossível qualquer tentativa de conciliação entre os dois diplomas normativos, seja por meio de expurgos parciais de dispositivos, seja pela "interpretação conforme a Constituição". Isto porque a Lei de Imprensa não se mostra passível de fracionamento, visto que "foi ideologicamente concebida e normativamente apetrechada para operar em bloco ou como um todo *pro indiviso*".

Diante da não subsistência da referida lei, devem aplicar-se aos problemas dos eventuais atos ilícitos praticados por via de publicações da imprensa, as normas da legislação comum, "notadamente o Código Civil, o Código Penal, o Código de Processo Civil e o Código de Processo Penal".

No tocante à liberdade de informação pela imprensa, há interessante julgado do TJ do Rio Grande do Sul em que se nega ilicitude ao ato divulgador do jornal, que se limita a "reproduzir ocorrência policial, não extrapolando os limites fixados pelo ordenamento pátrio para o exercício da liberdade de imprensa".[51]

Em outro julgado, o TJRGS também afastou a responsabilidade da empresa jornalística, porque não depreendeu caráter difamatório na reportagem, mas, "nítido cunho informativo da matéria" no sentido de informar os leitores do ocorrido. Entendeu aquele tribunal que "ainda que tenha havido equívoco por parte da ré, quando da divulgação do nome da empresa organizadora dos cursos frequentados pelos vereadores, em momento algum houve menção de que a referida empresa estava envolvida na suposta 'farra'".[52]

O STJ também já analisou a questão, afastando a responsabilidade da empresa jornalística quando divulga informações verídicas, não exigindo que haja certeza absoluta a respeito da sua veracidade:

> "1. Discussão acerca da potencialidade ofensiva de matéria publicada em jornal de grande circulação, que aponta possível envolvimento ilícito de magistrado com ex-deputado ligado ao desabamento do edifício Palace II, no Rio de Janeiro. (...)

---

[49] STJ, 4ª T., REsp 169.867/RJ, Rel. Min. César Asfor Rocha, ac. 05.12.2000, *DJU* 19.03.2001, p. 112.
[50] STF, Pleno, ADPF 130/DF, Rel. Min. Carlos Britto, ac. 30.04.2009, *DJe* 06.11.2009.
[51] TJRGS, 5ª Câm. Cív., Ap. Civ. 70022768030, Rel. Des. Paulo Sérgio Scarparo, ac. 12.03.2008, *RJTJRGS*, v. 268, p. 167.
[52] TJRGS, 9ª Câm. Cív., Ap. 70045791217, Rel. Des. Iris Helena Medeiros Nogueira, ac. 25.02.2012, *RJTJRGS*, v. 284, p. 243.

4. A liberdade de informação deve estar atenta ao dever de veracidade, pois a falsidade dos dados divulgados manipula em vez de formar a opinião pública, bem como ao interesse público, pois nem toda informação verdadeira é relevante para o convívio em sociedade.

5. A honra e imagem dos cidadãos não são violados quando se divulgam informações verdadeiras e fidedignas a seu respeito e que, além disso, são do interesse público.

6. O veículo de comunicação exime-se de culpa quando busca fontes fidedignas, quando exerce atividade investigativa, ouve as diversas partes interessadas e afasta quaisquer dúvidas sérias quanto à veracidade do que divulgará.

7. Ainda que posteriormente o magistrado tenha sido absolvido das acusações, o fato é que, conforme apontado na sentença de primeiro grau, quando a reportagem foi veiculada, as investigações mencionadas estavam em andamento.

8. A diligência que se deve exigir da imprensa, de verificar a informação antes de divulgá-la, não pode chegar ao ponto de que notícias não possam ser veiculadas até que haja certeza plena e absoluta da sua veracidade. O processo de divulgação de informações satisfaz verdadeiro interesse público, devendo ser célere e eficaz, razão pela qual não se coaduna com rigorismos próprios de um procedimento judicial, no qual se exige cognição plena e exauriente acerca dos fatos analisados".[53]

Quanto à competência para a ação de dano moral praticada na imprensa, o STJ fixou a seguinte jurisprudência:

"No caso de ação de indenização por **danos morais** causados pela veiculação de matéria jornalística em revista de circulação nacional, considera-se 'lugar do ato ou fato', para efeito de aplicação da regra especial e, portanto, preponderante, do art. 100, V, letra 'a', do CPC, a localidade em que residem e trabalham as pessoas prejudicadas, pois é na comunidade onde vivem que o evento negativo terá maior repercussão para si e suas famílias".[54]

1.3.4. *A posição atual da jurisprudência em matéria de ofensa moral praticada pela imprensa*

a) Jornalismo sensacionalista de programa de televisão

Em relação a crime praticado por meio de "jornalismo sensacionalista de programa de televisão", em razão do qual o ofendido veio a perder seu emprego, a ação penal, depois de longos anos, foi julgada procedente. O STJ decidiu que o dano moral poderia ser liquidado independentemente de ação civil condenatória, tendo em vista

---

[53] STJ, 3ª T., REsp 1.297.567/RJ, Rel. Min. Nancy Andrighi, ac. 23.04.2013, *DJe* 02.05.2013. No mesmo sentido: "Consoante cediço nesta Corte, inexiste ofensa à honra e imagem dos cidadãos quando, no exercício do direito fundamental de liberdade de imprensa, há divulgação de informações verdadeiras e fidedignas a seu respeito, mormente quando exercida em atividade investigativa e consubstanciar interesse público. Precedentes" (STJ, 4ª T., AgRg no AREsp 224.122/ES, Rel. Min. Marco Buzzi, ac. 18.02.2016, *DJe* 25.02.2016).

[54] STJ, 3ª T., AgRg no Ag 458.129/PR, Rel. Min. Carlos Alberto Menezes Direito, ac. 11.11.2002, *DJU* 10.03.2003, p. 203. No mesmo sentido: STJ, 3ª T., REsp 509.203/AL, Rel. Min. Carlos Alberto Menezes Direito, ac. 21.10.2003, *DJU* 19.12.2003, p. 458; STJ, 4ª T., AgInt no AREsp 1.991.809/RJ, Rel. Min. Raul Araújo, ac. 26.09.2022, *DJe* 04.10.2022.

que a condenação criminal faz coisa julgada também no cível, valendo a sentença penal como título executivo civil.

Ficou assentado, no mesmo aresto, que o prazo decadencial previsto na Lei de Imprensa para postulação da reparação civil, não mais prevalece, portanto, a Constituição de 1988, ao prever indenização por dano moral pela ofensa à honra, pôs fim àquela limitação temporal, que fazia parte de um sistema estanque, fechado, de reparabilidade dos danos praticados pela imprensa, não condizente com o atual ordenamento. Registrou o acórdão do STJ, ainda, que o prazo decadencial de três meses para propositura da demanda de reparação do delito praticado pela imprensa, previsto no art. 56 da Lei de Imprensa, teve sua vigência suspensa pelo STF no julgamento da ADPF n. 130/DF.[55]

Em outro julgado, o STJ decidiu que:

> "Posto seja livre a manifestação do pensamento – mormente em épocas eleitorais, em que as críticas e debates relativos a programas políticos e problemas sociais são de suma importância, até para a formação da convicção do eleitorado –, tal direito não é absoluto. Ao contrário, encontra rédeas tão robustas e profícuas para a consolidação do Estado Democrático de Direito quanto o direito à livre manifestação do pensamento: trata-se dos direitos à honra e à imagem, ambos condensados na máxima constitucional da dignidade da pessoa humana".[56]

Aspecto interessante destacado pelo acórdão do STJ diz respeito à defesa reconvencional acolhida pelo juízo para reconhecer dano moral também na propositura da própria ação principal. É que o direito de atuar em juízo não dá à parte imunidade para denegrir a honra daquele que primeiro praticou a ofensa contra o demandante. Para o STJ, "não se há confundir direito de resposta com direito de vingança, porquanto aquele não constitui crédito ao ofendido para que possa injuriar ou difamar o seu ofensor".[57]

Convém observar que, por fim, o Supremo Tribunal Federal, no julgamento da ADPF 130-7/DF, declarou a revogação da Lei n. 5.250/1967 (Lei de Imprensa), considerando seu texto normativo não recepcionado pela Constituição de 1988 (*DJe* 06.11.2009). Com isso ficou definitivamente encerrada toda a polêmica em torno dos limites impostos por aquela lei especial em matéria de responsabilidade civil derivada de danos morais praticados pela imprensa.

b) Vedação a veiculação de críticas com a intenção de difamar, injuriar ou caluniar

O STJ pune empresa jornalística que extrapola o dever de informar – o chamado *animus narrandi* –, acabando por injuriar, caluniar ou difamar a pessoa a que a reportagem faz referência. A atividade da imprensa deve observar três deveres: de cuidado, de pertinência e de veracidade. "Se a publicação, em virtude de seu teor pejorativo e da inobservância desses deveres, extrapola o exercício regular do direito de informar, fica caracterizada a abusividade".[58] Destacam-se os seguintes julgados:

---

[55] STJ, 4ª T., REsp 331.564/SP, Rel. Min. Honildo Amaral de Mello Castro, ac. 18.08.2009, *DJe* 31.08.2009.
[56] STJ, 4ª T., REsp 296.391/RJ, Rel. Min. Luis Felipe Salomão, ac. 19.03.2009, *DJe* 06.04.2009.
[57] STJ, 4ª T., REsp 296.391/RJ, Rel. Min. Luis Felipe Salomão, ac. 19.03.2009, *DJe* 06.04.2009.
[58] STJ, 3ª T., REsp 1.676.393/SP, Rel. Min. Nancy Andrighi, ac. 07.11.2017, *DJe* 13.11.2017.

(i) "2. A ampla liberdade de informação, opinião e crítica jornalística reconhecida constitucionalmente à imprensa não é um direito absoluto, encontrando limitações, tais como a preservação dos direitos da personalidade, nestes incluídos os direitos à honra, à imagem, à privacidade e à intimidade. Assim, a vedação está na veiculação de críticas com a intenção de difamar, injuriar ou caluniar.

3. Da notícia veiculada, evidencia-se o excesso por parte da imprensa, que foi além do seu direito de crítica e do dever de informação, assumindo postura ofensiva e difamatória na publicação da matéria, a ponto de atingir a honra do recorrido, à época, Presidente do Tribunal de Justiça do Estado de Alagoas. Danos morais configurados".[59]

(ii) "2. A Corte de origem concluiu, diante das provas produzidas, em que pese não terem sido revestidas de juízo de valor, que mencionam "denúncia grave e que sem dúvida, ultrapassaram o animus narrandi", resultando em nítida ofensa à honra e à imagem da ora agravada, capaz de gerar danos morais. A pretensão de revisar tal entendimento demandaria reexame de matéria fático-probatória, o que é inviável em sede de recurso especial, consoante preconiza a Súmula 7/STJ".[60]

(iii) "3. A liberdade de expressão, compreendendo a informação, a opinião e a crítica jornalística, por não ser absoluta, encontra algumas limitações ao seu exercício, compatíveis com o regime democrático, quais sejam: (I) o compromisso ético com a informação verossímil; (II) a preservação dos chamados direitos da personalidade, entre os quais incluem-se os direitos à honra, à imagem, à privacidade e à intimidade; e (III) a vedação de veiculação de crítica jornalística com intuito de difamar, injuriar ou caluniar a pessoa (*animus injuriandi vel diffamandi*) (REsp 801.109/DF).

4. A utilização de qualificativo, *per se*, objetivamente ofensivo à honra descaracteriza o *animus narrandi* e o *animus criticandi*, pois extrapola os limites da crítica para ingressar no ataque à honra.

5. O fato de as matérias desabonadoras terem sido reiteradas em diversos meios de comunicação não atenua a gravidade da conduta, ao contrário, a aumenta, pois sua maior repercussão amplia o dano injusto causado".[61]

c) Entretanto, se a notícia veiculada ou crítica não configurar abuso no exercício de informar e não se referir a núcleo essencial de intimidade da vida privada, não há dano. No caso analisado pelo STJ, a matéria jornalística narrava fatos verídicos sobre pessoa pública, que eram de interesse geral relacionados à atividade pública desenvolvida por ela, embora apresentasse opiniões severas, irônicas ou impiedosas. Assim, entendendo tratar-se de matéria de cunho informativo, não acolheu o pedido de indenização:

"2. A divulgação de notícia ou crítica acerca de atos ou decisões do Poder Público, ou de comportamento de seus agentes, a princípio, não configura abuso no exercício da

---

[59] STJ, 4ª T., REsp 1.322.264/AL, Rel. Min. Marco Buzzi, ac. 20.09.2018, *DJe* 28.09.2018. No mesmo sentido, STJ, 3ª T., REsp 1.159.903/PE, Rel. Min. Ricardo Villas Bôas Cueva, ac. 01.12.2015, *DJe* 11.12.2015

[60] STJ, 4ª T., AgInt no AREsp 1.503.272/SE, Rel. Min. Raul Araújo, ac. 25.05.2020, *DJe* 04.06.2020.

[61] STJ, 4ª R., AgRg no AREsp 606.415/RJ, Rel. p/ acórdão Min. Raul Araújo, ac. 07.04.2015, *DJe* 01.07.2015.

liberdade de imprensa, desde que não se refira a um núcleo essencial de intimidade e de vida privada da pessoa ou que, na crítica, inspirada no interesse público, não seja prevalente o *animus injuriandi vel diffamandi*.

3. No caso, apesar do tom ácido da reportagem, as críticas estão inseridas no âmbito de matéria jornalística de cunho informativo, baseada em levantamentos de fatos de interesse público, relativos à investigação em andamento pela autoridade policial, sem adentrar a intimidade e a vida privada da recorrida, o que significa que não extrapola o direito de crítica, principalmente porque exercida em relação a casos que ostentam gravidade e ampla repercussão social no Estado de Sergipe.

4. À vista da ausência de abuso ofensivo na crítica exercida pela recorrente no exercício da liberdade de expressão jornalística, o dever de indenização fica afastado, por força da 'imperiosa cláusula de modicidade' subjacente a que alude a eg. Suprema Corte no julgamento da ADPF 130/DF".[62]

Em seu voto, o eminente Relator esclareceu que

"em que pese o tom ácido da referida reportagem, com o emprego de expressões como 'aberração jurídica' e 'descalabro', as críticas estão inseridas no âmbito da matéria jornalística de cunho informativo, baseada em levantamentos de fatos de interesse público, sem adentrar a intimidade e a vida privada da recorrida, o que significa que não extrapola claramente o direito de crítica, principalmente porque exercida em relação a caso que ostenta gravidade e ampla repercussão e interesse social no Estado de Sergipe. Desse modo, na espécie, embora não se possa duvidar do sofrimento experimentado pela recorrida, a revelar a presença de dano moral, este não se mostra indenizável. Isso, porque, não caracterizado o abuso ofensivo na crítica exercida pela parte recorrente no exercício da liberdade de expressão jornalística, afasta-se o dever de indenização".

d) Analisando ação de indenização provocada por matéria jornalística a respeito de instituição financeira que citou nome de cliente como suposto fraudador do PROAGRO, o STJ entendeu que o banco era parte ilegítima para a ação:

"2. Ação indenizatória promovida por cliente que teve seu nome incluído no rol de supostos fraudadores do PROAGRO em reportagem de jornal impresso, publicada em novembro de 1990. Demanda proposta em desfavor de instituição financeira, também citada na reportagem, a quem o autor credita o possível fornecimento à imprensa de informações sigilosas a seu respeito. (...)

5. É descabido reputar à instituição financeira, que foi mencionada em matéria jornalística retratando fatos que lhe eram desabonadores, responsabilidade por reparar danos morais suportados por clientes que tiveram seus nomes citados nessa mesma reportagem.

6. O suposto fornecimento pelo banco réu, à imprensa, do rol de pessoas que, a teor do Comunicado Circular nº 004272 do BACEN, estavam 'impedidas de participar de operações de crédito rural e agroindustrial', além de se revelar fato não comprovado

---

[62] STJ, 4ª T., REsp 1.325.938/SE, Rel. Min. Raul Araújo, ac. 23.08.2022, *DJe* 31.08.2022.

nos autos, constitui ato lícito e não possui nexo causal com os danos morais por elas suportados em virtude de excessos de linguagem havidos em matéria jornalística publicada por terceiro".[63]

e) Segundo o STJ, a indenização, em casos de "exibição de matéria ofensiva à honra e à dignidade de cidadão deve não só considerar a reparação pelo dano moral causado mas também ser suficiente para a sanção da conduta praticada, de forma a coibir novos abusos".[64]

1.3.5. Dano moral e internet

Atualmente, várias são as discussões que chegam ao Poder Judiciário a respeito de notícias que são veiculadas pela internet, hábeis a provocar dano moral às pessoas envolvidas. A jurisprudência já assentou o entendimento de que o provedor de acesso deve retirar o material do ar imediatamente, sob pena de responder, solidariamente, com o autor do texto, pelos prejuízos provocados:

a) "O provedor não responde objetivamente pelo conteúdo inserido pelo usuário em sítio eletrônico, por não se tratar de risco inerente à sua atividade. Está obrigado, no entanto, a retirar imediatamente o conteúdo moralmente ofensivo, sob pena de responder solidariamente com o autor direto do dano".[65] Nesse acórdão, o STJ consignou que "o provedor de conteúdo é obrigado a viabilizar a identificação de usuários, coibindo o anonimato; o registro do número de protocolo (IP) dos computadores utilizados para cadastramento de contas na internet constitui meio de rastreamento de usuários que ao provedor compete, necessariamente, providenciar".

Em outra situação, aquela Corte esclareceu que "o provedor de aplicação torna-se responsável solidariamente com aquele que gerou o conteúdo ofensivo se, ao tomar conhecimento da lesão que determinada informação causa, não tomar as providências necessárias para a sua remoção".[66]

Em caso de publicação ofensiva à criança ou adolescente, STJ reiterou o entendimento de ser responsável o provedor que não a retira tão logo seja informado pela vítima ou seus responsáveis, em razão de não ter tomado todas as medidas que estavam ao seu alcance para minimizar os danos:

> "1.2. Para atender ao princípio da proteção integral consagrado no direito infantojuvenil, é dever do provedor de aplicação na rede mundial de computadores (Internet) proceder à retirada de conteúdo envolvendo menor de idade – relacionado à acusação de que seu genitor havia praticado crimes de natureza sexual – logo após ser formalmente comunicado da publicação ofensiva, independentemente de ordem judicial.

---

[63] STJ, 3ª T., REsp 1.761.078/MS, Rel. Min. Ricardo Villas Bôas Cueva, ac. 22.02.2022, DJe 15.03.2022.
[64] STJ, 4ª T., AgInt no AREsp 1.770.391/SP, Rel. p/acórdão Min. João Otávio de Noronha, ac. 22.11.2022, DJe 02.02.2023.
[65] STJ, 3ª T., AgRg no REsp 12.347/RO, Rel. Min. Sidnei Beneti, ac. 24.09.2013, DJe 08.10.2013. No mesmo sentido: STJ, 3ª T., REsp 1.306.066/MT, Rel. Min. Sidnei Beneti, ac. 17.04.2012, DJe 02.05.2012.
[66] STJ, 3ª T., REsp 1.501.603/RN, Rel. Min. Nancy Andrighi, ac. 12.12.2017, DJe 18.12.2017. No mesmo sentido: STJ, 4ª, AgInt no AREsp 685.720/SP, Rel. Min. Marco Buzzi, ac. 13.10.2010, DJe 16.10.2010.

2. O provedor de aplicação que, após notificado, nega-se a excluir publicação ofensiva envolvendo menor de idade, deve ser responsabilizado civilmente, cabendo impor-lhe o pagamento de indenização pelos danos morais causados à vítima da ofensa.

2.1. A responsabilidade civil, em tal circunstância, deve ser analisada sob o enfoque da relevante omissão de sua conduta, pois deixou de adotar providências que, indubitavelmente sob seu alcance, minimizariam os efeitos do ato danoso praticado por terceiro, o que era seu dever.

2.2. Nesses termos, afigura-se insuficiente a aplicação isolada do art. 19 da Lei Federal n. 12.965/2014, o qual, interpretado à luz do art. 5º, X, da Constituição Federal, não impede a responsabilização do provedor de serviços por outras formas de atos ilícitos, que não se limitam ao descumprimento da ordem judicial a que se refere o dispositivo da lei especial".[67]

b) O STJ já decidiu, ainda, que o provedor teria o prazo de 24 horas para retirar do ar o material danoso. Segundo o acórdão, "a velocidade com que as informações circulam no meio virtual torna indispensável que medidas tendentes a coibir a divulgação de conteúdos depreciativos e aviltantes sejam adotadas célere e enfaticamente, de sorte a potencialmente reduzir a disseminação do insulto, minimizando os nefastos efeitos inerentes a dados dessa natureza". Assim, na hipótese em discussão, consignou que, uma vez notificado que determinado texto tem conteúdo ilícito, o provedor deve "retirar o material do ar no prazo de 24 (vinte e quatro) horas, sob pena de responder solidariamente com o autor direto do dano, em virtude da omissão praticada". Entendeu a Corte Superior que a análise do conteúdo, pelo provedor, não deve ser realizada nesse prazo, por ser muito exíguo, mas a suspensão preventiva de sua veiculação deve ocorrer em 24 horas, "até que tenha tempo hábil para apreciar a veracidade das alegações, de modo a que, confirmando-as, exclua definitivamente o perfil ou tendo-as por infundadas, restabeleça o seu livre acesso".[68]

c) Analisando ação de indenização por dano moral em razão de registro de nome de domínio idêntico ao nome artístico da autora, o STJ condenou solidariamente o executor e o administrador dos registros de nome de domínio, com base na teria do risco da atividade exposta no art. 927, parágrafo único do Código Civil, em acórdão assim ementado:

"1. Controvérsia em torno da responsabilidade solidária do recorrente, Núcleo de Informação e Coordenação do Ponto BR – NIC. BR, pelos danos causados à honra e à imagem da recorrida, decorrentes do uso indevido de seus serviços de registro de nome de domínio na Internet.

2. Efetivação de registro de nome de domínio idêntico ao nome artístico da recorrida, solicitado por pessoa jurídica sem a devida autorização, veiculando neste endereço eletrônico conteúdo pornográfico.

3. Atividades de execução e administração dos registros de nomes de domínio sob o código-país brasileiro ('.br') que foram atribuídas ao NIC. br por delegação do Comitê Gestor da Internet no Brasil – CGI. br.

---

[67] STJ, 4ª T., REsp 1.783.269/MG, Rel. Min. Antonio Carlos Ferreira, ac. 14.12.2021, *DJe* 18.02.2022.
[68] STJ, 3ª T., REsp 1.323.754/RJ, Rel. Min. Nancy Andrighi, ac. 19.06.2012, *DJe* 28.08.2012.

4. Adoção do sistema de precedência denominado 'First Come, First Served', segundo o qual a titularidade e o uso do nome de domínio são concedidos ao primeiro usuário que realizar o requerimento de registro e preencher os requisitos previstos na Resolução 008/2008 do CGI. br.

5. Sistema de concessão de domínios que é potencialmente apto a gerar danos a elevado número de pessoas, pois possibilita constantes violações ao direito marcário, empresarial, autoral e à honra e à imagem de terceiros, ante a falta de um exame adequado sobre a registrabilidade do nome requerido.

6. Ausência de análise prévia pelo NIC. br acerca da conveniência e legítimo interesse sobre o nome de domínio escolhido, que é feita exclusivamente pelo usuário.

7. Riscos de um registro impróprio que devem ser alocados ao NIC. br por serem intrínsecos à sua atividade de controlador exclusivo dos registros de nome de domínio no Brasil sob o '.br', ensejando a sua responsabilidade civil objetiva e solidária pelos danos morais causados à recorrida.

8. Aplicação da teoria do risco da atividade estatuída no 'parágrafo único' do art. 927 do Código Civil.

9. Recorrente que possui condições de mitigar os riscos de danos advindos da sua atividade de forma eficiente, providenciando filtragem em seu sistema com aptidão para controlar as vedações à escolha de nomes de domínio estabelecidas pelo próprio CGI. br, a fim de garantir padrões mínimos de idoneidade e autenticidade".[69]

d) Em outra oportunidade, analisando hipótese de exposição pornográfica não consentida, feita por vingança, o STJ entendeu haver responsabilidade do provedor da rede social por não ter excluído as fotos quando requerido pela vítima, nos seguintes termos:

"2. O propósito recursal consiste em determinar os limites da responsabilidade de provedores de aplicação de busca na Internet, com relação à divulgação não consentida de material íntimo, divulgado antes da entrada em vigor do Marco Civil da Internet.

3. A regra a ser utilizada para a resolução de controvérsias deve levar em consideração o momento de ocorrência do ato lesivo ou, em outras palavras, quando foram publicados os conteúdos infringentes: (i) para fatos ocorridos antes da entrada em vigor do Marco Civil da Internet, deve ser obedecida a jurisprudência desta corte; (ii) após a entrada em vigor da Lei 12.965/2014, devem ser observadas suas disposições nos arts. 19 e 21. Precedentes

4. A 'exposição pornográfica não consentida', da qual a 'pornografia de vingança' é uma espécie, constituiu uma grave lesão aos direitos de personalidade da pessoa exposta indevidamente, além de configurar uma grave forma de violência de gênero que deve ser combatida de forma contundente pelos meios jurídicos disponíveis.

5. Não há como descaracterizar um material pornográfico apenas pela ausência de nudez total. Na hipótese, a recorrente encontra-se sumariamente vestida, em posições com forte apelo sexual.

6. O fato de o rosto da vítima não estar evidenciado nas fotos de maneira flagrante é irrelevante para a configuração dos danos morais na hipótese, uma vez que a mulher vítima

---

[69] STJ, 3ª T., REsp 1.695.778/RJ, Rel. p/ acórdão Min. Paulo de Tarso Sanseverino, ac. 26.06.2018, *DJe* 24.08.2018.

da pornografia de vingança sabe que sua intimidade foi indevidamente desrespeitada e, igualmente, sua exposição não autorizada lhe é humilhante e viola flagrantemente seus direitos de personalidade.

7. O art. 21 do Marco Civil da Internet não abarca somente a nudez total e completa da vítima, tampouco os 'atos sexuais' devem ser interpretados como somente aqueles que envolvam conjunção carnal. Isso porque o combate à exposição pornográfica não consentida – que é a finalidade deste dispositivo legal – pode envolver situações distintas e não tão óbvias, mas que geral igualmente dano à personalidade da vítima".[70]

e) O STJ também analisou caso em que uma pessoa teve momento íntimo registrado por câmera fotográfica sem o seu consentimento, com ampla e posterior divulgação das fotografias, condenando o autor das fotos e daquele que criou os sites e neles divulgou o material:

"3. Intimidade, na definição da doutrina, diz respeito ao poder concedido à pessoa sobre o conjunto de atividades que formam seu círculo íntimo, pessoal, poder que lhe permite excluir os estranhos de intrometer-se na vida particular e dar-lhe uma publicidade que o interessado não deseja.

4. Devem ser considerados como pertencentes à vida privada da pessoa não só os fatos da vida íntima, como todos aqueles em que não haja o interesse da sociedade de que faz parte.

5. A revelação de fatos da vida íntima da pessoa, consubstanciada na divulgação, pela internet, de fotografias no momento em que praticava atos de cunho sexual, em local reservado e não acessível ao público em geral, assim como nos juízos de valor e na difamação que se seguiram às publicações, são capazes de causar à vítima transtornos imensuráveis, injustificáveis, a merecer repreenda adequada. (...)

10. Saliente-se que a conduta repreendida é aquilo que se conceituou sexting, forma cada vez mais frequente de violar a privacidade de uma pessoa, que reúne, em si, características de diferentes práticas ofensivas e criminosas. Envolve ciberbullying, por ofender moralmente e difamar as vítimas que têm suas imagens publicadas sem o consentimento e, ainda, estimula a pornografia infantil e a pedofilia em casos envolvendo menores".[71]

f) Em caso de indenização por dano moral em razão de vazamento de dados pessoais, a Corte Superior entendeu que o prejuízo não é *in re ipsa*, ou seja, a vítima deve comprovar o dano sofrido:

"V – O vazamento de dados pessoais, a despeito de se tratar de falha indesejável no tratamento de dados de pessoa natural por pessoa jurídica, não tem o condão, por si só, de gerar dano moral indenizável. Ou seja, o dano moral não é presumido, sendo necessário que o titular dos dados comprove eventual dano decorrente da exposição dessas informações".[72]

---

[70] STJ, 3ª T., REsp 1.735.712/SP, Rel. Min. Nancy Andrighi, ac. 19.05.2020, *DJe* 27.05.2020.
[71] STJ, 4ª T., REsp 1.445.240/SP, Rel. Min. Luis Felipe Salomão, ac. 10.10.2017, *DJe* 22.11.2017.
[72] STJ, 2ª T., AREsp 2.130.619/SP, Rel. Min. Francisco Falcão, ac. 07.03.2023, *DJe* 10.03.2023.

g) O TJ do Rio Grande do Sul, analisando hipótese em que foi veiculada notícia, em blog e e-mail, imputando crime a político, condenou o autor da reportagem ao pagamento de indenização, em razão dos excessos cometidos. Entendeu existente o dano moral em "razão da indevida imputação de ilícito", o que suplanta "a ocorrência de simples dissabor":

> "3. Mérito. Pessoas públicas. Política. Período de eleições municipais. Notícia veiculada em blog e e-mail enviado a diversas pessoas. Imputação de crime. Excessos verificados. Comentários desproporcionais e desarrazoados.
> Não se nega que as pessoas públicas devem ter uma margem mais larga de tolerância quanto ao que é dito e escrito a seu respeito, mormente tratando-se de políticos, representantes do povo e que não podem guardar reservas sobre a transparência de suas fontes de renda e patrimônio. Essa situação, contudo, a pretexto de autorizar a publicação de notícias, não autoriza a total arbitrariedade na escolha de informações a serem utilizadas em reportagens, muito menos liberalidade sem limites na expressão de opiniões. Há de se exercitar a expressão de opiniões de forma responsável. No caso em tela, não houve comprovação da base fática acerca do enfoque dos textos publicados".[73]

h) Já o TJ de Minas Gerais afastou o dever de indenizar do autor de crítica à administração municipal, por entender ter sido proferida em atenção ao princípio de liberdade de expressão do pensamento, sem qualquer excesso. Assim, não haveria responsabilidade civil:

> "(...) II – No momento em que alguém passa a exercer um cargo público, em especial um cargo de relevo político e de destaque no âmbito municipal como o ocupado pelo autor (Prefeito), os atos praticados no exercício do mencionado cargo passam a interessar a toda uma coletividade, e, dessa forma, podem ser alvo de críticas e ataques. Tem-se que o homem público, como o Prefeito, deve suportar críticas e insinuações acima do que há de suportar aquele que não assume tais responsabilidades. III – O direito à liberdade de manifestação do pensamento está consagrado na Constituição da República (art. 5º, IV), encontrando-se protegida, portanto, a livre manifestação da opinião, e proibida a censura, sem que haja abuso desse direito a ponto de violar a imagem e a honra das pessoas envolvidas. Tem-se que o direito de crítica, enquanto manifestação do direito de opinião, traduz-se na apreciação e avaliação de atuações ou comportamentos de outrem, com a correspondente emissão de juízos racionais apreciativos ou depreciativos. IV – Inexistiu excesso por parte do réu na manifestação do seu pensamento, capaz de violar a imagem ou a qualquer direito da personalidade do autor, pois se trata de crítica feita à Administração Municipal como um todo, sem referência específica à sua pessoa ou seu cargo. V – Não configurado o excesso em opinião divulgada no facebook relativa à administração pública municipal, não há que se falar em lesão à honra do então Prefeito".[74]

i) O TJSP decidiu que o uso malicioso de ferramenta de busca na internet para concorrência desleal gera indenização por danos materiais e morais:

> "Direito marcário. Ação cominatória (obrigação de fazer) combinada com indenizatória. Autora que visa a impedir que as rés utilizem a marca 'Polomasther', relacionada à

---

[73] TJRGS, 9ª C.Civ., AC 70046154886, Rel. Des. Iris Helena Medeiros Nogueira, ac. 21.03.2012, *Revista de Jurisprudência TJRGS*, n. 284, p. 246.
[74] TJMG, 18ª C.Civ., Ap. 1.0567.13.006360-3/001, Rel. Des. João Cancio, ac. 15.07.2014, *DJEMG* 17.07.2014.

atividade de certificação digital, como palavra-chave de anúncios de internet contratados por meio do serviço 'Google Ads', bem assim ser indenizada por danos materiais e morais pelo uso indevido. Sentença de improcedência. Apelação.

Partes que rivalizam pela mesma clientela, comercializando produtos semelhantes. Possibilidade de confusão.

Utilização maliciosa do serviço 'Google Adds'. Violação de direito marcário e ato de concorrência desleal, na medida em que se a marca, a reputação e o prestígio alheios são usados para obtenção de mais clientes. Ato parasitário que merece reprimenda. Doutrina de ALBERTO LUÍS CAMELIER DA SILVA. Responsabilização solidária da provedora de buscas na internet ('Google') por permitir a veiculação do anúncio. Obtenção de lucro que a coloca na cadeia da prática do ilícito. Celebração de contrato eletrônico de prestação de serviços de publicidade no qual necessariamente toma inequívoco conhecimento do uso de marca alheia. Prática de concorrência desleal que atinge não somente o autor direto da fraude, mas também aquele que divulga e viabiliza de modo determinante a sua concretização. Violação a direito de terceiros, provocada pelo contrato, que não pode ser admitida. Princípio da função social do contrato, em sua projeção 'ultrapartes'. Enunciado XVII/Grupo de Câmaras Empresariais-TJSP: 'Caracteriza ato de concorrência desleal a utilização de elemento nominativo de marca registrada alheia, dotada de suficiente distintividade e no mesmo ramo de atividade, como vocábulo de busca à divulgação de anúncios contratados junto a provedores de pesquisa na internet'.

Ausência de identidade entre essa prática e a chamada 'publicidade comparativa', que se autoriza, desde que pautada em critérios objetivos (STJ, REsp 1.668.550, Nancy Andrighi). Não há, 'in casu', objetividade na comparação viabilizada pela Google a seus clientes, que podem utilizar a marca da autora em anúncios a seu livre-arbítrio.

Recente julgado do STJ a respeito: REsp 1.937.989, Luis Felipe Salomão, em linha com a jurisprudência deste Tribunal. Comentário doutrinário de Pedro Marcos Nunes Barbosa.

Danos materiais e morais. Nos ilícitos relacionados à concorrência desleal e à propriedade industrial verificam-se 'in re ipsa'. Doutrina de João da Gama Cerqueira. Jurisprudência das Câmaras Reservadas de Direito Empresarial deste Tribunal e do Superior Tribunal de Justiça. Indenização por danos morais que deve visar à máxima eficácia do remédio jurídico (Denis Borges Barbosa).

Valor dos danos materiais a ser apurado em liquidação de sentença, com base nos critérios dos arts. 208 e 210 da Lei de Propriedade Industrial. Enunciado VIII do Grupo de Câmaras Reservadas de Direito Empresarial do Tribunal.

Reforma da sentença recorrida. Ação julgada procedente. Apelação provida".[75]

j) A competência para julgamento de ação de indenização por danos morais, decorrente de ofensas proferidas em rede social, segundo o STJ, é "do foro do domicílio da vítima, em razão da ampla divulgação do ato ilícito".[76]

---

[75] TJSP, 1ª Câmara Reservada de Direito Empresarial, Ap. 1092907-36.2021.8.26.0100, Rel. Des. Cesar Ciampolini, ac. 10.05.2023, *DJ* 14.05.2023.
[76] STJ, 4ª T., REsp 2.032.427/SP, Rel. Min. Antonio Carlos Ferreira, ac. 27.04.2023, *DJe* 04.05.2023.

1.3.6. Direito ao esquecimento

Vivemos a era da informação. Os constantes avanços tecnológicos permitiram que a notícia circule de forma ilimitada e imediata, em tempo real. Não existem mais fronteiras e mostra-se praticamente impossível impedir que uma informação seja veiculada nos mais diversos meios de comunicação.

Se, por um lado, a ampliação do acesso à informação é salutar e contribui para o desenvolvimento da sociedade, não se pode negar o efeito nefasto que potencialmente enseja à imagem das pessoas envolvidas nas matérias veiculadas. Não são raros os casos de crimes e escândalos noticiados na imprensa de forma sistemática e incansável, apontando supostos culpados. E, muitas vezes, o desfecho dos fatos sequer é noticiado.

Nessas situações, surge para os envolvidos o direito ao esquecimento. Segundo o Enunciado 531 da VI Jornada de Direito Civil do CJF, "a tutela da dignidade da pessoa humana na sociedade da informação inclui o direito ao esquecimento". Vale dizer, é direito do indivíduo não querer que fatos desabonadores à sua pessoa ou que envolvam familiares vítimas de crimes não sejam consistentemente noticiados na imprensa.

O STJ reconhece o direito ao esquecimento, "assim como os condenados que cumpriram pena e os absolvidos que se envolveram em processo-crime (REsp n. 1.334.097/RJ), as vítimas de crimes e seus familiares têm direito ao esquecimento – se assim desejarem – direito esse consistente em não se submeterem a desnecessárias lembranças de fatos passados que lhes causaram, por si, inesquecíveis feridas". O julgador deve ponderar, caso a caso, podendo reconhecer que houve "uma exacerbada exploração midiática, e permitir novamente essa exploração significaria conformar-se com um segundo abuso só porque o primeiro já ocorrera".[77]

Em outro julgamento, o STJ analisou pedido de indenização feito pela veiculação posterior do famoso caso da Chacina da Candelária, retratando o autor como indiciado, mas sem noticiar que fora posteriormente inocentado dos fatos. Em elucidativo acórdão, a Corte Superior ressaltou que:

> "um dos danos colaterais da 'modernidade líquida' tem sido a progressiva eliminação da 'divisão, antes sacrossanta, entre as esferas do 'privado' e do 'público' no que se refere à vida humana', de modo que, na atual sociedade da hiperinformação, parecem evidentes os 'riscos terminais à privacidade e à autonomia individual, emanados da ampla abertura da arena pública aos interesses privados [e também o inverso], e sua gradual mas incessante transformação numa espécie de teatro de variedades dedicado à diversão ligeira' (BAUMAN, Zygmunt. Danos colaterais: desigualdades sociais numa era global. Tradução de Carlos Alberto Medeiros. Rio de Janeiro: Zahar, 2013, pp. 111-113)".[78]

Segundo o acórdão, "há um estreito e indissolúvel vínculo entre a liberdade de imprensa e todo e qualquer Estado de Direito que pretenda se autoafirmar como Democrático". E concluiu:

---

[77] STJ, 4ª T., REsp 1.335.153/RJ, Rel. Min. Luis Felipe Salomão, ac. 28.05.2013, *DJe* 10.09.2013.
[78] STJ, 4ª T., REsp 1.334.097/RJ, Rel. Min. Luis Felipe Salomão, ac. 28.05.2013, *DJe* 10.09.2013.

"Não há dúvida de que a história da sociedade é patrimônio imaterial do povo e nela se inserem os mais variados acontecimentos e personagens capazes de revelar, para o futuro, os traços políticos, sociais ou culturais de determinada época. Todavia, a historicidade da notícia jornalística, em se tratando de jornalismo policial, há de ser vista com cautela. Há, de fato, crimes históricos e criminosos famosos; mas também há crimes e criminosos que se tornaram artificialmente históricos e famosos, obra da exploração midiática exacerbada e de um populismo penal satisfativo dos prazeres primários das multidões, que simplifica o fenômeno criminal às estigmatizadas figuras do 'bandido' vs. 'cidadão de bem'.

É que a historicidade de determinados crimes por vezes é edificada à custa de vários desvios de legalidade, por isso não deve constituir óbice em si intransponível ao reconhecimento de direitos como o vindicado nos presentes autos. Na verdade, a permissão ampla e irrestrita a que um crime e as pessoas nele envolvidas sejam retratados indefinidamente no tempo – a pretexto da historicidade do fato – pode significar permissão de um segundo abuso à dignidade humana, simplesmente porque o primeiro já fora cometido no passado. Por isso, nesses casos, o reconhecimento do 'direito ao esquecimento' pode significar um corretivo – tardio, mas possível – das vicissitudes do passado, seja de inquéritos policiais ou processos judiciais pirotécnicos e injustos, seja da exploração populista da mídia. (...)

Assim como é acolhido no direito estrangeiro, é imperiosa a aplicabilidade do direito ao esquecimento no cenário interno, com base não só na principiologia decorrente dos direitos fundamentais e da dignidade da pessoa humana, mas também diretamente do direito positivo infraconstitucional. A assertiva de que uma notícia lícita não se transforma em ilícita com o simples passar do tempo não tem nenhuma base jurídica. O ordenamento é repleto de previsões em que a significação conferida pelo Direito à passagem do tempo é exatamente o esquecimento e a estabilização do passado, mostrando-se ilícito sim reagitar o que a lei pretende sepultar. Precedentes de direito comparado. (...)

Se os condenados que já cumpriram a pena têm direito ao sigilo da folha de antecedentes, assim também a exclusão dos registros da condenação no Instituto de Identificação, por maiores e melhores razões aqueles que foram absolvidos não podem permanecer com esse estigma, conferindo-lhes a lei o mesmo direito de serem esquecidos. (...)

Com efeito, o reconhecimento do direito ao esquecimento dos condenados que cumpriram integralmente a pena e, sobretudo, dos que foram absolvidos em processo criminal, além de sinalizar uma evolução cultural da sociedade, confere concretude a um ordenamento jurídico que, entre a memória – que é a conexão do presente com o passado – e a esperança – que é o vínculo do futuro com o presente –, fez clara opção pela segunda. E é por essa ótica que o direito ao esquecimento revela sua maior nobreza, pois afirma-se, na verdade, como um direito à esperança, em absoluta sintonia com a presunção legal e constitucional de regenerabilidade da pessoa humana.

Ressalvam-se do direito ao esquecimento os fatos genuinamente históricos – historicidade essa que deve ser analisada em concreto –, cujo interesse público e social deve sobreviver à passagem do tempo, desde que a narrativa desvinculada dos envolvidos se fizer impraticável.

No caso concreto, a despeito de a Chacina da Candelária ter se tornado – com muita razão – um fato histórico, que expôs as chagas do País ao mundo, tornando-se símbolo da precária proteção estatal conferida aos direitos humanos da criança e do adolescente em situação de risco, o certo é que a fatídica história seria bem contada e de forma fidedigna sem que para isso a imagem e o nome do autor precisassem ser expostos em rede nacional. Nem a liberdade de imprensa seria tolhida, nem a honra do autor seria maculada, caso se ocultassem o nome e a fisionomia do recorrido, ponderação de valores que, no caso, seria a melhor solução ao conflito".[79]

Esse recurso voltou posteriormente ao STJ, em razão de decisão proferida pelo STF em repercussão geral do Tema 786/STF. A Vice-Presidência do STJ, destarte, encaminhou os autos à Quarta Turma para novo julgamento por entender verificar-se que o entendimento esposado anteriormente destoaria daquele exposto no Tema 786 do STF. Entretanto, a Turma Julgadora ratificou o acórdão anterior, porque:

> "1. A dinâmica das transformações sociais, culturais e tecnológicas confere à vida em sociedade novas feições que o direito legislado tem dificuldades de acompanhar, originando conflitos entre a liberdade de informação e de expressão e os direitos inerentes à personalidade, todos de estatura constitucional.
> 2. O conflito entre os direitos da personalidade e o direito de informar e de expressão por meio de publicações jornalísticas singulariza-se num contexto em que falta aos fatos o elemento 'contemporaneidade', capaz de trazer à tona dramas já administrados e de reacender o juízo social sobre os sujeitos envolvidos.
> 3. No julgamento realizado em 28/5/2013, a Quarta Turma do STJ, atenta à circunscrição da questão jurídica a ser solucionada, sem prender-se a denominações e a institutos, estabeleceu que a Constituição Federal, ao proclamar a liberdade de informação e de manifestação do pensamento, assim o fez traçando as diretrizes principiológicas de acordo com as quais essa liberdade será exercida, esclarecendo a natureza não absoluta daqueles direitos e que, no conflito entre a liberdade de informação e os direitos da personalidade, eventual prevalência sobre os segundos, após realizada a necessária ponderação para o caso concreto, encontra amparo no ordenamento jurídico, não consubstanciando, em si, a apontada censura vedada pela Constituição Federal de 1988.
> 4. No julgamento mencionado no item anterior, realçou-se que a história da sociedade é patrimônio imaterial do povo, capaz de revelar para o futuro os traços políticos, sociais ou culturais de determinada época. Todavia, em se tratando da historicidade do crime, a divulgação dos fatos há de ser vista com cautela, merecendo ponderação casuística, a fim de resguardar direitos da personalidade dos atores do evento narrado.
> 5. Apreciados os mesmos fatos pelo STF (RE n. 1.010.606/RJ), a Suprema Corte sintetizou o julgamento numa tese com a identificação de duas situações distintas, tendo sido previstas para cada qual, naturalmente, soluções diferenciadas para o aparente conflito entre os valores e os direitos que gravitam a questão.
> 6. Na primeira parte da tese firmada, reconheceu-se a ilegitimidade da invocação do direito ao esquecimento, autonomamente, com o objetivo de obstar a divulgação dos fatos, que, embora lamentavelmente constituam uma tragédia, são verídicos, compõem o rol dos casos notórios de violência na sociedade brasileira e foram licitamente obtidos à época de sua ocorrência, não tendo o decurso do tempo, por si só, tornado ilícita ou abusiva sua (re)divulgação, sob pena de se restringir, desarrazoadamente, o exercício do direito à liberdade de expressão, de informação e de imprensa.

---

[79] STJ, 4ª T., REsp 1.334.097/RJ, Rel. Min. Luis Felipe Salomão, ac. 28.05.2013, *DJe* 10.09.2013.

7. Na segunda parte da tese, asseverou-se o indispensável resguardo dos direitos da personalidade das vítimas de crimes, inclusive dos seus familiares, sobretudo no que tange aos crimes bárbaros: 'todos esses julgamentos têm algo em comum, além da necessidade de compatibilidade interpretativa entre a liberdade de expressão, a dignidade da pessoa humana, a intimidade e privacidade; a exigência de análise específica – caso a caso – de eventuais abusos nas divulgações, da necessidade de atualização dos dados, da importância dos fatos, do desvio de finalidade ou na exploração ilícita das informações'.

8. Nessa linha, não bastasse a literalidade da segunda parte da tese apresentada (Tema n. 786/STF), os pressupostos que alicerçaram o entendimento do Supremo Tribunal Federal foram coincidentes com aqueles nos quais se estruturou a decisão tomada no recurso especial pela Quarta Turma do STJ, justificando-se a confirmação do julgado proferido por este colegiado.

9. De fato, no caso em exame, conforme análise pormenorizada dos fatos e julgamento desta Turma, constatou-se exatamente a situação abusiva referida pelo Supremo, situação para a qual aquele Tribunal determinou: em sendo constatado o excesso na divulgação de fatos ou dados verídicos e licitamente obtidos e publicados em meios de comunicação social analógicos ou digitais, se proceda o julgador competente ao estancamento da violação, com base nas legítimas formas previstas pelo ordenamento.

10. Sublinhe-se que tal excesso e o ataque aos direitos fundamentais do autor foram bem sintetizados no voto condutor, que salientou que a permissão de nova veiculação do fato, com a indicação precisa do nome e imagem do autor, no caso concreto, significaria uma segunda ofensa à dignidade, justificada pela primeira, uma vez que, além do crime em si, o inquérito policial se consubstanciava em reconhecida 'vergonha nacional' à parte.

11. Recurso especial não provido. Ratificação do julgamento originário, tendo em vista sua coincidência com os fundamentos apresentados pelo STF".[80]

1.4. Dano moral e racismo

O racismo, além de configurar crime inafiançável e imprescritível, sujeito à pena de reclusão, nos termos da lei (CF, art. 5º, XLII, CF),[81] provoca dano moral à vítima que, portanto, deve ser indenizada:

"2. Salienta-se que a palavra 'negro', proferida de forma isolada, não configura o crime de racismo, previsto no artigo 20 da Lei nº 7.716/89[82]. Contudo, no presente caso, as expressões utilizadas pela demandada: 'negra suja', 'macaca', 'que deveria estar em uma árvore', demonstram o intuito preconceituoso e depreciativo contra a autora, capaz de causar verdadeiro abalo à honra e dignidade desta, como se o ser humano pudesse ser avaliado e etiquetado pela cor de sua pele e não pela conduta que adota no convívio social.

3. Note-se que as ofensas assacadas calam fundo na alma, pois se traduz no mais vil dos preconceitos, aquele atinente a cor de um ser humano, como se isso pudesse definir o comportamento ético-social de uma pessoa apenas em razão de sua pele, não por sua conduta e ações que pratica, logo, se pudesse ser atribuído o valor de cada um, cer-

---

[80] STJ, 4ª T., REsp 1.334.097/RJ, Rel. Min. Luis Felipe Salomão, ac. 09.11.2021, *DJe* 01.02.2022.
[81] A Lei 14.532/2023 equiparou a injúria racial ao crime de racismo.
[82] Praticar, induzir ou incitar a discriminação ou preconceito de raça, cor, etnia, religião ou procedência nacional.

tamente não é a medida da intolerância que seria o prumo para estabelecer a retidão moral de cada homem ou mulher.

4. É passível de ressarcimento o dano moral causado no caso em exame, decorrente de a autora ter sido ofendida, sem que houvesse injustamente provocado, tal medida abusiva resulta na violação ao dever de respeitar a gama de direitos inerentes a personalidade de cada ser humano, tais como a imagem, o bom nome e a reputação do ofendido".[83]

Merece destaque, outrossim, a tese firmada pelo STF em Ação Direta de Omissão:

"I – Até que sobrevenha lei emanada do Congresso Nacional destinada a implementar os mandados de criminalização definidos nos incisos XLI e XLII do art. 5º da Constituição da República, as condutas homofóbicas e transfóbicas, reais ou supostas, que envolvem aversão odiosa à orientação sexual ou à identidade de gênero de alguém, por traduzirem expressões de racismo, compreendido este em sua dimensão social, ajustam-se, por identidade de razão e mediante adequação típica, aos preceitos primários de incriminação definidos na Lei nº 7.716, de 08/01/1989, constituindo, também, na hipótese de homicídio doloso, circunstância que o qualifica, por configurar motivo torpe (Código Penal, art. 121, § 2º, I, 'in fine') (...)

III – O conceito de racismo, compreendido em sua dimensão social, projeta-se para além de aspectos estritamente biológicos ou fenotípicos, pois resulta, enquanto manifestação de poder, de uma construção de índole histórico-cultural motivada pelo objetivo de justificar a desigualdade e destinada ao controle ideológico, à dominação política, à subjugação social e à negação da alteridade, da dignidade e da humanidade daqueles que, por integrarem grupo vulnerável (LGBTI+) e por não pertencerem ao estamento que detém posição de hegemonia em uma dada estrutura social, são considerados estranhos e diferentes, degradados à condição de marginais do ordenamento jurídico, expostos, em consequência de odiosa inferiorização e de perversa estigmatização, a uma injusta e lesiva situação de exclusão do sistema geral de proteção do direito".[84]

A mesma matéria foi paralelamente enfrentada pelo STF em Mandado de Injunção:

"Direito constitucional. Mandado de injunção. Dever do estado de criminalizar as condutas atentatórias dos direitos fundamentais. Homotransfobia. Discriminação inconstitucional. Omissão do congresso nacional. Mandado de injunção julgado procedente. 1. É atentatório ao Estado Democrático de Direito qualquer tipo de discriminação, inclusive a que se fundamenta na orientação sexual das pessoas ou em sua identidade de gênero. 2. O direito à igualdade sem discriminações abrange a identidade ou expressão de gênero e a orientação sexual. 3. À luz dos tratados internacionais de que a República Federativa do Brasil é parte, dessume-se da leitura do texto da Carta de 1988 um mandado constitucional de criminalização no que pertine a toda e qualquer

---

[83] TJRS, 5ª Câmara Cível, AO 70064195126, Rel. Des. Jorge Luiz Lopes do Canto, ac. 24.06.2015, *DJe* 03.07.2015.
[84] STF, Pleno, ADO 26/DF, Rel. Min. Celso de Mello, ac. 13.06.2019, *DJe* 06.10.2020.

discriminação atentatória dos direitos e liberdades fundamentais. 4. A omissão legislativa em tipificar a discriminação por orientação sexual ou identidade de gênero ofende um sentido mínimo de justiça ao sinalizar que o sofrimento e a violência dirigida a pessoa gay, lésbica, bissexual, transgênera ou intersex é tolerada, como se uma pessoa não fosse digna de viver em igualdade. A Constituição não autoriza tolerar o sofrimento que a discriminação impõe. 5. A discriminação por orientação sexual ou identidade de gênero, tal como qualquer forma de discriminação, é nefasta, porque retira das pessoas a justa expectativa de que tenham igual valor. 6. Mandado de injunção julgado procedente, para (i) reconhecer a mora inconstitucional do Congresso Nacional e; (ii) aplicar, até que o Congresso Nacional venha a legislar a respeito, a Lei 7.716/89 a fim de estender a tipificação prevista para os crimes resultantes de discriminação ou preconceito de raça, cor, etnia, religião ou procedência nacional à discriminação por orientação sexual ou identidade de gênero".[85]

1.5. Dano moral e abuso de confiança

O abuso de confiança praticado por prepostos de igreja foi considerado suficiente para deferir indenização por dano moral a um fiel:

"6. Culpa dos prepostos da ré evidenciada por terem se aproveitado da extrema fragilidade em que se encontrava o autor, a fim de induzi-lo a interromper o tratamento médico a que se submetia para debelar/controlar doença grave e potencialmente letal, sob alegação de que deveria dar provas de sua confiança na providência divina. Diante da interrupção do tratamento prescrito, o autor teve suas defesas imunológicas drasticamente reduzidas, contraiu broncopneumonia, padeceu de risco de morte, sofreu choque séptico, insuficiência renal aguda, permaneceu dois meses e meio hospitalizado, dos quais cerca de quarenta dias em coma, traqueostomizado, perdendo metade de seu peso corporal.
7. O Direito contemporâneo admite a responsabilização de alguém por abusar da confiança alheia, dando-lhe conselhos ou recomendações, sabendo ou devendo saber que, no seu estado de fragilidade, essa pessoa tenderá a seguir tal orientação. Isso faz com que a pessoa ou a instituição que tem conhecimento de sua influência na vida de pessoas que a tem em alta consideração, deva sopesar com extrema cautela as orientações que passa àqueles que provavelmente as seguirão.
8. Quando tais orientações se chocam contra o conhecimento científico atual, quem orienta pessoas a agirem em contrariedade aos cânones científicos, assume o risco de vir a responder pelos danos sofridos pelos crédulos.
9. Diante de todas as nefastas consequências que a conduta da ré, através de seus prepostos, teve na vida do autor, deve ser provido o recurso do autor para majorar o valor da indenização para R$ 300.000,00, levando-se em conta também o fator pedagógico associado à compensação por danos morais, especialmente no caso presente".[86]

---

[85] STF, Pleno, MI 4.733/DF, Rel. Min. Edson Fachin, ac. 13.06.2019, *DJe* 29.09.2020.
[86] TJRGS, 9ª Câmara Cível, Ap. 70064055668, Rel. Des. Eugênio Facchini Neto, ac. 26.08.2015, *DJe* 03.09.2015.

2. DANO MORAL E DIREITO DE FAMÍLIA

2.1. Dano moral na ruptura do casamento ou da união estável

Velha é a questão suscitada sobre o cabimento ou não de ressarcimento de perdas e danos em decorrência da ruptura do casamento. A tese que sempre logrou prevalecer foi a de que a vida comum do casal se assenta sobre o amor e quando esse cessa o casamento fracassa e os deveres conjugais deixam de ser observados. Por essas infrações, as sanções legais são as previstas no direito de família e não as do direito das obrigações. Daí que, inexistindo no direito de família previsão de responsabilidade civil pela quebra dos deveres matrimoniais, o cônjuge inocente não tem base para pleitear, após a separação ou divórcio, qualquer ressarcimento por dano moral.

Fiel a esse posicionamento tradicional, pode-se arrolar decisão do Tribunal de Justiça do Rio de Janeiro,[87] onde se assentou que o casamento é uma instituição e uma vez que os nubentes a ela se submetem, têm de aceitá-la tal qual é, sem possibilidades de modificar as regras que a regem. Por isso, não há lugar para inserir, em sua dissolução, "regras emprestadas de outros campos do Direito Civil". Em suma:

> "O eventual descumprimento dos deveres do casamento não se resolve em perdas e danos, como nas obrigações, porque dá ensejo à separação judicial e posterior divórcio, figuras do Direito de Família, que já trazem em si sanções outras específicas, em detrimento do cônjuge declarado culpado, tais como: a mesma declaração de culpa, a obrigação ou exoneração de prestar alimentos, a obrigação de partilhar os bens, conforme o regime de casamento, a perda de guarda dos filhos, a perda de usar o nome do cônjuge varão".[88]

Nessa mesma linha de argumentação, o Tribunal de Justiça do Rio Grande do Sul[89] também negou a reparabilidade do dano moral na dissolução da união estável, em virtude da ofensa à fidelidade cometida por um companheiro contra o outro, *in verbis*:

> "A quebra de um dos deveres inerentes à união estável, a fidelidade, não gera o dever de indenizar, nem a quem o quebra, um dos conviventes, e menos ainda, a um terceiro, que não integra o contrato existente e que é, em relação a este, parte alheia".

Esse é o entendimento atual do STJ também em relação ao casamento, consoante se depreende de vários julgados:

> *(i)* "O dever de fidelidade recíproca dos cônjuges é atributo básico do casamento e não se estende ao cúmplice da traição a quem não pode ser imputado o fracasso da sociedade conjugal por falta de previsão legal".[90]

---

[87] Ap. 14.156/98 da 14ª CC, ac. unânime de 13.05.1999, Rel. Des. Marlan Moraes Marinho, *Revista de Direito de Família*, vol. 2, Porto Alegre, p. 59-67, jul.-set. 1999.
[88] TJRJ, Ap. 14.156/98 da 14ª CC, ac. unânime de 13.05.1999, Rel. Des. Marlan Moraes Marinho, *Revista de Direito de Família*, vol. 2, Porto Alegre, p. 60-61, jul.-set. 1999.
[89] Ap. 597.155.167, 7ª CC., ac. unânime de 11.02.1998, Rel. Des. Eliseu Gomes Torres, *RT* 752/344.
[90] STJ, 3ª T., EDcl no REsp 922.462/SP, Rel. Min. Ricardo Villas Bôas Cueva, ac. 08.04.2014, *DJe* 14.04.2014.

(ii) "O cúmplice de cônjuge infiel não tem o dever de indenizar o traído, uma vez que o conceito de ilicitude está imbricado na violação de um dever legal ou contratual, do qual resulta dano para outrem, e não há no ordenamento jurídico pátrio norma de direito público ou privado que obrigue terceiros a velar pela fidelidade conjugal de casamento do qual não faz parte.

Não há como o Judiciário impor um 'não fazer' ao cúmplice, decorrendo disso a impossibilidade de se indenizar o ato por inexistência de norma posta – legal e não moral – que assim determine. O réu é estranho à relação jurídica existente entre o autor e sua ex-esposa, relação da qual se origina o dever de fidelidade mencionado no art. 1.566, incido I, do Código Civil de 2002".[91]

Vozes ponderáveis, no entanto, já se erguem na doutrina, em prol do direito que, nos casos de infrações graves, cabe ao cônjuge ultrajado em sua pessoa e em sua honra pelo consorte, a uma reparação que vai além dos alimentos assegurados pelo direito de família. A vítima do delito de lesões corporais, de danos sérios de tentativa de homicídio, ou de calúnias e difamações insuportáveis deve perceber, além da verba alimentícia, a indenização civil pelo dano resultante da injúria.[92]

O dano moral derivado de atos delituosos do cônjuge culpado, ofensivo à integridade psíquica do consorte inocente, tem sido merecedor de reparação também em alguns precedentes jurisprudenciais, em que se reconhece a ocorrência de "dor martirizante e profundo mal-estar e angústia".[93]

Em tais hipóteses, doutrina e jurisprudência concordam em que um cônjuge não apenas viola deveres conjugais, mas pratica crime contra seu consorte. E o crime desonra o agredido, acarretando-lhe "um dano moral, aliás, muito mais relevante em se tratando de agressão de um cônjuge contra o outro".[94]

Sintetizando essa corrente que vem tomando corpo tanto na doutrina como na jurisprudência, Belmiro Pedro Welter conclui que, de fato, o simples descumprimento do dever conjugal não é suficiente para produzir a responsabilidade civil. Mas a indenização de dano moral no casamento e na união estável se torna admissível, desde que observados os seguintes critérios:

"1) a ação de separação judicial ou dissolução de união estável e/ou indenização por dano moral deve ser ajuizada logo após a ocorrência da conduta culposa, sob pena de incidir o perdão do cônjuge ofendido;

---

[91] STJ, 4ª T., REsp 1.122.547/MG, Rel. Min. Luis Felipe Salomão, ac. 10.11.2009, *DJe* 27.11.2009.
[92] PORTO, Mário Moacir. *Responsabilidade civil entre marido e mulher*, apud WELTER, Belmiro Pedro. Dano moral na separação, divórcio e união estável. *Revista dos Tribunais*, São Paulo, v. 775, maio 2000, p. 129; PEREIRA, Caio Mário da Silva. *Instituições de direito civil*. 11. ed. Rio de Janeiro: Forense, 1997, vol. V, n. 408, p. 155; CAHALI, Yussef Said. *Divórcio e separação*. 8. ed. São Paulo: Revista dos Tribunais, 1995, p. 364-470; SANTOS, Regina Beatriz Tavares da Silva Papa dos. *Reparação civil na separação e no divórcio*. São Paulo: Saraiva, 1999.
[93] TJRS, Ap. 596.151.357, 7ª CC., Rel. Des. Paulo Heerdt, ac. unân. 11.12.1996; TARS, Ap. 294.090.485, 3ª CC., ac. 25.04.1995, Rel. Juiz Sylvio Baptista Neto, *apud* WELTER, Belmiro Pedro. Dano moral na separação, divórcio e união estável. *Revista dos Tribunais*, São Paulo, v. 775, maio 2000, p. 134.
[94] BARROS, Washington Monteiro de, *apud* CAHALI, Yussef Said. *Divórcio e separação*. 8. ed. São Paulo: Revista dos Tribunais, 1995, p. 395.

2) o direito ao dano moral é exclusivo do cônjuge inocente;

3) o pedido somente é possível na ação de separação judicial ou dissolução de união estável litigiosa e com culpa;

4) a conduta do cônjuge culpado deve ser tipificada como crime;

5) o comportamento delituoso deve ser ofensivo à integridade moral do cônjuge ofendido, produzindo dor martirizante e profundo mal-estar e angústia".[95]

Em nossa atividade profissional, já tivemos oportunidade de participar de duas causas, uma perante o extinto Tribunal de Alçada de Minas Gerais e outra perante o Tribunal de Justiça do Pernambuco, onde se acolheu a responsabilidade civil do cônjuge culpado pela dissolução do casamento, em virtude de sua conduta delituosa grave. No primeiro, o marido tentou contra a vida da mulher, deixando-a paralítica dos membros inferiores; no segundo, a mulher enciumada pela perda do afeto do marido, com quem já não mais convivia, efetuou vários disparos de arma de fogo contra ele, sem, todavia, feri-lo. O marido, no caso ocorrido em Minas Gerais, na separação judicial, que terminou de forma consensual, não se obrigou a alimentos porque o casal dispunha de grandes posses e a mulher, na partilha, fora contemplada com bens suficientes para a manutenção pessoal. No entanto, em ação ordinária de responsabilidade civil *ex delicto*, se impôs ao varão uma reparação pela incapacidade da ex-consorte, que passou a viver em cadeiras de rodas, indenização que correspondeu a um pensionamento civil e uma verba pelo dano moral. No processo apreciado em Pernambuco, o cônjuge culpado foi apenado até com a revogação de doações que recebera do marido, na constância do matrimônio.

O STJ deferiu indenização por dano moral a cônjuge que fora enganado a respeito da verdadeira paternidade biológica de filho nascido na constância do casamento:

> "O cônjuge que deliberadamente omite a verdadeira paternidade biológica do filho gerado na constância do casamento viola o dever de boa-fé, ferindo a dignidade do companheiro (honra subjetiva) induzido a erro acerca de relevantíssimo aspecto da vida que é o exercício da paternidade, verdadeiro projeto de vida.
>
> A família é o centro de preservação da pessoa e base mestra da sociedade (art. 226 da CF/88) devendo-se preservar no seu âmago a intimidade, a reputação e a autoestima dos seus membros".[96]

Em outra oportunidade, deferiu indenização à companheira que foi infectada pelo vírus HIV na constância da união estável:

> "2. O parceiro que suspeita de sua condição soropositiva, por ter adotado comportamento sabidamente temerário (vida promíscua, utilização de drogas injetáveis, entre outros), deve assumir os riscos de sua conduta, respondendo civilmente pelos danos causados.
>
> 3. A negligência, incúria e imprudência ressoam evidentes quando o cônjuge/companheiro, ciente de sua possível contaminação, não realiza o exame de HIV (o Sistema

---

[95] WELTER, Belmiro Pedro. Dano moral na separação, divórcio e união estável. *Revista dos Tribunais*, São Paulo, v. 775, maio 2000, p. 133.

[96] STJ, 3ª T., REsp 922.462/SP, Rel. Min. Ricardo Villas Bôas Cueva, ac. 04.04.2013, *DJe* 13.05.2013.

Único de Saúde – SUS disponibiliza testes rápidos para a detecção do vírus nas unidades de saúde do país), não informa o parceiro sobre a probabilidade de estar infectado nem utiliza métodos de prevenção, notadamente numa relação conjugal, em que se espera das pessoas, intimamente ligadas por laços de afeto, um forte vínculo de confiança de uma com a outra. (...)

5. Na hipótese dos autos, há responsabilidade civil do requerido, seja por ter ele confirmado ser o transmissor (já tinha ciência de sua condição), seja por ter assumido o risco com o seu comportamento, estando patente a violação a direito da personalidade da autora (lesão de sua honra, de sua intimidade e, sobretudo, de sua integridade moral e física), a ensejar reparação pelos danos morais sofridos".[97]

O TJSP deferiu indenização ao ex-cônjuge por uso indevido de sobrenome na contratação de cartão de crédito:

> "Ação de obrigação de fazer c.c. indenização por danos morais, com pedido de tutela antecipada' (sic) – Autor, ex-marido da ré, objetiva compeli-la a usar seu nome de solteira – Sentença de procedência – Apelação da ré – Insurgência apenas contra a condenação ao pagamento de indenização por danos morais – Descabimento – A conduta da ré (contratação de cartão de crédito em nome do autor, sem o consentimento deste) ocasionou a inscrição do nome do autor em cadastro de inadimplentes – Negativação que não constitui mero aborrecimento – As questões pessoais entre ex-cônjuges, ainda que versem sobre a criação dos filhos em comum, não justificam o prejuízo causado ao autor – Danos morais configurados – Indenização devida – *Quantum* indenizatório fixado em R$ 5.000,00 (cinco mil reais)".[98]

Enfim, entendemos que, aos poucos, vai se firmando a tese de que as sanções do direito de família não são elisivas da responsabilidade civil *ex delicto*, quando um cônjuge, a par de quebrar os deveres inerentes ao matrimônio, inflige ao outro dores e sofrimentos intoleráveis por meio de conduta tipificadora de crime. Em tal conjuntura, o efeito civil do delito torna certo o direito do ofendido a indenização pelos danos materiais e morais suportados, sem prejuízo do pensionamento e demais sanções decorrentes do direito matrimonial.

2.2. Indenização ao grupo familiar no caso de dano derivado de morte da vítima

Um dos problemas de difícil solução é o de definir até onde vai o grupo a ser indenizado pela dor moral diante da morte de um parente.

Em princípio, a reparação se destina àqueles que privavam do relacionamento afetivo imediato da vítima, como o cônjuge, os pais e os filhos do morto. Em relação a estes, a dor moral dispensa maiores indagações, segundo a experiência da vida.

O STJ já teve oportunidade de abordar o tema do grupo familiar afetado pelo dano moral, no tocante à pretensão ressarcitória formulada por pais e avós da vítima, no caso,

---

[97] STJ, 4ª T., REsp 1.760.943/MG, Rel. Min. Luis Felipe Salomão, ac. 19.03.2019, *DJe* 06.05.2019.
[98] TJSP, 6ª Câmara de Direito Privado, Apelação Cível 1012886-30.2015.8.26.0344, Rel. Des. Rodolfo Pellizari, ac. 07.03.2018, Data de Registro 07.03.2018.

uma criança. Argumentou-se que "o sofrimento pela morte de parente é disseminado pelo núcleo familiar, como em força centrífuga, atingindo cada um dos membros em gradações diversas, o que deve ser levado em conta pelo magistrado para fins de arbitramento do valor de reparação por dano moral proveniente da morte da neta". O acórdão manteve a condenação estipulada no julgado de origem, de uma verba de R$ 114.000,00 para cada um dos pais e de R$ 80.000,00 para cada um dos avós.[99]

Já em relação aos colaterais, nem sempre o vínculo de sangue é suficiente para evidenciar a dor moral decorrente do óbito do parente. Para justificar a indenização, torna-se necessário comprovar uma situação concreta de relacionamento pessoal, capaz de gerar convencimento de que a perda do parente tenha sido causa de dor ou sofrimento intenso para os promoventes da ação de reparação do dano moral.

Entretanto, o STJ já consignou ser "devida, no caso, aos genitores e irmãos da vítima, indenização por dano moral por *ricochete* ou *préjudice d'affection*, eis que, ligados à vítima por laços afetivos, próximos e comprovadamente atingidos pela repercussão dos efeitos do evento danoso na esfera pessoal".[100] A indenização é devida aos pais, mesmo que o filho seja maior, já com família própria constituída, porque:

> "Não obstante a formação de um novo grupo familiar com o casamento e a concepção de filhos, o poderoso laço afetivo que une mãe e filho não se extingue, de modo que o que se observa é a coexistência de dois núcleos familiares, em que o filho é seu elemento interseccional, sendo correto afirmar que os ascendentes e sua prole integram um núcleo familiar inextinguível para fins de demanda indenizatória por morte. Assim, tem-se um núcleo familiar em sentido estrito, constituído pela família imediata formada com a contração do matrimônio, e um núcleo familiar em sentido amplo, de que fazem parte os ascendentes e seu filho, o qual desponta como elemento comum e agregador dessas células familiares".[101]

Em outra oportunidade, deferiu indenização mesmo tendo a vítima sobrevivido:

> "3. O evento morte não é exclusivamente o que dá ensejo ao dano por ricochete. Tendo em vista a existência da cláusula geral de responsabilidade civil, todo aquele que tem seu direito violado por dano causado por outrem, de forma direta ou reflexa, ainda que exclusivamente moral, titulariza interesse juridicamente tutelado (art. 186, CC/2002).
> 4. O dano moral reflexo pode se caracterizar ainda que a vítima direta do evento danoso sobreviva. É que o dano moral em ricochete não significa o pagamento da indenização aos indiretamente lesados por não ser mais possível, devido ao falecimento, indenizar

---

[99] STJ, 2ª T., REsp 1.101.213/RJ, Rel. Min. Castro Meira, ac. 02.04.2009, *DJe* 27.04.2009.
[100] STJ, 4ª T., AgRg no AREsp 464.744/RJ, Rel. Min. Maria Isabel Gallotti, ac. 25.03.2014, *DJe* 31.03.2014. "'Conquanto a legitimidade para pleitear a reparação por danos morais seja, em princípio, do próprio ofendido, titular do bem jurídico tutelado diretamente atingido (CC/2002, art. 12; CC/1916, arts. 75 e 76), tanto a doutrina como a jurisprudência têm admitido, em certas situações, como colegitimadas também aquelas pessoas que, sendo muito próximas afetivamente ao ofendido, se sintam atingidas pelo evento danoso, reconhecendo-se, em tais casos, o chamado dano moral reflexo ou em ricochete' (REsp 1.119.632/RJ, Rel. Ministro Raul Araújo, Quarta Turma, julgado em 15/8/2017, DJe 12/9/2017)" (STJ, 4ª T., AgInt no AREsp 1.290.597/RJ, Rel. Min. Lázaro Guimarães, ac. 20.09.2018, *DJe* 26.09.2018).
[101] STJ, 4ª T., REsp 1.095.762/SP, Rel. Min. Luis Felipe Salomão, ac. 21.02.2013, *DJe* 11.03.2013.

a vítima direta. É indenização autônoma, por isso devida independentemente do falecimento da vítima direta".[102]

O acórdão bem destaca os motivos para a legitimação presumida dos parentes mais próximos:

> "5. À vista de uma leitura sistemática dos diversos dispositivos de lei que se assemelham com a questão da legitimidade para propositura de ação indenizatória em razão de morte, penso que o espírito do ordenamento jurídico rechaça a legitimação daqueles que não fazem parte da 'família' direta da vítima (REsp 1076160/AM, Rel. Ministro Luis Felipe Salomão, Quarta Turma, DJe 21/06/2012).
> 6. A jurisprudência desta Casa, quanto à legitimidade dos irmãos da vítima direta, já decidiu que o liame existente entre os envolvidos é presumidamente estreito no tocante ao afeto que os legitima à propositura de ação objetivando a indenização pelo dano sofrido. Interposta a ação, caberá ao julgador, por meio da instrução, com análise cautelosa do dano, o arbitramento da indenização devida a cada um dos titulares.
> 7. A legitimidade dos avós para a propositura da ação indenizatória se justifica pela alta probabilidade de existência do vínculo afetivo, que será confirmado após instrução probatória, com consequente arbitramento do valor adequado da indenização".

E, por fim, ressalta o acórdão que "a responsabilidade dos pais só ocorre em consequência de ato ilícito de filho menor. O pai não responde, a esse título, por nenhuma obrigação do filho maior, ainda que viva em sua companhia, nos termos do inciso I do art. 932 do Código Civil".

Há um precedente do STJ em que se decidiu, acerca de morte da vítima, que, "na ausência de ascendente, descendente, ou cônjuge, a irmã acha-se legitimada a pleitear indenização por danos morais em razão do falecimento de seu irmão". O caso era de responsabilidade objetiva do Estado pela morte de pessoa custodiada em presídio.[103] Em outro aresto, o STJ, tratando ainda de morte da vítima, admitiu que "o espólio tem legitimidade ativa para pleitear reparação de eventuais danos sofridos pelo *de cujus*". Não se tratava, porém do dano moral da família derivado da morte de um parente, mas de dano moral sofrido pelo *de cujus* antes do óbito. "Em realidade – acentuou o acórdão – à luz de reiteradas lições doutrinárias, o que se transmite, por direito hereditário, é o direito de se acionar o responsável, é a faculdade de perseguir em juízo o autor do dano, quer material ou moral. Tal direito é de natureza patrimonial e não extrapatrimonial (CAHALI, Yussef Said. *Dano Moral*. 2.ed. São Paulo: Ed. Revista dos Tribunais, 1998, p. 699/700)".[104]

Definidos os parentes a serem indenizados, remanesce outro problema sério: o cálculo da indenização será feito de modo a multiplicar a verba reparatória pelo número de parentes do ofendido, ou se apurará um valor geral a ser rateado entre os membros do clã?

---

[102] STJ, 4ª R., REsp 1.734.536/RS, Rel. Min. Luis Felipe Salomão, ac. 06.08.2019, *DJe* 24.09.2019.
[103] STJ, 2ª T., REsp 1.054.443/MT, Rel. Min. Castro Meira, ac. 04.08.2009, *DJe* 31.08.2009.
[104] STJ, 4ª T., AgRg no REsp 1.072.296/SP, Rel. Min. Luís Felipe Salomão, ac. 10.03.2009, *DJe* 23.03.2009.

Sempre nos pareceu que a indenização do dano moral não deve ser apurada de maneira diversa do que se passa com o dano material. Assim como o pensionamento se estipula em bloco para a família, também a indenização da dor moral deve ser única, e não repetida inúmeras vezes diante de cada parente que compareça em juízo em busca de igual reparação.

O complicado tema foi enfrentado pelo extinto 1º Tribunal de Alçada Civil de São Paulo, que chegou, a nosso ver, a uma solução bem razoável, diante de um quadro em que os irmãos da vítima pleitearam indenização depois que os pais e a filha já haviam sido reparados pela mesma lesão, em ação anterior. Eis o teor do aresto:

> "Acidente de trânsito – Indenização – Dano Moral – Reparação pleiteada pelos irmãos da vítima – Admissibilidade somente se devidamente comprovada a dor e o sofrimento resultantes do evento danoso – Verba indevida na hipótese em que os pretendentes demoraram no ajuizamento da ação, não conviviam com o *de cujus* e houve pagamento da indenização aos pais e filha da vítima, fator que impede a formulação de outro pedido pelos demais familiares.
>
> Embora a morte de um irmão, em decorrência de acidente de trânsito, ocasione aos outros dor e sofrimento, passíveis de indenização por dano moral, tal dano deve ser devidamente comprovado, pois a presunção do sofrimento, em tal hipótese, é relativa e não absoluta, mormente em casos onde os pretendentes ao ressarcimento demoraram no ajuizamento da ação, não conviviam com o *de cujus* e houve o pagamento de verba indenizatória aos pais e filha da vítima, fator que impede a formulação de outro pedido pelos demais familiares".[105]

Em síntese, o aresto assentou que não é possível a repetição da ação indenizatória de dano moral por outros parentes da vítima, depois de já ter havido um ressarcimento à família, porque a indenização, na espécie, "tem cunho familiar". Uma vez estipulada e paga, "não há que se falar em outra indenização por dano moral", pelo mesmo evento danoso (*RT* 772/255).

Na mesma linha, o antigo Tribunal de Alçada do Paraná, em disputa de indenização entre mãe e irmão mais velho do morto, arbitrou o dano moral em bloco, no valor equivalente a 100 (cem) salários mínimos e determinou que se destinassem 80% (oitenta por cento) para a mãe-viúva e 20% (vinte por cento) para o irmão.[106]

No STJ, também em caso de morte de mãe e esposa, a indenização foi fixada globalmente em 500 (quinhentos) salários mínimos, "a ser repartida igualmente entre os beneficiários", isto é, entre o viúvo e os filhos.[107]

Posteriormente, o STJ analisou situação em que houve pedido de indenização por dano moral sofrido por parentes de vítimas mortas em um mesmo evento. Aquela Corte Superior entendeu não ser possível estipular de forma global a mesma quantia para cada grupo familiar, devendo o arbitramento levar em consideração a situação individual de cada parente de cada vítima:

---

[105] 1º TACivSP, Ap. Sumária 814.738-4, 6ª C. Férias, Rel. Juiz Jorge Farah, ac. 28.01.1999, *RT* 772/253-254.
[106] TAPR, 4ª CC., Ap. 574.75000, Rel. Juiz. Newton Luz, ac. 17.03.1993, *Juis-Saraiva*, n. 23.
[107] STJ, 4ª T., REsp 163.484/RJ, Rel. Min. Ruy Rosado de Aguiar, ac. 20.08.1998, *DJU* 13.10.1998, p. 125.

"(...) 2. Dentre estas perspectivas, tem-se o caso específico de falecimento de um parente próximo – como a morte do esposo, do companheiro ou do pai. Neste caso, o dano experimentado pelo ofendido qualifica-se como dano psíquico, conceituado pelo ilustre Desembargador RUI STOCO como o distúrbio ou perturbação causado à pessoa através de sensações anímicas desagradáveis (...), em que a pessoa é atingida na sua parte interior, anímica ou psíquica, através de inúmeras sensações dolorosas e importunantes, como, por exemplo, a ansiedade, a angústia, o sofrimento, a tristeza, o vazio, o medo, a insegurança, o desolamento e outros (*Tratado de Responsabilidade Civil*, São Paulo, RT, 2007, p. 1.678).

3. A reparabilidade do dano moral possui função meramente satisfatória, que objetiva a suavização de um pesar, insuscetível de restituição ao *statu quo ante*. A justa indenização, portanto, norteia-se por um juízo de ponderação, formulado pelo Julgador, entre a dor suportada pelos familiares e a capacidade econômica de ambas as partes – além da seleção de um critério substancialmente equânime.

4. Nessa linha, a fixação de valor reparatório global por núcleo familiar – nos termos do acórdão embargado – justificar-se-ia apenas se a todos os lesados (que se encontram em idêntica situação, diga-se de passagem) fosse conferido igual tratamento, já que inexistem elementos concretos, atrelados a laços familiares ou afetivos, que fundamentem a discriminação a que foram submetidos os familiares de ambas as vítimas.

5. No caso em exame, não se mostra equânime a redução do valor indenizatório, fixado para os embargantes, tão somente pelo fato de o núcleo familiar de seu parente falecido – Carlos Porto da Silva – ser mais numeroso em relação ao da vítima Fernando Freitas da Rosa.

6. Como o dano extrapatrimonial suportado por todos os familiares das vítimas não foi objeto de gradação que fundamentasse a diminuição do montante reparatório devido aos embargantes, deve prevalecer a metodologia de arbitramento da quantia reparatória utilizada nos acórdãos paradigmas – qual seja, fixação de quantia reparatória para cada vítima – restabelecendo-se, dessa maneira, o montante de R$ 130.000,00, fixado pelo Tribunal *a quo*, para cada embargante, restabelecendo-se, ainda, os critérios de juros de mora e correção monetária fixados pelo Tribunal de origem".[108]

Em relação a irmãos e parente remotos que não conviviam com o morto, não mantendo com ele laços de afetividade, e, às vezes, até eram desafetos, não se deve, em princípio, reconhecer direito à reparação por dano moral. Sobre a jurisprudência em torno de tal hipótese, ver, *retro*, o n.º 7 do Capítulo I.

Por fim, ainda em relação ao *quantum* indenizatório, é tranquila a jurisprudência do STJ no sentido de que a demora na busca da reparação do dano moral é fator influente na fixação da indenização.[109] Entretanto, a Corte deixou de aplicar o entendimento em hipótese na qual à época do falecimento as filhas eram menores absolutamente incapazes: "A

---

[108] STJ, Corte Especial, EREsp 1.127.913/RS, Rel. Min. Napoleão Nunes Maia Filho, ac. 04.06.2014, *DJe* 05.08.2014.

[109] "1. A demora no ajuizamento da ação de indenização é fator influente na fixação do montante indenizatório, a fazer obrigatória a consideração do tempo decorrido entre o evento danoso e a propositura da ação (EREsp 526.299/PR, Rel. Ministro Hamilton Carvalhido, Corte Especial, julgado em 03/12/2008, DJe de 05/02/2009), o que não impede a revisão, por esta Corte Superior, de condenação em quantia irrisória" (STJ, 4ª T., AgInt no REsp 1.357.645/RJ, Rel. Min. Raul Araújo, ac. 19.02.2019, *DJe* 01.03.2019).

prescrição não corre contra os absolutamente incapazes (arts. 167, I, do CC/1916 e 198, I, do CC/2002). Em se tratando de ação indenizatória promovida por filhas da vítima que, à época do acidente objeto da lide, eram menores impúberes, não há margem para a aplicação do entendimento dominante desta Corte Superior no sentido de que a demora na busca da reparação do dano moral é fator influente na fixação do quantum indenizatório".[110]

2.2.1. Proteção dos direitos da personalidade do falecido

O art. 12 do CC, ao tratar dos direitos da personalidade, dispõe que "pode-se exigir que cesse a ameaça, ou a lesão, a direito da personalidade, e reclamar perdas e danos, sem prejuízo de outras sanções previstas em lei". E, em seu parágrafo único, admite que "em se tratando de morto, terá legitimação para requerer a medida prevista neste artigo o cônjuge sobrevivente, ou qualquer parente em linha reta, ou colateral até o quarto grau".

Do mesmo modo, a legislação protege a divulgação de escritos, a transmissão da palavra, ou a publicação, a exposição ou a utilização da imagem de uma pessoa, sempre que lhe atingirem a honra, a boa fama ou a respeitabilidade, ou se se destinarem a fins comerciais (CC, art. 20), cabendo, também, ao cônjuge, ascendentes ou descendentes do titular falecido, ajuizar a respectiva ação.

Muito se discute a respeito desta legitimação. É que, sendo os direitos da personalidade intransmissíveis, extinguem-se com a morte do seu titular (CC, art. 6º). Como, então, explicar a legitimidade de seus familiares para pleitear indenização?

Alguns direitos da personalidade, embora personalíssimos, se projetam no tempo, tais como a imagem, o nome, a autoria, a sepultura, o cadáver do falecido, etc. Por isso, o Código "confere legitimidade ao cônjuge e aos parentes, que seriam os efetivamente afetados pela lesão de tais interesses após a morte de seu titular, para que possa impedir a lesão ou demandar reparação por seus efeitos".[111]

Trata-se da proteção relativa ao "direito da família de resguardar a memória de seu ente querido".[112] De fato, o princípio da dignidade da pessoa humana (art. 1º, III, da CF) seria o embasamento de proteção das pessoas falecidas.[113]

Nesse sentido, o entendimento do STJ de que "o cônjuge sobrevivente e os herdeiros da pessoa falecida podem postular uma reparação pelos prejuízos causados, após a sua

---

[110] STJ, 3ª T., REsp 1.529.971/SP, Rel. Min. Ricardo Villas Bôas Cueva, ac. 12.09.2017, *DJe* 19.09.2017.
[111] TEPEDINO, Gustavo; BARBOZA, Heloisa Helena; MORAES, Maria Celina Bodin de. *Código Civil Interpretado*. 2. ed. São Paulo: Renovar, 2007, v. I, p. 35. "Não se esqueça, de qualquer forma, que se reconhece, como um direito da personalidade da pessoa vivia, a proteção aos valores jurídicos da personalidade de alguém que já morreu, como assinala o parágrafo único do artigo 12 do Estatuto Substantivo. São os chamados *lesados indiretos*, que estão legitimados para reclamar, em nome próprio, a proteção aos seus direitos da personalidade, consubstanciados na defesa da personalidade do cônjuge ou companheiro falecido, bem como de seus parentes (mortos) em linha reta ou colateral até o quarto grau" (FARIAS, Cristiano Chaves de; ROSENVALD, Nelson. *Curso de direito civil*. São Paulo: Atlas, 2015, v. 1, p. 145).
[112] QUEIROZ, Odete Novais Carneiro. Responsabilidade civil e a honra do falecido. *Revista dos Tribunais*, v. 997, São Paulo: Ed RT, nov. 2018, p. 409.
[113] RIBEIRO, Ney Rodrigo Lima. Direito à proteção de pessoas falecidas. Enfoque luso-brasileiro. *In*: MIRANDA, Jorge; RODRIGUES JÚNIOR, Otávio Luiz; FRUET, Gustavo Bonato. *Direitos da personalidade*. São Paulo: Atlas, 2012, p. 442.

morte, por um ato ilícito que atinge a imagem e a memória da pessoa falecida, conforme previsto no art. 12, parágrafo único, do Código Civil de 2002".[114]

Importante ressaltar acórdão proferido pela Quarta Turma daquela Corte Superior sobre o tema:

> "Os direitos da personalidade, de que o direito à imagem é um deles, guardam como principal característica a sua intransmissibilidade. Nem por isso, contudo, deixa de merecer proteção a imagem e a honra de quem falece, como se fossem coisas de ninguém, porque elas permanecem perenemente lembradas nas memórias, como bens imortais que se prolongam para muito além da vida, estando até acima desta, como sentenciou Ariosto. Daí porque não se pode subtrair dos filhos o direito de defender a imagem e a honra de seu falecido pai, pois eles, em linha de normalidade, são os que mais se desvanecem com a exaltação feita à sua memória, como são os que mais se abatem e se deprimem por qualquer agressão que lhe possa trazer mácula. Ademais, a imagem de pessoa famosa projeta efeitos econômicos para além de sua morte, pelo que os seus sucessores passam a ter, por direito próprio, legitimidade para postularem indenização em juízo, seja por dano moral, seja por dano material".[115]

2.3. Dano moral e morte de menor

Ainda, antes da Constituição de 1988, a jurisprudência do Supremo Tribunal Federal firmou-se no entendimento de ser cabível a indenização por morte de filho menor, ainda que não exercesse trabalho remunerado (Súmula n. 491 do STF).

Como a exegese então dominante não autorizava a indenização de dano puramente moral, a não ser nas hipóteses excepcionais cogitadas em leis expressas, o Supremo Tribunal Federal qualificava a morte do menor, na espécie, como representativa de um dano econômico "potencial".

Após a Constituição de 1988, que afastou categoricamente qualquer oposição à indenizabilidade da lesão moral pura, surgiram pretensões de cumular a indenização autorizada pela Súmula n. 491 do STF, que seria de ordem patrimonial, com outra, de natureza moral.

No entanto, esse posicionamento, num primeiro momento, foi rejeitado pelo Superior Tribunal de Justiça, sob a justificativa de que a morte de criança, sem atividade econômica, nunca poderia representar um verdadeiro dano econômico. O que o Supremo Tribunal Federal anteriormente fizera, fora apenas usar o sinuoso pretexto do "dano potencial" ou "hipotético" para, na realidade, "conceder indenização pelo dano moral, sem afirmá-lo diretamente". Aliás, o próprio Supremo Tribunal Federal, em mais de uma oportunidade, chegou a admitir que a indenização pela morte do filho menor "inspirou-se no princípio da reparação do dano moral", de sorte a representar o princípio da Súmula n. 491 do STF "uma forma oblíqua de se atingir a reparação do dano moral, dadas as reações que suscita o pleno reconhecimento do instituto".[116]

---

[114] Voto do relator no REsp 1.209.747/SP, 3ª T., Rel. Min. Paulo de Tarso Sanseverino, ac. 10.09.2013, *DJe* 23.09.2013.
[115] STJ, 4ª T., REsp 521.697/RJ, Rel. Min. Cesar Asfor Rocha, ac. 16.02.2006, *DJU* 20.03.2006, p. 276.
[116] *RTJ* 65/555; *RTJ* 881/927; *RTJ* 94/653; *RTJ* 83/642.

Daí que se o menor falecido não era fonte de renda para a família, não haveria lugar para cumular indenização de dano material como dano patrimonial. Lesão patrimonial não teria havido, embora configurada, sem sombra de dúvida, a dor moral pela perda do ente querido. "Nesse caso, obviamente, não se podem sobrepor (as duas indenizações). É que o dano, em verdade, era apenas moral, não se podendo conceder outra verba a esse título".[117]

A posição da jurisprudência antiga pode ser assim resumida:

a) se o filho menor já era uma fonte de trabalho útil ao sustento da família, há dano material e moral a indenizar, o primeiro sob a forma de pensionamento, e o segundo por meio de uma verba fixa arbitrada judicialmente;

b) se o menor não trabalhava "em princípio os seus pais não fazem jus ao pensionamento de danos materiais, mas tão somente aos morais";[118]

c) a indenização por danos morais "deve ser paga de uma só vez e não em forma de pensão".[119]

O entendimento, contudo, foi alterado. Atualmente, para o STJ, em se tratando de família de baixa renda, é devida indenização por dano material aos pais de filho menor morto, por se presumir o auxílio mútuo entre os familiares:

"Na hipótese de atropelamento seguido de morte por culpa do condutor do veículo, sendo a vítima menor e de família de baixa renda, é devida indenização por danos materiais consistente em pensionamento mensal aos genitores do menor falecido, ainda que este não exercesse atividade remunerada, visto que se presume haver ajuda mútua entre os integrantes dessas famílias".[120]

Em relação ao dano moral, o Tribunal de Justiça do Distrito Federal e dos Territórios deferiu indenização para os pais de filho natimorto, em razão de ter sido entregue a eles o corpo de outro natimorto.[121]

2.4. Dano moral derivado de perícia sobre paternidade

Em ação de investigação de paternidade, tem sido avaliada pela jurisprudência a hipótese de erro do perito cometido na imputação de paternidade ao investigado.

Evidenciada a imperícia com que o laudo afirmou a paternidade, por meio de outros três exames a que o paciente se submeteu, o TJ de São Paulo decidiu que configurada se achava a responsabilidade por dano moral, cabendo ao ofendido pleitear a reparação junto ao Estado ou ao servidor (perito), ou, ainda, perante ambos. Aduziu o julgado:

---

[117] STJ, 3ª T., REsp 4.236/RJ, voto do Rel. Min. Eduardo Ribeiro, *in* BUSSADA, Súmula do Superior Tribunal de Justiça. São Paulo: Jurídica Brasileira, 1995, p. 692.
[118] STJ, 4ª T., REsp 28.861-0/PR, Rel. Min. Sálvio de Figueiredo, ac. 14.12.1992, *LEX-JSTJ* 55/175.
[119] TAMG, Ap. 152.111-3, Rel. Juiz José Brandão, ac. 25.03.1993, *RJTAMG* 50/213.
[120] STJ, 3ª T., REsp 1.232.011/SC, Rel. Min. João Otávio de Noronha, ac. 17.12.2015, *DJe* 04.02.2016.
[121] TJDF, 6ª T., Ap. 07067900620188070018, Rel. Des. Alfeu Machado, ac. 27.01.2021, *Dje* 05.02.2021.

> "No que respeita ao sofrimento causado, desnecessárias quaisquer considerações, pois não se pode negar que a imputação da existência de filho nascido fora das relações matrimoniais abala a reputação, respeito e honra do indigitado pai.
>
> É evidente que o falso resultado acarretou ao apelante os sofrimentos relatados na inicial, causando-lhe, inegavelmente, dissabores na sua vida conjugal e constrangimento de ter que se submeter a outros exames, mais caros e complexos, o que poderia ter sido evitado caso a paternidade fosse excluída de imediato".[122]

O STJ, analisando o tema, entende que o laboratório possui, na realização de exames médicos, obrigação de resultado, restando caracterizada sua responsabilidade civil na hipótese de falso diagnóstico. Assim, deferiu indenização para a mãe em razão do falso negativo em exame de DNA realizado em ação de investigação de paternidade:

> "5. Em se tratando da realização de exames médicos laboratoriais, tem-se por legítima a expectativa do consumidor quanto à exatidão das conclusões lançadas nos laudos respectivos, de modo que eventual erro de diagnóstico de patologia ou equívoco no atestado de determinada condição biológica implica defeito na prestação do serviço, a atrair a responsabilidade objetiva do laboratório. (...)
>
> 7. Ante a 'sacralização' do exame de DNA – corriqueiramente considerado pelo senso comum como prova absoluta da (in)existência de vínculo biológico – a indicação de paternidade que, em exame genético, se mostra inexistente sujeita a mãe a um estado de angústia e sofrimento íntimo, pois lança dúvidas quanto ao seu julgamento sobre a realidade dos fatos. O fato que tinha como certo é contrastado com a verdade científica, resultando em um momento de incompreensão e aflição.
>
> 8. Ademais, o antagonismo entre a nomeação feita e a exclusão da paternidade, atestada pelo exame, rebaixa a validade da palavra da mãe, inclusive perante o próprio filho, a depender de seu desenvolvimento psicossocial.
>
> 9. O simples fato do resultado negativo do exame de DNA agride, ainda, de maneira grave, a honra e reputação da mãe, ante os padrões culturais que, embora estereotipados, predominam socialmente. Basta a ideia de que a mulher tenha tido envolvimento sexual com mais de um homem, ou de que não saiba quem é o pai do seu filho, para que seja questionada sua honestidade e moralidade".[123]

2.5. Dano moral por abandono material e afetivo

Tema interessante diz respeito ao dano moral em razão de abandono afetivo do filho. O STJ tem entendimento no sentido de que "o dever de cuidado compreende o dever de sustento, guarda e educação dos filhos. Não há dever jurídico de cuidar afetuosamente, de modo que o abandono afetivo, se cumpridos os deveres de sustento, guarda e educação da prole, ou de prover as necessidades de filhos maiores e pais, em situação de vulnerabilidade, não configura dano moral indenizável".[124]

---

[122] TJSP, 7ª Câm. Dir. Priv., Ap. Cív. 280.614-4/000, Rel. Des. Luiz Antônio Costa, ac. 1º.4.2009, *RT*, v. 886, p. 188.
[123] STJ, 3ª T., REsp 1.700.827/PR, Rel. Min. Nancy Andrighi, ac. 05.11.2019, *DJe* 08.11.2019.
[124] STJ, 4ª T., REsp 1.579.021/RS, Rel. Min. Maria Isabel Gallotti, ac. 19.10.2017, *DJe* 29.11.2017. No mesmo sentido: STJ, 4ª T., AgInt no AREsp 1.286.242/MG, Rel. Min. Luis Felipe Salomão, ac. 08.10.2019, *DJe* 15.10.2019.

Entretanto, aquela Corte admite a indenização em casos excepcionais:

"3 – É juridicamente possível a reparação de danos pleiteada pelo filho em face dos pais que tenha como fundamento o abandono afetivo, tendo em vista que não há restrição legal para que se apliquem as regras da responsabilidade civil no âmbito das relações familiares e que os arts. 186 e 927, ambos do CC/2002, tratam da matéria de forma ampla e irrestrita. Precedentes específicos da 3ª Turma.

4 – A possibilidade de os pais serem condenados a reparar os danos morais causados pelo abandono afetivo do filho, ainda que em caráter excepcional, decorre do fato de essa espécie de condenação não ser afastada pela obrigação de prestar alimentos e nem tampouco pela perda do poder familiar, na medida em que essa reparação possui fundamento jurídico próprio, bem como causa específica e autônoma, que é o descumprimento, pelos pais, do dever jurídico de exercer a parentalidade de maneira responsável.

5 – O dever jurídico de exercer a parentalidade de modo responsável compreende a obrigação de conferir ao filho uma firme referência parental, de modo a propiciar o seu adequado desenvolvimento mental, psíquico e de personalidade, sempre com vistas a não apenas observar, mas efetivamente concretizar os princípios do melhor interesse da criança e do adolescente e da dignidade da pessoa humana, de modo que, se de sua inobservância, resultarem traumas, lesões ou prejuízos perceptíveis na criança ou adolescente, não haverá óbice para que os pais sejam condenados a reparar os danos experimentados pelo filho.

6 – Para que seja admissível a condenação a reparar danos em virtude do abandono afetivo, é imprescindível a adequada demonstração dos pressupostos da responsabilização civil, a saber, a conduta dos pais (ações ou omissões relevantes e que representem violação ao dever de cuidado), a existência do dano (demonstrada por elementos de prova que bem demonstrem a presença de prejuízo material ou moral) e o nexo de causalidade (que das ações ou omissões decorra diretamente a existência do fato danoso)".[125]

Nessa linha de entendimento, merece também ser lembrado o tratamento dispensado ao dano moral por abandono afetivo pela 3ª Turma do STJ, *in verbis*:

"7 – Na hipótese, o genitor, logo após a dissolução da união estável mantida com a mãe, promoveu uma abrupta ruptura da relação que mantinha com a filha, ainda em tenra idade, quando todos vínculos afetivos se encontravam estabelecidos, ignorando máxima de que existem as figuras do ex-marido e do ex-convivente, mas não existem as figuras do ex-pai e do ex-filho, mantendo, a partir de então, apenas relações protocolares com a criança, insuficientes para caracterizar o indispensável dever de cuidar. 8 – Fato danoso e nexo de causalidade que ficaram amplamente comprovados pela prova produzida pela filha, corroborada pelo laudo pericial, que atestaram que as ações e omissões do pai acarretaram quadro de ansiedade, traumas psíquicos e sequelas físicas eventuais à criança, que desde os 11 anos de idade e por longo período, teve de se submeter às sessões de psicoterapia, gerando dano psicológico concreto apto a modificar a sua personalidade e, por consequência, a sua própria história de vida. 9 – Sentença restabelecida quanto ao dever de indenizar, mas com majoração do valor da condenação fixado inicialmente com

---

[125] STJ, 4ª T., REsp 1.887.697/RJ, Rel. Min. Nancy Andrighi, ac. 21.09.2021, *DJe* 23.09.2021.

extrema modicidade (R$ 3.000,00), de modo que, em respeito à capacidade econômica do ofensor, à gravidade dos danos e à natureza pedagógica da reparação, arbitra-se a reparação em R$ 30.000,00".[126]

Em caso de ruptura abrupta do vínculo afetivo, por terem os pais adotivos devolvido a criança adotada a uma instituição acolhedora, o STJ admite a indenização:

"5. Hipótese dos autos em que o adotando passou a conviver com os pretensos adotantes aos quatro anos de idade, permanecendo sob a guarda destes por quase oito anos, quando foi devolvido a uma instituição acolhedora.
6. Indubitável constituição, a partir do longo período de convivência, de sólido vínculo afetivo, há muito tempo reconhecido como valor jurídico pelo ordenamento.
7. Possibilidade de desistência da adoção durante o estágio de convivência, prevista no art. 46, da Lei n.º 8.069/90, que não exime os adotantes de agirem em conformidade com a finalidade social deste direito subjetivo, sob pena de restar configurado o abuso, uma vez que assumiram voluntariamente os riscos e as dificuldades inerentes à adoção.
8. Desistência tardia que causou ao adotando dor, angústia e sentimento de abandono, sobretudo porque já havia construído uma identidade em relação ao casal de adotantes e estava bem adaptado ao ambiente familiar, possuindo a legítima expectativa de que não haveria ruptura da convivência com estes, como reconhecido no acórdão recorrido.
9. Conduta dos adotantes que faz consubstanciado o dano moral indenizável, com respaldo na orientação jurisprudencial desta Corte Superior, que tem reconhecido o direito a indenização nos casos de abandono afetivo".[127]

Por outro lado, tratando-se de abandono material, o STJ reconhece a existência de dano moral:

"1. O descumprimento da obrigação pelo pai, que, apesar de dispor de recursos, deixa de prestar assistência material ao filho, não proporcionando a este condições dignas de sobrevivência e causando danos à sua integridade física, moral, intelectual e psicológica, configura ilícito civil, nos termos do art. 186 do Código Civil de 2002.
2. Estabelecida a correlação entre a omissão voluntária e injustificada do pai quanto ao amparo material e os danos morais ao filho dali decorrentes, é possível a condenação ao pagamento de reparação por danos morais, com fulcro também no princípio constitucional da dignidade da pessoa humana".[128]

2.6. Dano moral por violência doméstica

O STJ defere indenização por dano moral em casos de violência doméstica e familiar contra a mulher, desde que haja pedido expresso da acusação ou da parte ofendida, conforme reiteradas decisões, inclusive em recurso especial repetitivo:

---

[126] STJ, 3ª T., REsp 1.887.697/RJ, Rel. Min. Nancy Andrighi, ac. 21.09.2021, *DJe* 23.09.2021.
[127] STJ, 3ª T., REsp 1.981.131/MS, Rel. Min. Paulo de Tarso Sanseverino, ac. 08.11.2022, *DJe* 16.11.2022.
[128] STJ, 4ª T., REsp 1.087.561/RS, Rel. Min. Raul Araújo, ac. 13.06.2017, *DJe* 18.08.2017.

"10. Recurso especial provido para restabelecer a indenização mínima fixada em favor pelo Juízo de primeiro grau, a título de danos morais à vítima da violência doméstica. TESE: Nos casos de violência contra a mulher praticados no âmbito doméstico e familiar, é possível a fixação de valor mínimo indenizatório a título de dano moral, desde que haja pedido expresso da acusação ou da parte ofendida, ainda que não especificada a quantia, e independentemente de instrução probatória".[129]

3. DANO MORAL E DIREITO MÉDICO

3.1. Ação indenizatória por erro médico

3.1.1. Introito

É nosso propósito abordar, neste capítulo, temas de processo que são frequentes nas causas, hoje bastante numerosas, que envolvem pretensões indenizatórias derivadas de erro na prestação de serviços médicos. Como, todavia, esses problemas têm raízes na relação de direito material existente entre os litigantes, torna-se imperioso conhecer a natureza e as peculiaridades desse vínculo obrigacional, como ponto de partida para estabelecer seus reflexos sobre o processo, principalmente em termos de prova e ônus da prova.

É, portanto, o que se explanará em seguida.

3.1.2. A natureza da responsabilidade civil do médico

O Código Civil não cuidou da responsabilidade indenizatória do médico na parte destinada à regulamentação dos contratos. Regulou-a no art. 951, na parte em que se ocupa da liquidação dos danos provenientes de atos ilícitos.

Isto levou a uma antiga polêmica sobre ser a responsabilidade, *in casu*, delitual ou contratual, o que poderia ter influência importante sobre o ônus da prova quanto à culpa do agente, visto que, na primeira, a vítima sempre tem o encargo de provar a culpa, enquanto na segunda, esta se presume como decorrência do próprio descumprimento da prestação contratual.

A primeira observação que a propósito se impõe é a de que a localização de um tema em determinado sítio da lei é desinfluente sobre sua verdadeira natureza. Cumpre situá-lo dentro do sistema geral, não em função do posicionamento físico que o legislador lhe deu, mas, sim, a partir da essência do relacionamento jurídico. A sede da regra não tem força para alterar a substância da coisa, que a ciência do direito procura detectar e revelar segundo seus métodos e princípios.

Hoje, pode-se afirmar, sem medo de erro, que a responsabilidade civil do médico, sem embargo de ter sido tratada pelo legislador entre os casos de atos ilícitos, é vista unanimemente como *responsabilidade contratual*.[130] O Código de Defesa do Consumidor,

---

[129] STJ, 3ª Seção, REsp 1.643.051/MS, Rel. Min. Rogerio Schietti Cruz, ac. 28.02.2018, *DJe* 08.03.2018. No mesmo sentido: STJ, 6ª T., AgRg no REsp 2.012.680/MS, Rel. Min. Rogério Schietti Cruz, ac. 19.12.2022, *DJe* 21.12.2022; STJ, 5ª T., AgRg no REsp 2.028.308/TO, Rel. Min. Ribeiro Dantas, ac. 19.12.2022, *DJe* 22.12.2022.

[130] DIAS, José de Aguiar. *Da responsabilidade civil*. 9. ed. Rio de Janeiro: Forense, 1994, vol. I, n. 114, p. 252-253; KFOURI NETO, Miguel. *Responsabilidade civil do médico*. 2. ed. São Paulo: Revista dos

outrossim, coloca todos os profissionais liberais (inclusive o médico, portanto) como fornecedores de serviço no mercado de consumo, ou seja, como quem contrata prestação de serviços com os consumidores (CDC, arts. 3º, § 2º, e 14, § 4º).

É possível que o médico venha a incorrer em responsabilidade extracontratual, pois pode acontecer que a prestação profissional ocorra em situação de emergência, sem que antes tenha havido qualquer acordo de vontades entre o paciente e o facultativo.

A responsabilidade indenizatória pela falha da assistência médica ocorrerá tanto naquela convencionada entre as partes como na que se deu independentemente de contrato. E as diferenças, em termos de processo, praticamente não existirão, tendo em vista a natureza muito especial do contrato de assistência médica, de sorte a exigir prova da culpa pelo evento danoso, tanto na responsabilidade contratual como na extracontratual, e uno é o conceito de culpa para ambas as hipóteses[131] (cf. art. 14, § 4º, do CDC).

3.1.3. *Contratos de meio e contratos de resultado*

A doutrina, na análise dos tipos de contrato, costuma dividi-los em contratos de *resultado* e contratos de *meio*, classificação de relevantes efeitos no plano material, e, sobretudo no plano processual, onde opera uma total mudança ao ônus da prova.[132]

O fato de ser o contrato enquadrável numa das duas referidas espécies influi sobre a definição do *objeto* do negócio jurídico, isto é, a configuração da *prestação* devida, e, consequentemente, sobre a conceituação do *inadimplemento*.

Na *obrigação de resultado*, o contratante obriga-se a alcançar um determinado fim, cuja não consecução importa em descumprimento do contrato. No contrato de transporte e no de empreitada, por exemplo, se o bem transportado não chega incólume ao destino previsto, há inadimplemento do transportador, devendo este reparar os prejuízos do destinatário. Da mesma forma, inadimple o contrato de empreitada o construtor que não produz o edifício com a segurança e as especificações previstas no contrato. Ambos tinham, perante o outro contratante, um débito específico, que consistia no alcançar o *fim* predeterminado. Esse *fim* confundia-se com a *prestação devida*, motivo pelo qual se dá o *inadimplemento contratual*, quando tal meta não é atingida.

Já na *obrigação de meio*, o que o contrato impõe ao devedor é apenas a realização de certa atividade, rumo a um fim, mas sem ter o compromisso de atingi-lo. O objeto do contrato limita-se à referida *atividade*, de modo que o devedor tem de empenhar-se na procura do fim que justifica o negócio jurídico, agindo com zelo e de acordo com a técnica própria de sua função; a frustração, porém, do objetivo visado não configura inadimplemento, nem, obviamente, enseja dever de indenizar o dano suportado pelo outro contratante. Somente haverá inadimplemento, com seus consectários jurídicos, quando a *atividade devida* for mal desempenhada. É o que se passa, em princípio, com

---

Tribunais, 1996, n. 44, p. 54; RODRIGUES, Silvio. *Responsabilidade civil*. 15. ed. São Paulo: Saraiva, 1997, n. 83, p. 248.

[131] MAGALHÃES, Teresa Ancona Lopes de. Responsabilidade civil dos médicos. *In*: CAHALI, Yussef Said (coord.). *Responsabilidade civil*. São Paulo: Saraiva, 1984, p. 311.

[132] SAVATIER, René. *Traité de la responsabilité civile en droit français*. Paris: LGDJ, 1939, t. I, p. 146.

a generalidade dos contratos de prestação de serviços, já que o obreiro põe sua força física ou intelectual à disposição do tomador de seus serviços sem se comprometer com o resultado final visado por este.

3.1.4. Natureza do contrato médico

O contrato de prestação de serviços médicos provoca obrigação tipicamente de meio e não de resultado.

É claro que paciente e facultativo têm um objetivo comum: a busca da cura do enfermo. Mas a ciência médica e a própria natureza do paciente não permitem garantir que essa meta seja assegurada. Ambos se empenharão na tarefa de perseguir esse objetivo, porém sem a certeza de poderem alcançá-lo. A prestação contratual do médico, então, cinge-se a pôr seus conhecimentos técnicos à disposição do paciente, desempenhando-os com zelo e adequação. Se cumpre tal prestação, o contrato terá sido cumprido, malgrado o insucesso do tratamento, no tocante à meta de curar ou salvar o doente. Ressalta a doutrina:

> "Ao assistir o cliente, o médico assume obrigação de meio, não de resultado. O devedor tem apenas que agir, é a sua própria atividade o objeto do contrato. O médico deve apenas esforçar-se para obter a cura, mesmo que não a consiga".[133]

Também na jurisprudência, o enfoque é o mesmo: entre o médico e o cliente há um inegável e autêntico contrato,[134] donde ser contratual a responsabilidade civil relacionada com o dano indevido suportado como consequência da defeituosa assistência médica.

> "Contudo, o fato de se considerar como contratual a responsabilidade médica não tem, ao contrário do que poderia parecer, o resultado de *presumir a culpa*. O médico não se compromete a curar, mas a proceder de acordo com as regras e os métodos da profissão".[135]

Se se tratasse de obrigação de resultado, como ocorre com a maioria dos contratos, o profissional estaria obrigado a atingir o fim último visado pelo ajuste. E falhando no seu intento teria descumprido a obrigação assumida.

A jurisprudência do STJ é no sentido de tratar-se de obrigação de meio:

> "'A responsabilidade do médico pressupõe o estabelecimento do nexo causal entre causa e efeito da alegada falta médica, tendo em vista que, embora se trate de responsabilidade contratual – cuja obrigação gerada é de meio –, é subjetiva, devendo ser comprovada ainda a culpa do profissional' (REsp 1.078.057/MG, Rel. Ministro João Otávio de Noronha, Quarta Turma, DJe de 26.2.2009)".[136]

---

[133] KFOURI NETO, Miguel. *Responsabilidade civil do médico*. 2. ed. São Paulo: Revista dos Tribunais, 1996, n. 44, p. 54.
[134] TJGO, Ap. 29.966-5/188, Rel. Des. Castro Filho, ac. 18.05.1993, *R. Jurídica*, 191/68.
[135] KFOURI NETO, Miguel. *Responsabilidade civil do médico*. 2. ed. São Paulo: Revista dos Tribunais, 1996, n. 44, p. 55.
[136] STJ, 4ª T., AgInt no AREsp 1.933.556/DF, Rel. Min. Raul Araújo, ac. 28.11.2022, *DJe* 01.12.2022.

O contrato médico apresenta-se, dentro do quadro geral das obrigações negociais, como um *contrato de prestação de serviços*, que não se rege pela legislação do trabalho, porque versa sobre atividade de profissional liberal. A prestação devida é, da parte do médico, o serviço correspondente à sua formação técnica, e, da parte do cliente, é o pagamento dos honorários correspondentes ao serviço prestado.

A configuração do contrato de meio é a regra em tema de prestação de serviços médicos. Há, todavia, algumas situações em que a dita prestação se torna obrigação de resultado, tais como na realização de raios X, de exames laboratoriais, de cirurgia plástica puramente estética. A frustração do fim do serviço prestado, *in casu*, é inadimplemento contratual, que por si só, justifica a responsabilidade indenizatória pelo dano causado ao paciente.

3.1.5. A ação indenizatória e o ônus da prova

O direito processual civil distribui o ônus da prova, de acordo com o art. 373 do Código de Processo Civil, da seguinte maneira:

a) *ao autor* da ação cabe provar o *fato constitutivo* do seu direito, isto é, o fato jurídico com que sustenta a pretensão deduzida em juízo contra o réu;

b) *ao réu* toca provar o *fato impeditivo, modificativo* ou *extintivo* do direito do autor, ou seja, se o réu admite ter ocorrido o fato invocado pelo autor, toca a ele, contestante, provar o fato superveniente que afirma estar impedindo a ocorrência do efeito afirmado pelo adversário.

Aplicando-se estas regras a uma ação comum de indenização por descumprimento de contrato de resultado, ficará a cargo do autor a prova:

a) do descumprimento do contrato;
b) do prejuízo sofrido; e
c) do nexo causal entre este e o descumprimento da obrigação.

Não se exige prova da *culpa* do inadimplente, porquanto esta se revela implícita na inobservância do dever de realizar a prestação contratual. Com efeito, para o direito civil, a culpa é sempre a omissão de uma cautela que o agente necessariamente deveria observar. E porque a conduta não observou a cautela exigível, tornou-se "censurável" ou "reprovável", devendo o agente responder pela reparação do prejuízo que adveio para a vítima do ato injurídico praticado.

No caso da violação do dever contratual, não tem a vítima que provar a culpa do inadimplente porque decorre ela naturalmente do próprio desrespeito ao dever de cumprir a obrigação negocial.

Pode, eventualmente, o devedor alegar que, malgrado o não cumprimento objetivo da prestação, o evento não lhe pode ser imputado porque provocado por caso fortuito ou por ato do próprio credor. Se isto acontecer, estará invocando fato modificativo ou extintivo do direito normal do contratante que propôs a ação. O ônus da prova será do réu e não do autor, segundo o art. 373, II, do atual Código de Processo Civil.

Focalizando especificamente o contrato de prestação de serviços médicos, a situação probatória se modifica, em face da natureza especial da obrigação contraída pelo prestador de serviços.

Pelo art. 951 do Código Civil, não basta ao ofendido demonstrar a lesão que lhe adveio do tratamento médico. A responsabilidade indenizatória funda-se na culpa *in concreto*, e não apenas na frustração do tratamento dispensado ao paciente.

A ruína da saúde do cliente do médico não se equipara à ruína do prédio que o engenheiro construiu para seu cliente. Este se comprometeu a construir um edifício sólido. Se a obra ruiu, a culpa está evidenciada pela própria ruína, vale dizer, o engenheiro não cumpriu, a contento, a prestação que lhe cabia. Já o médico não se obrigou a curar o paciente, embora esteja obrigado a empenhar-se em tal propósito.

A *culpa* do médico, pela natureza do contrato que firma com o cliente, somente será configurada quando os seus serviços tiverem sido prestados fora dos padrões técnicos. Por isso, o *fato constitutivo* do direito de quem pede indenização por erro médico se assenta no *desvio de conduta técnica* cometido pelo prestador de serviços. Como esse desvio é uma situação anormal dentro do relacionamento contratual não há como presumi-lo. Cumprirá ao autor da ação prová-lo adequadamente (CPC, art. 373, I).

Na verdade, o serviço técnico do médico, com zelo e adequação, vem a ser a própria prestação contratual. Logo, quando o paciente se diz vítima de erro médico, na verdade está apontando o *inadimplemento* da prestação devida. Provar a culpa do médico, então, não é demonstrar apenas o elemento psicológico ou subjetivo da responsabilidade civil. É provar o inadimplemento mesmo da prestação devida pelo médico. E em qualquer ação de indenização por responsabilidade contratual, cabe sempre ao autor o ônus de provar o inadimplemento do réu. O que se dispensa, nos contratos de resultado, é a prova da culpa, nunca a do inadimplemento e a do dano.

A conduta irregular do médico é a um só tempo o inadimplemento e a culpa, razão pela qual o autor não se desobriga do ônus processual da prova senão comprovando a conduta culposa do médico. Sem a configuração desse tipo de conduta, jamais se admitirá como não cumprido o contrato de serviços médicos, salvo, é claro, nas hipóteses excepcionais de contratos médicos de resultado, a que já se aludiu, quando bastará ao paciente provar o dano e o nexo causal.

Sobre o contrato médico de resultado, o STJ já assentou o entendimento de que "a responsabilidade do profissional da medicina permanece subjetiva. Cumpre ao médico, contudo, demonstrar que os eventos danosos decorreram de fatores externos e alheios à sua atuação durante a cirurgia".[137] De tal sorte, o ônus da prova será transferido ao réu, nos termos do art. 373, II, do atual Código de Processo Civil. É que, em regra, faltam condições técnicas ao paciente para avaliar e demonstrar de maneira adequada o eventual erro cometido pelo médico. O caso é, por isso, de observar-se a possibilidade de inversão do ônus da prova, medida permitida pelo art. 6º, VIII, do CDC,[138] sem que isto importe tornar objetiva a responsabilidade civil médica. A lei quer, sim, de forma expressa, que o médico somente responda civilmente por culpa.

---

[137] STJ, 3ª T., REsp 1.180.815/MG, Rel. Min. Nancy Andrighi, ac. 19.08.2010, *DJe* 26.08.2010.
[138] STJ, 4ª T., AgRg no Ag 969.015/SC, Rel. Min. Maria Isabel Gallotti, ac. 07.04.2011, *DJe* 28.04.2011.

3.1.6. A prova da culpa médica

Como o risco de falha, de insucesso e até de lesões é normal na prestação de serviços médicos, os tribunais, em princípio, não são liberais com o ônus da prova a cargo do paciente ou de seus dependentes, quando se trata de ação indenizatória fundada em erro médico. Nenhum tipo de presunção é de admitir-se, cumprindo ao autor, ao contrário, o ônus de comprovar, de forma idônea e convincente, o nexo causal entre uma falha técnica, demonstrada *in concreto*, e o resultado danoso queixado pelo promovente da ação indenizatória.

Nem sempre é possível um juízo rigoroso, preciso, sobre a falha técnica e seu nexo com a lesão ou dano. Os tribunais, por isso, adotam, às vezes, princípios antigos e universalmente aceitos como o da *previsibilidade* e o da *razoabilidade*. O julgador segue sua experiência da vida, e da observação do que comumente acontece pode chegar a juízos de valor sobre a conduta profissional, quando se mostre muito difícil uma conclusão puramente técnica sobre a causa da lesão.

O ideal, porém, é exigir o magistrado, sempre, a prova pericial, para obter esclarecimentos que, de ordinário, não se comportam na esfera de seus conhecimentos e que se sujeitam a regras técnicas específicas e complexas.

Isto não quer dizer que o juiz fique escravo do laudo pericial. O atual Código de Processo Civil é claro ao estatuir que "o juiz apreciará a prova pericial de acordo com o disposto no art. 371, indicando na sentença os motivos que o levaram a considerar ou a deixar de considerar as conclusões do laudo, levando em conta o método utilizado pelo perito" (CPC, art. 479).

A perícia não é uma superprova que se coloque acima dos demais e que não permita questionamento algum. Se fosse intangível a conclusão do técnico, este, e não o magistrado, seria o verdadeiro juiz da causa e anulada restaria a função jurisdicional do último.

O laudo pericial, todavia, vale, não pela autoridade técnica de quem o subscreve, mas pela força de convencimento dos dados que o perito conseguiu levantar, a partir da ciência por ele dominada. Esses mesmos dados podem ser cotejados com outros elementos probatórios disponíveis ou submetidos a exame crítico e racional do juiz, para chegar-se a conclusões diversas daquelas apontadas pelo experto. O juiz não possui os conhecimentos técnicos do perito, mas dispõe de discernimento e experiência para rever os termos do silogismo em que se apoiou o laudo e, por isso, pode criticar e desprezar sua conclusão.

A culpa que se apura no processo de indenização por dano de responsabilidade médica, além do *dolo* (vontade criminosa de lesar), compreende as formas de *negligência*, *imprudência* e *imperícia*.

Pela *negligência*, a culpa equivale a uma *conduta passiva* (*omissiva*). Ocorre quando o médico deixa de observar medidas e precauções necessárias. São exemplos desse tipo de culpa: "o esquecimento de pinça ou tampão de gaze no abdômen do paciente"; o abandono do cliente no pós-operatório, "provocando com essa atitude danos graves"; o erro de diagnóstico provocado por "exame superficial" e inadequado; a aplicação de soro antitetânico na vítima sem, antes, submetê-la aos testes de sensibilidade, acarretando, com isso, sua morte por deficiência cardíaca".[139]

---

[139] MAGALHÃES, Teresa Ancona Lopez de. Responsabilidade civil dos médicos. *In:* CAHALI, Yussef Said (coord.). *Responsabilidade civil*. São Paulo: Saraiva, 1984, p. 315-316.

Ocorre a *imprudência* por meio de *atitude ativa* (*comissiva*), praticada quando o médico "toma atitudes não justificadas, precipitadas, sem usar de nenhuma cautela",[140] como o cirurgião que não aguarda a chegada do anestesista e ele mesmo se encarrega de anestesiar o paciente, provocando sua morte por parada cardíaca; ou como o médico que realiza em trinta minutos uma cirurgia que normalmente demandaria uma hora, acarretando, com seu açodamento, dano ao paciente; ou, ainda, como o médico que libera o acidentado, quando deveria mantê-lo no hospital sob observação durante algum tempo, e com isso provoca sua subsequente morte; ou como o cirurgião que abandona técnica operatória segura e habitual para utilizar técnica nova e arriscada, "sem comprovada eficiência" e provoca lesão ou morte ao paciente.[141]

Dá-se a *imperícia* quando o causador do dano revela, em sua atitude profissional "falta de conhecimento técnico da profissão"[142] ou "deficiência de tais conhecimentos".[143]

O diagnóstico é uma operação delicada e que nem sempre tem condições de ser feito de maneira unívoca e isenta de erros. Por isso, entende-se que o erro de diagnóstico, por si só, não representa um ato de imperícia.[144]

Se, porém, houve erro grosseiro e injustificável, ou se o médico foi afoito, formando desde logo o diagnóstico sem aguardar a evolução do quadro clínico e sem proceder a exames laboratoriais que o caso exigia, configurada estará a culpa.

A imperícia, a imprudência e a negligência, todavia, nunca serão presumidas. Caberá sempre ao paciente ou a quem alega em juízo a culpa do médico em qualquer de suas modalidades o ônus de provar os fatos que, concretamente, a configuraram.

Caso típico de erro grosseiro e culpa evidente do médico foi apreciado pelo Tribunal de Justiça do Rio Grande do Sul: a paciente sofreu complicações oriundas de uma gaze deixada em seu organismo, durante a realização de uma cirurgia. Concluiu o julgado:

> "Dano moral configurado: Nexo causal e culpa, obrigando a realização de cirurgia de urgência para correção do erro, gerando na autora uma cicatriz abdominal, configurando dano moral indenizável".[145]

3.1.7. *Culpa e presunção*

Há quem defenda o desaparecimento das obrigações de meio, de modo que, após o Código de Defesa do Consumidor, todas as obrigações, mesmo as dos profissionais

---

[140] MAGALHÃES, Teresa Ancona Lopez de. Responsabilidade civil dos médicos. *In:* CAHALI, Yussef Said (coord.). *Responsabilidade civil.* São Paulo: Saraiva, 1984, p. 315.
[141] KFOURI NETO, Miguel. *Responsabilidade civil do médico.* 2. ed. São Paulo: Revista dos Tribunais, 1996, 5.4.2, p. 76-77.
[142] MAGALHÃES, Teresa Ancona Lopez de. Responsabilidade civil dos médicos. *In:* CAHALI, Yussef Said (coord.). *Responsabilidade civil.* São Paulo: Saraiva, 1984, p. 316.
[143] KFOURI NETO, Miguel. *Responsabilidade civil do médico.* 2. ed. São Paulo: Revista dos Tribunais, 1996, 5.4.3, p. 77.
[144] FRANÇA, Genival Veloso de. *Direito médico.* 6. ed. São Paulo: Fundação Editorial BYK-Procienx, 1994, p. 26.
[145] TJRGS, 9ª Câm. Cív., Ap. Cív. 70022799316, Rel. Des. Odone Sanguiné, ac. 16.04.2008, *RJTJRGS,* n. 268, p. 301-302.

liberais, seriam de resultado. E, não obstante submetidas a verificação da culpa, esta se presumiria, cabendo ao prestador de serviços provar que não agiu com culpa.[146]

Não é, porém, porque o Código seja de defesa do consumidor que todos os benefícios e favores da ordem jurídica tenham que ser-lhe aplicados, mesmo porque não contém ele um sistema completo e hermético de regulamentação das obrigações originadas das relações de consumo. Pelo contrário, o que a Lei n.º 8.078/1990 traduz é apenas um elenco de regras tutelares da parte vulnerável da relação jurídica de consumo. A legislação de direito privado geral continua vigendo sobre todos os contratos, sem exceção daqueles cogitados pela referida Lei nº 8.078/1990. A revogação das normas comuns só se deu naquilo que tenha sido disciplinado de forma diferente pelo Código de Defesa do Consumidor. Ademais, os princípios gerais, cujas raízes muitas vezes atingem o terreno da ordem constitucional, prevalecem sempre no labor interpretativo da legislação consumerista.

Em obra de nossa autoria,[147] lembramos que o contrato, em todas as suas modalidades, é antes de tudo, uma realidade econômica e como tal não pode ser visto longe do contexto ideológico e sistemático que a ordem jurídica traça para a economia e os direitos fundamentais. Os contratos de meio, em contraposição aos de resultado, não podem ser havidos como superados pelo Código de Defesa do Consumidor, pela simples razão de que este mesmo Código teve o cuidado de cogitar em dispositivos próprios das duas diferentes situações jurídicas, reconhecendo-lhes, conforme a tradição do direito, regimes distintos. Assim é que, para os prestadores de serviço em geral, estatuiu o sistema da responsabilidade civil objetiva (CDC, art. 14, *caput*), enquanto que, para os profissionais liberais, manteve o sistema do Código Civil, lastreado na culpa (CDC, art. 14, § 4º).

Dizer-se que a culpa, *in casu*, se presume porque o Código do Consumidor inclui entre os esteios da proteção ao consumidor a inversão do ônus da prova é, *data venia*, uma inverdade. Se é possível dita inversão, não a instituiu, porém, o CDC como regra absoluta e invariável. Ao contrário, o art. 6º, VIII, admite a inversão do ônus da prova em favor do consumidor como medida a ser adotada caso a caso, segundo critério do juiz, e sob a condição de verificar-se a verossimilhança da alegação ou a hipossuficiência técnica do consumidor, aferíveis conforme as regras ordinárias de experiência. Como então afirmar-se que a culpa do profissional liberal será sempre presumida apenas sob a justificativa de gozar o consumidor do privilégio da inversão do ônus da prova? Daí porque a melhor doutrina é a preconizadora de que a obrigação dos médicos, perante seus clientes, continua sendo, mesmo depois do CDC, regida pela regra tradicional do Código Civil, porque "constituindo-se em obrigação de meio, o descumprimento do dever contratual deve ser provado mediante a demonstração de que o médico agiu com imprudência, negligência ou imperícia, assim como está previsto no art. 1.545 do CC [de 1916]" [CC/2002, art. 951] (...). "A Lei n. 8.078/1990 (Código de Defesa do Consumidor), no seu art. 14, § 4º, manteve a regra de que 'a responsabilidade pessoal dos profissionais liberais será apurada mediante a verificação da culpa'. Esse mesmo ônus que existe na

---

[146] LÔBO, Paulo Luiz Netto. Responsabilidade civil do advogado. *Revista de Direito do Consumidor*, São Paulo, n. 34, abr.-jun. 2000, p. 131.

[147] THEODORO JÚNIOR, Humberto. *Direitos do consumidor*. 11. ed. Rio de Janeiro: Forense, 2023, n. 2.3 e 2.4, do Capítulo II, da parte III, p. 257-259.

relação contratual, tratando-se de obrigação de meio, também existe na responsabilidade extracontratual, cabendo igualmente ao lesado a prova dos pressupostos enumerados no art. 159 do CC [de 1916] [CC/2002, art. 186], que também se refere à culpa nas suas modalidades de imprudência, negligência e imperícia".[148]

Não há dúvida, portanto, para Ruy Rosado de Aguiar, de que "no Brasil, prevalece a orientação de que incumbe ao autor o ônus de provar a culpa do profissional médico, nas relações contratuais e delituais de natureza privada. Às vezes, até, com rigor exagerado".[149] Pode, é certo, haver inversão do ônus da prova, mas tal depende de decisão judicial motivada, segundo as particularidades do caso concreto, e não mediante critério geral e automático, capaz de gerar verdadeira culpa presumida do médico.

3.1.8. *Culpa isolada e culpa concorrente*

O problema da concorrência de culpa ocorre com frequência nas equipes médicas e nos serviços de hospital, durante intervenções cirúrgicas e internamentos.

A causa do dano pode ser atribuída a serviços secundários ligados à estrutura do Hospital, por exemplo, caso em que o cirurgião, que não tem ingerência em tais serviços, não responderá pela indenização. Ao Hospital caberá suportá-la, dentro do princípio de que o patrão responde pelos atos culposos de seus prepostos (Súmula 341 do STF).

Dentro da equipe médica que participa de certo ato cirúrgico, é preciso separar aqueles que se sujeitam às ordens do cirurgião e aqueles que exercem função técnica complexa e inerente à sua especialização. Os que cumprem ordens do chefe da equipe são meros prepostos. Por suas falhas responde o preponente, independentemente de culpa própria. Já com relação ao anestesista, que hoje é um médico especialista, o cirurgião, em princípio, não responde por suas falhas, a não ser que tendo sido rejeitado expressamente pelo paciente só veio a atuar por deliberação do médico chefe da equipe.

No pré e pós-operatório, a falha do anestesista é sempre autônoma, não havendo razão para atingir o cirurgião.[150]

A culpa da vítima ou de seus familiares muitas vezes elide a responsabilidade médica, em situações, por exemplo, como a da não observância das prescrições do médico ou a saída prematura do hospital, ou a não participação ao médico de incidentes ocorridos após a intervenção ou o tratamento e que agravaram o estado do enfermo.

3.1.9. *O dano e sua prova*

Para haver obrigação de indenizar não basta a situação injurídica. Sem dano efetivo, ainda que provado um ato ilícito do médico, não haverá lugar para se falar em responsabilidade civil.

---

[148] AGUIAR, Ruy Rosado de. Responsabilidade civil do médico. *In*: TEIXEIRA, Sálvio de Figueiredo (coord.). *Direito e medicina*. Belo Horizonte: Del Rey, 2000, p. 146.
[149] TJRS, Ap. 589.04565-7; TJRS, Ap. 589.06471-6; TJRS, Ap. 5.90038154.
[150] MAGALHÃES, Teresa Ancona Lopez de. Responsabilidade civil dos médicos. *In*: CAHALI, Yussef Said (coord.). *Responsabilidade civil*. São Paulo: Saraiva, 1984, p. 318.

O autor da ação indenizatória tem o ônus de provar qual foi efetivamente o dano que o erro médico culposo lhe acarretou, sob pena de decair de sua pretensão.

Os danos indenizáveis, na espécie, podem ser *físicos* (prejuízo corporal), *materiais* (perdas patrimoniais: lucros cessantes, gastos médicos hospitalares, medicamentos, viagens, aparelhamentos ortopédicos etc., pensão aos dependentes do paciente morto etc.) e *morais* (lesão estética, a dor sofrida, o mal-estar gerado por distúrbios na área das funções sexuais, frustração de carreira, como no caso de artista mutilado etc.).

Não só os médicos, como também os hospitais, laboratórios e clínicas, podem responder por danos morais, em razão de deficiências dos serviços prestados a seus pacientes e internos.

Já se condenou, por exemplo, a seguradora de saúde a reparar danos morais ao segurado que não conseguiu, por falta de vaga, internamento em hospital da rede conveniada, sendo forçado a buscar instituição fora do convênio.[151] O mesmo se deu pela recusa na hipótese em que se decidiu que há direito aos "danos morais advindos da injusta recusa de cobertura de seguro-saúde, pois tal fato agrava a situação de aflição psicológica e de angústia no espírito do segurado, uma vez que, ao pedir a autorização da seguradora, já se encontra em condição de dor, de abalo psicológico e com a saúde debilitada".[152]

Diagnósticos errados também têm sido qualificados como, em casos de graves consequências psicológicas, suficiente para impor ao médico ou, ao laboratório clínico o dever de reparar, já que a notícia falsa de estar acometido de "doença grave e contagiosa" pode provocar, no paciente, "dor atroz".[153] Deve-se, porém, ter em conta que o diagnóstico médico nem sempre é preciso e, por sua própria natureza, oferece risco de desacertos. Por si só, o diagnóstico equivocado não é causa da obrigação de indenizar o dano moral, ainda que o enfermo tenha padecido angústia e dor em razão da errônea afirmação do facultativo. Apenas o erro derivado de culpa justifica a condenação na espécie, nunca a falha que o próprio médico não tinha condições de evitar, pela falibilidade de sua técnica profissional.[154] Por isso, a obrigação do médico é, em regra, havida como de meio, assumindo o profissional da saúde apenas a "obrigação de prestar os seus serviços atuando em conformidade com o estágio de desenvolvimento de sua ciência, com diligência, prudência e técnicas necessárias, utilizando os recursos de que dispõe".[155]

---

[151] TJSP, Ap. 270.260-2/90, Rel. Des. Maurício Vidigal, ac. 26.11.1996, *RT*, 738/290.

[152] TJMG, 12ª Câm. Cív., Ap. Cív. 1.0024.12.025845-4/002, Rel. Des. José Flávio de Almeida, ac. 27.04.2016, súmula publicada em 04.05.2016. No mesmo sentido: TJMG, 13ª Câm. Cív., Ap. Cív. 1.0024.12.201317-0/002, Rel. Des. Luiz Carlos Gomes da Mata, ac. 30.10.2014, súmula publicada em 07.11.2014.

[153] CAHALI, Yussef Said. *Dano moral*. 2. ed. São Paulo: Revista dos Tribunais, 1998, n. 10.6.3, p. 507.

[154] TJSP, Ap. 261.153-1/60, Rel. Des. Cambrea Filho, ac. 27.11.1996, *RT*, 738/281.

[155] STJ, 4ª T., REsp 992.821/SC, Rel. Min. Luis Felipe Salomão, ac. 14.08.2012, *DJe* 27.08.2012. No mesmo sentido: "Conforme precedente deste Colegiado, 'como se trata de obrigação de meio, o resultado final insatisfatório alcançado não configura, por si só, o inadimplemento contratual, *pois a finalidade do contrato é a atividade profissional médica, prestada com prudência, técnica e diligência necessárias, devendo, para que exsurja obrigação de indenizar, ser demonstrada a ocorrência de ato, comissivo ou omissivo, caracterizado por erro culpável do médico, assim como do nexo de causalidade entre o dano experimentado pelo paciente e o ato tido por causador do dano*' (REsp 992.821/SC, Rel. Ministro Luis Felipe Salomão, Quarta Turma, julgado em 14/08/2012, DJe 27/08/2012)" (STJ, 4ª T., AgInt no AREsp 1.662.960/PR, Rel. Min. Luis Felipe Salomão, ac. 22.11.2021, *DJe* 25.11.2021).

No geral, trata-se de questão altamente especializada, "exigindo-se perícia para pronunciamento seguro da justiça".[156]

Todavia, em situações de culpa do médico e do laboratório, pelo diagnóstico errado de doença grave como o câncer e a AIDS, os tribunais têm imposto a condenação de reparar o dano moral.[157]

Nesse sentido, o entendimento do STJ em caso de laboratório que, ao realizar exame de HIV, apresentou resultado falso-positivo:

> "A falha na prestação do serviço em decorrência do resultado falso-positivo para o vírus HIV ocasiona abalo emocional e enseja a indenização por dano moral, mormente na hipótese de realização de novo exame com a confirmação do resultado falso-positivo".[158]

Violação de segredo profissional pode configurar dano moral para o paciente e responsabilidade civil para o médico (*RT* 654/69). O mesmo se pode afirmar da deficiente assistência proporcionada ao paciente por falta de plantão médico no hospital.[159]

Em um caso em que não teria havido culpa e nexo causal entre a morte do paciente e a conduta do médico, suscitou-se a chamada "perda de chance", baseada no efeito que poderia ter surgido de um acompanhamento especial no pós-operatório. O STJ rejeitou a arguição, ao argumento de que dita teoria só se aplica "quando o dano seja real, atual e certo, dentro de um juízo de probabilidade, e não mera possibilidade, porquanto o dano potencial ou incerto, no espectro da responsabilidade civil, em regra, não é indenizável". Mera possibilidade de o resultado morte ter sido evitado caso o paciente tivesse acompanhamento prévio e contínuo do profissional da saúde no período pós-operatório não é suficiente para responsabilizá-lo.[160]

No mesmo sentido:

> "3. A teoria da perda de uma chance pode ser utilizada como critério para a apuração de responsabilidade civil, ocasionada por erro médico, na hipótese em que o erro tenha reduzido possibilidades concretas e reais de cura de paciente. Precedentes.
> 4. A visão tradicional da responsabilidade civil subjetiva; na qual é imprescindível a demonstração do dano, do ato ilícito e do nexo de causalidade entre o dano sofrido pela vítima e o ato praticado pelo sujeito; não é mitigada na teoria da perda de uma chance.

---

[156] CAHALI, Yussef Said. *Dano moral*. 2. ed. São Paulo: Revista dos Tribunais, 1998, p. 509.

[157] STJ, 3ª T., EDcl no REsp 594.962/RJ, Rel. p/ ac. Min. Aldir Passarinho Junior, ac. 11.12.2007, *DJe* 08.08.2008; TJMG, 6ª Câm. Cív., Ap. Cív. 1.0000.00.235414-0/000, Rel. Des. Dorival Guimarães Pereira, ac. 08.04.2002, súmula publicada em 17.05.2002; TJRS, Ap. 595160250, Rel. Des. Araken de Assis, ac. 07.12.1995, *RJTJRGS* 175/702. No mesmo sentido: "'O diagnóstico inexato fornecido por laboratório radiológico levando a paciente a sofrimento que poderia ter sido evitado, dá direito à indenização. A obrigação da ré é de resultado, de natureza objetiva (art. 14 c/c o 3º do CDC)' (REsp 594.962/RJ, Relator o Ministro Antônio de Pádua Ribeiro, *DJ* de 17/12/2004)" (STJ, 4ª T., AgRg no AREsp 317.701/SP, Rel. Min. Raul Araújo, ac. 03.10.2013).

[158] STJ, 4ª T., AgRg nos EDcl no REsp 1.251.721/SP, Rel. Min. Antônio Carlos Ferreira, ac. 23.04.2013, *DJe* 26.04.2013.

[159] TJMG, Ap. Cív. 10384080640723001 1/MG, Rel. Des. Afrânio Vilela, ac. 23.03.2010, súmula publicada em 14.04.2010; TJRS, Ap. 595074022, Rel.ª Des.ª Maria Isabel Souza, ac. 06.09.1995, *RJTJRGS*, 176/631.

[160] STJ, 3ª T., REsp 1.104.665/RS, Rel. Min. Massami Uyeda, ac. 09.06.2009, *DJe* 04.08.2009.

Presentes a conduta do médico, omissiva ou comissiva, e o comprometimento real da possibilidade de cura do paciente, presente o nexo causal.

5. A apreciação do erro de diagnóstico por parte do juiz deve ser cautelosa, com tônica especial quando os métodos científicos são discutíveis ou sujeitos a dúvidas, pois nesses casos o erro profissional não pode ser considerado imperícia, imprudência ou negligência.

6. Na espécie, a perda de uma chance remota ou improvável de saúde da paciente que recebeu alta hospitalar, em vez da internação, não constitui erro médico passível de compensação, sobretudo quando constatado que a sua morte foi um evento raro e extraordinário ligado à ciência médica".[161]

Entretanto, em outro julgado, aquela Corte Superior deferiu a indenização pela perda de uma chance, nos seguintes termos:

"Direito civil. Câncer. Tratamento inadequado. Redução das possibilidades de cura. Óbito. Imputação de culpa ao médico. Possibilidade de aplicação da teoria da responsabilidade civil pela perda de uma chance. Redução proporcional da indenização. Recurso especial parcialmente provido.

1. O STJ vem enfrentando diversas hipóteses de responsabilidade civil pela perda de uma chance em sua versão tradicional, na qual o agente frustra à vítima uma oportunidade de ganho. Nessas situações, há certeza quanto ao causador do dano e incerteza quanto à respectiva extensão, o que torna aplicável o critério de ponderação característico da referida teoria para a fixação do montante da indenização a ser fixada. Precedentes.

2. Nas hipóteses em que se discute erro médico, a incerteza não está no dano experimentado, notadamente nas situações em que a vítima vem a óbito. A incerteza está na participação do médico nesse resultado, à medida que, em princípio, o dano é causado por força da doença, e não pela falha de tratamento.

3. Conquanto seja viva a controvérsia, sobretudo no direito francês, acerca da aplicabilidade da teoria da responsabilidade civil pela perda de uma chance nas situações de erro médico, é forçoso reconhecer sua aplicabilidade. Basta, nesse sentido, notar que a chance, em si, pode ser considerado um bem autônomo, cuja violação pode dar lugar à indenização de seu equivalente econômico, a exemplo do que se defende no direito americano. Prescinde-se, assim, da difícil sustentação da teoria da causalidade proporcional.

4. Admitida a indenização pela chance perdida, o valor do bem deve ser calculado em uma proporção sobre o prejuízo final experimentado pela vítima. A chance, contudo, jamais pode alcançar o valor do bem perdido. É necessária uma redução proporcional.

5. Recurso especial conhecido e provido em parte, para o fim de reduzir a indenização fixada".[162]

Cuidou o caso de paciente com câncer de seio que, em razão de inúmeros erros, não teve o tratamento adequado e, portanto, veio a falecer. Aquela Corte Superior entendeu que haveria aplicação a teoria da perda da chance, por se tratar de "uma modalidade

---

[161] STJ, 3ª T., REsp 1.662.338/SP, Rel. Min. Nancy Andrighi, ac. 12.12.2017, *DJe* 02.02.2018.
[162] STJ, 3ª T., REsp 1.254.141/PR, Rel. Min. Nancy Andrighi, ac. 04.12.2012, *DJe* 20.02.2013.

autônoma de indenização, passível de ser invocada nas hipóteses em que não se puder apurar a responsabilidade direta do agente pelo dano final". Assim, "o agente não responde pelo resultado para o qual sua conduta pode ter contribuído, mas apenas pela chance de que ele privou o paciente". Com isso, segundo a ilustre Relatora, "resolve-se, de maneira eficiente, toda a perplexidade que a apuração do nexo causal pode suscitar".

3.1.10. Relação de causalidade

O último encargo probatório que toca ao autor da ação indenizatória refere-se ao nexo causal que haverá de ter existido entre o dano sofrido pela vítima e o ato culposo do médico.

Cabe, pois, àquele que reclama a reparação do dano, provar que sem o erro cometido, culposamente, pelo facultativo, não teria o paciente sofrido a lesão.

> "Não é suficiente, para que seja exigível a responsabilidade civil, que o demandante haja sofrido um prejuízo nem que o demandado tenha agido com culpa. Deve reunir-se um terceiro e último requisito, a existência de um vínculo de causa e efeito entre a culpa e o dano; é necessário que o dano sofrido seja a consequência da culpa cometida".[163]

Por outro lado, como adverte Kfouri Neto, "o laço causal deve ser demonstrado às claras, atando as duas pontas que conduzam à responsabilidade. Se a vítima sofre o dano, mas não se evidencia o liame de causalidade com o comportamento do réu, improcedente será o pleito".[164]

Vale ressaltar – em defesa do princípio constitucional da legalidade – o julgamento do STJ, reformando acórdão proferido pelo Tribunal de Justiça do Rio de Janeiro que, embora tenha reconhecido a ausência de nexo causal entre a conduta do médico e o dano (exigência inafastável a que a lei vincula a responsabilidade civil), condenou o facultativo ao pagamento de indenização por danos morais como resposta humanitária mínima. Entendeu a Alta Corte que:

> "o direito, mesmo em se tratando de responsabilidade objetiva, rejeita qualquer indenização, se incomprovado o nexo de causalidade entre o fato alegado e o dano, entendimento esse que se extrai da valoração jurídica da prova (...) Rompido o nexo de causalidade da obrigação de indenizar, não há falar-se em direito à percepção de indenização por danos morais, ainda que a condenação seja por questões humanitárias, uma vez que tal hipótese não está prevista na legislação pertinente".[165]

Importa lembrar que as provas incompletas ou duvidosas prejudicam a parte que tem legalmente o *ônus da prova*. Prova insuficiente, lacunosa ou inconvincente é o mesmo que ausência da prova.

---

[163] MAZEAUD, Henri; MAZEAUD, Leon; TUNC, Andre. *Tratado teórico y práctico de la responsabilidad civil, delictual y contractual*. Buenos Aires: EJEA, 1977, t. II, v. 2, p. 1.
[164] KFOURI NETO, Miguel. *Responsabilidade civil do médico*. 2. ed. São Paulo: Revista dos Tribunais, 1996, p. 90-91.
[165] STJ, 4ª T., REsp 685.929/RJ, Rel. Min. Honildo Amaral de Mello Castro, ac. 18.03.2010, *DJe* 03.05.2010.

O nexo causal, por sua vez, pode ser destruído pela prova de caso fortuito, ou de culpa exclusiva da vítima. Se, porém, com o caso fortuito ou com a culpa do ofendido concorreu, também, a culpa do médico, não se isentará ele do dever de indenizar. A reparação será apenas reduzida em seu quantitativo.

3.1.11. Algumas situações especiais

I – Responsabilidade do anestesista

A participação do médico anestesista no ato cirúrgico oferece alguma dificuldade, no tocante à definição de responsabilidade civil pelo resultado danoso sofrido pelo paciente. Mesmo sendo a falha cometida pelo encarregado da anestesia, antiga jurisprudência imputava ao cirurgião dever de indenizar, na qualidade de chefe da equipe médica.

A evolução da técnica relativa à matéria levou o anestesista a transformar-se num médico especialista, que hoje desempenha sua função com completa autonomia. Mas nem por isso se pode, como alguém já pretendeu, afirmar que o anestesista contrai obrigação de resultado.[166]

O que hoje se admite, pacificamente, é que o insucesso e os acidentes da anestesia se submetem ao regime comum da responsabilidade médica. Vale dizer: a indenização *in casu* depende de prova, a cargo da vítima, de culpa do anestesista pelo evento danoso, segundo o princípio próprio das obrigações de meio.

O anestesista não tem responsabilidade maior nem menor do que o médico em geral. Responde, portanto, por erro culposo ou doloso, mas o resultado adverso não se presume provocado por culpa, razão pela qual incumbe à vítima demonstrar concretamente a imperícia, imprudência ou negligência do anestesista.

A propósito, está assentado na doutrina que: *a*) a responsabilidade do anestesista é individual nos períodos pré e pós-operatórios; *b*) durante a intervenção cirúrgica, a concorrência de culpa pode acontecer, entre o cirurgião e o anestesista, mas dependerá das circunstâncias do caso concreto; *c*) em princípio, cada um responde por seus próprios atos, de sorte que não se pode imputar falha do anestesista à responsabilidade do cirurgião, posto que "o anestesista é autônomo e seu campo de atuação é distinto".[167]

Nesse sentido, importante destacar o seguinte acórdão, que bem esclarece a questão:

> "4. Na Medicina moderna a operação cirúrgica não pode ser compreendida apenas em seu aspecto unitário, pois frequentemente nela interferem múltiplas especialidades médicas. Nesse contexto, normalmente só caberá a responsabilização solidária e objetiva do cirurgião-chefe da equipe médica quando o causador do dano for profissional que atue sob predominante subordinação àquele.

---

[166] PANASCO, Vanderby Lacerda. *A responsabilidade civil, penal e ética dos médicos*. 2. ed. Rio de Janeiro: Forense, 1984, p. 49.

[167] KFOURI NETO, Miguel. *Responsabilidade civil do médico*. 2. ed. São Paulo: Revista dos Tribunais, 1996, p. 131; TJRGS, ac. de 29.07.1965, *Rev. Jurídica*, 75/237. Nesse sentido, o entendimento do STJ: "o médico cirurgião, ainda que se trate de chefe de equipe, não pode ser responsabilizado por erro médico cometido exclusivamente pelo médico anestesista, como ocorrido na hipótese" (STJ, 3ª T., REsp 1.790.014/SP, Rel. p/ acórdão Min. Marco Aurélio Bellizze, ac. 11.05.2021, *DJe* 10.06.2021).

5. No caso de médico anestesista, em razão de sua capacitação especializada e de suas funções específicas durante a cirurgia, age com acentuada autonomia, segundo técnicas médico-científicas que domina e suas convicções e decisões pessoais, assumindo, assim, responsabilidades próprias, segregadas, dentro da equipe médica. Destarte, se o dano ao paciente advém, comprovadamente, de ato praticado pelo anestesista, no exercício de seu mister, este responde individualmente pelo evento.

6. O Código de Defesa do Consumidor, em seu art. 14, *caput*, prevê a responsabilidade objetiva aos fornecedores de serviço pelos danos causados ao consumidor em virtude de defeitos na prestação do serviço ou nas informações prestadas – fato do serviço. Todavia, no § 4º do mesmo artigo, excepciona a regra, consagrando a responsabilidade subjetiva dos profissionais liberais. Não há, assim, solidariedade decorrente de responsabilidade objetiva, entre o cirurgião-chefe e o anestesista, por erro médico deste último durante a cirurgia".[168]

Entendemos correto o entendimento da Corte Superior. Se o próprio Código do Consumidor determina a responsabilidade do médico sob o fundamento da *culpa*, e se o cirurgião não cometeu ato culposo algum, e se a especialidade médica do anestesista é inconteste, não se pode criar uma solidariedade entre ambos por uma infração culposa que foi praticada apenas por um deles. Não há, a nosso sentir, como entrever uma responsabilidade civil solidária, a título de preposição, como a do art. 932, III, do Código Civil, se não há subordinação hierárquica entre cirurgião e anestesista, cada qual desempenhando, autonomamente, sua própria especialidade médica.

II – Infecção hospitalar

Outro dado merece destaque: a infecção hospitalar e outras sequelas suportadas pelo paciente em razão de seu internamento.

Quanto à infecção hospitalar, suas origens tanto podem localizar-se nas condições ambientais, como nas próprias condições pessoais do paciente, capazes de provocar a autoinfecção.

Aceita-se que o risco de infecção é inerente ao ato cirúrgico e que não existe, em lugar algum do mundo, índice zero de infecção. Recomenda-se, em litígios em torno do assunto, a pesquisa probatória em torno das práticas adotadas pelo hospital para controle de desinfecção. Se há diligências constantes nesse sentido, não há culpa do estabelecimento. Se são ausentes ou insuficientes as medidas rotineiras de prevenção contra a infecção hospitalar, tem-se como configurada a culpa do hospital pela infecção contraída pelo paciente durante a internação.[169]

A responsabilidade civil dos hospitais, seja por infecção hospitalar, seja por qualquer outra lesão sofrida pelos pacientes em razão dos serviços de internação, não se inclui na regra do art. 951 do Código Civil (obrigação de meio). Aplica-se-lhes, portanto, a teoria comum da responsabilidade contratual, segundo a qual o contratante se presume culpado pelo não alcance do resultado a que se obrigou. Não se trata de teoria pura do risco,

---

[168] STJ, 2ª Seção, EREsp 605.435/RJ, Rel. p/ acórdão Min. Raul Araújo, ac. 14.09.2011, *DJe* 28.11.2012.
[169] KFOURI NETO, Miguel. *Responsabilidade civil do médico*. 2. ed. São Paulo: Revista dos Tribunais, 1996, n. 9, p. 121.

porque sempre será lícito ao hospital provar a não ocorrência de culpa para eximir-se do dever de indenizar. Mas, o ônus da prova da culpa não caberá, como ocorre no caso de erro médico, ao paciente ofendido.[170] Quem se apresenta como vítima de lesão sofrida durante internamento somente terá de provar, para obter a competente indenização, o dano e sua verificação coincidente com sua estada no hospital. A culpa estaria presumida, contra o estabelecimento, até prova em contrário.

Segundo o STJ, a responsabilidade do hospital é objetiva, mas dependente de comprovação da culpa do médico integrante de seu corpo clínico:

> "1. Serviços de atendimento médico-hospitalar de emergência são sujeitos ao Código de Defesa do Consumidor.
> 2. A responsabilidade do hospital é objetiva quanto à atividade de seu profissional plantonista (CDC, art. 14), de modo que dispensada demonstração da culpa do hospital relativamente a atos lesivos decorrentes de culpa de médico integrante de seu corpo clínico no atendimento.
> 3. A responsabilidade de médico atendente em hospital é subjetiva, necessitando de demonstração pelo lesado, mas aplicável a regra de inversão do ônus da prova".[171]

No mesmo sentido, jurisprudência do TJRGS:

> "A responsabilidade do estabelecimento hospitalar, mesmo sendo objetiva, é vinculada à comprovação da culpa do médico. Ou seja, mesmo que se desconsidere a atuação culposa da pessoa jurídica, a responsabilização desta depende da atuação culposa do medito, sob pena de não haver o dito erro medito indenizável".[172]

III – Responsabilidade do hospital em razão de erro médico

Impende ressaltar, ainda, que o STJ, em sede de recurso especial, analisou ação ajuizada contra hospital, por suposto erro médico ocorrido na realização de parto. Em primeira instância, o nosocômio denunciou à lide o médico responsável que, ao final, foi condenado pela sentença, juntamente com o hospital, ao pagamento de indenização à autora. O médico interpôs recurso especial, após a sentença ser mantida pelo Tribunal de Justiça, alegando violação ao princípio da congruência, por ter ocorrido julgamento *extra petita*, já que a autora teria ajuizado ação somente contra o hospital. Segundo o seu entendimento, ele, como litisdenunciado, não poderia ser condenado diretamente na ação principal a indenizar a autora. A Corte Superior, no entanto, não acolheu a alegação de ofensa ao princípio da congruência, ao argumento de que, "aceita a denunciação da lide e apresentada contestação quanto ao mérito da causa, o denunciado assume a condição de litisconsorte do réu, podendo, por conseguinte, ser condenado direta e solidariamente com aquele, na mesma sentença, ao pagamento da indenização".[173]

---

[170] KFOURI NETO, Miguel. *Responsabilidade civil do médico*. 2. ed. São Paulo: Revista dos Tribunais, 1996, n. 9.2, p. 125-126.
[171] STJ, 3ª T., REsp 696.284/RJ, Rel. Min. Sidnei Beneti, ac. 03.12.2009, DJe 18.12.2009.
[172] TJRGS, 9ª Câm. Cível, Ap. 70029994829, Rel. Des. Iris Helena Medeiros Nogueira, ac. 15.07.2009, *Revista de Jurisprudência do TJRGS*, n. 276, p. 285.
[173] STJ, 3ª T., REsp 1.195.656/BA, Rel. Min. Massami Uyeda, ac. 16.08.2011, DJe 30.08.2011.

O entendimento do STJ mereceu acolhida do CPC de 2015, já que, para o parágrafo único do seu art. 128, "procedente o pedido da ação principal, pode o autor, se for o caso, requerer o cumprimento da sentença também contra o denunciado, nos limites da condenação deste na ação regressiva".

IV – Responsabilidade do cirurgião-dentista

Por fim, deve-se destacar a responsabilidade do cirurgião-dentista que, por ser profissional da saúde como o médico, tem sua atividade regulada de forma similar. O Tribunal de Justiça de São Paulo, analisando ação ajuizada contra dentista por erro ao realizar cirurgia bucal, entendeu ser a obrigação do profissional de resultado, razão pela qual é presumida a culpa quando o resultado não é obtido, "cabendo a ele, profissional, demonstrar culpa da vítima ou caso fortuito para obter isenção de responsabilidade". Segundo o Desembargador Relator, Ênio Santarelli Zuliani, "a prestação que o dentista assume, em situações convencionais de seu ofício (de menor complexidade, como obturação, limpeza, tratamento de canal) correspondem aos serviços mais exigidos no consultório, é considerada como de resultado".[174]

3.1.12. Irresponsabilidade do hospital por dano moral

De modo geral, tem prevalecido na jurisprudência o reconhecimento de ser objetiva a responsabilidade civil do hospital pelos danos materiais e morais suportados por pacientes durante a internação.

O STJ, porém, em acórdão relatado pelo Min. João Otávio de Noronha, fez uma importante distinção entre o serviço hospitalar deficiente e a falha cometida por médico, dentro do hospital, mas sem qualquer tipo de vínculo com a entidade hospitalar. O caso julgado referia-se a uma lesão nos nervos da perna da paciente em cirurgia realizada por médico não pertencente ao quadro do hospital. O fundamento da pretensão indenizatória repousava sobre imperícia ou negligência com que teria agido o cirurgião. Em outros termos, a falha teria sido cometida durante a prestação dos serviços do médico, e não nos serviços a cargo do hospital.

Destacou o voto vencedor condutor do acórdão que serviços de atribuição do hospital são, por exemplo, os pertinentes à instrumentação cirúrgica, à higienização adequada, à vigilância, à ministração de remédios etc. Nesse rol, não se pode incluir o ato cirúrgico praticado por médico sem nenhum vínculo com o hospital, conforme restou decidido no REsp 351.178/SP pela 4ª Turma do STJ. É que a disciplina profissional não confere ao hospital a atribuição de fiscalizar os serviços prestados pelos médicos que operam em suas dependências, conforme se deduz da Resolução n. 11/1995 do CREMESC.

Inexistindo, tanto por parte do hospital como de seu corpo clínico, ingerência no trabalho autônomo do cirurgião – mesmo porque isto "seria um absurdo, pois não se pode pensar que o hospital obrigue o médico a seguir sua orientação e seus métodos operató-

---

[174] TJSP, 4ª Câm. de Direito Privado, Ap. 0230907-58.2006.8.26.0100, Rel. Des. Ênio Santarelli Zuliani, ac. 24.03.2011, *Revista Magister de Direito Empresarial*, n. 38, p. 127.

rios" – não há como, em tais casos, entrever uma "intermediação do ente hospitalar" que pudesse resultar em responsabilidade pelos atos profissionais e técnicos do cirurgião, que "apenas se serviu de suas instalações para a realização de cirurgias". Daí a conclusão do Min. João Otávio de Noronha, em seu voto vencedor:

> "Assim, não tendo o médico em questão prestado quaisquer serviços no interesse ou sob ordens do hospital, não há porque falar em responsabilidade do nosocômio quanto ao sucesso da cirurgia questionada nos autos".[175]

Em suma: a responsabilidade do hospital é objetiva em relação aos serviços prestados àqueles que suportam danos em razão de falha dos serviços próprios da atividade hospitalar. Não há responsabilidade alguma para a instituição se o dano a reparar não decorreu dos serviços hospitalares, mas de falha do serviço profissional do cirurgião autônomo, isto é, daquele que não mantém vínculo algum com o hospital, e apenas usa de suas dependências para realizar a intervenção cirúrgica em paciente que é dele, médico, e não do nosocômio.

Nessa mesma linha, se decidiu no REsp 908.359/SC, que a responsabilidade *subjetiva* do médico não desaparece pelo fato de operar em hospital, a que o CDC impõe responsabilidade objetiva pelos serviços prestados aos internos:

> "Na hipótese de prestação de serviços médicos, o ajuste contratual – vínculo estabelecido entre médico e paciente – refere-se ao emprego da melhor técnica e diligência entre as possibilidades de que dispõe o profissional, no seu meio de atuação, para auxiliar o paciente. Portanto, não pode o médico assumir compromisso com um resultado específico, fato que leva ao entendimento de que, se ocorrer dano ao paciente, deve-se averiguar se houve culpa do profissional – teoria da responsabilidade subjetiva.
>
> No entanto, se, na ocorrência de dano, impõe-se ao hospital que responda *objetivamente* pelos erros cometidos pelo médico [que não é seu preposto, mas um profissional liberal], estar-se-á aceitando que o contrato firmado seja de resultado, pois *se o médico não garante o resultado*, o hospital garantirá.
>
> Isso leva ao seguinte absurdo: na hipótese de intervenção cirúrgica, ou o paciente sai curado ou será indenizado – daí um contrato de resultado firmado às avessas".[176]

Donde a conclusão:

> "A responsabilidade do hospital somente tem espaço quando o dano decorrer de falha de serviços cuja atribuição é afeta única e exclusivamente ao hospital. Nas hipóteses de dano decorrente de falha técnica restrita ao profissional médico, mormente quando este não tem nenhum vínculo com o hospital – seja de emprego ou de mera preposição –, não cabe atribuir ao nosocômio a obrigação de indenizar".[177]

---

[175] STJ, voto vencedor no REsp 908.359, proferido pelo Relator p/ o acórdão.
[176] STJ, 2ª Seção, REsp 908.359/SC, Rel.ª Min.ª Nancy Andrighi, ac. 27.08.2008, *DJe* 17.12.2008.
[177] STJ, 2ª Seção, REsp 908.359/SC, Rel.ª Min.ª Nancy Andrighi, ac. 27.08.2008, *DJe* 17.12.2008. No mesmo sentido: STJ, 4ª T., REsp 1.019.404/RN, Rel. Min. João Otávio de Noronha, ac. 22.03.2011, *DJe* 01.04.2011.

Por outro lado, quando há culpa do hospital, principalmente na forma de contratação de profissionais para prestarem serviço, o STJ entende haver responsabilidade objetiva deste por prestação de serviço defeituoso:

> "3. O propósito recursal consiste em definir se há defeito na prestação de serviço hospitalar de urgência e emergência decorrente do regime de plantão à distância de médico anestesista, quando paciente sofre de hemorragia durante o parto necessitando de seu atendimento imediato.
> 4. A opção do hospital em contratar profissional em regime de sobreaviso (plantão não presencial) trouxe inegavelmente o agravamento do risco de não fornecer em tempo e modo adequados os serviços de atenção à saúde que disponibilizou para o mercado de consumo. Esta conduta exemplifica situação de vício de qualidade por inadequação do serviço, pois o torna carente de idoneidade para realização do fim a que é destinado.
> 5. Recurso especial conhecido e provido, para reconhecer a responsabilidade objetiva do hospital, decorrente do defeito na prestação do serviço de urgência para a parturiente vítima de hemorragia pós parto".[178]

Entretanto, havendo culpa por parte de médico com vínculo com o hospital, a responsabilidade deste, segundo o entendimento do STJ, é subjetiva, cabendo a comprovação da culpa do profissional:

> "4. A responsabilidade dos hospitais, no que tange à atuação dos médicos que neles trabalham ou são ligados por convênio, é subjetiva, dependendo da demonstração da culpa. Assim, não se pode excluir a culpa do médico e responsabilizar objetivamente o hospital. Precedentes.
> 5. Na hipótese sob julgamento, o TJ/PR em momento algum apontou que a responsabilidade do hospital decorreria de defeitos relativos à prestação de serviços propriamente afetos à responsabilidade hospitalar, considerando, contudo, que ela seria decorrente de falha médica, isto é, de ato praticado por médica preposta do hospital. Inviável, portanto, conceber a configuração da responsabilidade objetiva do hospital recorrente na espécie. O afastamento da responsabilidade objetiva da instituição hospitalar, no entanto, não afasta, de todo modo, a sua responsabilidade pelo evento.
> 6. Partindo-se da premissa de que, em primeiro e segundo graus, foi considerada – e reconhecida – a vinculação do insucesso do procedimento à conduta da médica preposta, ressoa nítida a configuração da responsabilidade subjetiva do hospital".[179]

3.2. Plano de saúde. Recusa de cobertura

Os planos de saúde regem-se por princípios contratuais, dentre os quais o da autonomia da vontade negocial e o da força obrigatória das convenções ajustadas entre os contratantes, não podendo, por isso, o segurado exigir cobertura para evento estranho ao objeto do contrato livre e conscientemente definido pelas partes.

---
[178] STJ, 3ª T., REsp 1.736.039/SP, Rel. Min. Nancy Andrighi, ac. 05.06.2018, *DJe* 07.06.2018.
[179] STJ, 3ª T., REsp 1.642.999/PR, Rel. Min. Nancy Andrighi, ac. 12.12.2017, *DJe* 02.02.2018.

É preciso, todavia, que a recusa de cobertura, em situações de risco ou de imprecisa previsão contratual, se dê com necessário respeito aos limites da probidade e da lealdade, impostos pela lei em nome do princípio da boa-fé objetiva (Código Civil, arts. 113 e 422). Deve-se, nessa perspectiva, valorizar mais a justa expectativa e a confiança gerada no espírito do segurado, do que a simples literalidade de alguma cláusula contratual restritiva, desde, é claro, que não se viole o equilíbrio econômico do negócio jurídico.

A alegada negativa do plano de saúde de fornecimento ao segurado de medicamento que compõe tratamento quimioterápico, a pretexto de tratar de produto de caráter experimental, vedado contratualmente, o TJSC decidiu que a cláusula restritiva genérica desafia interpretação *favorável ao consumidor*. Reconheceu, por isso, o direito da segurada à reparação por danos morais. Isto porque, nas circunstâncias do processo, a recusa teria afrontado "a boa-fé e a função social do contrato, causando sofrimento em momento de evidente fragilidade física e psicológica da segurada".[180]

Ainda em relação a plano de saúde, o STJ possui entendimento consolidado no sentido de ser "abusiva a recusa em conferir cobertura securitária para indenizar o valor de próteses necessárias ao restabelecimento da saúde do segurado".[181] Em outro acórdão, o STJ consignou:

> "Civil. Recurso especial. Indenização. Dano moral. Negativa injusta de cobertura securitária médica. Cabimento.
>
> 1. Afigura-se a ocorrência de dano moral na hipótese de a parte, já internada e prestes a ser operada – naturalmente abalada pela notícia de que estava acometida de câncer –, ser surpreendida pela notícia de que a prótese a ser utilizada na cirurgia não seria custeada pelo plano de saúde no qual depositava confiança há quase 20 anos, sendo obrigada a emitir cheque desprovido de fundos para garantir a realização da intervenção médica. A toda a carga emocional que antecede uma operação somou-se a angústia decorrente não apenas da incerteza quanto à própria realização da cirurgia, mas também acerca dos seus desdobramentos, em especial a alta hospitalar, sua recuperação e a continuidade do tratamento, tudo em virtude de uma negativa de cobertura que, ao final, se demonstrou injustificada, ilegal e abusiva.
>
> 2. Conquanto geralmente nos contratos o mero inadimplemento não seja causa para ocorrência de danos morais, a jurisprudência do STJ vem reconhecendo o direito ao ressarcimento dos danos morais advindos da injusta recusa de cobertura securitária médica, na medida em que a conduta agrava a situação de aflição psicológica e de angústia no espírito do segurado, o qual, ao pedir a autorização da seguradora, já se encontra em condição de dor, de abalo psicológico e com a saúde debilitada".[182]

Igualmente, aquela Corte Superior já entendeu que o prazo de carência deve ser afastado em casos de urgência:

---

[180] TJSC, 3ª C.D.Civ., AC 2015.043967-8, Rel. Des. Maria do Rocio Luz Santa Ritta, *DJSC* 08.09.2015, p. 166, *Revista Brasileira de Direito Comercial*, v. 6, p. 172, ago.-set. 2015.
[181] STJ, 3ª T., AgRg no AREsp 172.382/RJ, Rel. Min. Ricardo Villas Bôas Cueva, ac. 25.03.2014, *DJe* 31.03.2014.
[182] STJ, 3ª T., REsp 1.190.880/RS, Rel. Min. Nancy Andrighi, ac. 19.05.2011, *DJe* 20.06.2011.

(i) "Recurso especial. Plano de saúde. Prazo de carência. Situação de emergência. Apendicite aguda. Carência contratual. Abusividade da cláusula restritiva. Dano moral. Ocorrência. Precedentes.

1. A cláusula que estabelece o prazo de carência deve ser afastada em situações de urgência, como o tratamento de doença grave, pois o valor da vida humana se sobrepõe a qualquer outro interesse. Precedentes específicos da Terceira e da Quarta Turma do STJ.

2. A jurisprudência desta Corte 'vem reconhecendo o direito ao ressarcimento dos danos morais advindos da injusta recusa de cobertura de seguro saúde, pois tal fato agrava a situação de aflição psicológica e de angústia no espírito do segurado, uma vez que, ao pedir a autorização da seguradora, já se encontra em condição de dor, de abalo psicológico e com a saúde debilitada'. (REsp 918.392/RN, Rel. Ministra Nancy Andrighi)".[183]

(ii) "1. Não é abusiva a cláusula contratual que prevê prazo de carência para os serviços prestados pelo plano de saúde. No entanto, configura abusividade a negativa de fornecimento de assistência médica em casos de urgência ou emergência durante o período de carência, sendo injusta a recusa da operadora".[184]

3.3. Suicídio em hospital

O TJ da Bahia, em acórdão mantido pelo STJ, reconheceu que ao nosocômio incumbe o dever contratual de vigilância sobre o comportamento do paciente internado. Assentou, por conseguinte, que o suicídio por este cometido durante o internamento configura "falha na prestação do serviço do nosocômio", nos moldes do art. 14 do CDC. Manteve-se, assim, a condenação do nosocômio à reparação dos danos morais sofridos pelos parentes do suicida.[185]

3.4. Dano moral ocorrido em partos

I – Demora na assistência médico-hospitalar à parturiente

O TJ de São Paulo aplicou o art. 14 do CDC à entidade hospitalar, para impor-lhe o dever de reparar danos morais, em virtude de "demora no atendimento da autora e posterior parto em local inadequado, sem auxílio de médico obstetra e enfermeiros".[186]

Reconheceu o julgado que a ré teria agido "de forma negligente, deixando de prestar o atendimento seguro de que necessitava a autora, mesmo sabendo dos riscos que poderiam advir de um parto sem os cuidados exigidos". Reconhecida a "falha na prestação do serviço", os danos morais foram havidos como caracterizados e a verba reparatória foi fixada em R$ 30.000,00.

---

[183] STJ, 3ª T., REsp 1.243.632/RS, Rel. Min. Paulo de Tarso Sanseverino, ac. 11.09.2012, *DJe* 17.09.2012.
[184] STJ, 4ª T., AgInt no REsp 1.858.967/CE, Rel. Min. João Otávio de Noronha, ac. 17.04.2023, *DJe* 19.04.2023.
[185] STJ, 3ª T., AgRg no AREsp 587.132/RS, Rel. Min. Moura Ribeiro, ac. 18.08.2015, *DJe* 28.08.2015.
[186] TJSP, 1ª C.D.Priv., APL 4002969-47.2013.8.26.0071, Ac 9041894, Rel. Des. Christine Santini, *DJESP* 07.12.2015, *Revista Magister de Direito Civil e Processual Civil*, v. 69, p. 179, nov.-dez. 2015.

II – Utilização de fórceps causando dano ao bebê

Analisando caso em que a utilização indevida de fórceps pelo médico obstetra provocou tetraplegia ao bebê, o STJ reconheceu a responsabilidade do hospital, mas reduziu o valor arbitrado a título de danos morais:

> "2. O propósito recursal consiste em dizer se deve ser mantido o arbitramento de R$ 1 milhão a título de compensação por danos morais devidos por erro médico na realização de parto com fórceps causador de tetraplegia no bebê que após quinze anos de incessante internação veio a óbito.
> 3. O valor fixado a título de danos morais somente comporta revisão nesta sede nas hipóteses em que se mostrar ínfimo ou exagerado.
> 4. Na hipótese, deve ser levado em conta o fato de a família estar envolvida com esta gravíssima situação ao longo de 15 anos, pois durante toda a vida do seu filho tiveram que experimentar sua limitação a depender do auxílio de terceiros, 24 horas por dia, bem como de ventilação mecânica, situação esta que perdurou até o seu falecimento.
> 5. Não se pode perder de vista que a recorrente está submetida ao regime falimentar e que houve efetiva colaboração, diante da dramática situação criada, em favor do núcleo familiar com diversas providências tomadas antes mesmo da judicialização da controvérsia.
> 6. Recurso especial conhecido e provido, para reduzir o valor da compensação por danos morais em favor de cada genitor para R$ 300 mil".[187]

III – Dano moral por violência obstétrica

Tem sido recorrente na jurisprudência o reconhecimento do dano moral provocado pela denominada "violência obstétrica":

> *(i)* "Apelação. Responsabilidade civil. Indenização por danos morais. Violência obstétrica. Parto ocorrido em corredor no nosocômio, após mais de 10 horas da admissão na maternidade, com a queda da recém-nascida, decorrente da expulsão fetal. Ausência de assistência prestada ao final do período de dilatação e período expulsivo. Inadequação dos procedimentos e não observância dos critérios estabelecidos pela ANVISA (RDC 36/2008). Dano moral configurado".[188]

> *(ii)* "Responsabilidade civil. Indenização por danos morais. Violência obstétrica. Demanda ajuizada pelos pais de recém nascida Parto levado a termo no banheiro do hospital que integra o polo passivo Procedência decretada (...) Dano moral configurado e que decorre do sofrimento resultante da *violência obstétrica* a que foi submetida a parturiente, que também se estendeu ao genitor ao presenciar o nascimento da filha em tais condições Quantum indenizatório Fixação pelo valor de R$ 40.000,00 que comporta majoração para a importância de R$ 60.000,00, corrigida monetariamente desde a data do sentenciamento Juros de mora Termo inicial Data do evento danoso

---

[187] STJ, 3ª T., REsp 1.749.965/SP, Rel. Min. Nancy Andrighi, ac. 12.11.2019, *DJe* 19.11.2019.
[188] TJSP, 10ª C. de Direito Privado, Ap. Civ. 10034202-79.2014.8.26.0132, Rel. Des. Márcio Boscaro, j. 07.12.2021, Registro: 2021.0000998178.

(Súmula 54 C. STJ) – Sentença reformada Recurso dos autores provido, improvido o da ré".[189]

(iii) "Apelação. Ação indenizatória por danos materiais e morais. Violência obstétrica. Dano inconteste. Nexo causal configurado...".[190]

3.5. Dano moral na cirurgia estética

Em obra recente, o magistrado e Professor Jurandir Sebastião enfrenta o problema do dano moral na cirurgia plástica mal sucedida e aponta as dúvidas e controvérsias a que a matéria ainda se expõe na jurisprudência.[191]

Sabe-se que a cirurgia plástica, na medicina moderna, pode ser usada em duas funções distintas: a *reparadora* e a *simplesmente estética*. Na primeira modalidade, a intervenção procura sanar ou reconstruir o físico do paciente, diante de defeito congênito ou adquirido. Nesse terreno, a operação não é diferente das outras intervenções cirúrgicas em geral. O contrato de serviços técnicos entre o cirurgião e o paciente é reconhecidamente um contrato de *meio* e não de resultado. Dessa maneira, só há responsabilidade indenizatória se o médico agiu com *culpa* na provocação de insucesso cirúrgico.[192]

Quando, porém, o paciente é pessoa normal e sadia, a plástica só se justifica pela intenção de embelezamento. Já, então, várias opiniões são no sentido de que o médico que se propõe a atender ao desejo do paciente contrairia obrigação de resultado, e se esse desiderato não é alcançado haveria inadimplemento contratual, sem necessidade de a vítima provar em que teria consistido a culpa do cirurgião.[193]

Há, porém, na doutrina atual aqueles que não veem razão técnica para tratar a cirurgia plástica, mesmo puramente estética, de modo diverso da cirurgia em geral. Assim, também ela seria objeto de obrigação de meios e não de resultado.[194]

O Tribunal de Minas Gerais esposou a tese da obrigação de meios, declarando que, na cirurgia plástica mal sucedida, a responsabilidade profissional reclamava prova da culpa do cirurgião.[195]

---

[189] TJSP, 8ª C. de Direito Privado, Apelação Cível 1038611-78.2019.8.26.0506, Rel. Des. Salles Rossi, j. 28.07.2021, Registro: 2021.0000596609.

[190] TJSP, 4ª C. de Direito Privado, Apelação 0001076-33.2015.8.26.0358, Rel. Des. Osvaldo Magalhães, j. 21.07.2021, Registro: 2021.0000480281.

[191] SEBASTIÃO, Jurandir. *Responsabilidade médica*. Civil, criminal e ética. 2. ed. Belo Horizonte, 2001, n. 20, p. 69-73.

[192] No mesmo sentido: KFOURI NETO, Miguel. *Responsabilidade civil do médico*. 2. ed. São Paulo: Revista dos Tribunais, 1996, p. 156.

[193] CHAVES, Antônio. *Tratado de direito civil*. São Paulo: Revista dos Tribunais, 1985, v. III, p. 396; GONÇALVES, Carlos Roberto. *Responsabilidade civil*. 6. ed. São Paulo: Saraiva, 1995, p. 269; STOCO, Rui. *Responsabilidade civil e sua interpretação jurisprudencial*. 4. ed. São Paulo: Revista dos Tribunais, 1999, p. 297.

[194] AGUIAR, Ruy Rosado de. Responsabilidade civil do médico. *Revista dos Tribunais, São Paulo*, v. 718, p. 39-40, ago. 1995; FOSTER, Nestor José. Cirurgia plástica estética: obrigação de resultado ou obrigação de meios. *Revista dos Tribunais*, v. 738, p. 83-89, abr. 1997; AVELAR, Juarez Moraes. *Cirurgia plástica, obrigação de meio*. São Paulo: Hipócrates, 2000, p. 73-104.

[195] 4ª CC., Ap. 110.111-3, Rel. Juiz Mercêdo Moreira, *RJTAMG* 46/130-133.

Os tribunais estaduais abrandam, frequentemente, o rigor na inculpação do cirurgião plástico, mesmo nas intervenções puramente estéticas, de modo a não equipará-las sempre às obrigações de resultado. A demonstração da culpa *in concreto* é quase sempre exigida.[196] Assim, não é de presumir-se a culpa do cirurgião apenas por não ter sido alcançado o *embelezamento* esperado. Todavia, "se o tratamento *agravar* os defeitos, *deformar*, *enfear*, em vez de embelezar, nesse caso o *resultado* é levado em consideração", havendo presunção de culpa profissional.[197]

O Superior Tribunal de Justiça já adotou igual entendimento, ao assentar que "o profissional que se propõe a realizar a cirurgia, visando a melhorar a aparência física do paciente, assume o compromisso de que, no mínimo, não lhe resultarão danos estéticos, cabendo ao cirurgião a avaliação dos riscos. Responderá por tais danos, salvo culpa do paciente ou a intervenção de fator imprevisível, o que lhe cabe provar".[198]

O STJ, por sua 3ª Turma, em decisão antiga e que não foi unânime, chegou a consagrar a tese da responsabilidade do cirurgião plástico, na espécie, como "responsabilidade contratual ou objetiva", pelo que deverá indenizar "pelo não cumprimento da mesma, decorrente de eventual deformidade ou de alguma irregularidade".[199] Atualmente, pode-se reconhecer, segundo a Quarta Turma do mesmo Tribunal, que o entendimento já se encontra sedimentado: "a cirurgia estética é uma obrigação de resultado, pois o contratado se compromete a alcançar um resultado específico, que constitui o cerne da própria obrigação, sem o que haverá a inexecução desta".[200]

A Terceira Turma daquela Corte não discrepa:

> "A cirurgia estética é uma obrigação de resultado, pois o contratado se compromete a alcançar um resultado específico, que constitui o cerne da própria obrigação, sem o que haverá a inexecução desta. Nessas hipóteses, há a presunção de culpa, com inversão do ônus da prova. O uso da técnica adequada na cirurgia estética não é suficiente para isentar o médico da culpa pelo não cumprimento de sua obrigação. A jurisprudência da 2ª Seção, após o julgamento do REsp 802.832/MG, Rel. Min. Paulo de Tarso Sanseverino, *DJe* de 21.09.2011, consolidou-se no sentido de que a inversão do ônus da prova constitui regra de instrução, e não de julgamento".[201]

Não há, como se vê, solução unívoca, mas é certo que se trata com maior rigor a responsabilidade do cirurgião plástico que se encarrega de intervenção puramente esté-

---

[196] TJRJ, Ap. 10.898, ac. 11.03.1980; CAHALI, Yussef Said. Yussef Said. *Dano moral*. 2. ed. São Paulo: Revista dos Tribunais, 1998, p. 342.

[197] TJRJ, ac. 21.09.1982, *RT*, 566/191.

[198] STJ, 3ª T., AgRg no AI 37.060-9-RS, Rel. Min. Eduardo Ribeiro, ac. 28.11.1994, *RSTJ*, 68/33. No mesmo sentido: STJ, 4ª T., AgRg no AREsp 678.485/DF, Rel. Min. Raul Araújo, ac. 19.11.2015, *DJe* 11.12.2015.

[199] STJ, 3ª T., REsp 81.101/PR, Rel. Min. Waldemar Zveiter, ac. 13.04.1999, *DJU* 31.05.1999, p. 140; *RSTJ* 119/290.

[200] STJ, 4ª T., AgRg no AREsp 678.485/DF, Rel. Min. Raul Araújo, ac. 19.11.2015, *DJe* 11.12.2015. No mesmo sentido: TAMG, 2ª CC., Ap. 190.433-8, Rel. Juiz Caetano Levi Lopes, ac. 21.02.1995, *RJTAMG* 58-59, p. 212-216.

[201] STJ, 3ª T., REsp 1.395.254/SC, Rel. Min. Nancy Andrighi, ac. 15.10.2013, *DJe* 29.11.2013.

tica, pois quase sempre lhe tocará o ônus da prova, para livrar-se do dever de indenizar, em caso de insucesso da operação.

Merece ser lembrada, contudo, a lição do Ministro Ruy Rosado de Aguiar, na qual demonstra que o art. 14 do Código de Defesa do Consumidor, que prevê a responsabilidade pessoal dos profissionais liberais com base na verificação da culpa, não pode deixar de ser aplicada também aos cirurgiões plásticos.[202]

A divergência existente na doutrina e jurisprudência acerca da natureza da cirurgia plástica, mesmo a puramente estética, deve ser solucionada, segundo o Ministro Ruy Rosado, em favor da tese que atribui ao cirurgião plástico uma obrigação de meios.

> "Embora se diga que os cirurgiões plásticos prometam corrigir, sem o que ninguém se submeteria, sendo são, a uma intervenção cirúrgica, pelo que assumiriam eles a obrigação de alcançar o resultado prometido, a verdade é que a álea está presente em toda intervenção cirúrgica, e imprevisíveis as reações de cada organismo à agressão do ato cirúrgico. Pode acontecer que algum cirurgião plástico, ou muitos deles assegurem a obtenção de um certo resultado, mas isso não define a natureza da obrigação, não altera a sua categoria jurídica, que continua sendo sempre a obrigação de prestar um serviço que traz consigo o risco. E bem verdade que se pode examinar com maior rigor o elemento culpa, pois mais facilmente se constata a imprudência na conduta do cirurgião que se aventura à prática da cirurgia estética, que tinha chances reais, tanto que ocorrente, de fracasso. A falta de uma informação precisa sobre o risco, e a não obtenção de consentimento plenamente esclarecido, conduzirão eventualmente à responsabilidade do cirurgião, mas por descumprimento culposo da obrigação de meios. Na cirurgia estética, o dano pode consistir em não alcançar o resultado embelezador pretendido, com frustração da expectativa, ou em agravar os defeitos, piorando as condições do paciente. As duas situações devem ser resolvidas à luz dos princípios que regem a obrigação de meios, mas no segundo fica mais visível a imprudência ou a imperícia do médico que provoca a deformidade. O insucesso da operação, nesse último caso, caracteriza indício sério da culpa do profissional, a quem incumbe a contraprova de atuação correta".[203]

De igual pensamento é o professor argentino Luís Andorno, *in verbis*:

> "Se bem tenhamos participado durante algum tempo deste critério de situar a cirurgia plástica no campo das obrigações de resultado, um exame meditado e profundo da questão nos levou à conclusão de que resulta mais adequado não fazer distinções a respeito, colocando também o campo da cirurgia estética no âmbito das obrigações de meios, isto é, no campo das obrigações gerais de prudência e diligência. E assim porquanto, como bem assinala o brilhante jurista e catedrático francês e estimado amigo, Prof. François Chabas, de acordo com as conclusões da ciência médica dos últimos tempos, o comportamento da pele humana, de fundamental importância na cirurgia plástica,

---

[202] AGUIAR, Ruy Rosado de. Responsabilidade civil do médico. *In:* TEIXEIRA, Sálvio de Figueiredo (coord.). *Direito e medicina*. Belo Horizonte: Del Rey, 2000, p. 146.
[203] AGUIAR, Ruy Rosado de. Responsabilidade civil do médico. *In:* TEIXEIRA, Sálvio de Figueiredo (coord.). *Direito e medicina*. Belo Horizonte: Del Rey, 2000, p. 150-151.

é imprevisível em numerosos casos. Ademais, agrega dito jurista, toda a intervenção sobre o corpo humano é sempre aleatória".[204]

Força é notar que o STJ tem decidido que a obrigação assumida pelos médicos normalmente é obrigação de meio, no entanto, em caso da cirurgia plástica meramente estética, é obrigação de resultado, e não de meio. Assim, o mau resultado da plástica faz presumir a culpa do cirurgião, como ordinariamente se passa com os contratos de resultado. Isto, porém, não priva o médico da possibilidade de demonstrar, por meio de prova adequada, que o resultado adverso não lhe pode ser imputado, em casos como de força maior, caso fortuito ou culpa exclusiva da vítima. Mas se o cirurgião plástico não fizer prova em contrário, o que prevalecerá é a presunção de culpa, derivada do descumprimento de um contrato de resultado.[205] No mesmo sentido, vários outros julgados daquela Corte Superior:

> *(i)* "(...) 2. A obrigação assumida pelo médico, normalmente, é obrigação de meios, posto que objeto do contrato estabelecido com o paciente não é a cura assegurada, mas sim o compromisso do profissional no sentido de uma prestação de cuidados precisos e em consonância com a ciência médica na busca pela cura.
> 3. Apesar de abalizada doutrina em sentido contrário, este Superior Tribunal de Justiça tem entendido que a situação é distinta, todavia, quando o médico se compromete com o paciente a alcançar um determinado resultado, o que ocorre no caso da cirurgia plástica meramente estética. Nesta hipótese, segundo o entendimento nesta Corte Superior, o que se tem é uma obrigação de resultados e não de meios".[206]

> *(ii)* "(...) 2. Controvérsia acerca da responsabilidade do médico na cirurgia estética e da possibilidade de inversão do ônus da prova.
> 3. A cirurgia estética é uma obrigação de resultado, pois o contratado se compromete a alcançar um resultado específico, que constitui o cerne da própria obrigação, sem o que haverá a inexecução desta.
> 4. Nessas hipóteses, há a presunção de culpa, com inversão do ônus da prova.
> 5. O uso da técnica adequada na cirurgia estética não é suficiente para isentar o médico da culpa pelo não cumprimento de sua obrigação".[207]

> *(iii)* "2. Nos termos da jurisprudência do STJ, a cirurgia plástica tem natureza de obrigação de resultado, o que atrai a presunção de responsabilidade do médico, que deve comprovar alguma excludente de sua responsabilização pelos danos causados ao paciente. Precedentes".[208]

A nosso ver, não se deve radicalizar, de modo a atribuir sempre uma responsabilidade objetiva, ou sem culpa, ao cirurgião plástico, nas operações estéticas. O que

---

[204] ANDORNO, Luís O. La responsabilidad civil médica. *AJURIS*, Porto Alegre, n. 59, p. 224, nov. 1993.
[205] STJ, 4ª T., REsp 236.708/MG, Rel. Min. Carlos Fernando Mathias, ac. 10.02.2009, *DJe* 18.05.2009.
[206] STJ, 4ª T., REsp 236.708/MG, Rel. Min. Carlos Fernando Mathias, ac. 10.02.2009, *DJe* 18.05.2009.
[207] STJ, 3ª T., REsp 1.395.254/SC, Rel. Min. Nancy Andrighi, ac. 15.10.2013, *DJe* 29.11.2013.
[208] STJ, 4ª T., AgInt nos EDcl no REsp 2.010.474/AM, Rel. Min. Marco Buzzi, ac. 06.03.2023, *DJe* 10.03.2023.

se deve exigir do médico é que seja claro e meticuloso no expor todos os riscos que a intervenção oferece, alertando-se o cliente convenientemente. Aí sim, se o insucesso ocorrer dentro dos riscos e previsões de que tomou conhecimento prévio o paciente, não haverá como responsabilizar o médico pela eventual lesão provocada pelo ato cirúrgico de embelezamento. Deve-se, em outros termos, "obter consentimento esclarecido" do paciente.[209]

Consideramos corretas e muito adequadas as ponderações de Jurandir Sebastião no sentido de que:

> "Óbvio que compete ao médico, como profissional sério que deva ser, *desestimular* a cirurgia absolutamente *desnecessária* ou aquela cujo *risco* não compensa correr. É que se o paciente tem desvio de personalidade, dando excesso de atenção a detalhes irrelevantes de sua aparência e sofrendo, com isso, o médico, como pessoa equilibrada, não pode abrir mão do bom senso e do exaustivo dever de advertência, contraindicando a cirurgia, pelos riscos decorrentes. Quando desses deveres descura, a ponto de ver no paciente apenas oportunidade de ganhar dinheiro fácil, deve pagar pelo mau resultado – se ocorrer. Em tais casos, presume-se que o médico assumiu o *risco* pelo resultado. Aqui reside o cerne do contrato de *fim*: se o médico assumiu o risco pelo resultado, o eventual descumprimento acarreta-lhe o dever de provar a *impossibilidade* da adimplência, pelos meios legais admissíveis como forma de extinção da obrigação.
>
> Na doutrina e na jurisprudência, há consenso de que não é compreensível alguém contratar uma cirurgia clinicamente desnecessária para melhorar sua aparência e, ao cabo da empreitada, deparar com um quadro de piora estética. Daí porque, nesta especialidade (cirurgia embelezadora), exige-se do médico o cumprimento dos deveres (inafastáveis) de *alertamento* prévio à exaustão, sobre os riscos possíveis e os improváveis, assim como obtenção do pleno *consentimento* do paciente, após demonstração de tê-los compreendido".[210]

4. DANO MORAL E DIREITO DO CONSUMIDOR

4.1. Não indenizabilidade de aborrecimentos de pequena monta

A vida em sociedade obriga o indivíduo a inevitáveis aborrecimentos e contratempos, como ônus ou consequências naturais da própria convivência e do modo de vida estabelecido pela comunidade. O dano moral indenizável, por isso mesmo, não pode derivar do simples sentimento individual de insatisfação ou indisposição diante de pequenas decepções e frustrações do quotidiano social.

O Tribunal de Justiça de São Paulo explorou bem esse tema no julgamento de uma ação em que o cliente de um banco pretendia indenização pelo fato de ter sido retido algum tempo no dispositivo de segurança da porta detectora de metais. São palavras textuais do acórdão:

---

[209] SEBASTIÃO, Jurandir. *Responsabilidade médica*. Civil, criminal e ética. 2. ed. Belo Horizonte, 2001, p. 70, nota 28.

[210] SEBASTIÃO, Jurandir. *Responsabilidade médica*. Civil, criminal e ética. 2. ed. Belo Horizonte, 2001, n. 20, p. 71-72.

"Vivemos período marcado por aquilo que se poderia denominar banalização do dano moral. Notícias divulgadas pela mídia, muitas vezes com estardalhaço, a respeito de ressarcimentos milionários por alegado dano moral, concedidos por juízes no país e no exterior, acabam por influenciar as pessoas, que acabam por crer na possibilidade de virem a receber polpudas indenizações por aquilo que, a rigor, menos do que dano moral, não constitui mais que simples aborrecimento.

Parece-me adequada a análise dos fatos, conforme a empreendeu o réu tanto em sua resposta quanto nas razões do apelo.

Com efeito, a existência, nas agências bancárias, de porta detectora de metais, constitui medida necessária, em época de extrema violência para a segurança de todos. Os noticiários de televisão mostram, com frequência, cenas de assaltos cinematográficos a bancos, repetindo imagens gravadas por câmeras de circuitos internos. Em nossa Capital, tão frequentes se tornaram essas ocorrências que a Polícia Civil acabou por criar Delegacia Especializada de Roubo a Bancos.

Em tal situação, razoável é que as instituições financeiras provejam as agências de todos os equipamentos de segurança, em especial portas que detectam objetos de metal. 'E exatamente por isso é que todas as pessoas se submetem ao crivo desse sistema de segurança, tornando-se entre nós uma coisa corriqueira, especialmente entre as pessoas mais instruídas, como é o caso do apelado' (*in verbis*, f.).

'Enfim, a pessoa que fica presa na porta detectora de metais, por ser um equipamento de segurança conhecido, não passa por qualquer humilhação ou constrangimento, apenas pode ficar um pouco nervosa com aquela situação' (idem, f.).

Os aborrecimentos e contrariedades fazem parte do quotidiano. A vida é composta por prazeres e desprazeres. Quem quer que viva em uma cidade como São Paulo está sujeito a dissabores, no trânsito caótico, nas filas para utilização dos equipamentos urbanos, no tempo de abertura dos semáforos frequentemente insuficiente para a travessia de pedestres, no tratamento nem sempre cortês dos atendentes e vendedores. E nem por isso se pensará em, a cada um desses pequenos aborrecimentos, movimentar a máquina judiciária para a obtenção de ressarcimento.

Indenizável é o dano moral sério, aquela capaz de, em uma pessoa normal, o assim denominado 'homem médio', provocar uma perturbação nas relações psíquicas, na tranquilidade, nos sentimentos e nos afetos".[211]

Nessa mesma linha de princípios, o Tribunal de Justiça de São Paulo também decidiu, em outro processo, que o disparo de alarme sonoro indevido em supermercado não é por si só causa justificadora de indenização por dano moral:

"Responsabilidade civil – Indenização por dano moral – Cliente de Supermercado – Alarme sonoro disparado quando de sua passagem pelo dispositivo de segurança – Exame das sacolas de compras para identificação da mercadoria que provocou o disparo – Prova coligida que não deixa transparecer a existência de qualquer excesso por parte dos prepostos da demandada, os quais não expuseram a honra do cliente a dúvida generalizada ou humilhação perante outras pessoas, em que pese a identificação

---

[211] 1º TACivSP, 1ª CC, Ap. 101.697-4/0-00, Rel. Des. Elliot Akel, ac. 25.07.2000, *RT* 782/253.

do produto tenha sido efetuada no mesmo ambiente em que ocorreu o disparo – Ação julgada improcedente – Recurso improvido".[212]

Também o antigo Tribunal de Alçada de Minas Gerais já entendeu que, para efeito de dano moral, "em linha de princípio, não constitui constrangimento o disparo do alarme e muito menos a interpelação de encarregados pela fiscalização de quem passa pelo aparelho".[213]

Não foi diferente o entendimento adotado pelo Superior Tribunal de Justiça, para quem o fato de soar o alarme de segurança do estabelecimento comercial pode ser desagradável para o cliente, mas isto não passa de um contratempo, que em regra, não chega a gerar, por si só, direito a uma indenização, porquanto distante de causar dor ou sofrimento a ponto de reclamar ressarcimento material. Segundo o relator, só se há de admitir dano moral indenizável quando, soado o alarme, os prepostos do estabelecimento agem de modo agressivo, ríspido, espalhafatoso, submetendo o cliente a humilhante revista, pois, aí, sim, se atinge a esfera moral da vítima. Quando a reação imediata do gerente é de polidez e pedido de desculpas pelo ocorrido, sem suscitar qualquer suspeita de furto, o caso não é de ato ilícito, senão de aborrecimento prontamente contornado.[214] Nessa linha de entendimento, decidiu acertadamente o TJRJ ser cabível a reparação do dano moral diante de acionamento indevido do dispositivo antifurto da loja, porque os seguranças agiram contra a cliente com comprovado "excesso de grosserias, além de agressões verbais", tendo a abordagem se revelado "constrangedora, arbitrária e abusiva", de modo a fazer com que a ofendida se sentisse "humilhada perante as demais pessoas que passavam pela loja".[215]

Também com adequada fundamentação, decidiu o STJ, em acórdão recente, que:

> "a prática da conferência indistinta de mercadorias pelos estabelecimentos comerciais, após a consumação da venda, é em princípio lícito e tem como base o exercício do direito de vigilância e proteção ao patrimônio, razão pela qual não constitui, por si só, prática abusiva. Se a revista dos bens adquiridos é realizada em observância aos limites da urbanidade e civilidade, constitui mero desconforto, a que atualmente a grande maioria dos consumidores se submete, em nome da segurança".[216]

Ainda segundo a mesma orientação foi o que se decidiu a propósito de bloqueio indevido de linha telefônica móvel, fato considerado não suscetível de desencadear, por si

---

[212] TJSP, Ap. 97.583-4, Rel. Des. César Lacerda, ac. 23.08.2000, *LEX-JTJ* 236/99.
[213] TAMG, Ap. 297.376-8, 2ª CC., Rel. Juiz Caetano Levi Lopes, ac. 21.12.1999.
[214] STJ, 4ª T., REsp 470.694/PR, Rel. Min. Aldir Passarinho Júnior, ac. 07.02.2008, *DJU* 10.03.2008, p. 1. "Em regra, o simples disparo de alarme sonoro, seguido de revista pessoal, não é suficiente para ensejar o dano moral indenizável, devendo, para tanto, ficar comprovado que tal circunstância foi acompanhada de tratamento abusivo ou vexatório por parte dos prepostos do estabelecimento comercial. Precedentes" (STJ, 4ª T., AgInt no AREsp 175.512/SP, Rel. Min. Raul Araújo, ac. 18.10.2018, *DJe* 25.10.2018).
[215] TJRJ, 27ª Câm. Cível, Ap. 0016263-25.2012.8.19.0021, Rel. Des. Tereza Cristina Sobral Bittencourt Sampaio, *DORJ* 06.11.2015.
[216] STJ, 3ª T., REsp 1.120.113/SP, Rel. Min. Nancy Andrighi, ac. 15.02.2011, *DJe* 10.10.2011.

só, o dano moral.[217] Idêntica solução foi dada pelo STJ em caso de interrupção no serviço de telefonia, considerado, "via de regra, mero dissabor, não ensejando indenização por danos morais".[218]

Não se considerou, ainda, indenizável suposto dano provocado pela recusa de cartão de débito em estabelecimento comercial. Segundo a Quarta Turma do STJ,

> "o Tribunal de origem concluiu pela inexistência de dano moral decorrente da impossibilidade de utilização do cartão de débito em um dia de compras, sob o fundamento de que 'erros de leitura magnética do cartão e falhas momentâneas no sistema são comuns e compreensíveis' (e-STJ fl. 277). (...) Ademais, a jurisprudência desta Corte é firme no sentido de que o mero aborrecimento advindo da recusa do cartão de crédito em estabelecimento credenciado não configura dano moral".[219]

Em outro julgado, o STJ não deferiu indenização por dano moral em razão de infiltração ocorrida em apartamento, ao argumento de que, "embora tenha causado, é certo, frustração em sua utilização, não justifica, por si só, indenização por danos morais", uma vez que os defeitos "não tornaram o imóvel impróprio para o uso".[220] O Tribunal de Justiça de Minas Gerais, por sua vez, não considerou a desavença entre vizinhos "decorrente de intolerância", como fato hábil a ensejar reparação moral, uma vez que tal fato "se insere no âmbito do dissabor trivial, acontecimento desagradável que decorre da vida em sociedade e não alcança os direitos da personalidade".[221]

O Tribunal de Justiça do Rio Grande do Sul, por sua vez, entendeu não ser cabível indenização por dano moral em razão de passageiro esquecer algum pertence em veículo de transporte por aplicativo, que não foi devolvido pelo motorista. Segundo o acórdão, embora haja o dever de restituição da quantia paga pelos pertences, não há que se falar em dano moral, no caso, por não haver "prova de que tenha ocorrido lesão à dignidade da pessoa humana, violação a direitos da personalidade ou repercussão do fato no meio social capaz de causar situação constrangedora ou vexatória".[222]

Enfim, como tem advertido o STJ, "a indenização por dano moral não deve ser banalizada". Em muitos casos o ofendido realmente sofreu prejuízos por deficiência de serviços prestados na manutenção do seu automóvel ou de algum outro bem valioso. "Mas, os incômodos ou dissabores não chegam a configurar dano moral".[223]

---

[217] STJ, 3ª T., AgRg no REsp 846.273/RS, Rel. Min. Humberto Gomes de Barros, ac. 31.12.2007, *DJU* 18.12.2007, p. 269. Precedentes: REsp 299.282/RJ, *DJU* 23.05.2006; REsp 633.525/MA, *DJU* 20.02.2006; e REsp 606.382/MS, *DJU* 17.05.2004.
[218] STJ, 4ª T., AgRg no AI 1.170.293/RS, Rel. Min. Maria Isabel Gallotti, ac. 12.04.2011, *DJe* 28.04.2011.
[219] STJ, 4ª T., AgRg nos EDcl. no AREsp 43.739/SP, Rel. Min. Antônio Carlos Ferreira, ac. 27.11.2012, *DJe* 04.02.2013.
[220] STJ, 3ª T., REsp 1.234.549/SP, Rel. Min. Massami Uyeda, ac. 01.12.2011, *DJe* 10.02.2012.
[221] TJMG, 12ª Câm. Cível, Ap. 5010547-52.2008.8.13.0145, Rel. Des. José Flávio de Almeida, ac. 14.07.2010, *DJEMG* 02.08.2010.
[222] TJRS, 4ª T., Recurso Inominado 71008562878, Rel. Des. Gisele Anna Vieira de Azambuja, ac. 24.05.2019, *DJe* 27.05.2019.
[223] STJ, 4ª T., REsp 750.735/RJ, Rel. Min. Aldir Passarinho Júnior, ac. 04.06.2009, *DJe* 17.08.2009.

4.1.1. Dano por frustração contratual e produto danificado

Dentro do prisma da relevância necessária da dor moral para justificar o ressarcimento da lesão não patrimonial, a advertência pretoriana é no sentido de que esse tipo de reparação não pode ser banalizado a ponto de se juntar sempre ao pedido de danos materiais no caso de inadimplemento de contrato.

O Superior Tribunal de Justiça já teve oportunidade de advertir que:

> *(i)* "O inadimplemento contratual implica a obrigação de indenizar os danos patrimoniais; não, danos morais, cujo reconhecimento implica mais do que os deveres de um negócio frustrado".[224]

> *(ii)* "A jurisprudência desta Corte Superior se firmou na vertente de não acarretar dano moral o tão só descumprimento de contrato, como o de promessa de compra e venda de imóvel, pois o inadimplemento da obrigação contratual não é imprevisível, não gerando, de forma extraordinária, ofensa a direito da personalidade, ainda que enseje desconforto e frustração na esfera íntima do indivíduo".[225]

Em relação, especificamente, ao atraso na entrega de imóvel, esta Corte Superior já assentou ser "necessária a comprovação de circunstâncias específicas que possam configurar lesão extrapatrimonial", para que a indenização seja cabível.[226] Nessa esteira, reformou acórdão do TJSP que havia deferido indenização "ao argumento único de não entrega da obra na data contratualmente estabelecida, sem indicar, objetivamente, a existência de algum fato específico que pudesse causar ofensa moral". E reafirmou que "eventual dissabor inerente à expectativa frustrada decorrente de inadimplemento contratual se insere no cotidiano das relações comerciais e não implica lesão à honra ou violação da dignidade humana".[227]

A mesma orientação foi adotada pelo TJ do Rio Grande do Sul: "O mero inadimplemento contratual não acarreta dano de natureza moral, uma vez que não está presente qualquer lesão a atributo de personalidade do consumidor". O caso julgado referia-se a maus serviços prestados por técnico de informática.[228]

É claro que tudo dependerá do objeto do contrato inadimplido. Se tal objeto é de natureza puramente patrimonial, o dano reparável não vai além do plano material. Pode, no entanto, o contrato referir-se à prestação que incide sobre a pessoa e assim pode, no caso de inadimplemento, causar inegável lesão na esfera psíquica, como, por exemplo, os serviços hospitalares, o transporte de passageiros, o fornecimento de bens e serviços para uma festa de casamento etc. O inadimplemento contratual, em tais situações, evi-

---

[224] STJ, 3ª T., REsp 201.414/PA, Rel. Min. Ari Pargendler, ac. 20.06.2000, *DJU* 05.02.2001, p. 100.
[225] STJ, 3ª T., AgRg no AI 506.143/RJ, Rel. Min. Vasco Della Giustina, ac. 15.09.2009, *DJe* 08.10.2009.
[226] STJ, 4ª T., AgInt no REsp 1.936.577/RJ, Rel. Min. Raul Araújo, ac. 21.02.2022, *DJe* 10.03.2022.
[227] STJ, 3ª T., AgInt no AREsp 1.829.264/SP, Rel. Min. Marco Aurélio Belizze, ac. 16.08.2021, *DJe* 19.08.2021. No mesmo sentido: STJ, 3ª T., REsp 1.642.314/SE, Rel. Min. Nancy Andrighi, ac. 16.03.2017, *DJe* 22.03.2017.
[228] TJRGS, Ap. 70023315872, 18ª Câm. Cív., Rel.ª Des.ª Nara Leonor Castro Garcia, ac. 27.03.2008, *RJTJRGS*, v. 268, p. 348.

dentemente acarretará responsabilidade tanto pelos prejuízos econômicos como pelos danos morais.

O Tribunal de Justiça de Minas Gerais teve a oportunidade de analisar questão envolvendo contrato de locação de salão de festas para a realização de aniversário de 15 anos, que foi interrompido por um longo período, em razão da queda da chave geral de energia elétrica. Entendeu aquele tribunal haver responsabilidade do dono do salão, porque "o espaço alugado para eventos deve estar preparado para suportar equipamentos elétricos diversos, em quantidade razoável e aceitável para os tipos de festa a que se destina".[229]

Em outro aresto, o STJ cuidou da frustração do comprador que recebeu mercadoria defeituosa, mas que não chegou a consumi-la porque visualmente pôde localizar o vício:

> "A indenização por dano moral objetiva atenuar o sofrimento, físico ou psicológico, decorrente do ato danoso, que atinge aspectos íntimos e sociais da personalidade humana. Na presente hipótese, a simples aquisição do produto danificado, uma garrafa de refrigerante contendo um objeto estranho em seu interior, sem que se tenha ingerido o seu conteúdo, não revela, a meu ver, o sofrimento descrito pelos recorrentes como capaz de ensejar indenização por danos morais. O art. 12 do Decreto n. 2.181/1997 mostra-se impertinente para sustentar a tese recursal, já que a constatação de existência de prática infrativa pelo fornecedor não enseja, necessariamente, o pagamento de indenização por danos morais".[230]

O Tribunal de Justiça de Minas Gerais seguiu idêntico entendimento, negando indenização por dano moral em caso de aquisição de bebida ou alimento que, no recipiente, continha restos de um inseto, porque o defeito do produto era visível a olho nu e fora detectado antes do respectivo consumo e antes mesmo de abrir a embalagem:

> *(i)* "Indenização. Dano moral. Aquisição de alimento impróprio. Corpo estranho. Vidro de palmito. Alimento não consumido. Mero aborrecimento. Os sentimentos de repugnância e asco, em razão da identificação visual de corpo estranho em produto alimentício adquirido, por si só, não configuram dano moral, passível de ser indenizado, mormente porque o vício foi detectado antes mesmo de o recipiente ser aberto para consumo".[231]

> *(ii)* "Indenização por danos morais. Água mineral contaminada. Presença de inseto. Produto não ingerido. Inexistência de danos. A identificação de inseto em garrafa de água que não foi sequer aberta é mero aborrecimento que não pode ser elevado à condição de dano moral, e, via de consequência, não gera direito à indenização".[232]

> *(iii)* "A aquisição de um produto que, à evidência, está impróprio ao consumo, por conter corpo estranho visível no interior do recipiente, só ensejaria o pedido de reparação, se lhe fosse negada a troca ou, de sua ingestão, adviesse prejuízo à saúde.

---

[229] TJMG, 12ª Câm. Cível, Ap. 5734091-66.2009.8.13.0024, Rel. Des. Alvimar de Ávila, *DJEMG* 04.10.2010.
[230] STJ, 3ª T., AgRg no AI 276.671/SP, Rel. Min. Carlos Alberto Menezes Direito, ac. 04.02.2000, *DJU* 08.05.2000, p. 94. No mesmo sentido: STJ, 3ª T., AgRg no AREsp 662.222/SR, Rel. Min. João Otávio de Noronha, ac. 01.09.2015, *DJe* 04.09.2015.
[231] TJMG, 9ª CC., Ap. 1.0382.06.069.565-9/002, Rel. Des. José Antonio Braga, j. 18.08.2009, publ. 31.08.2009.
[232] TJMG, 14ª CC., Ap. 1.0079.05.188618-6/001, Rel. Des. Elias Camilo, j. 20.09.2007, publ. 08.10.2007.

– Não é toda situação incômoda ou desagradável que faz surgir, no mundo jurídico, o direito à percepção de danos morais. Aborrecimentos e desgastes emocionais, decorrentes da só descoberta de corpos estranhos em recipientes de bebidas comercializadas, não geram ressarcimentos a tal ordem, por não se enquadrarem em quaisquer das situações previstas no art. 5º, incisos V e X, da CF".[233]

Nesse mesmo sentido é o entendimento do TJRJ, cuja Súmula 383 dispõe que "a aquisição de gênero alimentício impróprio para consumo não importa, por si só, dano moral".

No Tribunal de Justiça do Rio Grande do Sul, a contaminação de um refrigerante por fragmentos de um inseto depositados no interior da garrafa, foi havida, em mais de uma oportunidade, como suficiente para impor ao fabricante a responsabilidade pela reparação de danos morais, independentemente de a ingestão do produto não ter causado transtorno à saúde do consumidor. Registrou-se, porém, que a bebida chegou a ser ingerida em boa parte, tendo sido, então, percebido pelo consumidor "algo estranho em sua boca", fato que levou o cliente e o próprio fornecedor a comprovar a presença de restos de um inseto diluídos no refrigerante.[234]

Em outro aresto, porém, o TJRGS foi além e considerou configurado o dano moral indenizável pela simples circunstância de o consumidor ter adquirido uma garrafa de cerveja com corpo estranho em seu interior. Decidiu-se, na oportunidade, que o vício do produto caracterizava dano moral "em razão do próprio fato, ante o inusitado, não havendo a necessidade do consumo do produto para caracterização do dano, situação que somente agravaria os dissabores".[235]

Releva notar que mais recentemente, o STJ reformou o seu entendimento, em julgamento realizado pela Segunda Seção, para reconhecer a existência do dano moral, ainda que não haja ingestão do corpo estranho encontrado dentro do produto:

> "3. A Emenda Constitucional nº 64/2010 positivou, no ordenamento jurídico pátrio, o direito humano à alimentação adequada (DHAA), que foi correlacionado, pela Lei 11.346/2006, à ideia de segurança alimentar e nutricional.
> 4. Segundo as definições contidas na norma, a segurança alimentar e nutricional compreende, para além do acesso regular e permanente aos alimentos, como condição de sobrevivência do indivíduo, também a qualidade desses alimentos, o que envolve a regulação e devida informação acerca do potencial nutritivo dos alimentos e, em especial, o controle de riscos para a saúde das pessoas.
> 5. Nesse sentido, o art. 4º, IV, da Lei 11.346/2006 prevê, expressamente, que a segurança alimentar e nutricional abrange 'a garantia da qualidade biológica, sanitária, nutricional e tecnológica dos alimentos'.

---

[233] TAMG, 6ª CC, Ap. 2.0000.00.325340-1/000 – em conexão com a Apelação 2.0000.00.325.342-5/000, Rel.ª Des.ª Beatriz Pinheiro Caíres, j. 15.02.2001, publ. 06.03.2001.

[234] TJRGS, 9ª Câm. Cív., Ap. Cív. 70024087181, Rel. Des. Odone Sanguiné, ac. 08.10.2008, *Rev. Dir. do Consumidor*, n. 69, p. 181-186. No mesmo sentido: TJRGS, 5ª Câm. Cív., Ap. Cív. 70010730695, Rel. Des. Antônio Vinícius Amaro da Silveira, ac. 12.05.2005.

[235] TJRGS, 9ª Câm. Cív., Ap. Cív. 70020983052, Rel. Des. Tasso Caubi Soares Delabary, ac. 12.12.2007, *cit.* como precedente, no ac. publicado na *Revista de Direito do Consumidor*, v. 69, p. 185.

6. Ao fornecedor incumbe uma gestão adequada dos riscos inerentes a cada etapa do processo de produção, transformação e comercialização dos produtos alimentícios. Esses riscos, próprios da atividade econômica desenvolvida, não podem ser transferidos ao consumidor, notadamente nas hipóteses em que há violação dos deveres de cuidado, prevenção e redução de danos.

7. A presença de corpo estranho em alimento industrializado excede aos riscos razoavelmente esperados pelo consumidor em relação a esse tipo de produto, sobretudo levando-se em consideração que o Estado, no exercício do poder de polícia e da atividade regulatória, já valora limites máximos tolerados nos alimentos para contaminantes, resíduos tóxicos outros elementos que envolvam risco à saúde.

8. Dessa forma, à luz do disposto no art. 12, *caput* e § 1º, do CDC, tem-se por defeituoso o produto, a permitir a responsabilização do fornecedor, haja vista a incrementada – e desarrazoada – insegurança alimentar causada ao consumidor.

9. Em tal hipótese, o dano extrapatrimonial exsurge em razão da exposição do consumidor a risco concreto de lesão à sua saúde e à sua incolumidade física e psíquica, em violação do seu direito fundamental à alimentação adequada.

10. É irrelevante, para fins de caracterização do dano moral, a efetiva ingestão do corpo estranho pelo consumidor, haja vista que, invariavelmente, estará presente a potencialidade lesiva decorrente da aquisição do produto contaminado.

11. Essa distinção entre as hipóteses de ingestão ou não do alimento insalubre pelo consumidor, bem como da deglutição do próprio corpo estranho, para além da hipótese de efetivo comprometimento de sua saúde, é de inegável relevância no momento da quantificação da indenização, não surtindo efeitos, todavia, no que tange à caracterização, a priori, do dano moral".[236]

A nosso sentir, revela-se mais razoável a orientação seguida pelo TJRJ, pelo TJMG e anteriormente pelo STJ, que não entrevê dano moral pela simples contaminação do produto, detectada antes do consumo. Sem dúvida, o dano material está configurado, mas não o dano moral. Para que este se dê é necessário que um transtorno grave e concreto ocorra na esfera do psiquismo e da personalidade do ofendido. Isto, *concessa venia*, não chega a acontecer na simples verificação de que a bebida comprada contém corpo estranho em seu interior.

A se estimular tamanha sensibilidade entre os consumidores, fácil se tornará a prática oportunista de os próprios adquirentes introduzirem elementos poluidores nas garrafas, para aventurarem em demandas de dano moral contra os fabricantes de bebida, em busca de lucro fácil e desonesto, já que nem sempre seria apurável se o corpo estranho foi introduzido antes ou depois da abertura do recipiente.

Por isso, o defeito do produto, para justificar algo mais que a reparação do dano material, é em regra um problema afeto aos órgãos administrativos de defesa da saúde

---

[236] STJ, 2ª Seção, REsp 1.899.304/SP, Rel. Min. Nancy Andrighi, ac. 25.08.2021, *DJe* 04.10.2021. No mesmo sentido: STJ, 4ª T., AgInt no REsp 1.879.416/SC, Rel. Min. Luis Felipe Salomão, ac. 21.09.2021, *DJe* 27.09.2021; STJ, 3ª T., AgRg no REsp 1.380.274/SC, Rel. Min. João Otávio de Noronha, ac. 10.05.2016, *DJe* 19.05.2016; STJ, 3ª T., REsp 1.828.026/SP, Rel. Min. Nancy Andrighi, ac. 10.09.2019, *DJe* 12.09.2019.

pública. A eles é que incumbe a imposição de penas independentemente do efetivo consumo pelas pessoas. Para os particulares, a reparação do dano moral, *in casu*, pressupõe alguma coisa além do defeito do produto; pressupõe que algum dissabor psicológico, como os males da intoxicação, ou do risco de contraí-la, ou os vexames de servir bebida contaminada em festejo ou comemoração, tenha efetivamente ocorrido. Aí sim, a esfera psíquica do consumidor terá sido ofendida e justificada estará a reparação do dano moral suportado.

Enfim, defeito do produto pode acarretar o dever de indenizar dano moral. Entretanto, para isso, é necessário mais que o simples defeito, é indispensável que realmente tenha havido dano moral para o consumidor.

É o que ocorreu em situação analisada pelo STJ de defeito apresentado em veículo novo. Embora tenha reconhecido que, em regra, haverá mero dissabor pessoal, sem repercussão no mundo exterior,

> "quando o defeito extrapola o razoável, tal como a hipótese de automóvel zero-quilômetro que, em menos de um ano, fica, por mais de 50 dias, paralisado para reparos, por apresentar defeitos estéticos, de segurança, motorização e freios, considera-se superado o mero dissabor decorrente de transtorno corriqueiro, tendo em vista a frustração e angústia, situação que invade a seara do efetivo abalo psicológico".[237]

Nessa mesma linha foi o entendimento do Tribunal de Justiça do Rio Grande do Sul:

> "Apelações cíveis. Responsabilidade civil. Vícios de qualidade do produto. Automóvel zero km. Diversos reparos efetuados. Dano moral configurado. Os diversos vícios de qualidade do produto ultrapassam a barreira do mero dissabor. A parte autora esteve em diversas oportunidades privada do uso de veículo novo, tendo o primeiro incômodo se apresentado apenas cinco dias após a aquisição do bem".[238]

O TJMG, a partir de igual motivação, deferiu pedido de indenização por danos morais em razão de "atraso excessivo e injustificado na conclusão dos reparos do veículo adquirido pelo consumidor", caso em que se tratava de aquisição de veículo zero quilômetro, cujo vício de qualidade constatado não foi reparado adequadamente no prazo previsto pelo CDC.[239]

---

[237] STJ, 3ª T., REsp 1.249.363/SP, Rel. Min. João Otávio de Noronha, ac. 11.03.2014, *DJe* 17.03.2014.

[238] TJRGS, 10ª Câm. Cível, Ap. 70038568085, Rel. Des. Maria José Schmitt Sant'Anna, ac. 17.02.2011, *Revista de Jurisprudência do TJRGS*, n. 281, p. 270.

[239] "Apelação cível. Ação ordinária c/c indenizatória. Aquisição de veículo zero quilômetro. Vício de qualidade constatado. Reparos não concluídos no prazo de 30 dias. Direito do consumidor. Substituição do veículo. Ocorrência. Dever de indenizar configurado. *Quantum* indenizatório. Razoabilidade e proporcionalidade. Configura dano moral indenizável o atraso excessivo e injustificado na conclusão dos reparos do veículo adquirido pelo consumidor. A indenização por dano moral deve ser arbitrada segundo o prudente arbítrio do julgador, sempre com moderação, observando-se as peculiaridades do caso concreto e os princípios da proporcionalidade e da razoabilidade, de modo que o quantum arbitrado se preste a atender ao caráter punitivo da medida e de recomposição dos prejuízos, sem importar, contudo, enriquecimento sem causa da vítima" (TJMG, 13ª Câmara Cível, Ap. 1.0024.13.262821-5/001, Rel. Des. José de Carvalho Barbosa, ac. 22.02.2018, *DJ* 02.03.2018).

O STJ já reconheceu, ainda, o dano moral em razão de inadimplemento de contrato de compra e venda de imóvel, "cujo atraso já conta com mais de dez anos", por entender que essa circunstância "extrapola o mero aborrecimento".[240]

Em hipótese de demora excessiva no restabelecimento do fornecimento de água, o STJ também deferiu indenização por danos morais:

> "4. Conforme entendimento pacificado no STJ, 'a relação entre concessionária de serviço público e o usuário final, para o fornecimento de serviços públicos essenciais, tais como água e energia, é consumerista, sendo cabível a aplicação do Código de Defesa do Consumidor' (AgRg no AREsp 354.991/RJ, Rel. Min. Mauro Campbell Marques, Segunda Turma, DJe 11/9/2013).
>
> 5. Em se tratando de matéria relacionada a danos oriundos de produtos ou serviços de consumo, é afastada a aplicação do Código Civil, tendo em vista o regime especial do Código de Defesa do Consumidor. Só excepcionalmente aplica-se o Código Civil, ainda assim quando não contrarie o sistema e a principiologia do CDC.
>
> 6. *In casu*, a recorrente alega que o caso dos autos trata de vício do serviço, uma vez que apenas a prestação de água foi comprometida, sem que houvesse lesão à saúde do consumidor.
>
> 7. É de causar perplexidade a afirmação de que 'apenas a prestação de água foi comprometida'. O Tribunal de origem deixou muito claro que, 'No caso dos autos, a DESO havia comunicado aos moradores de determinados bairros da capital, entre eles o do autor, sobre uma interrupção no fornecimento de água, no dia 08/10/2010, das 06:00 às 18:00 horas. Ocorre que a referida suspensão estendeu-se por cinco dias, abstendo-se a empresa de prestar qualquer assistência aos consumidores'.
>
> 8. É inadmissível acatar a tese oferecida pela insurgente. A água é o ponto de partida, é a essência de toda vida, sendo, portanto, um direito humano básico, o qual deve receber especial atenção por parte daqueles que possuem o mister de fornecê-la à população".[241]

Repita-se, no entanto, com o STJ: urge, em caráter geral, não banalizar a reparação do dano moral, para não desqualificá-la juridicamente e não incentivar o exercício abusivo e desarrazoado das pretensões dessa natureza.

4.2. Dano moral em serviços de turismo

I – Responsabilidade dos agentes dos negócios de turismo

Um tema que tem frequentado a jurisprudência nos últimos tempos é o da possibilidade de configuração do dano moral indenizável nos contratempos gerados ao turista por descumprimento das obrigações das empresas de viagem.

A doutrina oferece estudos interessantes sobre a responsabilidade dos agentes exploradores desse ramo de negócios, como por exemplo, os trabalhos de Gustavo Tepedino;[242]

---

[240] STJ, 4ª T., REsp 617.077/RJ, Rel. Min. Luis Felipe Salomão, ac. 05.04.2011, DJe 29.04.2011.
[241] STJ, 2ª T., REsp 1.629.505/SE, Rel. Min. Herman Benjamin, ac. 13.12.2016, DJe 19.12.2016.
[242] TEPEDINO, Gustavo. A responsabilidade civil nos contratos de turismo. *In: Ensaios jurídicos. O direito em revista*. Rio de Janeiro: IBAJ, 1998, v. 5, p. 312-332.

Cláudia Lima Marques;[243] e de Wander Marotta.[244] Vários são, também, os julgamentos que na jurisprudência se ocupam da matéria. A conclusão a que, de maneira mais ou menos uniforme, se tem chegado foi assim sintetizada por Wander Marotta:

> "1) É devido dano moral pela prestação de serviço de turismo defeituoso, impróprio, precário, ou em desconformidade com o que foi vendido.
> 2) É solidária a responsabilidade decorrente da prestação do serviço de turismo, podendo o adquirente acionar qualquer das empresas que participe da cadeia de fornecedores.
> 3) O turismo de negócios, ou de 'feira', também está tutelado pelo Código de Defesa do Consumidor.
> 4) É permitida, desde que não inviabilize ou dificulte a realização do direito do autor, a denunciação da lide, pelo réu, a outras pessoas, jurídicas ou não, que participaram da prestação do serviço em discussão.
> 5) Quando, em confronto, o Código de Defesa do Consumidor aplica-se com preferência sobre a Convenção de Varsóvia, nos casos de indenização por danos causados pelos serviços de transportes aéreos internacionais; e sobre o Código Brasileiro da Aeronáutica, nos casos de transporte aéreo nacional".[245]

II – Regras do CDC x Tratados e Convenções Internacionais

Na jurisprudência, foi pioneiro o aresto do Supremo Tribunal Federal que afastou parcialmente a Convenção de Varsóvia e assegurou a reparação plena do dano moral por extravio de bagagem em viagem aérea, *in verbis*:

> "'Indenização. Dano moral. Extravio de mala em viagem aérea. Convenção de Varsóvia. Observação mitigada. Constituição Federal. Supremacia.
> O fato de a Convenção de Varsóvia revelar, como regra, a indenização tarifada por danos materiais não exclui a relativa aos danos morais. Configurados esses pelo sentimento de desconforto, de constrangimento, aborrecimento e humilhação decorrentes do extravio de mala, cumpre observar a Carta Política da República – incisos V e X do art. 5º, no que se sobrepõe a tratados e convenções ratificados pelo Brasil".[246]

Entretanto, no caso de transporte aéreo internacional de passageiros, a posição da Suprema Corte, fixada em Recurso Extraordinário com repercussão geral, é que: "Nos termos do art. 178 da Constituição da República, as normas e os tratados internacionais limitadores da responsabilidade das transportadoras aéreas de passageiros, especialmente as Convenções de Varsóvia e Montreal, têm prevalência em relação ao Código de Defesa

---

[243] MARQUES, Cláudia Lima. *Contratos no Código de Defesa do Consumidor*. 3. ed. São Paulo: Revista dos Tribunais, 1999, p. 177.
[244] MAROTTA, Wander. Indenização do dano moral nos serviços de turismo. *Revista de Direito do Consumidor*, São Paulo, n. 37, p. 207-218, jan.-mar. 2001.
[245] MAROTTA, Wander. Indenização do dano moral nos serviços de turismo. *Revista de Direito do Consumidor*, São Paulo, n. 37, p. 207-218, jan.-mar. 2001, p. 218.
[246] STF, 2ª T., RE 172.720/RJ, Rel. Min. Marco Aurélio, ac. 06.02.1996, *DJU* 21.02.1997, p. 2.831. No mesmo sentido: STJ, 4ª T., AgRg no AREsp 661.046/RJ, Rel. Min. Antônio Carlos Ferreira, ac. 17.09.2015, *DJe* 24.09.2015.

do Consumidor".[247] É que dito dispositivo constitucional prevê que "a lei disporá sobre a ordenação dos transporte aéreo, aquático e terrestre, devendo, quanto à ordenação do transporte internacional, observar os acordos firmados pela União, atendido o princípio da reciprocidade". Portanto, os conflitos que envolvem *extravios de bagagem* e *prazos prescricionais* ligados à relação de consumo em transporte aéreo internacional de passageiros devem ser resolvidos pelas regras estabelecidas nas Convenções Internacionais sobre a matéria, ratificadas pelo Brasil, e não pelo disposto no Código de Defesa do Consumidor.[248]

Mas, tratando-se de dano moral ocorrido em função do transporte aéreo, a jurisprudência do STJ faz a ressalva de que a matéria, não sendo objeto de previsão nos referidos tratados internacionais, continuaria sujeita ao regime do CDC:

> "1. Conforme o atual entendimento do eg. Supremo Tribunal Federal, 'ao julgar o RE 636.331, Rel. Min. Gilmar Mendes, paradigma do tema nº 210 da repercussão geral, este Supremo Tribunal Federal decidiu sobre a prevalência das convenções internacionais sobre o Código de Defesa do Consumidor apenas com relação às pretensões de indenização por danos materiais, fixando o entendimento de que, em tal hipótese, aplica-se o prazo de dois anos previsto no art. 35 da Convenção de Montreal, incorporada ao direito interno pelo Decreto nº 5.910/2006' (RE 1320225 AgR, Relator(a) p/ Acórdão: Roberto Barroso, Primeira Turma do STF, julgado em 29/08/2022, Processo Eletrônico *DJe*-184 divulg. 14-09-2022 public. 15-09-2022).
>
> 2. Assim, não foi reconhecida a existência, em acordo internacional sobre transporte aéreo, de regulação de reparação por danos morais, aplicando-se a lei interna, no caso, o prazo prescricional previsto no art. 27 do CDC. Precedentes do STF e do STJ".[249]

Afinal, o STF assentou a tese vinculante de que "não se aplicam as Convenções de Varsóvia e Montreal às hipóteses de danos extrapatrimoniais decorrentes de contrato de transporte aéreo internacional".[250]

No estudo referido, de Wander Marotta, se encontra um longo elenco de precedentes jurisprudenciais acerca do dano moral em contratos de viagem de turismo.[251] Serve de paradigma para evidenciar a posição dos Tribunais em torno do tema, o seguinte acórdão do Superior Tribunal de Justiça:

> "Ação de indenização. Extravio de bagagem. Transporte rodoviário interestadual. Dano moral. Cabimento.

---

[247] STF, Pleno, RE 636.331, Rel. Min. Gilmar Mendes, ac. 25.05.2017, *DJe* 13.11.2017. No mesmo sentido: STF, Pleno, ARE 766.618, Rel. Min. Roberto Barroso, ac. 25.005.2017, *DJe* 13.11.2017.

[248] No mesmo sentido, não reconhecendo o direito à complementação reparatória acima dos valores previstos na Convenção de Montreal: STJ, 3ª T., REsp 1.707.876/SP, Rel. Min. Ricardo Villas Bôas Cueva, ac. 05.12.2017, *DJe* 18.12.2017; STJ, 3ª T., REsp 673.048/RS, Rel. Min. Marco Aurélio Bellizze, ac. 08.05.2018, *DJe* 18.05.2018.

[249] STJ, 4ª T., AgInt no REsp 1.944.528/SP, Rel. Min. Raul Araújo, ac. 12.12.2022, *DJe* 14.12.2022. No mesmo sentido: STJ, 4ª T., AgInt no REsp 1.944.539/RS, Rel. Min. Luis Felipe Salomão, ac. 22.11.2021, *DJe* 25.11.2021.

[250] STF, Pleno, RE 1.394.401 RG/SP, Rel. Min. Rosa Weber, ac. 15.12.2022, *DJe* 03.03.2023.

[251] MAROTTA, Wander. Indenização do dano moral nos serviços de turismo. *Revista de Direito do Consumidor*, São Paulo, n. 37, p. 215-218, jan.-mar. 2001.

I – Cabível o ressarcimento por dano moral em face dos dissabores e desconforto ocasionados a passageira de ônibus interestadual com o extravio definitivo de sua bagagem ao chegar ao local onde passaria suas férias acompanhada da filha menor.
II – Valor da indenização fixado em montante compatível com o constrangimento sofrido, evitando excesso a desviar a finalidade da condenação.
III – Recurso especial conhecido e provido".[252]

Em outro aresto, o STJ aplicou o princípio da razoabilidade, observando que as bagagens foram recuperadas em aproximadamente sete horas, sem desaparecimento de qualquer objeto pessoal. As avarias das malas foram atenuadas pela compra de novas, autorizada pela empresa aérea. Em consequência desse quadro circunstancial, a Turma Julgadora, em nome da razoabilidade e proporcionalidade, reduziu a indenização antes fixada em R$ 24.000,00 para cada cônjuge, refixando-a globalmente em R$ 1.000,00 para o casal.[253]

III – Defeitos na prestação de serviço aéreo

O STJ, outrossim, responsabilizou empresa de turismo que não informou ao seu cliente acerca da necessidade de obtenção de visto para a viagem, e, com isso, impossibilitou seu ingresso no país de destino:

"Além de claras e precisas, as informações prestadas pelo fornecedor devem conter as advertências necessárias para alertar o consumidor a respeito dos riscos que, eventualmente, podem frustrar a utilização do serviço contratado.
– Para além de constituir direito básico do consumidor, a correta prestação de informações revela-se, ainda, consectário da lealdade inerente à boa-fé objetiva e constitui o ponto de partida a partir do qual é possível determinar a perfeita coincidência entre o serviço oferecido e o efetivamente prestado.
– Na hipótese, em que as consumidoras adquiriram passagens aéreas internacionais com o intuito de juntas conhecer a França, era necessário que a companhia aérea se manifestasse de forma escorreita acerca das medidas que deveriam ser tomadas pelas passageiras para viabilizar o sucesso da viagem, o que envolve desde as advertências quanto ao horário de comparecimento no balcão de 'check-in' até mesmo o alerta em relação à necessidade de obtenção do visto.
– Verificada a negligência da recorrida em fornecer as informações necessárias para as recorrentes, impõe-se o reconhecimento de vício de serviço e se mostra devida a fixação de compensação pelos danos morais sofridos".[254]

O STJ também condenou empresa de transporte aéreo por defeito grave na prestação de serviço consistente na entrega de passageiro menor em cidade diferente da do destino previamente contratado:

---

[252] STJ, 4ª T., REsp 125.685/RJ, Rel. Min. Aldir Passarinho Júnior, ac. 29.06.2000, *DJU* 25.09.2000, p. 103. No mesmo sentido: STJ, 3ª T., AgRg no AREsp 409.045/RJ, Rel. Min. João Otávio de Noronha, ac. 26.05.2015, *DJe* 29.05.2015.
[253] STJ, 4ª T., REsp 736.968/RJ, Rel. Min. Jorge Scartezzini, ac. 17.05.2005, *DJU* 1º.07.2005, p. 559.
[254] STJ, 3ª T., REsp 988.595/SP, Rel. Min. Nancy Andrighi, ac. 19.11.2009, *DJe* 09.12.2009.

> "2.1. Grave defeito na prestação de serviço de transporte aéreo com a entrega de passageiro menor (15 anos) não na cidade de destino previamente contratada (Cacoal/RO), mas em uma cidade desconhecida situada a 100 km do local de destino, onde seu pai estaria em horário por deveras avançado: 23:15h (Ji-Paraná/RO)".[255]

Em outra oportunidade, em que um cadeirante foi submetido a tratamento indigno ao embarcar em aeronave, o STJ condenou a empresa aérea a indenizá-lo pelo dano moral suportado. A hipótese era de passageiro portador de paraplegia dos membros inferiores, que teve de ser carregado, pelos prepostos da empresa, para realizar o embarque e o desembarque da aeronave, uma vez que não lhe foi disponibilizado acesso ao equipamento por meio do qual pudesse acessá-la pelo *finger*:

> "3. O Brasil assumiu no plano internacional compromissos destinados à concretização do convívio social de forma independente da pessoa portadora de deficiência, sobretudo por meio da garantia da acessibilidade, imprescindível à autodeterminação do indivíduo com dificuldade de locomoção.
> 3.1. A Resolução n. 9/2007 da Agência Nacional de Aviação Civil, cuja vigência perdurou de 14/6/2007 até 12/1/2014, atribuiu às empresas aéreas a obrigação de assegurar os meios para o acesso desembaraçado da pessoa com deficiência no interior da aeronave, aplicando-se, portanto, aos fatos versados na demanda.
> 4. Nos termos do art. 14, *caput*, da Lei n. 8.078/90, o fornecedor de serviços responde, objetivamente, pela reparação dos danos causados ao consumidor, em razão da incontroversa má-prestação do serviço por ela fornecido, o que ocorreu na hipótese.
> 4.1. O fato de terceiro, excludente da responsabilidade do transportador, é aquele imprevisto e que não tem relação com a atividade de transporte, não sendo o caso dos autos, uma vez que o constrangimento, previsível no deslocamento coletivo de pessoas, decorreu da própria relação contratual entre os envolvidos e, preponderantemente, da forma que o serviço foi prestado pela ora recorrente.
> 5. A indenização por danos morais fixada em quantia sintonizada aos princípios da razoabilidade e proporcionalidade não enseja a interposição do recurso especial, dada a necessidade de exame de elementos de ordem fática, cabendo sua revisão apenas em casos de manifesta excessividade ou irrisoriedade do montante arbitrado. Incidência da Súmula 7 do STJ. Verba indenizatória mantida em R$ 15.000,00 (quinze mil reais)".[256]

Em seu voto, o Relator asseverou que a Convenção Internacional dos Direitos da Pessoa com Deficiência prevê a acessibilidade como princípio fundamental, de "dimensão concretizadora da dignidade humana". Por isso, a ANAC editou a Resolução n.º 9, com vigência a partir de 14.06.2007, que "atribui compulsoriamente às concessionárias de transporte aéreo a obrigação de promover o embarque do indivíduo possuidor de dificuldade de locomoção, de forma segura, com o emprego de elevadores ou outros dispositivos apropriados". Essa obrigação foi transferida ao operador aeroportuário, por meio da Resolução n.º 280/2013. Entretanto, como o fato ocorreu na vigência da Resolução n.º 9, a

---
[255] STJ, 3ª T., REsp 1.733.136/RO, Rel. Min. Paulo de Tarso Sanseverino, ac. 21.09.2021, *DJe* 24.09.2021.
[256] STJ, 4ª T., REsp 1.611.915/RS, Rel. Min. Marco Buzzi, ac. 06.12.2018, *DJe* 04.02.2019.

companhia aérea foi condenada, por defeito na prestação do serviço, "correspondendo ao modo e ao risco de como foi por ela disponibilizado". De fato, entendeu estar configurado "o defeito na prestação de serviço, dada a ausência dos meios necessários para o adequado acesso do cadeirante ao interior da aeronave, com segurança e dignidade".

Ressalte-se que a jurisprudência sempre considerou configurável o dano moral nos casos de tratamento inadequado no acesso de viajante com deficiência. O que o último acórdão destacou foi a diferença de responsabilidade pela reparação devida. Antes da Resolução n.º 280/2013, a obrigação cabia à companhia aérea. Atualmente, toca ao operador aeroportuário.

Entretanto, analisando hipótese de cancelamento de voo doméstico, o STJ entendeu não ser presumido o dano moral, elencando algumas circunstâncias a serem observadas pelo julgador:

> "4. Na específica hipótese de atraso ou cancelamento de voo operado por companhia aérea, não se vislumbra que o dano moral possa ser presumido em decorrência da mera demora e eventual desconforto, aflição e transtornos suportados pelo passageiro. Isso porque vários outros fatores devem ser considerados a fim de que se possa investigar acerca da real ocorrência do dano moral, exigindo-se, por conseguinte, a prova, por parte do passageiro, da lesão extrapatrimonial sofrida.
> 5. Sem dúvida, as circunstâncias que envolvem o caso concreto servirão de baliza para a possível comprovação e a consequente constatação da ocorrência do dano moral. A exemplo, pode-se citar particularidades a serem observadas: i) a averiguação acerca do tempo que se levou para a solução do problema, isto é, a real duração do atraso; ii) se a companhia aérea ofertou alternativas para melhor atender aos passageiros; iii) se foram prestadas a tempo e modo informações claras e precisas por parte da companhia aérea a fim de amenizar os desconfortos inerentes à ocasião; iv) se foi oferecido suporte material (alimentação, hospedagem, etc.) quando o atraso for considerável; v) se o passageiro, devido ao atraso da aeronave, acabou por perder compromisso inadiável no destino, dentre outros".[257]

IV – Overbooking

É muito comum que as empresas aéreas vendam mais passagens do que a capacidade do avião, o denominado *overbooking*, impedindo que o cliente embarque na aeronave, embora tenha previamente adquirido o bilhete. Essa situação, além de provocar danos materiais, é hábil a ensejar danos morais, pois ultrapassa os limites do mero aborrecimento. Ora, deslocar-se ao aeroporto e ser impedido de embarcar, por culpa única e exclusiva da companhia aérea, é situação por demais desgastante e, às vezes, constrangedora. Nesse sentido é o entendimento jurisprudencial pátrio:

> *(i)* "Consoante entendimento jurisprudencial firmado nesta Corte Superior, o dano moral oriundo de 'overbooking' decorre do indiscutível constrangimento e aflição a que foi submetido o passageiro e da própria ilicitude do fato. Precedentes".[258]

---

[257] STJ, 3ª T., REsp 1.796.716/MG, Rel. Min. Nancy Andrighi, ac. 27.08.2019, *DJe* 29.08.2019. No mesmo sentido: STJ, 4ª T., AgInt no AREsp 2.088.130/SP, Rel. Min. Raul Araújo, ac. 15.08.2022, *DJe* 26.08.2022.
[258] STJ, 4ª T., AgRg no AREsp 478.454/RJ, Rel. Min. Luis Felipe Salomão, ac. 08.04.2014, *DJe* 25.04.2014. No mesmo sentido: STJ, 4ª T., EDcl no Ag 977.762/SP, Rel. Min. Luis Felipe Salomão, ac. 18.08.2011, *DJe* 24.08.2011.

(ii) "É possível aferir todo o constrangimento suportado pelo ora recorrido, que se iniciou perante os funcionários da companhia, para conseguir embarcar na aeronave, prosseguiu, na constatação de que seu assento por outra pessoa estava ocupado, e culminou com sua indevida acomodação na cabine dos pilotos, frustrando, inequivocamente, todas as expectativas naturais que o contrato de transporte pode gerar ao passageiro".[259]

(iii) "Ação ordinária. Responsabilidade civil. Indenização. Dano moral. Transporte aéreo internacional de passageiros. Venda de passagem acima da capacidade. Contrato descumprido pela transportadora. Reparação que se impõe. Elevação da verba fixada. Admissibilidade. Litigância de má-fé. Configuração na hipótese. Improvimento do primeiro recurso. Provimento parcial do segundo. A venda de passagem aérea, seja nacional ou internacional, acima da capacidade da aeronave, o que significa a prática do chamado *overbooking*, evidencia o descumprimento das obrigações contratuais por parte da transportadora, assim como ocasiona ao passageiro inúmeros transtornos, a caracterizar o dano moral sofrido e que deve ser reparado, já que, nessa circunstância, mencionada conduta abusiva, ainda que providenciado, horas após, o embarque em outro voo, ultrapassa o campo do simples aborrecimento para situar-se como verdadeira angústia, materializada na própria impossibilidade de empreender a viagem como contratado, e na expectativa e grande ansiedade de não acontecer sua viabilização, sobretudo quando se verifica que esse injustificado ato ocorreu em aeroporto no exterior e exigiu do mesmo passageiro, até sua chegada ao destino, suportar duas conexões não previstas, sendo uma também em aeroporto de um outro país estrangeiro, onde igualmente experimentou dissabores e incertezas".[260]

(iv) "A impossibilidade de embarque por *overbooking*, que sujeita o consumidor a atraso prolongado, sem dúvida alguma configura falha na prestação de serviço da companhia aérea. Conforme orientação do Superior Tribunal de Justiça o dano moral decorrente de *overbooking* prescinde de prova, configurando-se *in re ipsa*, na medida em que é presumido e decorre da própria ilicitude do fato e da experiência comum".[261]

O TJSC também já condenou empresa aérea pela prática de overbooking. Na oportunidade, a passageira havia comprado a passagem com antecedência, comparecido no horário previsto para a realização do *check in*, mas foi impedida de viajar, tendo que comprar novas passagens para a mesma data, mas em outro voo. O Tribunal entendeu existir evidente aflição, o que tornaria o abalo moral presumível (*in re ipsa*).[262]

4.3. Dano moral por inscrição em cadastro de inadimplência

Os cadastros de devedores inadimplentes são mecanismos indispensáveis ao comércio voltado para as vendas a crédito e para as operações bancárias. O crédito, como a própria palavra revela, significa confiança entre quem o presta e quem o recebe. A segurança dessa modalidade negocial depende de o fornecedor conhecer o consumidor e seus hábitos.

---

[259] STJ, 3ª T., REsp 750.128/RS, Rel. Min. Massami Uyeda, ac. 05.05.2009, *DJe* 15.05.2001.
[260] TJRJ, ApCiv. 16.588/98, Rel. Des. Antonio Eduardo F. Duarte, ac. 16.03.1999, *RT*, n. 775, p. 69.
[261] TJMG, 14ª C.Civ., Ap. 1.0024.11.320691-6/001, Rel. Des. Estevão Lucchesi, ac. 23.04.2015, *DJ* 05.05.2015.
[262] TJSC, 1ª Câmara de Direito Civil, Ac. 0000264-87.2011.8.24.0066, Rel. Des. Raulino Jacó Brüning, *DJSC* 06.09.2017, p. 100.

Numa sociedade de massas, quase nunca esse conhecimento direto existe. Daí a necessidade de organizarem-se cadastros para anotar os antecedentes da clientela, em que se registrem as infidelidades daqueles que deixam de honrar os compromissos contraídos. Somente assim os fornecedores terão segurança para decidir sobre a concessão de crédito àqueles que se candidatam às operações da espécie.

Se, de um lado, o cadastro de inadimplentes é uma necessidade para manter o comércio a crédito, o qual se mostra importante e indispensável mesmo à sociedade de consumo, por outro, aquele que tem seu nome inscrito nesse tipo de controle passa a sofrer sérias restrições no acesso a novas operações de igual natureza. Seu conceito sofre abalos, seu nome fica desmerecido no meio comercial e financeiro. Ocorre, portanto, um dano na sua esfera moral.

Resta, então, estabelecer um juízo de razoabilidade e proporcionalidade sobre o uso desses cadastros, cuja existência não configura ilicitude alguma, tanto que o Código do Consumidor os prevê e os reconhece como necessários (CDC, art. 43), mas cuja utilização injustificada pode gerar danos morais graves, merecedores, portanto, da submissão ao regime da responsabilidade civil pelos atos ilícitos (CC, art. 186).

Dois aspectos do problema têm sido valorizados pela jurisprudência:

a) é legítima a inserção do nome do inadimplente nos cadastros de proteção ao crédito, mas isto deve ser feito com lealdade, ou seja, o consumidor deverá ser cientificado, com a necessária antecedência de que a inscrição será feita. Assim, terá oportunidade para purgar a mora e impedir que o ato lesivo a seu bom nome se consume;
b) havendo litígio a respeito da obrigação em juízo, é necessário que os assentos do serviço de proteção ao crédito mencionem sua existência, para que o mercado possa avaliar a real situação tanto do devedor como do credor na disputa judicial.

A respeito do primeiro problema, o Ministério da Justiça inclui no rol das cláusulas abusivas previstas do Código de Defesa do Consumidor o envio do nome de clientes inadimplentes, ou de seus fiadores ou avalistas, a bancos de dados e cadastros de consumidores, como o SPC e a SERASA, sem comprovada notificação prévia (Portaria n. 5 da Secretaria de Direito Econômico, de 27.08.2002, publicada no *DOU* de 28.08.2002).

Está, pois, assentado na jurisprudência do STJ que "de acordo com o art. 43, § 2º do Código de Defesa do Consumidor, e com a doutrina, obrigatória é a comunicação ao consumidor de sua inscrição no cadastro de proteção ao crédito, sendo, na ausência dessa comunicação, reparável o dano oriundo da inclusão indevida. É de todo recomendável, aliás que a comunicação seja realizada antes mesmo da inscrição do consumidor no cadastro de inadimplentes, a fim de evitar possíveis erros, como o ocorrido no caso. Assim agindo, estará a empresa tomando as precauções para escapar de futura responsabilidade".[263]

Para o STJ, portanto, é fora de dúvida que "a inscrição do nome do devedor no cadastro de inadimplentes sem a sua prévia comunicação por escrito ocasiona-lhe danos

---

[263] STJ, 4ª T., REsp 165.727, Rel. Min. Sálvio de Figueiredo, ac. 16.06.1998, *DJU* 21.09.1998, p. 196, *RSTJ* 115/369.

morais a serem indenizados". E nesse caso, "demonstra-se o dano moral pela simples comprovação da inclusão indevida".[264]

O entendimento foi firmado em recurso especial repetitivo pelo STJ:

> "I – Julgamento com efeitos do art. 543-C, § 7º, do CPC [NCPC, art. 1.040].
> – Orientação: A ausência de prévia comunicação ao consumidor da inscrição do seu nome em cadastros de proteção ao crédito, prevista no art. 43, § 2º do CDC, enseja o direito à compensação por danos morais, salvo quando preexista inscrição desabonadora regularmente realizada. Vencida a Min. Relatora quanto ao ponto".[265]

Discute-se sobre se seria da empresa credora ou da administradora do cadastro a responsabilidade pela inscrição indevida do inadimplente. O STJ já decidiu que a indenização dos danos morais caberia exclusivamente à "entidade responsável pela manutenção do cadastro".[266] O que o STJ, na exegese do art. 43, § 2º, do CDC, tem atribuído ao órgão gestor do cadastro de inadimplentes é, na verdade, algo equivalente à função do oficial encarregado do registro público de protestos. Com efeito, a este oficial incumbe, ao receber a comunicação do credor referente ao inadimplemento da obrigação cambiária, proceder à intimação do devedor. Com isso, assegura-lhe oportunidade para evitar o registro por meio da purga da mora, ou pelo menos lhe permite apresentar, para figurar no ato registral, as razões de direito pelas quais se recusa a efetuar o pagamento (Lei n. 9.492, de 10.09.1997, arts. 14 e 22, IV).

Assim também entende a jurisprudência do STJ: deve proceder o órgão gestor do cadastro de inadimplentes, de sorte que o assento feito sem essa prévia diligência intimatória, acarreta-lhe responsabilidade pelos danos morais que o ato registral possa acarretar ao devedor. Nesse sentido, está firme a posição pretoriana de que "compete ao banco de dados notificar o devedor sobre a inscrição de seu nome no cadastro respectivo, de sorte que a instituição financeira credora é parte ilegitimada *ad causam*, para responder por tal omissão",[267] e que "a comunicação do registro ao devedor é obrigação também do SPC, ainda que os seus estatutos imponham tal providência ao lojista",[268] ou ainda, que, "conforme entendimento firmado nesta Corte, a comunicação ao consumidor sobre a inscrição de seu nome nos registros de proteção ao crédito constitui obrigação do órgão responsável pela manutenção do cadastro e não do credor, que apenas informa a existência da dívida".[269]

---

[264] STJ, 3ª T., REsp 442.051/RS, Rel.ª Min.ª Nancy Andrighi, ac. 07.11.2002, *DJU* 17.02.2003, p. 274.
[265] STJ, 2ª Seção, REsp 1.062.336/RS, Rel. Min. Nancy Andrighi, ac. 10.12.2008, *DJe* 12.05.2009.
[266] STJ, 4ª T., REsp 345.674, Rel. Min. Aldir Passarinho Júnior, ac. 06.12.2001, *DJU* 18.03.2002, p. 261; STJ, 4ª T., REsp 285.401/SP, Rel. Min. Ruy Rosado de Aguiar, ac. 19.04.2001, *RSTJ* 153/391; STJ, 3ª T., REsp 442.051/RS, Rel.ª Min.ª Nancy Andrighi, ac. 07.11.2002, *DJU* 17.02.2003, p. 274.
[267] STJ, 4ª T., REsp 595.170/SC, Rel. Min. Aldir Passarinho Júnior, ac. 16.11.2004, *DJU* 14.03.2005, p. 352.
[268] STJ, REsp 273.250/CE, Rel. Min. Ruy Rosado de Aguiar, ac. 07.12.2000, *DJU* 19.02.2001, p. 180.
[269] STJ, 4ª T., REsp 807.132/RS, Rel. Min. Jorge Scartezzini, ac. 21.02.2006, *DJU* 20.03.2006, p. 302. Em igual sentido: STJ, 4ª T., REsp 773.871/RS, Rel. Min. César Asfor Rocha, ac. 17.11.2005, *DJU* 13.03.2006, p. 334.

O entendimento foi sedimentado em recurso especial repetitivo:

"– Julgamento com efeitos do art. 543-C, § 7º, do CPC [NCPC, art. 1.040].
– Orientação 1: Os órgãos mantenedores de cadastros possuem legitimidade passiva para as ações que buscam a reparação dos danos morais e materiais decorrentes da inscrição, sem prévia notificação, do nome de devedor em seus cadastros restritivos, inclusive quando os dados utilizados para a negativação são oriundos do CCF do Banco Central ou de outros cadastros mantidos por entidades diversas".[270]

Quanto à forma de realizar a comunicação, que é feita por via postal, a jurisprudência do STJ já se acha sumulada: "É dispensável o Aviso de Recebimento (AR) na carta de comunicação ao consumidor sobre a negativação de seu nome em bancos de dados e cadastros" (Súmula n. 404/STJ). Basta que o controlador do cadastro comprove, por meio do registro da correspondência, sua expedição para o endereço fornecido pelo credor.[271]

Às vezes, em situação como a de assento relacionado com dívida já paga ou obrigação inexistente, a responsabilidade indenizatória pode atingir *solidariamente* o credor e o serviço de proteção ao crédito, como no caso em que aquele comunica indevidamente o inadimplemento e este procede ao registro sem prévia intimação do devedor.[272] Mas, se o inadimplemento é real e o serviço de proteção ao crédito procede ao registro sem respeitar o art. 43, § 2º, do CDC, a responsabilidade pelo dano moral acarretado ao devedor é apenas do gestor do cadastro, segundo a jurisprudência dominante do STJ.

Deve-se ter em mente, todavia, que tais cadastros não registram apenas as comunicações de inadimplemento feitas pelos credores insatisfeitos. Neles também figuram dados extraídos de fontes públicas como as serventias do foro judicial e extrajudicial, reveladores, por exemplo, de ações em curso na justiça e protestos cambiários registrados no ofício próprio.

Quanto ao crédito vencido objeto de demanda judicial, a controvérsia travou-se sobre ser, ou não, permitida sua inscrição no cadastro de inadimplentes. No REsp 212.542/SC, decidiu-se que a simples disputa em juízo não seria motivo autorizador do cancelamento da inscrição no serviço de proteção ao crédito, se o motivo da resistência do devedor não corresponde à configuração do *fumus boni iuris*, por veicular teses já completamente superadas ou rejeitadas pela jurisprudência.[273]

Melhor e mais esclarecedora foi a decisão do Min. Ruy Rosado de Aguiar, Relator do REsp 415.681/SP, *in verbis*:

"A recorrida [SERASA] anotou no seu cadastro de inadimplentes uma execução movida contra o recorrente. Não há ilicitude nessa prática, uma vez que os registros dos cartórios de distribuição de juízos e tribunais são públicos, com ressalva apenas aos casos de segredo de justiça".[274]

---

[270] STJ, 2ª Seção, REsp 1.061.134/RS, Rel. Min. Nancy Andrighi, ac. 10.12.2008, *DJe* 01.04.2009.
[271] STJ, 2ª Seção, REsp 1.083.291/RS, Rel.ª Min.ª Nancy Andrighi, ac. 09.09.2009, *DJe* 20.10.2009.
[272] STJ, 4ª T., REsp 856.755/SP, Rel. Min. Jorge Scartezzini, ac. 12.09.2006, *DJU* 09.10.2006, p. 310.
[273] STJ, 3ª T., REsp 212.542/SC, Rel. Min. Eduardo Ribeiro, ac. 03.02.2000, *DJU* 15.05.2000, p. 159. No mesmo sentido: STJ, 3ª T., REsp 239.063/PR, Rel. Min. Eduardo Ribeiro, ac. 18.05.2000, *DJU* 14.08.2000, p. 167.
[274] STJ, 4ª T., REsp 415.681/SP, decisão do Rel. Min. Ruy Rosado de Aguiar, de 26.08.2002, *DJU* 04.09.2002.

Já estando a cobrança da dívida ajuizada, não se aplica a exigência de prévia comunicação ao devedor para legitimar a inscrição no cadastro do serviço de proteção ao crédito. Explica o mesmo decisório:

> "Não se pode exigir prévia comunicação ao devedor de que a inscrição será feita, uma vez que se trata de ato judiciário".

Em igual sentido merece ser lembrado o acórdão do REsp 773.225/RJ, assim ementado:

> "1. No pleito em questão, o autor postula indenização por danos morais sob a alegação de que seu nome foi incluído no cadastro da recorrida, sem a devida comunicação prévia, contrariando o disposto no § 2º, do art. 43, do CDC.
> 2. As instâncias ordinárias, com base no conjunto fático-probatório trazido aos autos, manifestaram-se desfavoravelmente às razões do recorrente. Reconheceram a licitude da conduta da SERASA, a qual, ao registrar em seus arquivos informação verdadeira, constante em assentamentos públicos, acerca da existência de ação de execução contra o recorrente, e não refutada por este, bem como disponibilizá-la em seus arquivos, limitou-se a exercer regularmente sua atividade.
> 3. Constata-se que o recorrente possuía inequívoca ciência da ação de execução, na qual figura como executado. Ademais, a recorrida fez constar em seu cadastro fato absolutamente verídico, pelo que descabido cogitar-se de eventual retificação de informação, ainda que lhe houvesse sido previamente comunicada a negativação.
> 4. À vista do somatório das peculiaridades do caso *sub judice* – quais sejam, *inserção de dado verídico, público e previamente conhecido pelo recorrente, em banco de dados mantido pela SERASA* – não obstante a ausência de prévia comunicação acerca do cadastramento, afasta-se a suposta infringência ao § 2º, do art. 43, do CDC, inocorrendo, em consequência, o alegado dano moral imputável à recorrida. Precedente".[275]

No REsp 986.913/RS, uma outra questão interessante foi aflorada: se é certo que a falta de comunicação prevista no art. 43, § 2º, do CDC, pode ensejar responsabilidade por dano moral, o mesmo não ocorre quando o devedor não manifesta intenção alguma de resgatar o débito cujo inadimplemento veio a ser lançado no banco de dados do serviço de proteção ao crédito, mesmo que sem prévia intimação à parte interessada:

> "Civil – Ação de indenização – Inscrição de nome em banco de dados – Ausência de comunicação – CDC, art. 43, § 2º – Responsabilidade da entidade cadastral – Inadimplência não contestada – Dano moral descaracterizado – Cancelamento do registro.
> I – A negativação do nome da devedora deve ser-lhe comunicada com antecedência, ao teor do art. 43, § 2º, do CPC, gerando lesão moral se a tanto não procede a entidade responsável pela administração do banco de dados.
> II – Hipótese excepcional em que a devedora não nega, na inicial, a existência da dívida, aliás uma dentre muitas outras, tampouco prova que agora já a quitou, o que exclui a

---

[275] STJ, 4ª T., REsp 773.225/RJ, Rel. Min. Jorge Scartezzini, ac. 16.02.2006, *DJU* 20.03.2006, p. 300. No mesmo sentido: STJ, 4ª T., REsp 229.278/PR, Rel. Min. Aldir Passarinho Júnior, ac. 03.08.2000, *DJU* 07.10.2002, p. 260; STJ, 4ª T., REsp 604.790/MG, Rel. Min. Fernando Gonçalves, ac. 12.12.2005, *DJU* 1º.02.2006, p. 562.

ofensa moral, apenas determina o cancelamento da inscrição, até o cumprimento da formalidade legal.

III – Recurso especial conhecido e parcialmente provido".[276]

Além disso, embora possa figurar no cadastro detalhes da disputa judicial, não se imputa à respectiva gestora o dever de investigar e anotar, por iniciativa própria, tais dados. Consta, ainda, da decisão do Min. Ruy Rosado de Aguiar a advertência de que "também inexigível da SERASA que consigne as diversas fases do processo de execução, incidentes e defesas apresentadas". Ao devedor é que cumpre diligenciar no sentido de acrescer elementos dessa natureza ao registro já existente. Ou seja, conclui o decisório:

> "Porém, se a parte interessada requerer à SERASA conste informação complementar sobre o processo que originou o registro, esclarecendo sobre o oferecimento de embargos, questões nele suscitadas e o efeito daí decorrente com a suspensão do processo executivo, não vejo como se lhe possa indeferir esse pedido".

O antigo TA de Minas Gerais, a propósito do mesmo tema, teve oportunidade de estender a responsabilidade indenizatória também à gestora do cadastro, quando se configurar falha imputável não só à fornecedora, mas também a ela, gestora, *in verbis*:

> "Indenização – Falsidade de anotação em cadastro de proteção ao crédito – Dívida paga – Advertência pelo anotado à gestora do cadastro e à fornecedora de serviços – Culpa de ambas – Violação dos arts. 43, § 3º e 73, da Lei n. 8.078/1990 – Pedido julgado procedente.
> Age com culpa a gestora do cadastro de proteção ao crédito que, devidamente advertida da falsidade da informação, deixa de proceder à correção.
> Também age com culpa a fornecedora que, recebendo o valor da dívida, deixa de proceder à correção da anotação que determinou".[277]

Também, o Superior Tribunal de Justiça já teve a oportunidade de reconhecer a responsabilidade solidária do órgão cadastrador em face de registro de ocorrência indevidamente comunicada pelo credor, conforme REsp 856.755/SP, já citado.

Essa Corte Superior já assentou, ainda, o entendimento de que o cancelamento do registro deve ser requerido pelo credor em até 5 dias do pagamento da dívida, sob pena de responsabilização:

> *a)* "1. Para fins do art. 543-C do Código de Processo Civil [NCPC, art. 1.036]: 'Diante das regras previstas no Código de Defesa do Consumidor, mesmo havendo regular inscrição do nome do devedor em cadastro de órgão de proteção ao crédito, após o integral pagamento da dívida, incumbe ao credor requerer a exclusão do registro desabonador, no prazo de 5 (cinco) dias úteis, a contar do primeiro dia útil subsequente à completa disponibilização do numerário necessário à quitação do débito vencido'".[278]

---

[276] STJ, 4ª T., Rel. Min. Aldir Passarinho Júnior, ac. 27.11.2007, *DJe* 17.12.2007.
[277] TAMG, 3ª Câm. Cív., Ap. Cív. 415.738-0, Rel. Juiz Edílson Fernandes, ac. 11.02.2004.
[278] STJ, 2ª Seção, REsp 1.424.792/BA, Rel. Min. Luis Felipe Salomão, ac. 10.09.2014, *DJe* 24.09.2014

b) "1. Cabe às entidades credoras que fazem uso dos serviços de cadastro de proteção ao crédito mantê-los atualizados, de sorte que uma vez recebido o pagamento da dívida, devem providenciar o cancelamento do registro negativo do devedor. Precedentes.
2. Quitada a dívida pelo devedor, a exclusão do seu nome deverá ser requerida pelo credor no prazo de 05 dias, contados da data em que houver o pagamento efetivo, sendo certo que as quitações realizadas mediante cheque, boleto bancário, transferência interbancária ou outro meio sujeito a confirmação, dependerão do efetivo ingresso do numerário na esfera de disponibilidade do credor.
3. Nada impede que as partes, atentas às peculiaridades de cada caso, estipulem prazo diverso do ora estabelecido, desde que não se configure uma prorrogação abusiva desse termo pelo fornecedor em detrimento do consumidor, sobretudo em se tratando de contratos de adesão.
4. A inércia do credor em promover a atualização dos dados cadastrais, apontando o pagamento, e consequentemente, o cancelamento do registro indevido, gera o dever de indenizar, independentemente da prova do abalo sofrido pelo autor, sob forma de dano presumido. Precedentes".[279]

Segundo a Súmula n. 323 do STJ, "a inscrição do nome do devedor pode ser mantida nos serviços de proteção ao crédito até o prazo máximo de cinco anos, independentemente da prescrição da execução".

O STJ já decidiu, ainda, que a devolução de cheque por motivo indevido ganha publicidade com a inclusão do nome do consumidor no Cadastro de Emitentes de Cheques sem Fundo, o que gera direito à indenização.[280] No caso dos autos, o banco devolveu o cheque do cliente por insuficiência de fundos quando, em verdade, deveria ter justificado a devolução por estar a cártula prescrita, hipótese em que o cliente não precisava mais garantir a existência de fundos para o seu pagamento. Segundo o entendimento da Corte Superior, "a instituição financeira não pode devolver o cheque por insuficiência de fundos se a apresentação tiver ocorrido após o prazo que a lei assinalou para a prática desse ato". Isso porque "esse motivo depõe contra a honra do sacador, na medida em que ele passa por inadimplente quando, na realidade, não pode ser assim considerado, já que não tinha mais a obrigação de manter saldo em conta".

Merece ponderação especial a situação em que a inscrição no cadastro se dá, sem a notificação devida, mas em face de devedor contumaz na impontualidade, ou seja, aquele que já tem sucessivos registros de inadimplência. Diante da habitualidade das anotações restritivas, a omissão da notificação, embora constitua irregularidade, não tem força de configurar dano moral. Quem se acha em semelhante situação não pode, de fato, experimentar sentimento vexatório ou humilhante anormal, porque "a situação não lhe seria incomum", no dizer do Min. Ari Pargendler. Com base nesse argumento, a 2ª Seção do STJ editou a seguinte Súmula:

"Da anotação irregular em cadastro de proteção ao crédito, não cabe indenização por dano moral quando preexistente legítima inscrição, ressalvado o direito ao cancelamento" (Súmula n. 385/STJ).[281]

---

[279] STJ, 3ª T., REsp 1.149.998/RS, Rel. Min. Nancy Andrighi, ac. 07.08.2012, *DJe* 15.08.2012.
[280] STJ, 3ª T., REsp 1.297.353/SP, Rel. Min. Sidnei Beneti, ac. 16.10.2012, *DJe* 19.10.2012.
[281] Nesse sentido: STJ, 3ª T., AgRg no AREsp 477.143/MS, Rel. Min. Paulo de Tarso Sanseverino, ac. 28.04.2015, *DJe* 06.05.2015.

Entretanto, em decisão publicada em fevereiro de 2020, o STJ flexibilizou a aplicação da referida Súmula 385 nas hipóteses em que exista nos autos elementos aptos a demonstrar a verossimilhança das alegações do consumidor quanto à irregularidade das anotações preexistentes:

> "5. Admite-se a flexibilização da orientação contida na súmula 385/STJ para reconhecer o dano moral decorrente da inscrição indevida do nome do consumidor em cadastro restritivo, ainda que não tenha havido o trânsito em julgado das outras demandas em que se apontava a irregularidade das anotações preexistentes, desde que haja nos autos elementos aptos a demonstrar a verossimilhança das alegações" (g.n.).[282]

Para se inteirar das inscrições feitas em seu nome no cadastro restritivo, o consumidor tem direito incontestável de conhecer seu exato conteúdo, a fim de, se for o caso, exigir correção de dados inverídicos e reclamar cancelamento ou retificação, bem como, quando couber, demandar indenização por danos morais e materiais. Para tornar efetiva essa garantia, o § 6º do art. 43 do CDC, acrescido pela Lei nº 13.146/2015, dispõe que "todas as informações de que trata o *caput* deste artigo devem ser disponibilizadas em formatos acessíveis, inclusive para a pessoa com deficiência, mediante solicitação do consumidor".

Por fim, o STJ entendeu existir possibilidade de dano moral em caso de indevida disponibilização e comercialização de dados pessoais do consumidor existentes em banco de dados mantido pela empresa:

> "4. A hipótese dos autos é distinta daquela tratada no julgamento do REsp 1.419.697/RS (julgado em 12/11/2014, pela sistemática dos recursos repetitivos, DJe de 17/11/2014), em que a Segunda Seção decidiu que, no sistema *credit scoring*, não se pode exigir o prévio e expresso consentimento do consumidor avaliado, pois não constitui um cadastro ou banco de dados, mas um modelo estatístico.
> 5. A gestão do banco de dados impõe a estrita observância das exigências contidas nas respectivas normas de regência – CDC e Lei 12.414/2011 – dentre as quais se destaca o dever de informação, que tem como uma de suas vertentes o dever de comunicar por escrito ao consumidor a abertura de cadastro, ficha, registro e dados pessoais e de consumo, quando não solicitada por ele.
> 6. O consumidor tem o direito de tomar conhecimento de que informações a seu respeito estão sendo arquivadas/comercializadas por terceiro, sem a sua autorização, porque desse direito decorrem outros dois que lhe são assegurados pelo ordenamento jurídico: o direito de acesso aos dados armazenados e o direito à retificação das informações incorretas.
> 7. A inobservância dos deveres associados ao tratamento (que inclui a coleta, o armazenamento e a transferência a terceiros) dos dados do consumidor – dentre os quais se inclui o dever de informar – faz nascer para este a pretensão de indenização pelos danos causados e a de fazer cessar, imediatamente, a ofensa aos direitos da personalidade.
> 8. Em se tratando de compartilhamento das informações do consumidor pelos bancos de dados, prática essa autorizada pela Lei 12.414/2011 em seus arts. 4º, III, e 9º, deve ser observado o disposto no art. 5º, V, da Lei 12.414/2011, o qual prevê o direito do cadastrado ser informado previamente sobre a identidade do gestor e sobre o armazenamento e o objetivo do tratamento dos dados pessoais.

---

[282] STJ, 3ª T., REsp 1.704.002/SP, Rel. Min. Nancy Andrighi, ac. 11.02.2020, *DJe* 13.02.2020.

9. O fato, por si só, de se tratarem de dados usualmente fornecidos pelos próprios consumidores quando da realização de qualquer compra no comércio, não afasta a responsabilidade do gestor do banco de dados, na medida em que, quando o consumidor o faz não está, implícita e automaticamente, autorizando o comerciante a divulgá-los no mercado; está apenas cumprindo as condições necessárias à concretização do respectivo negócio jurídico entabulado apenas entre as duas partes, confiando ao fornecedor a proteção de suas informações pessoais.

10. Do mesmo modo, o fato de alguém publicar em rede social uma informação de caráter pessoal não implica o consentimento, aos usuários que acessam o conteúdo, de utilização de seus dados para qualquer outra finalidade, ainda mais com fins lucrativos".[283]

4.3.1. Devedor inscrito irregularmente, mas que não nega a dívida, nem se propõe a pagá-la

Está fora de dúvida, na jurisprudência do STJ, que a inscrição em cadastro de inadimplentes sem prévia notificação do devedor, para ensejar-lhe oportunidade de saldar a dívida e impedir o registro restritivo, é causa suficiente para a responsabilização por dano moral (Súmula n. 359/STJ).

Mas – como já visto –, quando se trata de inadimplente habitual, com anteriores registros no serviço de proteção ao crédito, a revelarem a existência de outras dívidas insatisfeitas, não se lhe deve reconhecer direito à indenização de dano moral apenas por ter sido a nova inscrição feita sem prévia notificação. O caso, como decidiu o STJ, seria de mera irregularidade, sem aptidão para configurar dano indenizável. O desrespeito à exigência regulamentar nada teria acrescido à situação pessoal do devedor, no que diz respeito ao inadimplemento praticado e não negado (Súmula n. 385/STJ).

Daí que quando o devedor se limita a questionar a irregularidade, sem negar a dívida e sem manifestar o propósito de saldá-la, não seria razoável considerá-lo moralmente ofendido, para justificar uma indenização.[284] Com efeito, a exigência de notificação, na espécie, não tem outra finalidade se não a de permitir ao devedor resgatar a dívida antes da inscrição, impedindo que esta se concretize. Logo, se a impugnação se limita a reclamar a ausência da medida, sem revelar a ocorrência de frustração do propósito de pagamento, de fato não haverá motivo para justificar a pretensão de indenização por dano moral. Se isto é razoável em qualquer situação, torna-se mais evidente no caso de devedor que já tenha vários inadimplementos consignados no cadastro de proteção ao crédito.

4.4. Dano moral e pedido de desculpas pela falha na prestação do serviço

O TJ do Rio de Janeiro, analisando recurso sobre dano moral em razão de má prestação de serviço de energia elétrica, destacou a "inércia da própria comunidade jurídica, que insiste em oferecer às vítimas destes danos, como só solução, o pagamento de uma soma em dinheiro, estimulando necessariamente sentimentos mercenários". Segundo o

---

[283] STJ, 3ª T., REsp 1.758.799/MG, Rel. Min. Nancy Andrighi, ac. 12.11.2019, DJe 19.11.2019.
[284] STJ, 2ª Seção, REsp 1.062.336/RS e 1.061.134/RS, repetitivos, Rel.ª Min.ª Nancy Andrighi, ac. 10.12.2008, DJe 12.05.2008 e 1º.04.2009.

acórdão, uma resposta não patrimonial a esses danos aumentaria "a efetividade da reparação e a redução das ações meramente mercenárias". Daí porque acolheu a pretensão para que a concessionária de energia elétrica veiculasse pedido de desculpa pela falha na prestação dos serviços, nos seguintes termos:

> "A retratação pública, como desestímulo à conduta praticada, às expensas da parte vencida ou condenada, por certo, torna mais efetiva a reparação civil, despatrimonializando a condenação, que, no mais das vezes, quando aplicada isoladamente a resposta pecuniária, não satisfaz plenamente os anseios da vítima, não compensando, integralmente, o desvalor moral. Daí ser cabível, ainda que não se encontre expressamente previsto, a veiculação de pedido de desculpa pela falha do serviço prestado e pela consequente interrupção do fornecimento de energia elétrica é também meio válido para a composição judicial da lide. Consequentemente, a simples majoração do *quantum* a ser arbitrado para o dano moral, não inviabiliza, ou justifica, o descarte da retratação pública, nos exatos termos do que foi na inicial pleiteado. Plausível e justo, pois, que a retratação se dê de modo a trazer à parte ofendida a reparação integral do dano moral, através de declaração a ser emitida pelo ofensor onde conste, além do reconhecimento público e formal da falha do serviço, o pedido de desculpas pelo dano que à consumidora autora foi injustamente causado".[285]

4.5. Dano moral e tabagismo

O demandante, que começou a fumar na mesma época em que as advertências acerca dos malefícios do fumo passaram a ser veiculadas nos maços de cigarro, pediu indenização por danos morais contra a empresa fabricante. O STJ houve por bem indeferir o pedido, porque a propaganda ostensiva,

> "3. (...) por si só, afasta as alegações do recorrido acerca do desconhecimento dos malefícios causados pelo hábito de fumar, pois, mesmo assim, com as advertências, explicitamente estampadas nos maços, Miguel Eduardo optou por adquirir, espontaneamente, o hábito de fumar, valendo-se de seu livre-arbítrio.
> 4. Por outro lado, o laudo pericial é explícito ao afirmar que não se pode comprovar a relação entre o tabagismo do autor e o surgimento da tromboangeíte obliterante.
> 5. Assim sendo, rompido o nexo de causalidade da obrigação de indenizar, não há falar-se em direito à percepção de indenização por danos morais".[286]

Em outras oportunidades, o STJ tem ratificado e complementado o seu entendimento, no sentido de que, tendo o produto periculosidade inerente, restaria afastada a responsabilidade do fabricante de cigarro:

> "1. O cigarro é um produto de periculosidade inerente e não um produto defeituoso, nos termos do que preceitua o Código de Defesa do Consumidor, pois o defeito a que alude o diploma consubstancia-se em falha que se desvia da normalidade, capaz de gerar

---
[285] TJRJ, 1ª C. Civ., Ap. 22.993/2009, Rel. Des. Maldonado de Carvalho, *RTDC*, v. 39, p. 215, jul.-set. 2009.
[286] STJ, 4ª T., REsp 886.347/RS, Rel. Min. Honildo Amaral de Mello Castro, ac. 25.05.2010, *DJe* 08.06.2010.

uma frustração no consumidor ao não experimentar a segurança que ordinariamente se espera do produto ou serviço.

2. 'As estatísticas – muito embora de reconhecida robustez – não podem dar lastro à responsabilidade civil em casos concretos de mortes associadas ao tabagismo, sem que se investigue, episodicamente, o preenchimento dos requisitos legais' (REsp 1113804/RS, Rel. Ministro Luis Felipe Salomão, Quarta Turma, julgado em 27/04/2010, *DJe* 24/06/2010).

3. Seguindo essa linha de raciocínio, ambas as Turmas de Direito Privado desta Corte também preconizam a ausência de responsabilidade civil das empresas fabricantes de cigarro por haver o consumidor apresentado quadro de tromboangeíte obliterante, inclusive diante da divergência na literatura médica acerca de eventual relação indissociável entre tal enfermidade e o tabagismo".[287]

4.6. Poluição ambiental. Consumidor por equiparação

Em caso de dano moral advindo de poluição ambiental, o STJ, aplicando a noção de consumidor por equiparação, condenou o poluidor a indenizar a vítima:

> "2. As instâncias ordinárias, com base nos fatos e provas dos autos, concluíram que a parte autora é considerada consumidora por equiparação, nos termos do art. 17 do CDC, assim como pela incidência das regras de responsabilidade objetiva e pela inversão do ônus da prova.
>
> 3. 'Na hipótese de danos individuais decorrentes do exercício de atividade empresarial poluidora destinada à fabricação de produtos para comercialização, é possível, em virtude da caracterização do acidente de consumo, o reconhecimento da figura do consumidor por equiparação, o que atrai a incidência das disposições do Código de Defesa do Consumidor' (REsp n. 2.005.977/RS, relatora Ministra Nancy Andrighi, Segunda Seção, julgado em 28/9/2022, *DJe* de 30/9/2022).
>
> 4. O Tribunal de origem julgou nos moldes da jurisprudência desta Corte. Incidência da Súmula n. 83 do STJ".[288]

5. DANO MORAL E DIREITO EMPRESARIAL

5.1. Títulos de crédito e dano moral

O banco que desconta duplicata não aceita, ou que se encarrega de sua cobrança, não pode, segundo o STJ, levá-la a protesto, sob o simples argumento de que precisa resguardar o direito de regresso contra o endossante ou que age segundo ordens deste. Se o endossatário é advertido dos vícios do título, e "não toma as medidas necessárias à verificação da validade da duplicata não aceita, é responsável pelo protesto indevido do título sem causa, devendo indenizar o dano moral decorrente".[289]

---

[287] STJ, 4ª T., AgInt no REsp 1.652.429/DF, Rel. Min. Luis Felipe Salomão, ac. 22.06.2020, *DJe* 30.06.2020.
[288] STJ, 4ª T., AgInt no AgInt no AREsp 1.994.330/RS, Rel. Min. Maria Isabel Gallotti, ac. 12.12.2022, *DJe* 16.12.2022.
[289] STJ, 3ª T., REsp 433.954/MG, Rel.ª Min.ª Nancy Andrighi, ac. 15.05.2003, *RSTJ* 185/375.

Caso interessante de acolhida de dano moral pelo STJ se deu em face de recusa do banco sacado de fornecer, ao portador de cheque emitido sem provisão de fundos, o endereço do correntista para que pudesse ser adequadamente demandado. Fundamentou-se o acórdão no fato de ser o cheque um título de crédito que, como tal, estabelece direitos para seu beneficiário, entre os quais o de conhecer a qualificação de quem o emitiu, a fim de permitir sua cobrança judicial. A violação desse direito pelo banco causa-lhe constrangimento, frustração e implica contrariedade, que não pode ser considerada rotineira pelos padrões do homem médio. Daí a obrigação reparatória do banco, reconhecida pelo STJ, derivada de descumprimento de normas legais e acarretadora de moléstia à esfera psíquica do portador do cheque.[290]

5.2. Protesto de títulos

A duplicata e a letra de câmbio podem ser protestadas mesmo quando não aceitas pelo sacado. O protesto é, aliás, necessário para preservação de eventuais direitos de regresso contra sacador e endossantes. Ainda que inexista direito regressivo a resguardar, não se pode negar ao portador do título de crédito o direito de tirar o seu protesto seja por falta de aceite, seja por falta de pagamento, tendo em vista a natureza probatória do instituto em matéria de legislação cambiária. Quem exerce regularmente um direito não lesa ninguém.

No entanto, pode o direito de protesto, como qualquer outro, ser objeto de exercício abusivo, quando, por exemplo, a dívida já tenha sido paga ou extinta de outra forma, quando a obrigação ainda não esteja vencida, ou quando falte *causa debendi* à cártula.

Em situações abusivas como estas, o protesto, que naturalmente molesta o nome do devedor inadimplente, torna-se fonte de dano ilícito para o obrigado cambiário, a quem, sem dúvida, assistirá o direito de reclamar reparação por dano moral, contra quem tenha levado o título indevidamente ao cartório de protesto.

Até o Oficial Público pode, em determinadas circunstâncias, ser submetido àquela indenização, como corresponsável pelo ato danoso ilícito. Isto, porém, não acontecerá, pelo simples fato de ter aceito protestar o título sem causa.

Em princípio, não cabe ao oficial público recusar o protesto do título, senão quando lhe faltem requisitos exigidos pela legislação cambiária (Lei n. 9.492/1997, art. 9º). Não entra em sua esfera de controle a origem da obrigação subjacente.[291]

Se o oficial, todavia, tira o protesto de título que, cambiariamente, não se revelava protestável, torna-se, então, coobrigado pela reparação do dano moral acarretado a quem não deveria ter sido afetado pelos dissabores da medida notarial injusta.

Em relação ao portador que promove o protesto ciente de que não deveria fazê-lo, incide plenamente a obrigação de indenizar. Mesmo quando o Banco toma a iniciativa cambiária para assegurar direito regressivo, o STJ tem decidido que não sendo o título representativo de dívida real, terá o endossatário de se sujeitar à reparação do dano moral

---

[290] STJ, 4ª T., REsp 536.458/RJ, Rel. Min. Aldir Passarinho Jr., ac. 18.09.2008, *DJe* 13.10.2008.
[291] COMPARATO, Fábio Konder. A regulamentação jurídico-administrativa do protesto cambial. *Revista de Direito Mercantil, Industrial, Econômico e Financeiro*, São Paulo, v. 30, n. 83, p. 82, jul.-set. 1991.

provocado pelo protesto. Ressalvada lhe ficará, porém, a ação regressiva contra o sacador ou o endossante.[292]

Em outra oportunidade, analisando situação em que uma letra de câmbio foi sacada indevidamente e depois levada a protesto, com o propósito de interromper prazo prescricional para cobrança da dívida, o STJ condenou o protestante a indenizar os prejuízos provocados por seu ato ilícito:

> "1. Cuida-se de ação anulatória de título de crédito cumulada com cancelamento de protesto e compensação de danos morais, por meio da qual se discute a validade do protesto de letra de câmbio não aceita e emitida com a finalidade de interromper a prescrição para a cobrança de débitos de mensalidades universitárias. (...)
> 12. Se não há responsável principal – por falta de aceite – e se é impossível o exercício de direito de regresso contra os devedores indiretos – seja porque a cártula não circulou, seja porque não realizado o protesto no tempo próprio –, a letra de câmbio deixa de ter natureza de título de crédito, consistindo em um mero documento, produzido unilateralmente pelo sacador.
> (...)
> 14. Na hipótese concreta, a recorrente sacou letra de câmbio em que apontou como sacada a recorrida e se colocou na posição de beneficiária da ordem de pagamento, levando o título a protesto com o propósito de interromper o prazo prescricional para a cobrança da dívida que serviu de ensejo à emissão da cártula.
> 15. Na hipótese dos autos, a recorrente, ao protestar o título contra a recorrida não aceitante, tirou o protesto indevidamente contra pessoa que não poderia ser indicada em referido ato documental, praticando, assim, ato ilícito, devendo, pois, responder pelas consequências de seus atos; e a interrupção da prescrição pelo protesto do título não se dá em relação à dívida causal que originou a emissão da cártula".[293]

O STJ já entendeu que, embora seja do devedor a responsabilidade em dar baixa no cartório do protesto do título cambiário, o credor deverá fornecer toda a documentação necessária, sob pena de ensejar dano moral:

> *(i)* "1. De acordo com a jurisprudência desta Corte, no caso de protesto de títulos, a responsabilidade em dar baixa no cartório, depois de quitada a dívida, é do devedor, quando de posse do título protestado ou de carta de anuência do credor.
> 2. Consignado no aresto recorrido que o credor não comprovou ter encaminhado a documentação necessária à devedora para que pudesse dar baixa no protesto, tornando inviável efetuar tal procedimento, o reexame da afirmativa esbarra no óbice da Súmula 7/STJ".[294]

> *(ii)* "2. Em regra, 'No regime próprio da Lei n. 9.492/1997, legitimamente protestado o título de crédito ou outro documento de dívida, salvo inequívoca pactuação em sentido contrário, incumbe ao devedor, após a quitação da dívida, providenciar o cancelamen-

---

[292] STJ, 4ª T., REsp 976.591/ES, Rel. Min. Aldir Passarinho Júnior, ac. 04.10.2007, *DJU* 10.12.2007, p. 395.
[293] STJ, 3ª T., REsp 1.748.779/MG, Rel. Min. Nancy Andrighi, ac. 19.05.2020, *DJe* 25.05.2020.
[294] STJ, 4ª T., AgRg no REsp 906.875/RS, Rel. Min. Raul Araújo, ac. 06.08.2013, *DJe* 21.08.2013.

to do protesto' (REsp 1339436/SP, Rel. Ministro Luis Felipe Salomão, Segunda Seção, julgado em 10/09/2014, DJe 24/09/2014).

3. Na hipótese, o credor deverá ser responsabilizado pela manutenção indevida do nome do devedor no protesto de título, uma vez que não devolveu o título ou a carta de anuência, documentos necessários ao cancelamento da negativação".[295]

Medida equitativa, no entanto, tem tomado o STJ em casos de devedor cujo nome já se encontre comprometido por dezenas de protestos. Diante de sacado que se apresente com baixa reputação no comércio, tem aquela Corte decidido pela redução da indenização a título de dano moral.[296]

Em outro julgado, o STJ reconheceu a responsabilidade solidária entre a empresa que recebeu o cheque e o cartório de protesto de títulos que, muito embora tivesse conhecimento de que o cheque havia sido roubado, efetuaram o protesto: "recurso especial provido para reconhecer a solidariedade entre os recorridos, ambos cientificados antes do segundo protesto, de que o título fora roubado".[297]

O Tribunal de Justiça do Rio de Janeiro também teve oportunidade de analisar o tema e decidiu ser abusivo o protesto efetivado de cheque já prescrito há quase 5 anos:

"A Lei 7.357/85 dispõe que a pretensão de cobrança do cheque prescreve em 06 (seis) meses, a contar da expiração do prazo de apresentação para pagamento do mesmo, sendo certo que este último pode ser de 30 (trinta) dias, para os títulos emitidos no lugar onde houver de ser pago, ou de 60 (sessenta) dias, para aqueles emitidos em outro lugar do país ou exterior. Inegável abusividade do protesto (art. 187, do CC/02), de cheques já prescritos há quase 5 (cinco) anos. Danos morais caracterizados. Dever de indenizar configurado".[298]

Tratando-se de protesto de título prescrito, entende o STJ ser indevido o protesto, porque "a perda das características cambiárias do título de crédito, como autonomia, abstração e executividade, quando ocorre a prescrição, compromete a pronta exigibilidade do crédito nele representado, o que desnatura a função exercida pelo ato cambiário do protesto de um título prescrito".[299]

Em outra oportunidade, tendo ocorrido o protesto de cheque prescrito enquanto ainda era possível a cobrança da dívida por outros meios, que não a ação executiva, o STJ entendeu inexistir abalo de crédito hábil a ensejar dano moral, uma vez que o débito permanece hígido:

"7. Na hipótese dos autos, os protestos dos cheques foram irregulares, na medida em que efetivados cerca de 4 (quatro) anos após a data da emissão dos títulos.

---

[295] STJ, 4ª T., AgRg no REsp 1.289.728/PR, Rel. Min. Luis Felipe Salomão, ac. 23.02.2016, DJe 02.03.2016.
[296] STJ, 4ª T., REsp 976.591/ES, Rel. Min. Aldir Passarinho Júnior, ac. 04.10.2007, DJU 10.12.2007; REsp 473.127/MT, DJU 25.02.2004; e REsp 234.592/MG, DJU 21.02.2000.
[297] STJ, 4ª T., REsp 1.001.503/MA, Rel. Min. Aldir Passarinho Júnior, ac. 15.02.2011, DJe 22.02.2011.
[298] TJRJ, 4ª Câm. Cível, Ap. 0011653-95.2008.8.19.0007, Rel. Des. Sidney Hartungm ac. 24.02.2010, Juris Plenum, ano VI, n. 33, p. 158.
[299] STJ, 4ª T., AgRg no AREsp 593.208/SP, Rel. Min. Raul Araújo, ac. 25.11.2014, DJe 19.12.2014.

8. Cuidando-se de protesto irregular de título de crédito, o reconhecimento do dano moral está atrelado à ideia do abalo do crédito causado pela publicidade do ato notarial, que, naturalmente, faz associar ao devedor a pecha de 'mau pagador' perante a praça.

9. Todavia, na hipótese em que o protesto é irregular por estar prescrita a pretensão executória do credor, havendo, porém, vias alternativas para a cobrança da dívida consubstanciada no título, não há se falar em abalo de crédito, na medida em que o emitente permanece na condição de devedor, estando, de fato, impontual no pagamento.

10. Prescrita a ação executiva do cheque, assiste ao credor a faculdade de ajuizar a ação cambial por locupletamento ilícito, no prazo de 2 (dois) anos (art. 61 da Lei 7.357/85); ação de cobrança fundada na relação causal (art. 62 do mesmo diploma legal) e, ainda, ação monitória, no prazo de 5 (cinco) anos, nos termos da Súmula 503/STJ.

11. Nesse contexto, embora, no particular, tenham sido indevidos os protestos, pois extemporâneos, a dívida consubstanciada nos títulos permanecia hígida, não estando caracterizado, portanto, abalo de crédito apto a ensejar a caracterização do dano moral".[300]

É bom lembrar que o protesto de título não é direito exclusivo do portador de cambiais, haja vista que a Lei nº 9.492/1997 o autoriza como meio de prova da inadimplência e do descumprimento de obrigação oriunda de quaisquer títulos e outros documentos de dívida (art. 1º). Desde, portanto, que o documento comprove a existência de obrigação atual, certa, líquida e exigível, o respectivo protesto é direito inegável do credor, o qual, regularmente tirado, não pode configurar dano moral para o devedor inadimplente.

Embora o STJ tenha posição tranquila no sentido de que "para a pessoa jurídica, o dano moral não se configura *in re ipsa*", "nas hipóteses de protesto indevido de cambial ou outros documentos de dívida, há forte presunção de configuração de danos morais".[301] Na oportunidade, a Corte afirmou ser ilegal o protesto de título cambial, "mesmo quando o pagamento ocorre em atraso", se a criação do título foi irregular e sem causa jurídica, ou seja, a ilegitimidade do título acarreta a ilicitude do protesto, transformando-o em causador de dano moral indenizável, segundo o aresto do STJ.

5.3. Dano moral e cheque pré ou pós-datado

Em matéria de cheque pré-datado, prática não disciplinada pela lei, mas de ampla utilização no mercado, há muito se discutia na jurisprudência que consequências atribuir à conduta do portador que o apresenta ao banco sacado antes do momento ajustado com o emitente. O STJ, no entanto, tem acolhido a orientação pretoriana que considera sua apresentação antes do prazo ajustado, provocando a devolução por ausência de fundos, como configuradora de dano moral para o emitente. Será, portanto, exigível *in casu* a indenização por parte do portador que violar o prazo ajustado com o emitente.[302]

Já no REsp 16.855, se afirmara que a "apresentação do cheque pré-datado antes do prazo estipulado gera o dever de indenizar, presente, no caso, a devolução do título por

---

[300] STJ, 3ª T., REsp 1.677.772/RJ, Rel. Min. Nancy Andrighi, ac. 14.11.2017, *DJe* 20.11.2017.
[301] STJ, 3ª T., REsp 1.564.955/SP, Rel. Min. Nancy Andrighi, ac. 06.02.2018, *DJe* 15.02.2018.
[302] STJ, 3ª T., REsp 557.505/MG, Rel. Min. Menezes Direito, ac. 04.05.2004, *RSTJ* 188/381.

ausência de fundos".[303] À igual conclusão chegou o acórdão pronunciado no REsp 213.940, reafirmando-se que a devolução do cheque, por falta de fundos, configuraria fato capaz de gerar prejuízos de ordem moral indenizáveis.[304]

Por fim, consolidou-se a jurisprudência no âmbito do STJ por meio da Súmula n. 370: "caracteriza dano moral a apresentação antecipada de cheque pré-datado". Naturalmente, o dano moral pressupõe que haja a devolução do cheque, por falta de fundos. Se o cheque for honrado pelo banco, o que teria ocorrido seria apenas a violação do contratado entre as partes. Os prejuízos eventuais seriam apenas patrimoniais. O descumprimento puro e simples de contrato não é, em princípio, causa de dano moral. Há sempre necessidade de demonstrar que além do prejuízo econômico, o descumprimento do ajuste tenha repercutido na esfera da personalidade do ofendido.

Tal orientação tem prevalecido no STJ: se a devolução do cheque por insuficiência de fundos ocorrer, após o decurso do prazo de apresentação do respectivo título e se acontecer a inscrição do nome do correntista no cadastro restritivo de crédito, aí sim, configurado estará o ato ilícito decorrente da falha de prestação de serviço da própria instituição financeira, obrigando-a a indenizar, nos termos do art. 14 do CDC.[305]

Em outra oportunidade, apreciando caso em que o terceiro apresentou ao banco sacado cheque pós-datado, cuja convenção estava particularizada no próprio título, o STJ entendeu existir o dever do apresentante de indenizar o emitente pelos "danos morais decorrentes de sua apresentação ao sacado antes da data acordada".[306]

5.4. Serviços bancários

I – Tarifa de manutenção de conta inativa

O TJ de Minas Gerais decidiu ser incabível a exigência de tarifa de manutenção de conta-corrente bancária, "após a conta se tornar inativa". Consequentemente, considerou abusiva tal prática e qualificou como causadora de dano moral a inserção do respectivo débito no serviço de proteção ao crédito. Levou em consideração, ainda, que "como fornecedor de produtos e serviços, o banco tinha o dever de se certificar acerca do encerramento da conta-corrente do autor e do suposto valor em aberto, inclusive comunicando o cliente a respeito, providência mínima de segurança que se exige". Como o valor cobrado a título de tarifa de manutenção de conta era indevido, nas circunstâncias do caso, deve o banco reparar o dano moral, nos termos do art. 944, *caput*, do Código Civil.[307]

II – Saque frustrado em terminal de autoatendimento

O cliente, que dispunha de saldo na conta de depósito, não conseguiu efetuar saque em fim de semana, por falta de cédulas no caixa eletrônico, intentou ação de danos mo-

---

[303] STJ, 3ª Seção, Rel. Min. Anselmo Santiago, ac. 22.10.1997, *DJU* 19.12.1997, p. 67.445.
[304] STJ, 3ª T., Rel. Min. Eduardo Ribeiro, ac. 29.06.2000, *DJU* 21.08.2000, p. 124.
[305] STJ, 4ª T., AgInt no REsp 1.561.751/SP, Rel. Min. Marco Buzzi, ac. 19.10.2017, *DJe* 25.10.2017.
[306] STJ, 4ª T., AgInt no AREsp 1.117.318/SP, Rel. Min. Luis Felipe Salomão, ac. 24.10.2017, *DJe* 06.11.2017.
[307] TJMG, 9ª C. Civ., APCV 1.0702.11.062483-1/001, Rel. Des. Amorim Siqueira, *DJEMG* 04.12.2015, *Revista Magister de Direito Civil e Processual Civil*, v. 69, p. 171, nov.-dez. 2015.

rais contra o banco, sob o argumento de que teve de desfazer a compra e venda de uma motocicleta, acarretando-lhe "abalo anímico".

O TJSC não lhe reconheceu razão, afirmando que, diante dos termos da pretensão do autor, revelada se achava a "ausência de lógica e verossimilhança das alegações", concluindo que a falha apontada, "por si só, não conduz à responsabilização da instituição financeira", nem tampouco evidenciado restou o prejuízo arguido. Arrematou o acórdão:

> "Embora configure falha na prestação do serviço, a insuficiência de cédulas nos saques promovidos em terminal de autoatendimento não tem carga suficiente, por si só, para caracterizar dano moral, sobretudo quando não há desconto além da quantia entregue na conta bancária do consumidor. Recurso desprovido".[308]

III – Saque indevido de numerário

Em relação a saque indevido em conta corrente, o STJ já entendeu não configurar, por si só, dano moral *in re ipsa*. Em casos particulares, o saque fraudulento poderia ensejar indenização se o banco, por exemplo, retardasse longamente o ressarcimento dos valores indevidamente descontados e dessa circunstância originassem fatos injustos, graves, como devolução de cheques por falta de fundos e inscrição em cadastro de inadimplentes. Em tais conjunturas, observadas as particularidades do caso, poderia restar caracterizado o dano moral, desde que "demonstrada a ocorrência de violação significativa a algum direito da personalidade do correntista".[309]

IV – Tempo de atendimento presencial em agências bancárias

O STJ julgou ação civil coletiva em que se discutia se o descumprimento de normas municipais ou federais que estabelecem parâmetros para a adequada prestação do serviço de atendimento presencial em agências bancárias seria capaz de configurar dano moral coletivo. Na oportunidade, a Corte entendeu configurado o dano moral coletivo, nos seguintes termos:

> "4. O dano moral coletivo é espécie autônoma de dano que está relacionada à integridade psicofísica da coletividade, bem de natureza estritamente transindividual e que, portanto, não se identifica com aqueles tradicionais atributos da pessoa humana (dor, sofrimento ou abalo psíquico), amparados pelos danos morais individuais.
> 5. O dano moral coletivo não se confunde com o somatório das lesões extrapatrimoniais singulares, por isso não se submete ao princípio da reparação integral (art. 944, *caput*, do CC/02), cumprindo, ademais, funções específicas.
> 6. No dano moral coletivo, a função punitiva – sancionamento exemplar ao ofensor – é, aliada ao caráter preventivo – de inibição da reiteração da prática ilícita – e ao princípio da vedação do enriquecimento ilícito do agente, a fim de que o eventual proveito patrimonial obtido com a prática do ato irregular seja revertido em favor da sociedade.

---

[308] TJSC, 6ª C.D.Civ., AC 2014.020472-8, Rel. Des. Alexandre d'Ivanenko, *DJSC* 04.12.2015, p. 141, *Revista Magister de Direito Civil e Processual Civil*, v. 69, p. 161, nov.-dez. 2015.
[309] STJ, 3ª T., REsp 1.573.859/SP, Rel. Min. Marco Aurélio Bellizze, ac. 07.11.2017, *DJe* 13.11.2017.

7. O dever de qualidade, segurança, durabilidade e desempenho que é atribuído aos fornecedores de produtos e serviços pelo art. 4º, II, *d*, do CDC, tem um conteúdo coletivo implícito, uma função social, relacionada à otimização e ao máximo aproveitamento dos recursos produtivos disponíveis na sociedade, entre eles, o tempo.

8. O desrespeito voluntário das garantias legais, com o nítido intuito de otimizar o lucro em prejuízo da qualidade do serviço, revela ofensa aos deveres anexos ao princípio boa-fé objetiva e configura lesão injusta e intolerável à função social da atividade produtiva e à proteção do tempo útil do consumidor.

9. Na hipótese concreta, a instituição financeira recorrida optou por não adequar seu serviço aos padrões de qualidade previstos em lei municipal e federal, impondo à sociedade o desperdício de tempo útil e acarretando violação injusta e intolerável ao interesse social de máximo aproveitamento dos recursos produtivos, o que é suficiente para a configuração do dano moral coletivo".[310]

5.5. Operações de bancos e cartões de crédito

Solucionando demanda de reparação por dano moral derivado de conduta irregular da administradora de cartões de crédito, o STJ reconheceu que o Banco vinculado à entidade que praticou o bloqueio do cartão também deve responder pela reparação a que tem direito o usuário ofendido. Assentou o acórdão que o art. 14 do CDC estabelece regra de responsabilidade solidária entre os fornecedores de uma mesma cadeia de serviços, razão pela qual as "bandeiras"/marcas de cartão de crédito respondem solidariamente com os bancos e as administradoras de cartão de crédito pelos danos decorrentes da má prestação de serviços.[311]

Por falha do serviço, o Tribunal de Justiça do Pará imputou responsabilidade ao Banco pela inscrição do correntista em banco de inadimplentes como emitente de cheque sem fundo, fato que teria sido provocado pela entrega indevida de talões de cheque a terceiro.[312]

Também por falha do serviço bancário que teria equivocadamente inscrito em cadastro de restrição de crédito o nome de outra pessoa que não o verdadeiro devedor, o STJ manteve a condenação solidária da União e da Caixa Econômica Federal como corresponsáveis pelo dano moral acarretado ao ofendido. A União foi responsabilizada pela emissão de dois números iguais de CPF para pessoas diferentes, e a CEF pela falha de se guiar pelo número do CPF para imputar inadimplemento a quem não era o devedor.[313]

Quanto à devolução de cheque, por falta de fundos, se indevida, acarreta responsabilidade do banco, por danos morais, sem necessidade de comprovação de efetivo prejuízo para a correntista. A humilhação imposta, *in casu*, é evidente, como faz certo a Súmula n. 388 do STJ, conforme demonstrado no item 5.3 supra.

---

[310] STJ, 3ª T., REsp 1.737.412/SE, Rel. Min. Nancy Andrighi, ac. 05.02.2019, *DJe* 08.02.2019.

[311] STJ, 3ª T., REsp 1.029.454/RJ, Rel.ª Min.ª Nancy Andrighi, ac. 1º.10.2009, *DJe* 19.10.2009. Precedente: STJ, 4ª T., REsp 259.816/RJ, Rel. Min. Sálvio de Figueiredo, ac. 22.08.2000, DJU 27.11.2000, p. 171. No mesmo sentido: STJ, 3ª T., AgRg no AREsp 596.237/SP, Rel. Min. Marco Aurélio Bellizze, ac. 03.02.2015, *DJe* 12.02.2015; STJ, 4ª T., AgRg no REsp 1.116.569/ES, Rel. Min. Antônio Carlos Ferreira, ac. 21.02.2013, *DJe* 04.03.2013.

[312] TJPA, Ap. Cív. 200530034799, Rel.ª Des.ª Luzia Nadja Guimarães Nascimento, ac. 16.04.2009, *RT* 886/270.

[313] STJ, 2ª T., AgRg no REsp 1.074.476/RJ, Rel. Min. Castro Meira, ac. 04.08.2009, *DJe* 02.10.2009.

Em solução de recursos repetitivos, o STJ assentou, em torno da inscrição de clientes bancários em cadastro de impontualidade, o seguinte:

> "1) Em pedido de antecipação de tutela e/ou medida cautelar, a inscrição em cadastro de inadimplentes será vedada se, cumulativamente: a) houver ação fundada na existência integral ou parcial do débito; b) ficar demonstrado que a alegação da cobrança indevida se funda na aparência de bom direito e em jurisprudência consolidada do STF ou do STJ; c) for depositada a parcela incontroversa ou prestada a caução fixada conforme o prudente arbítrio do juiz;
> 2) No momento da resolução do mérito, a pretensão quanto à inscrição acompanhará o que ficar decidido a respeito da mora: a) se a sentença reconhecê-la, deverá autorizar em consequência, a inscrição do nome do devedor nos cadastros de inadimplência; b) por outro lado, se a mora não for verificada, a inscrição será indeferida ou cancelada;
> 3) É inviável o exame de ofício de cláusulas consideradas abusivas em contratos que regulem relação de consumo".[314]

Sobre o tema do dano moral na atividade bancária, ver, ainda, os itens 1.1.2 e 1.1.3 no Capítulo IV.

5.5.1. Cartão de crédito. Cobrança indevida

Em regra, o ato ilícito e o descumprimento do contrato não configuram, por si só, o dano moral indenizável, porque não atingem a esfera íntima da parte com a gravidade suficiente para identificar uma verdadeira lesão psicológica, conforme já visto. Nessa linha de orientação, o STJ decidiu que o simples fato de ter sido incluído na fatura do cartão de crédito uma cobrança indevida não é o suficiente para autorizar a reparação de dano moral:

> "Recurso especial. Responsabilidade civil. Cartão de crédito. Cobrança indevida. Pagamento não efetuado. Dano moral. Não ocorrência. Mero transtorno.
> 1. Não configura dano moral *in re ipsa* a simples remessa de fatura de cartão de crédito para a residência do consumidor com cobrança indevida. Para configurar a existência do dano extrapatrimonial, há de se demonstrar fatos que o caracterizem, como a reiteração da cobrança indevida, a despeito da reclamação do consumidor, inscrição em cadastro de inadimplentes, protesto, publicidade negativa do nome do suposto devedor ou cobrança que o exponha a ameaça, coação, constrangimento.
> 2. Recurso conhecido e provido".[315]

Porém, se a cobrança indevida se dá por repetidas vezes no cartão de crédito, evidenciando grave abuso de direito, a situação é outra e a ofensa ao psiquismo da parte pode perfeitamente justificar a reparação de dano moral. É o que decidiu o STJ, no seguinte aresto:

---

[314] STJ, 2ª Seção, REsp 1.061.530/RS, Rel.ª Min.ª Nancy Andrighi, ac. 22.10.2008, *DJe* 10.03.2009.
[315] STJ, 4ª T., REsp 1.550.509/RJ, Rel. Min. Maria Isabel Gallotti, ac. 03.03.2016, *DJe* 14.03.2016. No mesmo sentido: STJ, 4ª T., REsp 326.163/RJ, Rel. Min. Hélio Quaglia Barbosa, ac. 19.10.2006, *DJU* 13.11.2006, p. 263.

"Agravo regimental no agravo em recurso especial. Civil. Direito do consumidor. Contrato de cartão de crédito. Inexistência de contratação. Reiteração por 47 vezes de cobrança indevida. Responsabilização da empresa comercial. Possibilidade. Configurado o dano moral (...).
1. As instâncias ordinárias reconheceram a responsabilidade da prestadora do serviço porque ficou configurado o abuso no exercício do direito de cobrança pois emitiu cartão de crédito sem anuência da consumidora e apesar dos diversos contatos por ela feitos para resolver as cobranças indevidas (47 vezes), não sobrevieram medidas saneadoras capazes de elidir o equívoco. (...)".[316]

5.5.2. Cartão de crédito. Lançamento indevido de assinatura de revista

Abuso reiteradamente praticado por editora de revistas e periódicos consiste em renovar a assinatura sem consentimento do assinante, lançando na conta do cartão de crédito o respectivo valor. A jurisprudência tem analisado o caso e reputa grave a moléstia injustamente causada ao consumidor, a ponto de justificar a configuração de dano moral indenizável. No acórdão que se segue, o tema foi bem explorado pelo STJ:

"Recurso especial. Responsabilidade civil. Ação de indenização por danos materiais e morais. Assinaturas de revistas não solicitadas. Reiteração. Débito lançado indevidamente no cartão de crédito. Dano moral configurado. (...)
I – Para se presumir o dano moral pela simples comprovação do ato ilícito, esse ato deve ser objetivamente capaz de acarretar a dor, o sofrimento, a lesão aos sentimentos íntimos juridicamente protegidos.
II – A reiteração de assinaturas de revistas não solicitadas é conduta considerada pelo Código de Defesa do Consumidor como prática abusiva (art. 39, III). Esse fato e os incômodos decorrentes das providências notoriamente dificultosas para o cancelamento significam sofrimento moral de monta, mormente em se tratando de pessoa de idade avançada, próxima dos 85 anos de idade à época dos fatos, circunstância que agrava o sofrimento moral. (...)".[317]

5.6. Seguro de danos materiais e morais

O seguro de responsabilidade civil ou de danos pessoais pode ser ajustado com previsão expressa de cobertura para danos morais. Mesmo, porém, quando não conste da apólice a referência expressa aos danos morais, o entendimento assentado pelo STJ é no sentido de que a previsão contratual de cobertura para danos pessoais abrange os danos morais. Essa extensão somente não acontecerá quando houver expressa exclusão na apólice:

(i) "2. O acórdão recorrido está em consonância com a jurisprudência desta Corte Superior, nos termos da Súmula 402, do STJ, segundo a qual o contrato de seguro por danos pessoais compreende os danos morais, salvo cláusula expressa de exclusão".[318]

---

[316] STJ, 3ª T., AgRg no AREsp 509.257/SP, Rel. Min. Moura Ribeiro, ac. 23.09.2014, *DJe* 26.09.2014.
[317] STJ, 3ª T., REsp 1.102.787/PR, Rel. Min. Sidnei Beneti, ac. 16.03.2010, *DJe* 29.03.2010.
[318] STJ, 4ª T., AgInt no AREso. 1.178.468/RJ, Rel. Min. Maria Isabel Gallotti, ac. 02.08.2018, *DJe* 10.08.2018.

(ii) "2. O Tribunal de origem, após a análise do conjunto probatório dos autos, chegou à conclusão de 'que, existindo a apólice e havendo dúvidas quanto à sua abrangência, ela deve ser interpretada em favor do consumidor, pois ela apoia-se na boa-fé dos pactuantes' (fl. 947); mas não se afirmou expressamente que na apólice havia exclusão ou limitação, especificamente, quanto ao dano moral.

3. Com efeito, não afirmada a expressa pactuação de cláusula de exclusão ou de limitação da cobertura de danos morais, é inviável o afastamento pretendido pela recorrente, uma vez que, em sede de recurso especial, não é possível a verificação de tal requisito, em face dos óbices das Súmulas 5 e 7/STJ que impedem o conhecimento da irresignação, seja pela alínea 'a', seja pela alínea 'c' do permissivo constitucional".[319]

O tema acha-se pacificado por súmula jurisprudencial, *in verbis*: "O contrato de seguro por danos pessoais compreende os danos morais, salvo cláusula expressa de exclusão" (Súmula n. 402/STJ).

6. DANO MORAL E PROCESSO CIVIL

6.1. O advogado e o dano moral praticado contra o juiz no processo

O antigo art. 7º, § 2º, do Estatuto da OAB (Lei n. 8.906, de 04.07.1994) que garantia ao advogado "imunidade profissional, não constituindo injúria ou difamação puníveis qualquer manifestação de sua parte no exercício de sua atividade, em juízo ou fora dele", foi revogado pela Lei nº 14.365/2022. Assim, o advogado não possui mais a imunidade que existia desde a edição do estatuto. Continua respondendo, obviamente, pelos abusos ou excessos injustificáveis, cuja punição disciplinar será aplicada pela OAB.

Assim, quando, fora do processo, o advogado se põe a imputar conduta delituosa ao juiz em favor de terceiros e em detrimento dos interesses das partes, e o faz sem razão fático-jurídica, torna-se, no entender do TJRJ, "evidente que houve o dano moral". Não se pode cogitar da imunidade profissional quando se depara com "o tratamento agressivo, aviltante, que o advogado utiliza não mais como profissional, mas como indivíduo em petição própria atacando a figura do magistrado, ou de quem quer que seja".[320]

O Supremo Tribunal Federal, à época da vigência do referido § 2º, já havia se manifestado no sentido de que a imunidade do advogado não era absoluta, cedendo a práticas abusivas ou atentatórias à dignidade da profissão:

"a garantia da intangibilidade profissional do Advogado não se reveste, contudo, de valor absoluto, eis que a cláusula assecuratória dessa especial prerrogativa jurídica encontra limites na lei, consoante dispõe o próprio art. 133 da Constituição da República. A invocação da imunidade constitucional pressupõe, necessariamente, o exercício regular e legítimo da Advocacia. Essa prerrogativa jurídico-constitucional, no entanto, revela-se incompatível com práticas abusivas ou atentatórias à dignidade da profissão ou às normas ético-jurídicas que lhe regem o exercício. Precedentes".[321]

---

[319] STJ, 4ª T., AgInt no REsp 1.425.226/MG, Rel. Min. Luis Felipe Salomão, ac. 29.06.2020, *DJe* 03.08.2020.
[320] TJRJ, 16ª Câm., Ap. 3266/2000, Rel. Des. Nilson de Castro Dião, ac. 23.05.2000, *RT* 789/372.
[321] STF, 2ª T., RHC 81.750, Rel. Min. Celso de Melo, ac. 12.11.2002, *DJU* 10.08.2007, p. 64. No mesmo sentido: STF, Pleno, AO 933/AM, Rel. Min. Carlos Britto, ac. 25.09.2003, *DJU* 06.02.2004, p. 22; STF, 2ª T., HC 88.164/MG, Rel. Min. Celso de Mello, ac. 15.08.2006, *DJe* 12.06.2013.

Quando o advogado é apenas mal educado e usa, nos autos, expressões grosseiras e arrogantes contra o juiz, entende o STJ que não fere necessariamente a honra do juiz, para justificar a reparação do dano moral.

A grosseria em atribuir falta de bom senso e despreparo jurídico ao sentenciante pode, realmente aborrecê-lo ou irritá-lo, mas isto não chegaria ao nível do dano moral para sustentar a pretensão reparatória, porque a simples violação do "dever de urbanidade" não chega "a ensejar o reconhecimento do dano moral" na jurisprudência do STJ. Em suma: "De outro lado, no entanto, também na linha da orientação desta Corte, "mero receio ou dissabor não pode ser alçado ao patamar do dano moral, mas somente aquela agressão que exacerba a naturalidade dos fatos da vida, causando fundadas aflições ou angústias no espírito" do ofendido.[322]

Outra coisa a destacar é o caráter pessoal da responsabilidade pelos ataques à honra alheia cometidos pelo advogado, no desempenho do mandato *ad judicia*. A questão foi examinada pelo TJDF, tendo sido assentado que "a relação do advogado com o seu constituinte não se amolda às situações elencadas no art. 1.521 do Código Civil [art. 932 do Código Civil de 2002], de sorte a autorizar a solidariedade por ato ilícito perpetrado pelo causídico em nome do cliente. O mandato tem a aplicabilidade para a prática dos atos nele previstos ou a ele vinculados, mas dentro das balizas legais. Assim, expressões injuriosas lançadas no petitório são de responsabilidade exclusiva de quem o subscreve".[323]

O entendimento do STJ também é no sentido de que "o advogado que, atuando de forma livre e independente, lesa terceiros no exercício de sua profissão, responde diretamente pelos danos causados, não havendo que se falar em solidariedade de seus clientes, salvo prova expressa da 'culpa *in eligendo*' ou do assentimento a suas manifestações escritas". Isto porque "a lesão causada a terceiros decorre, em regra, da ação direta do profissional, pois ele tem a última palavra sobre como proceder e pode, de fato, adotar conduta diversa, de modo a atender às finalidades buscadas por seu cliente". Destarte, "somente em casos excepcionais poder-se-ia falar em responsabilidade do cliente-contratante, mas aí haveria de ser demonstrada, de fato, sua culpa".[324]

6.2. Danos morais e despesas com advogado

A necessidade de contratar advogado para se defender contra pretensas violações cometidas no curso de relacionamento contratual, na esfera trabalhista ou civil, não gera, por si só, dano moral ou patrimonial para efeito de ação de responsabilidade civil.

O problema das despesas advocatícias resolve-se por meio da sistemática da sucumbência, disciplinada pelo art. 85 do CPC. O contrato particular com o advogado vincula apenas o cliente e o causídico. Não chega a obrigar o adversário do cliente.

---

[322] STJ, 4ª T., REsp 438.734/RJ, Rel. Min. Sálvio de Figueiredo, ac. 22.10.2002, *DJU* 10.03.2003, p. 233; *RSTJ* 173/324.
[323] TJDF, 1ª T., Ap. Civ. 8.164-8/99, Rel. Des. Valter Xavier, ac. 04.09.2000, *Rev. Síntese de Dir. Civil e Processual Civil* 12/77.
[324] STJ, 3ª T., REsp 932.334/RS, Rel. Min. Nancy Andrighi, ac. 18.11.2008, *DJe* 04.08.2009.

No caso da Justiça Trabalhista, acresce notar que nem mesmo é obrigatória a representação da parte por advogado. Daí ter decidido o STJ que a contratação de advogado particular para ajuizar ação trabalhista "não gera direito de indenização por danos morais e materiais", não havendo na espécie ato ilícito a provocar a responsabilidade civil do empregador.[325]

6.3. Dano moral e violação ao segredo de justiça

O TJ do Rio Grande do Sul condenou advogado a indenizar a parte contrária pelos prejuízos provocados pela violação do segredo de justiça. Na hipótese em análise, o causídico, antes mesmo da citação do autor na ação de investigação de paternidade, encaminhou cópia da inicial para a sua residência e para igreja da qual frequentava, dando conhecimento do seu suposto relacionamento extraconjugal. Segundo o acórdão:

> "Caracterizada a responsabilidade civil do réu, que extrapolou os limites da sua atuação como profissional da advocacia, mormente porque divulgou inadvertidamente o conteúdo da ação de investigação de paternidade, dando publicidade indesejada a fatos que diziam respeito exclusivamente à intimidade do autor, acarretando com a sua conduta desarrazoada ofensa aos atributos da personalidade do demandante, submetendo-o a constrangimento no âmbito familiar, angústia e sofrimento".[326]

7. DANO MORAL E DIREITO PENAL

7.1. Absolvição após cumprimento de prisão em flagrante

Entre os contratempos da vida em sociedade a que se sujeita o indivíduo, devem-se citar os que decorrem da atividade estatal na investigação e repressão às infrações criminais.

Nessa linha de preocupação, o TJSP não reconheceu indenizável, de maneira objetiva, o dano moral decorrente da prisão cautelar, apenas pelo fato de ter sido absolvido afinal o acusado. Foram as seguintes as considerações efetuadas pelo acórdão:

> "O auto de prisão em flagrante não demonstra mesmo má-fé, abuso de poder, qualquer excesso ou outra ilegalidade, pois os testemunhos então colhidos evidenciam fortes indícios de ter sido o apelado o autor de um homicídio tentado e outro consumado, desferindo tiros no interior de um bar. Aliás, foi reconhecido naquela oportunidade pelas testemunhas do fato ocorrido no bar, inclusive por uma das vítimas (f.).
> É certo que seus vizinhos depois declararam que estava ele dormindo em casa quando foi baleado e, ao ser socorrido, acabou conduzido à prisão, o que pode mesmo ter ocorrido como consequência dos tiros desferidos no bar.
> Ora, existiam os indícios de autoria quando preso em flagrante, não se podendo atribuir à autoridade policial, agente do Estado, nenhuma arbitrariedade ou abuso de poder na prisão que depois se prolongou por vinte e um meses, pois foi pronunciado e levado ao Tribunal do Júri que o absolveu.

---

[325] STJ, 4ª T., REsp 1.027.897, Rel. Min. Aldir Passarinho Júnior, ac. 16.10.2008, *DJe* 10.11.2008.
[326] TJRGS, 9ª C.Civ., AC 70036581395, Rel. Des. Tasso Caubi Soares Delabary, ac. 20.07.2011, *Revista de Jurisprudência do TJRGS*, n. 28, p. 334.

Também no processo criminal não houve qualquer abuso, excesso de prisão, ilegalidade, ou *erro judiciário*, diante do que consta nas declarações das testemunhas do auto de prisão em flagrante, com seguro reconhecimento do acusado. Aliás, como na inicial o autor, significativamente, deixou de juntar cópias dos depoimentos das testemunhas de acusação, de seus antecedentes criminais e da sentença de pronúncia, ocultando assim os fundamentos da manutenção de sua prisão ao longo do processo.

Realmente, como bem salientou a apelante, a melhor doutrina vem ensinando que a responsabilidade civil do Estado só é objetiva em relação aos atos administrativos. Sendo sempre necessária a demonstração de culpa ou dolo do agente, quando o ato causador do dano for judicial ou legislativo, expressões do poder soberano do Estado. No caso dos autos, a prisão em flagrante, realizada pela autoridade policial, se tornou ato judicial, quando mantida ao longo do processo criminal, até a absolvição pelo júri.

A obra *Direito Administrativo Brasileiro* de Hely Lopes Meirelles ainda contém a mesma lição citada na apelação, na 24. ed. São Paulo: Malheiros, 1999, a saber:

'Para os atos administrativos, já vimos que a regra constitucional é a responsabilidade objetiva da Administração. Mas, quanto aos 'atos legislativos' e 'judiciais', a Fazenda Pública só responde mediante a comprovação de culpa manifesta na sua expedição, de maneira legítima e lesiva. Essa distinção resulta do próprio texto constitucional, que só se refere aos 'agentes administrativos' (servidores), sem aludir aos 'agentes políticos' (parlamentares e Magistrados, que não são 'servidores' da Administração Pública, mas sim membros de Poderes do Estado' (p. 591).

No mesmo sentido os julgados deste E. Tribunal de Justiça publicados nas *JTJ-Lex* 214/84, 220/69 e 226/120.

A simples absolvição por negativa de autoria não torna a prisão anterior, realizada em flagrante e mantida no curso do processo, eivada do vício da ilegalidade, ou realizada em excesso, nem a transforma em erro judiciário.

Com efeito, a análise de legalidade da prisão e de ausência de erro judiciário na sua manutenção só pode ser feita em função dos requisitos legais e dos elementos de prova, existentes no processo antes do julgamento pelo júri. Assim não fosse, todo e qualquer processo criminal poderia ser considerado abusivo ou fruto de erro judiciário sempre que terminasse em absolvição por negativa de autoria. Aliás, não se pode descartar também a natureza do julgamento pelo júri, desprovido do rigor técnico-jurídico, produzindo-se apenas segundo consciência.

Justamente por esta razão é que a Constituição Federal, em seu art. 5º, LXXV, só permite a indenização de prejuízo decorrente de ato judicial nas hipóteses da condenação por erro judiciário e da prisão com excesso do tempo determinado na sentença, distanciando-se da responsabilidade objetiva genérica do seu art. 37, § 6º, voltada exclusivamente para os atos administrativos, o que é indiscutível, uma vez que se trata de disposição inserida no Capítulo VII, intitulado Da Administração Pública".[327]

7.2. Erro judiciário

Importante ressaltar o entendimento jurisprudencial a respeito da necessidade de reparação decorrente de erro judiciário. É o que ocorreu, por exemplo, com réu que, embora

---

[327] TJSP, 8ª CC, Ap. 63.208-5/9-00, Rel.ª Des.ª Teresa Ramos Marques, ac. 06.09.2000, *RT* 784/221-222.

tenha sido absolvido em razão de ser absolutamente inimputável, foi mantido em cadeia pública, por um ano, quando deveria ter sido internado em casa de custódia e tratamento psiquiátrico. Entendeu o STJ haver culpa administrativa "porque o serviço de administração carcerária funcionou mal, na medida em que, independentemente de eventual inércia da defesa, cabia ao Estado a tomada de providências necessárias para que o réu fosse transferido para o estabelecimento adequado ao cumprimento da medida de segurança".[328]

Em outra situação, foi considerada ilegal prisão preventiva que extrapolou o prazo previsto pela lei. Entendeu o STJ que:

> "a prisão preventiva, mercê de sua legalidade, dês que preenchidos os requisitos legais, revela aspectos da Tutela Antecipatória no campo penal, por isso que, na sua gênese deve conjurar a ideia de arbitrariedade.
>
> O cerceamento oficial da liberdade fora dos parâmetros legais, posto o recorrente ter ficado custodiado 741 (setecentos e quarenta e um) dias, lapso temporal amazonicamente superior àquele estabelecido em Lei – 81 (oitenta e um) dias – revela a ilegalidade da prisão.
>
> A coerção pessoal que não enseja o dano moral pelo sofrimento causado ao cidadão é aquela que lastreia-se nos parâmetros legais (Precedente: REsp 815.004, *DJ* 16.10.2006 – Primeira Turma).
>
> A *contrario senso*, empreendida a prisão cautelar com excesso expressivo de prazo, ultrapassando o lapso legal em quase um décuplo, restando, após, impronunciado o réu, em manifestação de inexistência de autoria, revela-se inequívoco o direito à percepção do dano moral".[329]

Por outro lado, a Corte Superior "tem firmado o entendimento de que a prisão preventiva, devidamente fundamentada e nos limites legais, inclusive temporal, não gera o direito à indenização em face da posterior absolvição por ausência de provas".[330]

7.3. Dano moral por denunciação caluniosa

Em princípio, a *notitia criminis* levada por alguém à autoridade policial para provocar investigação a respeito de possível fato delituoso não pode ser havida como ato ilícito capaz de justificar a responsabilidade civil por dano moral, mesmo quando o indiciado seja, mais tarde, absolvido da imputação.

Para a jurisprudência, ocorre na espécie exercício regular de um direito (Cód. Civ., art. 188, I), de modo, portanto, que não enseja reparação de danos morais o comportamento de quem apresenta *notitia criminis,* perante a polícia, "de suposto crime de que fora vítima, apontando o suspeito de seu cometimento, desde que fundamentada e ausente indício de má-fé".[331]

---

[328] STJ, 1ª T., REsp 1.089.132/SP, Rel. Min. Benedito Gonçalves, ac. 10.11.2009, *DJe* 17.11.2009.
[329] STJ, 1ª T., REsp 872.630/RJ, Rel. p/ ac. Min. Luiz Fux, ac. 13.11.2007, *DJe* 26.03.2008.
[330] STJ, 2ª T., REsp 911.641/MS, Rel. Min. Eliana Calmon, ac. 07.05.2009, *Dje* 25.05.2009.
[331] TJRGS, 9ª Câm. Cív., Ap. Civ. 70021627138, Rel. Des. Odones Sanguiné, ac. 20.02.2008, *RJTJRGS*, v. 268, p. 264.

Para que o denunciante pratique ato ilícito e se sujeite à reparação de dano moral é preciso que se identifique o dolo consistente no propósito claro de prejudicar o denunciado, revelado pela consciência da falsidade da acusação.[332]

O Tribunal de Justiça do Rio Grande do Sul deferiu indenização por dano moral em razão de denunciação caluniosa, por consistir em abuso de direito, nos seguintes termos:

> "1.1 A imputação de crime a outrem, desprovida de elementos fáticos que ensejassem a acusação, caracteriza ato ilícito, por abuso de direito, nos termos do art. 187 do atual CC. 1.2. A matéria vertida nos autos diz com pedido de indenização por danos morais em virtude de suposta acusação de prática de crime de furto proferida pela ré contra a autora. Na casuística, a autora se desincumbiu do seu ônus, nos termos do art. 333, I, do CPC [CPC/2015, art. 373, I], porquanto comprovou a acusação pretensamente sofrida. 1.3. Com efeito, é inegável a conduta imprudente e temerária adotada pela ré, que, sem qualquer substrato probatório mínimo, baseada tão somente em indícios ou suposições (já que a autora havia permanecido, no local em que desaparecido o dinheiro, por algum tempo, sozinha), acusou a demandante de ter-lhe subtraído quantia em dinheiro. Portanto, nesses lindes, tenho que a situação vertida nos autos exorbita os limites do mero exercício regular de direito, caracterizando ato ilícito, nos termos do art. 187 do atual CC. A meu ver, a acusação efetivada pela ré não tinha base fática plausível, causando à demandante enormes transtornos, visto que foi submetida à situação de constrangimento em seu ambiente de trabalho, quando aí compareceu a ré fazendo acusações infundadas acerca da prática de furto. Quanto ao dano, tenho que esse se mostra evidente, *in re ipsa*, independendo de maior prova a respeito de sua ocorrência".[333]

Também para o STJ prevalece o entendimento de que, mesmo sendo o acusado posteriormente absolvido por falta de provas, "a comunicação do fato à autoridade policial ou o ajuizamento da ação representa exercício regular de um direito, não podendo, em princípio, caracterizar responsabilidade de indenizar".[334]

Um caso em que o STJ reconheceu a irregularidade da denúncia promovida pela vítima do delito acha-se retratado no REsp n. 537.111/MT. Suspeitando o gerente de um banco que determinada pessoa comportava-se como se estivesse preparando um assalto, teria provocado truculenta operação policial. O preposto do banco, embora no exercício do direito de provocar a atuação policial, teria exorbitado, fazendo afirmação falsa de porte de arma.

Além do mais, teria o funcionário ido além de uma simples comunicação à autoridade, pois chegou a participar, fora do banco, da diligência que resultou na prisão indevida e truculenta do suspeito. Diante disso, o aresto considerou correta a responsabilização por dano moral, na espécie, por ter o agente do banco agido com excesso, configurando culpa

---

[332] TJRGS, 5ª Câm. Cív., Ap. Civ. 70022768030, Rel. Des. Paulo Sérgio Scarparo, ac. 12.03.2008, *RJTJRGS*, v. 268, p. 167. No mesmo sentido: TJRGS, 9ª Câm. Cív., Ap. 70037606500, Rel. Des. Marilene Bonzanini Bernardi, ac. 15.12.2010, *RJTJRGS*, v. 284, p. 252; TJRGS, 10ª Câm. Cív., Ap. 70031911092, Rel. Des. Jorge Alberto Schreiner Pestana, ac. 24.06.2010, *RJTJRGS*, v. 284, p. 252.

[333] TJRGS, 9ª Câm. Cív., Ap. 70025909326, Rel. Des. Odone Sanguiné, ac. 18.02.2009, *RJTGS*, v. 273, p. 359.

[334] STJ, 4ª T., REsp 691.210/PB, Rel. Min. Aldir Passarinho Júnior, ac. 07.10.2008, *DJe* 03.11.2008.

grave, sujeitando-se a ser qualificado de partícipe da truculência policial, que extrapolou os procedimentos usuais.[335]

Outro exemplo de denunciação caluniosa geradora de responsabilidade civil por danos morais foi detectado pelo STJ, no caso em que uma seguradora levou para o inquérito policial documentos e depoimentos falsos, utilizando-os ainda, extraprocessualmente, para denegrir de forma leviana, o nome do segurado nos mercados securitário e bancário. Entendeu o acórdão que, dessa maneira, teria restado incontroverso, nos autos, ter havido extrapolação do regular exercício de promover apuração de suposto ilícito, em nível suficiente para justificar indenização por danos morais.[336]

8. DANO MORAL E DIREITO ADMINISTRATIVO

8.1. Dano moral e a responsabilidade do estado por omissão

Em regra, a responsabilidade civil do Estado é objetiva, por força do art. 37, § 6º, da Constituição Federal. Entretanto, em caso de omissão, a responsabilidade do Poder Público é subjetiva, podendo dar ensejo à indenização por dano moral.

O STJ, analisando hipótese de responsabilidade civil do Estado por omissão, deferiu indenização por dano moral aos pais pela morte de filha em razão de dengue hemorrágica. *In casu*, entendeu a Corte Superior ter havido omissão do Estado no combate à epidemia da doença:

> "3. *In casu*, o Tribunal de Justiça do Estado do Rio de Janeiro considerando a responsabilidade subjetiva e demonstrado o nexo de causalidade entre a omissão do Estado do Rio de Janeiro e do Município do Rio de Janeiro no combate à epidemia de dengue e a ocorrência do evento morte, em razão de estar a vítima acometida por dengue hemorrágica e, o dano moral advindo da mencionada omissão do agente estatal, fixou o pagamento de indenização, a título de danos morais, no valor equivalente a R$ 30.000,00 (trinta mil reais), com correção monetária a contar da decisão e juros de mora desde o evento fatal, nos moldes delineados no acórdão às fls. 360/362.
> 4. A análise das especificidades do caso concreto e dos parâmetros adotados por esta Corte, no exame de hipóteses análogas, conduz à conclusão de que o valor arbitrado a título de indenização por danos morais, R$ 30.000,00 (trinta mil reais), revela-se irrisório, ante a evidente desproporcionalidade entre o *quantum* indenizatório e a lesão suportada

---

[335] STJ, 4ª T., REsp 537.111/MT, Rel. Min. Aldir Passarinho Júnior, ac. 14.04.2009, DJe 11.05.2009. "1. A jurisprudência do Superior Tribunal de Justiça firmou o entendimento de que 'em princípio, não dá ensejo à responsabilização por danos morais o ato daquele que denuncia à autoridade policial atitude suspeita ou prática criminosa, porquanto tal constitui exercício regular de um direito do cidadão, ainda que, eventualmente, se verifique, mais tarde, que o acusado era inocente ou que os fatos não existiram' (REsp 537.111/MT, Rel. Ministro Aldir Passarinho Junior, Quarta Turma, julgado em 14/04/2009, DJe 11/05/2009). Todavia, 'poderá o denunciante ser responsabilizado, entretanto, se o seu comportamento doloso ou culposo contribuiu de forma decisiva para a imputação de crime não praticado pelo acusado' (REsp 470.365/RS, Rel. Ministra Nancy Andrighi, Terceira Turma, julgado em 02/10/2003, DJ 01/12/2003, p. 349)" (STJ, 4ª T., AgInt no AgInt no AREsp 192.753/RS, Rel. Min. Marco Buzzi, ac. 15.05.2018, DJe 28.05.2018).

[336] STJ, 4ª T., REsp 905.328/SP, Rel. Min. Aldir Passarinho Júnior, ac. 22.09.2009, DJe 24.11.2008. Precedente: REsp 468.377/MG, 4ª T., Rel. Min. Sálvio de Figueiredo, ac. 06.05.2003, DJU 23.06.2003, p. 380.

pelo autor, em razão da morte de sua filha e considerada a omissão do Estado, consoante assentado pelo Tribunal local: 'Com efeito, na época em que a filha do recorrente veio a óbito a imprensa escrita e falada noticiou epidemia de dengue no Município do Rio de Janeiro e outros adjacentes. Contra o fato, a municipalidade alega ter procedido a eficiente programa de combate. Entretanto, todos os documentos por ela acostados aos autos se referem a exercícios posteriores ao do evento *sub judice*. Ademais, laudo realizado pela Coordenadoria de Controle de Vetores, dias após o óbito, constatou não haver qualquer foco na residência do apelante. Ao contrário, encontrou diversos focos no quarteirão, inclusive em uma igreja. Incontroversa, portanto, a omissão dos entes públicos na tomada de providências que seriam exigíveis, de forma razoável, para evitar a fatalidade (fls. 361)'".[337]

O STJ decidiu, ainda, pela condenação da concessionária de serviço público, por falha (omissão) no seu dever de "efetiva vigilância do reservatório de água, quando nele foi encontrado um cadáver humano". Por outro lado, entendeu aquela Corte Superior ter havido falha na prestação de serviço, indenizável por dano moral, quando a companhia de águas "não garantiu a qualidade da água distribuída à população". Segundo o entendimento do Tribunal, "há que reconhecer a ocorrência *in re ipsa*, a qual dispensa comprovação do prejuízo extrapatrimonial, sendo suficiente a prova da ocorrência de ato ilegal".[338]

Em outra oportunidade, aquela Corte Superior condenou a concessionária administradora de cemitério público, pelo desaparecimento de restos mortais, por falha na prestação do serviço.[339]

Em caso de atropelamento de pedestre em via férrea, o STJ, julgando recurso especial repetitivo, firmou a seguinte tese jurídica:

"A despeito de situações fáticas variadas no tocante ao descumprimento do dever de segurança e vigilância contínua das vias férreas, a responsabilização da concessionária é uma constante, passível de ser elidida tão somente quando cabalmente comprovada a culpa exclusiva da vítima. No caso de atropelamento de pedestre em via férrea, configura-se a concorrência de causas, impondo a redução da indenização por dano moral pela metade, quando: (i) a concessionária do transporte ferroviário descumpre o dever de cercar e fiscalizar os limites da linha férrea, mormente em locais urbanos e populosos, adotando conduta negligente no tocante às necessárias práticas de cuidado e vigilância tendentes a evitar a ocorrência de sinistros; e (ii) a vítima adota conduta imprudente, atravessando a via férrea em local inapropriado".[340]

Já o STF, também analisando questão relativa à responsabilidade do Estado por omissão, manteve acórdão proferido pelo TJDF que condenou o Poder Público a indenizar vítima de acidente provocado por buracos na pista. Isto porque, restou demonstrado no caso "que os agentes públicos não diligenciaram regularmente, no sentido de proceder aos devidos reparos da via pública", o que comprova o nexo de causalidade "entre a infração

---

[337] STJ, 1ª T., REsp 1.133.257/RJ, Rel. Min. Luiz Fux, ac. 27.10.2009, *DJe* 02.02.2010.
[338] STJ, 2ª T., AgRg no REsp 1.562.862/MG, Rel. Min. Humberto Martins, ac. 24.11.2015, *DJe* 04.12.2015.
[339] STJ, 2ª T., AREsp 2.163.455/RJ, Rel. Min. Herman Benjamin, ac. 06.12.2022, *DJe* 19.12.2022
[340] STJ, 2ª Seção, REsp 1.172.421/SP, Rel. Min. Luis Felipe Salomão, ac. 08.08.2012, *DJe* 19.09.2012.

de um dever de agir, por parte desses agentes e o dano ocorrido, o que impõe o dever de indenizar".[341]

Importante ressaltar entendimento do STJ, em Embargos de Divergência, no sentido de não ser possível "obrigar o Estado a indenizar, individualmente, um detento em unidade prisional superlotada". Segundo o acórdão:

> "2. O que se debate é a possibilidade de indenizar dano moral que foi consignado pelas instâncias de origem; logo, o que se discute é a possibilidade de punir o Estado com tal gravame pecuniário, denominado no acórdão embargado como 'pedágio masmorra'; a divergência existe, pois há precedentes da Primeira Turma no sentido da possibilidade de indenização: REsp 1.051.023/RJ, Rel. Min. Francisco Falcão, Rel. p/ Acórdão Min. Teori Albino Zavascki, Primeira Turma, *DJe* 1º.12.2008; e REsp 870.673/MS, Rel. Min. Luiz Fux, Primeira Turma, *DJe* 5.5.2008.
> 3. O voto condutor do Min. Herman Benjamin – havido do recurso especial, cujo acórdão figura como embargado – deve ser mantido em seus próprios fundamentos, a saber que: a) não é aceitável a tese de que a indenização seria cabível em prol de sua função pedagógica; b) não é razoável – e ausente de lógica – indenizar individualmente, pois isto ensejará a retirada de recursos para melhoria do sistema, o que agravará a situação do próprio detento; e c) a comparação com casos que envolveram a morte de detentos não é cabível.
> 4. Como bem consignado no acórdão embargado, em vez da perseguição de uma solução para alterar a degradação das prisões, o que acaba por se buscar é uma inadmissível indenização individual que arrisca formar um 'pedágio masmorra' ou uma 'bolsa indignidade'; em síntese, o tema em debate não trata da aplicação da doutrina da 'reserva do possível' ou do 'mínimo existencial', mas da impossibilidade lógica de que a fixação de uma indenização pecuniária e individual melhore o sistema prisional".[342]

Por outro lado, aquela Corte manteve condenação do Tribunal de Justiça do Ceará ao Estado para pagamento de indenização à esposa de detento morto no interior de instituição prisional, por espancamento efetuado por outros detentos.[343]

Em outra situação, o STJ condenou o município a indenizar vítima menor por abuso sexual sofrido no banheiro de escola pública municipal, praticado por outro aluno da mesma instituição. Na oportunidade, entendeu haver omissão da escola em seu dever de vigilância, mantendo a sentença e o acórdão que condenaram o Município a pagar indenização por danos morais ao menor e a cada um de seus pais.[344]

Em relação à anistia política (Lei n.º 10.559/2002), o STJ possui entendimento tranquilo no sentido de ser possível ao anistiado cumular a indenização recebida via administrativa com indenização por dano moral:

---

[341] Voto do Relator no AgRg no RE 585.007/DF, 1ª T., Rel. Min. Ricardo Lewandowski, ac. 05.05.2009, *DJe* 04.06.2009.
[342] STJ, 1ª Seção, EREsp 962.934/MS, Rel. p/ ac. Humberto Martins, ac. 14.03.2012, *DJe* 25.04.2012.
[343] STJ, 2ª T., AgInt no REsp 1.922.463/CE, Rel. Min. Francisco Falcão, ac. 14.02.2022, *DJe* 16.02.2022.
[344] STJ, 2ª T., REsp 1.809.252/SP, Rel. Min. Herman Benjamin, ac. 11.06.2019, *DJe* 01.07.2019.

"3. Mesmo tendo conquistado na via administrativa a reparação econômica de que trata a Lei nº 10.559/02, e nada obstante a pontual restrição posta em seu art. 16 (dirigida, antes e unicamente, à Administração e não à Jurisdição), inexistirá óbice a que o anistiado, embora com base no mesmo episódio político mas porque simultaneamente lesivo à sua personalidade, possa reivindicar e alcançar, na esfera judicial, a condenação da União também à compensação pecuniária por danos morais".[345]

9. DANO MORAL E DIREITO DO TRABALHO

9.1. Dano moral em acidente do trabalho

A atual Carta Magna consagrou a autonomia entre o ressarcimento previdenciário da lesão sofrida pelo obreiro em acidente do trabalho e a responsabilidade civil comum do empregador, podendo ocorrer a cumulação de ambos, quando se configurar dolo ou culpa patronal no evento danoso.

Justamente por ser inerente à atividade laboral, no desempenho das práticas comerciais e industriais, um certo risco, a ordem jurídica instituiu o seguro de acidentes do trabalho, tornando-o exigível em caráter objetivo, sem qualquer conotação com o elemento culpa, e obrigando o empregador ao seu custeio perante a Previdência Social.

No entanto, como o patrão pode agravar o risco da prestação de serviço por seus empregados, a Constituição previu que, no acidente do trabalho, concorrendo dolo ou culpa do empregador, haverá este de sujeitar-se à responsabilidade civil de direito comum, sem prejuízo da indenização previdenciária.

Essa responsabilidade concorrente, como é intuitivo, não pode ser objetiva como a da infortunística, nem pode fundar-se em mera presunção de culpa derivada do caráter perigoso da atividade desenvolvida ou por qualquer mecanismo de apoio da responsabilidade indenizatória na teoria do risco.

Para cobrir todos os riscos da atividade desenvolvida na empresa, o empregador custeia o seguro previdenciário de acidente de trabalho. Para que nasça, então, o dever paralelo de responder pela reparação de direito comum, é imprescindível que, *in concreto*, tenha ocorrido violação de alguma norma de segurança obrigatória nas condições em que o trabalho se desenvolvia.

O ressarcimento de dano material e moral, na espécie, somente será imputado ao empregador se o autor da ação indenizatória cumprir, adequadamente, o ônus da prova quanto à infração praticada pelo réu, no fato configurador da causa do acidente.

Nesse sentido, era pacífico na jurisprudência do Superior Tribunal de Justiça o entendimento de que:

"Na ação de indenização fundada em responsabilidade civil comum (art. 159 do CC) [atual art. 186], promovida por vítima de acidente de trabalho, cumpre a esta comprovar o dolo ou culpa da empresa empregadora. Somente se cogita da responsabilidade objetiva em se tratando de reparação acidentária, assim considerada aquela devida pelo órgão

---
[345] STJ, 1ª T., REsp 1.485.260/PR, Rel. Min. Sérgio Kukina, ac. 05.04.2016, *DJe* 19.04.2016. No mesmo sentido: STJ, 1ª T., AgInt no REsp 1.609.796/RS, Rel. Min. Gurgel de Faria, ac. 23.09.2019, *DJe* 25.09.2019.

previdenciário e satisfeita com recursos oriundos do seguro obrigatório, custeado pelos empregadores, que se destina exatamente a fazer face aos riscos normais da atividade econômica no que respeita ao infortúnio laboral".[346]

No entanto, mais modernamente, a jurisprudência daquela alta Corte tem invertido o ônus da prova, carreando-o para o empregador:

"Na linha da jurisprudência desta Corte, presume-se a responsabilidade subjetiva do empregador nos casos de acidente de trabalho. Assim, para exonerar-se da obrigação indenizatória, cabe ao empregador comprovar não ter agido com culpa, mesmo leve".[347]

Vê-se, pois, que, no tema sob enfoque, há que se distinguir a indenização oriunda da infortunística (risco da atividade) e a indenização fundada na responsabilidade civil do direito comum (responsabilidade aquiliana). Àquela são aplicáveis os princípios da responsabilidade objetiva, ou da culpa presumida. Porém, para que a vítima faça jus à indenização civil de direito comum, "é necessário que prove a culpa do empregador".[348]

Destarte, tratando-se de indenização de direito comum, por acidente de trabalho, a nosso ver, não se pode valer de presunção de culpa do empregador, transferindo-lhe o ônus da prova de alguma das excludentes para ver afastada sua responsabilidade como, *data venia*, se faz em alguns julgados.

Consoante as regras vigentes no direito pátrio, a culpa do empregador não pode ser presumida. Pelo contrário, sua responsabilidade somente se configura com a cabal demonstração de sua conduta culposa e cujo ônus da prova compete ao empregado.

É totalmente inaceitável, segundo nosso entendimento, imputar-se ao empregador o ônus de provar, por exemplo, força maior ou culpa exclusiva da vítima, e presumir culpa do patrão porque o acidente ocorreu durante transporte dos operários para o trabalho ou por explosão de máquina, para a qual não se apurou culpa alguma do empregador.

Essas presunções de culpa aceitas pela teoria do risco (fato da coisa, ou dever de transportar incólume o passageiro) vigoram nas relações comuns do dano da coisa perigosa com terceiros, ou do transportador com o usuário do seu serviço. Não podem, definitivamente, ser transferidas para o campo do acidente do trabalho, porque representariam sujeitar o empregador duas vezes a responder pelo risco de sua atividade: a primeira, ao custear o seguro previdenciário; e a segunda, ao ser condenado a uma indenização, sem culpa efetivamente comprovada e apenas presumida.

Nada obstante, o Superior Tribunal de Justiça tem hoje como entendimento consolidado o de que, sem embargo de tratar-se de responsabilidade subjetiva por força do texto constitucional, cabe inverter-se o ônus da prova, certamente em decorrência da hipossuficiência do trabalhador. Assim, é pacífica a jurisprudência atual daquela alta Corte que libera o acidentado do encargo de provar a culpa do empregador, cabendo a

---

[346] REsp 10.570-0/ES, 4ª T., Rel. Min. Sálvio de Figueiredo, ac. 17.11.1992, *in Repertório de Jurisprudência IOB RJ* 3/7978.
[347] STJ, 4ª T., REsp 934.969/SP, Rel. Min. Antônio Carlos Ferreira, ac. 24.04.2014, *DJe* 10.11.2014.
[348] STJ, REsp 39.833/MG, 4ª T., Rel. Min. Antônio Torreão Braz, *DJU* 22.08.1994, p. 21.266.

este comprovar que observou todos os requisitos de segurança do trabalho, não tendo assim incorrido na culpa necessária para suportar a responsabilidade civil ordinária no evento danoso.[349]

O STJ não transformou – é bom ressaltar – a responsabilidade subjetiva na espécie em objetiva. A criação pretoriana limitou-se ao plano do ônus da prova relativamente ao elemento culpa, que continua sendo essencial. É sempre bom ter em mente que culpa presumida e responsabilidade objetiva são conceitos que, tecnicamente, não se confundem. Enquanto a responsabilidade objetiva elimina qualquer análise do elemento culpa, na culpa presumida tem-se apenas uma presunção *juris tantum*, por isso mesmo, passível de prova em contrário. É justamente o que a jurisprudência tem feito em relação à responsabilidade aquiliana, em concorrência com a responsabilidade acidentária. Apenas por impropriedade de linguagem, alguns arestos falam em responsabilidade objetiva na espécie, muito embora todos admitam prova em contrário a cargo do empregador. Ver, por exemplo, o Ag no REsp 1.287.480/SP, Relator Ministro Marco Buzzi, ac. 05.05.2015, *DJe* 01.06.2015.

Compete destacar, por fim, que a partir da Emenda Constitucional n. 45 de 2005, a competência para apreciar e julgar ação de indenização decorrente de danos sofridos em razão de acidente de trabalho é da Justiça do Trabalho. Esse é o teor da Súmula Vinculante n. 22 do STF:

> "A Justiça do Trabalho é competente para processar e julgar as ações de indenização por danos morais e patrimoniais decorrentes de acidente de trabalho propostas por empregado contra empregador, inclusive aquelas que ainda não possuíam sentença de mérito em primeiro grau quando da promulgação da Emenda Constitucional nº 45/04".

Ver sobre o tema da competência no Capítulo I, item 8.

9.2. Assédio moral no ambiente de trabalho

Entre os fatos causadores de dano moral indenizável, muito se fala, atualmente, do assédio moral ocorrido no ambiente de trabalho. Caracteriza-se ele por meio de uma conduta de natureza psicológica, "que atenta contra a dignidade psíquica, de forma repetitiva e prolongada, e que expõe o trabalhador a situações humilhantes e constrangedoras, capazes de causar ofensa à personalidade, à dignidade ou à integridade psíquica".[350] O agente do assédio busca, com sua conduta ilícita, excluir o agredido do ambiente de trabalho.

O TST, visando a contribuir para a prevenção desse tipo de prática, lançou a campanha "Pare e Repare – por um ambiente de trabalho mais positivo", por meio de uma cartilha didática contendo "rico material para a promoção de um ambiente de

---

[349] STJ, 4ª T., REsp 685.801/MG, Rel. Min. Antonio Carlos Ferreira, ac. 06.05.2014, *DJe* 16.10.2014; STJ, 4ª T., EDcl no REsp 934.969/SP, Rel. Min. Antonio Carlos Ferreira, ac. 03.02.2015, *DJe* 10.02.2014; STJ, 2ª T., AgRg no AREsp 524.010/RS, Rel. Min. Herman Benjamin, ac. 12.08.2014, *DJe* 10.10.2014.

[350] ABREU, Rogério Roberto Gonçalves de. A responsabilidade civil por assédio moral no serviço público. *Revista de Direito Privado*, n. 64, p. 147, out. 2015.

trabalho colaborativo, próspero e saudável".[351] Em referido material, o assédio moral é conceituado como

> "toda e qualquer conduta abusiva, manifestando-se por comportamentos, palavras, atos, gestos ou escritos que possam trazer danos à personalidade, à dignidade ou à integridade física e psíquica de uma pessoa, pondo em perigo o seu emprego ou degradando o ambiente de trabalho. (...)
> É uma forma de violência que tem como objetivo desestabilizar emocional e profissionalmente o indivíduo e pode ocorrer por meio de ações diretas (acusações, insultos, gritos, humilhações públicas) e indiretas (propagação de boatos, isolamento, recusa na comunicação, fofocas e exclusão social)".[352]

A Convenção n.º 190 da OIT, em seu art. 1º, alínea "a", explicita que

> "o termo 'violência e assédio' no mundo do trabalho designa um conjunto de comportamentos e práticas inaceitáveis, ou ameaças de tais comportamentos e práticas, manifestadas apenas uma vez ou repetidamente, que tenham por objetivo, que causem ou são susceptíveis de causar, um dano físico, psicológico, sexual ou econômico, incluindo as situações de violência e assédio em razão de gênero".[353]

No mesmo sentido, a doutrina especializada:

> *(i)* "O assédio moral no trabalho é definido como qualquer conduta abusiva (gesto, palavra, comportamento, atitude...) que atente, por sua repetição ou sistematização, contra a dignidade ou integridade psíquica ou física de uma pessoa, ameaçando seu emprego ou degradando o clima de trabalho".[354]

> *(ii)* "O assédio moral é uma conduta abusiva, intencional, frequente e repetida, que ocorre no ambiente de trabalho e que visa diminuir, humilhar, vexar, constranger, desqualificar e demolir psiquicamente um indivíduo ou um grupo, degradando as suas condições de trabalho, atingindo a sua dignidade e colocando em risco a sua integridade pessoal e profissional".[355]

Por outro lado, não se considera assédio a cobrança de que o trabalho seja cumprido com eficiência e o estímulo ao cumprimento de metas:

> *(i)* "Exigir que o trabalho seja cumprido com eficiência e estimular o cumprimento de metas não é assédio moral. Toda atividade apresenta certo grau de imposição a partir

---

[351] Conforme fl. 3 da cartilha obtida em https://www.tst.jus.br/documents/10157/55951/Cartilha+ass%C3%A9dio+moral/573490e3-a2dd-a598-d2a7-6d492e4b2457. Acesso em: 1º ago. 2022.
[352] Fl. 6 da cartilha do TST.
[353] Convenção nº 190/OIT. Disponível em: https://www.ilo.org/wcmsp5/groups/public/---europe/---ro-geneva/---ilo-lisbon/documents/genericdocument/wcms_729459.pdf. Acesso em: 2 ago. 2022.
[354] HIRIGOYEN, Marie-France. *Mal-Estar no Trabalho – Redefinindo o Assédio Moral*. Rio de Janeiro: Bertrand Brasil, 2009, p. 17.
[355] FREITAS, Maria de Ester; HELOANI, Roberto; BARRETO, Margarida. *Assédio Moral no Trabalho. Coleção de Debates em Administração*. São Paulo: Cengage Learning, 2009, p. 37. No mesmo sentido: DELGADO, Mauricio Godinho. *Curso de direito do trabalho*: obra revista e atualizada conforme a lei da reforma trabalhista e inovações normativas e jurisprudenciais posteriores. 18. ed. São Paulo: LTr, 2019, p. 770-771.

da definição de tarefas e de resultados a serem alcançados. No cotidiano do ambiente de trabalho, é natural existir cobranças, críticas e avaliações sobre o trabalho e o comportamento profissional dos colaboradores. Por isso, eventuais reclamações por tarefa não cumprida ou realizada com displicência não configuram assédio moral".[356]

(ii) "É certo que a cobrança de metas, por si só, não configura assédio moral, sendo essa uma das prerrogativas do poder diretivo empresarial. Entretanto, não é dado ao empregador agir de forma abusiva, sujeitando o empregado a injustificáveis constrangimentos e humilhações".[357]

O assédio moral exige, portanto, a concorrência dos seguintes requisitos para sua caracterização: (i) conduta abusiva; (ii) intencional; (iii) reiterada e prolongada; (iv) atitude ofensiva em relação ao empregado; (v) agressão psicológica; e, (vi) dano psicológico ou emocional.

Entretanto, a identificação do assédio, no caso concreto, "demanda um cuidadoso exercício de investigação e raciocínio", na medida em que a conduta ofensiva se desenvolve, muitas vezes, de forma sutil.[358]

A doutrina identifica quatro tipos de assédio:

"pode ser praticado pelo hierarquicamente superior em relação ao subordinado, que se denomina assédio vertical. Quando é praticado pelos colegas, uns em relação ao outro chama-se horizontal, que ocorre quando dois empregados querem concorrer a um mesmo cargo ou a uma promoção. Quando o assédio é provado pelos colegas juntamente com o superior hierárquico é denominado misto, que ocorre quando uma pessoa é escolhida para ser o bode expiatório, na qual o alvo passa a ser o responsável por tudo que acontece de errado. Por fim, pode ser praticado por um subordinado em relação ao superior hierárquico, que é chamado de assédio ascendente".[359]

Em relação à competência para decidir os conflitos relativos ao assédio moral nas relações de trabalho, o STJ já decidiu tratar-se de questão afeta à Justiça do Trabalho:

(i) "Processo civil. Conflito negativo de competência. Justiça comum estadual e trabalhista. Ação de compensação por danos morais. Assédio sexual em ambiente de trabalho. Empregado doméstico.
1. Compete à Justiça Trabalhista processar e julgar ações de compensação por danos morais decorrentes de assédio sexual praticado contra empregado doméstico em seu

---

[356] Cartilha do TST, fl. 12.
[357] TRT da 3.ª Região, 7ª Turma, ROT 0011537-12.2019.5.03.0036, Rel. Des. Mauro Cesar Silva, ac. 09.02.2022. Da mesma forma, no voto proferido na apelação nº 1.0024.14.053667-3/001 supracitada, a Relatora observou que "*as cobranças da chefia não são passíveis de indenização*, não se indenizando dissabores da vida contemporânea, devendo-se averiguar, com atenção, os fatos efetivamente susceptíveis de efetivo abalo psíquico e alteração do ânimo da pessoa afetada, de modo a se evitarem abusos e condenações despropositadas do ente público" (g.n.).
[358] ABREU, Rogério Roberto Gonçalves de. A responsabilidade civil por assédio moral no serviço público. *Revista de Direito Privado*, n. 64, p. 148, out. 2015.
[359] MAEOKA, Érica, *apud* ABREU, Rogério Roberto Gonçalves de. A responsabilidade civil por assédio moral no serviço público. *Revista de Direito Privado*, n. 64, p. 148, out. 2015.

ambiente de trabalho, ainda que por parte de familiar que nesse não residia, mas que praticou o dano somente porque a ele livre acesso possuía.

2. Na configuração do assédio, o ambiente de trabalho e a superioridade hierárquica exercem papel central, pois são fatores que desarmam a vítima, reduzindo suas possibilidades de reação".[360]

(ii) "Processual civil. Conflito negativo de competência. Ação indenizatória. Dano moral oriundo de assédio sexual em ambiente de trabalho. Prestadora de serviços que é demitida e recontratada por determinação do tomador de serviços. Relação de trabalho configurada. Competência da Justiça Trabalhista.

Compete à Justiça Trabalhista processar e julgar ações de indenização por danos morais decorrentes de assédio sexual praticado em ambiente de trabalho, onde as partes envolvidas estão em níveis hierárquicos diferentes, mesmo que se trate de vítima que trabalhe por meio de empresa terceirizadora de serviços e que a ação seja ajuizada contra a pessoa do superior hierárquico".[361]

O TST já deferiu indenização por assédio moral a empregado que demonstrou que em razão de ter ajuizado ação trabalhista, somente era liberado ao final do expediente, após todos os outros empregados. "Evidenciado o tratamento discriminatório pelos superiores hierárquicos em razão do ajuizamento de reclamatória trabalhista em desfavor do empregador, deve ser reconhecida a ofensa à dignidade e honra do reclamante".[362]

Já o TJMG condenou superior hierárquico a indenizar funcionário por ofensas praticadas em frente aos colegas: "Comprovada nos autos a ofensa realizada por superior hierárquico na presença dos demais funcionários, bem como o elevado constrangimento suportado pela demandante, deve ser reconhecida a existência de lesão a direito de personalidade".[363]

O assédio moral, obviamente, pode ocorrer tanto no âmbito privado, quanto no serviço público, impondo o dever do ofensor de indenizar os danos morais sofridos pela vítima.

Para o STJ, no âmbito público, o assédio moral pode enquadrar-se no conceito de improbidade administrativa:

> "(...) 3. O assédio moral, mais do que provocações no local de trabalho – sarcasmo, crítica, zombaria e trote –, é campanha de terror psicológico pela rejeição.
> 4. A prática de assédio moral enquadra-se na conduta prevista no art. 11, caput, da Lei de Improbidade Administrativa, em razão do evidente abuso de poder, desvio de finalidade e malferimento à impessoalidade, ao agir deliberadamente em prejuízo de alguém.
> 5. A Lei 8.429/1992 objetiva coibir, punir e/ou afastar da atividade pública os agentes que demonstrem caráter incompatível com a natureza da atividade desenvolvida.

---

[360] STJ, 2ª Seção, CC 110.924/ST, Rel. Min. Nancy Andrighi, ac. 14.03.2011, *DJe* 28.03.2011.
[361] STJ, 2ª Seção, CC 78.145/SP, Rel. Min. Nancy Andrighi, ac. 08.08.2007, *DJe* 03.09.2007.
[362] TST, 2ª T. RR 1045-78.2015.5.02.0019, Rel. Min. Delaíde Miranda Arantes, ac. 28.08.2019, *DeJT* 30.08.2019.
[363] TJMG, 14ª Câmara Cível, Ap. 1.0000.19.104133-4/001, Rel. Des. Estevão Lucchesi, ac. 01.11.2019, *DJ* 01.11.2019.

6. Esse tipo de ato, para configurar-se como ato de improbidade exige a demonstração do elemento subjetivo, a título de dolo *lato sensu* ou genérico, presente na hipótese.
7. Recurso especial provido".[364]

A respeito da responsabilidade do Estado, a jurisprudência parece dissentir quanto à natureza da obrigação, se objetiva ou subjetiva. O TJ de Minas Gerais, por exemplo, ao analisar a questão, entendeu que a responsabilidade seria objetiva:

(i) "Apelação cível. Administrativo. Constitucional. Processual civil. Servidor municipal. Cerceamento de defesa: inocorrência: renúncia expressa. Indenização. Assédio moral. Comprovação ato lícito. Danos morais: ocorrência.
(...) 2. A pessoa jurídica de direito público responde objetivamente pelos danos que seus agentes, nessa qualidade, causarem a terceiros, nos termos do art. 37, § 6º, da Constituição Federal (CF). 3. Para que exsurja o dever de indenizar, bastante estejam provados o ato de agente estatal, o dano e o nexo de causalidade entre um e outro, prescindível a prova da conduta culposa. 4. Restando comprovada a prática de assédio moral, caracterizado pela reiterada manutenção do servidor no ócio, sem que lhe fosse atribuído serviço ou atividades, bem como da contratação de outrem para exercer o trabalho antes por ele desempenhado, resta presente o dever do Município de indenizá-lo".[365]

(ii) "Reexame necessário. Não conhecimento. Apelação cível. Perseguição política. Assédio moral. Caracterização. Responsabilidade objetiva. Dever de indenizar existente. *Quantum* indenizatório.
(...) O Estado responde de forma objetiva pelos atos de seus agentes, que causem danos a terceiros. A perseguição pessoal e política praticada por superior caracteriza assédio moral e causa danos morais ao servidor, passíveis de reparação. A indenização por danos morais deve ser fixada segundo o prudente arbítrio do juiz, em valor suficiente para recompor os prejuízos causados e reprovar a conduta do causador do dano, sem importar em enriquecimento sem causa".[366]

Outro foi o entendimento do Tribunal Regional Federal da 2ª Região, que atribuiu ao Estado responsabilidade subjetiva à hipótese:

"Direito administrativo. Apelação. Museu do Índio/Funai. Servidor público federal. Assédio moral. Não comprovação. Indenização por danos morais. Descabimento. Gratuidade de justiça. Indeferimento.
(...) 4. No assédio moral, a responsabilidade civil estatal é subjetiva, sendo inaplicável o art. 37, § 6º, da CF, que cuida de dano causado pela Administração ou agente público a 'terceiro'".[367]

Rogério Roberto Gonçalves de Abreu, a exemplo do TRF da 2ª Região, entende que a responsabilidade do Estado será subjetiva, por força de sua conduta omissiva. Segundo

---

[364] STJ, 2ª T., REsp 1.286.466/RS, Rel. Min. Eliana Calmon, ac. 03.09.2013, *DJe* 18.09.2013.
[365] TJMG, 7ª C. Cív., Ap. 1.0398.11.001289-3/001, Des. Rel. Oliveira Firmo, ac. 17.11.2015, *DJ* 23.11.2015.
[366] TJMG, 7ª C. Cív., Ap. 1.0105.12.016898-1/001, Rel. Des. Maurício Soares, ac. 13.10.2015, *DJ* 16.10.2015.
[367] TRF-2ª Região, 6ª T., AC 200651010167468, Rel. Des. Nizete Lobato Carmo, *DJF2R* 03.12.2014.

o autor, haveria "o dever jurídico de garantir a seus servidores o direito individual ao trabalho", bem como "a integridade e salubridade do meio ambiente do trabalho", de tal sorte que "a administração pública responderá ao sujeito lesado por suas omissões ilícitas que, contrariando o dever, permitam a prática do assédio moral e a produção de danos individuais ao trabalhador".[368]

A nosso ver, a orientação firmada pelo STJ ao exigir o dolo do agente público para configuração do assédio moral, é coerente com sua jurisprudência consolidada na aplicação das sanções previstas na Lei n. 8.429/1992, segundo a qual "o ato de improbidade, na sua caracterização, como regra, exige elemento subjetivo doloso".[369] Logo, se o assédio moral é tratado, na Administração Pública, como ato de improbidade, deve realmente exigir o dolo do agente como elemento necessário à respectiva configuração.

Por fim, importante acórdão do STJ reconheceu que a habilitação de crédito decorrente de condenação por dano moral imposto à empresa em recuperação judicial deve ser classificado como crédito trabalhista:

> "3. A obrigação da recuperanda em reparar o dano causado ao recorrido foi a consequência jurídica aplicada pela Justiça especializada em razão do reconhecimento da ilicitude do ato por ela praticado, na condição de empregadora, durante a vigência do contrato de trabalho.
>
> 4. A Consolidação das Leis do Trabalho contém disposições que obrigam o empregador a garantir a segurança e a saúde dos empregados, bem como a fornecer condições adequadas de higiene e conforto para o desempenho das atividades laborais.
>
> 5. Para a inclusão do recorrido no rol dos credores trabalhistas, não importa que a solução da lide que deu origem ao montante a que tem direito dependa do enfrentamento de questões de direito civil, mas sim que o dano tenha ocorrido no desempenho das atividades laborais, no curso da relação de emprego.
>
> 6. A própria CLT é expressa – em seu art. 449, § 1º – ao dispor que 'a totalidade dos salários devidos aos empregados e a totalidade das indenizações a que tiver direito' constituem créditos com o mesmo privilégio.
>
> 7. No particular, destarte, por se tratar de crédito constituído como decorrência direta da inobservância de um dever sanitário a que estava obrigada a recuperanda na condição de empregadora do recorrido, afigura-se correta – diante da indissociabilidade entre o fato gerador da indenização e a relação trabalhista existente entre as partes – a classificação conforme o disposto no art. 41, I, da LFRE".[370]

---

[368] ABREU, Rogério Roberto Gonçalves de. A responsabilidade civil por assédio moral no serviço público. *Revista de Direito Privado*, n. 64, p. 156-157, out. 2015.

[369] STJ, 1ª T., REsp 734.984/SP, Rel. p/ ac. Min. Luiz Fux, ac. 18.12.2007, *DJe* 16.06.2008; STJ, 1ª T., REsp 1.055.022/MT, Rel. Min. Francisco Falcão, ac. 26.08.2008, *DJe* 10.09.2008.

[370] STJ, 3ª T., REsp 1.869.964/SP, Rel. Min. Nancy Andrighi, ac. 16.06.2020, *DJe* 19.06.2020.

Capítulo V
JURISPRUDÊNCIA

Sumário: 1. Cumulação de dano moral e material – 2. Dano moral e dano estético – 3. Morte. Dano moral. Legitimidade de irmãos. Interesse de menor. Ministério Público – 4. Imprensa. Exploração de imagem – 5. Imprensa. Dano moral. Charge – 6. Dano moral. Imprensa. Fatos inverídicos veiculados. Responsabilidade – 7. Declarações veiculadas pela imprensa. Imputação de crime – 8. Nascituro. Dano moral – 9. Dano moral. Caráter punitivo da reparação – 10. Acidente do trabalho. Dano moral. Culpa do empregador inocorrente – 11. Acidente do trabalho. Culpa do empregador demonstrada – 12. Acidente do trabalho. Morte. Concorrência de culpas. Dano moral. Legitimação – 13. Protesto cambiário. Dano moral. Arbitramento – 14. Dano moral. Alarme em estabelecimento comercial. Culpa inexistente – 15. Prescrição. Cancelamento do registro do cadastro de inadimplentes – 16. Danos morais por denunciação caluniosa. Crime inexistente – 17. Dano moral. Inquérito policial equivocadamente iniciado em nome de outra pessoa – 18. Dano por fato do produto. CDC, art. 27. Prescrição – 19. Dano ao consumidor. Vício aparente. Prazo decadencial – 20. Dano ao consumidor. Explosão de celular – 21. Dano moral. Descumprimento de contrato – 22. Dano moral. Utilização de imagem de menor – 23. Dano moral. Castração de animal sem observância das normas sanitárias – 24. Dano moral. Indenização por obra divulgada sem autorização do autor – 25. Dano moral. Pedido de quebra abusivo – 26. Dano moral. Batizado do filho pelo pai sem o conhecimento da mãe.

1. CUMULAÇÃO DE DANO MORAL E MATERIAL

**STJ – Agravo Regimental no
Agravo em Recurso Especial n. 662.667/PR (*DJe* 05.08.2015)**

Relator: Ministro Herman Benjamin.

Agravante: União.

Agravado: Nereu Carlos Massignan.

Advogados: Bruno Falleiros Evangelista da Rocha e outro(s) e Wilson Luiz Darienzo Quinteiro.

Ementa: Processual civil. Agravo regimental. Ofensa a dispositivo constitucional. Competência do STF. Possibilidade de cumulação de danos morais e materiais. Anistiado político.

1. É importante registrar a inviabilidade de o STJ apreciar ofensa aos artigos da Carta Magna, uma vez que compete exclusivamente ao Supremo Tribunal Federal o exame de violação a dispositivo da Constituição da República, nos termos do seu art. 102, III, "a".

2. O direito à indenização por danos materiais não exclui, obviamente, o direito à reparação por danos morais sofridos pelo anistiado político. Aplica-se, por conseguinte, a orientação consolidada na Súmula 37/STJ: "São cumuláveis as indenizações por dano material e dano moral oriundos do mesmo fato".

3. A jurisprudência do Superior Tribunal de Justiça tem se posicionado no sentido de que o ressarcimento efetivado pela União em virtude da edição da Lei 10.559/2002 possui natureza distinta da reparação moral decorrente do previsto no art. 5º, V e X, da CF/1988.

4. Agravo Regimental não provido.

Acórdão

Vistos, relatados e discutidos os autos em que são partes as acima indicadas, acordam os Ministros da SEGUNDA Turma do Superior Tribunal de Justiça: "A Turma, por unanimidade, negou provimento ao agravo regimental, nos termos do voto do(a) Sr(a). Ministro(a)-Relator(a)". Os Srs. Ministros Og Fernandes, Mauro Campbell Marques (Presidente), Assusete Magalhães e Humberto Martins votaram com o Sr. Ministro Relator.

Brasília, 26 de maio de 2015 (data do julgamento).

Ministro Herman Benjamin, relator.

Relatório

Cuida-se de Agravo Regimental interposto contra decisão que negou seguimento ao recurso.

Argui que a questão em debate ainda não foi pacificada nesta Corte. Para demonstrar a sua tese, juntou precedente antigo da Primeira Turma (fl. 969, e-STJ).

Suscita violação dos arts. 1º, III, e 5º, *caput*, III, XLIII e XLIV, da CF (fl. 972, e-STJ).

Pleiteia a reconsideração do decisum agravado ou a submissão do recurso à Turma.

É o relatório.

Voto

O Exmo. Sr. Ministro Herman Benjamin (relator): Os autos foram recebidos neste Gabinete em 30.04.2015.

O Agravo Regimental não merece prosperar, pois a ausência de argumentos hábeis para alterar os fundamentos da decisão ora agravada torna incólume o entendimento nela firmado. Portanto não há falar em reparo na decisão, pelo que reitero o seu teor (fls. 958-962, e-STJ):

Não há vedação para a acumulação da reparação econômica com indenização por danos morais, porquanto se tratam de verbas indenizatórias com fundamentos e finalidades diversas: aquela visa à recomposição patrimonial (danos emergentes e lucros cessantes), ao passo que esta tem por escopo a tutela da integridade moral, expressão dos direitos da personalidade (privacidade, honra, nome, imagem).

Desse modo, o direito à indenização por danos materiais não exclui, obviamente, o direito à reparação por danos morais sofridos pelo anistiado político. Aplica-se, por conseguinte, a orientação consolidada na Súmula n. 37/STJ: "São cumuláveis as indenizações por dano material e dano moral oriundos do mesmo fato".

A jurisprudência deste Sodalício tem se posicionado no sentido de que o ressarcimento efetivado pela União em virtude da edição da Lei n. 10.559/2002 possui natureza distinta da reparação moral decorrente do previsto no art. 5º, V e X, da CF/1988. A propósito, anotem-se:

> "Processual civil. Administrativo. Violação do art. 535 do CPC [NCPC, art. 1.022]. Deficiência na fundamentação. Súmula 284/STF. Indenização por danos morais. Perseguição política ocorrida durante o regime militar. Imprescritibilidade. Inaplicabilidade do art. 1º do Decreto 20.910/1932. Precedentes. Acumulação de reparação econômica com indenização por danos morais. Possibilidade. Precedentes.
>
> 1. Não se conhece do Recurso Especial em relação à ofensa ao art. 535 do CPC [NCPC, art. 1.022] quando a parte não aponta, de forma clara, o vício em que teria incorrido o acórdão impugnado. Aplicação, por analogia, da Súmula 284/STF.
>
> 2. A jurisprudência do STJ é pacificada no sentido de que a prescrição quinquenal, disposta no art. 1º do Decreto 20.910/1932, é inaplicável aos danos decorrentes de violação de direitos fundamentais, que são imprescritíveis, principalmente quando ocorreram durante o Regime Militar, época na qual os jurisdicionados não podiam deduzir a contento suas pretensões.
>
> 3. Ressalte-se que a afronta aos direitos básicos da pessoa humana, como a proteção da sua dignidade lesada pela tortura e prisão por delito de opinião durante o Regime Militar de exceção, enseja ação de reparação ex delicto imprescritível e ostenta amparo constitucional no art. 8º, § 3º, do Ato das Disposições Constitucionais Transitórias.
>
> 4. O Supremo Tribunal Federal já reconheceu, em hipótese similar à dos autos, a inexistência de violação ao art. 97 da CF/88 quando o acórdão recorrido entendeu inaplicável o prazo prescricional estabelecido no art. 1º do Decreto 20.910/1932.
>
> 5. A Lei 10.559/2002 proíbe a acumulação de: a) reparação econômica em parcela única com reparação econômica em prestação continuada (art. 3º, § 1º); b) pagamentos, benefícios ou indenizações com o mesmo fundamento, facultando-se ao anistiado político, nesta hipótese, a escolha da opção mais favorável (art. 16).
>
> 6. Inexiste vedação para a acumulação da reparação econômica com indenização por danos morais, porquanto se trata de verbas indenizatórias com fundamentos e finalidades diversas: aquela visa à recomposição patrimonial (danos emergentes e lucros cessantes), ao passo que esta tem por escopo a tutela da integridade moral, expressão dos direitos da personalidade.
>
> 7. Não compete ao STJ, em julgamento de Recurso Especial e para fins de prequestionamento, apreciar alegação de afronta a dispositivos constitucionais, sob pena de usurpação da competência do STF (art. 102, III, da CF/1988).
>
> 8. Agravo Regimental não provido" (AgRg no REsp 1.467.148/SP, 2ª T., Rel. Min. Herman Benjamin, *DJe* 11.02.2015).

"Processual civil. Administrativo. Indenização por danos morais. Perseguição política ocorrida durante o regime militar. Imprescritibilidade. Inaplicabilidade do art. 1º do Decreto 20.910/1932. Precedentes. Acumulação de reparação econômica com indenização por danos morais. Possibilidade. Precedentes.

1. A jurisprudência do STJ é pacificada no sentido de que a prescrição quinquenal, disposta no art. 1º do Decreto 20.910/1932, é inaplicável aos danos decorrentes de

violação de direitos fundamentais, que são imprescritíveis, principalmente quando ocorreram durante o Regime Militar, época na qual os jurisdicionados não podiam deduzir a contento suas pretensões.

2. Ressalte-se que a afronta aos direitos básicos da pessoa humana, como a proteção da sua dignidade lesada pela tortura e prisão por delito de opinião durante o Regime Militar de exceção, enseja ação de reparação ex delicto imprescritível e ostenta amparo constitucional no art. 8º, § 3º, do Ato das Disposições Constitucionais Transitórias.

3. O STJ entende ser possível cumular o valor recebido a título de reparação econômica com aquele de indenização de danos morais.

4. Não compete ao STJ, em julgamento de Recurso Especial e para fins de prequestionamento, apreciar alegação de afronta a dispositivos constitucionais, sob pena de usurpação da competência do STF (art. 102, III, da CF/1988).

5. Agravo Regimental não provido" (AgRg no AREsp 266.082/RS, 2ª T., Rel. Min. Herman Benjamin, *DJe* 24.06.2013).

"Processual civil. Administrativo. Indenização por danos morais. Perseguição política ocorrida durante o regime militar. Imprescritibilidade. Inaplicabilidade do art. 1º do Decreto 20.910/1932. Precedentes. Acumulação de reparação econômica com indenização por danos morais. Possibilidade. Precedentes.

1. A jurisprudência do STJ é pacificada no sentido de que a prescrição quinquenal, disposta no art. 1º do Decreto 20.910/1932, é inaplicável aos danos decorrentes de violação de direitos fundamentais, que são imprescritíveis, principalmente quando ocorreram durante o Regime Militar, época na qual os jurisdicionados não podiam deduzir a contento suas pretensões. Precedentes do STJ.

2. Ressalte-se que a afronta aos direitos básicos da pessoa humana, como a proteção da sua dignidade lesada pela tortura e prisão por delito de opinião durante o Regime Militar de exceção, enseja ação de reparação ex delicto imprescritível, e ostenta amparo constitucional no art. 8º, § 3º, do Ato das Disposições Constitucionais Transitórias.

3. O STJ entende que é possível a cumulação do valor recebido a título de reparação econômica com aquele de indenização de danos morais. Precedentes do STJ.

4. Agravo Regimental não provido" (AgRg no AREsp 244.012/RS, 2ª T., Rel. Min. Herman Benjamin, *DJe* 24.05.2013).

"Processual civil. Administrativo. Responsabilidade civil do Estado. Anistia (Lei 9.140/95). Alegada violação do art. 535, I e II, do CPC [NCPC, art. 1.022, I e II]. Não ocorrência. Prescrição. Inaplicabilidade do art. 1º do Decreto 20.910/32. Acumulação de reparação econômica com indenização por danos morais. Possibilidade. Interpretação do art. 16 da Lei 10.559/2002. Precedentes. Desprovimento.

1. Não viola o art. 535, I e II, do CPC [NCPC, art. 1.022, I e II], nem importa negativa de prestação jurisdicional, o acórdão que decide, motivadamente, todas as questões arguidas pela parte, julgando integralmente a lide.

2. A pretensão indenizatória decorrente de violação de direitos humanos fundamentais durante o Regime Militar de exceção é imprescritível. Inaplicabilidade da prescrição quinquenal prevista no art. 1º do Decreto 20.910/32.

3. A Lei 10.559/2002 proíbe a acumulação de: (I) reparação econômica em parcela única com reparação econômica em prestação continuada (art. 3º, § 1º); (II) pagamentos,

benefícios ou indenizações com o mesmo fundamento, facultando-se ao anistiado político, nesta hipótese, a escolha da opção mais favorável (art. 16).

4. Não há vedação para a acumulação da reparação econômica com indenização por danos morais, porquanto se tratam de verbas indenizatórias com fundamentos e finalidades diversas: aquela visa à recomposição patrimonial (danos emergentes e lucros cessantes), ao passo que esta tem por escopo a tutela da integridade moral, expressão dos direitos da personalidade. Aplicação da orientação consolidada na Súmula 37/STJ.

5. Os direitos dos anistiados políticos, expressos na Lei 10.559/2002 (art. 1º, I a V), não excluem outros conferidos por outras normas legais ou constitucionais. Insere-se, aqui, o direito fundamental à reparação por danos morais (CF/88, art. 5º, V e X; CC/1916, art. 159; CC/2002, art. 186), que não pode ser suprimido nem cerceado por ato normativo infraconstitucional, tampouco pela interpretação da regra jurídica, sob pena de inconstitucionalidade.

6. Recurso especial desprovido" (REsp 890.930/RJ, 1ª T., Rel. Min. Denise Arruda, *DJ* 14.06.2007, p. 267) (grifei).

Confiram-se os seguintes precedentes: AREsp 607.518/RS, Rel. Min. Sérgio Kukina, *DJe* 11.11.2014; AREsp 603.057/RJ, Rel. Min. Herman Benjamin, *DJe* 05.12.2014; AgRg no REsp 1.370.079/PE, Rel. Min. Napoleão Nunes Maia Filho, *DJe* 03.06.2014.

É importante registrar a inviabilidade de o STJ apreciar ofensa aos artigos da Carta Magna, uma vez que compete exclusivamente ao Supremo Tribunal Federal o exame de violação a dispositivo da Constituição da República, nos termos do seu art. 102, III, "a".

Cito precedentes:

"Embargos de declaração nos embargos de declaração no agravo regimental no agravo em recurso especial. Omissão. Ausência de vício. Arts. 619 e 620, § 2º, do Código de Processo Penal. Prequestionamento de dispositivo constitucional. Descabimento.

I. A fundamentação adotada no acórdão é suficiente para respaldar a conclusão alcançada, pelo quê ausente pressuposto a ensejar a oposição de embargos de declaração.

II. Incabível, diante da ausência de vício no acórdão embargado, o exame de suposta violação a dispositivo constitucional, mesmo com o escopo de prequestionamento para a interposição de recurso extraordinário.

III. Precedentes da Terceira Seção.

IV. Embargos de declaração rejeitados" (EDcl nos EDcl no AgRg no AREsp 208.911/PE, 5ª T., Rel. Min. Regina Helena Costa, 04.10.2013).

"Administrativo e processual civil. Agravo regimental em agravo em recurso especial. Servidor militar. Gratificação de atividade policial. Revisão. Pagamento de parcelas retroativas. Alegação de ofensa a dispositivos constitucionais. Descabimento. Prequestionamento. Ausência. Súmula 211/STF. Análise de legislação local. Inviabilidade. Súmula 280/STF.

1. Em sede de recurso especial não cabe invocar violação a norma constitucional. (...)

4. Agravo regimental a que se nega provimento" (AgRg no AREsp 385.687/BA, 1ª T., Rel. Min. Sérgio Kukina, *DJe* 27.09.2013).

Ausente a comprovação da necessidade de retificação a ser promovida na decisão agravada, proferida com fundamentos suficientes e em consonância com entendimento pacífico deste Tribunal, não há prover o Agravo Regimental que contra ela se insurge. Por tudo isso, nego provimento ao Agravo Regimental.

É como voto.

2. DANO MORAL E DANO ESTÉTICO

STJ – Agravo Regimental nos Embargos de Declaração no Recurso Especial n. 1.368.740/AM (*DJe* 06.02.2015)

Relator: Ministro Marco Buzzi.

Agravante: Eucatur Empresa União Cascavel de Transporte e Turismo Ltda.

Advogados: Diogo Cezar dos Santos Feuser e Outro(s), Ernando Borges de Moraes Suerda, Carla Campos Morais de Araujo e Outro(s).

Agravado: Advan Santos Farias.

Advogados: Amanda Lima Martins José Eldair de Souza Martins e Outro(s).

Ementa: Agravo regimental nos embargos de declaração no recurso especial. Ação indenizatória. Decisão monocrática que deu parcial provimento aos recursos especiais.

1. É lícita a cumulação das indenizações por dano moral e estético, ainda que decorrentes do mesmo fato. Incidência da Súmula 387/STJ. O acórdão a quo adotou entendimento em harmonia com a jurisprudência desta Corte Superior, atraindo a aplicação da Súmula 83/STJ.

2. Firmou-se no âmbito desta Corte entendimento no sentido de que os valores estabelecidos pelas instâncias ordinárias a título de indenizações por danos morais e estéticos somente poderão ser revistos em hipóteses excepcionais, quando a condenação se revelar irrisória ou exorbitante, distanciando-se dos padrões de razoabilidade. Na presente hipótese, o *quantum* indenizatório foi fixado em patamares irrisórios, justificando a atuação desta Corte Superior para adequação do seu valor de acordo com a razoabilidade e a proporcionalidade. Precedentes.

3. Agravo regimental desprovido.

Acórdão

Vistos, relatados e discutidos os autos em que são partes as acima indicadas, acordam os Ministros da Quarta Turma do Superior Tribunal de Justiça, por unanimidade, negar provimento ao agravo regimental, nos termos do voto do Sr. Ministro Relator. Os Srs. Ministros Luis Felipe Salomão, Raul Araújo (Presidente), Maria Isabel Gallotti e Antonio Carlos Ferreira votaram com o Sr. Ministro Relator.

Brasília (DF), 18 de dezembro de 2014 (data do julgamento).

Voto

O Exmo. Sr. Ministro Marco Buzzi: O inconformismo não merece prosperar.

1. Inafastável a incidência da Súmula n. 83/STJ quanto à possibilidade de cumulação da indenização por dano moral e estético, pois é assente na jurisprudência desta Corte

Superior pela sua possibilidade ainda que decorrentes do mesmo fato, tendo havido inclusive a edição da Súmula n. 387/STJ, que assim dispõe em seu texto: "É lícita a cumulação das indenizações de dano estético e dano moral".

Para corroborar com o referido entendimento, confira-se:

> "Civil. Responsabilidade civil. Dano material, moral e estético. Cumulação. Possibilidade. Contratos. Seguro. Cobertura para danos corporais. Alcance. Limites.
> 1. Ação ajuizada em 31.08.2000. Recurso especial concluso ao gabinete da Relatora em 20.09.2013. 2. Recurso especial em que se discute a cumulatividade dos danos materiais, morais e estéticos, bem como, o alcance, em contratos de seguro, da cobertura por danos corporais. 3. É lícita a cumulação das indenizações por dano material, moral e estético. Incidência do enunciado nº 387 da Súmula/STJ. 4. A apólice de seguro contra danos corporais pode excluir da cobertura tanto o dano moral quanto o dano estético, desde que o faça de maneira expressa e individualizada para cada uma dessas modalidades de dano extrapatrimonial, sendo descabida a pretensão da seguradora de estender tacitamente a exclusão de cobertura manifestada em relação ao dano moral para o dano estético, ou vice-versa, ante a nítida distinção existente entre as rubricas. 5. Hipótese sob julgamento em que a apólice continha cobertura para danos corporais a terceiros, com exclusão expressa apenas de danos morais, circunstância que obriga a seguradora a indenizar os danos estéticos. 6. Recurso especial parcialmente provido" (REsp 1.408.908/SP, 3ª T., Rel. Min. Nancy Andrighi, j. 26.11.2013, *DJe* 19.12.2013).

> "Responsabilidade civil. Agravo regimental no recurso especial. Exame médico. Biópsia. Falso diagnóstico negativo de câncer. Obrigação de resultado. Responsabilidade objetiva. Dano moral e dano estético. Cumulação. Possibilidade. Súmula 387/STJ. Decisão agravada, que se mantém por seus próprios fundamentos. 1. Na espécie, narram as decisões recorridas que a emissão de resultado negativo de câncer, quando, na verdade, o diagnóstico era positivo, retardou de tal forma o tratamento que culminou, quando finalmente descoberto, em intervenção cirúrgica drástica provocando defeito na face, com queda dos dentes e distúrbios na fala; contudo, não a tempo suficiente a fim de evitar o sofrimento e o óbito do paciente. 2. Este Tribunal Superior já se manifestou no sentido de que configura obrigação de resultado, a implicar responsabilidade objetiva, o diagnóstico fornecido por exame médico. Precedentes. 3. No caso, o Tribunal de origem, com base no acervo fático-probatório dos autos, de forma bem fundamentada, delineou a configuração dos dois danos – o moral e o estético. 4. Nos termos da jurisprudência deste Tribunal Superior, consolidada na Súmula 387 do STJ, é possível a cumulação de danos morais e estéticos. 5. Nesta feita, a agravante, no arrazoado regimental, não deduz argumentação jurídica nova alguma capaz de alterar a decisão ora agravada, que se mantém, na íntegra, por seus próprios fundamentos. 6. Agravo regimental não provido" (AgRg no REsp 1.117.146/CE, 4ª T., Rel. Min. Raul Araújo, j. 05.09.2013, *DJe* 22.10.2013).

> "Agravo regimental em agravo em recurso especial. Decisão que se mantém por seus próprios fundamentos. Inexistência de violação dos arts. 1.583 e 1.584 do Código Civil. Julgamento *extra petita*. Não ocorrência. Reparação de danos estéticos e morais. Ataque de animal. Responsabilidade do dono ou detentor. Súmulas n. 7 e 83/STJ. *Quantum* indenizatório. Divergência jurisprudencial. Bases fáticas distintas. Recurso manifestamente

improcedente. Aplicação de multa. Art. 557, § 2º, CPC [NCPC, art. 1.021, §§ 4º e 5º]. 1. O divórcio, por si só, não é capaz de alterar a guarda de menor reconhecida por decisão judicial. 2. Não há julgamento *extra petita* quando são apreciadas especificamente as questões objeto da lide. 3. Incide a Súmula n. 7 do STJ na hipótese em que a tese versada no recurso especial reclama a análise dos elementos probatórios produzidos ao longo da demanda. 4. É cabível a cumulação de danos morais com danos estéticos, ainda que decorrentes do mesmo fato, quando são passíveis de identificação em separado. 5. Não há como conhecer de recurso especial fundado em dissídio jurisprudencial ante a ausência de demonstração de similitude fática e jurídica entre os julgados. 6. Aplica-se a multa prevista no art. 557, § 2º, do CPC [NCPC, art. 1.021, §§ 4º e 5º], na hipótese de agravo regimental manifestamente improcedente, ficando condicionada a interposição de qualquer outro apelo ao depósito do respectivo valor. 7. Agravo regimental desprovido. Aplicação de multa de 1% sobre o valor corrigido da causa" (AgRg no AREsp 201.456/DF, 3ª T., Rel. Min. João Otávio de Noronha, j. 11.06.2013, *DJe* 18.06.2013).

No presente caso, o Tribunal de origem adotou entendimento em consonância com a jurisprudência desta Corte Superior, não havendo se falar em sua reforma.

2. Com efeito, conforme consignado pela decisão agravada, a intervenção desta Corte ficaria limitada aos casos em que o *quantum* fosse irrisório ou exagerado, diante do quadro fático delimitado em primeiro e segundo graus de jurisdição (REsp 331.221/PB, Rel. Min. Sálvio de Figueiredo Teixeira, *DJ* 04.02.2002, e REsp 280.219/SE, Rel. Min. Carlos Alberto Menezes Direito, *DJ* 27.08.2001).

Ademais, há um enorme grau de subjetivismo envolvendo o tema, porquanto inexistentes critérios predeterminados e fixos para sua quantificação, reiteradamente tem se pronunciado esta Corte no sentido de que a reparação do dano deve ser arbitrada em montante que desestimule o ofensor a repetir a falta, sem constituir, de outro lado, enriquecimento indevido.

No caso dos autos, o Tribunal *a quo*, ao analisar os elementos fático-probatórios constantes dos autos, entendeu razoável e proporcional o arbitramento da indenização por danos morais e estéticos em R$ 30.000,00 (trinta mil reais) para cada um deles, levando-se em conta a posição social do ofendido e o porte econômico da empresa ofensora.

Desse modo, orientando-me pelos critérios sugeridos pela doutrina e pela jurisprudência, com razoabilidade, fazendo uso de experiência e do bom senso, atento à realidade da vida e às peculiaridades do caso em análise, e, ainda, diante da flagrante inadequação do valor fixado na origem, majorei a verba indenizatória por danos moral e estético para R$ 60.000,00 (sessenta mil reais) para cada um deles.

O referido valor melhor se amolda aos valores praticados por esta Corte Superior ao analisar casos análogos, conforme se constata dos seguintes precedentes:

> "Processo civil e civil. Embargos de declaração no recurso especial. Omissão. Acolhimento dos embargos com efeitos infringentes. Possibilidade. Responsabilidade civil. Danos morais e estéticos. Valor. Revisão em sede de recurso especial. Possibilidade, desde que o montante se mostre ínfimo ou exagerado. 1. Verificada a existência de omissão no acórdão, é de rigor o acolhimento dos embargos de declaração para suprimento do vício. 2. A revisão do valor arbitrado a título de danos morais e/ou estéticos em sede de

recurso especial somente é possível nas hipóteses em que a verba se mostrar ínfima ou exagerada, contrariando os princípios da razoabilidade e da proporcionalidade. Precedentes. 3. A utilização de dissídios relacionados a evento morte se mostra imprópria para fixação de indenizações morais e estéticas decorrentes da incapacitação física por ato ilícito. Nesse caso, indeniza-se a própria vítima por um sofrimento que irá experimentar por toda a vida, ao passo que a indenização por morte é concedida aos seus familiares, em decorrência da dor experimentada pela perda do ente querido. 4. A utilização do salário mínimo como indexador do *quantum* estabelecido a título de indenização por danos morais e/ou estéticos se mostra impossível. Precedentes. 5. Considerando que o salário mínimo tem servido de base para o cálculo de danos morais e estéticos, cumpre ao STJ, na condição de uniformizador da jurisprudência infraconstitucional pátria, manter-se atento à evolução da referida verba, em termos nominais e reais, para que a sua utilização como parâmetro indenizatório não implique distorções. 6. Na hipótese sob exame, em que a vítima, então com 08 anos de idade, sofreu amputação do membro inferior esquerdo, afigura-se razoável a fixação dos danos morais e estéticos em R$ 360.000,00, atualmente correspondente a cerca de 500 salários mínimos. 7. Embargos de declaração no recurso especial acolhidos com efeitos modificativos" (EDcl no AgRg no REsp 1.345.471/SP, 3ª T., Rel. Min. Nancy Andrighi, j. 11.02.2014, *DJe* 24.02.2014).

"Administrativo. Responsabilidade civil. Indenização. Dano moral e estético. Amputação de membro superior. *Quantum* não desproporcional. Súmula 7/STJ. 1. Trata-se, na origem, de ação de indenização por responsabilidade civil com pedido de danos morais e estéticos decorrentes de omissão da prestação de serviço público de assistência à saúde, que resultou na amputação do membro superior esquerdo da autora. 2. A revisão dos valores fixados na instância ordinária a título de danos morais (R$ 50.000,00) e estéticos (R$ 100.000,00) só é admitida quando irrisórios ou exorbitantes (precedentes do STJ), o que não se afigura no caso dos autos. Incidência da Súmula 7/STJ. 3. Agravo Regimental não provido" (AgRg no AREsp 197.285/SE, 2ª T., Rel. Min. Herman Benjamin, j. 06.09.2012, *DJe* 24.09.2012).

3. Ante o exposto, nego provimento ao agravo regimental.
É como voto.

3. MORTE. DANO MORAL. LEGITIMIDADE DE IRMÃOS. INTERESSE DE MENOR. MINISTÉRIO PÚBLICO

STJ – Recurso Especial n. 160.125-DF (*DJU* 24.05.1999, p. 172)
(Reg. n. 97/0092404-1)

Relator: Ministro Sálvio de Figueiredo Teixeira.
Recorrente: Ministério Público do Distrito Federal e Territórios.
Recorrida: Viação Alvorada Ltda.
Advogado: Dr. Márcio Américo Martins da Silva.

Ementa: Processual civil. Ministério público. Custos legis. Interesse de menor. Legitimidade para recorrer. Orientação da turma. Responsabilidade civil. Morte.

Dano moral. Legitimidade e interesse dos irmãos da vítima. Ausência de dependência econômica. Irrelevância. Litisconsórcio ativo facultativo. Pedidos cumulados e distintos. Desnecessidade de que os litisconsortes possuam legitimidade para todos os pedidos. Doutrina. Recurso provido.

I – Consoante entendimento fixado pela Turma, o Ministério Público detém legitimidade para recorrer nas causas em que atua como *custos legis*, ainda que se trate de discussão a respeito de direitos individuais disponíveis e mesmo que as partes estejam bem representadas.

II – A indenização por dano moral tem natureza extrapatrimonial e origem, em caso de morte, na dor, no sofrimento e no trauma dos familiares próximos das vítimas. Irrelevante, assim, que os autores do pedido não dependessem economicamente da vítima.

III – Os irmãos possuem legitimidade para postular reparação por dano moral decorrente da morte de irmã, cabendo apenas a demonstração de que vieram a sofrer intimamente com o trágico acontecimento, presumindo-se esse dano quando se tratar de menores de tenra idade, que viviam sob o mesmo teto.

IV – A lei não exige, para a formação do litisconsórcio, que os autores possuam legitimidade em todos os pedidos deduzidos na inicial, bastando que estejam presentes as condições do art. 46, Código de Processo Civil [NCPC, art. 113].

Acórdão

Vistos, relatados e discutidos estes autos, acordam os Ministros da Quarta Turma do Superior Tribunal de Justiça, na conformidade dos votos e das notas taquigráficas a seguir, por unanimidade, conhecer do recurso e dar-lhe provimento. Votaram com o Relator os Ministros Barros Monteiro e Ruy Rosado de Aguiar. Ausentes, justificadamente, os Ministros Bueno de Souza e César Asfor Rocha.

Brasília, 23 de março de 1999 (data do julgamento).

Ministro Barros Monteiro, presidente.

Ministro Sálvio de Figueiredo Teixeira, relator.

Voto

O Sr. Ministro Sálvio de Figueiredo Teixeira (relator):

1. Por se tratar de matéria atinente a pressuposto de conhecimento do recurso, é de registrar-se, inicialmente, que esta Turma tem entendimento majoritário no sentido da legitimidade do Ministério Público para recorrer nas causas em que atua como *custos legis*, ainda que se trate de discussão a respeito de direitos individuais disponíveis e mesmo que as partes estejam bem representadas, nos termos dos arts. 82 e 499, § 2º, Código de Processo Civil [NCPC, arts. 178 e 996]. A propósito, confira-se o REsp 58.684-MG (*DJ* de 29.06.1998).

É de anotar-se, ademais, que no momento da interposição do recurso especial ambos os irmãos da vítima continuavam civilmente menores, ela contando 18 (dezoito) anos e ele 9 (nove).

2. Centra-se a controvérsia em dois pontos, a saber: *a*) se irmão detém legitimidade e interesse para pleitear indenização por dano moral, havendo ou não dependência eco-

nômica entre eles, atual ou futura; *b*) se para associar-se em litisconsórcio ativo os autores devem possuir legitimidade para todos os pedidos.

O recorrente não questiona, registre-se, a ilegitimidade dos menores quanto à indenização por danos materiais.

3. Relativamente ao primeiro item, trago à colação texto da lavra do Ministro Costa Leite em sede doutrinária (*Dano Moral no Direito Brasileiro*), que bem expressa os objetivos da indenização por dano moral:

> "A indenização por dano moral, contrariamente ao que ocorre com a concernente ao dano material, não se funda na *restitutio in integrum*, pois é impossível repor o estado anterior à lesão, em decorrência mesmo do efeito desta. Outra é a sua natureza jurídica. Consoante Windscheid, visa a compensar a sensação de dor da vítima com uma sensação agradável em contrário. A indenização tem, pois, caráter compensatório. A compensação pode residir, inclusive, no simples reconhecimento judicial, a exemplo das conhecidas ações de um dólar dos norte-americanos.
>
> Sem embargo de ser possível, em alguns casos, outra modalidade de reparação, consiste a regra na reparação pecuniária.
>
> De acordo com o que escorreitamente observa Maria Helena Diniz, traduzindo o pensamento que predomina na doutrina e na jurisprudência, a reparação em dinheiro viria neutralizar os sentimentos negativos de mágoa, dor, tristeza, angústia, pela superveniência de sensações positivas de alegria, satisfação, pois possibilitaria ao ofendido algum prazer que, em certa medida, poderia atenuar o seu sofrimento".

Com efeito, a indenização por dano moral não tem cunho patrimonial.

Em outras palavras, não visa ao reembolso de eventual despesa ou a indenização por lucros cessantes; ao contrário, tem relação com a personalidade, sabido que, *verbi gratia* no caso de morte, é oriundo da dor, do trauma e do sofrimento profundo dos que ficaram. Ademais, como afirmado em acórdão da Terceira Turma, "a jurisprudência que impera neste Superior Tribunal de Justiça confirma a assertiva de que o dano moral é extrapatrimonial, carecendo pois de repercussão na esfera patrimonial" (AgRg/Ag 147.816-RS, Rel. Min. Waldemar Zveiter, *DJ* 08.06.1998).

Irrelevante, portanto, se havia ou não, ou se haveria ou não futuramente, dependência econômica entre os irmãos. O que interessa, para a indenização por dano moral, é verificar se os postulantes da pretensão sofreram intimamente o acontecimento, dano que se presume quando se trata de falecimento de familiar próximo, como no caso presente, de uma irmã de tenra idade, que vivia sob o mesmo teto. Assim não fosse, os pais também não poderiam pleitear indenização por dano moral decorrente da morte de filho que não exercesse atividade remunerada, nem pessoa rica teria legitimidade; e assim por diante.

A respeito do tema, Yussef Said Cahali doutrina:

> "Dispõe o art. 1.537, II, do Código Civil [de 1916] [art. 948, II do CC de 2002], que a indenização, no caso de homicídio, consiste na prestação de alimentos às pessoas a quem o defunto os devia.
>
> Aparentemente, estaríamos diante de um caso típico de ressarcimento de dano material, no que se considera que os alimentos devidos em razão do ato ilícito – à diferença de

obrigação alimentar do direito de família, prevista nos arts. 396 e seguintes do mesmo Código [atual, art. 1.694 e seguintes] – representariam um direito de natureza substancialmente patrimonial.

Não terá sido este, porém, o entendimento que acabou prevalecendo na jurisprudência, que foi paulatinamente deduzindo, mesmo em função do citado dispositivo, um modo de reparação de dano extrapatrimonial nas hipóteses de homicídio de um membro da família.

Na observação de Brebbia, 'el caso más grave – y también el más común – de lesión a las afecciones legítimas, lo contituye el que resulta de la muerte de un miembro de la familia'. Para Aguiar Dias, 'o art. 1.537, II, do Código Civil [art. 948 do CC de 2002], tem sido o maior obstáculo à indenização do dano moral'.

Contudo, foi exatamente em função do elastério interpretativo que a disposição legal propicia que uma bem elaborada jurisprudência abriu o atalho mais amplo e descobriu o filão mais rico para atingir a reparação do dano moral pela morte de membro da família" (*Dano moral*, Revista dos Tribunais, 2ª ed., n. 4.1, p. 70).

Carlos Alberto Bittar, talento precocemente falecido, a propósito escreveu:

"Titulares do direito à reparação – lesados ou vítima – são as pessoas que suportam os reflexos negativos de fatos danosos; vale dizer, são aqueles em cuja esfera de ação repercutem os eventos lesivos.
(...)
A titularidade de direitos, com respeito às pessoas físicas, não exige qualquer requisito, ou condição pessoal: todas as pessoas naturais, nascidas ou nascituras, capazes ou incapazes, podem incluir-se no polo ativo de uma ação reparatória, representadas, nos casos necessários, conforme a lei o determina.

As pessoas legitimadas são, exatamente, aquelas que mantém vínculos firmes de amor, de amizade ou de afeição, como os parentes mais próximos; os cônjuges que vivem em comum; os unidos estavelmente, desde que exista a efetiva aproximação e nos limites da lei, quando, por expresso, definidos (como na sucessão, em que se opera até o quarto grau, pois a lei presume que não mais prospera, daí, em diante, a afeição natural, CC, art. 1.612 [de 1916] [atual, art. 1.839])" (*Reparação civil por danos morais*. São Paulo: Revista dos Tribunais, 1993, n. 25, p. 144 e ss.).

O Tribunal de Justiça do Rio de Janeiro, por sua vez, em caso semelhante ao presente, sob a relatoria do Desembargador Sérgio Cavalieri Filho, respeitado doutrinador no tema da responsabilidade civil, teve oportunidade de decidir:

"Dano moral. Legitimidade ativa *ad causam*. Não sendo o patrimônio o conteúdo do dano moral, mas sim a dor, a tristeza, a emoção, a saudade e o sofrimento, tem legitimidade para reclamá-lo a irmã em decorrência da morte do irmão, com o qual vivia sob o mesmo teto" (Embargos Infringentes na Ap. Cív. 52.704).

Em conclusão, os menores, na qualidade de irmãos da vítima, são igualmente titulares do direito e, destarte, partes legítimas para esta ação de indenização.

4. No que toca à segunda questão, as instâncias ordinárias concluíram que não havia como se admitir o litisconsorte ativo, considerando que os litisconsortes devem

necessariamente possuir legitimidade para todos os pedidos deduzidos na inicial, e não apenas em parte dele.

Litisconsorte, como se sabe, é a pluralidade de partes em um mesmo processo (cumulação subjetiva), podendo ele ser necessário (indispensável) ou facultativo (recusável e irrecusável), simples ou unitário, ativo, passivo ou misto, inicial ou intercorrente.

No caso em exame, o ingresso dos irmãos em conjunto com a mãe é típico litisconsorte facultativo, ocorrendo fundamentos de fato idênticos (art. 46, II) [NCPC, art. 113, inciso sem correspondente] e afinidade de questões (art. 46, IV) [NCPC, art. 113, III]. Não se apresenta na modalidade necessária, pelo fato de os autores poderem litigar isoladamente, nem unitário, já que a decisão não necessita ser uniforme em relação a todos os litisconsortes.

Da simples leitura do art. 46, Código de Processo Civil [NCPC, art. 113], vê-se que a lei não exige, para a formação do litisconsórcio, que os autores possuam legitimidade em todos os pedidos deduzidos na inicial, bastando que estejam presentes as condições lá previstas.

Como anotou o recorrente, "o Código de Processo Civil permite a cumulação de pedidos num único processo, contra o mesmo réu, ainda que entre eles não haja conexão". Assim, havendo mais de um pedido, cumpre ao julgador examinar as condições da ação com relação a cada um deles, nada impedindo que o autor, ou seu litisconsorte, seja legitimado para um dos pedidos e não o seja para outro. Em outras palavras, sendo os pedidos independentes, apenas cumulados no mesmo processo, pode o juiz considerar o autor legitimado para uns e não para outros. A legitimidade existe ou não, com relação a cada pleito.

5. Diante do exposto, tenho os menores como parte legítima para postular a condenação da ré por danos morais, além de entender inexistente, no caso, qualquer óbice que impeça a formação do litisconsórcio entre a mãe e os filhos autores.

In casu, considerando as suas peculiaridades e o *quantum* já arbitrado em relação à autora-mãe, arbitro a indenização por dano moral em igual valor (duzentos salários mínimos), a ser dividido entre os dois irmãos.

Em conclusão, *conheço* do recurso e *dou-lhe provimento*, nos termos expostos.

4. IMPRENSA. EXPLORAÇÃO DE IMAGEM

II – STJ – Recurso Especial n. 1.138.138/SP (*DJe* 05.10.2012)

Relatora: Ministra Nancy Andrighi.
Recorrente: Carlos Roberto Massa.
Advogado: Guilherme de Sales Gonçalves e outro(s).
Recorrido: Paulo Roberto Falcão.
Advogados: Cristóvão Colombo dos Reis Miller e outro(s), Breno Moreira Mussi.
Interes.: Tvsbt Canal 4 de São Paulo S/A.

Ementa: Direito civil e processual civil. Responsabilidade civil. Dano moral. Exploração indevida da imagem. Legitimidade passiva. Indenização. Revisão pelo STJ. Limites.

1. Nos termos do enunciado nº 221 da Súmula/STJ, são civilmente responsáveis pela reparação de dano derivado de publicação pela imprensa, tanto o autor da matéria quanto o proprietário do respectivo veículo de divulgação.

2. O enunciado nº 221 da Súmula/STJ não se aplica exclusivamente à imprensa escrita, abrangendo também outros veículos de imprensa, como rádio e televisão.

3. A revisão, pelo STJ, do valor arbitrado a título de danos morais somente é possível se o montante se mostrar irrisório ou exorbitante, fora dos padrões da razoabilidade. Precedentes.

4. Recurso especial a que se nega provimento.

Acórdão

Vistos, relatados e discutidos estes autos, acordam os Ministros da Terceira Turma do Superior Tribunal de Justiça, na conformidade dos votos e das notas taquigráficas constantes dos autos, por unanimidade, negar provimento ao recurso especial, nos termos do voto do(a) Sr(a). Ministro(a) Relator(a). Os Srs. Ministros Massami Uyeda, Paulo de Tarso Sanseverino e Ricardo Villas Bôas Cueva votaram com a Sra. Ministra Relatora. Ausente, justificadamente, o Sr. Ministro Sidnei Beneti. Dr(a). Breno Moreira Mussi, pela parte Recorrida: Paulo Roberto Falcão.

Brasília (DF), 25 de setembro de 2012 (data do julgamento).

Voto

A Exma. Sra. Ministra Nancy Andrighi (relator):

Cinge-se a lide a determinar se, na espécie, o valor fixado a título de danos morais foi razoável. Incidentalmente, cumpre verificar a legitimidade passiva do recorrente Carlos Massa.

I. Dos recursos especiais de Falcão e SBT.

Preliminarmente, saliento não ser possível conhecer dos recursos especiais interpostos por Falcão e SBT, na medida em que os agravos de instrumento interpostos contra a decisão que lhes negou seguimento foram improvidos.

II. Do recurso especial de Carlos Massa.

(i) Da negativa de prestação jurisdicional. Violação do art. 535 do CPC [NCPC, art. 1.022].

Da análise do acórdão recorrido, constata-se que a prestação jurisdicional corresponde àquela efetivamente objetivada pelas partes, sem vício a ser sanado. O TJ/SP se pronunciou de maneira a discutir todos os aspectos fundamentais do julgado, dentro dos limites que lhe são impostos por lei, tanto que integram o objeto do próprio recurso especial e serão enfrentados adiante.

O não acolhimento das teses contidas no recurso não implica obscuridade, contradição ou omissão, pois ao julgador cabe apreciar a questão conforme o que ele entender relevante à lide. Não está o Tribunal obrigado a julgar a questão posta a seu exame nos termos pleiteados pelas partes, mas sim com o seu livre convencimento, consoante dispõe o art. 131 do CPC [NCPC, art. 371].

Por outro lado, é pacífico no STJ o entendimento de que os embargos declaratórios, mesmo quando manejados com o propósito de prequestionamento, são inadmissíveis se a decisão embargada não ostentar qualquer dos vícios que autorizariam a sua interposição.

Constata-se, na realidade, a irresignação do recorrente com o resultado do julgamento e a tentativa de emprestar aos embargos de declaração efeitos infringentes, o que não se mostra viável no contexto do art. 535 do CPC [NCPC, art. 1.022].

(ii) Da legitimidade passiva do recorrente. Violação dos arts. 49, § 2º, e 50 da Lei nº 5.250/67.

O recorrente sustenta que, na condição de apresentador do programa, é parte ilegítima para figurar no polo passivo da ação, que deve ser dirigida apenas em face daquele que explora o veículo de comunicação e do autor intelectual das ofensas. Pugna pela inaplicabilidade do enunciado nº 221 da Súmula/STJ, afirmando ter sido "cunhado especificamente para a atividade de imprensa escrita", pois "na mídia televisiva a situação é sensivelmente diversa, não há autoria intelectual (...) por parte daquele que pronunciou a afirmação ou apresentou o programa" (fl. 1.208, e-STJ).

Em primeiro lugar, saliento que as duas Turmas que compõem a 2ª Seção já se manifestaram pela incidência do referido enunciado sumular em casos outros que não exclusivamente de imprensa escrita.

No julgamento do REsp 125.696/RS, 3ª Turma, Rel. Min. Humberto Gomes de Barros, *DJ* de 21.03.2005, por exemplo, decidiu-se que "tanto o radialista quanto o proprietário do veículo de divulgação (rádio-programa) são civilmente responsáveis pelo ressarcimento do dano moral decorrente de manifestação radiofônica". No mesmo sentido: REsp 57.072/RS, 4ª Turma, Rel. Min. Aldir Passarinho Junior, *DJ* de 13.08.2001; e REsp 1.125.355/SP, 4ª Turma, Rel. Min. João Otávio de Noronha, *DJe* de 26.08.2010, este último, inclusive, tendo por recorrentes os mesmos destes autos.

Com efeito, ainda que programas de rádio e televisão sejam produzidos e dirigidos por uma equipe, que define todos os detalhes da atração, inclusive pautas e conteúdo de reportagens, é evidente que os rumos de uma entrevista também dependem de como ela é conduzida pelo entrevistador, que pode influenciar de forma decisiva a manifestação do entrevistado.

Na hipótese específica dos autos, ao analisar o comportamento do recorrente, o Juiz de primeiro grau de jurisdição salienta que "a reportagem por ele conduzida não se limitou às palavras da ex-companheira do requerente. Ao contrário, houve conduta do requerido de explorar a privacidade do autor de forma indevida e não autorizada, por meio não só da condução da reportagem e da entrevista da ex-companheira do autor como também pela realização de comentários, a ponto até mesmo de se colocar como 'juiz' da causa ao manifestar do lado de quem estaria e quem seria a pessoa a ter razão naquela situação" (fl. 821, e-STJ).

Por tudo isso, também não convence a alegação do recorrente, de que "se a entrevistada, com os fatos que traz, é quem motiva o dano, é ela quem deve responder pela sua reparação" (fl. 1.207, e-STJ).

Afinal, do panorama fático delineado pelas instâncias ordinárias exsurge claramente ter o recorrente conduzido a entrevista de forma tendenciosa, de modo a, no mínimo, potencializar as acusações apresentadas pela entrevistada, transformando a entrevista, nos termos do acórdão recorrido, num "espetáculo, um show, explorando indevidamente a intimidade do autor, apontando-o como pai que não se importa com o filho, insuflando-o a fazer acordo com a mãe de seu filho" (fl. 1.086, e-STJ).

Assim, não cabe dúvida de que o recorrente teve participação ativa na entrevista, o que lhe confere plena legitimidade para figurar no polo passivo da ação.

Inexiste, pois, ofensa dos arts. 49, § 2º, e 50 da Lei nº 5.250/67.

(iii) Da revisão do valor fixado a título de danos morais. Violação dos arts. 944, 946 e 953, parágrafo único, do CC/02.

Na ótica do recorrente, o valor de 500 (quinhentos) salários mínimos arbitrado pelo TJ/SP a título de indenização por danos morais "não se mostra razoável e nem mesmo afeito aos padrões adotados pelo STJ em casos como este" (fl. 1.196, e-STJ).

Constitui entendimento assente nesta Corte que a revisão da condenação a título de danos morais somente é possível se o montante se mostrar irrisório ou exorbitante, fora dos padrões da razoabilidade. Nesse sentido, os seguintes precedentes: REsp 1.069.288/PR, 3ª Turma, Rel. Min. Massami Uyeda, *DJe* de 04.02.2011; AgRg no Ag 1.192.721/SP, 4ª Turma, Rel. Min. Raul Araújo, *DJe* de 16.12.2010; e AgRg no Ag 1.179.966/SP, 4ª Turma, Rel. Min. Aldir Passarinho Junior, *DJe* de 06.12.2010.

Cumpre, portanto, verificar a conformidade do acórdão recorrido com a jurisprudência do STJ, a partir do que será possível avaliar a eventual existência de exagero no *quantum* fixado pelo TJ/SP.

Primeiramente, ressalvo a dificuldade de se proceder a essa análise, dada a subjetividade que envolve o dano psicológico. As circunstâncias do fato, as condições do ofensor e do ofendido, a forma e o tipo de ofensa, bem como suas repercussões no mundo interior e exterior da vítima, revestem cada caso de características que lhe são próprias, distinguindo-o dos demais e impedindo que se tenha situações verdadeiramente análogas.

Dessa forma, a comparação serve apenas para que se obtenha uma ordem de grandeza, uma noção aproximada do que se deve entender por plausível para a hipótese específica dos autos.

Nesse contexto, no julgamento do REsp 838.550/RS, Rel. Min. Cesar Asfor Rocha, *DJ* de 21.05.2007, a 4ª Turma julgou caso envolvendo a emissora ré, SBT, e o mesmo Programa do Ratinho – tendo arbitrado os danos morais em R$ 200.000,00 por ofendido, então correspondente a 667 salários mínimos. Naquele processo, a atração comandada pelo recorrente divulgou, de forma jocosa, grosseira e não autorizada, reportagem realizada junto a comunidade naturista, expondo seus membros ao ridículo.

Outrossim, ao julgar o REsp 219.293/RJ, Rel. Min. Waldemar Zveiter, *DJ* de 18.06.2001, a 3ª Turma condenou editora de revista a indenizar em 1.000 salários mínimos famoso artista, a título de danos morais, em virtude de publicações ofensivas à sua honra, notadamente no que tange à sua orientação sexual.

Vale frisar que, assim como nesse último julgado, a vítima do presente caso também é pessoa pública – jogador de futebol de renome internacional e atualmente comentarista de importante rede de telecomunicações – que, em princípio, suporta com maior pesar os reflexos de uma exploração indevida e sensacionalista da imagem e da privacidade, na medida em que é conhecida e reconhecida pela sociedade em geral, sendo alvo da opinião pública e ficando constantemente exposta, a todo tempo e em qualquer lugar.

Ainda que seja possível encontrar julgados – como aqueles alçados a paradigma pelo recorrente – em que a condenação é fixada em patamar inferior ao dos autos, sopesadas as peculiaridades presentes na espécie, nenhum deles sugere que o montante arbitrado possa ser considerado abusivo.

Além disso, em consulta ao acervo do STJ, constata-se a existência de diversos recursos envolvendo os réus desse processo, muitos deles derivados justamente de ações indenizatórias por danos morais, circunstância que evidencia a reincidência na conduta ilícita e recomenda que se mantenha o valor da presente condenação, inclusive como meio de inibir prática que vem se mostrando reiterada, revelando, até certo ponto, descaso com a Justiça.

O próprio TJ/SP destaca que esse comportamento constitui a tônica da atração comandada pelo recorrido, afirmando que a exposição sensacionalista e vexatória seria uma "particularidade do programa até então apresentado, aliás, fato público e notório" (fl. 1.086, e-STJ).

No mais, o valor fixado pelo TJ/SP se mostra compatível com o nível socioeconômico das partes, preenchendo a contento também esse critério utilizado pela doutrina e pela jurisprudência para arbitramento dos danos morais.

Forte nessas razões, nego provimento ao recurso especial.

5. IMPRENSA. DANO MORAL. CHARGE

STJ – Recurso Especial n. 154.837-RJ (*DJU* 20.04.1998, p. 82)
(Reg. n. 97/0081185-9)

Relator: O Sr. Ministro Eduardo Ribeiro.

Recorrente: Renato Luiz Campos Aroeira.

Recorrido: Nilo Batista.

Interessado: Jornal do Brasil S/A.

Advogados: Dr. Rogério Ribeiro Domingues, Drs. André de Souza Martins e outros e Drs. Márcio Vieira Souto Costa Ferreira e outro.

Ementa: Imprensa. Responsabilidade civil.

Existindo lei específica, regulando a responsabilidade civil, em caso de violação de direito, no exercício da liberdade de informação, essa haverá de ser aplicada e não a norma genérica do art. 159 do Código Civil [de 1916] [atual, art. 186].

Jornalista. Charge de caráter ofensivo.

Poderá o ofendido demandar indenização por dano moral, diretamente do autor do desenho.

Indenização. Limite.

Ainda admitindo esteja em vigor o teto estabelecido pela Lei n. 5.250/1967, só é aplicável tratando-se de procedimento culposo.

Acórdão

Vistos, relatados e discutidos estes autos, acordam os Srs. Ministros da Terceira Turma do Superior Tribunal de Justiça, na conformidade dos votos e das notas taquigráficas a seguir, por unanimidade, conhecer do recurso especial, mas lhe negar provimento.

Afirmou suspeição o Sr. Ministro Waldemar Zveiter.

Participaram do julgamento os Srs. Ministros Menezes Direito, Costa Leite e Nilson Naves.

Brasília, 15 de dezembro de 1997 (data do julgamento).

Ministro Costa Leite, presidente.

Ministro Eduardo Ribeiro, relator.

Voto

O Sr. Ministro Eduardo Ribeiro: O acórdão entendeu que incidente, na espécie, o art. 159 do Código Civil [de 1916] [atual, art. 186], abstendo-se, em consequência, de aplicar o disposto na Lei de Imprensa.

Considero que, nesse passo, não andou bem. Se existe lei específica, regulando a responsabilidade civil, quando se trate de violação de direitos, no exercício da liberdade de informação, essa a que regerá a espécie e não a norma geral. Tenho o ponto, *data venia*, como acima de dúvida.

Admitindo, pois, que o direito aplicável se encontra na Lei n. 5.250/1967 e não no Código Civil, cumpre verificar se assiste razão ao recorrente quando indica, como violados, seus arts. 49, § 2º, e 51.

Como base no primeiro sustenta-se que apenas da empresa jornalística poderia ser demandada a indenização, facultado a essa o direito de regresso contra o autor direto da violação.

Em diversas oportunidades já me manifestei a propósito do tema e permito-me reproduzir o voto que proferi no julgamento do REsp 61.922:

> "A questão submetida a julgamento diz com a possibilidade de ser diretamente responsabilizado, em ação civil, o jornalista autor do ato que se pretende violador de direito. O acórdão recorrido, proferido em embargos infringentes, concluiu pela afirmativa. O eminente relator do especial considerou que a causa foi corretamente julgada, havendo invocado o disposto no inciso X do art. 5º, da Constituição.
>
> Esta Terceira Turma, apreciando o REsp 2.327, de que relator o Ministro Gueiros Leite (*RSTJ* 13/362), decidiu de modo diverso. Entendeu-se que sujeito passivo do direito à indenização seria a empresa jornalística, a essa assistindo direito de regresso contra o autor da violação.
>
> A eg. Quarta Turma orientou-se no mesmo sentido ao julgar os Recursos Especiais ns. 11.884 (Rel. Sálvio de Figueiredo, *DJ* de 1º.08.1994) e 53.483 (Rel. Barros Monteiro, *DJ* de 22.05.1995).

Colaborei com meu voto para que se tomasse decisão acima mencionada, relativa ao REsp 2.327, notadamente tendo em conta precedente unânime do Supremo Tribunal Federal. Confesso, entretanto, que a solução nunca me pareceu inteiramente satisfatória e o tema me incomodava. Voltando a examiná-lo e estimulado pela excelência do debate, tanto quando decididos os embargos, quanto a apelação, assim como pelo voto do eminente Relator, considerei que a matéria merecia ser revista.

Em dois dispositivos, a Lei n. 5.250/1967 afirma o mesmo princípio constante do art. 159 do Código Civil [de 1916] [atual, art. 186], refletindo norma geral, acolhida nos ordenamentos jurídicos dos países civilizados. Assim é que, no art. 12, dispõe responder pelos prejuízos causados aqueles que, valendo-se dos meios de informação e divulgação, praticarem abusos. No art. 49, reitera-se a regra, prevendo, de modo genérico, que fica obrigado a reparar danos morais e materiais aquele que, no exercício da liberdade de manifestação de pensamento e de informação, com dolo ou culpa, viola direito, ou causa prejuízo a outrem".

Surge a dificuldade em virtude do disposto no § 2º desse último artigo. De seu conteúdo retira a corrente limitadora a conclusão de que se pretendeu restringir a responsabilidade, pela reparação do dano, apenas a quem explore o meio de informação ou divulgação, quando a violação do direito ou o prejuízo decorrer de publicação ou transmissão em jornal, periódico, ou de serviço de radiodifusão ou de agência noticiosa. Perante aquele que foi atingido seria responsável a empresa e não o jornalista que, utilizando-se dos meios por ela propiciados, houvesse praticado o ato causador dos danos. Em relação a ele teria a empresa direito regressivo, previsto no art. 50. Esse entendimento seria ainda reforçado pela leitura do constante do § 3º do mesmo art. 49. Tratando-se de impresso não periódico, haveria responsabilidade do autor do escrito, se nele indicado, ou de quem explore a oficina impressora, caso falte essa indicação.

Os textos, cumpre reconhecer, dão lugar a mais de uma interpretação, perfeitamente justificável o dissídio existente. Convenci-me do acerto da tese consagrada pelo acórdão recorrido.

Cumpre considerar que o entendimento contrário importa abrir notável exceção à regra, geralmente aceita, de que a violação do direito, dolosa ou culposa, faz surgir, para o responsável por essa, o dever jurídico de reparar o dano. Claro está que a legislação poderá contemplar tal exceção, se o contrário não resultar de disposição constitucional. Entretanto, a própria excepcionalidade da situação está a recomendar que se encare com grandes reservas a interpretação a isso conducente.

Procura-se, é certo, justificar tal conclusão, com o argumento de que as empresas responsáveis terão mais facilmente condições de arcar com as reparações do que os jornalistas que muitas vezes percebem modesta remuneração. A assertiva não me parece aceitável. Se a motivação da regra se acha na conveniência de quem busca o ressarcimento, o razoável seria deixar a ele mesmo a escolha. Estabelecer, sim, a responsabilidade da empresa, mas sem prejuízo da que couber ao autor direto do dano. Não se favorece a reparação, limitando os responsáveis. Ademais, como assinalado no julgamento recorrido, aquela diferenciação econômica nem sempre corresponde à realidade, quando se trate de pequenos jornais interioranos.

Vale notar que, dando-se o caso de ser a empresa insolvente, ficará o dano sem reparação, livre seu autor de qualquer responsabilidade, que só surgiria com o pagamento feito por aquela, ensejando o direito de regresso. Tal resultado dificilmente se acomoda ao que se tem como assente em tema de responsabilidade civil.

Igualmente não se me afigura deva-se agasalhar o fundamento de que se justifica a responsabilidade da empresa porque lhe cumpre exercer fiscalização quanto aos que se utilizam dos meios por ela propiciados, cabendo-lhe, também, selecionar criteriosamente seus colaboradores. Essa razão pode servir de base para que se tenha a empresa como responsável; jamais para fazê-la a única. Nem lhe é praticamente possível exercer censura que evite todos os abusos.

Vale aqui uma observação. Guarda alguma similitude com a hipótese a disposição, que vem sendo repetida nos textos constitucionais, pertinente à responsabilidade civil do Estado. Embora com algumas respeitáveis exceções, como a representada por Hely Lopes Meirelles, a doutrina tem-se orientado no sentido de que, considerando tenha o funcionário agido com dolo ou culpa, poderá quem sofreu o dano desde logo responsabilizá-lo. E nesse sentido a jurisprudência atual. Consultem-se, do Supremo Tribunal Federal, os julgamentos relativos aos Recursos Extraordinários ns. 77.169, Rel. Antônio Neder, *RTJ* 92/144, 90.071, Rel. Cunha Peixoto, *RTJ* 96/240 e 99.214, Rel. Moreira Alves, *RTJ* 106/1.185. Deste Tribunal o REsp 34.930, Rel. Milton pereira.

Sendo a interpretação que sustenta a impossibilidade de ação direta contra o jornalista algo que não se coaduna com o ordenamento jurídico em que inserida a Lei de Imprensa, só haverá de ser adotada caso outra não permitam os textos. E tenho que isso não se verifica.

O *caput* do art. 49 estabeleceu a responsabilidade de quantos, agindo com dolo ou culpa, violem direito, nas circunstâncias ali expostas. A norma do § 2º cuida da responsabilidade objetiva da empresa. Não se exigirá a demonstração de que concorreu com culpa, *lato sensu*, para o resultado. E isso importava porque não bastaria a regra de que a culpa do preposto faz presumir a do preponente. Em jornais publicam-se também trabalhos de pessoas que não têm com a empresa qualquer vínculo, dificilmente se podendo falar em preposição. Assim se entendendo a disposição, não constituirá uma restrição ao que amplamente se estabeleceu no *caput*. Trata-se de ampliar a responsabilidade da empresa e não de restringir a do que praticou o ato ofensivo.

Em relação ao § 3º, há de entender-se como significando cingir-se a responsabilidade da empresa que explore a oficina impressora à hipótese de não constar do escrito o nome de seu autor. Cuidando-se de periódico, será ampla a responsabilidade da empresa. Não sendo esse o caso, só existirá havendo o anonimato.

Considero, em resumo, que não se há de eleger entendimento que se choca com os princípios consagrados em tema de responsabilidade civil se outro permite a lei, como, a meu sentir, permite.

A outra questão diz com o limite da indenização.

Já tive ocasião de sustentar, acompanhando o entendimento do Ministro Menezes Direito, que o teto previsto na Lei de Imprensa não mais subsiste, pois não recepcionado pela vigente Constituição. No caso, entretanto, não incidiria mesmo a pretendida limitação. Dela só há cogitar, tratando-se de procedimento culposo, como se verifica do próprio texto do invocado art. 51. E obviamente assim não se poderá classificar a ação do recorrente ao elaborar a "charge".

Conheço, em virtude do dissídio, mas nego provimento.

Voto

O Exmo. Sr. Ministro Nilson Naves: Em decorrência de precedentes de que fui Relator, deixo ressalvado o meu ponto de vista.

6. DANO MORAL. IMPRENSA. FATOS INVERÍDICOS VEICULADOS. RESPONSABILIDADE

STF – Ação Originária n. 1.390/PB (*DJe* 29.08.2011)

Autor(a/s)(es): José Martinho Lisboa.

Adv.(a/s): Irapuan Sobral Filho e outro(a/s).

Autor(a/s)(es): José Targino Maranhão.

Adv.(a/s): Aluísio Lundgren Corrêa Régis e outro(a/s).

Réu(é)(s): os mesmos.

Ementa: Ação originária. Fatos incontroversos. Dispensável a instrução probatória. Liberdade de expressão limitada pelos direitos à honra, à intimidade e à imagem, cuja violação gera dano moral. Pessoas públicas. Sujeição a críticas no desempenho das funções. Limites. Fixação do dano moral. Grau de reprovabilidade da conduta. Fixação dos honorários. Art. 20, § 3º, do CPC [NCPC, art. 85, § 2º].

1. É dispensável a audiência de instrução quando os fatos são incontroversos, uma vez que esses independem de prova (art. 334, III, do CPC) [NCPC, art. 374, III].

2. Embora seja livre a manifestação do pensamento, tal direito não é absoluto. Ao contrário, encontra limites em outros direitos também essenciais para a concretização da dignidade da pessoa humana: a honra, a intimidade, a privacidade e o direito à imagem.

3. As pessoas públicas estão sujeitas a críticas no desempenho de suas funções. Todavia, essas não podem ser infundadas e devem observar determinados limites. Se as acusações destinadas são graves e não são apresentadas provas de sua veracidade, configurado está o dano moral.

4. A fixação do *quantum* indenizatório deve observar o grau de reprovabilidade da conduta.

5. A conduta do réu, embora reprovável, destinou-se a pessoa pública, que está sujeita a críticas relacionadas com a sua função, o que atenua o grau de reprovabilidade da conduta.

6. A extensão do dano é média, pois apesar de haver publicações das acusações feitas pelo réu, foi igualmente publicada, e com destaque (capa do jornal), matéria que inocenta o autor, o que minimizou o impacto das ofensas perante a sociedade.

7. O *quantum* fixado pela sentença (R$ 6.000,00) é razoável e adequado.

8. O valor dos honorários, de 15% (quinze por cento) sobre o valor da condenação, está em conformidade com os critérios estabelecidos pelo art. 20, § 3º, do CPC [NCPC, art. 85, § 2º].

9. O valor dos honorários fixados na reconvenção também é adequado, representando a totalidade do valor dado à causa.

10. Agravo retido e apelações não providos.

Acórdão

O Tribunal, por unanimidade, negou provimento ao recurso de agravo retido, interposto pelo demandado, bem como às apelações propostas pelo autor e pelo réu, mantendo integralmente a sentença, nos termos do voto do Relator. Votou o Presidente. Ausentes, em participação no "2011 US-Brazil Judicial Dialogue", em Washington, nos Estados Unidos da América, os Senhores Ministros Cezar Peluso (Presidente), Ellen Gracie, Gilmar Mendes, Ricardo Lewandowski e, neste julgamento, o Senhor Ministro Joaquim Barbosa.

Presidiu o julgamento o Senhor Ministro Ayres Britto (Vice-Presidente).

Plenário, 12.05.2011.

Voto

O Senhor Ministro Luiz Fux (relator): Senhor Presidente, essa era a minha proposta de voto – pela manutenção – e também é o posicionamento do Ministério Público, de sorte que eu estou de acordo com o Relator.

7. DECLARAÇÕES VEICULADAS PELA IMPRENSA. IMPUTAÇÃO DE CRIME

STJ – Recurso Especial n. 706.769/RN (*DJe* 27.04.2009)
(2004/0168993-6)

Relator: Ministro Luis Felipe Salomão.

Recorrente: Rede Resistência de Comunicação Ltda.

Recorrido: Rosalba Ciarlini Rosado.

Data do Julgamento: 14 de abril de 2009.

Ementa: Recurso especial. Responsabilidade civil e direito processual civil. Declarações ofensivas relativas a Prefeita municipal veiculadas em rádio local. Abuso do direito de informar. Indenização devida. Condenação em valor inferior ao pretendido pela autora. Sucumbência recíproca não caracterizada. Recurso especial não conhecido.

1. É incontroverso o fato de a recorrente ter programas de rádio em que imputou à recorrida, então prefeita municipal, atos cuja reprovabilidade é manifesta, quais sejam: furar poços em propriedades de fazendeiros ricos em troca de votos e utilizar-se de propaganda mentirosa. Ademais, a afirmação de que o Município possui Prefeita eleita pelo povo, mas quem governa é o marido, mostra-se ultrajante, além de patentear preconceito em relação a administradoras do sexo feminino.

2. As pessoas públicas, malgrado mais suscetíveis a críticas, não perdem o direito à honra. Alguns aspectos da vida particular de pessoas notórias podem ser noticiados. No entanto, o limite para a informação é o da honra da pessoa. Com efeito, as notícias que têm como objeto pessoas de notoriedade não podem refletir críticas indiscriminadas e levianas, pois existe uma esfera íntima do indivíduo, como pessoa humana, que não pode ser ultrapassada.

3. Por outro lado, não prospera o argumento de que inexistia o *animus* de ofender a vítima. O exame das declarações difundidas nos programas de rádio revela evidente a vontade consciente de atingir a honra da ora recorrida, mediante imputação de atos tipificados como crime, como corrupção passiva, ou de atos que simplesmente a desmoralizam perante a sociedade. Com efeito, estando evidente o abuso do direito de informar, a indenização por danos morais é medida que se impõe.

4. Não é o só fato de a autora ter pleiteado indenização em valor superior ao deferido nas instâncias ordinárias que caracteriza sucumbência recíproca, uma vez que o valor da indenização deduzido na inicial é meramente estimativo.

5. Recurso especial não conhecido.

Acórdão

Superior Tribunal de Justiça

Vistos, relatados e discutidos os autos em que são partes as acima indicadas, acordam os Ministros da Quarta Turma do Superior Tribunal de Justiça, por unanimidade, não conhecer do recurso especial, nos termos do voto do Sr. Ministro Relator. Os Srs. Ministros Aldir Passarinho Junior e João Otávio de Noronha votaram com o Sr. Ministro Relator. Ausente, justificadamente, o Sr. Ministro Fernando Gonçalves.

Presidiu o julgamento o Sr. Ministro João Otávio de Noronha.

Brasília, 14 de abril de 2009 (data do julgamento).

Ministro Luis Felipe Salomão, relator.

Voto

O Exmo. Sr. Ministro Luis Felipe Salomão (relator):

2. Pretende a recorrente, em sede de recurso especial, reformar acórdão proferido pelo Tribunal de Justiça do Estado do Rio Grande do Norte, que entendeu ser devida indenização por danos morais decorrentes de declarações veiculadas em programas de rádio local.

As declarações, supostamente ofensivas, foram bem sumuladas pelo Tribunal *a quo*:

> essa propaganda mentirosa, veiculada na televisão enche o saco (...) o que se vê são as máquinas perfuratrizes da prefeitura perfurando poços na propriedade de fazendeiros ricos de Apodi, Governador Dix-sept e de Baraúnas em troca de votos (...) e nós vamos viver até quando com essa mentira, essa cascata, essa balela de uma administração com o dinheiro do povo (...) Mossoró é um caso inédito no Brasil, é uma cidade que tem uma prefeita eleita pelo povo, mas quem manda na verdade é o marido (...) (fl. 116/117).

É de se notar que, nas razões do recurso especial, não há qualquer insurgência contra a veracidade e a autoria das declarações. Ou seja, o suporte fático dos autos, exaustivamente delineado no acórdão recorrido, é incontroverso, inconformando-se o recorrente apenas com as consequências jurídicas a que chegou o Tribunal *a quo*.

Com efeito, para o desate da controvérsia mostra-se despicienda a reapreciação de material fático-probatório, bastando a valoração de fatos perfeitamente admitidos pelas partes e pelo órgão julgador, atribuindo-se-lhes o correto valor jurídico.

Como bem observou o E. Min. Felix Fischer em julgado paradigma, "a revaloração da prova ou de dados explicitamente admitidos e delineados no decisório recorrido não implica no vedado reexame do material de conhecimento" (REsp 878.334/DF, Rel. Min. Felix Fischer, 5ª T., julgado em 05.12.2006).

3. O litígio em exame revela, em verdade, colisão entre dois direitos fundamentais, consagrados tanto na Constituição Federal de 1.988 quanto na legislação infraconstitucional, como é o caso da Lei de Imprensa: o direito à livre manifestação do pensamento, de um lado, e, de outro, a tutela dos direitos da personalidade, como a imagem e a honra. Embora seja livre a manifestação do pensamento, tal direito não é absoluto. Ao contrário, encontra rédeas tão necessárias para a consolidação do Estado Democrático de Direito quanto o direito à livre manifestação do pensamento: trata-se dos direitos à honra e à imagem, ambos condensados na máxima constitucional da dignidade da pessoa humana.

Não é ocioso relembrar a clássica distinção realizada por filósofos do direito, como Ronald Dworkin e Robert Alexy, acerca de regras e princípios jurídicos. As regras são, por excelência, normas aplicáveis ao caso concreto. Ou a hipótese subsume-se ao preceito ou não ("all or nothing"). Aplicando-se uma regra, as outras com ela conflitantes estarão automaticamente excluídas. Já os princípios, segundo Dworkin, por serem mais abstratos e genéricos que as regras, permeiam todo o ordenamento jurídico. São "mandamentos otimizadores" (*Taking rights seriously*. Cambridge: Harvard University, 1997). Para Alexy, os princípios têm efeitos irradiantes, não podendo, portanto, serem desprezados por completo no caso concreto. Não há relação de exclusão, e em caso de choque devem ser considerados todos eles, com graus de aplicação diferenciados, de modo a não aniquilar nenhum (*Teoria de los derechos fundamentales*. Madrid: Centro de Estudos Constitucionales, 1997). Pertinente ao tema mostra-se a doutrina do Professor Luís Roberto Barroso acerca das técnicas de ponderação de valores, em caso de colisão de princípios fundamentais:

> De forma simplificada, é possível descrever a ponderação como um processo em três etapas, relatadas a seguir. Na *primeira etapa*, cabe ao intérprete detectar no sistema normas relevantes para a solução do caso, identificando eventuais conflitos entre elas. (...) Na *segunda etapa*, cabe examinar os fatos, as circunstâncias concretas do caso e sua interação com os elementos normativos. (...) Assim, o exame dos fatos e os reflexos sobre eles das normas identificadas na primeira fase poderão apontar com maior clareza o papel de cada uma delas e a extensão de sua influência.
> (...) É na *terceira etapa* que a ponderação irá singularizar-se, em oposição à subsunção. (...) nessa fase dedicada à decisão, os diferentes grupos de normas e a repercussão dos fatos do caso concreto estarão sendo examinados de forma conjunta, de modo a apurar os pesos que devem ser atribuídos aos diversos elementos em disputa e, portanto, grupo de normas que deve preponderar no caso. Em seguida, é preciso ainda decidir quão intensamente

esse grupo de normas – e a solução por ele indicada – deve prevalecer em detrimento dos demais, isto é: sendo possível graduar a intensidade da solução escolhida, cabe ainda decidir qual deve ser o grau apropriado em que a solução deve ser aplicada. Todo esse processo intelectual tem como fio condutor o princípio instrumental da *proporcionalidade* ou *razoabilidade*. (A nova interpretação constitucional: ponderação, direitos fundamentais e relações privadas. 3. ed. Rio de Janeiro: Renovar, 2008, p. 346/348).

4. No caso em exame, é incontroverso o fato de a recorrente ter imputado à recorrida, então prefeita do Município de Mossoró/RN, atos cuja reprovabilidade é manifesta, quais sejam: furar poços em propriedades de fazendeiros ricos em troca de votos e utilizar-se de propaganda mentirosa. Ademais, a afirmação de que o Município possui Prefeita eleita pelo povo, mas quem governa é o marido, mostra-se ultrajante, além de patentear preconceito em relação a administradoras do sexo feminino. Por isso, não pode ser acolhida a tese de que não se tratava de críticas "à pessoa física da recorrida, mas aos atos realizados pela Administradora do Município". As acusações foram endereçadas à honra da pessoa física, não se havendo falar de mero direito de contestação em relação à linha político-administrativa adotada pela então Prefeita.

É de se ressaltar, por oportuno, que as pessoas públicas, malgrado mais suscetíveis a críticas, não perdem o direito à honra. Alguns aspectos da vida particular de pessoas notórias podem ser noticiados. No entanto, o limite para a informação é o da honra da pessoa. Com efeito, as notícias que têm como objeto pessoas de notoriedade não podem refletir críticas indiscriminadas e levianas, pois existe uma esfera íntima do indivíduo, como pessoa humana, que não pode ser ultrapassada. Assim entendeu esta Corte nos precedentes cujas ementas colaciono:

> "Civil. Danos morais. Documento escrito imputando a pecha de 'mentiroso' a adversário político. Lido em programa radiofônico e posteriormente distribuído em via impressa. Reprovabilidade evidente. Condenação de acordo com os precedentes.
> 1 – A crítica entre políticos que desvia para ofensas pessoais, atribuindo a prática de mentir ao adversário, causa dano moral, porque mentir é conduta socialmente desabonadora.
> 2 – A garantia constitucional de liberdade de manifestação do pensamento (art. 5IV) deve respeitar, entre outros direitos e garantias fundamentais protegidos, a honra das pessoas, sob pena de indenização pelo dano moral provocado, como decorre dos termos do art. 5º, V e X, da CF. Não se deve confundir, por consequência, liberdade de expressão com irresponsabilidade de afirmação. Recurso especial provido" (REsp 801.249/SC, Rel.ª Min.ª Nancy Andrighi, Terceira Turma, julgado em 09.08.2007, *DJ* 17.09.2007 p. 257).

> "Responsabilidade civil e processual civil. Recurso especial. Ação indenizatória por danos morais. Existência do ilícito, comprovação do dano e obrigação de indenizar. Pessoa pública. Artista de televisão. Limitação ao direito de imagem. Juros moratórios. Incidência. Honorários advocatícios e custas processuais. Repartição.
> – Ator de TV, casado, fotografado em local aberto, sem autorização, beijando mulher que não era sua cônjuge. Publicação em diversas edições de revista de 'fofocas';
> – A existência do ato ilícito, a comprovação dos danos e a obrigação de indenizar foram decididas, nas instâncias ordinárias, com base no conteúdo fático-probatório dos autos, cuja reapreciação, em sede de recurso especial, esbarra na Súmula n. 7/STJ;

– Por ser ator de televisão que participou de inúmeras novelas (pessoa pública e/ou notória) e estar em local aberto (estacionamento de veículos), o recorrido possui direito de imagem mais restrito, mas não afastado;
– Na espécie, restou caracterizada a abusividade do uso da imagem do recorrido na reportagem, realizado com nítido propósito de incrementar as vendas da publicação; (...)

Recurso especial não conhecido" (REsp 1.082.878/RJ, Rel. Min. Nancy Andrighi, Terceira Turma, julgado em 14.10.2008, DJe 18.11.2008).

5. Por outro lado, não prospera o argumento da recorrente de que não tinha o *animus* de ofender a vítima. Rui Stoco, dissertando acerca do elemento subjetivo nos ilícitos contra a honra – por parte da doutrina chamado de *dolo específico* –, aduz que "há de emergir clara a intensão de beneficiar-se ofendendo, de enaltecer-se diminuindo ou ridicularizando o outro, ou de ofender, seja por mera emulação, retorsão, vingança, rancor ou maldade" (*Tratado de responsabilidade civil*. 6. ed. São Paulo: Revista dos Tribunais, 2004, p. 781).

O exame das declarações difundidas nos programas de rádio revela evidente o elemento subjetivo de ilícitos dessa natureza, consistente na vontade consciente de atingir a honra da ora recorrida, mediante imputação de atos tipificados como crime, como corrupção passiva, ou de atos que simplesmente a desmoralizam perante a sociedade. Com efeito, estando evidente o abuso do direito de informar, a indenização por danos morais é medida que se impõe.

6. De resto, ainda que se considere implícito ao pedido de afastamento da indenização, também o de sua redução, o pleito não prospera. Isso porque as instâncias de origem fixaram o *quantum* indenizatório em R$ 6.500,00, valor bem inferior ao que esta Corte entende por razoável. No REsp 801.249 (Terceira Turma), em que se tratava de imputação da pecha de "mentiroso" a adversário político, esta Corte fixou o montante indenizatório em R$ 20.000,00 (cerca de 50 salários mínimos vigentes em 2007); no REsp 585.388 (Terceira Turma), que tratava de matéria inverídica ofensiva à honra do recorrente, foi fixada a indenização em R$ 12.000,00 (cerca de 46 salários mínimos vigentes em 2004); no REsp 348.388 (Quarta Turma), cuja matéria jornalística relacionou os nomes dos recorrentes a esquemas fraudulentos de taxímetros, a indenização chegou a 50 salários mínimos vigentes em 2004 (cerca de R$ 13.000,00); no REsp 771.377 (Quarta Turma), cuja matéria de fundo dizia respeito a publicações ofensivas à honra de promotor de justiça, foi determinado o pagamento de R$ 35.000 a título de danos morais.

7. Melhor sorte não socorre a recorrente no tópico relativo aos honorários advocatícios, que devem ser mantidos incólumes. Isso porque não é o só fato de a autora ter pleiteado indenização no valor de R$ 260.000,00, mas somente ter logrado êxito em R$ 6.500,00, que caracteriza sucumbência recíproca, uma vez que o valor da indenização deduzido na inicial é meramente estimativo. Confira-se, a propósito, o seguinte precedente:

"Civil e processual. Acórdão estadual. Omissão não configurada. Ação de indenização. Notícia ofensiva publicada em jornal de sindicato profissional. Dano moral. Valor. Razoabilidade. Honorários de sucumbência. CPC, art. 21 [NCPC, art. 86]. Incidência. (...)

V. Dada a multiplicidade de hipóteses em que cabível a indenização por dano moral, aliada à dificuldade na mensuração do valor do ressarcimento, tem-se que a postulação contida na exordial se faz em caráter meramente estimativo, não podendo ser tomada como pedido certo para efeito de fixação de sucumbência recíproca, na hipótese de a ação vir a ser julgada procedente em montante inferior ao assinalado na peça inicial (REsp n. 265.350/RJ, 2ª Seção, unânime, Rel. Min. Ari Pargendler, *DJU* de 27.8.2001).

VI. Recursos especiais não conhecidos" (REsp 453.703/MT, Rel. Min. Aldir Passarinho Junior, 4ª T., julgado em 21.10.2003, *DJ* 1º.12.2003, p. 359).

8. Diante do exposto, não conheço do recurso especial.

É como voto.

8. NASCITURO. DANO MORAL

STJ – Agravo Regimental no Agravo em Recurso Especial n. 403.761/SC (*DJe* 06.03.2014)

(2013/0327576-4)

Relator: Ministro Herman Benjamin.

Agravante: Estado de Santa Catarina.

Procurador: Flávia Dreher de Araújo e outro(s).

Agravado: R. F. de S. (menor).

Repr. por: D. W. de S. e outro.

Advogados: Karin Fogaça Luiz Henrique Hermes e outro(s).

Interes.: E. R. A. de F. e Outro.

Ementa: Processual civil. Responsabilidade civil do Estado. Parto. Demora. Sequelas ao **nascituro**. *Valor indenizatório. Revisão do entendimento do Tribunal de origem. Reexame da matéria fático-probatória. Impossibilidade. Incidência da Súmula 7/STJ.*

1. Trata-se de inconformidade com a fixação de valor indenizatório, tido por exagerado, por **danos morais** decorrentes de demora no atendimento de parturiente que ocasionou sofrimento fetal e sequelas definitivas ao **nascituro**.

2. A revisão do valor arbitrado a título de **danos morais,** como regra, implica reexame da matéria fático-probatória, o que é vedado em Recurso Especial (Súmula 7/STJ). Excepciona-se apenas a hipótese de valor irrisório ou exorbitante, o que não se configura neste caso (R$ 200.000,00).

3. Agravo Regimental não provido.

Relatório

O Exmo. Sr. Ministro Herman Benjamin (relator): Trata-se de Agravo Regimental contra decisão que desproveu o recurso. A parte agravante alega que não incidem os óbices das Súmulas n. 7/STJ e n. 282/STF. Assevera que é possível revisar o valor indenizatório. Pugna pela reconsideração da decisão agravada ou pelo provimento, pelo colegiado, do Agravo Regimental.

É o relatório.

Voto

O Exmo. Sr. Ministro Herman Benjamin (relator): Os autos foram recebidos neste Gabinete em 20.11.2013.

O Agravo Regimental não merece prosperar, pois a ausência de argumentos hábeis para alterar os fundamentos da decisão ora agravada torna incólume o entendimento nela firmado.

Conforme já disposto no *decisum* combatido:

Observo que o Tribunal de origem não emitiu juízo de valor sobre as questões jurídicas levantadas em torno dos arts. 944 e 946 do Código Civil.

O Superior Tribunal de Justiça entende ser inviável o conhecimento do Recurso Especial quando os artigos tidos por violados não foram apreciados pelo Tribunal a quo, a despeito da oposição de Embargos de Declaração, haja vista a ausência do requisito do prequestionamento. Incide, na espécie, a Súmula n. 211/STJ.

Nesse sentido:

> "Processual civil e tributário. Recurso especial. Violação ao art. 535 do CPC. Inocorrência. Ausência de prequestionamento. Súmula 211/STJ. Dissídio jurisprudencial não demonstrado. Ausência de similitude fática. IPTU, TIP e TCLLP. Pretensão de anulação do crédito tributário. Prescrição.
>
> 1. É entendimento sedimentado o de não haver omissão no acórdão que, com fundamentação suficiente, ainda que não exatamente a invocada pelas partes, decide de modo integral a controvérsia posta.
>
> 2. A falta de prequestionamento da matéria suscitada no recurso especial, a despeito da oposição de embargos de declaração, impede o conhecimento do recurso especial (Súmula 211 do STJ).
>
> (...)" (REsp 767.250/RJ, Rel. Min. Teori Albino Zavascki, Primeira Turma, *DJe* 10.06.2009).

> "Agravo regimental. Embargos de divergência. Prescrição. Falta de prequestionamento.
> – A jurisprudência do STJ é firme no sentido de que, na instância especial, é vedado o exame *ex officio* de questão não debatida na origem, ainda que se trate de matéria de ordem pública, como a prescrição.
> Agravo regimental improvido" (AgRg nos EDcl nos EAg 1.127.013/SP, Rel. Min. Cesar Asfor Rocha, Corte Especial, *DJe* 23.11.2010).

Além disso, apenas para esclarecer eventuais dúvidas, ressalto que, mesmo nos casos em que a instância ordinária acolhe os Embargos de Declaração, não é satisfeita a exigência de prequestionamento. Isso porque, para que se tenha por atendido esse requisito, não basta que a Corte a quo dê por prequestionado o dispositivo, é indispensável também a emissão de juízo de valor sobre a matéria.

Nessa linha, os seguintes precedentes:

> "Processual civil. Tributário. Agravo regimental no agravo de instrumento. Execução fiscal. Ausência de prequestionamento. Aplicação da Súmula 211/STJ. Violação do art. 620 do CPC. (...)
> (...)
> 3. É entendimento assente da Primeira Turma que a mera declaração do Tribunal *a quo* de se ter por prequestionados dispositivos a fim de viabilizar o acesso à instância superior não se mostra suficiente para esta Corte se, após análise feita, constatar-se a inexistência do imprescindível debate.
> (...)
> 5. Agravo regimental não provido" (AgRg no Ag 1.159.497/RS, Rel. Min. Benedito Gonçalves, Primeira Turma, *DJe* 30.11.2009).

> "Agravo regimental. Processual civil. Acórdão do Tribunal de origem omisso. Oposição de embargos de declaração. Acolhimento do recurso apenas para fins de prequestionamento, sem efetiva discussão acerca dos dispositivos tidos como violados. Ausência de prequestionamento. Súmula n. 211 do STJ.
> 1. O simples fato de o Tribunal *a quo* ter asseverado, por ocasião da apreciação dos embargos de declaração, que tal e quais dispositivos encontravam-se prequestionados, sem que tenha havido efetiva discussão a respeito das teses referentes à aplicabilidade dessas normas, não é suficiente para ensejar a admissão do recurso especial.
> 2. O entendimento do Superior Tribunal de Justiça é pacífico no sentido de que incide, no ponto, a Súmula n. 211 desta Corte. Precedentes.
> 3. Agravo regimental não provido" (AgRg no REsp 948.716/RS, Rel. Min. Mauro Campbell Marques, Segunda Turma, *DJe* 10.11.2008).

> "Processual civil. Art. 535 do CPC. Arguição genérica. Súmula 284/STF. Prequestionamento. Ausência. Súmulas 211/STJ e 282/STF. (...)
> (...)
> 2. Não satisfaz o requisito do prequestionamento a mera referência pelo Tribunal a quo de que teria por prequestionados os dispositivos legais tidos por malferidos. Precedentes da Turma. São aplicáveis os óbices das Súmulas 211/STJ e 282/STF.
> (...)
> 4. Recurso especial conhecido em parte e não provido" (REsp 929.737/RS, Rel. Min. Castro Meira, Segunda Turma, *DJ* 03.09.2007, p. 159).

Ainda que superado tal óbice, quanto ao valor dos danos morais, a verificação da razoabilidade do *quantum* indenizatório efetivamente esbarra no óbice da Súmula 7/STJ. Em caso análogo (cfr. AG 1.282.424), afirmei:

> "O Tribunal de origem fixou em R$ 100.000,00 a indenização por danos morais para cada uma das filhas em razão do falecimento do pai. A irresignação não merece prosperar. A jurisprudência deste Superior Tribunal é pacífica no sentido de que a revisão dos valores fixados a título de danos morais somente é possível quando exorbitante ou insignificante, em flagrante violação aos princípios da razoabilidade e da proporcionalidade, o que não é o caso dos autos".

Dessa forma, a verificação da razoabilidade do *quantum* indenizatório esbarra no óbice da Súmula 7/STJ. A propósito:

> "Processual civil e administrativo. Responsabilidade civil do Estado. Danos morais. Matéria de prova. Revisão do *quantum*. Impossibilidade. Súmula 7/STJ. 1. É pacífico o entendimento do Superior Tribunal de Justiça de que a revisão dos valores concedidos a título de dano moral só é admitida quando ínfimos ou exorbitantes, o que não se configura neste caso. Incidência da Súmula 7/STJ. 2. Agravo Regimental não provido" (AgRg no Ag 1.271.690/RJ, Rel. Min. Herman Benjamin, j. 15.04.2010).

A jurisprudência desta Corte não destoa desse posicionamento:

> "Agravo regimental. Agravo de instrumento. Ausência de ofensa ao artigo 535 do Código de Processo Civil. Indenização por dano moral. *Quantum* indenizatório. Revisão probatória. Impossibilidade. Súmula 7/STJ. Dissídio jurisprudencial não comprovado. Recurso improvido.
> I – Descabe o reconhecimento de violação do art. 535 do CPC, se, sem embargo de assumir conclusão contrária a pretensão da recorrente, manifestar o Tribunal a quo sobre questões de fato e de direito suficientes, de per si, a fundamentar o resultado, a cujo respeito exprima sentido geral e uniforme ao julgamento.
> II – A pretensão de ver reduzida a indenização a que fora condenado o agravante e o reexame dos critérios que levaram o Tribunal de origem à fixação do *quantum debeatur* encontram óbice no enunciado da Súmula 7 deste Superior Tribunal de Justiça.
> III – A excepcional intervenção desta Corte, a fim de rever o valor da indenização fixada pelo Tribunal local, a título de dano moral, pressupõe tenha este, considerada a realidade do caso concreto, pautado-se de forma imoderada ou desproporcional, em situação de evidente exagero ou de manifesta insignificância, não verificada no caso em análise.
> IV – Não se conhece de recurso especial fundado na alínea *c* do permissivo constitucional, quando ausente a comprovação da similitude fática entre o acórdão recorrido e o aresto apontado como paradigma.
> V – Ainda que, objetivamente, sejam bastante assemelhadas, as pretensões de reparação por danos morais, no aspecto subjetivo, são sempre diferentes. Dificuldade que se constata para se apreciar recurso especial com fundamento na alínea *c*. Precedentes do STJ.
> VI – Agravo regimental não conhecido" (AgRg no Ag 878.803/MT, Rel. Min. Paulo Furtado (Desembargador convocado do TJ/BA), Terceira Turma, j. 10.02.2009, *DJe* 11.05.2009).

> "Administrativo e processual civil. Recurso especial. Ação de indenização. Responsabilidade civil do Estado. Erro médico. Hospital estadual. Morte de marido e pai dos autores. Danos morais. Majoração do *quantum* indenizatório. Incidência da Súmula 7 do STJ.
> 1. Cinge-se a irresignação dos recorrentes quanto ao valor fixado pelas instâncias ordinárias para danos morais [R$ 50.000,00 (cinquenta mil reais)], que sustenta ser irrisório.
> 2. A respeito do tema, o Superior Tribunal de Justiça consolidou orientação de que a revisão do valor da indenização somente é possível quando exorbitante ou insignificante a importância arbitrada, em flagrante violação dos princípios da razoabilidade e da proporcionalidade, o que não é o caso dos autos.
> 3. Desse modo, avaliar a extensão do dano, sua repercussão na esfera moral dos recorrentes, a capacidade econômica das partes, entre outros fatores considerados pelas

instâncias ordinárias, implicaria afronta ao disposto na Súmula n. 7/STJ, por demandar a análise do conjunto fático-probatório dos autos.

4. Recurso especial não provido" (REsp 1.086.366/RJ, Rel. Min. Benedito Gonçalves, Primeira Turma, j. 10.03.2009, *DJe* 19.03.2009).

Ausente a comprovação da necessidade de retificação a ser promovida na decisão agravada, proferida com fundamentos suficientes e em consonância com entendimento pacífico deste Tribunal, não há prover o Agravo Regimental que contra ela se insurge.

Por tudo isso, nego provimento ao Agravo Regimental.

É como voto.

9. DANO MORAL. CARÁTER PUNITIVO DA REPARAÇÃO

STJ – Recurso Especial n. 839.923/MG (*DJe* 21.05.2012)
(2006/0038486-2)

Relator: Ministro Raúl Araújo.

Recorrente: Edésio Moreira da Silva.

Advogado: Leonardo Camilo Garcia de Las Ballonas Campolina e Outro(s).

Recorrido: João Cardoso Neto e Outro.

Advogado: Fernando César Ramos Ferreira e Outro.

Ementa: Recurso especial. Responsabilidade civil. Acidente de trânsito. Agressão física ao condutor do veículo que colidiu com o dos réus. Reparação dos danos morais. Elevação. Ato doloso. Caráter punitivo-pedagógico e compensatório. Razoabilidade e proporcionalidade. Recurso provido.

1. Na fixação do valor da reparação do dano moral por ato doloso, atentando-se para o princípio da razoabilidade e para os critérios da proporcionalidade, deve-se levar em consideração o bem jurídico lesado e as condições econômico-financeiras do ofensor e do ofendido, sem se perder de vista o grau de reprovabilidade da conduta do causador do dano no meio social e a gravidade do ato ilícito.

2. Sendo a conduta dolosa do agente dirigida ao fim ilícito de causar dano à vítima, mediante emprego de reprovável violência física, o arbitramento da reparação por dano moral deve alicerçar-se também no caráter punitivo e pedagógico da compensação, sem perder de vista a vedação do enriquecimento sem causa da vítima.

3. Na hipótese dos autos, os réus espancaram o autor da ação indenizatória, motorista do carro que colidira com a traseira do veículo que ocupavam. Essa reprovável atitude não se justifica pela simples culpa do causador do acidente de trânsito. Esse tipo de acidente é comum na vida diária, estando todos suscetíveis ao evento, o que demonstra, ainda mais, a reprovabilidade da atitude extrema, agressiva e perigosa dos réus de, por meio de força física desproporcional e excessiva, buscarem vingar a involuntária ofensa patrimonial sofrida.

4. Nesse contexto, o montante de R$ 13.000,00, fixado pela colenda Corte *a quo*, para os dois réus, mostra-se irrisório e incompatível com a gravidade dos fatos narrados e

apurados pelas instâncias ordinárias, o que autoriza a intervenção deste Tribunal Superior para a revisão do valor arbitrado a título de danos morais.

5. Considerando o comportamento altamente reprovável dos ofensores, deve o valor de reparação do dano moral ser majorado para R$ 50.000,00, para cada um dos réus, com a devida incidência de correção monetária e juros moratórios.

6. Recurso especial provido.

Acórdão

Vistos e relatados estes autos, em que são partes as acima indicadas, decide a Quarta Turma, por unanimidade, dar provimento ao recurso especial, nos termos do voto do Senhor Ministro Relator. Os Srs. Ministros Maria Isabel Gallotti, Antonio Carlos Ferreira, Marco Buzzi e Luis Felipe Salomão votaram com o Sr. Ministro Relator.

Brasília, 15 de maio de 2012 (data do julgamento).

Voto

O Senhor Ministro Raul Araújo (relator):

A ação indenizatória, por danos morais, estéticos e materiais, foi ajuizada pelo ora recorrente Edésio Moreira da Silva contra João Cardoso Neto e Roberto Carlos da Silva.

Relatam as instâncias ordinárias que, em 15 de novembro de 1998, houve acidente de trânsito no qual o veículo do autor da ação indenizatória colidiu com a parte traseira do Jeep Cherokee de um dos réus, João Cardoso Neto. Nessa ocasião, os réus saíram do veículo e agrediram violentamente o autor, retirando-o à força de seu carro e espancando-o com socos e chutes em várias partes do corpo, além de bater sua cabeça contra uma grade, sendo que os réus ficavam revezando entre quem segurava a vítima e quem a agredia.

Segundo consta dos autos, o ato ocasionou inúmeras lesões no corpo do autor, especialmente em sua face, "tendo o nariz quebrado em três lugares, visíveis cortes no supercílio direito e na base esquerda do nariz, além de grandes hematomas nos olhos" (fl. 319, e-STJ). Ademais, a agressão trouxe sequelas de ordem emocional e psíquica.

O d. Juízo sentenciante não acolheu o pedido de indenização dos danos materiais e estéticos. Os primeiros, porque não provados, e os segundos, porque as cicatrizes deixadas no rosto não poderiam ser caracterizadas como deformidades permanentes, além de a cirurgia plástica ter conseguido solucionar a fratura do nariz, deixando cicatrizes apenas na parte interna da mucosa nasal, não visíveis na face. Reconheceu, porém, a configuração do dano moral, fixando a reparação em 250 salários mínimos para cada um dos agressores, com base nos seguintes fundamentos:

> "Existem nos autos, afirmativas de que os Réus são pessoas de alta renda, donos de fazenda e comércio, que nos levam a considerá-los em boa situação econômico financeira. Antes de fixar a pleiteada indenização, este Juízo requereu fosse oficiado ao Imposto de Renda, solicitando as declarações de renda dos Réus nos últimos cincos, para que não restasse dúvida da situação econômica dos Requeridos. Anexamos as mesmas aos autos, em envelope devidamente lacrado, que só poderá ser aberto com determinação judicial. Destarte, tendo em vista a alta ofensa à honra e à dignidade do Autor, e à sua família, que de certo modo também foi humilhada, o desgaste dela decorrente, o medo das ameaças

que lhe foram feitas, arbitramos a indenização em 250 salários mínimos para cada um dos agressores, totalizando 500 salários mínimos, portanto um quarto do requerido pelo Autor. Aplica-se a Lei 6.899/81" (fl. 333, e-STJ).

A Corte estadual, no entanto, reformou a r. sentença, nesse ponto, alterando o *quantum* reparatório para R$ 13.000,00, para os dois réus, com correção monetária a partir desta fixação e juros moratórios da data do evento danoso (Súmula 54/STJ), sob o fundamento de que "o valor arbitrado a título de danos morais deverá ser revisto, de acordo com os parâmetros da 49ª Reunião do Centro de Estudos Jurídicos Juiz Ronaldo Cunha Campos, realizada em 28.8.98, cujas decisões uniformizam e orientam os julgados desta Casa para semelhantes casos. Neste talante, igual valor indenizatório constante da sentença se presta, conforme o caso, para reparar a perda de um ente querido" (fl. 414, e-STJ).

É certo que o magistrado, seguindo os critérios da razoabilidade e da proporcionalidade, deve, na fixação do valor da reparação do dano moral, levar em consideração o bem jurídico lesado e as condições econômico-financeiras do ofensor e do ofendido, mas não pode perder de vista o grau de reprovabilidade da conduta do causador do dano no meio social e a gravidade do ato ilícito.

Há casos em que a conduta do agente é dirigida ao fim ilícito de causar dano à vítima, atuando com dolo, o que torna seu comportamento particularmente reprovável. Nessa perspectiva, o arbitramento do dano moral deve alicerçar-se também no caráter punitivo e pedagógico da compensação.

Com efeito, a reparação punitiva do dano moral deve ser adotada "quando o comportamento do ofensor se revelar particularmente reprovável – dolo ou culpa grave – e, ainda, nos casos em que, independentemente de culpa, o agente obtiver lucro com o ato ilícito ou incorrer em reiteração da conduta ilícita" (CAVALIERI FILHO, Sérgio. *Programa de Responsabilidade Civil*. 9ª ed., rev. e ampl. São Paulo: Atlas, 2010, p. 99).

Conforme lição de **Caio Mário da Silva Pereira**, "na reparação por dano moral estão conjugados dois motivos, ou duas concausas: I) punição ao infrator pelo fato de haver ofendido um bem jurídico da vítima, posto que imaterial; II) pôr nas mãos do ofendido uma soma que não é o *pretium doloris*, porém o meio de lhe oferecer a oportunidade de conseguir uma satisfação de qualquer espécie, seja de ordem intelectual ou moral, seja mesmo de cunho material o que pode ser obtido 'no fato' de saber que esta soma em dinheiro pode amenizar a amargura da ofensa e de qualquer maneira o desejo de vingança. A isso é de acrescer que na reparação por dano moral insere-se a solidariedade social à vítima" (*Responsabilidade Civil*, atualizador Gustavo Tepedino, 10ª ed., rev. e atual. Rio de Janeiro: GZ, 2012, pp. 413-414).

Atento a essas questões, o eminente Ministro **Carlos Fernando Mathias** fez importantes ponderações, *in verbis*:

> "Deveras, é fato que se vive hoje um novo tempo no direito, quer com o reconhecimento (e mais do que isto, como garantia constitucional) da indenização por dano moral, quer – e aí com revelação de certa perplexidade – no concernente à sua fixação ou avaliação pecuniária, à míngua de indicadores concretos.

Há, como bastante sabido, na ressarcibilidade do dano em destaque, de um lado, uma expiação do culpado e, de outro, uma satisfação à vítima.

Como fixar a reparação?; quais os indicadores?

Por certo, devido à influência do direito norte-americano muitas vezes invoca-se pedido na linha ou princípio dos '*punitive damages*'.

'***Punitive damages*' (ao pé da letra, repita-se o óbvio, indenizações punitivas) diz-se da indenização por dano, em que é fixado valor com objetivo a um só tempo de desestimular o autor à prática de outros idênticos danos e a servir de exemplo para que outros também assim se conduzam.**

Ainda que não muito farta a doutrina pátria no particular, têm-se designado as '*punitive damages*' como a 'teoria do valor do desestímulo' posto que, repita-se, com outras palavras, a informar a indenização, está a intenção punitiva ao causador do dano e de modo que ninguém queira se expor a receber idêntica sanção.

No caso do dano moral, evidentemente, não é tão fácil apurá-lo.

Ressalte-se, outrossim, que a aplicação irrestrita das '*punitive damages*' encontra óbice regulador no ordenamento jurídico pátrio que, anteriormente à entrada em vigor do Código Civil de 2002, vedava o enriquecimento sem causa como princípio informador do direito e após a novel codificação civilista, passou a prescrevê-la expressamente, mais especificamente, no art. 884 do Código Civil de 2002.

Assim, o critério que vem sendo utilizado por esta Corte na fixação do valor da indenização por danos morais, considera as condições pessoais e econômicas das partes, devendo o arbitramento operar-se com moderação e razoabilidade, atento à realidade da vida e às peculiaridades de cada caso, de forma a não haver o enriquecimento indevido do ofendido e, também, de modo que sirva para desestimular o ofensor a repetir o ato ilícito" (REsp 210.101/PR, Quarta Turma, *DJe* 09.12.2008, grifo nosso)

Portanto, não obstante autorizado, em determinadas circunstâncias, o reconhecimento do caráter punitivo do dano moral, não se pode perder de vista, em seu arbitramento, a vedação do enriquecimento sem causa da vítima.

Na hipótese dos autos, os réus espancaram o motorista, autor da ação indenizatória, que colidira com a traseira do carro que ocupavam. Essa reprovável atitude não se justifica pela eventual culpa do autor na ocorrência do acidente de trânsito, tampouco por sua alegada embriaguez – a respeito da qual existe discussão nos autos (*na r. sentença, o d. Juízo a quo desconsiderou o boletim de ocorrência que sugeria a embriaguez do autor, porquanto tal dado não estava embasado em exame que comprovasse se havia, realmente, ingestão de álcool – (fl. 324, e-STJ). Afirmou o Magistrado que o estado desnorteado da vítima decorria, provavelmente, das pancadas violentas na cabeça. O colendo Tribunal de Justiça, de outro lado, concluiu pela lisura do referido boletim de ocorrência e, portanto, pela embriaguez da vítima*). Ao contrário, esse tipo de acidente é comum na vida diária, estando todos suscetíveis ao evento, o que demonstra, ainda mais, a reprovabilidade da atitude extrema, agressiva e perigosa dos réus de, por meio de força física desproporcional e excessiva, buscarem vingar a involuntária ofensa patrimonial sofrida.

Nesse contexto, o montante de R$ 13.000,00, fixado pela colenda Corte *a quo*, para os dois réus, mostra-se irrisório e incompatível com a gravidade dos fatos narrados e apurados pelas instâncias ordinárias, o que autoriza a intervenção deste Tribunal Superior para a revisão do valor arbitrado a título de danos morais.

Destarte, considerando o comportamento doloso altamente reprovável dos ofensores, deve o valor do dano moral ser arbitrado, em atendimento ao caráter punitivo-pedagógico e compensatório da reparação, no montante de R$ 50.000,00, para cada um dos réus, com a devida incidência de juros moratórios e correção monetária.

Diante do exposto, dá-se provimento ao recurso especial para, majorando os danos morais, condenar cada um dos réus a pagar ao autor o valor de R$ 50.000,00, com a devida incidência de juros moratórios, desde o evento danoso (15/11/1998), de 0,5% ao mês até a entrada em vigor do Código Civil de 2002, quando, então, submeter-se-á à regra contida no art. 406 deste último Diploma, a qual, de acordo com precedente da Corte Especial, corresponde à Taxa Selic, ressalvando-se que a correção monetária, que incidiria a partir desta data, já está abrangida na Selic, pois é fator que já compõe a referida taxa, além dos ônus sucumbenciais.

É como voto.

10. ACIDENTE DO TRABALHO. DANO MORAL. CULPA DO EMPREGADOR INOCORRENTE

**TJMG – Apelação Cível 1.0567.05.087041-7/001
(julgamento em 16.03.2016, publicação da súmula em 15.04.2016)**

Apelante(s): Sérgio Nonato Xavier.

Apelado(a)(s): Município de Sabará.

Ementa: Apelação cível. Ação de indenização por danos morais e materiais por acidente de trabalho. Culpa do empregador não comprovada. Ausência de nexo de causalidade entre o acidente e a lesão incapacitante. Improcedência dos pedidos.

A responsabilidade civil com fundamento em acidente do trabalho é de natureza subjetiva, exigindo-se para sua configuração a comprovação do nexo causal entre dano sofrido pela vítima e a conduta culposa do empregador (negligência, imprudência ou imperícia). Não tendo sido demonstrado nos autos, notadamente através do laudo técnico pericial, considerado prova robusta e convincente que a patologia sofrida pela autora é ocupacional, haja vista que não há nexo de causalidade entre o acidente ocorrido em 1999 e a lesão existente na coluna vertebral, não pode ser atribuída a responsabilidade para o ente público.

Acórdão

Vistos etc., acorda, em Turma, a 8ª Câmara Cível do Tribunal de Justiça do Estado de Minas Gerais, na conformidade da ata dos julgamentos, em negar provimento ao recurso.

Voto

Rel. Desa. Ângela de Lourdes Rodrigues

Trata-se de apelação cível interposta por Sérgio Nonato Xavier, visando a reforma da r. sentença de fls. 194/197, proferida pelo MM. Juiz da 2ª Vara Cível e de Execuções Fiscais da Comarca de Sabará, nos autos da ação de reparação de danos físicos c/c indenização por danos morais movida em face do Município de Sabará, que julgou improcedentes os pedidos iniciais, condenando a parte autora no pagamento das custas e despesas processuais, bem como dos honorários advocatícios fixados em R$ 1.000,00 (um mil reais), suspensa, todavia, a exigibilidade de tais verbas nos termos do art. 12 da Lei n. 1.060/1950.

O apelante alega em suas razões recursais de fls. 199/205 que observando-se que o acidente que lhe vitimou ocorrido no dia 15 de janeiro de 2002 e que a perícia foi realizada no dia 08 de novembro de 2011, portanto, mais de nove anos e dez meses após o ocorrido, não há como se afirmar que não há nexo ocupacional entre a doença e o acidente sofrido.

Salienta que o julgador não deve ficar adstrito tão somente ao laudo pericial, mas a todo o conjunto de provas, notadamente quando as testemunhas deixaram claro que antes do acidente não tinha qualquer problema de saúde.

Assevera que ficou comprovado através do depoimento das testemunhas e dos documentos de fls. 12/14 que há divergência entre a conclusão do laudo pericial e as demais provas dos autos, não podendo dessa forma o juiz decidir apenas com base no laudo pericial.

Pleiteia o provimento do recurso para que seja reformada a sentença, julgando-se procedentes os pedidos iniciais.

Ausente o preparo diante da gratuidade judiciária deferida.

À fl. 207 o recurso foi recebido no duplo efeito.

O apelado apresentou contrarrazões às fls. 214/217 pugnando pelo não provimento do recurso, ao argumento, em síntese, de que, aplicada a responsabilidade subjetiva em casos de indenização decorrentes de acidente de trabalho, mesmo após longa instrução probatória, restou evidenciado a total ausência de provas a indicar que o Estado tivesse contribuído para a moléstia da parte autora.

É o sucinto relatório.

Conheço do recurso, por estarem presentes os pressupostos de sua admissibilidade.

Tratam os autos de ação indenizatória por danos materiais e morais ajuizada em face do Município de Sabará, pretendendo a parte autora o recebimento de indenização por dano moral, lucro cessante e pensão mensal vitalícia em virtude de queda sofrida e que ocasionou o seu afastamento do trabalho e posteriormente sua aposentadoria por invalidez provocada por conduta dita negligente do Hospital São Francisco ao retirá-la da maca.

O MM. Juiz a quo julgou improcedentes os pedidos iniciais, ao argumento de que, ausente nexo de causalidade entre o acidente ocorrido em janeiro de 1999 e a lesão incapacitante, não há como ser condenado o empregador às reparações pretendidas.

A responsabilidade civil com fundamento em acidente do trabalho é de natureza subjetiva, exigindo-se para sua configuração a comprovação do nexo causal entre dano sofrido pela vítima e a conduta culposa do empregador (negligência, imprudência ou imperícia).

Portanto, para que se configure a obrigação de reparar é essencial que se atribua culpa ao comportamento do requerido.

Hipóteses existem nas quais o nexo de causalidade pode ser afastado – caso fortuito ou força maior, fato exclusivo da vítima e fato de terceiro. Porém, tais hipóteses não se comprovaram nos autos.

Para que haja a responsabilização do empregador por danos sofridos pelo empregado no exercício de suas funções, não se exige mais que haja culpa grave por parte do empregador, bastando que tenha agido com culpa, qualquer que seja o seu grau.

Embora afirme a parte autora que ficou absolutamente incapacitada para o trabalho em virtude da torção em sua coluna sofrida com a queda da maca causada pelo Município requerido, do conjunto probatório não se chega à conclusão de que a incapacidade tenha sido provocada por culpa exclusiva do agente municipal.

A comunicação de Acidente de Trabalho (fl. 11) e a Carta de Concessão de Aposentadoria pelo INSS (fl. 14) demonstram que realmente a requerente possuía uma lesão incapacitante para o trabalho tanto que foi aposentada. Todavia, inexiste comprovação nos autos de que tenha sido causada única e exclusivamente pelo Município requerido naquela queda que sofreu ao cair da maca.

Segundo elementos dos autos, a requerente já possuía problemas na coluna e que, com a queda, se agravaram e a deixaram incapacitada para o trabalho, não havendo, portanto, fundamento para condenar o Município requerido no pagamento de indenização por danos morais, lucros cessantes e pensão mensal vitalícia com base em tal argumento.

Ademais, a prova pericial produzida nos autos, ainda que produzida mais de nove anos após o acidente, apontou a ausência de nexo de causalidade entre o acidente do trabalho e a lesão sofrida pela apelante na coluna vertebral.

Concluiu o expert que:

> "(...) Lombalgias podem ocorrer independentemente das atividades laborativas, sendo constadas inclusive em pessoas sedentárias e em trabalhadores em atividades burocráticas, sem empenho de qualquer esforço físico (...). O exame pericial demonstra que não há evidência de limitações físicas significativas, o que habilita o Autor à reabilitação profissional em atividades que não exijam esforço acentuado nem deambulação e ortostatismo prolongados (...). Os exames de imagem ao longo dos anos evidenciam alterações degenerativas que quando do alegado acidente já se faziam presentes e evoluíram mesmo com o afastamento do trabalho, permitindo assim a exclusão de nexo ocupacional. (...) Os elementos acima analisados permitem concluir que não há nexo ocupacional, as alterações degenerativas evidenciadas na coluna vertebral do Autor são de natureza endógina" (fl. 141/164).

O laudo técnico pericial, considerado prova robusta e convincente, não deixa dúvida de que a recorrente, embora, de fato, haja incapacidade para o trabalho, a patologia da autora não é ocupacional, haja vista que não há nexo de causalidade entre o acidente ocorrido em 1999 e a lesão existente na coluna vertebral. Concluiu o perito que a causa já existia antes mesmo do acidente e que, afastada do trabalho, a doença evoluiu, o que leva a crer que as alterações degenerativas verificadas na coluna vertebral são de natureza endógina, sendo, portanto, peremptória a conclusão da prova técnica de que não faz jus a apelante ao benefício pleiteado.

Como bem assinalou o juiz de primeiro grau o fato de as testemunhas informarem que a requerente não possuía a doença incapacitante para o trabalho antes do acidente ocorrido em 1999 não é suficiente, por si só, para comprovar o nexo de causalidade, mormente porque se tratam de testemunhos de pessoas comuns que não possuem formação técnica específica como o perito, único profissional que teria capacidade técnica para concluir pela existência ou não do nexo de causalidade, ainda que em avaliação realizada mais de nove anos após o acidente.

Certo é que o magistrado de primeira instância formou sua convicção não apenas com base no laudo pericial produzido em juízo, mas com fundamento em todos os documentos, testemunhos e demais provas produzidas, tendo concluído pela improcedência dos pedidos justamente por entender que não há nexo de causalidade entre o acidente ocorrido em 1999 e a lesão incapacitante da autora.

O sistema processual pátrio é norteado pelo princípio da persuasão racional e, como pontuou a recorrente, não o juiz está adstrito apenas ao laudo pericial. Contudo, "ao julgador cabe apreciar a questão de acordo com o que entender atinente à lide. Não está obrigado a julgá-la conforme o pleiteado pelas partes, mas sim com seu livre convencimento (art. 131 do CPC), usando os fatos, provas, jurisprudência, aspectos atinentes ao tema e a legislação que entender aplicável ao caso" (AgRg no Ag 906.024/RJ, Rel. Min. José Delgado, 1ª Turma, julgado em 13.11.2007, *DJ* 29.11.2007, p. 216).

Com efeito, por comungar do mesmo entendimento do MM. Juiz *a quo* de que, não tendo sido comprovado o nexo de causalidade entre o acidente e a lesão incapacitante para o trabalho, mantenho a improcedência dos pedidos iniciais.

Assim, diante do exposto, nego provimento ao recurso.

Custas pela apelante, suspensa, todavia, a sua exigibilidade, nos termos do art. 12 da Lei n. 1.060/1950.

Des. Carlos Roberto de Faria (revisor) – De acordo com o(a) Relator(a).

Desa. Teresa Cristina da Cunha Peixoto – De acordo com o(a) Relator(a).

Súmula: "Negaram provimento ao recurso".

11. ACIDENTE DO TRABALHO. CULPA DO EMPREGADOR DEMONSTRADA

TJMG – Apelação Cível 1.0327.02.002835-0/001 (julgamento em 24.02.2016, publicação da súmula em 04.03.2016)

1º Apelante: Renato Coutinho Frossard, Maria Coutinho Frossard, Roberto Coutinho Frossard, Rogério Frossard, Sandra Frossard, Tereza Cristina Frossard, Alexandre Frossard, Frossard e Filhos Agropecuária Ltda e Outro(a)(s), Flávio Frossard.

2º Apelante: Iracema Dias da Silva, José Roberto Dias de Souza, Paulo Sérgio Dias de Souza e Outro(a)(s), Antônio Carlos Dias de Souza, Fabiana Dias de Souza, Rosa Dias de Souza.

Apelado(a)(s): Paulo Sérgio Dias de Souza e Outro(a)(s), José Roberto Dias de Souza, Iracema Dias da Silva, Fabiana Dias de Souza, Antônio Carlos Dias de Souza, Rosa Dias de

Souza, Sandra Frossard, Rogério Frossard, Roberto Coutinho Frossard, Renato Coutinho Frossard, Tereza Cristina Frossard, Frossard e Filhos Agropecuária Ltda. e Outro(a)(s), Flávio Frossard, Alexandre Frossard, Maria Coutinho Frossard.

Ementa: Apelação. Acidente de trabalho. Intoxicação por defensivos agrícolas. Morte do empregado. Dano moral. Valor arbitrado. Fundamentação per relationem.

– Demonstrada a conduta do empregador que submete o empregado ao manejo de defensivos agrícolas sem os devidos cuidados, o dano caracterizado pelo óbito do empregado em decorrência da intoxicação e o nexo causal entre os dois primeiros elementos, demonstrada está a responsabilidade civil e o dever de indenizar.

– Nula é a decisão não fundamentada. A brevidade não significa ausência de fundamentação. Consoante entendimento majoritário exposto pelo Min. Raul Araújo em Recurso Especial 1206805, é admitida a fundamentação *per relationem*, isto é, utilizando da motivação de ato judicial anterior.

Acórdão

Vistos etc., acorda, em Turma, a 16ª Câmara Cível do Tribunal de Justiça do Estado de Minas Gerais, na conformidade da ata dos julgamentos, em negar provimento aos recursos.

Voto

Rel. Des. Pedro Aleixo:

Cuida-se de dois recursos de apelação, o primeiro interposto por Frossard e Filhos Agropecuária Ltda. e Outro, enquanto o segundo por Ana Rodrigues de Souza e Outros, em face da r. sentença de fls. 454/460, proferida pela MM. Juíza de Direito Substituta, em cooperação na Comarca Itambacuri/MG, que, nos autos da "Ação ordinária de indenização civil", assim decidiu:

Ante o exposto, rejeito as preliminares e resolvo o mérito da demanda, nos termos do artigo 269, I, do Código de Processo Civil. Em consequência, julgo improcedentes os pedidos com relação aos réus Maria Coutinho Frossard, Rogério Frossard, Flávio Frossard, Renato Coutinho Frossard, Roberto Coutinho Frossard, Sandra Frossard e Tereza Cristina Frossard. Condeno os autores ao pagamento dos honorários advocatícios, que arbitro em R$ 800 (oitocentos reais), com correção monetária pelos índices da Corregedoria-Geral de Justiça e juros de mora de 1% ao mês, a partir da data desta sentença, até o efetivo pagamento, suspensa a exigibilidade, na forma do artigo 12 da Lei 1.060/50, uma vez que litigam sob o pálio da Justiça Gratuita.

Quanto aos réus Frossard e Filhos Agropecuária Ltda. e Alexandre Frossard, julgo parcialmente procedentes os pedidos, para condená-los, solidariamente: a) ao pagamento de indenização por danos materiais, representados por uma pensão mensal devida à autora Fabiana Dias de Souza, que fixo no valor equivalente a 2/3 do salário mínimo, a partir do evento danoso, até a data em que a beneficiária completar 25 anos de idade, reduzida, a partir daí, para o percentual de 1/3, até a data em que o *de cujus* completaria 65 anos, e aos sucessores da autora Ana Rodrigues de Souza, habilitados neste processo, que fixo no valor correspondente a 1/3 do salário mínimo, a partir do evento danoso, até a data do falecimento da beneficiária (08/02/2010); b) ao pagamento de indenização por danos morais, no valor de R$ 72.400,00 (setenta e dois mil e quatrocentos reais), a ser partilhado igualmente entre os autores, com correção monetária pelos índices da Corregedoria-Geral de Justiça, a partir da data do arbitramento, e juros de mora de 1% ao mês, devidos a partir do evento danoso, até o efetivo pagamento. Os sucessores habilitados neste processo receberão, em partes iguais, a quota parte devida à autora Ana Rodrigues de Souza; c) a constituir capital apto à garantia do cumprimento da obrigação imposta; d) e ao pagamento das custas processuais e dos honorários advocatícios, que arbitro em 10% sobre o valor da indenização, fixada a título de danos morais, e sobre o valor de doze prestações da pensão mensal fixada a título de danos materiais, após a incidência de correção monetária e juros de mora.

A primeira parte apelante, em suas razões recursais de fls. 461/489, sustenta que a as pretensões autorais devem ser julgadas improcedentes vez que a presente ação somente seria cabível em caso de dolo ou culpa do réu, conforme cita a Súmula 229 do STF.

Alegam que os autores não provaram o sofrimento de qualquer espécie de dano com culpa grave da primeira parte apelante. Afirmam que, havendo culpa, esta não decorreu do comportamento do recorrente, mas na conduta do próprio suposto sinistrado.

Argui a impossibilidade de se imputar qualquer falta à parte recorrente a caracterizar dolo ou culpa, razão pela qual requer a improcedência da presente demanda.

Em atenção ao princípio da eventualidade, no caso de condenação no pagamento de indenização aos autores, pugna pela avaliação da extensão do dano sofrido, sob pena de enriquecimento sem causa e locupletamento.

Sendo reconhecida qualquer culpabilidade atribuível à primeira parte recorrente, defende o reconhecimento de culpa preponderante e concorrente de Antônio Dias de Souza, suposto sinistrado.

Preparo à f. 430.

O segundo recurso de apelação, juntado às fls. 502/507, em síntese, pugna pela majoração do *quantum* indenizatório ao patamar de 500 (quinhentos) salários mínimos.

Sem preparo, vez que os autores são beneficiários da justiça gratuita (f. 55).

Foram apresentadas contrarrazões recursais às fls. 523/524, sendo estas, no entanto, manifestadamente intempestivas.

É o relatório.

Presentes os pressupostos de admissibilidade, conheço dos recursos.

A princípio, cumpre ressaltar que o presente feito fora objeto de conflito de competência entre a Justiça Comum e a Justiça do Trabalho, tendo o colendo STJ declarado a competência daquela para o julgamento da lide (f. 309).

Cinge-se a controvérsia em torno do cabimento de indenização no presente caso bem como da estipulação do *quantum* indenizatório.

Após minucioso exame dos autos, claro resta, conforme as provas apresentadas, acerca da caracterização da responsabilidade dos réus condenados e o consequente dever de indenizar, demonstrados os pressupostos condutores.

Os réus confessam o uso de defensivos agrícolas pela vítima, tendo uma das testemunhas arroladas afirmado que, em menos de 24 horas do manuseio dos agentes químicos por Antônio, este teria ido a óbito em decorrência da intoxicação. Conforme se percebe pelo depoimento de fls. 427/428:

> (...) Antônio trabalhou com Tordon na fazenda para matar assa-peixe durante o dia, à noite adoeceu e não durou 24 h. Alexandre Frossard mandou Antônio aplicar Tordon (...). O depoente já viu Alexandre dar máscara para Antônio usar durante a aplicação de Tordon, mas não luva ou avental ou outra roupa (...). A embalagem de Tordon indica que se trata de veneno, o depoente já viu, tem escrito "Cuidado, veneno" (...).

Corrobora, ainda, a certidão de óbito de f. 30, a qual assinala como causa mortis da vítima: "a) A.V.C. Hemorrágico – b) Intoxicação Organofosforado".

À f.31 tem-se a declaração de óbito da vítima, atestando claramente que a doença ou estado mórbido que causou diretamente a morte foi o AVC Hemorrágico, enquanto o estado mórbido que produziu o AVC foi a intoxicação organofosforado.

Conforme resta demonstrado, Antônio Dias de Souza faleceu vítima de intoxicação por inseticida agrícola "Tordon", utilizado na data que trabalhou na fazenda de propriedade dos réus, por determinação de Alexandre, ora primeira apelante, o que basta para comprovar, juntamente com as demais provas nos autos, o nexo de causalidade entre a atividade desenvolvida pelo trabalhador e seu falecimento.

Nesse sentido, no que tange à demonstração do dano moral no presente caso, destaca-se recente julgado proferido pelo Tribunal Superior do Trabalho:

> "Recurso de revista. 1. Dano moral. Acidente de trabalho. Morte do empregado. Valor arbitrado. A jurisprudência desta Corte é firme no sentido de que o dano moral decorrente de acidente de trabalho dispensa prova, ou seja, é aferido pela força dos próprios fatos, quando pela sua dimensão for impossível deixar de imaginar a ocorrência do dano. Assim, basta que se comprovem os fatos, a conduta ilícita e o nexo de causalidade para que a caracterização do dano moral seja presumida, hipótese dos autos. No tocante ao valor arbitrado à indenização, verifica-se que o Regional, ao manter o *quantum* fixado na sentença (R$ 30.000,00 para cada filho), observou os princípios da razoabilidade e da proporcionalidade porque considerados os critérios atinentes à extensão do dano, à lesividade da conduta da reclamada, ao seu grau de culpa, à situação econômica e social das partes e ao caráter pedagógico e punitivo da indenização. Ileso, portanto, o artigo 5º, V e X, da Constituição Federal. Recurso de revista não conhecido. 2. Multa por embargos de declaração protelatórios. O artigo 535, I e II, do CPC e a Súmula nº 297 do TST não tratam da multa decorrente da oposição de embargos de declaração protelatórios, não viabilizando o conhecimento do recurso. Recurso de revista não conhecido" (RR 246-32.2013.5.09.0594, Rel. Min. Dora Maria da Costa, Data de Julgamento: 12.08.2015, 8ª Turma, Data de Publicação: *DEJT* 14.08.2015).

Nesse sentido, adoto os fundamentos da r. sentença como razão de decidir, pois a MMª Juíza com apreço analisou a questão:

> "Tracejando os contornos da teoria do risco profissional, extrai-se que esta se empenha em salvaguardar o laborista frente às variadas formas de perigo em que este possa estar submetido, isto é, confere amparo ao risco advindo da atividade laboral.

A responsabilidade objetiva, por sua vez, pode ser depreendida como a atribuição dos riscos da atividade a quem dela se beneficia e a incrementa. A teoria objetiva desvinculou a obrigação de reparação do dano sofrido pelo empregado da ideia de culpa, baseando-se no risco, ante a dificuldade da prova da culpa pelo lesado para obter a reparação.

Nesse passo, a responsabilidade civil objetiva tem fulcro integral na teoria do risco profissional.

Com efeito, em que pese o disposto no artigo 7º, XXXVIII, da Constituição da República, a jurisprudência predominante utiliza da interpretação sistemática para concluir ser perfeitamente aplicável a responsabilidade objetiva aos acidentes de trabalho culminados pelo exercício de atividade de risco, face ao disposto no artigo 927, parágrafo único, do Código Civil e ao princípio da proteção, no que concerne à norma mais favorável ao trabalhador (*in dubio pro* operário).

A propósito:

> Recurso de revista. Dano moral e material. Indenização. Acidente de trabalho. Atividade de risco. Eletroplessão. Teoria da responsabilidade objetiva. Aplicação.
> Apesar de não haver norma expressa a disciplinar a responsabilidade objetiva do empregador, entende esta Corte Superior que a regra prevista no artigo 7º, XXVIII, da Constituição da República deve ser interpretada de forma sistêmica aos demais direitos fundamentais, e a partir desta compreensão, admite a adoção da teoria do risco (artigo 927, parágrafo único, do CCB), sendo, portanto, aplicável a responsabilização objetiva do empregador no âmbito das relações de trabalho para as chamadas atividades de risco. Recurso de revista conhecido por violação dos arts. 927, parágrafo único, do Código Civil e 7º, XXVIII, da CF e parcialmente provido (TST, RR 2102820115240081 210-28.2011.5.24.0081, Rel. Min. Alexandre de Souza Agra Belmonte, pub. *DEJT* 25.10.2013).

> Indenização por acidente do trabalho. Teoria da responsabilidade objetiva. Acidente do trabalho. Atividade de risco. Motorista de caminhão.
> O Tribunal *a quo* adotou o entendimento de que a responsabilidade da reclamada, no caso – em que o reclamante, que laborava na função de motorista de caminhão e sofreu acidente de trabalho durante o exercício da sua função – é subjetiva, com fundamento nos artigos 7º, inc. XXVIII, da Constituição da República e 186 e 927, *caput*, do Código Civil, de forma que a culpa da empresa em relação ao acidente ocorrido, a ensejar o pagamento de indenização pelos danos sofridos pelo trabalhador, necessitaria, efetivamente, ter sido comprovada, premissa fática que acabou não sendo constatada na hipótese. Conforme, no entanto, tem sido reiteradamente decidido por este Tribunal Superior em tais casos, o artigo 927, parágrafo único, do Código Civil de 2002, c/c o parágrafo único do artigo 8º da CLT, autoriza a aplicação, no âmbito do Direito do Trabalho, da teoria da responsabilidade objetiva do empregador, nos casos de acidente de trabalho, quando as atividades exercidas pelo empregado são de risco, como é o caso do motorista profissional. Na hipótese dos autos, não há dúvida de que a atividade profissional desempenhada pelo reclamante era de risco, pois o motorista de caminhão (motorista profissional) está mais sujeito a acidentes do que o motorista comum. Precedentes desta Corte. Recurso de revista conhecido e provido para, definida a premissa de que é aplicável a este caso a responsabilidade objetiva estabelecida pelo

artigo 927, parágrafo único, do Código Civil, determinar o retorno dos autos à instância de origem para que examine o restante do mérito da controvérsia, como entender de direito (TST, RR 21715201051200008 217-15.2010.5.12.0008, Rel. Min. José Roberto Freire Pimenta, pub. *DEJT* 27.09.2013).

Por outro lado, segundo o disposto no artigo 21, III, da Lei 8.213/1991, o acidente do trabalho, evento danoso à saúde do trabalhador que ocorre de forma repentina, equipara-se à doença proveniente de contaminação acidental do empregado no exercício de sua atividade, aqui compreendida a intoxicação ou o envenenamento.

Destarte, para a caracterização da responsabilidade civil do empregador, em caso de doença proveniente de contaminação, equiparada a acidente de trabalho, basta a comprovação do nexo causal entre a atividade desenvolvida pela empresa e os danos causados ao trabalhador.

No caso, a despeito da ausência de contrato de trabalho formal, os réus confessaram judicialmente, em sede de contestação, que o marido e pai dos autores, Antônio Dias de Souza, prestou serviço para a sociedade empresária Frossard e Filhos Agropecuária. Confessaram mais, que a vítima trabalhou na lavoura utilizando de defensivos agrícolas. Senão vejamos:

> Cumpre salientar ainda que, no tocante à João Augusto Frossard bem como quanto à Frossard e Filhos Agropecuária, também não há que falar da existência de culpa ou dolo, uma vez que o fato ocorreu por culpa exclusiva de Antônio Dias de Souza, o qual fora orientado sobre a aplicação correta de defensivos agrícolas e tinha, à sua disposição, todos EPI's necessários para tal atividade, mas que teimosamente não os utilizava, apesar de constantes admoestações, segundo consta, por achá-los incômodos. Tal evidência será provada por robusta prova testemunhal, cujo rol juntará no momento aprazado (fls. 120/121).

Com a confissão judicial, desnecessária a prova de que Antônio Dias de Souza prestava serviço para a primeira ré, Frossard e Filhos Agropecuária Ltda., assim como da prova da utilização de defensivos agrícolas pela vítima, a teor do disposto no artigo 334, II, do Código de Processo Civil.

É certo que, como regra geral, na sociedade limitada, a responsabilidade de cada sócio é restrita ao valor de suas quotas (artigo 1.052 do Código Civil), razão pela qual somente os sócios da contratante, Frossard e Filhos Agropecuária Ltda., que participaram diretamente do evento danoso responderão solidariamente pelos danos suportados pelos autores.

Depreende-se da prova testemunhal que apenas o sócio Alexandre Frossard, gerente e administrador das fazendas de propriedade da sociedade empresária Frossard e Filhos Agropecuária Ltda., participou diretamente dos fatos narrados na petição inicial. A esse respeito, cumpre transcrever o depoimento pessoal da ré Sandra Frossard:

> (...) O pai da depoente cedeu uma casa para Antônio morar com sua família porque não tinha para onde ir. Todos os que trabalhavam na fazenda tinham equipamentos de proteção adequados ao trabalho que desempenhavam. Quem tomava conta da fazenda era Alexandre, irmão da depoente. Antônio podia pegar leite no curral, embora não

fosse empregado da fazenda. Não sabe se ele aplicou veneno no dia em que passou mal. O irmão da depoente entregava os equipamentos de proteção a Antônio, mas não vigiava para verificar para saber se ele estava usando-os, imaginava que sim por serem obrigatórios (...) (fl. 425).

Dessa forma, diante da ausência de responsabilidade civil dos sócios e réus Maria Coutinho Frossard, Rogério Frossard, Flávio Frossard, Renato Coutinho Frossard, Roberto Coutinho Frossard, Sandra Frossard e Tereza Cristina Frossard, por ausência de conduta e participação no evento danoso narrado na petição inicial, a improcedência dos pedidos com relação aos mesmos é medida que se impõe.

Tendo em vista o princípio da causalidade, previsto no *caput* do artigo 20 do Código de Processo Civil, os autores arcarão com o pagamento dos honorários devidos aos advogados dos mencionados réus, no valor de R$ 800,00, que melhor se adéqua às regras do parágrafo 4º do mesmo dispositivo legal.

Quanto ao nexo de causalidade, a certidão de óbito de fl. 30, que goza de presunção *juris tantum* de veracidade, por força do disposto no artigo 364 do Código de Processo Civil, comprova que Antônio Dias de Souza faleceu em 03/10/1998, vítima de acidente vascular cerebral hemorrágico e intoxicação organofosforado, ou seja, por inseticidas agrícolas.

Os réus confessaram judicialmente o uso de defensivos agrícolas pela vítima. Ademais, as testemunhas ouvidas em Juízo, sob o crivo do contraditório, afirmaram que no mesmo dia em que Antônio Dias de Souza aplicou defensivos agrícolas na fazenda de propriedade dos réus faleceu vítima de intoxicação:

> (...) Antônio trabalhou com Tordon na fazenda para matar assa-peixe durante o dia, à noite adoeceu e não durou 24 h. Alexandre Frossard mandou Antônio aplicar Tordon. Antônio Trabalhou sozinho, numa baixada (...) O depoente já viu Alexandre dar máscara para Antônio usar durante a aplicação de Tordon, mas não luva ou avental ou outra roupa (...) A embalagem de Tordon indica que se trata de veneno, o depoente já viu, tem escrito 'Cuidado, veneno' (...) (fls. 429/430).

> (...) Antônio trabalhava na Fazenda Boleira, da família Frossard, fazia tudo quanto é serviço, como empreiteiro, não sabe há quanto tempo. Ele roçava pasto, fazia cerca, drenava água de pastagem, batia remédio a dia. Ganhava de acordo com o tempo trabalhado. Já viu Antônio bater remédio, umas três vezes ou mais, misturava o veneno com água, colocava numa bomba carregada nas costas e aplicava com um esguicho. O veneno é perigoso. (...) Não pode dizer se Antônio usava máscara, luva ou outros equipamentos de proteção porque o setor de trabalho do depoente era um e o dele era outro (...) no dia em que Antônio passou mal, ele trabalhou aplicando o Tordon (...) (fl. 431).

Portanto, uma vez demonstrado que Antônio Dias de Souza faleceu vítima de intoxicação pelo inseticida agrícola denominado 'Tordon', utilizado no mesmo dia em que trabalhou na fazenda de propriedade da primeira ré, por determinação do terceiro réu, tal fato basta para a comprovação do nexo de causalidade entre a atividade desenvolvida pelo trabalhador e a sua *causa mortis*.

Isso porque, conforme restou esclarecido anteriormente, o empregador, ao exigir dos seus empregados o uso de defensivos agrícolas, sabidamente tóxicos, assume o risco da sua atividade, restando caracterizada a responsabilidade objetiva, que independe de culpa, nos termos do artigo 927, parágrafo único, do Código Civil. Assim, o suposto fornecimento de equipamentos de segurança para a vítima não é suficiente para excluir a sua responsabilidade.

Registro, ainda, que a alegação de culpa exclusiva da vítima no evento danoso, com o objetivo de excluir o nexo de causalidade, não merece prosperar, uma vez que a causa mortis foi acidente vascular cerebral hemorrágico e intoxicação organofosforado, não guardando qualquer relação com eventual ingestão de bebida alcoólica.

Outrossim, a jurisprudência do c. Superior Tribunal de Justiça é firme no sentido de que o filho menor de idade, no caso a autora Fabiana Dias de Souza, faz jus a uma pensão mensal pela morte do genitor, no valor equivalente a 2/3 do salário mínimo, em razão da ausência de prova segura dos seus rendimentos mensais, a partir do evento danoso até a data em que completaria 25 anos de idade, sendo que, a partir daí, a pensão deverá ser reduzida para 1/3 do salário mínimo, até a idade provável da vítima, ou seja, 65 anos. Confira-se: AgRg no REsp 139280/TO.

Com relação à pensão mensal devida à esposa da vítima, Ana Rodrigues de Souza, impende esclarecer que, em se tratando de vítima pobre, há presunção de dependência econômica entre os cônjuges. A pensão deverá ser fixada em favor dos sucessores habilitados neste processo, por se tratar de direito patrimonial, no mesmo percentual de 1/3 do salário mínimo, a partir do evento danoso até a data do falecimento da beneficiária, fato este ocorrido no dia 08/02/2010, como se depreende da certidão de óbito de fl. 362.

A Constituição da República, em seu artigo 5º, V, assegura a indenização por danos morais aos que sofrerem, indevidamente, abalo moral. No entanto, por se tratar de algo imaterial ou ideal, a prova do dano moral não pode ser feita através dos meios utilizados para comprovação do dano material.

A esse respeito:

> Seria uma demasia, algo até impossível, exigir que a vítima comprove dor, a tristeza ou humilhação através de depoimentos, documentos ou perícia; não teria ela como demonstrar o descrédito, o repúdio ou o desprestígio através dos meios probatórios tradicionais, o que acabaria por ensejar o retorno da irreparabilidade do dano moral em razão de fatores instrumentais. (Sérgio Cavalieri Filho, in *Programa de Responsabilidade Civil*, 2. ed., Ed. Malheiros, p. 79).

Tratando-se de danos morais, não são exigíveis, portanto, provas cabais da dor e do sofrimento, uma vez que sua ocorrência não se comprova com os tradicionais meios de prova regulados pelo estatuto processual civil.

No presente caso, inquestionável que a morte do marido e pai dos autores, vítima de um grave acidente de trabalho, causado por intoxicação em decorrência do uso de defensivos agrícolas, sabidamente tóxicos, trouxe dor, sofrimento e, consequentemente, abalo moral aos entes queridos.

Lado outro, a reparação por dano moral se traduz em compensação pela ofensa causada à vítima, servindo de alento, amenizando a dor, o sofrimento e a humilhação, de forma efetiva, assim como em reprovação da conduta daquele que lesionou. Este é o caráter dúplice da reparação por danos morais: compensar a vítima e punir o agente agressor.

O binômio compensação/punição é utilizado para arbitrar o valor da reparação, observando-se, ainda, as condições sociais e econômicas das partes, a gravidade da ofensa e o grau de culpa daquele que lesionou. No caso, muito embora os autores sejam pobres, conforme restou apurado durante os depoimentos, a ofensa foi grave, levando a vítima a óbito. Caso é, portanto, de se fixar a reparação do dano moral em R$ 72.400,00, valor este que deverá ser partilhado igualmente entre os autores. Os sucessores da autora, Ana Rodrigues de Souza, receberão o valor da sua quota parte.

Em caso de indenização por dano moral, o termo inicial para a incidência da correção monetária é a data da prolação da decisão em que foi arbitrado o valor da indenização (Súmula 362 do c. STJ) e, por se tratar de responsabilidade extracontratual, os juros moratórios deverão fluir a partir do evento danoso (Súmula 54 do c. STJ).

Logo, restando comprovada a responsabilidade da primeira e do terceiro réus, que independe de culpa, por força da atividade de risco imposta aos seus trabalhadores, os danos materiais e morais sofridos pela esposa e filhos da vítima, assim como o nexo de causalidade entre um e outro, o dever de indenizar é medida que se impõe.

Face ao caráter alimentar da indenização, a primeira e o terceiro réus deverão constituir capital apto à garantia do cumprimento da obrigação imposta, nos termos do artigo 475-Q do Código de Processo Civil [NCPC, art. 533], independente da sua condição econômica.

Em observância ao princípio da causalidade, inserto no caput do artigo 20 do Código de Processo Civil [NCPC, art. 85], a primeira e o terceiro réus arcarão com o pagamento das custas processuais e dos honorários advocatícios, que deverão ser arbitrados em 10% sobre o valor da condenação, após a incidência de correção monetária e juros de mora, tendo em vista os requisitos do parágrafo 3º do mesmo dispositivo legal.

Ressalto, por oportuno, que, nos termos do enunciado da Súmula 326 do e. Superior Tribunal de Justiça, não se há falar em sucumbência quando o magistrado fixa o valor da indenização por danos morais em valor inferior àquele pleiteado".

Assim sendo, demonstrada a conduta do empregador que submete o empregado ao manejo de defensivos agrícolas sem os devidos cuidados, o dano caracterizado pelo óbito do empregado em decorrência da intoxicação e o nexo causal entre os dois primeiros elementos, demonstrada está a responsabilidade civil e o dever de indenizar.

Acerca do tema, salienta-se o seguinte julgado, proferido pelo Tribunal Superior do Trabalho:

> "Agravo de instrumento em recurso de revista. Responsabilidade civil do empregador. Danos morais causados ao empregado. Caracterização. A responsabilidade civil do empregador pela reparação decorrente de danos morais causados ao empregado pressupõe a existência de três requisitos, quais sejam: a conduta (culposa, em regra), o dano propriamente dito (violação aos atributos da personalidade) e o nexo causal entre esses dois elementos. O primeiro é a ação ou omissão de alguém que produz

consequências às quais o sistema jurídico reconhece relevância. É certo que esse agir de modo consciente é ainda caracterizado por ser contrário ao Direito, daí falar-se que, em princípio, a responsabilidade exige a presença da conduta culposa do agente, o que significa ação inicialmente de forma ilícita e que se distancia dos padrões socialmente adequados, muito embora possa haver o dever de ressarcimento dos danos, mesmo nos casos de conduta lícita. O segundo elemento é o dano que, nas palavras de Sérgio Cavalieri Filho, consiste na (...) subtração ou diminuição de um bem jurídico, qualquer que seja a sua natureza, quer se trate de um bem patrimonial, quer se trate de um bem integrante da própria personalidade da vítima, como a sua honra, a imagem, a liberdade etc. Em suma, dano é lesão de um bem jurídico, tanto patrimonial como moral, vindo daí a conhecida divisão do dano em patrimonial e moral. Finalmente, o último elemento é o nexo causal, a consequência que se afirma existir e a causa que a provocou; é o encadeamento dos acontecimentos derivados da ação humana e os efeitos por ela gerados. No caso, o quadro fático registrado pelo Tribunal Regional revela que o acidente constitui fato incontroverso, na medida em que o ato de o reclamante empurrar o armário de ferro fez com que o produto tóxico, inadequadamente armazenado, fosse derramado, ocorrendo a inalação causadora da lesão. Demonstrado o dano decorrente da conduta do empregador, dever ser mantido o acórdão regional que condenou a reclamada a indenizá-lo. Agravo de instrumento a que se nega provimento. Danos morais. Arbitramento. Princípio da reparação integral. Tutela da dignidade humana. Critérios a serem observados pelo julgador. Na perspectiva do novo cenário constitucional, que reconheceu como fundamento da República o princípio da dignidade humana (art. 1º, III, CF), e das novas tendências da responsabilidade civil, optou o legislador brasileiro pelo princípio da reparação integral como norte para a quantificação do dano a ser reparado. Tal consagração normativa encontra-se no caput do artigo 944 do Código Civil que prevê: A indenização mede-se pela extensão do dano. Essa regra decorre, também, da projeção do princípio constitucional da solidariedade (art. 3º, I, CF) em sede de responsabilidade civil e faz com que a preocupação central do ordenamento jurídico se desloque do ofensor para a vítima, sempre com o objetivo de lhe garantir a reparação mais próxima possível do dano por ela suportado. Gustavo Tepedino, Heloisa Helena Barboza e Maria Celina Bodin de Moraes ressaltam que entre os critérios enumerados pela doutrina e pelos tribunais para o arbitramento da indenização por dano moral, aparecem usualmente a gravidade da culpa e a capacidade econômica do ofensor. Tais critérios imprimem à indenização um caráter punitivo. Fosse o cálculo da indenização pautado exclusivamente pela extensão do dano, como impõe a regra do art. 944, é certo que a gravidade da culpa e a capacidade econômica do ofensor em nada poderiam alterar o *quantum* indenizatório. Como já observado, a extensão do dano é idêntica, seja ele causado por dolo ou culpa leve, por agente rico ou miserável. A indenização, portanto, tem por objetivo recompor o status quo do ofendido independentemente de qualquer juízo de valor acerca da conduta do autor da lesão. E, sendo assim, os critérios patrimonialistas calcados na condição pessoal da vítima, a fim de não provocar o seu enriquecimento injusto, e na capacidade econômica do ofensor, para servir de desestímulo à repetição da atitude lesiva, não devem ingressar no arbitramento da reparação. O que se há de reparar é o próprio dano em si e as repercussões dele decorrentes na esfera jurídica do ofendido. A finalidade da regra insculpida no mencionado artigo 944 do Código Civil é tão somente reparar/compensar a lesão causada em toda a sua extensão, seja ela material ou moral; limita, assim, os critérios a serem observados pelo julgador e distancia a responsabilidade civil da responsabilidade penal. Logo, em consonância com a atual sistemática da reparação civil, em sede de quantificação, deve o julgador observar os elementos atinentes às particulares características da vítima (aspectos existenciais, não econômicos) e à dimensão do dano para, então, compor a efetiva extensão dos prejuízos sofridos. E como dito desde o início, sempre norteado pelos princípios da reparação integral e da dignidade humana – epicentro da proteção constitucional. Em conflitos dessa espécie (ações de reparação por danos morais), as consequências das decisões judiciais vão muito além do debate entre as partes diretamente envolvidas. De maneira subjacente, identifica-se até mesmo um interesse da comunidade, a fim de que não permaneça o empregador no mesmo comportamento verdadeiramente depreciativo em relação ao valor da vida humana. Diante desse contexto, cabe mencionar a possibilidade de eventual deferimento de uma indenização outorgada em adição à reparação compensatória, quando desrespeitados valores de interesse de toda a coletividade. Em casos assim, a responsabilidade civil perderia a sua feição individualista e assumiria uma função social hábil a promover o controle ético das condutas praticadas. Na hipótese, o valor arbitrado à indenização (R$ 25.000,00) mostra-se adequado para reparar o dano decorrente da inalação de produto tóxico mal acondicionado. Agravo de instrumento a que se nega provimento" (AIRR 95-20.2013.5.08.0004, Rel. Min. Cláudio Mascarenhas Brandão, Data de Julgamento: 06.08.2014, 7ª Turma, Data de Publicação: *DEJT* 08.08.2014).

Por conseguinte, tem-se que o *quantum* indenizatório arbitrado em primeira instância mostra-se adequado ao presente caso, razão pela qual não se vislumbra hipótese de reforma da decisão primeva.

(...)
(...)
(...)

A propósito, iterativos são os arestos de nossos tribunais:

"A Constituição não exige que a decisão seja extensamente fundamentada. O que se exige é que o Juiz ou Tribunal dê as razões do seu convencimento" (STF – 2ª Turma, AI 162.089-8-DF, Rel. Min. Carlos Veloso – Apud Theotonio Negrão, *Código de Processo Civil e Legislação processual em vigor*, Saraiva, 28ª edição, pág. 339).

"Somente a sentença não motivada é nula; não a sentença com motivação sucinta ou deficiente. A motivação, que constitui preceito de ordem pública, é que põe a administração da Justiça a coberto de suspeita dos dois piores vícios que possam manchá-la: o arbítrio e a parcialidade" (Ac. un. da 1ª T. do STF, de, no RE 77.792, Rel. o Min. Rodrigues de Alckimin, j. em 15.10.1974).

Pelo exposto, nego provimento a ambos os recursos, mantendo inalterada a r. sentença hostilizada, por seus próprios e jurídicos fundamentos.

Custas recursais pelos apelantes.

Des. Otávio de Abreu Portes (revisor) – De acordo com o(a) Relator(a).

Des. Wagner Wilson Ferreira – De acordo com o(a) Relator(a).

Súmula: "Negaram provimento aos recursos".

12. ACIDENTE DO TRABALHO. MORTE. CONCORRÊNCIA DE CULPAS. DANO MORAL. LEGITIMAÇÃO

2º TACivSP – Apelação com Revisão n. 491.562-00/7
(*DJSP* 15.11.1997)

Comarca de São Paulo

Apelante: Vera Lúcia Scuti de Aquino.

(complemento) (Rec. Adesivo)

(Compl. do interessado) Beneficiários de:

Interes. Luiz Garcia de Aquino.

Apelado: Fundação Cásper Líbero.

Juiz Relator: Dyrceu Cintra.

Juiz Revisor: Laerte Sampaio.

3º Juiz: Antonio Maria.

Juiz Presidente: Pereira Calças.

Ementa: Ação de indenização por acidente do trabalho. Ato ilícito.

Acórdão

Vistos, relatados e discutidos estes autos, os juízes desta turma julgadora do Segundo Tribunal de Alçada Civil, de conformidade com o relatório e o voto do relator, que ficam fazendo parte integrante deste julgado, nesta data, deram provimento parcial ao recurso, por votação unânime.

Dyrceu Cintra, Juiz Relator.

Voto n. 1.214

Mulher e filho de operário falecido em acidente de trabalho fazem jus a indenização a ser paga pelo empregador se houve negligência deste quanto às condições de segurança e concorrência de culpa de outro empregado, que provocou a descarga elétrica fatal.

Ação de indenização por ato ilícito. Concorrência de culpa da vítima. Se a vítima concorre na culpa pelo acidente, a indenização deve ser reduzida à metade.

Ação de indenização por ato ilícito. Dano moral.

A dor moral experimentada por mulher e filho de operário falecido em acidente do trabalho é indenizável.

Trata-se de apelação interposta contra sentença que julgou improcedente ação de indenização fundada em ato ilícito, movida por viúva e filho menor de trabalhador falecido em acidente do trabalho, contra a empregadora deste.

Dizem os apelantes, autores, em suma, que a ação deveria ter sido julgada procedente porque: a ré não possuía serviço de segurança nem cumpria a legislação de segurança do trabalho; houve culpa de outro funcionário pelo evento danoso, que não tinha treinamento suficiente e agiu com imprudência e imperícia ao ligar a chave de segurança sem notar que expunha a risco de descarga elétrica o falecido; não havia manual do aparelho elétrico em português.

A apelação foi recebida e regularmente processada.

A apelada, em resposta, sustentou o acerto da sentença.

O Curador de Fundações opinou pelo improvimento do apelo, tal como o fez a douta Procuradora de Justiça.

É o relatório.

É fato que o marido e pai dos autores, Luiz Garcia de Aquino, faleceu em razão de acidente do trabalho, ao receber uma descarga elétrica quando verificava as condições de funcionamento de um transmissor da Rádio Gazeta, pertencente à Fundação Cásper Líbero.

Cogita-se que o evento ocorrido por culpa da empregadora, por negligência quanto às normas de segurança, ou por culpa de preposto, que teria determinado a morte do colega.

A análise da prova, no caso, é de molde à conclusão de que três foram as causas determinantes do evento, concorrentemente: negligência da empresa quanto às condições de segurança; imprudência da vítima; imprudência de seu colega de trabalho.

A NR10 prevê medidas de proteção coletivas e individuais para os trabalhadores que exerçam sua atividade em instalações elétricas. Em relação às primeiras, é de rigor a colocação de placas de aviso, inscrições de advertência, bandeirolas etc. (...) (10.3.2.8). Os próprios dispositivos de interrupção ou de comandos deveriam ser cobertos por avisos quando não puderem ser manobrados por questão de segurança em casos de manutenção (10.2.2.8.1). Por outro lado, é de rigor o fornecimento de equipamento individual de segurança, inclusive luvas (10.3.1.1.1).

Além da falta de equipamentos de proteção individual, não havia, no caso qualquer aviso estabelecendo a proibição de ser ligada a chave geral enquanto não estivesse fechada a segunda porta do aparelho. Essa falta expressa de indicação do perigo foi causa concorrente para o evento, juntamente com a manifesta imprudência da vítima e do seu colega de trabalho.

Tanto a vítima como a testemunha José da Silva Ramos Filho, embora tivessem conhecimento, pela prática, do perigo de lesão decorrente de fazer o aparelho funcionar com a porta aberta, não estavam suficientemente alertados para que era proibido agir da forma como o fizeram.

Ramos afirmou em juízo que não era subordinado da vítima. Ambos eram encarregados da manutenção, o primeiro do transmissor de televisão e o segundo do transmissor do rádio.

A perícia e a prova oral colhida revelam que foi o falecido quem decidiu observar o aparelho em funcionamento, desnecessariamente.

A correção de eventual problema poderia ser feita, segundo as especificações constantes do manual, por calibragem empírica, estando o equipamento desligado, como observou o assistente técnico da ré (fls. 454).

Mas o falecido entrou no aparelho, para vê-lo em processo de reativação e, para tanto inibiu um bloqueio de segurança localizado à porta, irregularmente.

Ramos acionou o aparelho, expondo-o à descarga elétrica.

É o que emerge do testemunho deste (fls. 483/484), confirmado, no básico, pelo depoimento de engenheiro eletrônico Aníbal Horta de Figueiredo, responsável pela manutenção da parte técnica da ré (fls. 481/482).

A falta de avisos de proibição daquela conduta estimulou o comportamento inseguro. Ramos devia ter-se recusado a colaborar com a vítima, naquela situação, mas não o fez.

A responsabilidade da empregadora, assim, decorre tanto da culpa própria quanto da culpa do preposto, nos termos da Súmula n. 341 do Supremo Tribunal Federal.

Mas a indenização deve ser reduzida à metade pela concorrência da culpa do falecido.

Resta arbitrá-la.

Os danos materiais devem ser indenizados mediante pensão mensal.

Esta tem sido fixada, em regra, em 2/3 do salário do falecido, em face da presunção de 1/3 daquele corresponderia aos gastos próprios.

Reduzida à metade, pela concorrência de culpa, chega-se a 1/3 do salário.

O obreiro ganhava mensalmente NCz$8.832,22, correspondentes a 15,85 salários mínimos à época do acidente, o que hoje, bem feitas as contas, equivale a R$ 1.920,00.

A pensão mensal deverá ser, pois, de R$ 640,00, na data deste julgamento, e será devida a partir do dia seguinte ao fato e até aquele em que o falecido completaria 70 anos, em relação à metade que cabe à mulher. A metade cabente ao menor, será a ele paga até que alcance 25 anos, acrescendo-se depois à parte da mãe.

O dano moral também é indenizável, cumulativamente com o dano material, de conformidade com a Súmula n. 37 do Superior Tribunal de Justiça.

Sob a Constituição anterior, o Supremo Tribunal já assentara, com base no art. 159 do Código Civil [de 1916] [atual, art. 186], ser indenizável o dano moral, em hipóteses dolorosas (RE n. 109.233, *RTJ* 119/433; RE n. 105.157, *RTJ* 115/1.383).

Segundo consta de voto do eminente Ministro Oscar Correia:

> "Não se trata de *pecunia doloris* ou *pretium doloris*, que não se pode avaliar e pagar, mas satisfação de ordem moral, que não ressarci prejuízos e danos e abalos e tribulações irressarcíveis, mas representa a consagração e o reconhecimento, pelo direito, do valor e importância desse bem, que se deve proteger tanto quanto, senão mais do que bens materiais e interesses que a lei protege" (RE n. 97.097, *RTJ* 108/194).

A Constituição da República, hoje, é expressa quanto à indenizabilidade da lesão moral (art. 5º, X), esteja ou não associada a dano ao patrimônio físico (TJSP ApCív. n. 170.376-1, Rel. Cezar Peluso, *JTJ* 142/93).

No dizer de Maria Helena Diniz, a reparação em dinheiro, nesse caso, viria neutralizar os sentimentos negativos de mágoa, dor, tristeza e angústia, pela superveniência de sensações positivas de alegria ou satisfação, pois possibilitaria ao ofendido algum prazer que, em certa medida, poderia atenuar seu sofrimento (Indenização por dano moral, *Revista Consulex*, ano I, n. 3, março de 1997, p. 29).

A perda de familiar próximo, como um pai e um marido, tem sido considerada pela jurisprudência como um fato do qual emerge dano moral.

O sentimento de tristeza em que os autores foram lançados justifica a reparação.

Trata-se de uma dor presumida absolutamente (Embargos Infringentes n. 202.702-1, publicado na *JTJ* 169/252).

Resta fixar a indenização.

A este propósito, nota o desembargador Cezar Peluso, em julgamento publicado na *JTJ* 142/93, que:

> "A indenização é por inteiro, posto que não predefinida. Se não os dispõe a lei, não há critérios objetivos para cálculo da reparação pecuniária do dano moral, que, por definição, nada tem com as repercussões econômicas do ilícito. A indenização é, pois, arbitrável (art. 1.553 do CC [de 1916]) [atual, art. 946] e, como já acentuou formoso aresto desta Câmara, *tem outro sentido, como anotado por Windscheid, acatando opinião de Wachter: compensar a sensação de dor da vítima com uma sensação agradável em contrário (nota 31 ao § 455 das* Pandette, *trad. Fada e Bensa). Assim, tal paga em dinheiro deve representar para a vítima uma satisfação, igualmente moral, ou, que seja, psicológica, capaz de neutralizar ou anestesiar em alguma parte o sofrimento impingido... A eficácia da contrapartida pecuniária está na aptidão para proporcionar tal satisfação em justa medida, de modo que tampouco signifique um enriquecimento sem causa da vítima, mas está também em produzir no causador do mal impacto bastante para dissuadi-lo de igual e novo atentado. Trata-se, então de uma estimação prudencial* (Apelação n. 113.190-1, Relator Desembargador Walter Moraes)".

Está claro que não existe equivalente da dor em dinheiro. Persegue-se, como já dito, uma compensação de ordem material suficiente para que o lesado obtenha uma certa tranquilidade, algum prazer, que permita atenuar a sua tristeza (Tereza Ancona Lopes de Magalhães, *O dano estético*, RT, 1980, p. 75; Maria Helena Diniz, artigo citado).

Como observa Caio Mário da Silva Pereira, a reparação não pode ser fonte de enriquecimento. Mas não pode também ser irrisória ou simbólica (*Responsabilidade civil*, Forense, 1989, p. 67). Deve ser justa e digna para os fins a que se destina.

No arbitramento por equidade, a jurisprudência desta Câmara tem utilizado os parâmetros do Código Brasileiro das Telecomunicações (Lei n. 4.117/1962), que prevê indenizações entre cinco e cem salários mínimos para os casos de injúria e calúnia pela imprensa.

Como a morte causa dor que em muito supera qualquer ofensa à honra, duplica-se o máximo previsto naquele diploma e arbitra-se R$ 24.000,00, equivalentes a 200 (duzentos) salários mínimos, a indenização, a ser paga de uma só vez, já considerada em tal *quantum* a diminuição pela culpa concorrente do falecido.

Posto isto, dá-se parcial provimento à apelação para: a) condenar a ré a pagar aos autores uma pensão mensal no valor de R$ 640,00, a partir do dia seguinte do acidente e até o dia em que o falecido completaria 70 anos (13.03.2025), acrescendo-se à parte da mulher a metade da pensão que cabe ao menor quando este completar 25 anos; b) condenar a ré a pagar, pelo dano moral, indenização de R$ 24.000,00, correspondentes a 200 salários mínimos; c) determinar que a atualização da pensão se faça segundo a aplicação dos índices do INPC do IBGE toda vez que for reajustado o salário mínimo; d) determinar seja constituído capital para o cumprimento da prestação mensal, nos termos do art. 602 do Código de Processo Civil [NCPC, art. 533]; e) determinar a contagem de juros moratórios a partir das datas em que deveriam ter sido pagas cada uma das prestações; f) condenar a ré a pagar honorários advocatícios de 10% da soma das prestações vencidas até a data deste julgamento, inclusive a indenização por dano moral, com juros e correção, bem como as custas e os salários do perito, arbitrados em R$ 2.000,00.

Dyrceu Cintra, Juiz Relator.

13. PROTESTO CAMBIÁRIO. DANO MORAL. ARBITRAMENTO

I – TAMG – Apelação Cível n. 249.991-8 (*DJMG* 06.03.1998)

Comarca de Belo Horizonte

Ementa: Ação declaratória. Nota promissória. Emissão pro solvendo. Vinculação a contrato. Compra e venda. Imóvel. Protesto indevido. Dano moral.

A nota promissória emitida em caráter pro solvendo, vinculada a contrato de compra e venda de imóvel, não perde a característica de título de crédito autônomo; porém, a exigência do pagamento está subordinada às condições do contrato que ensejou a emissão da cambial.

Em virtude de a construtora não ter cumprido a sua parte no ajuste e liberado, no prazo combinado, a hipoteca que recaía sobre o apartamento, é defeso à empresa de *factoring* cessionária do título, postular o adimplemento da nota promissória, especialmente quando tem ciência de que o título adquirido estava vinculado ao referido contrato de compra e venda de imóvel.

O encaminhamento a protesto de nota promissória emitida pro solvendo, que a ré sabe estar vinculada a contrato de compra e venda de imóvel, acarreta a obrigação de reparar o dano moral, uma vez que é pacífico o entendimento de que o apontamento provoca abalo de crédito e lesão à imagem do devedor, posto que impinge a este a pecha de "mau pagador".

Acórdão

Vistos, relatados e discutidos estes autos de Apelação Cível n. 249.991-8 (em conexão com a ApCív. n. 249.990-1) da Comarca de Belo Horizonte, sendo Apelante(s): BVS Fomento Comercial Ltda., Apelante adesivo: Flávio Ribeiro Ferreira e Apelado(a)(os) (as): Os mesmos.

Acorda, em Turma, a Segunda Câmara Cível do Tribunal de Alçada do Estado de Minas Gerais, negar provimento ao recurso principal e dar parcial provimento ao adesivo.

Presidiu o julgamento o Juiz Lucas Sávio e dele participaram os Juízes Almeida Melo (Relator), Edivaldo George (Revisor) e Caetano Levi Lopes (Vogal).

O voto proferido pelo Juiz Relator foi acompanhado na íntegra pelos demais componentes da Turma Julgadora.

Voto

O Sr. Juiz Almeida Melo:
Conheço dos recursos, porque tempestivos e preparados.

A decisão de 1ª Instância julgou procedente, em parte, o pedido inicial da ação ordinária ajuizada pelo recorrente adesivo.

A apelante principal argumenta que adquiriu as notas promissórias vinculadas ao contrato de compra e venda de imóvel mencionado na decisão de 1ª Instância. Diz que pode negociar os títulos da maneira que melhor lhe convier e exigir seu pagamento, na forma da lei. Sustenta que a sua atividade é desconto de títulos de crédito e que o apelado procurou se escusar do cumprimento de suas obrigações com o ajuizamento da presente ação de cancelamento de protesto cumulada com dano moral. Diz que não tem qualquer relação com o ajuste firmado pelo apelado e construtora Marialva Empreendimentos Ltda., tendo apenas descontado os títulos de crédito por serem livremente circuláveis e endossáveis. Aduz que o apelado foi comunicado da cessão feita, sendo defeso ao recorrido resolver pelo cancelamento do protesto para se esquivar de efetuar o pagamento. Sustenta que o apelado não pode se valer do disposto no art. 1.092, do Código Civil [de 1916] [atual, art. 476], uma vez que está inadimplente. Argumenta que, para que um título de crédito vinculado a um contrato perca a sua autonomia, é necessário que se insira no verso que se trata de título vinculado a contrato, que tenha sido entregue em caráter *pro solvendo*, para que a sua negociação esteja sujeita à aquiescência do emitente, pois, caso contrário, o endossatário será terceiro de boa-fé porque o título não terá sinal aparente de vinculações a contrato.

A recorrente tinha ciência de que o título executado estava vinculado a contrato de promessa de compra e venda de imóvel, porque assim constava do instrumento particular de cessão de crédito cuja cópia se encontra às fls. 12/24-TA-apenso, firmado com a Marialva Construtora Ltda.

A cláusula 3.2 do contrato celebrado entre o recorrido e a Marialva Construtora Ltda. (fls. 09-TA) dispõe que as parcelas em que se divide o preço são representadas por notas promissórias, emitidas pelo apelado e revestidas do caráter *pro solvendo* do preço, estando vinculadas ao contrato para todos os efeitos (*sic*).

Como a obrigação do vendedor é transmitir o domínio ao comprador, não se pode considerar o contrato de compra e venda como perfeitamente cumprido na hipótese de a vendedora não liberar, da forma como se obrigou, a propriedade que pretende transferir do ônus real que recai sobre o apartamento.

Afeta a força cambiária do título vinculado ao contrato a condição imposta pelo ajuste à sua exigibilidade. Se a construtora não liberou o imóvel do ônus que sobre ele recai, não pode exigir o pagamento da nota promissória, pois, tendo sido a nota promissória destinada ao pagamento do contrato de compra e venda, o fato de a empresa vendedora não ter cumprido a sua parte no ajuste e liberado a hipoteca do apartamento, no prazo combinado, retira a exequibilidade da cambial, nos termos do art. 1.092 do Código Civil [de 1916] [atual, art. 476].

Portanto, como o título foi emitido *pro solvendo*, não pode a cessionária exigir o seu pagamento, pois, se a endossante não tem como postular o pagamento do título, não se há de falar que a endossatária teria um direito superior ao daquela e poderia exigir o adimplemento da cambial. A construtora não pode ceder direito que não possui para o recorrente.

O recurso adesivo pede a reforma de parte da sentença para que seja deferido o pedido de pagamento de danos morais requerido na petição inicial. Sustenta o recorrente adesivo que a apelante usou do protesto do título para denegrir a sua imagem. Afirma que as provas levadas aos autos demonstram que as notas promissórias negociadas estavam vinculadas a um contrato de financiamento, que o endossante se encontrava em processo de concordata, bem como que a obrigação assumida pela endossante para com o emitente não foi satisfeita. Aduz que a recorrente tinha ciência desses fatos antes de encaminhar o título para o oficial de protestos, uma vez que foi citada para responder ação cautelar que tramitou perante o foro de Sete Lagoas.

Como demonstrei ao apreciar o recurso principal, a apelante tinha ciência de que a nota promissória executada estava vinculada a contrato de compra e venda de imóvel, uma vez que adquiriu o título mediante cessão de direitos firmada com a construtora cedente da cambial. Portanto, a alegação de que o contrato celebrado pelo recorrido não atinge a executoriedade da nota promissória não lhe aproveita.

Tendo adquirido a propriedade do título e o encaminhado a protesto, mesmo sabendo que se tratava de nota promissória emitida em caráter *pro solvendo*, que não podia ser exigida em virtude de a construtora não ter cumprido o que se obrigou no contrato, a recorrente principal responde pelas consequências dos seus atos, uma vez que é pacífico o entendimento de que o apontamento provoca abalo de crédito e lesão à imagem do devedor, posto que impinge a este a pecha de "mau pagador".

O egrégio Primeiro Tribunal de Alçada Civil de São Paulo, no julgamento da Apelação Cível n. 592.208-7/001, da Comarca de Santos, realizado pela 3ª Câmara Cível, em 11 de junho de 1996, Relator o Juiz Luiz Antônio de Godoy, decidiu que levar o título não devido a protesto afronta induvidosamente a honra do suposto sacado, sendo procedente o pedido de reparação de dano moral.

O colendo Tribunal de Alçada do Rio Grande do Sul, no julgamento da Apelação Cível n. 189.000.326, da Comarca de Porto Alegre, realizado em 1º de junho de 1989 pela 2ª Câmara Cível, Relator o Juiz Clarindo Favretto, decidiu que a molestação, o incômodo e o vexame social, decorrentes de protesto cambial indevido ou pelo registro do nome da pessoa no "SPC", constituem causa eficiente que determina a obrigação de indenizar por dano moral, quando não representam efetivo dano material.

O renomado civilista Caio Mário da Silva Pereira ensina que, na reparação do dano moral, estão conjugados dois motivos ou duas concausas: I) punição ao infrator pelo fato de haver ofendido um bem jurídico da vítima, posto que imaterial; II) pôr nas mãos do ofendido uma soma que não é o *pretium doloris*, porém o meio de lhe oferecer a oportunidade de conseguir uma satisfação de qualquer espécie, seja de ordem intelectual ou moral, seja mesmo de cunho material, o que pode ser obtido "no fato" de saber que esta soma em dinheiro pode amenizar a amargura da ofensa e de qualquer maneira o desejo de vingança. Conclui o civilista afirmando que:

> "Na ausência de um padrão ou de uma contra prestação, que dê o correspectivo da mágoa, o que prevalece é o critério de atribuir ao juiz o arbitramento da indenização" (*Da responsabilidade civil*, 5ª ed., revista e atualizada, Forense, Rio de Janeiro, 1994, p. 317-318).

O pedido do pagamento de uma indenização correspondente a cem vezes o valor do título executado é abusivo. Para fixar o *quantum* devido a título de dano moral, o juiz deve considerar as condições das partes, a gravidade da lesão, sua repercussão e as circunstâncias fáticas, não podendo olvidar a repercussão na esfera do lesado e o potencial econômico-social da lesante.

No caso, a nota promissória é do valor de R$ 13.000,00 (treze mil reais). Em termos de realidade brasileira, embora o protesto seja um incômodo grave, ele, dentro da experiência de advogado que teve, pelo menos nos últimos anos, ele não tem aquela consequência danosa de estrangular a situação econômica da pessoa que é molestada.

Houve fase, inclusive, da economia brasileira, em que o protesto era até admitido como forma de se protelar a dívida, tendo em vista ser até vantagem o alongamento unilateral em função da ciranda financeira.

De qualquer modo, com isso, não quero, de forma alguma, legitimar nem assimilar a abusividade do protesto. Como qualquer constrangimento ilegal ou qualquer coação, deve ser contundente e veementemente repelida pelo Judiciário. Mas, para arbitrar a indenização pelo dano moral, pode às vezes, a indenização, ser maior, como, por uma hipótese, num caso recente que examinei: o protesto estava a afastar, de uma licitação, uma empresa, e este afastamento tinha, portanto, consequências violentas, um perigo muito forte na própria estabilidade dos negócios, no planejamento daquela empresa. O método que usei para afastar estas consequências foi o de eliminar, pelo menos em caráter preventivo e, como Relator na 2ª Instância, usando da faculdade que é prevista pelo art. 800, do "Código de Processo Civil" [NCPC, art. 299], dei o chamado efeito suspensivo e repercutivo ao recurso, segundo o poder cautelar que, como relator, eu tinha. Por isso o Judiciário entrou, oportunamente, a requerimento, evidentemente para afastar a consequência desse protesto.

No presente caso, certamente, há o incômodo, há o ato danoso que infringe os direitos de conteúdo e material da vítima do protesto e, em se tratando o recorrente adesivo de empresário e apelante principal de empresa de *factoring*, contra qual não se provou a idoneidade financeira, no meu modo de entender, o valor de duzentos salários mínimos, quantia máxima prevista na Lei de Imprensa, que adoto por imitação, é adequado para ressarcir o prejuízo do recorrente adesivo.

Devo mencionar que este *quantum* da Lei de Imprensa é a dobra da indenização devida por pessoa física, ou seja, a indenização pelo abuso do jornal, do meio de comunicação quando o lesante é pessoa jurídica. E imagino que, no caso de protesto, a gravidade da lesão que dissemina o protesto através das certidões é semelhante àquela que existe na grande circulação dos instrumentos de comunicação social.

Apenas quero mencionar que, infelizmente, estamos diante de parâmetros defasados na realidade brasileira, porque o salário mínimo realmente tem um poder aquisitivo muito inferior à sua finalidade constitucional.

De qualquer modo, defasado o salário mínimo e defasados os critérios legais de indenização da Lei de Imprensa, tenho que me limitar para exercer a equidade dentro dos limites toleráveis pela lei.

Nego provimento à apelação principal e dou provimento parcial ao recurso adesivo, para condenar a recorrente a pagar uma indenização a título de dano moral para o apelante adesivo, que fixo em duzentos salários mínimos, além das custas processuais e dos honorários de advogado de 20% sobre o valor da condenação.

Almeida Melo, Juiz Relator.

II – STJ – Recurso Especial n. 1.105.012/RS (DJe 06.12.2013)

Relator: Ministro Marco Buzzi.

Recorrente: Guilherme Liska Augustin.

Advogado: Bento Caubi Martins e outro(s).

Recorrido: Caixa Econômica Federal – CEF.

Advogado: Rochelle Reveilleau Rodrigues e outro(s).

Recorrido: Implemaster Indústria de Equipamentos Agrícolas Ltda.

Advogado: sem representação nos autos.

Ementa: Recurso especial. Ação declaratória de inexistência de débito e nulidade de duplicatas com cancelamento de protestos, cumulada com indenização por dano moral. Emissão de duplicatas sem a correlata causa debendi. Transmissão por endosso translativo à casa bancária. Protesto e inscrição em cadastros de inadimplentes. Instâncias ordinárias que julgaram a demanda parcialmente procedente, para declarar a inexistência de relação negocial havida entre o autor (sacado) e a emitente, condenando-a ao pagamento de danos morais, e mantendo-se hígido o endosso translativo e o protesto das duplicatas. Recurso especial provido para reconhecer a responsabilidade civil da casa bancária pelo protesto de duplicata sem causa debendi e desprovida de aceite. Insurgência do demandante.

Hipótese em que se pretende a declaração de inexistência de débito, a nulidade de duplicatas emitidas sem causa, bem como a condenação da emitente/endossante e da instituição financeira endossatária, pelos danos morais suportados, decorrentes do protesto dos títulos e a inscrição do nome do sacado nos órgãos de proteção ao crédito.

Ação julgada parcialmente procedente pelas instâncias ordinárias, para declarar a inexistência de relação negocial entre sacado e emitente, condenando-a ao pagamento de danos morais, e, em relação à casa bancária, manteve-se hígido o endosso e o protesto das duplicatas levadas a efeito.

1. Violação aos artigos 165 e 535 do CPC [NCPC, arts. 11 e 1.022] não configurada. Corte regional que de modo claro e fundamentado analisou todos os aspectos essenciais ao correto julgamento da demanda.

2. Impossibilidade de desvinculação dos títulos de crédito causais da relação jurídica subjacente, ante a mitigação da teoria da abstração. Reconhecimento da responsabilização civil da endossatária, que apresenta a protesto duplicatas mercantis desprovidas de aceite e de *causa debendi.*

3. A duplicata é título de crédito causal, vinculado a operações de compra e venda de mercadorias ou de prestação de serviços, não possuindo a circulação da cártula, via endosso translativo, o condão de desvincula-la da relação jurídica subjacente. Tribunal a quo que expressamente consignou a inexistência de causa debendi a corroborar a emissão dos títulos de crédito.

4. Aplicação do direito à espécie, porquanto é entendimento desta Corte Superior, assentado em julgamento de recurso repetitivo, ser devida a indenização por danos morais pelo endossatário na hipótese em que, recebida a duplicata mercantil por endosso translativo, efetua o seu protesto mesmo inexistindo contrato de venda mercantil ou de prestação de serviços subjacente ao título de crédito, tampouco aceite. A ausência de lastro à emissão da duplicata torna o protesto indevido. Precedentes.

5. Recurso especial provido.

Acórdão

Vistos, relatados e discutidos os autos em que são partes as acima indicadas, acordam os Ministros da Quarta Turma do Superior Tribunal de Justiça, por unanimidade, dar provimento ao recurso especial, nos termos do voto do Sr. Ministro Relator.

Os Srs. Ministros Luis Felipe Salomão, Raul Araújo (Presidente) e Maria Isabel Gallotti votaram com o Sr. Ministro Relator. Impedido o Sr. Ministro Antonio Carlos Ferreira.

Brasília (DF), 22 de outubro de 2013 (data do julgamento).

Voto

O Sr. Ministro Marco Buzzi (relator):

O recurso merece provimento.

1. Primeiramente, quanto à apontada violação dos artigos 165 e 535 do CPC [NCPC, arts. 11 e 1.022], não assiste razão ao insurgente, porquanto clara e suficiente a fundamentação adotada pelo Tribunal de origem para o deslinde da controvérsia, revelando-se desnecessário ao magistrado rebater cada um dos argumentos declinados pela parte.

Nesse sentido: AgRg no Ag 1.402.701/RS, Rel. Ministro Luis Felipe Salomão, Quarta Turma, julgado em 01.09.2011, *DJe* 06.09.2011; REsp 1.264.044/RS, Rel. Ministro Mauro Campbell Marques, Segunda Turma, julgado em 01.09.2011, *DJe* 08.09.2011.

2. Passada a preliminar, as principais questões a serem analisadas por esta Corte Superior, dizem respeito: a) à impossibilidade de desvinculação dos títulos de crédito causais da relação jurídica subjacente, ante a adequada mitigação da teoria da abstração; e, b) à responsabilização civil da endossatária, que apresenta a protesto duplicatas mercantis desprovidas de *causa debendi*.

A duplicata mercantil, espécie de título de crédito de criação genuinamente brasileira, está regulada pela Lei nº 5.474 de 18.07.1968 e se constitui a partir de uma negociação mercantil de compra e venda (art. 1º) ou de prestação de serviço (art. 20), que somente pode ser sacada após a emissão de uma fatura de venda ou de serviço prestado, com vistas a representar a consolidação do crédito.

Tomando como base os artigos 1º e 2º da referida legislação, verifica-se que o legislador somente autorizou o saque da duplicata após a emissão da fatura, ou seja, após o estabelecimento da relação jurídica base de efetiva compra e venda ou de real prestação de serviços.

Assim, irrefutável que *a duplicata é um título de crédito causal vinculado a operações de compra e venda de mercadorias ou de prestação de serviços* – inexistindo uma dessas causas, sua emissão é proibida, porquanto tem por finalidade primordial assegurar a eficaz satisfação do direito de crédito detido pelo emitente contra o devedor nestas operações.

Nessa linha de princípio, a vinculação da duplicata à relação jurídica subjacente não viola o conceito clássico de título de crédito estipulado por Cesare Vivante, que asseverava tratar-se de documento necessário para o exercício do direito, literal e autônomo, nele mencionado, porquanto tal conceito é praticamente reproduzido pelo artigo 887, do Código Civil [atual, art. 255], que, no entanto, eleva a produção de efeitos somente quando preencher os requisitos previstos em lei.

> "Art. 887 do Código Civil: O título de crédito, documento necessário ao exercício do direito literal e autônomo nele contido, somente produz efeito quando preencha os requisitos da lei".

A subordinação da duplicata à relação jurídica base tampouco infringe os princípios dos títulos de crédito (cartularidade, literalidade, autonomia, abstração e independência), haja vista que estes consubstanciam normas gerais com alto grau de abstração que podem, em virtude disso, ser cumpridas em diferentes patamares. Assim, quando houver um conflito destes princípios com outros, como por exemplo o da boa-fé, a solução do conflito não afastará a validade do princípio não aplicado.

Especificamente no que alude ao princípio da autonomia das obrigações, em regra, os vícios em relações existentes entre as partes anteriores não afetariam o direito do possuidor atual, porquanto cada obrigação que deriva do título é autônoma, ou seja, não poderia uma das partes do título invocar em seu favor fatos ligados aos obrigados anteriores.

Entretanto, tal princípio não possui aplicação absoluta no tocante à duplicata, uma vez que, por ser título causal, está indissociavelmente ligada à relação que lhe deu origem – *causa debendi* – vinculada à compra e venda ou à prestação de serviços subjacente.

Pontes de Miranda afirma que a "duplicata mercantil é o título cambiariforme, em que o criador do título assume por promessa indireta (isto é, de ato-fato alheio, que é pagar), vinculação indireta". Destaca, também, a natureza cambiariforme do título pela ausência de abstração na criação do mesmo, isto é, a duplicata não é propriamente um título cambiário em sua essência, mas assume a forma de tais títulos, sofrendo a incidência dos princípios de direito cambiário (PONTES DE MIRANDA, Francisco Cavalcanti. *Tratado de direito cambiário*. Campinas: Bookseller, 2000, v. 3, p. 33).

Nessa ordem de ideias, na presente hipótese, o Tribunal de origem, com amparo nos elementos de convicção dos autos, expressamente consignou a *inexistência de causa debendi a corroborar a emissão dos títulos de crédito*.

Confira-se trecho elucidativo do acórdão objurgado:

> "(...)
> Com efeito, *conforme se verifica nas cópias das cártulas encartadas às fls. 92 e 95, os títulos não contêm assinatura do autor que pudesse caracterizar o reconhecimento da exatidão e obrigação de pagar a duplicata, como preceitua o art. 2º, § 1º, VIII, da Lei nº 5.474/68*. (...)
> No entanto, em que pese o autor seja agricultor e a empresa ré sacadora do título realize a venda de produtos e implementos agrícolas, *não há nos autos qualquer elemento que*

demonstre efetivamente a existência de causa para a emissão das duplicatas, o que deveria ter sido feito através de apresentação do contrato subjacente, de nota fiscal de venda de mercadorias ou prestação de serviços, ou de documento comprobatório da entrega e recebimento de mercadorias, ônus que cabia à empresa ré Implemaster, sacadora do título. (...) Como visto, tal empresa emitiu duas duplicatas contra o autor sem relação jurídica negocial, ou seja, sem causa originária, e, aproveitando-se do contrato de descontos firmado com a CEF, realizou a transferência das mesmas mediante endosso e permitiu que a instituição financeira as levasse a protesto por falta de pagamento e incluísse o registro no SERASA. (...)" (grifos nossos).

Importante frisar que a afirmação segundo a qual os títulos foram sacados indevidamente não decorreu da singela aplicação da presunção de veracidade dos fatos alegados pelo autor, em razão do decreto de revelia da corré Implemaster. Ao contrário, as instâncias ordinárias analisaram detidamente as provas constantes nos autos e as cártulas apresentadas, para declarar a ausência de relação jurídica base a corroborar a emissão das duplicatas.

Entretanto, inadvertidamente, tal constatação foi aplicada apenas à empresa agrícola, tendo a Corte de origem asseverado que *o autor haveria de ser considerado devedor e único responsável pelo pagamento dos valores constantes das duplicatas – emitidas, ressalte-se, sem qualquer lastro ou vinculação jurídica base –, uma vez que, por serem estas títulos de crédito passíveis de circulação, desatrelam-se da causa originária em face do efeito da abstração cambial, ainda que desprovidas de aceite.*

Sobre o ponto, depreende-se do acórdão recorrido o seguinte:

"Nada obstante, a conclusão da ausência de prova do negócio subjacente não significa necessariamente que não exista a dívida representada nas duplicatas, haja vista o endosso que nelas se lançou, de modo que os pedidos de nulidade e cancelamento dos protestos dependem da aferição dos efeitos jurídicos dessa transmissão.

Conforme já referido anteriormente, as duplicatas foram formalmente emitidas pela empresa ré acima referida, nº de fatura e ordem 1004199, nos valores de R$ 8.300,00 (fl. 92) e R$ 12.500,00 (fl. 95) e endossadas à CEF, mediante contrato de operação de desconto (fls.83-95).

Conquanto causal, a duplicata é um título à ordem, uma vez que transmissível mediante endosso (...)

Através dele, o credor pode, unilateralmente, negociar o crédito representado pela duplicata mediante a transferência do título e dos direitos dela emergentes (art. 14 do Decreto nº 57.663/66), de modo que o endossante (no caso, a empresa ré Implemaster) deixa de ser credor da obrigação, posição jurídica que passa a ser ocupada pelo endossatário (no caso, a CEF).

Além disso, o endosso traz em si o efeito da abstração, ou seja, o endossatário recebe o título desvinculado do negócio subjacente (tenha este existido ou não), só perdendo essa condição se desvestido de boa-fé, dada a regra da inoponibilidade das exceções estatuída no art. 17 do Decreto nº 57.663/66 (aplicável por força do art. 25 da Lei nº 5.474/68).

Com isso, uma vez posta em circulação comercial (finalidade para a qual a duplicata é emitida – art. 20 da Lei nº 5.474/68), a causa originária – compra e venda ou prestação de serviços – desatrela-se do título em face do efeito da abstração dos títulos de crédito advindo do endosso.

Assim, mesmo inexistindo o pressuposto de fato da emissão das duplicatas, tal discussão não pode ser realizada contra o endossatário que recebeu o título de boa-fé, em favor do qual é válida e eficaz, podendo gozar da plenitude dos direitos que do título emergem, do mesmo modo que teria se o título apresentasse a causa fática. (...)

Desse modo, a ausência de comprovação da relação jurídica mercantil entre o autor (sacado) e a empresa ré Implemaster (sacadora) não prejudica a CEF – endossatária que recebeu as duplicatas formalmente válidas mediante contrato de desconto de duplicatas –, instituição financeira contra a qual as exceções causais existentes não são oponíveis.

Sendo o endosso ato jurídico válido e suficiente, descabe exigir do endossatário o controle da legitimidade da causa debendi das duplicatas, pois, conforme já salientado, com a circulação a causa desvincula-se dos títulos.

Portanto, não há lastro para a anulação das duplicatas, bem como à declaração de inexistência das dívidas cambiárias nelas representadas.

Consequentemente, uma vez que não foram pagas pelo sacado nos respectivos vencimentos, abriu-se ensejo para que fossem levadas a protesto por falta de pagamento, como previsto no art. 13 da Lei nº 5.474/68, sob pena de perder o direito de regresso contra o endossante (§ 4) e não satisfazer o requisito específico da alínea 'a' do inciso Ido art. 15 para a cobrança judicial".

Efetivamente, o singelo fundamento de que, em razão do endosso translativo, os requisitos essenciais à perfectibilização do título estariam superados, dando azo ao protesto e à inoponibilidade das exceções, é inaplicável à espécie.

No ponto, ressalte-se que *o aceite da duplicata constitui regra*, haja vista ser ordem de pagamento emitida contra o devedor, razão pela qual, sobre este ato, determina o artigo 6º da Lei das Duplicatas que a remessa da cártula pode ser feita diretamente pelo vendedor ou por seus representantes incumbidos no dever de apresentá-la ao comprador na praça ou no lugar de seu estabelecimento.

Assim, nos termos da jurisprudência do STJ, *a duplicata sem aceite, desde que devidamente protestada e acompanhada dos comprovantes de entrega das mercadorias ou da prestação dos serviços*, constitui documento hábil a embasar eventual execução. Nesse sentido: AgRg no Ag 703.848/MG, Rel. Ministra Maria Isabel Gallotti, Quarta Turma, julgado em 09.10.2012, *DJe* 25.10.2012; REsp 844.191/DF, Rel. Ministro Luis Felipe Salomão, Quarta Turma, julgado em 02.06.2011, *DJe* 14.06.2011; AgRg no Ag 1.286.545/RS, Rel. Ministro Luis Felipe Salomão, Quarta Turma, julgado em 17.05.2011, *DJe* 20.05.2011; e, AgRg no Ag 1.289.251/MG, Rel. Ministra Nancy Andrighi, Terceira Turma, julgado em 03.05.2011, *DJe* 09.05.2011.

Entretanto, é de se ressaltar que a duplicata sem aceite constitui exceção à regra. Com vistas a obstar eventuais abusividades por parte do devedor, a legislação permite (art. 13, § 1º, da Lei 5.474/68) o protesto por indicação nas hipóteses em que retida, injustificadamente, a duplicata enviada para aceite (REsp 953.192/SC, Rel. Ministro Sidnei Beneti, Terceira Turma, julgado em 07.12.2010, *DJe* 17.12.2010), tendo sido o alcance da norma ampliado, também, para se harmonizar com o instituto da duplicata virtual, nos termos dos arts. 8º e 22 da Lei 9.492/97 (EREsp 1.024.691/PR, Rel. Ministro Raul Araújo, Segunda Seção, julgado em 22.08.2012, *DJe* 29.10.2012).

Ora, consignou a Corte regional inexistir aceite nas cambiais, tampouco remessa para esse fim, apesar de a instituição financeira estar na posse direta das cártulas, tanto que os protestos foram realizados com a microfilmagem dos títulos (fls. 21-24), tendo a financeira enviado o nome do devedor aos cadastros de inadimplentes.

Desta sorte, é irrefutável a aplicação, ao caso, do entendimento pacífico no âmbito desta Corte Superior de Justiça, em julgamento realizado nos moldes do artigo 543-C do CPC [NCPC, art. 1.036], segundo o qual o endossatário que recebe, por endosso translativo, título de crédito contendo vício formal, sendo inexistente a causa para conferir lastro à emissão de duplicata, responde pelos danos causados diante de protesto indevido (REsp 1.213.256/RS, Rel. Min. Luis Felipe Salomão, Segunda Seção, julgado em 28.09.2011, DJe 14.11.2011).

Assim, é devida indenização por danos morais pelo endossatário na hipótese em que, recebida a duplicata mercantil por endosso translativo, efetua o seu protesto, mesmo inexistindo contrato de venda mercantil ou de prestação de serviços subjacente ao título de crédito. A inexistência de lastro à emissão da duplicata torna o protesto indevido, pois constitui vício de natureza formal para a emissão do título, o qual não se convola com os endossos sucessivos.

3. Na hipótese, imprescindível a aplicação do direito à espécie, nos termos do art. 257 do RISTJ, para declarar a invalidade e ineficácia das duplicatas emitidas, bem como dos protestos levados a efeito pela Caixa Econômica Federal, e julgar procedente o pedido de condenação da instituição financeira ao pagamento de danos morais.

No tocante aos danos morais, imprescindível ressaltar ser desnecessária a cabal demonstração do dano como requisito para o deferimento do pedido indenizatório, porquanto a jurisprudência desta Corte firmou o entendimento de que, nos casos de protesto indevido de título e inscrição irregular em cadastros de inadimplentes, o dano moral configura-se *in re ipsa*, ou seja, decorre do próprio fato, prescindindo de demonstração nesse sentido. Precedentes: AgRg no AREsp 116.379/SP, Rel. Ministro Sidnei Beneti, Terceira Turma, *DJe* 19.04.2012 e AgRg no REsp 1.220.686/MA, Rel. Ministro Raul Araújo, Quarta Turma, *DJe* 06.09.2011.

Desse modo, reconhecido o ato ilícito ensejador do dano moral (protesto indevido de duplicata sem causa debendi), independe de prova o dano experimentado pela parte autora, uma vez que este ocorreu pelo simples apontamento indevido do nome do insurgente aos cadastros de inadimplentes.

Assim, tomando como base o pedido formulado na inicial, no qual pleiteia o autor a *condenação solidária* dos réus, e a limitação efetuada no pedido do recurso especial (arbitramento dos danos morais com base nos valores das duas duplicatas), mantém-se o *quantum* da verba indenizatória fixada na origem em R$ 20.800,00 (vinte mil e oitocentos reais), somatório das quantias estipuladas nas cártulas protestadas, montante adequado para o presente caso, uma vez que este Tribunal Superior tem prelecionado ser razoável a condenação em até 50 (cinquenta) salários mínimos por indenização decorrente de inscrição indevida em órgãos de proteção ao crédito e protesto indevido de títulos.

Nesse sentido: EDcl no Ag 811.523/PR, Rel. Ministro Massami Uyeda, Quarta Turma, julgado em 25.03.2008, *DJe* 22.04.2008 e AgRg no AREsp 157.460/SP, Rel. Ministro Raul Araújo, Quarta Turma, julgado em 12.06.2012, *DJe* 28.06.2012.

4. Do exposto, dou provimento ao recurso especial para:

i) decretar a inexistência dos títulos;

ii) determinar à casa bancária que proceda à imediata baixa dos protestos e inscrições do nome do devedor em cadastros de inadimplentes; e,

iii) condenar a instituição financeira, solidariamente, ao pagamento dos danos morais arbitrados na origem em R$ 20.800,00 (vinte mil e oitocentos reais), acrescido de correção monetária a contar de sua fixação (Súmula 362/STJ).

Custas e honorários pelos réus, solidariamente, estes últimos fixados em 10% sobre o valor da condenação, nos termos do artigo 20, § 3º, do CPC [NCPC, art. 85, § 2º].

É como voto.

14. DANO MORAL. ALARME EM ESTABELECIMENTO COMERCIAL. CULPA INEXISTENTE

I – TAMG – Apelação Cível n. 264.618-0 (*DJMG* 20.10.1998)

Comarca de Belo Horizonte

Ementa: Indenização. Estabelecimento comercial. Selo antifurto. Dano moral. Ausência de pressupostos.

O disparo do alarme, por si só, não enseja dever indenizatório a título de danos morais, pois a etiologia da responsabilidade civil guarda adstrição a supedâneo tríplice; o dano; a conduta culposa, omissiva ou comissiva e o nexo de causalidade entre eles, assumindo este papel de relevo, vez que fundamental aquele (dano) ter sido causado por culpa do sujeito. *In casu*, o selo antifurto pertencia a estabelecimento outro, sendo cordial o tratamento dispensado pela loja-apelada à cliente-apelante, não se procedendo, inclusive, a qualquer tipo de busca ou revista pessoal, infirmando-se a tese de culpa e ofensa moral destacando, *ad argumentandum tantum*, que mesmo se presentes a culpa e o dano, não existe obrigação de reparar, se entre ambos não se estabelecer a relação causal. Salienta-se, ainda, que incumbe ao autor o *onus probandi* quanto ao fato constitutivo de seu direito (CPC, 333, I) [NCPC, art. 373, I], *in casu*, os pilares ensejadores da obrigação indenizatória, frisando-se que "a prova do nexo de causalidade é do autor" (*RT* 573/202).

Acórdão

Vistos, relatados e discutidos estes autos de Apelação Cível n. 264.618-0, da Comarca de Belo Horizonte, sendo Apelante: Maria das Dores Costa Sampaio Rodrigues e Apelada: Lojas Americanas S.A.

Acorda, em Turma, a Primeira Câmara Civil do Tribunal de Alçada do Estado de Minas Gerais negar provimento.

Presidiu o julgamento o Juiz Alvim Soares e dele participaram os Juízes Nepomuceno Silva (Relator), Silas Vieira (Revisor) e Gouvêa Rios (Vogal).

Produziu sustentação oral, pela apelada, Dra. Adriana Mandim Theodoro de Mello.

Belo Horizonte, 20 de outubro de 1998.

Juiz Nepomuceno Silva, relator.

Juiz Silas Vieira, revisor.

Votos

O Sr. Juiz Nepomuceno Silva:

Presentes os pressupostos de admissibilidade, conheço do recurso.

Cuida a espécie de recurso contra sentença monocrática que, na 30ª Vara Cível desta Comarca, julgou improcedente o pedido em Ação de Indenização por Danos Morais aforada Maria das Dores Costa Sampaio Rodrigues, em desfavor de Lojas Americanas S.A., condenando a autora-apelante ao pagamento das custas processuais e honorários advocatícios, suspensa sua exigibilidade, em face do art. 12 da Lei n. 1.060/1950 [artigo revogado pela Lei n. 13.105/2015].

Inconformada, insurge-se a apelante, nas razões-recursais de fl. 92-97-TA, em síntese, argumentando:

– Provado o constrangimento ilegal da apelante, submetida a vexame, gerando desgosto, sofrimento psíquico e ofensa à sua honra, por comportamento da apelada.

Contrarrazões (fls. 104-118-TA), em óbvia infirmação.

Impugnação ao valor da causa – não agravada – julgada procedente, fixando o valor da causa em R$60.000,00 (sessenta mil reais), correspondente a 500 (quinhentos) salários mínimos (1º apenso, fl. 12-TA).

Impugnação ao pedido de assistência judiciária – irrecorrida – julgada improcedente (2º apenso, fl. 36-TA).

Embargos opostos e declarados (fls. 88-89-TA).

Ausentes prefaciais a serem expungidas, aprecia-se a *quaestio* de mérito.

Sustenta a apelante o pedido de indenização por danos morais narrando que se encontrava no Minas Shopping, acompanhada de sua filha (menor), tendo, inicialmente, feito compras na C&A. Em seguida, adentrou no estabelecimento da apelada quando, ao sair, sem nada ter ali adquirido, soou o alarme eletrônico.

Por corolário, teria sido detida pelo segurança, que exigiu sua transposição, novamente, pelo alarme, que voltou a soar, acompanhando-a tal funcionário, em seguida, à Central de atendimentos, sendo seus pertences vistoriados, inclusive sua bolsa, ficando detida por várias horas. Registrou, ainda, que encontrava-se presente o advogado da apelada, responsável pela área criminal.

Por conseguinte, afirma a apelante que sentiu-se constrangida, humilhada, atingida em sua honra e sentimento, sendo profunda sua dor moral.

Discordo, *d.v.*, da apelante. Diversamente de seu entendimento, não contempla o caderno probatório prova da ocorrência do dano moral, nos termos da exordial.

A etiologia da responsabilidade civil guarda adstrição a supedâneo tríplice: o dano; a conduta culposa, omissiva ou comissiva e o nexo de causalidade entre eles, assumindo este papel de relevo, vez que fundamental aquele (dano) ter sido causado por culpa do sujeito.

Enfocando o *thema decidendum* – nexo de causalidade – adverte Caio Mário da Silva Pereira, citado por Rui Stoco (*Responsabilidade civil e sua interpretação jurisprudencial*, 3ª ed., Revista dos Tribunais, São Paulo, 1997, p. 63):

> "Este o mais delicado dos elementos da responsabilidade civil e o mais difícil de ser determinado. Aliás, sempre que um problema jurídico vai ter na indagação ou na pesquisa

da causa, desponta a sua complexidade maior. Mesmo que haja culpa e dano, não existe obrigação de reparar, se entre ambos não se estabelecer a relação causal".

Incumbe ao autor o *onus probandi* quanto ao fato constitutivo de seu direito (CPC, 333, I) [NCPC, art. 373, I], *in casu*, os pilares ensejadores da obrigação indenizatória, destacando-se que "a prova do nexo de causalidade é do autor" (*RT* 573/202).

Apercebe-se, *in specie*, portanto, que não se aprecia a lide em comento sob ótica outra que a responsabilidade subjetiva, inspirada na ideia de que a prova da culpa do agente causador do dano é requisito indispensável à efetivação do dever de indenizar, dependendo, portanto, do seu comportamento.

Segundo Cleres Pinto da Fonseca (fls. 68-69-TA), policial militar que lavrara o boletim de fls. 9-10-TA, única testemunha da apelante, fora acionado pelo marido da recorrente, tendo em vista que ela, *verbis*:

> "... teria passado pelo alarme da loja da ré e este teria disparado, e feita a constatação de que não havia nenhuma mercadoria da loja na posse da autora, mas havia uma etiqueta eletrônica numa mercadoria que ela teria adquirido em outra loja, fato que gerou a identificação da causa do alarme ter disparado...".

Ressalto que o policial afirma, também, que "compareceu acompanhando a autora e seu marido até a loja C&A, onde se constatou que a etiqueta encontrada na peça era da loja C&A" e, principalmente, que "os entendimentos aos quais esteve presente o depoente transcorreram em *clima de normalidade*".

Perquirindo a verdade real, cumpre buscá-la no caderno probatório, máxime, no que tange à prova testemunhal.

Não é de se estranhar que a apelada tenha solicitado a presença de seu advogado, vez que do fato ocorrido foi solicitada a presença de policial militar, pelo marido da apelante, para registro da ocorrência.

Compulsando os autos, não se apercebe do contexto que a apelante tenha sofrido qualquer revista ou busca pessoal, pois foi o marido da apelante que "insistiu em que se apurasse os fatos e assim dirigiram-se ao balcão de atendimento e ali as mercadorias foram retiradas do interior da bolsa, *pela própria autora e por seu marido*, e então se localizou a etiqueta eletrônica no bolso da bermuda que havia sido adquirida na loja C&A", conforme depoimento de Ronaldo Armond (fls. 62-63-TA), coadunando com as demais provas carreadas aos autos.

A apreciação da situação, irrefragavelmente, denota a fragilidade da tese arguida pela apelante, pois ela não sofrera qualquer revista, caso contrário, a apelada, ao efetuá-la teria localizado o selo antifurto, evitando-se que o alarme soasse ao sair da loja.

A equação utilizada pela apelante para concluir, erroneamente, que o segurança "correu desde o local em que se encontrava até abordar e deter a apelante, já no corredor do Shopping", não procede, vez que o mesmo posta-se à saída do estabelecimento, próximo à porta, tanto que salienta "que durante o período em que o depoente esteve *na porta da loja*, a autora não retornou para fazer teste no alarme ali instalado".

Eduz-se, destarte, indubitavelmente, que os setenta metros informados pelo segurança referem-se à distância de sua localização aos caixas e não, obviamente, para se chegar à apelante.

Observa-se que o tratamento dispensado à apelante e à sua filha pelos funcionários da apelada, pautou-se na cordialidade, sem ofensas ou constrangimentos, revestindo-se dos padrões da normalidade, sem excesso de qualquer espécie.

O apego à literalidade do depoimento do advogado da apelada, em face do termo "liberada" para se concluir que a apelante fora "detida", denota extremado rigor linguístico que se distancia do real sentido da expressão, no contexto, levando-o, inclusive, a retificá-la, vez que "o depoente ao se utilizar da expressão 'liberada', o fez de forma indevida já que a autora em momento algum foi retida ou teve a sua saída impedida por parte da ré".

Na verdade, não houve falha no sistema antifurto da apelada e nem mesmo exposição pública da cliente-apelante a situação vexatória e constrangedora, que denotasse prevalência do resguardo ao seu patrimônio sobre a honra e imagem da recorrida, ensejando indenização por danos morais.

Esse o posicionamento deste Sodalício, em casos dessa similitude, *v.g.*, em decisão unânime, na Apelação Cível n. 163.674-2, da Comarca de Juiz de Fora, *verbis*:

> "Indenização. Dano Moral. Estabelecimento Comercial. Constrangimento de Cliente. Sujeita-se a indenização por danos morais o estabelecimento comercial que, por falha em seu sistema de segurança, aciona indevidamente alarme antifurto, causando constrangimento a cliente, não podendo eximir-se de tal responsabilidade sob alegação de legítima defesa putativa, já que a preservação do patrimônio não se sobrepõe à honra e à dignidade do cidadão".

No mesmo sentido:
– TAMG, esta insigne Primeira Câmara Cível: Apelações Cíveis ns. 209.329-0/96 e 171.069-6/94.

Nem toda situação que nos desagrada e incomoda, por si só, é suficiente a embasar pedido de indenização por danos morais, o qual erige-se no tríplice suporte: existência de uma ação comissiva ou omissiva a qualificada juridicamente, ocorrência do dano e nexo de causalidade entre este e a ação que o produziu.

No que concerne ao *thema decidendum*, segundo a luzente doutrina de Maria Helena Diniz (*Curso de direito civil brasileiro*, 9ª ed., Saraiva, São Paulo, 1995, p. 31-32), "a regra básica é que a obrigação de indenizar, pela prática de atos ilícitos, advém da culpa", aclarando-nos que "ter-se-á ato ilícito se a ação contrariar dever geral previsto no ordenamento jurídico, integrando-se na seara da responsabilidade extracontratual (CC, art. 159) [atual, art. 186], e se ela não cumprir obrigação assumida, caso em que se configura a responsabilidade contratual (CC, art. 1.056) [arts. do CC de 1916] [atual, art. 389]".

Enfocando o dano moral, Maria Helena (*op. cit.*) assevera que "não pode haver responsabilidade civil sem dano, que deve ser certo, a um bem ou interesse jurídico, sendo necessária a prova real e concreta dessa lesão".

Em fecho, mirando o nexo de causalidade, essa abalizada doutrina (*op. cit.*), afirma tratar-se de fato gerador da responsabilidade, "pois a responsabilidade civil não poderá existir sem o vínculo entre a ação e o dano", alertando-nos, ainda, que "se o lesado experimentar um dano, mas este não resultou da conduta do réu, o pedido de indenização será improcedente".

Em remate, conclui-se que o selo antifurto que disparara o alarme se encontrava em peça de roupa adquirida em outra loja que não a da apelada, não se podendo imputar-lhe qualquer descaso ou procedimento irregular, a título de participação culposa, sendo certo, também, que não houve vistoria dos pertences da autora, que recebeu tratamento cordial, adequado à espécie, dentro da normalidade, dessarte, sem excesso.

Ante tais expendimentos, reiterando vênia, nego provimento ao apelo.

Custas, pela apelante, suspensa sua exigibilidade, em face do art. 12 da Lei n. 1.060/1950 [artigo revogado pela Lei n. 13.105/2015].

É como voto.

O Sr. Juiz Silas Vieira:

Sr. Presidente.

Ouvi com atenção a sustentação feita da tribuna.

Também tive oportunidade de examinar os autos e cheguei a mesma conclusão a que chegou o ilustre Juiz Relator.

No caso, a apelante não se desincumbiu do ônus probatório quanto ao seu direito e, mais, ausente o dano, a culpa e o nexo causal, tenho que não há como vingar o pleito indenizatório postulado na peça de ingresso.

Acompanho o Juiz Relator.

O Sr. Juiz Gouvêa Rios:

Sr. Presidente, também acompanho os votos que me antecederam, negando provimento à apelação.

II – STJ – Agravo Regimental no Recurso Especial n. 1.421.292/SC (*DJe* 30.03.2015)

Relator: Ministro Antonio Carlos Ferreira.

Agravante: Roseane da Silva.

Advogados: Rosa Montagna e outro(s), Silvia Werner.

Agravado: Wms Supermercados do Brasil Ltda.

Advogado: Caroline de Oliveira Knabben e outro(s).

Ementa: Processual civil. Agravo regimental no recurso especial. Ação indenizatória. Disparo de alarme sonoro. Dano moral. Necessidade de comprovação de conduta abusiva de funcionários. Não ocorrência. Possibilidade da valoração jurídica dos fatos. Inexistência de violação da Súmula n. 7/STJ. Decisão mantida.

1. "Em princípio, não configura dano moral o mero soar de alarme fixado em mercadoria adquirida em estabelecimento comercial, salvo situações em que comprovadamente os prepostos ajam de modo a agravar o incidente, que por si só, constitui dissabor incapaz de gerar dor, sofrimento ou humilhação" (REsp 684.117/RS, Quarta Turma, Rel. Min. Aldir Passarinho Junior, *DJe* de 16.03.2009).

2. Agravo regimental a que se nega provimento.[1]

---

[1] No mesmo sentido: STJ, 4ª T., AgRg no AREsp 291.760/MG, Rel. Min. Maria Isabel Gallotti, ac. 14.05.2013, *DJe* 22.05.2013.

Acórdão

A Quarta Turma, por unanimidade, negou provimento ao agravo regimental, nos termos do voto do Sr. Ministro Relator. Os Srs. Ministros Marco Buzzi, Luis Felipe Salomão, Raul Araújo (Presidente) e Maria Isabel Gallotti votaram com o Sr. Ministro Relator.

Brasília-DF, 24 de março de 2015 (data do julgamento).

Relatório

O Exmo. Sr. Ministro Antonio Carlos Ferreira (relator): Trata-se de agravo regimental (e-STJ fls. 271/278) interposto contra decisão desta relatoria que deu provimento ao recurso especial para afastar a condenação por dano moral.

Em suas razões, a agravante alega que (e-STJ fls. 271/272):

> "A Respeitável decisão monocrática baseia-se na NÃO ocorrência do Dano Moral pelo simples disparo de alarme sonoro, afirmando, todavia ser necessário para a ocorrência do dano tratamento abusivo por parte dos funcionários do estabelecimento. Todavia, razão não lhe assiste eis que tal entendimento difere da realidade dos autos o qual não se trata de um simples disparo de alarme sonoro, mas efetivamente de abuso e reiterada incompetência dos funcionários da agravada".

Afirma, ainda, que rever os fundamentos do acórdão recorrido é inviável, tendo em vista o que dispõe a Súmula n. 7/STJ.

Ao final, requer a reconsideração da decisão monocrática ou sua apreciação pelo Colegiado.

É o relatório.

Voto

O Exmo. Sr. Ministro Antonio Carlos Ferreira (relator): A insurgência não merece ser acolhida.

A agravante não trouxe nenhum argumento capaz de afastar os termos da decisão agravada, motivo pelo qual deve ser mantida por seus próprios fundamentos (e-STJ fls. 265/268):

> "Trata-se, na origem, de ação de indenização de dano moral proposta pela ora recorrida contra WMS Supermercados do Brasil Ltda.
> O Juízo de primeiro grau julgou improcedente o pedido (e-STJ fls. 121/125).
> Interposta apelação pela consumidora, o TJSC deu provimento ao recurso em acórdão assim ementado (e-STJ fl. 152):
> 'Apelação cível. Ação de indenização por dano moral. Alarme de sistema antifurto acionado por duas vezes de forma indevida em supermercado de grande porte. Sentença de improcedência. Recurso da requerente. Pleito pela reforma da sentença ao argumento de falha na prestação do serviço. Subsistência. Aplicabilidade do Código de Defesa do Consumidor. Preposto do demandado que de forma negligente deixa de retirar os lacres de segurança das mercadorias adquiridas, ocasionando sucessivos acionamentos do sistema de segurança antifurto. Responsabilidade objetiva reconhecida a teor do artigo 14 do Código de Defesa do Consumidor. Dano moral presumido

(*in re ipsa*). Submissão da autora à situação vexatória e constrangimento atestado por testemunha ocular. Dever de indenizar configurado. *Quantum* indenizatório fixado no valor pleiteado na inicial em R$ 46.000,00 (quarenta e seis mil reais). Observância dos princípios da proporcionalidade e razoabilidade além do caráter inibidor e pedagógico da reprimenda. Recurso conhecido e provido. Sentença reformada. Inversão do ônus sucumbencial. Arbitramento dos honorários advocatícios em 20% (vinte por cento) sobre o valor atualizado da condenação. Exegese do artigo 20, parágrafos 30 e 40 do Código de Processo Civil [NCPC, art. 85, §§ 2º e 8º].

Não incidência do limite previsto no artigo 11, § 10, da Lei n. 1950, por ofender frontalmente o princípio constitucional da equidade. Serviços advocatícios prestados com eficiência presteza pelo patrono da autora. Necessidade de valorização do trabalho do advogado. Inteligência dos artigos 1º, IV, 133 e 170 da Constituição Federal'.

No presente recurso especial, fundamentado no art. 105, III, 'a' e 'c', da CF, a recorrente aponta ofensa aos arts. 333, I, do CPC [NCPC, art. 373, I] e 927 do CC/2002. Sustenta, em síntese, que o simples disparo de alarme antifurto não tem o condão de gerar dano moral, não havendo falar em dano *in re ipsa*.

Alega, ainda, inexistência de ato ilícito, exorbitância da indenização fixada (R$ 46.000,00 – quarenta e seis mil reais) e equívoco quanto ao termo inicial dos juros de mora.

A recorrida apresentou contrarrazões (e-STJ fls. 242/250).

Exercido o juízo de admissibilidade positivo na origem, os autos foram encaminhados a esta Corte Superior.

É o relatório.

Decido.

A jurisprudência desta Corte firmou o entendimento de que, em regra, o simples disparo de alarme sonoro não é suficiente para ensejar o dano moral indenizável, devendo, para tanto, ficar comprovado que tal circunstância foi acompanhada de tratamento abusivo por parte dos funcionários do estabelecimento. Nesse sentido:

'Agravo regimental no recurso especial. Responsabilidade civil. Indenização por danos morais. Ausência de prequestionamento. Súmula 211/STJ. Acionamento de alarme e revista em supermercado. Reexame de fatos e de provas. Impossibilidade. Súmula 7/STJ. Agravo regimental desprovido' (AgRg no REsp n. 1.236.455/SP, Relator Ministro Paulo de Tarso Sanseverino, Terceira Turma, julgado em 06.12.2012, *DJe* 11.12.2012).

'Agravo regimental no agravo em recurso especial. Ação de indenização. Dano moral. Disparo de alarme sonoro. Ausência de tratamento abusivo. Mero dissabor. Súmula 7/STJ. Dissídio jurisprudencial não demonstrado.

1. 'Em princípio, não configura dano moral o mero soar de alarme fixado em mercadoria adquirida em estabelecimento comercial, salvo situações em que comprovadamente os prepostos ajam de modo a agravar o incidente, que por si só, constitui dissabor incapaz de gerar dor, sofrimento ou humilhação' (REsp 684.117/RS, Quarta Turma, Rel. Min. Aldir Passarinho Junior, *DJe* de 16.3.2009).

2. *In casu*, o v. acórdão recorrido concluiu, mediante análise dos elementos fático-probatórios dos autos, que a abordagem da consumidora por funcionária da loja não se deu de forma vexatória conforme alegado, tendo, ainda, consignado que a situação dos autos configura mero dissabor. Diante de tal contexto, a alteração desse entendimento demandaria o reexame de provas, o que se sabe vedado pela Súmula 7 do STJ.

3. Para a configuração do dissídio jurisprudencial, faz-se necessária a indicação das circunstâncias que identifiquem as semelhanças entre o aresto recorrido e os paradigmas citados, nos termos dos arts. 541, parágrafo único, do CPC [NCPC, art. 1.029, § 1º] e 255, §§ 1º e 2º, do RISTJ. Na hipótese, contudo, a agravante não procedeu ao devido cotejo analítico entre os arestos confrontados, de modo que não ficou caracterizada a sugerida divergência pretoriana.

4. Agravo regimental a que se nega provimento' (AgRg no AREsp n. 186.152/SP, Relator Ministro Raul Araújo, Quarta Turma, julgado em 20.09.2012, *DJe* 23.10.2012).

O Tribunal de origem, ao julgar a lide, destoou da jurisprudência dessa Corte, pois entendeu que o simples disparo do alarme, por si só, seria suficiente para a configuração do dano moral. Confira-se o seguinte trecho do acórdão recorrido (e-STJ fls. 158/159):

'Portanto, bem demonstrado nos autos especialmente pela prova testemunhal produzida a dinâmica do evento danoso, em que a autora restou submetida em duas oportunidades à revista de suas sacolas de compras por parte da equipe de segurança, na presença de demais clientes, em razão do acionamento do sistema antifurto.

(...)

A responsabilidade civil do supermercado requerido é objetiva, ou seja, prescinde da comprovação de culpa, bastando apenas a prova do fato danoso e do nexo de causalidade para caracterizar o dever de indenizar do ofensor, desde que não esteja presente causa excludente da responsabilidade.

(...)

A responsabilidade civil do supermercado requerido é objetiva, ou seja, prescinde da comprovação de culpa, bastando apenas a prova do fato danoso e do nexo de causalidade para caracterizar o dever de indenizar do ofensor, desde que não esteja presente causa excludente da responsabilidade'.

Desse modo, dever ser afastada a indenização arbitrada, pois, da leitura da sentença, verifica-se não ter havido qualquer atitude por parte dos funcionários da loja no sentido de agravar o incidente, emprestando repercussão maior do que o soar do alarme. Transcrevo abaixo parte da decisão de primeiro grau (e-STJ fls. 123/214):

'A propósito, colhe-se do depoimento prestado pelo aludido testigo (fls. 109): (...) que não conhece e nem conheceu a autora; que a depoente estava passando no caixa quando viu que a autora, ao sair da porta do mercado, disparou o sinal do alarme; que um funcionário solicitou que a autora viesse até o caixa onde foram verificadas as suas compras e contactado que dois chips antifurto não haviam sido retirados; que quando a autora foi sair novamente o alarme disparou pela segunda vez e, então, a autora foi encaminhada ao balcão de informações para onde a depoente já havia se dirigido para trocar a mercadoria; que a autora pediu a presença do gerente, que compareceu no local; que a depoente não viu, nesta segunda ocasião, o que foi verificado pelo gerente, porque algumas pessoas ficaram em volta do balcão e a depoente estava trocando a sua mercadoria; que o que os funcionários revistaram foram as sacolas das compras e em momento algum a autora foi revistada nas suas vestes e tão pouco na bolsa que carregava; que quando a depoente saiu a autora ainda permaneceu no local. (...) que a autora ficou constrangida e nervosa; que os funcionários do BIG não destrataram a autora, mas agiram com descaso por achar que a mesma não deveria ficar nervosa pelo que havia acontecido (...) que as pessoas olharam o que estava acontecendo depois que o gerente chegou no local.

Não há dúvidas de que a mera suspeita de furto de mercadorias no interior de um supermercado, expondo o cliente a situação de vexame e humilhação na presença de várias pessoas, caracteriza ilícito civil capaz de viabilizar o pedido de indenização por danos morais.

Entretanto, tais fatos devem resultar eficazmente demonstrados, o que não se vislumbra nem de longe na espécie. Salvante as próprias palavras da autora, não se divisa nos autos qualquer prova sobre a ocorrência de abusos, arbitrariedades, excessos ou desrespeito em desfavor da sua pessoa. Isso porque a autora e nem sua bolsa foram revistadas e os empregados da ré não a ofenderam, mas tão somente levaram-na, inicialmente, até o caixa e, após, ao balcão de informações para averiguar o incidente.'

Em razão do acolhimento quanto à inexistência do dano moral, fica prejudicada a análise das demais discussões.

Diante do exposto, nos termos do art. 557, § 1º-A, do CPC [NCPC, art. 932, V, a], dou provimento ao recurso especial, para julgar improcedente a ação de reparação por danos morais.

Condeno a autora ao pagamento das custas e honorários advocatícios, os quais arbitro em R$ 1.500,00 (um mil e quinhentos reais), observando-se, se for o caso, o disposto na Lei n. 1.060/1950. Publique-se e intimem-se".

Ao contrário do alegado pela agravante, não houve ofensa à Súmula n. 7/STJ.

No exame do recurso especial, é possível ao STJ, com base no quadro fático delineado pelas instâncias ordinárias, realizar a valoração jurídica. A propósito:

"Civil e processual civil. Agravo regimental. Previdência privada. Não incidência das Súmulas 5 e 7 do STJ. Recurso representativo de controvérsia. Aplicação da tese. Auxílio cesta-alimentação. Verba de natureza indenizatória. Impossibilidade de extensão a inativos. Recurso não provido.

1. Não há violação aos enunciados das Súmulas 5 e 7 do Superior Tribunal de Justiça quando se realiza mera valoração jurídica dos fatos sobejamente delineados no acórdão recorrido.

2. A ausência do trânsito em julgado do recurso apreciado com base na sistemática dos repetitivos não impede a aplicação do entendimento ali exarado às demais situações semelhantes apreciada por este Tribunal.

3. A existência de embargos de divergência sobre o tema não impede o julgamento dos demais recursos, notadamente quando não tiver iniciado o julgamento pelo colegiado e não houver ordem de suspensão dos feitos que versam sobre a mesma questão.

4. No julgamento do REsp 1.207.071/RJ, submetido ao rito do art. 543-C do CPC [NCPC, art. 1.036] (recurso representativo de controvérsia repetitiva), a Segunda Seção desta Corte consolidou o entendimento no sentido de que o auxílio cesta-alimentação estabelecido em acordo ou convenção coletiva de trabalho não se incorpora à complementação de aposentadoria pagos por entidade de previdência privada (REsp 1.207.071/RJ, Rel. Ministra Maria Isabel Gallotti, Segunda Seção, julgado em 27.06.2012, *DJe* 08.08.2012).

5. Agravo regimental não provido" (AgRg nos EDcl no AREsp n. 65.561/RJ, Relator Ministro Luis Felipe Salomão, Quarta Turma, julgado em 28.05.2013, *DJe* 03.06.2013).

"Agravo regimental no recurso especial. Administrativo. Ausência de prequestionamento. Não verificada. Súmula 211/STJ. Não incidência. Revisão de provas. Desnecessidade.

Súmula 7/STJ. Não aplicável ao caso dos autos. Militar temporário. Acidente em serviço. Incapacidade para o serviço castrense. Reforma *ex officio*. Grau hierárquico ocupado na ativa. Possibilidade. 1. Os artigos 106, II, 108, III e IV, 109 e 110, § 2º, da Lei nº 6.880/80 foram implicitamente prequestionados pelo Tribunal *a quo*. Não incidência da Súmula 211/STJ.

2. A matéria submetida à análise não encontra limite no verbete sumular nº 07/STJ, pois o Tribunal a quo descreveu suficientemente as particularidades da espécie dos autos. Em casos deste jaez, inexiste a reapreciação do contexto probatório da demanda, mas tão somente a revaloração jurídica dos elementos fáticos delineados pela Corte recorrida. (...) 5. Agravo regimental não provido" (AgRg no REsp n. 1.199.086/RJ, Relator Ministro Castro Meira, Segunda Turma, julgado em 16.08.2011, *DJe* 30.08.2011).

No caso concreto, verifica-se que o acórdão recorrido considerou presente o abalo moral tão somente pela falha na retirada dos lacres de segurança, concluindo que o dano seria presumido. Confira-se (e-STJ fl. 159):

> "Nesse contexto, ressalta-se ter a situação delineada nos autos afigurado-se em erro operacional inaceitável, posto que repetido em duas oportunidades, negligência no dever de verificar a retirada dos lacres de segurança das mercadorias, o que indubitavelmente causou considerável lesão à dignidade e imagem da requerente.
> (...)
> Trata-se do dano moral presumido (*in re ipsa*), ou seja, aquele que independe da produção de outras provas, pois a lesão extrapatrimonial é presumida".

No entanto, tal entendimento destoa da jurisprudência desta Corte, que é firme no sentido de que, em regra, o simples disparo de alarme sonoro em estabelecimento comercial não é suficiente para ensejar o dano moral indenizável, devendo ficar comprovado o tratamento abusivo por parte dos funcionários do estabelecimento.

A propósito:

> "Civil e processual. Agravo regimental no agravo em recurso especial. Alarme sonoro. Disparo. Dano moral. Reexame de matéria fática. Súmula 7 do STJ. Tese do recurso contrária à jurisprudência do STJ.
> 1. Inviável, no caso em exame, a reforma das premissas do acórdão recorrido eis que dependente do reexame de matéria fática da lide, vedado nesta sede nos termos do que dispõe a Súmula 7 do STJ.
> 2. A alegação de que o mero soar de alarme em estabelecimento comercial geraria dano moral não encontra amparo na jurisprudência desta Corte Superior. Precedentes.
> 3. Agravo regimental a que se nega provimento" (AgRg no AREsp n. 291.760/MG, Relatora Ministra Maria Isabel Gallotti, Quarta Turma, julgado em 14.05.2013, *DJe* 22.05.2013).

Conforme relatado pela sentença (e-STJ fl. 124), não se verificou nenhuma conduta abusiva por parte dos prepostos do supermercado capaz de ofender a honra ou a imagem da agravante.

Assim, diante do substrato fático-probatório delineado na origem, é possível perceber que, ao contrário do que entendeu a Corte estadual, a situação experimentada pela autora não ultrapassou o mero dissabor, razão pela qual não há falar em dano moral.

Assim, não prosperam as alegações constantes no regimental, incapazes de alterar os fundamentos da decisão impugnada.

Diante do exposto, nego provimento ao agravo regimental.

É como voto.

15. PRESCRIÇÃO. CANCELAMENTO DO REGISTRO DO CADASTRO DE INADIMPLENTES

STJ – Recurso Especial n. 522.891/RS (*DJU* 02.08.2004, p. 373) (2003/0041004-3)

Relator: Ministro Humberto Gomes de Barros.

Recorrente: Serasa Centralização de Serviços dos Bancos S/A.

Advogado: Andréa Ferreira e outros.

Recorrido: Valter Leandro Guerra.

Advogado: Júlio César Mignone.

Ementa: Nome inscrito na Serasa. Prazo de prescrição. CDC. Não incidência. Precedentes.

– A prescrição a que se refere o art. 43, § 5º, do Código de Defesa do Consumidor é da ação de cobrança e não da ação executiva. Em homenagem ao § 1º do art. 43 as informações restritivas de crédito devem cessar após o quinto ano do registro.

Acórdão

Vistos, relatados e discutidos os autos em que são partes as acima indicadas, acordam os Ministros da Terceira Turma do Superior Tribunal de Justiça na conformidade dos votos e das notas taquigráficas a seguir, por unanimidade, conhecer do recurso especial e dar-lhe provimento. Os Srs. Ministros Carlos Alberto Menezes Direito, Nancy Andrighi e Castro Filho votaram com o Sr. Ministro Relator. Ausente, ocasionalmente, o Sr. Ministro Antônio de Pádua Ribeiro. Presidiu o julgamento o Sr. Ministro Carlos Alberto Menezes Direito.

Brasília (DF), 28 de junho de 2004 (data do julgamento).

Ministro Humberto Gomes de Barros, relator.

Relatório

Ministro Humberto Gomes de Barros:

Recurso Especial (alínea *a*) desafia acórdão assim ementado:

> "Cancelamento de registro junto à Serasa. Prescrição.
>
> O prazo prescricional para o cancelamento de registro em cadastro de devedores inadimplentes é de cinco anos da data do registro, desde que não tenha ocorrido, ante-

riormente, a prescrição semestral da ação cambiaria dos cheques que exclusivamente lhe deram origem.

Apelo provido" (fl. 94).

A recorrente alega contrariedade ao art. 43, § 1º, do CDC. Sustenta que o cancelamento do registro negativo nos órgãos de proteção ao crédito somente caberá após transcorridos cinco anos da inscrição. Afirma que a prescrição a que se refere o CDC é da ação de cobrança.

Voto

Ministro Humberto Gomes de Barros (relator): A questão está sediada no art. 43 do CDC, cujo § 5º determina que:

> "Consumada a prescrição relativa à cobrança de débitos do consumidor, não serão fornecidas, pelos respectivos Sistemas de Proteção ao Crédito, quaisquer informações que possam impedir ou dificultar novo acesso ao crédito junto aos fornecedores".

O acórdão ocorrido proclama que o § 5º refere-se à prescrição da ação executiva, que se consuma em três anos (Decreto n. 57.663, art. 70).

A recorrente afirma que o § 5º refere-se à prescrição "de cobrança de dívidas líquidas, constantes de instrumento público ou particular" (CC, art. 206, § 5º, I).

Essa interpretação coincide com a jurisprudência dominante. Veja-se a propósito:

> "Civil. Banco de dados. Serasa. Registro. Prazo. Art. 43, §§ 1º e 5º, do Código de Defesa do Consumidor.
>
> "A prescrição relativa à cobrança de débitos", cogitada no § 5º do art. 43, CDC, não é ação executiva, mas de qualquer ação de cobrança.
>
> O registro de dados negativos em serviços de proteção ao crédito deve ser cancelado a partir do quinto ano (§ 1º do art. 43, do CDC).
>
> Recurso conhecido e provido" (REsp 535.645/Asfor Rocha).

Dou provimento ao recurso.

16. DANOS MORAIS POR DENUNCIAÇÃO CALUNIOSA. CRIME INEXISTENTE

STJ – Recurso Especial n. 961.982/SP (*DJe* 05.05.2008)
(2007/0140793-0)

Relator: Ministro Fernando Gonçalves.
Recorrente: Jayme Chede Filho.
Advogado: Sidney Palharini Junior.

Recorrido: Celso Geraldo de Castro e Cônjuge.

Advogado: Rodrigo Lobo de Toledo Barros.

Ementa: Recurso especial. Processo civil. Inquérito policial. Crime de estelionato. Inexistente. Indenização. Danos morais. Pressupostos fáticos. Súmula 7-STJ. Quantum indenizatório. Razoabilidade. Ônus da sucumbência. Reciprocidade.

1. Desdizer a conclusão do acórdão recorrido de que houve, por parte do recorrente, abuso do direito ao oferecer representação à autoridade policial com o intuito de instauração de inquérito para apurar crime de estelionato, demanda revolvimento do material fático-probatório, soberanamente delineado pelas instâncias ordinárias, esbarrando, pois, no óbice da súmula 7-STJ.

2. Admite o Superior Tribunal Justiça a redução do *quantum* indenizatório, quando se mostrar desarrazoado, o que ocorre na espécie, considerando-se os precedentes proferidos por esta Corte em casos similares.

3. Recurso especial conhecido parcialmente e, nesta extensão, provido.

Acórdão

Vistos, relatados e discutidos estes autos, acordam os Ministros da Quarta Turma do Superior Tribunal de Justiça, na conformidade dos votos e das notas taquigráficas a seguir, por maioria, conhecer em parte do recurso e, nessa parte, dar-lhe parcial provimento. Vencido o Ministro Massami Uyeda, que dele conhecia em parte, porém, nessa parte, dava-lhe provimento parcial em menor extensão. Os Ministros Aldir Passarinho Junior e Hélio Quaglia Barbosa votaram com o Ministro Relator.

Brasília, 23 de outubro de 2007 (data de julgamento).

Ministro Fernando Gonçalves, Relator.

Relatório

O Exmo. Sr. Ministro Fernando Gonçalves:

Por Celso Geraldo de Castro e cônjuge foi ajuizada ação de indenização contra Jayme Chede Filho, pela imputação da prática de crime de estelionato, mediante representação à autoridade policial para abertura de inquérito ao final arquivado, a pedido do Ministério Público, por evidente atipicidade, causando-lhe, com isso, danos materiais e morais.

O pleito foi julgado procedente, condenando o recorrente a pagar os danos materiais e morais, estes fixados em 500 salários mínimos (fls. 141/148).

Manejado recurso de apelação por Jayme Chede Filho (fls. 150/172), o Tribunal de Justiça do Estado de São Paulo lhe dá parcial provimento, para reduzir o *quantum* indenizatório para 150 (cento e cinquenta) salários mínimos, confirmando, no resto, a sentença (fls. 203/205).

O acórdão guarda a seguinte ementa:

> "Danos morais. Inquérito policial injustamente instaurado a pedido do réu. Fatos que limitavam-se à esfera cível e a desentendimentos contratuais. Indenização devida. Quantia fixada na sentença excessivamente. Redução recurso parcialmente provido" (fls. 203).

Opostos embargos de declaração, foram rejeitados, à consideração de não haver no julgado obscuridade, omissão ou contradição.

Inconformado, apresenta Jayme Chede Filho recurso especial, com fulcro nas alíneas *a* e *c* do permissivo constitucional, suscitando violação aos arts. 180, inciso I, do Código Civil [atual, art. 1.525, I]; 5º, § 1º, do Código de Processo Penal e 535, inciso II, do Código de Processo Civil [NCPC, art. 1.022, II] (fls. 273/293).

Afirma, de início, que o acórdão recorrido se omite no exame da questão relativa ao regular exercício do direito de representação nos termos do Código de Processo Penal, deixando, também, de analisar o argumento de que teria levado ao conhecimento da autoridade policial a circulação indevida de notas promissórias e não a acusação da prática de estelionato.

Desse modo, sustenta que o simples fato de haver requerido a abertura de inquérito policial, no estrito exercício de direito, não caracteriza ato ilícito, capaz de gerar responsabilidade em indenizar danos morais. Em abono de sua tese, traz julgados para demonstrar a divergência jurisprudencial.

Insurge-se, por fim, contra a fixação dos danos morais no patamar de 150 (cento e cinquenta) salários mínimos para cada recorrido, pugnando sua redução para o limite de 10 (dez) salários mínimos.

Contra-arrazoado, o apelo extremo foi admitido na origem, ascendendo os autos a esta Corte.

É o relatório.

Voto

O Exmo. Sr. Ministro Fernando Gonçalves (relator):

De início, não há se falar em violação ao art. 535 do Código de Processo Civil [NCPC, art. 1.022], porquanto as questões submetidas ao Tribunal de origem foram suficiente e adequadamente delineadas, com abordagem integral do tema, não havendo omissão no trato das matérias levantadas pelo recorrente em sede de embargos declaratórios.

Com efeito, no que tange ao exercício regular do direito de representação, o acórdão, proferido em sede de apelação, assevera o seguinte:

> "Em que pesem os argumentos do requerido, constata-se nos autos (fls. 27/29) que o réu imputou aos autores, levianamente, a prática de crime de estelionato, requerendo à autoridade policial a instauração de inquérito policial. (...)
> Ainda que tenha sido a autoridade policial que tenha determinado a instauração do inquérito policial, conforme despacho exarado na cópia de fls. 27/29, tal ocorreu apenas porque o réu formulou expresso requerimento neste sentido" (fls. 204).

Nesse contexto, impende ressaltar, em companhia da tradicional doutrina e do maciço entendimento pretoriano, que o julgado apenas se apresenta como omisso quando, sem analisar as questões colocadas sob apreciação judicial, ou mesmo promovendo o necessário debate, deixa, entretanto, num caso ou no outro, de ministrar a solução reclamada, o que não ocorre na espécie.

Diz, a propósito, o insigne Barbosa Moreira:

> "Há omissão quando o tribunal deixa de apreciar questões relevantes para o julgamento, suscitadas pelas partes ou examináveis de ofício ..., ou quando deixa de pronunciar-se acerca de algum tópico de matéria submetida à sua deliberação...".

A seu turno, a representação feita à autoridade policial para a apuração da ocorrência de um delito revela-se, ao menos em tese, em legítimo exercício de direito, ainda que o inquérito venha a ser arquivado, a pedido do Ministério Público, em face de evidente atipicidade.

Assim, para que se legitime pedido de indenização, faz-se necessário que o dano moral seja comprovado, mediante demonstração cabal de que a instauração do procedimento ocorreu com evidente abuso de direito, refletindo-se, negativamente, na esfera moral e patrimonial dos autores, com intensidade que extrapole o mero, e natural, dissabor provocado por tais fatos.

Nesse sentido é a jurisprudência desta Corte. Confira-se:

> "Recurso especial. Danos morais. Instauração de inquérito policial. Súmula 7/STJ. *Quantum*. Valor razoável. Controle do STJ afastado. Dissídio jurisprudencial não comprovado.
>
> I – Em princípio, o pedido feito à autoridade policial para que apure a existência ou autoria de um delito se traduz em legítimo exercício de direito, ainda que a pessoa indiciada em inquérito venha a ser inocentada. Desse modo, para que se viabilize pedido de reparação, fundado na abertura de inquérito policial, faz-se necessário que o dano moral seja comprovado, mediante demonstração cabal de que a instauração do procedimento, posteriormente arquivado, se deu por má-fé, ou culpa grave, refletindo na vida pessoal dos autores, acarretando-lhe, além dos aborrecimentos naturais, dano concreto, seja em face de suas relações profissionais e sociais, seja em face de suas relações familiares.
>
> II – Ficando assentado nas instâncias ordinárias, por força da análise das circunstâncias fáticas da causa, que a instauração do inquérito se deu por má-fé ou imprudência grave do Banco, provocando situação de alto constrangimento e humilhação para os autores, a justificar a reparação a título de dano moral, não poderá a matéria ser revista em âmbito de especial, ante o óbice do enunciado n. 7 da Súmula deste Tribunal.
>
> III – O arbitramento do valor indenizatório por dano moral se sujeita ao controle desta Corte. Inexistindo critérios determinados e fixos para a quantificação do dano moral, recomendável que o arbitramento seja feito com moderação e atendendo às peculiaridades do caso concreto, o que, na espécie, ocorreu, fixando-se o *quantum* arbitrado com razoabilidade.
>
> IV – Divergência jurisprudencial não demonstrada nos moldes legais.
>
> Recurso especial não conhecido" (REsp 866.725/MT, Rel. Min. Castro Filho, 3ª T., *DJ* 04.12.2006).

Destarte, se o Tribunal de origem reconhece o cabimento da indenização, por ter constatado o abuso do direito e a ocorrência do dano moral, o faz com base nos elementos de convicção dos autos, e a solução da controvérsia, nesse particular, demanda incursão na seara fático-probatória, providência vedada em sede de recurso especial, nos termos da Súmula n. 7/STJ.

A propósito, os seguintes excertos do voto condutor do acórdão proferido em sede de apelação:

> "A conduta negligente do réu, com inequívoco dolo, deve ser reconhecida, tendo em vista que os fatos limitavam-se à esfera civil, relativos à inadimplemento contratual, não tendo nenhum fundamento para que os autores fossem acusados de prática de crime.
> (...)
> O ato ilícito praticado pelo réu, portanto está comprovado nos autos, motivo pelo qual o pedido indenizatório devia ser reconhecido" (fls. 267/268).

Por último, assiste razão ao recorrente no que toca ao *quantum* indenizatório, porquanto esta Corte, em hipóteses semelhantes, em que há indevida instauração de inquérito policial, tem fixado a indenização por danos morais em valores proporcionais às peculiaridades dos casos trazidos a lume, como a capacidade econômica do requerido, a insistência no desarquivamento do feito, a divulgação que se dá ao fato e o decurso do tempo entre a instauração do inquérito e seu definitivo arquivamento. Precedentes desta Corte, dentre os quais cito: REsp 866.725/MT, Rel. Min. Castro Filho, *DJ* 04.12.2006; REsp 802.435/PE, Rel. Min. Luiz Fux, *DJ* 30.10.2006; REsp 316.295/AM, Rel. Min. Humberto Gomes de Barros, *DJ* 21.03.2005; REsp 494.867/AM, Rel. Min. Castro Filho, *DJ* 29.09.2003.

Nesse rumo, impende ressaltar que o valor arbitrado a título de indenização por danos morais, correspondente a 150 (cento e cinquenta) salários mínimos, para cada autor (fls. 203), mostra-se exagerado, mormente ao levar-se em conta que, no caso dos autos, não há pedido de desarquivamento do inquérito, não ocorre divulgação pela imprensa, o lapso de tempo entre a instauração do inquérito e o seu arquivamento é curto e, ademais, os litigantes são pessoas comuns, diversamente dos supracitados precedentes nos quais os réus são grandes empresas, dentre as quais bancos e financeiras.

Ante o exposto, conheço em parte do recurso e, nesta extensão, dou-lhe parcial provimento para reduzir o montante indenizatório para R$ 15.000,00 (quinze mil reais), para cada autor, corrigidos a partir desta data, mantido o percentual da verba de patrocínio.

Retificação de voto

O Exmo. Sr. Ministro Fernando Gonçalves:

Sr. Presidente, se os Colegas estiverem de acordo, não me oponho. Retifico meu voto e conheço em parte do recurso especial e, nessa parte, dou-lhe parcial provimento para fixar a indenização em quinze mil reais para cada autor, corrigidos a partir desta data, mantido o percentual da verba honorária.

Voto

Exmo. Sr. Ministro Aldir Passarinho Junior: Sr. Presidente, conheço em parte do recurso especial e, nessa parte, dou-lhe parcial provimento para fixar a indenização em quinze mil reais para cada autor, corrigidos a partir desta data, mantido o percentual da verba honorária, acompanhando o voto do Sr. Ministro Relator.

Voto-vencido, em parte

Exmo. Sr. Ministro Massami Uyeda:

Sr. Presidente, ouvindo com atenção a sustentação oral, ressalto a circunstância, como V. Exa. também o fez, de que o réu é empreendedor imobiliário.

Diz o relatório do Sr. Ministro Fernando Gonçalves:

> "Um argumento no recurso especial: o juízo do Tribunal teria deixado de analisar o argumento de que teria levado ao conhecimento da autoridade policial a circulação indevida de notas promissórias, e não a acusação de prática de estelionato".

Na verdade, como V. Exa. ponderou muito bem, a utilização abusiva do pedido de instauração de inquérito policial por fato decorrente – está reconhecido no próprio recurso especial que é a circulação indevida de notas promissórias, e não acusação por estelionato – causa um gravame muito sério à honra das pessoas.

Todos sabemos das consequências de um indiciamento policial. Basta ver que alguém que se dispõe a fazer um concurso público, se tirar uma certidão de antecedentes criminais, o que é exigido pelos órgãos, é um gravame.

Eu já havia até externado esse meu posicionamento de que se não podemos analisar a matéria de fato, decotar indenizações nesse nível poderia, de certa forma, significar uma atitude de leniência até do próprio Tribunal, com todo o respeito, no sentido de podermos estimular, ou, pelo menos, o risco financeiro de uma condenação passa a ser até um estímulo, porque depois de nove anos uma condenação por dano moral de dez, quinze mil reais, parece-me, realmente, uma atitude que não se coaduna até mesmo com o recurso especial.

Com todo o respeito, mantenho o valor de cento e cinquenta salários mínimos, que equivaleria a cinquenta e sete mil reais, e estou disposto em concordar que a correção incida a partir deste julgamento, e não dez ou quinze mil reais ou quinze mil reais.

Conheço em parte do recurso.

17. DANO MORAL. INQUÉRITO POLICIAL EQUIVOCADAMENTE INICIADO EM NOME DE OUTRA PESSOA

STJ – Agravo Regimental no Agravo em Recurso Especial n. 26.263/PR (*DJe* 17.10.2011) (2011/0091038-0)

Relator: Ministro Mauro Campbell Marques.
Agravante: Marllus Eduardo Santos de Araújo.
Advogado: Mário Krieger Neto e outro(s).
Agravado: Estado do Paraná.
Procurador: Ubirajara Ayres Gasparin e outro(s).

Ementa: Processual civil. Agravo regimental no agravo em recurso especial. Ação ordinária. Responsabilidade civil do Estado. Majoração da condenação por danos morais. Impossibilidade. Súmula 7/STJ.

1. Na hipótese dos autos, o ora recorrente propôs ação ordinária visando à condenação do Estado do Paraná ao pagamento de indenização por danos morais que alega ter suportado quando a Administração iniciou inquérito policial em face de suposto autor de crime, que foi equivocadamente identificado com seu nome.

2. O Tribunal a quo confirmou a sentença por entender que a quantia de R$ 5.000,00 é o suficiente para bem indenizar os danos morais provenientes da indicação irregular de seu nome em um processo criminal, pois, *in casu*, constata-se que a identidade física do real indiciado estava delimitada e que, em meses, o equívoco fora devidamente corrigido na instrução criminal, quando o próprio Ministério Público requereu o aditamento da denúncia.

3. Dessa forma, não é possível realizar a alteração do *quantum* indenizatório, pois, segundo o entendimento jurisprudencial desta Corte Superior, a quantia estipulada a título de danos morais, quando atende aos critérios de justiça e razoabilidade, não pode ser revista, em razão do óbice da Súmula 7/STJ.

4. Agravo regimental não provido.

Acórdão

Vistos, relatados e discutidos esses autos em que são partes as acima indicadas, acordam os Ministros da Segunda Turma do Superior Tribunal de Justiça, na conformidade dos votos e das notas taquigráficas, o seguinte resultado de julgamento: "A Turma, por unanimidade, negou provimento ao agravo regimental, nos termos do voto do Sr. Ministro-Relator, sem destaque". Os Srs. Ministros Castro Meira, Humberto Martins e Herman Benjamin (Presidente) votaram com o Sr. Ministro Relator. Não participou, justificadamente, do julgamento o Sr. Ministro Cesar Asfor Rocha.

Brasília (DF), 6 de outubro de 2011.

Relatório

O Exmo. Sr. Ministro Mauro Campbell Marques (relator):

Trata-se de agravo regimental interposto por Marllus Eduardo Santos de Araújo, com base no artigo 557, § 1º, do Código de Processo Civil [NCPC, art. 932, V, a], em face de decisão que conheceu de agravo para negar seguimento ao recurso especial, resumida da seguinte maneira (e-STJ fl. 474):

> "Processual civil e administrativo. Agravo em recurso especial. Responsabilidade civil do Estado. Majoração da indenização por danos morais. Revisão do conjunto fático--probatório dos autos. Impossibilidade. Súmula 7/STJ. Dissídio jurisprudencial não demonstrado. Agravo conhecido para negar seguimento ao recurso especial".

Na hipótese dos autos, o ora recorrente propôs ação ordinária visando à condenação do Estado do Paraná ao pagamento de indenização por danos morais que diz ter suportado quando a Administração iniciou inquérito policial em face de suposto autor de crime, que foi equivocadamente identificado com seu nome. O Tribunal a quo manteve à condenação do Estado ao pagamento de indenização por danos morais no valor de R$ 5.000,00.

O recorrente interpôs recurso especial, o qual não foi admitido, sustentando, além da divergência jurisprudencial, violação dos artigos 186 e 927, ambos do Código Civil, por entender que o valor da indenização por danos morais deve ser majorado para R$ 50.000,00.

No âmbito desta Corte Superior, houve a apresentação de agravo, que foi conhecido para negar seguimento ao apelo nobre.

Em sede de agravo regimental, pugna o provimento do especial ao argumento de que a majoração da verba indenizatória não demanda reexame do conjunto fático-probatório dos autos.

É o relatório.

Voto

O Exmo. Sr. Ministro Mauro Campbell Marques (relator):

A pretensão não merece acolhida.

Cinge-se a controvérsia a determinar se o valor da condenação por danos morais imposta ao Estado deve ser majorado.

Como asseverado na decisão agravada, o Superior Tribunal de Justiça só pode rever o *quantum* indenizatório fixado a títulos de danos morais em ações de responsabilidade civil quando configurada situação de anormalidade nos valores, para menos ou para mais. Esta conclusão é pacífica neste Tribunal. Veja-se:

> "Civil e processual. Agravo de instrumento. Inscrição indevida nos órgãos de proteção ao crédito. Indenização. Dano moral. Matéria fática. Súmula 7/STJ. Princípio da unicidade recursal. (...)
> 2. Não compete ao Superior Tribunal de Justiça, em sede de recurso especial, revisar as premissas fáticas que nortearam o convencimento das instâncias ordinárias (Súmula n. 7/STJ).
> 3. A revisão de indenização por danos morais só é possível em recurso especial quando o valor fixado nas instâncias locais for exorbitante ou ínfimo, de modo a maltratar os princípios da razoabilidade e da proporcionalidade. Ausentes essas hipóteses, incide a Súmula n. 7 do STJ, a impedir o conhecimento do recurso.
> 4. Agravo regimental desprovido" (AgRg no Ag 968.354/ES, 2ª Turma, Rel. Min. João Otávio Noronha, *DJU* 09.06.2008).

> "Administrativo. Processual civil. Agravo regimental em agravo de instrumento. Responsabilidade civil do Estado. Dano moral. Revisão do valor indenizatório. Impossibilidade. Reexame de matéria fático-probatória. Incidência da Súmula 07/STJ. (...)
> 2. A revisão dos valores fixados a título de dano moral implica o reexame de matéria fático-probatória, vedado ao STJ pela Súmula 7/STJ, exceto quando se tratar de valor irrisório ou exorbitante, o que não se configura neste caso.
> 3. Agravo Regimental não provido" (AgRg no Ag 749.914/RJ, 2ª Turma, Rel. Min. Herman Benjamin, *DJU* 02.06.2008).

> "Administrativo. Responsabilidade civil do Estado. Danos morais. Indenização. Súmula 7/STJ.
>
> 1. É possível majorar ou reduzir o valor fixado como indenização, em sede de recurso especial, quando o *quantum* se revelar irrisório ou exagerado, por se tratar de discussão acerca de matéria de direito, e não de reexame do conjunto fático-probatório.
>
> 2. *In casu*, em respeito ao princípio da razoabilidade, o valor da indenização deve ser mantido nos termos em que fixado pelo Tribunal *a quo*.
>
> 3. Recurso especial não provido" (REsp 952.287/RN, 2ª Turma, Rel. Min. Castro Meira, DJU 07.04.2008).

Na hipótese, o Tribunal *a quo* confirmou a sentença por entender que a quantia de R$ 5.000,00 é o suficiente para bem indenizar os danos morais provenientes da indicação irregular de seu nome em um processo criminal. Nesse sentido, confira-se trechos do voto condutor do acórdão hostilizado (e-STJ fls. 368/362):

> "Marllus Eduardo Santos de Araújo ajuizou ação de indenização em face do Estado do Paraná por ter o seu nome indevidamente inscrito no rol de acusados no processo criminal n. 2007.3903-3, do cartório da 11ª Vara Criminal do Foro Central da Comarca da Região Metropolitana de Curitiba, como demonstra a denúncia de fls. 24/27.
>
> Alega que tal fato só veio a ocorrer ante a falha no processo de identificação civil/e ou criminal, tendo em vista que um dos acusados autuados em flagrante delito em 1º de Abril 2007, omitiu a sua identidade e não foi submetido aos procedimentos legais de identificação.
>
> Enfatiza que tal ato poderia ter sido evitado com a devida identificação civil através da apresentação da Célula de Identidade do acusado, ou na falta dessa, o cumprimento do disposto na Lei n. 10.054/2000 [revogada pela Lei n. 12.037/2009], o que de fato não ocorreu no caso em tela.
>
> Assim foi obrigado a constituir procuradora e protocolar o pedido de exclusão do seu nome do rol de acusados junto ao referido processo criminal. Também compareceu em juízo e foi interrogado, e somente após alguns meses, o Ministério Público ofereceu aditamento a denúncia com a finalidade de substituir o nome do apelante pelo Sr. Cleverson José dos Santos.
>
> Portanto, requer a majoração do valor arbitrado a título de danos morais.
>
> Não lhe assiste razão, isto pois, devem ser observados, para a fixação do *quantum* devido, dentre outros parâmetros, a proporção e a razoabilidade a fim de evitar quantias irrisórias ou exageradas que possam ensejar o enriquecimento ilícito de uma das partes; a gravidade do ato ilícito; a dor, o sofrimento e a angústia causados e grau de culpa do ofensor, bem como as condições socioculturais e econômicas do postulante".

Da leitura do trecho mencionado, verifica-se que o nome do ora recorrente foi atribuído a uma pessoa investigada pela autoria de um crime e que ele teve que comparecer em juízo para procurar a correção na qualificação do real investigado.

Porém também se constata que a identidade física do real indiciado estava delimitada e que, em meses, o equívoco fora devidamente corrigido na instrução criminal, quando o próprio Ministério Público requereu o aditamento da denúncia.

Dessa forma, da análise da situação fática delimitada pelo Tribunal de origem, nota-se que a quantia estipulada atende aos critérios de justiça e razoabilidade, tanto de forma objetiva, como de forma subjetiva. Portanto, reformar o acórdão da origem esbarraria no óbice da Súmula n. 7/STJ.

Ante o exposto, o agravo regimental não deve ser provido. É o voto.

18. DANO POR FATO DO PRODUTO. CDC, ART. 27. PRESCRIÇÃO

STJ – Recurso Especial n. 304.724/RJ (*DJU* 22.08.2005, p. 259)
(2001/0020513-5)

Relator: Ministro Humberto Gomes de Barros.

Recorrente: Antônio Carlos Bandeira de Mello.

Advogado: Luiz Felipe Lisboa Belchior e outros.

Recorrido: Souza Cruz S/A.

Advogados: Antônio Vilas Boas Teixeira de Carvalho, Cristiane Romano e outros.

Eduardo Antônio Lucho Ferrão e outros.

Ementa: Consumidor. Reparação civil por fato do produto. Dano moral e estético. Tabagismo. Prescrição. Cinco anos. Princípio da especialidade. Início da contagem. Conhecimento do dano e da autoria. Reexame de provas. Súmula 7. Ausência de indicação do dispositivo de lei supostamente violado. Deficiência na fundamentação. Súmula 284/STF. Divergência não configurada.

– A ação de reparação por fato do produto prescreve em cinco anos (CDC; art. 27).

– O prazo prescricional da ação não está sujeito ao arbítrio das partes. A cada ação corresponde uma prescrição, fixada em lei.

– A prescrição definida no art. 27 do CDC é especial em relação àquela geral das ações pessoais do art. 177 do CC/1916 [sem correspondente no CC/2002]. Não houve revogação, simplesmente, a norma especial afasta a incidência da regra geral (LICC [atual LINDB], art. 2º, § 2º).

– A prescrição da ação de reparação por fato do produto é contada do conhecimento do dano e da autoria, nada importa a renovação da lesão no tempo, pois, ainda que a lesão seja contínua, a fluência da prescrição já se iniciou com o conhecimento do dano e da autoria.

– "A pretensão de simples reexame de prova não enseja recurso especial."

– É inadmissível o recurso especial, quando a deficiência na sua fundamentação não permitir exata compreensão da controvérsia. Inteligência da Súmula 284/STF.

– Divergência jurisprudencial não demonstrada, nos moldes exigidos pelo par. único, do art. 541, do CPC [NCPC, art. 1.029].[2]

---

[2] No mesmo sentido: STJ, 3ª T., AgRg no REsp 1.081.784/RS, Rel. Min. Massami Uyeda, ac. 07.12.2010, *DJe* 03.02.2011; STJ, 4ª T., AgRg no REsp 995.890/RN, Rel. Min. Antonio Carlos Ferreira, ac. 12.11.2013, *DJe* 21.11.2013.

Acórdão

Vistos, relatados e discutidos os autos em que são partes as acima indicadas, acordam os Ministros da Terceira Turma do Superior Tribunal de Justiça na conformidade dos votos e das notas taquigráficas a seguir, por unanimidade, não conhecer do recurso especial. Os Srs. Ministros Carlos Alberto Menezes Direito, Nancy Andrighi, Castro Filho e Antônio de Pádua Ribeiro votaram com o Sr. Ministro Relator. Sustentou oralmente o Dr. Antônio Vilas Boas Teixeira de Carvalho, pela recorrida.

Brasília (DF), 24 de maio de 2005 (data do julgamento).

Ministro Humberto Gomes de Barros, Relator.

Relatório

Ministro Humberto Gomes de Barros: Antônio Carlos Bandeira de Mello ajuizou ação indenizatória contra Souza Cruz S/A, pedindo indenização por danos morais e estéticos, que o levaram ao câncer de laringe em razão do tabagismo.

A ré, ora recorrida, contestou levantando, entre outras, preliminar de prescrição.

O MM. Juiz de Direito, em saneador (fls. 25/26), afastou as preliminares arguidas.

Veio Agravo de Instrumento, que foi provido para decretar a extinção do processo com julgamento do mérito pela ocorrência da prescrição com base no art. 27 do CDC (fls. 296/309 e fls. 334/335).

Opostos embargos declaratórios, foram rejeitados.

Daí este Recurso Especial, onde o recorrente reclama de ofensa aos arts. 177 e 159 do CC/1916 [atual, art. 186] e aos arts. 1º e 12 do CDC. Também aponta divergência jurisprudencial.

Em resumo, alega que:

– a ação só prescreve em vinte anos, pois é aplicável o art. 177 do CC/16 [sem correspondente no CC/2002];

– é possível a apreciação do pedido pelo direito comum, quando pela lei especial o direito já estiver prescrito;

– o dano moral e estético continuam ocorrendo e, assim, o prazo prescricional se renova;

– havia incerteza sobre a autoria do dano por que "se a própria recorrida nega tenha sido o consumo de cigarros o responsável pelo aparecimento do câncer, como pode o acórdão dizer que é fato notório que o cigarro provoca câncer de laringe" (fl. 359);

– no caso, é possível a formulação de pedido genérico (por precaução).

Contrarrazões às fls. 435/449, que traz parecer (fls. 450/464) do e. Advogado e Professor Arruda Alvim.

Voto

Ministro Humberto Gomes de Barros (relator): O TJRJ decretou a prescrição da ação com estes fundamentos:

> "E) Em relação à própria existência da prescrição, observa-se que a relação é intrinsecamente de consumo, além de ter a inicial se respaldado no art. 12 do CDC.

Muito embora tenha o Agravado invocado dispositivo do Código Civil, a responsabilidade pelo dano foi baseada no Código de Defesa do Consumidor.

Portanto, incide a regra do art. 27 do mencionado diploma, que fulmina de prescritas as ações não intentadas no prazo de 5 anos, contados estes a partir do conhecimento do dano e de sua autoria.

Tal observação se faz necessária porque, fincada no Codex especial, a pretensão terá tratamento diverso, no que diz respeito à culpa, que é objetiva, adotada a Teoria do risco do negócio.

Desse modo, se a ação é lastreada no CDC, o Agravado só tem o ônus de provar o nexo causal e o dano. Justo, assim, que o prazo prescricional, então seja, também, o estabelecido por aquele diploma.

O dano ultimou-se, sem dúvida, no dia da extirpação da laringe do Autor, o que ocorreu em abril de 1998, ao passo que a ação foi proposta em junho de tal ano.

F) Divergem as partes quanto ao momento em que o Autor teria tido conhecimento do autor do dano.

Ora, o Autor era fumante inveterado desde 1941, quando contava 15 anos. Chegou a fumar 4 maços de cigarro por dia. Razoável admitir que, nessa época, não se tinha plena certeza dos malefícios advindos do tabaco.

Mas, para considerar não prescrita a ação por falta de conhecimento do autor do dano, teria de aceitar-se a tese de que somente de abril ou junho de 1993 para cá é que o Autor teria tido ciência de que o tabaco provoca câncer.

Ora, é fato notório, há muito tempo (muito mais de 5 anos, pelo menos) que o fumo é prejudicial à saúde e é um dos maiores responsáveis pelo câncer de garganta, laringe e esôfago.

Diga-se, ainda, que a prescrição vintenária estabelecida pelo CC, 177 [sem correspondente no CC/02], foi revogada pelo Codex do Consumidor, como já se teve oportunidade de proclamar, em outro julgamento proferido nesta Câmara.

Portanto, a prescrição é quinquenal e se verificou, porque quer se conte da ocorrência do dano, quer do conhecimento do autor dele (o que, notoriamente, não ocorreu nos últimos 5 anos) o Autor ajuizou a destempo a ação" (fl. 305/307).

A responsabilidade por fato do produto é de natureza consumerista. Há regulação própria e específica deste vício na relação de consumo (CDC; arts. 12 a 17). Por isso, a ação de reparação, material ou moral, prescreve em cinco anos, na forma do art. 27 do CDC.

O prazo prescricional da ação não está sujeito à escolha. Para cada ação só há uma prescrição.

A prescrição definida no art. 27 do CDC é especial em relação àquela geral das ações pessoais do art. 177 do CC/1916 [sem correspondente no CC/2002]. Assim, não houve revogação, simplesmente, a norma especial afasta a incidência da regra geral (LICC [atual LINDB], art. 2º, § 2º).

O recorrente diz que o dano se renova no tempo e, por isso, não há prescrição. Recorro à letra do art. 27, do CDC:

> "Art. 27. Prescreve em 5 (cinco) anos a pretensão à reparação pelos danos causados por fato do produto ou do serviço prevista na Seção II deste Capítulo, iniciando-se a contagem do prazo a partir do conhecimento do dano e de sua autoria".

Portanto, a prescrição é contada do conhecimento do dano e da autoria, nada importa a renovação da lesão no tempo, pois, ainda que a lesão seja contínua, a fluência da prescrição já se iniciou com o conhecimento do dano e da autoria.

Além disso, o Tribunal de origem delimitou com base em provas o conhecimento da autoria do dano. Ficou bem definido que há mais de cinco anos já é fato notório "que o fumo é prejudicial à saúde e é um dos maiores responsáveis pelo câncer de garganta, laringe e esôfago" (fl. 306). No ponto, incide a Súmula 7.

Quanto à alegada possibilidade de formulação de pedido genérico, tem razão a recorrida (fl. 405). Este não foi o fundamento do acórdão recorrido para a extinção do processo, com julgamento do mérito, e o recorrente não apontou violação a qualquer dispositivo referente à questão, incidindo a Súmula 284/STF em razão da deficiência na fundamentação do recurso nesse particular.

A divergência jurisprudencial não está configurada com as formalidades exigidas pelo art. 541, parágrafo único, do CPC [NCPC, art. 1.029, § 1º]. Não houve o confronto analítico entre os paradigmas oferecidos e o julgado recorrido para demonstração de semelhança entre os casos confrontados, que, no caso, efetivamente, não existe. Além disso, não foram juntadas cópias autenticadas dos julgados paradigmas, nem indicado repositório de jurisprudência oficial ou credenciado.

Nego provimento ao recurso.

Voto

O Exmo. Sr. Ministro Carlos Alberto Menezes Direito: Senhora Ministra Presidente, realmente, como pôs o brilhante advogado da tribuna e o voto do eminente Ministro Relator, não tenho dúvida, e já fiquei vencido na Segunda Seção, de que quanto aos casos relativos a seguro se aplica o Código de Defesa do Consumidor. Neste feito, especificamente, sob todas as luzes, trata-se de indenização por fato do produto e, se é por fato do produto, evidentemente não se pode aplicar a prescrição do direito comum; aplica-se a prescrição do Código de Defesa do Consumidor, no caso, a prescrição do art. 27.

Dúvida haveria no que concerne à contagem do prazo prescricional, independendo da situação de fato, diante de precedentes do Supremo Tribunal Federal. Pelo que pude depreender do belíssimo memorial que me foi entregue, no caso, a contagem do prazo oferecida pelo acórdão é do dano ocorrido; e esse foi posterior à data da entrada em vigor do Código de Defesa do Consumidor. Se, efetivamente, o dano identificado pelo Tribunal de origem é posterior à entrada em vigor do Código de Defesa do Consumidor, não se há de aplicar nenhuma regra de direito intertemporal, porque se reconhece a incidência do Código de Defesa do Consumidor na relação entre o autor e a empresa ré e, evidentemente, conta-se o prazo sem aquele critério existente na nossa jurisprudência e na do Supremo Tribunal Federal.

No caso concreto, sendo o dano posterior ao Código de Defesa do Consumidor, dele se conta o prazo de cinco anos; decorrido o prazo de cinco anos, está prescrita a ação e, nessa medida, nenhuma outra questão pode ser posta, porque a decisão fica sustada pelo reconhecimento da existência da prescrição. Poder-se-ia, ainda, examinar a questão relativa ao momento do dano – certamente não é aquele da data do início do vício do fumo. É sabido que o problema da patologia neoplásica é dependente da própria formação genética: há pessoas que têm tendências genéticas do ponto de vista da aquisição de determinada patologia, e outras não, e isso é específico no caso das doenças malignas, *ad exemplum* dos fumantes – existem pessoas que fumam a vida inteira, em intensidade redobrada, todavia não adquirem a patologia neoplásica e, outras a adquirem, mesmo que fumem apenas eventualmente, alcançando, quanto ao fumante, não apenas a laringe, o esôfago, mas o pulmão. E não se explicaria que pessoas fumantes inveteradas, por exemplo, não adquiram o câncer de pulmão, enquanto outras, que jamais fumaram, mas por possuírem alterações genéticas da patologia neoplásica, o adquirem.

Portanto, o prazo prescricional, considerando essa circunstância da ciência médica, há de ser contado da sua ocorrência, da sua constatação e, no caso, a matéria está coberta pela Súmula 7, como me parece ter indicado o eminente Ministro Relator quanto à identificação do dano em data posterior ao Código de Defesa do Consumidor e aí, evidentemente, conta-se o prazo dessa data, razão pela qual também não conheço do recurso especial.

19. DANO AO CONSUMIDOR. VÍCIO APARENTE. PRAZO DECADENCIAL

STJ – Recurso Especial n. 1.161.941/DF (*DJe* 14.11.2013)

Relator: Ministro Ricardo Villas Bôas Cueva.

Recorrente: Juliana Almeida e Araújo e outro.

Advogado: Renato Oliveira Ramos.

Recorrido: Casanova Trajes a Rigor e Promoções S/C Ltda.

Advogado: André Vicente Achefer Quintaes e outro(s).

Ementa: Recurso especial. Direito do consumidor. Indenização por danos morais e materiais. Entrega de vestido de noiva defeituoso. Natureza. Bem durável. Art. 26, inciso I, do Código de Defesa do Consumidor. Prazo decadencial de noventa dias.

1. A garantia legal de adequação de produtos e serviços é direito potestativo do consumidor, assegurado em lei de ordem pública (arts. 1º, 24 e 25 do Código de Defesa do Consumidor).

2. A facilidade de constatação do vício e a durabilidade ou não do produto ou serviço são os critérios adotados no Código de Defesa do Consumidor para a fixação do prazo decadencial de reclamação de vícios aparentes ou de fácil constatação em produtos ou serviços.

3. O direito de reclamar pelos vícios aparentes ou de fácil constatação caduca 30 (trinta), em se tratando de produto não durável, e em 90 (noventa) dias, em se tratando de produto durável (art. 26, incisos I e II, do CDC).

4. O início da contagem do prazo para os vícios aparentes ou de fácil constatação é a entrega efetiva do produto (tradição) ou, no caso de serviços, o término da sua execução (art. 26, § 1º, do CDC), pois a constatação da inadequação é verificável de plano a partir de um exame superficial pelo "consumidor médio".

5. A decadência é obstada pela reclamação comprovadamente formulada pelo consumidor perante o fornecedor de produtos e serviços até a resposta negativa correspondente, que deve ser transmitida de forma inequívoca (art. 26, § 2º, inciso I, do CDC), o que ocorreu no caso concreto.

6. O vestuário representa produto durável por natureza, porque não se exaure no primeiro uso ou em pouco tempo após a aquisição, levando certo tempo para se desgastar, mormente quando classificado como artigo de luxo, a exemplo do vestido de noiva, que não tem uma razão efêmera.

7. O bem durável é aquele fabricado para servir durante determinado transcurso temporal, que variará conforme a qualidade da mercadoria, os cuidados que lhe são emprestados pelo usuário, o grau de utilização e o meio ambiente no qual inserido. Por outro lado, os produtos "não duráveis" extinguem-se em um único ato de consumo, porquanto imediato o seu desgaste.

8. Recurso provido para afastar a decadência, impondo-se o retorno dos autos à instância de origem para a análise do mérito do pedido como entender de direito.

Acórdão

A Terceira Turma, por unanimidade, dar provimento ao recurso especial, nos termos do voto do Sr. Ministro Relator. Os Srs. Ministros Nancy Andrighi, Sidnei Beneti e Paulo de Tarso Sanseverino votaram com o Sr. Ministro Relator. Ausente, justificadamente, o Sr. Ministro João Otávio de Noronha.

Brasília (DF), 5 de novembro de 2013 (data do julgamento).

Voto

O Exmo. Sr. Ministro Ricardo Villas Bôas Cueva (relator): O recurso merece prosperar.

Quanto à alegada violação do art. 535 do Código de Processo Civil [NCPC, art. 1.022], ao que se tem, o Tribunal de origem motivou adequadamente sua decisão, solucionando a controvérsia com a aplicação do direito que entendeu cabível à hipótese. Não há falar, portanto, em negativa de prestação jurisdicional apenas pelo fato de o acórdão recorrido ter decidido em sentido contrário à pretensão da parte.

No mérito, assiste razão às recorrentes.

Como se sabe, a garantia legal de adequação de produtos e serviços é direito potestativo do consumidor, porquanto assegurado em lei de ordem pública (arts. 1º, 24 e 25 do Código de Defesa do Consumidor.

A professora Cláudia Lima Marques, ao mencionar o regime jurídico dos vícios no Código de Defesa do Consumidor, afirma que "o novo dever legal afasta a incidência das normas ordinárias sobre vício redibitório, assim como o dever legal de informar e cooperar afasta as normas ordinárias sobre o erro. *O vício, enquanto instituto do chamado direito do consumidor, é mais amplo e seu regime mais objetivo: não basta a simples qualidade média do produto, é necessária a sua adequação objetiva, a possibilidade de que aquele bem satisfaça a confiança que o consumidor nele depositou, sendo o vício oculto ou aparente.* Da mesma maneira, os legitimados passivamente, isto é, os responsáveis, são agora todos os fornecedores envolvidos na produção e não só o cocontratante" (*Comentários ao Código de Defesa do Consumidor*, Editora Revista dos Tribunais, 3ª Edição – art. 18 – pág. 483 – grifou-se).

A *facilidade de constatação do vício e a durabilidade ou não do produto ou serviço* representam no Código de Defesa do Consumidor os critérios legais para a fixação do prazo decadencial para reclamação de vícios aparentes ou de fácil constatação. Assim, se o produto for durável, o prazo será de 90 (noventa) dias, caso contrário, se não durável, o prazo será de 30 (trinta) dias, como se vê da literalidade do seguinte dispositivo:

> "Art. 26. O direito de reclamar pelos vícios aparentes ou de fácil constatação caduca em:
> I – trinta dias, tratando-se de fornecimento de serviço e de produtos não duráveis;
> II – noventa dias, tratando-se de fornecimento de serviço e de produtos duráveis.
> § 1º Inicia-se a contagem do prazo decadencial a partir da entrega efetiva do produto ou do término da execução dos serviços.
> § 2º Obstam a decadência:
> I – a reclamação comprovadamente formulada pelo consumidor perante o fornecedor de produtos e serviços até a resposta negativa correspondente, que deve ser transmitida de forma inequívoca;
> II – (Vetado).
> III – a instauração de inquérito civil, até seu encerramento.
> § 3º Tratando-se de vício oculto, o prazo decadencial inicia-se no momento em que ficar evidenciado o defeito".

O acórdão recorrido, ao valorar as premissas fáticas postas nos autos, assentou que o *vestuário* teria natureza de bem *não durável*, motivo pelo qual aplicou o prazo decadencial de 30 (trinta) dias previsto no art. 26, inciso I, do CDC, extinguindo o feito com resolução do mérito por terem sido ultrapassados 4 (quatro) dias daquele prazo, como se afere da fundamentação que ora se transcreve:

> "(...) Todavia, todos os bens, sejam duráveis ou não, se extinguem com o uso, mesmo que seja a longo prazo. Tal classificação, que não está explícita na legislação, mas fora elaborada pela jurisprudência, estabelece os lindes da questão, adotando o entendimento de que o vestuário se subsume à categoria de bem não durável, embora, por certo, não se possa falar em extinção imediata da coisa. (...) *Nessa linha de entendimento, adotando o critério de ser o vestuário produto não durável, mormente em se tratando de vestido de noiva cujo uso se extingue com a realização da cerimônia e sendo a autora consumidora final do produto, não havendo falar portanto em reutilização do vestido, correto o entendimento monocrático no sentido de ter ocorrido a decadência*: 'Neste contexto fático-legal, tem-se evidenciada a caducidade do direito vindicado na presente ação, mesmo a se considerar a notificação encaminhada pelas autoras como causa suspensiva do curso do prazo decadencial, reiniciando, por sua vez, após a contranotificação conhecida pelas autoras em 31/08/2006' (fl. 122), haja vista o determinado pelo art. 26, I do CDC" (e-STJ fl. 165 – grifou-se).

Tal conclusão, contudo, não se sustenta no ordenamento pátrio.

Entende-se por produto *durável* aquele que, como o próprio nome consigna, não se extingue pelo uso, levando certo tempo para se desgastar. Ao consumidor é facultada a utilização do bem conforme sua vontade e necessidade, sem, todavia, se olvidar que *nenhum produto é eterno, pois, de um modo ou de outro, todos os bens tendem a um fim material em algum momento, já que sua existência está atrelada à sua vida útil.*

O aspecto de *durabilidade* do bem impõe reconhecer que um dia todo bem perderá sua função, deixando de atender à finalidade à qual um dia se destinou. O bem durável é aquele fabricado para servir durante determinado tempo, que variará conforme a qualidade da mercadoria, os cuidados que lhe são emprestados pelo usuário, o grau de utilização e o meio ambiente no qual inserido. Portanto, natural que um terno, um eletrodoméstico, um automóvel ou até mesmo um livro, à evidência exemplos de produtos *duráveis*, se desgastem com o tempo, já que a finitude, é de certo modo, inerente a todo bem.

Por outro lado, os produtos *não duráveis*, tais como alimentos, os remédios e combustíveis, em regra in natura, findam com o mero uso, extinguindo-se em um único ato de consumo. O desgaste é, por consequência, imediato.

Na hipótese dos autos, há que se reconhecer que o bem em objeto de análise é um vestido de noiva, incluído na classificação de bem de *uso especial*, tidos como "aqueles bens de consumo *com características singulares e/ou identificação de marca, para os quais um grupo significativo de compradores está habitualmente desejoso e disposto a fazer um especial esforço de compra* (exemplos: marcas e tipos específicos de *artigos de luxo*, peças para aparelhos de alta fidelidade, equipamento fotográfico" (José Geraldo Brito Filomeno, *Manual de Direitos do Consumidor*, 10ª Edição, São Paulo, Editora Atlas S.A., 2010, pág. 47).

Logo, o vestuário, mormente um vestido de noiva, é um bem "durável", pois não se extingue pelo mero uso. Aliás, é notório que por seu valor sentimental há quem o guarde para a posteridade, muitas vezes com a finalidade de vê-lo reutilizado em cerimônias de casamento por familiares (filhas, netas e bisnetas) de uma mesma estirpe.

Por outro lado, há pessoas que o mantém como lembrança da escolha de vida e da emoção vivenciada no momento do enlace amoroso, enquanto há aquelas que guardam o vestido de noiva para uma possível reforma, seja por meio de aproveitamento do material (normalmente valioso), do tingimento da roupa (cujo tecido, em regra, é de alta qualidade) ou, ainda, para extrair lucro econômico, por meio de aluguel (negócio rentável e comum atualmente).

Desse modo, o vestido de noiva jamais se enquadraria como bem não durável, porquanto não consumível, tendo em vista não se exaurir no primeiro uso ou em pouco tempo após a aquisição, para consignar o óbvio. Aliás, como claramente se percebe, a depender da vontade da consumidora, o vestido de noiva, vestimenta como outra qualquer, sobreviverá a muitos usos.

Com efeito, o desgaste de uma roupa não ocorre em breve espaço de tempo, em especial quando cediço que um dos elementos estimuladores do consumo é a qualidade da roupa. Não é inapropriado dizer que muitas vezes há roupas mais duradouras que produtos eletroeletrônicos (também considerados duráveis) e, não por outro motivo, as roupas, em geral, possuem instruções de uso e lavagem a fim de lhe permitir longa vida útil, ou seja, maior durabilidade. De fato, tanto as roupas são bens considerados duráveis que, não raro, são objeto de doações, pois, mesmo já gastas ainda preservam o estado de uso, em especial para aqueles com menor capacidade econômica, o que deve ser sempre estimulado em um país cuja miserabilidade cresce a cada dia.

Ademais, é inegável existirem roupas que têm valor sentimental incomensurável por terem pertencido a membros da família, muitos já falecidos, ou ainda, por terem sido adquiridas na infância.

No particular, impõe-se reconhecer que todo produto possui uma "vida útil". Todavia, o produto durável não tem uma vida efêmera, muito "embora não se exija que seja prolongada, na medida em que é do próprio capitalismo que vivemos que cedo ou tarde todos e qualquer produto ou serviço seja substituído por uma nova aquisição que venha alimentar o ciclo de consumo" (Caio Augusto Silva Santos e Paulo Henrique Silva Godoy, em obra Coordenada por Giselda Maria Fernandes Novaes Hironaka, *O Novo Código Civil – Interfaces no Ordenamento Jurídico Brasileiro* – Editora Del Rey, Belo Horizonte, 2004, pág. 99).

Registre-se, por oportuno, os inúmeros exemplos de resistência ao tempo das roupas, citando-se, a título ilustrativo: o manto do imperador D. Pedro II, até hoje peça das mais apreciadas do acervo do Museu Imperial de Petrópolis/RJ; os vestidos de Carmen Miranda, expostos, inclusive, no Museu de Arte Moderna do Rio de Janeiro (MAM); as vestimentas oficiais do ex-Presidente Juscelino Kubitschek mantidas no Museu do Catetinho, em Brasília/DF, e, ainda, as vestes intactas do Papa João XXIII, cujo corpo está em exposição permanente em um sarcófago de vidro na Basílica de São Pedro no Vaticano.

Em consequência, *o prazo decadencial incidente no caso em apreço é o aplicável aos bens duráveis, qual seja, o de 90 (noventa) dias, versando hipótese de vício aparente ou de fácil constatação na data da entrega (tradição)*, conhecido como aquele que não exige do consumidor médio nenhum conhecimento especializado ou apreciação técnica (perícia), por decorrer de análise superficial do produto (simples visualização ou uso), cuja constatação é verificável de plano, a partir de um simples exame do bem ou serviço, por mera experimentação ou por "saltar aos olhos" ostensivamente sua inadequação.

Por outro lado, o CDC estabelece que o prazo decadencial se inicia a partir da entrega efetiva do produto ou do término da execução do serviço (art. 26, § 1º, do CDC), diferentemente dos vícios ocultos, em que o prazo começa a partir de sua manifestação (art. 26, §§ 1º e 3º, do CDC).

Alegam as autoras que o vestido de noiva entregue não estava em perfeito estado de uso, nem mesmo representava o modelo previamente combinado pelas partes, frustrando as justas expectativas da consumidora às vésperas do evento. Desse modo, por apresentar defeitos substanciais de confecção, precisou buscar outro profissional para realizar os consertos indispensáveis à utilização da roupa pela noiva na cerimônia de casamento. Dentre os defeitos alegados pelas autoras, destacam-se: "o decote foi abaixado, a frente do vestido foi trocada, o forro foi todo trocado, foi usado outro véu, foi colocado cetim sem costura, o babado foi adaptado, alguns tecidos foram trocados (estavam do lado avesso), entre outras alterações" (e-STJ fl. 7).

São irrefutáveis a angústia e a frustração de qualquer pessoa que contrate um vestido para uma ocasião especial, tal como o dia da cerimônia do casamento, cujos preparativos permeiam expectativas e sonhos das partes envolvidas, inclusive de familiares e amigos.

A situação de inadequação que desafia a responsabilidade por vícios do produto ou serviço apta a merecer reparos pode se referir tanto à quantidade como à qualidade da mercadoria cuja utilização se reputa imprópria ao consumo, estando estampadas nos artigos 18 a 25 do Código de Defesa do Consumidor as alternativas de substituição do produto, o abatimento proporcional do preço, a reexecução do serviço, ou até mesmo a resolução do contrato, com a restituição do preço.

A tradição da mercadoria defeituosa foi realizada uma semana antes do matrimônio, afirmando as recorrentes que o resultado do objeto do contratado violou a garantia legal de adequação inerente a qualquer produto posto no mercado, deixando de satisfazer a necessidade do destinatário final, o consumidor (art. 24 do CDC), o que deve ser demonstrado na instrução do feito.

Saliente-se que tal insurgência há de ser exercida dentro dos exíguos prazos previstos no CDC (art. 26, incs. I e II). *No caso, as autoras insurgiram-se tempestivamente, motivo pelo qual não merece guarida a tese da decadência.*

Esta Corte já teve a oportunidade de se manifestar sobre a incidência dos prazos decadenciais nas hipóteses de produtos duráveis e não duráveis, que são distintos no Código de Defesa do Consumidor, como se vê da seguinte ementa:

> "Direito do consumidor. Ação de preceito cominatório. Substituição de mobiliário entregue com defeito. Vício aparente. *Bem durável*. Ocorrência de decadência. *Prazo de noventa dias. Art. 26, II, da Lei 8.078/1990*. Doutrina. Precedente da turma. Recurso provido.
> I – Existindo vício aparente, de fácil constatação no produto, não há que se falar em prescrição quinquenal, mas, sim, em decadência do direito do consumidor de reclamar pela desconformidade do pactuado, incidindo o art. 26 do Código de Defesa do Consumidor.
> II – O art. 27 do mesmo diploma legal cuida somente das hipóteses em que estão presentes vícios de qualidade do produto por insegurança, ou seja, casos em que produto traz um vício intrínseco que potencializa um acidente de consumo, sujeitando-se o consumidor a um perigo iminente.
> III – *Entende-se por produtos não duráveis aqueles que se exaurem no primeiro uso ou logo após sua aquisição, enquanto que os duráveis, definidos por exclusão, seriam aqueles de vida útil não efêmera*" (REsp 114.473/RJ, Rel. Ministro Sálvio de Figueiredo Teixeira, Quarta Turma, julgado em 24.03.1997, DJ 05.05.1997 – grifou-se).

Em outra oportunidade, a Ministra Fátima Nancy Andrighi, em laborioso voto, sintetizou, de forma didática, as regras do CDC ora em estudo, reconhecendo o direito do consumidor de exigir, dentro do prazo legal, a superação de eventuais vícios de qualidade ou quantidade, bem como que a garantia legal de adequação não afasta nem conflita com a garantia contratual eventualmente pactuada entre as partes:

> "Consumidor. Responsabilidade pelo fato ou vício do produto. Distinção. Direito de reclamar. Prazos. Vício de adequação. Prazo decadencial. Defeito de segurança. Prazo prescricional. Garantia legal e prazo de reclamação. Distinção. Garantia contratual. Aplicação, por analogia, dos prazos de reclamação atinentes à garantia legal.

– No sistema do CDC, a responsabilidade pela qualidade biparte-se na exigência de adequação e segurança, segundo o que razoavelmente se pode esperar dos produtos e serviços. Nesse contexto, fixa, de um lado, a responsabilidade pelo fato do produto ou do serviço, que compreende os defeitos de segurança; e de outro, a responsabilidade por vício do produto ou do serviço, que abrange os vícios por inadequação.

– *Observada a classificação utilizada pelo CDC, um produto ou serviço apresentará vício de adequação sempre que não corresponder à legítima expectativa do consumidor quanto à sua utilização ou fruição, ou seja, quando a desconformidade do produto ou do serviço comprometer a sua prestabilidade.* Outrossim, um produto ou serviço apresentará defeito de segurança quando, além de não corresponder à expectativa do consumidor, sua utilização ou fruição for capaz de adicionar riscos à sua incolumidade ou de terceiros.

– *O CDC apresenta duas regras distintas para regular o direito de reclamar, conforme se trate de vício de adequação ou defeito de segurança. Na primeira hipótese, os prazos para reclamação são decadenciais, nos termos do art. 26 do CDC, sendo de 30 (trinta) dias para produto ou serviço não durável e de 90 (noventa) dias para produto ou serviço durável, ambos os prazos contadas da entrega efetiva do produto ou do término da execução do serviço.* A pretensão à reparação pelos danos causados por fato do produto ou serviço vem regulada no art. 27 do CDC, prescrevendo em 05 (cinco) anos.

– A garantia legal é obrigatória, dela não podendo se esquivar o fornecedor. Paralelamente a ela, porém, pode o fornecedor oferecer uma garantia contratual, alargando o prazo ou o alcance da garantia legal.

– *A lei não fixa expressamente um prazo de garantia legal. O que há é prazo para reclamar contra o descumprimento dessa garantia, o qual, em se tratando de vício de adequação, está previsto no art. 26 do CDC, sendo de 90 (noventa) ou 30 (trinta) dias, conforme seja produto ou serviço durável ou não.*

– Diferentemente do que ocorre com a garantia legal contra vícios de adequação, cujos prazos de reclamação estão contidos no art. 26 do CDC, a lei não estabelece prazo de reclamação para a garantia contratual. Nessas condições, uma interpretação teleológica e sistemática do CDC permite integrar analogicamente a regra relativa à garantia contratual, estendendo-lhe os prazos de reclamação atinentes à garantia legal, ou seja, a partir do término da garantia contratual, o consumidor terá 30 (bens não duráveis) ou 90 (bens duráveis) dias para reclamar por vícios de adequação surgidos no decorrer do período desta garantia. Recurso especial conhecido e provido" (REsp 967.623/RJ, julgado em 16.04.2009, *DJe* 29.06.2009 – grifou-se).

Extrai-se dos autos que a última prova do vestido ocorreu no dia *27.07.2006*, quando o vestido supostamente danificado foi entregue às consumidoras, tendo a empresa recorrida sido notificada extrajudicialmente dos alegados vícios em *21.08.2006*. Por sua vez, as autoras foram cientificadas da contranotificação em *31.08.2006*, tendo sido a presente ação judicial proposta em *04.09.2006*.

Como se vê, qualquer que seja a interpretação que se confira ao verbo obstar constante do art. 26 do CDC, no presente caso não há falar em decadência, porquanto não transcorrido o prazo de 90 (noventa) dias. Portanto, independentemente de se reconhecer a suspensão ou a interrupção da noventena legal, o prazo foi efetivamente "obstado" pela reclamação formalizada pela notificação extrajudicial da recorrida.

Consigne-se que a reclamação deve ser comprovada pelo consumidor para que possa se valer do benefício, *não exigindo a lei meios específicos para tanto*. Segundo Héctor Valverde Santana, "*não há uma forma preestabelecida para realizar a reclamação. Efetivamente, pode o consumidor, ou quem o represente legalmente, apresentar sua reclamação perante o fornecedor por todos os meios possíveis, seja verbal, pessoalmente ou por telefone, nos Serviços de Atendimento ao Cliente (SAC), por escrito, mediante instrumento enviado pelo cartório de títulos e documentos, carta registrada ou simples, encaminhada pelo serviço postal ou entregue diretamente pelo consumidor, e-mail, fax, dentre outros*" (*Prescrição e Decadência nas Relações de Consumo*, São Paulo, RT, 2002, pág. 128).

É recomendável que a reclamação "seja documentada (carta com aviso de recebimento – AR), podendo ser feita junto a qualquer fornecedor que, de alguma forma, interveio na cadeia de consumo e tenha se beneficiado da venda (produtor, comerciante, importador, fabricante), não havendo na lei qualquer ressalva a respeito" (Fábio Henrique Podestá, *Código de Defesa do Consumidor Comentado*, Editora Revista dos Tribunais, pág. 171).

Contudo, esta Corte já se manifestou no sentido de que "*a reclamação verbal seria suficiente a obstar os efeitos da causa extintiva (decadência) se efetivamente comprovada*" (REsp 156.760/SP, Rel. Ministro Fernando Gonçalves, Quarta Turma, julgado em 04.03.2004, *DJ* 22.03.2004 – grifou-se), desde que direcionada à quem interessa, já que "não obsta a decadência a simples denúncia oferecida ao Procon, sem que se formule pretensão, e para a qual não há cogitar de resposta" (REsp 65.498/SP, Rel. Ministro Eduardo Ribeiro, Terceira Turma, julgado em 11.11.1996, *DJ* 16.12.1996).

No tocante à controvérsia doutrinária acerca do real significado da expressão "obstam a decadência" (art. 26, § 2º, do CDC) a melhor doutrina assegura maior amplitude à tutela dos consumidores, cuja hipossuficiência, em regra, norteia as opções do legislador.

Portanto, assiste razão àqueles que entendem que o termo "obstar" versa sobre uma modalidade de interrupção do prazo decadencial, a exemplo de Cláudia Lima Marques, Luiz Edson Fachin, Luiz Daniel Pereira Cintra e Odete Novais Carneiro Queiroz, já que o prazo anterior seria desconsiderado, beneficiando, sobremaneira, o consumidor, que disporia novamente do prazo por completo para exercitar seu direito.

Nesse sentido, Rizzatto Nunes observa que "a inserção do termo 'obstam' foi justamente para fugir da discussão – especialmente doutrinária – a respeito da possibilidade ou não de que um prazo decadencial pudesse suspender-se ou não, interromper-se ou não, o legislador, inteligentemente, lançou mão do verbo 'obstar'" (*Curso de Direito do Consumidor*, Editora Saraiva, São Paulo, 2005, pág. 368).

A propósito, Héctor Valverde Santana apresenta forte argumento em favor da tese da interrupção, como salientado por Leonardo de Medeiros Garcia:

> "(...) Segundo o autor, o parágrafo único do art. 27 do CDC foi vetado pelo Presidente da República por reconhecer nele grave defeito de formulação. O dispositivo censurado dizia que seria interrompida a prescrição nas hipóteses do § 1º do art. 26 do CDC (houve um erro de remissão, já que pretendia se referir às causas obstativas do § 2º do art. 26 do CDC)" (*Direito do Consumidor*, Editora Impetus, Niterói, RJ, 2008, pág. 167).

Não se olvida, ademais, que a interpretação que entende como suspensão, por ser mais prejudicial aos consumidores, deve ser descartada, como acertadamente aponta lição do Ministro Herman Benjamin:

> "(...) Em que pese a dificuldade que a matéria comporta, a melhor posição, considerando a finalidade de proteção ao consumidor, e que os prazos decadenciais do CDC são bastante exíguos, é no sentido de se reiniciar a contagem dos prazos decadenciais a partir da resposta negativa do fornecedor (incido I) ou da data em que se promove o encerramento do inquérito civil (inciso III). Obstar, portanto, tem o sentido de invalidar o prazo já transcorrido, o que se assemelha ou se aproxima das hipóteses de interrupção" (*Manual de direito do consumidor*, Revista dos Tribunais, 2008, pág. 165).

Dessa forma, afasto as conclusões do juízo de primeira instância, mantidas pelo Tribunal de origem, de que,

> "(...) Neste contexto, fático-legal, tem-se evidenciada a caducidade do direito vindicado na presente ação, mesmo a se considerar a notificação encaminhada pelas autoras *como causa suspensiva do curso do prazo decadencial, reiniciado, por sua vez, após a contranotificação conhecida pelas autoras em 31.08.2006*. Conforme elucida o Eminente Juiz de Direito James Eduardo de Moraes de Oliveira, em seu Código de Defesa do Consumidor, Ed Atlas 2005, 'A reclamação formulada pelo consumidor acerca dos vícios constatados no produto ou no serviço e o inquérito civil instaurado pelo Ministério Público constituem causas suspensivas – e não interruptivas – da decadência. Isso significa que, uma vez expirada a causa obstativa, o prazo decadencial retoma seu curso até alcançar os 30 ou 90 dias previstos no *caput* do art. 26'. Na verdade, com o reinício da contagem do prazo mencionado, as autoras ajuizaram a demanda em 08.09.2006, portanto, a destempo vez que o prazo fatal terminou em 04.09.2006 (...)" (e-STJ fls. 124-126 – grifou-se).

Desse modo, afasto a decadência do direito potestativo de reclamar os eventuais vícios do vestido de noiva, reputado impróprio ao uso (arts. 18, § 6º, e 20, § 2º, do CDC), equivocadamente declarada pelo Tribunal de origem, por incidir, no caso concreto, o prazo de 90 (noventa) dias pertinentes aos "bens duráveis", nos termos do art. 26, inciso II, do CDC.

Ante o exposto, dou provimento ao recurso especial e determino o retorno dos autos às instâncias de origem, para que analise o mérito do pedido de indenização material e moral como entender de direito.

É o voto.

20. DANO AO CONSUMIDOR. EXPLOSÃO DE CELULAR

1º TRCiv-JE/RS – Recurso Inominado n. 71001952340 (*DJRS* 19.05.2009)
Comarca de Novo Hamburgo

Ementa: Relação de consumo. Responsabilidade civil. Explosão de bateria de celular. Destruição parcial de dormitório. Acidente de consumo. Legitimidade do fabricante do produto. Danos materiais comprovados. Danos morais in re ipsa. *Valor da indenização mantido. Preliminar de ilegitimidade passiva afastada. Teoria da aparência.*

1. Em que pese tenha sido a ré adquirida pela empresa BenQ Mobile Holding, posteriormente alienada por um grande grupo econômico, há também de responder pelos deveres inerentes a acidentes de consumo com os produtos que carregam sua marca, tendo em vista fundamentalmente a teoria da aparência que prestigia a questão da confiança.

2. Há provas suficientes de que a bateria fabricada pela ré tenha sido a causadora da explosão narrada na inicial, conforme documentos de fls. 09/16 e 37. Tratando-se de bateria que se encontrava no prazo de garantia e que havia sido comprada no mesmo dia do fato, não há como afirmar tenha a autora concorrido negligentemente para o fato, tampouco que a explosão teria ocorrido por força maior, já que ao fabricante se impõe a obrigação primeira de verificar a idoneidade do produto vendido, mormente dele dependendo a segurança do consumidor.

3. Os danos materiais restaram demonstrados documentalmente (fls. 17/22), cabendo frisar que tais notas, recibos e orçamentos não foram impugnados pela ré, que, por seu turno, não produziu prova em contrário. Ademais, os danos alegados condizem com a narrativa da ocorrência policial (fl. 09) e com a prova testemunhal colhida (fl. 36).

4. Inegável a ocorrência do dano moral experimentado pela autora. As fotos anexadas à exordial demonstram que seu dormitório restou destruído, tendo o acidente posto em risco, ainda, a integridade física da demandante e de seus familiares. Em vista da extensão dos danos, o *quantum* indenizatório arbitrado (R$ 7.366,08) mostra-se adequado, proporcional e razoável.

Sentença confirmada por seus próprios fundamentos.

Recurso improvido.

Recorrente: Siemens Ltda.

Recorrido: Rosaura da Silva, Jutai 661 Equipamentos Eletrônicos Ltda.

Acórdão

Vistos, relatados e discutidos os autos.

Acordam os Juízes de Direito integrantes da Primeira Turma Recursal Cível dos Juizados Especiais Cíveis do Estado do Rio Grande do Sul, à unanimidade, em negar provimento ao recurso. Participaram do julgamento, além do signatário (Presidente), os eminentes Senhores Dra. Vivian Cristina Angonese Spengler e Dr. Afif Jorge Simões Neto.

Porto Alegre, 14 de maio de 2009.

Dr. Ricardo Torres Hermann, Relator.

Relatório

Oral em sessão.

Voto

Dr. Ricardo Torres Hermann (relator):

A sentença merece ser confirmada por seus próprios fundamentos, o que se faz na forma do disposto no art. 46, da Lei n. 9.099/1995, com os acréscimos constantes da ementa que integra este acórdão.

Voto, pois, no sentido de negar-se provimento ao recurso, condenando o recorrente ao pagamento das custas processuais, deixando de condená-lo ao pagamento de honorários advocatícios por não terem sido oferecidas contrarrazões.

Dra. Vivian Cristina Angonese Spengler – De acordo.

Dr. Afif Jorge Simões Neto – De acordo.

Dr. Ricardo Torres Hermann – Presidente – Recurso Inominado n. 71001952340, Comarca de Novo Hamburgo: "Negaram provimento. Unânime."

Juízo de Origem: Juizado Especial Cível Novo Hamburgo – Comarca de Novo Hamburgo.

21. DANO MORAL. DESCUMPRIMENTO DE CONTRATO

STJ – Recurso Especial n. 202.564/RJ (*DJU* 01.10.2001, p. 220)

Relator: Ministro Sálvio de Figueiredo Teixeira.

Recorrente: Sistema Globo de Edições Musicais – Sigem.

Advogado: Terence Zveiter e outros.

Recorrido: Sueli Correia Costa.

Advogado: Adriana Ramos de Almeida e outros.

Ementa: Civil e processual civil. Direito de autor. Descumprimento contratual. Dano moral. Inocorrência em regra. Situação excepcional não caracterizada. Prescrição. Termo inicial. Cautelar de antecipação de prova. Efeito interruptivo. Medida preparatória de ação indenizatória. CPC, arts. 219 e 846 [NCPC, arts. 240 e 381]. Recurso parcialmente provido.

I – O inadimplemento do contrato, por si só, pode acarretar danos materiais e indenização por perdas e danos, mas, em regra, não dá margem ao dano moral, que pressupõe ofensa anormal à personalidade. Embora a inobservância das cláusulas contratuais por uma das partes possa trazer desconforto ao outro contratante – e normalmente o traz – trata-se, em princípio, do desconforto a que todos podem estar sujeitos, pela própria vida em sociedade. Com efeito, a dificuldade financeira, ou a quebra da expectativa de receber valores contratados, não tomam a dimensão de constranger a honra ou a intimidade, ressalvadas situações excepcionais.

II – Na sistemática do Código de Processo Civil de 1973, a cautelar de antecipação de prova interrompe a prescrição quando se tratar de medida preparatória de outra ação, tornando inaplicável, nesses casos, o verbete sumular nº 154/STF, editado sob a égide do CPC/1939.[3]

Acórdão

Vistos, relatados e discutidos estes autos, acordam os Ministros da Quarta Turma do Superior Tribunal de Justiça, na conformidade dos votos e das notas taquigráficas a seguir, por unanimidade, conhecer em parte do recurso e, nessa parte, dar-lhe provimento.

---

[3] STJ, 4ª T., REsp 827.833/MG, Rel. Min. Raul de Araújo, ac. 24.04.2012, *DJe* 16.05.2012.

Votaram com o Relator os Ministros Barros Monteiro, Cesar Asfor Rocha, Ruy Rosado de Aguiar e Aldir Passarinho Júnior.

Brasília, 2 de agosto de 2001 (data do julgamento).

Voto

O Sr. Ministro Sálvio de figueiredo Teixeira (relator):

1. Sobre os danos morais, assentou o acórdão de segundo grau:

> "Com efeito, está sujeita a editora a prestar contas ao autor, a quem é também facultado o exame da escrituração da mesma, a fim de informar-se do êxito da reprodução e divulgação da obra e controlar a regularidade do recolhimento da retribuição pactuada (Lei nº 5.988/73, arts. 65 e 66 [artigos revogados pela Lei n. 9.610/1998]).
>
> Essa retribuição continuada adquire modernamente caráter salarial e alimentar, com a crescente profissionalização das atividades dos escritores, compositores musicais, artistas plásticos e outros intelectuais que fazem das obras de sua criação a fonte de recursos para a própria sobrevivência.
>
> Deste modo, sendo a retribuição à reprodução da obra intelectual elemento essencial do direito do autor, a violação deste, mesmo indireta, pelo retardo na sua entrega sem a devida atualização, exige sanção adequada, que comporta também a reparação de ordem moral, por envolver a obra criada a própria personalidade do criador, como expressão de seu espírito, a construir verdadeiro fundamento ético do direito patrimonial" (fls. 622-623).

Nas contrarrazões ao recurso especial, a autora-recorrida argumenta ser direito moral do compositor opor-se "à prática de atos que, de qualquer forma, possam prejudicá-lo, ou atingi-lo, como autor, em sua reputação ou honra", como expressa o art. 25, IV, da Lei 5.988/73 [artigo revogado pela Lei n. 9.610/1998]. Acrescenta que a retenção do pagamento de seus direitos autorais, por longo tempo, lhe ofendeu a honra, a autoestima e a reputação, dado o injusto empobrecimento acometido a si e a seu filho.

De outro lado, sustenta a ré-recorrente que não caracteriza dano moral "atraso no pagamento da retribuição devida pela editora ao artista", ainda que se trate de verba alimentar. Se assim não fosse, alega, "todo prejuízo material decorrente de prestação de serviços, por qualquer categoria profissional, geraria, simultaneamente, uma violação no campo moral" (fl. 683).

A ação intentada fundou-se no descumprimento do contrato por parte da editora musical, que não repassou corretamente as importâncias devidas à compositora. É de assinalar-se, no entanto, que o inadimplemento do contrato, por si só, pode acarretar danos materiais e indenização por perdas e danos, mas, em regra, não dá margem ao dano moral, que pressupõe ofensa anormal à personalidade. Com efeito, embora a inobservância das cláusulas contratuais por uma das partes possa trazer desconforto ao outro contratante – e normalmente o traz – trata-se, em princípio, de desconforto a que todos podem estar sujeitos, pela própria vida em sociedade. A dificuldade financeira, ou a quebra da expectativa de receber valores contratados, não toma a dimensão de constranger a honra ou a intimidade, ressalvadas situações excepcionais. A respeito, disserta Yussef Said Cahali:

"No direito brasileiro, não obstante a ausência de disposição legal explícita, a doutrina é uniforme no sentido da admissibilidade de reparação do dano moral tanto originário de obrigação contratual quanto decorrente de culpa aquiliana; uma vez assente a indenizabilidade do dano moral, não há fazer-se distinção entre dano moral derivado de fato ilícito absoluto e dano moral que resulta de fato ilícito relativo; o direito à reparação pode projetar-se por áreas as mais diversas das sociais, abrangendo pessoas envolvidas ou não por um liame jurídico de natureza contratual: assim, tanto pode haver dano moral nas relações entre devedor e credor quanto entre o caluniador e o caluniado, que em nenhuma relação jurídica se acha, individualmente, com o ofensor.

Na realidade, conforme assinala Viney, toda forma de responsabilidade, qualquer que seja a causa ou a natureza, induz, a cargo do responsável, o desgosto, os sofrimentos e frustrações provocados pelo seu autor: sob esse aspecto, impõe-se constatar que a distinção, se ainda posta em confronto, entre responsabilidade contratual e responsabilidade delitual, não tem hoje senão uma importância mínima; a obrigação de reparar os danos extrapatrimoniais" (*Dano Moral*, 2ª ed., Revista dos Tribunais, 1998, nº 10.1, p. 461-462).

No caso, do só descumprimento do contrato e do atraso no repasse das verbas autorais à autora-compositora não se infere a ocorrência de danos à sua honra e reputação. Na verdade, os prejuízos suportados por ela não ultrapassaram a esfera dos danos materiais que acometeriam outras categorias profissionais, como, por exemplo, o médico ou odontólogo que deixasse de receber por consultas clínicas, o advogado que deparasse com contrato de honorários descumprido, o arquiteto que tivesse elaborado o projeto e não recebido conforme contratado. Em todas as hipóteses, as verbas também se caracterizariam alimentares e nem por isso configurariam, em tese, dano moral.

É de ressaltar-se, evidentemente, que não se está a afastar o dano moral para todos os casos de descumprimento de contrato, mas sim a limitá-lo a situações excepcionais, que extrapolem o só inadimplemento contratual, dentre as quais não se amolda a espécie.

2. Em relação ao termo inicial da prescrição prevista no art. 131 da Lei n. 5.988/73 [artigo revogado pela Lei n. 9.610/1998], a recorrente aponta divergência com o enunciado n. 154 da Súmula/STF, segundo o qual "simples vistoria não interrompe a prescrição". Argumenta que a medida cautelar de antecipação de prova não tem o condão de interromper a prescrição, "por não conter qualquer pedido condenatório" (fl. 685).

Esse verbete paradigma, entretanto, tem por base a vistoria ad perpetuam rei memoriam, prevista no Código de Processo Civil anterior (1939). A propósito, dentre outras, a ementa do RE n. 12.973, julgado em 1949 pelo Supremo Tribunal Federal, sob a relatoria do Ministro Anibal Freire:

"Vistoria *ad perpetuam rei memoriam*. Interrupção da prescrição. Recurso extraordinário. A matéria de prescrição enseja o conhecimento do apelo constitucional. A citação, para a vistoria, não constitui meio interruptivo da prescrição, pois não se inclui a diligência entre as medidas preparatórias da ação, sem as quais esta não se configura, com característica definida e própria".

O Código atual deu à disciplina da "vistoria" maior elastério, com contraditório, seja ao prever a citação, em vez de intimação, seja pela possibilidade de contestação, inaugurando os princípios da defesa aplicáveis ao processo de conhecimento, seja, ainda, pela possibilidade de a antecipação de provas tornar-se medida preparatória de outra ação.

Neste passo, sob a vigência do Código de 1973, o Supremo Tribunal Federal voltou a tratar do tema, no RE n. 100.469-RJ (*RTJ* 108/1.302), acentuando a inovação da lei processual, como se vê na ementa:

> "Ação cominatória cumulada com perdas e danos. Matéria constitucional não prequestionada (Súmula 282 e 356). Na espécie, a medida cautelar – vistoria, como produção antecipada de prova, na forma do art. 846 do Código Processo Civil [NCPC, art. 381], interrompe a prescrição. Inexistência de dissídio com a Súmula 154. Por outro lado, não se configura negativa de vigência do art. 1.245 do Código Civil [atual, art. 618]. Recurso extraordinário não conhecido".

Do voto do Relator, Ministro Djaci Falcão, extrai-se:

> "Dá-se que, tanto os acórdãos invocados como a Súmula citada, são anteriores à vigência do C.P. Civil de 1973. Aliás, a Súmula teve em consideração os arts. 676, inc. VI, 166, inc. V e 720 do Código de Processo Civil de 1939.
> Tratando da matéria diante do novo Código de Processo Civil, expõe o douto e saudoso Pontes de Miranda:
> 'Quanto às vistorias, cumpre distinguirem-se as vistorias *in perpetuam rei memoriam*, que independem do processo estabelecido no art. 803 do Código de Processo Civil [NCPC, art. 307], e as *probationes praeparatoriae*, que estão sujeitas ao art. 803 [NCPC, art. 307] e, em consequência, hão de ser tratadas à semelhança da ação declaratória típica (art. 4º) [NCPC, arts. 19 e 20]. Havemos de dizer o mesmo quanto aos arbitramentos e inquirições que tenham cominação, dependendo, porém, da sentença –, a citação tem a eficácia interruptiva, se o conteúdo sentencial é de *cognitio* completa ou incompleta (já assim nossos Comentários ao Código de 1939, 1ª ed., IV, 110-133)' (*Comentários ao Código de Processo Civil*, Tomo III, Ano 1974).
> Diz Carpenter: – 'Quanto aos processos preparatórios e preventivos, uma de duas: ou eles têm ligação tão íntima com a demanda principal, a tal ponto que devem ser reputados como início dela, e então interrompem a prescrição, ou não têm com ela essa íntima ligação' (*Da prescrição*, vol. I, pág. 366, 3ª edição).
> Por sua vez, bem pondera o eminente Professor Moniz de Aragão, ao tratar da interrupção da prescrição:
> 'Algumas medidas há que, sendo ou não cautelares, tendo ou não o objetivo de afastar o perigo na demora, desempenham o papel de requisitos essenciais ao ajuizamento da ação, de que, por isso, integram uma das condições, mais precisamente, a possibilidade jurídica, que inexistirá sem que a providência prévia haja sido promovida. No Código de 1939, o depósito preparatório da ação servia de excelente exemplo para obviar a disposição proibitiva do art. 1.092 do Código Civil [atual, art. 476] ou de regras como a do art. 212 do Código Comercial [artigo revogado pelo CC/2002].
> Sempre que, portanto, o procedimento preliminar, seja ou não cautelar, visar a integrar a condição necessária a que o autor, depois, ingresse em juízo, a citação nele promovida interrompe a prescrição' (*Comentários ao Código de Processo Civil*, vol. II, pág. 421, 4ª edição).

Outra não é a exegese do Professor Hélio Tornaghi, citado na sentença.

Ora, na espécie, a medida cautelar (vistoria) como medida para a produção antecipada da prova, na forma do art. 846 do C.P. Civil [NCPC, art. 381], contou com a participação da empresa requerida, Cottage Engenharia e Comércio S.A., que indicou assistente técnico e ofereceu quesitos (...).

Ante as circunstâncias acima indicadas, não há que falar em dissídio jurisprudencial, nos moldes da Súmula 291".

Com sua habitual precisão, leciona por seu turno o admirável Galeno Lacerda, ao comentar o art. 802 do CPC [NCPC, art. 306]:

"A interrupção da prescrição, último efeito da citação indicado pelo art. 219 [NCPC, art. 240], ocorre em todas as citações para as ações cautelares jurisdicionais porque nestas já se acha manifesto o interesse do autor em propor a demanda principal. Quanto às medidas voluntárias, a citação para protesto possui efeito interruptivo específico (art. 172, II, do Código Civil) [atual, art. 202, III]. Em relação às demais, como as antecipações de prova, admite-se idêntica eficácia, se clara a intenção do requerente em mover a demanda posterior, hipótese em que essa intenção equivale a autêntico protesto. Não nos parece certa a Súmula 154 do Supremo, em seu enunciado conciso e radical: 'Simples vistoria não interrompe prescrição'. Mais correto o acórdão da 1ª Câmara Civil do Tribunal de Justiça de São Paulo, de 25.05.1976 (*RT* 491/76). Se na petição de vistoria há propósito de demanda futura contra o requerido, quer este participe ou não do procedimento cautelar respectivo, será erro negar à citação efeito interruptivo da prescrição, porque, repetimos, o conteúdo do pedido equivale ao protesto do art. 172, II, do Código Civil [atual, art. 202, II]" (*Comentários ao Código de Processo Civil*, vol. VIII, tomo I, 7ª ed., Forense, 1998, nº 50, p. 228-229, grifei).

Na espécie, a autora, ora recorrida, ao ingressar com a medida cautelar de antecipação de provas, declarou na inicial sua intenção de "ajuizar ação ordinária de rescisão contratual e consequente reparação dos danos materiais a ela causados. Para tanto, há necessidade da antecipação da prova pericial contábil e financeira" (fl. 15, v. 1). Em outras palavras, utilizou a via da cautelar como preparação de outra ação a ser intentada, tornando inaplicável, portanto, o mencionado verbete nº 154.

3. À luz do exposto, conheço parcialmente do recurso especial, pela violação do art. 25 da Lei n. 5.988/1973 [artigo revogado pela Lei n. 9.610/1998], e, nessa parte, dou-lhe provimento para afastar a indenização por dano moral.

Voto

O Sr. Ministro Barros Monteiro:

Sr. Presidente, estou de pleno acordo com o Sr. Ministro-Relator tanto na parte relativa à contagem da prescrição como na parte concernente ao cabimento dos danos morais. Como S. Ex.ª, penso que o mero retardamento no cumprimento da obrigação não enseja, por si só, a reparação por danos morais.

Voto

O Ministro Ruy Rosado de Aguiar (Presidente):

Sr. Presidente, acompanho o voto do Sr. Ministro Relator nos seus bem fundamentados argumentos. Na questão que se refere aos danos morais, também penso que o descumprimento do contrato por si só não leva ao surgimento de danos extrapatrimoniais. Em algumas situações especiais isto pode acontecer, mas não foi o caso.

22. DANO MORAL. UTILIZAÇÃO DE IMAGEM DE MENOR

STJ – Recurso Especial n. 1.217.422/MG (*DJe* 30.09.2014)

Relator: Ministro Ricardo Villas Bôas Cueva.

Recorrente: S W N M (menor).

Repr. por: Valéria do Nascimento Marques.

Advogado: Rodrigo Juliano Moreira Pacheco e outro(s).

Recorrido: Rodrigo Cabreira de Mattos.

Advogado: Abeylard Vieira e outro(s).

Ementa: Recurso especial. Direito civil. Ação indenizatória. Responsabilidade civil. Danos morais. Direito à imagem. Uso indevido da imagem de menor. Ausência de autorização. Fotografia estampada em material impresso de propaganda eleitoral.

1. Ação indenizatória, por danos morais, movida por menor que teve sua fotografia estampada, sem autorização, em material impresso de propaganda eleitoral de candidato ao cargo de vereador municipal.

2. Recurso especial que veicula a pretensão de que seja reconhecida a configuração de danos morais indenizáveis a partir do uso não autorizado da imagem de menor para fins eleitorais.

3. Para a configuração do dano moral pelo uso não autorizado da imagem de menor não é necessária a demonstração de prejuízo, pois o dano se apresenta *in re ipsa*.

4. O dever de indenizar decorre do próprio uso não autorizado do personalíssimo direito à imagem, não havendo de se cogitar da prova da existência concreta de prejuízo ou dano, nem de se investigar as consequências reais do uso.

5. Revela-se desinfluente, para fins de reconhecimento da procedência do pleito indenizatório em apreço, o fato de o informativo no qual indevidamente estampada a fotografia do menor autor não denotar a existência de finalidade comercial ou econômica, mas meramente eleitoral de sua distribuição pelo réu.

6. Hipótese em que, observado o pedido recursal expresso e as especificidades fáticas da demanda, afigura-se razoável a fixação da verba indenizatória, por danos morais, no importe de R$ 10.000,00 (dez mil reais).

7. Recurso especial provido.

Acórdão

Vistos e relatados estes autos, em que são partes as acima indicadas, decide a Terceira Turma, por unanimidade, dar provimento ao recurso especial, nos termos do voto do(a) Sr(a) Ministro(a) Relator(a). Os Srs. Ministros Marco Aurélio Bellizze,

Moura Ribeiro, João Otávio de Noronha e Paulo de Tarso Sanseverino votaram com o Sr. Ministro Relator.

Brasília (DF), 23 de setembro de 2014 (data do julgamento).

Voto

O Exmo. Sr. Ministro Ricardo Villas Bôas Cueva (Relator): O dissídio jurisprudencial suscitado é notório.

Ademais, encontra-se devidamente prequestionada a matéria federal inserta nos dispositivos legais apontados pelo recorrente como malferidos (artigo 186 e 944 do Código Civil) e preenchidos os demais pressupostos de admissibilidade recursal, o que impõe o conhecimento do recurso especial.

Cinge-se a controvérsia a definir se a divulgação não autorizada da imagem de menor em material impresso de propaganda político-eleitoral configura por si só dano moral indenizável.

O quadro fático ficou definitivamente delimitado pelas instâncias de cognição plena da seguinte forma:

1) O recorrido, no exercício do seu mandato de vereador no Município de Juiz de Fora, colocou em prática um projeto voltado à capacitação profissional da população de baixa renda em informática.

2) O referido curso, que foi intitulado "Comunidade Rumo ao Futuro", teria diplomado mais de 2.000 (dois mil) jovens e adultos de baixa renda, dentre os quais o ora recorrente, então menor.

3) No dia da simbólica diplomação do curso, o recorrido foi fotografado entregando ao recorrente seu respectivo diploma.

4) A referida fotografia foi reproduzida em material de campanha distribuído pelo recorrido, sem a autorização do menor ou de seus genitores, quando da candidatura do primeiro ao cargo de vereador municipal de Juiz de Fora/MG nas eleições de 2008.

Assim delineado o quadro fático, cuja redefinição é vedada a esta Corte por força da Súmula n. 7/STJ, passa-se à análise dos aspectos controvertidos, não sem antes estabelecer algumas premissas conceituais.

1. Do dano moral pelo uso não autorizado da imagem de menor para fins político--eleitorais.

O direito à imagem, desdobramento do direito da personalidade, na definição de Carlos Alberto Bittar, consiste

> "(...) no direito que a pessoa tem sobre a sua forma plástica e respectivos componentes distintos (rosto, olhos, perfil, busto) que a individualizam no seio da coletividade. Incide, pois, sobre a conformação física da pessoa, compreendendo esse direito um conjunto de caracteres que a identifica no meio social. Por outras palavras, é o vínculo que une a pessoa à sua expressão externa, tomada no conjunto, ou em partes significativas (como a boca, os olhos as pernas, enquanto individualizadoras da pessoa" (*Os direitos da personalidade*. 7. ed. Rio de Janeiro: Forense Universitária, 2004, pág. 94).

Nas palavras de Pontes de Miranda, direito à imagem "é direito de personalidade quando tem como conteúdo a reprodução das formas, ou da voz, ou dos gestos, identificativamente" (*Tratado de direito privado*. t. VII. Rio de Janeiro: Borsoi, 1955, pág. 53).

Além das características inerentes aos demais direitos de personalidade (intransmissibilidade, irrenunciabilidade, vitaliciedade, imprescritibilidade, impenhorabilidade), ao direito à imagem, por exceção, está ligado o atributo da disponibilidade, ainda que relativa, podendo sofrer limitação voluntária, o que permite a exploração da imagem *desde que autorizada pelo titular do direito*.

No caso concreto, ambas as instâncias de cognição plena, com base na análise do contexto fático-probatório, concluíram que houve uso não autorizado da imagem do menor autor (fato, em verdade, incontroverso) por meio de reprodução da sua fotografia em folhetim distribuído como material de campanha do ora recorrido.

O pedido indenizatório, contudo, foi negado, pois entendeu a Corte local que, na hipótese em apreço, não teria sido demonstrada a efetiva existência de dano à imagem do menor autor.

Nesse particular, faz-se oportuna a transcrição do seguinte excerto do voto condutor do aresto hostilizado:

> "(...) No caso dos autos, e isto ninguém questionou, o apelado realizou um trabalho dignificante, capacitando mais de duas mil pessoas em informática, sem cobrar um único centavo, (pois isto não foi questionado nos autos), facilitando o ingresso dessas pessoas no mercado de trabalho. Mas, ao invés de ser felicitado, sofreu na pele a maldade que insiste em gerir o mundo.
>
> Não se desconhece o preceito constitucional que torna inviolável a imagem das pessoas. Mas, por inviolabilidade, deve ser entendida a difamação através da imagem, ou a obtenção de vantagem de pessoas que se apresentam como destaque na mídia.
>
> *No caso dos autos, a imagem do apelante não foi denegrida, muito pelo contrário, foi engrandecida, ao ser mostrado recebendo um diploma de capacitação técnica que lhe abrirá as portas do mercado de trabalho. Lado outro, o apelante não representa nenhum destaque na mídia, para se entender que o apelado estaria tirando alguma vantagem da fama da pessoa fotografada ao seu lado.*
>
> *A representante do menor, ora apelante, deveria, isto sim, estar também ao lado do apelado naquela foto, agradecendo-lhe pela oportunidade que deu ao seu filho, porque um curso de informática custa caro, não sendo, na grande maioria das vezes, acessível à população de baixa renda, a menos que o apelante não se encaixe nessa categoria.*
>
> Deve ser salientado, ainda, que as fotos mostram outros momentos da 'formatura' dos capacitados, jovens e adultos, com a felicidade estampada no rosto e exibindo seus diplomas. E nenhum deles se sentiu violado em sua imagem, pelo contrário, sentiram-se prestigiados, porque, caso contrário, também teriam procurado a justiça para reclamar indenização.
>
> A sentença está perfeita quanto à apreciação, analisando bem a questão do mero aborrecimento, que não se confunde com dano moral, e citando, por coincidência, acórdão proferido por este relator (fls. 54), quando da apreciação de outro caso, em que firmo meu ponto de vista de não ser qualquer melindre que enseja indenização, porque sequer houve dano moral à imagem da pessoa" (e-STJ fls. 113/114).

Como se vê, a orientação esposada pelo aresto recorrido se distancia do entendimento consolidado deste Tribunal Superior sobre o tema, revelando-se, portanto, merecedora de reparos.

Com efeito, esta Corte há muito assentou que, em se tratando de direito à imagem, a obrigação da reparação decorre do próprio uso indevido do direito personalíssimo, não havendo de se cogitar da prova da existência concreta de prejuízo ou dano, nem de se investigar as consequências reais do uso, sendo completamente desinfluente, portanto, aferir se ofensivo ou não o conteúdo do referido ilícito.

A propósito, vale citar os seguintes precedentes da Segunda Seção:

> "Direito à imagem. Modelo profissional. Utilização sem autorização. Dano moral. Cabimento. Prova. Desnecessidade. *Quantum*. Fixação nesta instância. Possibilidade. Embargos providos.
> I – O direito à imagem reveste-se de duplo conteúdo: moral, porque direito de personalidade; patrimonial, porque assentado no princípio segundo o qual a ninguém é lícito locupletar-se à custa alheia.
> II – *Em se tratando de direito à imagem, a obrigação da reparação decorre do próprio uso indevido do direito personalíssimo, não havendo de cogitar-se da prova da existência de prejuízo ou dano, nem a consequência do uso, se ofensivo ou não.*
> III – O direito à imagem qualifica-se como direito de personalidade, extrapatrimonial, de caráter personalíssimo, por proteger o interesse que tem a pessoa de opor-se à divulgação dessa imagem, em circunstâncias concernentes à sua vida privada.
> IV – O valor dos danos morais pode ser fixado na instância especial, buscando dar solução definitiva ao caso e evitando inconvenientes e retardamento na entrega da prestação jurisdicional" (EREsp 230.268/SP, Rel. Ministro Sálvio de Figueiredo Teixeira, Segunda Seção, julgado em 11.12.2002, *DJ* 04.08.2003 – grifou-se).

> "Embargos de divergência. Similitude fática. Ausência. Acórdão em sintonia com a orientação da jurisprudência da Corte. Súmula 168/STJ.
> 1. O conhecimento dos embargos de divergência pressupõe a similitude das circunstâncias fáticas e jurídicas entre os acórdãos confrontados. Situação não ocorrente no caso.
> 2. Os arestos confrontados cuidam de hipóteses diversas, nas quais o fato gerador do dano moral é distinto: o aresto paradigma trata da inexistência de responsabilização civil por ofensa à honra em face de matéria jornalística que narra fatos verídicos ou de interesse coletivo, enquanto o acórdão embargado analisa o tema da responsabilização civil por uso indevido da imagem, independentemente do conteúdo noticiado.
> 3. *Nos moldes da uníssona jurisprudência desta Corte, 'a ofensa ao direito à imagem materializa-se com a mera utilização da imagem sem autorização, ainda que não tenha caráter vexatório ou que não viole a honra ou a intimidade da pessoa, e desde que o conteúdo exibido seja capaz de individualizar o ofendido' (REsp 794.586/RJ).* Incidência da Súmula 168/STJ.
> 4. Agravo regimental não provido" (AgRg nos EREsp 1.235.926/SP, Rel. Ministro Raul Araújo, Segunda Seção, julgado em 09.10.2013, *DJe* 21.11.2013 – grifou-se).

No mesmo sentido já se manifestaram ambas as Turmas integrantes da Seção de direito privado deste Tribunal Superior:

"Civil e processual civil. Recurso especial. Ação de reparação por dano material e compensação por dano moral. Prequestionamento. Ausência. Súmula 282/STF. Reexame de fatos e provas. Inadmissibilidade. Uso indevido de imagem. Fins comerciais. Atriz de teatro e televisão. Veiculação em âmbito nacional. Prejuízo. Desnecessidade de demonstração. Dano moral *in re ipsa*.

1. O Tribunal de origem não discutiu a questão relativa ao montante fixado para reparação dos danos materiais, o que impede o exame da matéria por esta Corte.

2. A análise dos pressupostos necessários ao reconhecimento da litigância de má-fé, bem como acerca da comprovação do prejuízo material experimentado pela autora, demandam o reexame de fatos e provas, o que é inadmissível em recurso especial (incidência da Súmula 7/STJ). Precedentes.

3. O acórdão recorrido, com base no substrato fático-probatório dos autos, concluiu que houve exposição da imagem da recorrente em âmbito nacional, sem prévia autorização desta, com fins exclusivamente econômicos e publicitários, em razão de campanha promovida pelo recorrido e veiculada em revista de grande tiragem e circulação e em outdoors espalhados pelo país.

4. *Na hipótese, não é necessária a comprovação de prejuízo para configuração do dano moral, pois este decorre da própria violação do direito de imagem titulado pela recorrente – dano in re ipsa*. Entendimento consagrado na Súmula 403/STJ.

5. Restabelecimento do valor da condenação fixado pelo Juiz de primeiro grau. Para o arbitramento do montante devido, o julgador deve fazer uso de sua experiência e do bom senso, atento à realidade da vida e às peculiaridades da hipótese em discussão, bem como ao porte econômico do causador e ao nível socioeconômico da vítima.

6. Recurso especial do réu não provido. Recurso especial da autora parcialmente provido" (REsp 1.102.756/SP, Rel. Ministra Nancy Andrighi, Terceira Turma, julgado em 20.11.2012, *DJe* 03.12.2012 – grifou-se).

"Recurso especial. Processual civil. Civil. Dano à imagem. Direito à informação. Valores sopesados. Ofensa ao direito à imagem. Reparação do dano devida. Redução do *quantum* reparatório. Valor exorbitante. Recurso parcialmente provido.

1. *A ofensa ao direito à imagem materializa-se com a mera utilização da imagem sem autorização, ainda que não tenha caráter vexatório ou que não viole a honra ou a intimidade da pessoa, e desde que o conteúdo exibido seja capaz de individualizar o ofendido.*

2. Na hipótese, não obstante o direito de informação da empresa de comunicação e o perceptível caráter de interesse público do quadro retratado no programa televisivo, está clara a ofensa ao direito à imagem do recorrido, pela utilização econômica desta, sem a proteção dos recursos de editoração de voz e de imagem para ocultar a pessoa, evitando-se a perfeita identificação do entrevistado, à revelia de autorização expressa deste, o que constitui ato ilícito indenizável.

3. *A obrigação de reparação decorre do próprio uso indevido do direito personalíssimo, não sendo devido exigir-se a prova da existência de prejuízo ou dano. O dano é a própria utilização indevida da imagem.*

4. Mesmo sem perder de vista a notória capacidade econômico-financeira da causadora do dano moral, a compensação devida, na espécie, deve ser arbitrada com moderação, observando-se a razoabilidade e a proporcionalidade, de modo a não ensejar enriquecimento sem causa para o ofendido. Cabe a reavaliação do montante

arbitrado nesta ação de reparação de dano moral pelo uso indevido de imagem, porque caraterizada a exorbitância da importância fixada pelas instâncias ordinárias. As circunstâncias do caso não justificam a fixação do *quantum* reparatório em patamar especialmente elevado, pois o quadro veiculado nem sequer dizia respeito diretamente ao recorrido, não tratava de retratar os serviços técnicos por este desenvolvidos, sendo o promovente da ação apenas um dos profissionais consultados aleatoriamente pela suposta consumidora.

5. Nesse contexto, reduz-se o valor da compensação.

6. Recurso especial parcialmente provido" (REsp 794.586/RJ, Rel. Ministro Raul Araújo, Quarta Turma, julgado em 15.03.2012, *DJe* 21.03.2012 – grifou-se).

Impende destacar, ainda, ser irrelevante, para o reconhecimento do dever do recorrido indenizar o menor autor pelo uso não autorizado de sua imagem, o fato de o informativo no qual estampada a sua fotografia não denotar a existência de finalidade comercial ou econômica, mas meramente eleitoral, de sua distribuição.

Sobre o tema, forçosa a referência a julgado paradigmático do Supremo Tribunal Federal, chamado a se manifestar sobre o tema em sua missão de interpretar a Carta Constitucional:

> "Constitucional. Dano moral: fotografia: publicação não consentida: indenização: cumulação com o dano material: possibilidade. Constituição Federal, art. 5º, X.
>
> I. *Para a reparação do dano moral não se exige a ocorrência de ofensa à reputação do indivíduo. O que acontece é que, de regra, a publicação da fotografia de alguém, com intuito comercial ou não, causa desconforto, aborrecimento ou constrangimento, não importando o tamanho desse desconforto, desse aborrecimento ou desse constrangimento. Desde que ele exista, há o dano moral, que deve ser reparado, manda a Constituição, art. 5º, X.*
>
> II. R.E. conhecido e provido" (RE 215.984/RJ, Rel. Min. Carlos Velloso, Segunda Turma, julgado em 04.06.2002, *DJ* 28.06.2002 – grifou-se).

Seguindo a mencionada orientação, cita-se o seguinte julgado da Terceira Turma desta Corte, desta relatoria:

> "Recurso especial. Responsabilidade civil. Ação de indenização por danos morais e materiais. Direito à imagem. Atleta. Utilização sem autorização para promoção de evento. Violação de dispositivos constitucionais. Não cabimento. Ausência de fins lucrativos. Irrelevância. Dano moral. Prova. Desnecessidade. Precedentes. Doutrina.
>
> 1. Compete ao Superior Tribunal de Justiça, em sede de recurso especial, a análise da interpretação da legislação federal, motivo pelo qual se revela inviável invocar, nesta seara, a violação de dispositivos constitucionais, porquanto matéria afeta à competência do STF (art. 102, inciso III, da Carta Magna).
>
> 2. *A obrigação da reparação pelo uso não autorizado de imagem decorre do próprio uso indevido do direito personalíssimo e não é afastada pelo caráter não lucrativo do evento ao qual a imagem é associada.*
>
> 3. Para a configuração do dano moral pelo uso não autorizado de imagem não é necessária a demonstração de prejuízo, pois o dano se apresenta *in re ipsa*.

4. Recurso especial parcialmente conhecido e, nessa parte, parcialmente provido" (REsp 299.832/RJ, Rel. Ministro Ricardo Villas Bôas Cueva, Terceira Turma, julgado em 21.02.2013, *DJe* 27.02.2013).

A doutrina especializada está alinhada a essa orientação, como se observa em consulta às obras *Direitos de personalidade*, de Anderson Schreiber (Ed. Atlas, 2011, págs. 103-104); *Os direitos da personalidade*, de Carlos Alberto Bittar (Ed. Forense Universitária, 2004, pág. 96); *Direito à própria imagem*, de Maria Cecília Naréssi Munhoz Affornalli (Ed. Juruá, 2004, págs. 64-65), e *Direito à própria imagem*, de Patrícia de Almeida Torres (Ed. LTR, 1998, pág. 113). Vale colher, deste último estudo, o seguinte excerto:

> "(...) Frise-se que a simples exposição de maneira indevida da imagem de um indivíduo é suficiente para caracterizar a violação ao direito à imagem, independentemente de auferir-se um efetivo prejuízo econômico. Devido às duas faces que revestem o bem jurídico imagem – a moral e a patrimonial, porém com a predominância do aspecto moral sobre o material –, o dano à imagem se consubstancia com a exposição indevida da imagem. Essa exposição fere o direito à imagem, independentemente de haver ocorrido algum prejuízo de ordem patrimonial.
>
> Em alguns casos, quando há exploração da imagem para meios publicitários, visando a auferição de lucro, o prejuízo de ordem patrimonial se evidencia. Porém, se não se tratar de imagem comercial, desligando-se a veiculação do conteúdo econômico, a publicação indevida ocasiona danos".

Nesse contexto, não há outra solução possível, senão a reforma do acórdão estadual a fim de reconhecer ao recorrente o direito à indenização pelos danos morais suportados.

2. Da quantificação da indenização devida.

Reconhecida a procedência do pleito indenizatório autoral, cumpre a esta Turma julgadora, em atenção ao artigo 257 de o Regimento Interno do Superior Tribunal de Justiça, quantificar desde já o montante devido pelo ora recorrido a título de reparação.

No ponto, em atenção ao pedido recursal expressamente formulado (e-STJ fl. 129) e às peculiaridades do caso concreto – que revelam um grau mínimo de lesividade do ato ofensivo –, mas sem suplantar o caráter pedagógico-punitivo da fixação de modo a prevenir a reiteração da conduta ilícita, tem-se por razoável o valor de R$ 10.000,00 (dez mil reais), a ser suportado pelo réu a título de indenização por danos morais.

O valor será acrescido de correção monetária, a partir da presente data, e de juros moratórios contados a partir do evento danoso (data da distribuição do impresso de fls. 19/22) e calculados a teor do que dispõe o art. 406 do Código Civil.

O réu, ora recorrido, suportará integralmente as custas processuais, devendo arcar também com o pagamento dos honorários advocatícios sucumbenciais em prol do patrono do autor, estes fixados em 20% (vinte por cento) sobre o valor da condenação.

3. Do dispositivo.

Ante o exposto, dou provimento ao recurso especial a fim de julgar procedente o pedido inicial nos termos da fundamentação acima.

É o voto.

23. DANO MORAL. CASTRAÇÃO DE ANIMAL SEM OBSERVÂNCIA DAS NORMAS SANITÁRIAS

STJ – Recurso Especial n. 1.180.021/SP (*DJe* 03.05.2010)

Relator: Ministro Benedito Gonçalves.

Recorrente: Município de Guarujá.

Procurador: Gustavo Coelho de Almeida e outro(s).

Recorrido: Denise Cristina do Nascimento.

Advogado: Ericson da Silva.

Ementa: Administrativo e processual civil. Recurso especial. Responsabilidade civil do Estado. Dano moral. Castração de cão em instituto oficial de zoonoses municipal. Animal capturado nas ruas por motivo de mordedura. Não observância das regras sanitárias. Valor estipulado a título de danos morais considerados exorbitantes. Redução. Possibilidade. Precedentes.

1. Tratam os autos, originalmente, de ação de responsabilidade civil ajuizada contra Município, na qual se postula indenização por danos morais e patrimoniais. A autora alega ser proprietária de um cachorro da raça Husky Siberiano que, ao fugir de casa, foi recolhido pelo serviço de zoonoses do Município ora recorrente, por motivo de mordedura em pessoa. Já internado, o animal foi castrado pelo médico-veterinário, funcionário-chefe do Programa de Controle Populacional Canina e Felina da Prefeitura Municipal de Guarujá, sem observar as normas técnicas sanitárias.

2. A sentença julgou parcialmente procedente o pedido, condenando o réu ao pagamento de 80 (oitenta) salários mínimos, a título de indenização por danos morais ocasionados à autora, mais a quantia de R$ 1.109,40 (mil, cento e nove reais e quarenta centavos) pelos prejuízos patrimoniais suportados em decorrência de gastos com remédios e outros materiais gastos na recuperação do cachorro. O que foi mantido pelo Tribunal *a quo*.

3. A pretensão trazida no especial se enquadra nas exceções que permitem a interferência desta Corte, uma vez que o valor arbitrado é exorbitante. No particular, o Tribunal de origem, ao manter incólume a sentença para manter a indenização a título de danos morais no montante de 80 (oitenta) salários mínimos, equivalentes, nos dias atuais, a aproximadamente R$ 41.000,00 (quarenta e um mil reais), pelo fato de o cão da ora recorrida ter sido castrado, sem observância das normas sanitárias, dentro da unidade de zoonoses do Município ora recorrente, cinco dias após ter sido preso por mordedura em um ser humano, não observou os princípios da razoabilidade e proporcionalidade insculpidos no artigo 944 do Código Civil.

4. Recurso especial provido para reduzir o valor arbitrado a título de danos morais no montante de 80 (oitenta) salários mínimos para R$ 5.000,00 (cinco mil reais), corrigidos desde este julgado.

Acórdão

Vistos, relatados e discutidos os autos em que são partes as acima indicadas, acordam os Ministros da Primeira Turma do Superior Tribunal de Justiça, por unanimidade, dar provimento ao recurso especial para reduzir o valor arbitrado a título de danos morais no montante de 80 (oitenta) salários mínimos para R$ 5.000,00 (cinco mil reais), corrigidos desde este julgado, nos termos do voto do Sr. Ministro Relator. Os Srs. Ministros Hamilton Carvalhido, Luiz Fux e Teori Albino Zavascki votaram com o Sr. Ministro Relator.

Brasília (DF), 20 de abril de 2010 (data do julgamento).

Relatório

O Senhor Ministro Benedito Gonçalves: Trata-se de recurso especial interposto pelo Município de Guarujá, com fundamento do artigo 105, alínea *a*, da Constituição Federal, contra acórdão proferido pelo Tribunal de Justiça do Estado de São Paulo, assim ementado (fl. 145):

> "Apelação cível. Reparação de danos materiais e morais. Em primeiro lugar, dá-se por interposto o recurso oficial, nos termos do artigo 475, parágrafo 2º, do Código de Processo Civil [NCPC, art. 496, § 3º, I a III]. Fuga de cão. Apreensão por motivo de mordedura. Submissão à cirurgia de castração antes do decurso do prazo de dez dias destinado à observação do animal, conforme regramento estabelecido no Manual Técnico do Instituto Pasteur. Impossibilidade. Responsabilidade objetiva do Estado. Teoria do risco administrativo. Danos materiais e morais. Caracterização. Manutenção da r. sentença atacada. Improvimento aos recursos oficial e voluntário".

Em suas razões, o recorrente alega violação ao art. 944 do Código Civil, pelo fato de que o acórdão a quo ao manter a condenação à título de danos morais no valor equivalente a 80 (oitenta) salários mínimos, o que corresponde hoje a aproximadamente R$ 41.000,00 (quarenta e um mil reais), o fez sem levar em conta a proporcionalidade entre a gravidade da culpa e o dano sofrido, sendo esse valor exorbitante.

Contrarrazões às fls. 167-174.

Recurso especial inadmitido na origem. Os autos ascenderam à esta Corte por meio do agravo de instrumento n. 1.132.162/SP.

É o relatório.

Voto

O Senhor Ministro Benedito Gonçalves: Tratam os autos, originalmente, de ação de responsabilidade civil ajuizada por Denise Cristina do Nascimento contra o Município de Guarujá, postulando indenização por danos morais e patrimoniais, sob a alegação de que é proprietária de um cachorro da raça Husky Siberiano que, tendo fugido de casa, foi recolhido pelo serviço de zoonoses do Município ora recorrente, por motivo de mordedura em uma pessoa. Já internado, o animal foi castrado pelo médico-veterinário, funcionário chefe do Programa de Controle Populacional Canina e Felina da Prefeitura Municipal de Guarujá, sem observar as normas técnicas sanitárias.

A sentença julgou parcialmente procedente o pedido, condenando o réu ao pagamento de 80 (oitenta) salários mínimos, a título de indenização por danos morais ocasionados à autora, mais a quantia de R$ 1.109,40 (mil, cento e nove reais e quarenta centavos) pelos prejuízos patrimoniais suportados em decorrência de gastos com remédios e outros materiais gastos na recuperação do cachorro.

Irresignada, a municipalidade apelou. O TJSP, por sua vez, entendeu por bem negar provimento ao apelo oficial e voluntário, mantendo incólume a sentença, em ementa transcrita no relatório deste voto.

Veio a esta Corte Superior o presente recurso especial interposto pelo Município de Guarujá objetivando a redução do *quantum* arbitrado a título de danos morais por ser exorbitante.

De início, há que considerar que o Superior Tribunal de Justiça consolidou orientação de que a revisão do valor da indenização somente é possível quando exorbitante ou insignificante a importância arbitrada, em flagrante violação dos princípios da razoabilidade e da proporcionalidade.

Entendo que a pretensão trazida no especial se enquadra nas exceções que permitem a interferência desta Corte, uma vez que o valor arbitrado é exorbitante.

No particular, o Tribunal de origem, ao manter incólume a sentença para manter a indenização a título de danos morais no montante de 80 (oitenta) salários mínimos, equivalente aos dias atuais a aproximadamente R$ 41.000,00 (quarenta e um mil reais), pelo fato de o cão da ora recorrida ter sido castrado, sem observância das normas sanitárias, dentro da unidade de zoonoses do Município ora recorrente, cinco dias após ter sido preso por mordedura em um ser humano, não observou os princípios da razoabilidade e proporcionalidade insculpidos no artigo 944 do Código Civil, que assim dispõe: "Art. 944. A indenização mede-se pela extensão do dano. Parágrafo único. Se houver excessiva desproporção entre a gravidade da culpa e o dano, poderá o juiz reduzir, equitativamente, a indenização".

Somente para argumentar, se considerarmos as decisões desta Corte Superior em caso envolvendo perda de membros por seres humanos e até morte que resultaram em indenizações por danos morais, veremos que o valor ora debatido é realmente exorbitante, o que não se pode admitir.

A título de comparação, colaciona-se o seguinte julgado:

> "Recurso especial de JPGB e outros. Administrativo. Responsabilidade civil do Estado. Erro médico. Hospital municipal. Amputação de braço de recém-nascido. Danos morais e estéticos. Cumulação. Possibilidade. *Quantum* indenizatório fixado em favor dos pais e irmão. Razoabilidade e proporcionalidade. Recurso parcialmente provido.
> 1. É possível a cumulação de indenização por danos estético e moral, ainda que derivados de um mesmo fato, desde que um dano e outro possam ser reconhecidos autonomamente, ou seja, devem ser passíveis de identificação em separado. Precedentes.
> 2. Na hipótese dos autos, em Hospital Municipal, recém-nascido teve um dos braços amputado em virtude de erro médico, decorrente de punção axilar que resultou no rompimento de veia, criando um coágulo que bloqueou a passagem de sangue para o membro superior.
> 3. Ainda que derivada de um mesmo fato – erro médico de profissionais da rede municipal de saúde –, a amputação do braço direito do recém-nascido ensejou duas formas diversas de dano, o moral e o estético. O primeiro, correspondente à violação do direito

à dignidade e à imagem da vítima, assim como ao sofrimento, à aflição e à angústia a que seus pais e irmão foram submetidos, e o segundo, decorrente da modificação da estrutura corporal do lesado, enfim, da deformidade a ele causada.

4. Não merece prosperar o fundamento do acórdão recorrido no sentido de que o recém-nascido não é apto a sofrer o dano moral, por não possui capacidade intelectiva para avaliá-lo e sofrer os prejuízos psíquicos dele decorrentes. Isso, porque o dano moral não pode ser visto tão somente como de ordem puramente psíquica – dependente das reações emocionais da vítima –, porquanto, na atual ordem jurídica-constitucional, a dignidade é fundamento central dos direitos humanos, devendo ser protegida e, quando violada, sujeita à devida reparação.

5. A respeito do tema, a doutrina consagra entendimento no sentido de que o dano moral pode ser considerado como violação do direito à dignidade, não se restringindo, necessariamente, a alguma reação psíquica (CAVALIERI FILHO, Sérgio. *Programa de Responsabilidade Civil*. 7ª ed. São Paulo: Atlas, 2007, pp. 76/78).

6. O Supremo Tribunal Federal, no julgamento do RE 447.584/RJ, de relatoria do Ministro Cezar Peluso (*DJ* de 16.3.2007), acolheu a proteção ao dano moral como verdadeira 'tutela constitucional da dignidade humana', considerando-a 'um autêntico direito à integridade ou à incolumidade moral, pertencente à classe dos direitos absolutos'.

7. O Ministro Luiz Fux, no julgamento do REsp 612.108/PR (1ª Turma, *DJ* de 3.11.2004), bem delineou que 'deflui da Constituição Federal que a dignidade da pessoa humana é premissa inarredável de qualquer sistema de direito que afirme a existência, no seu corpo de normas, dos denominados direitos fundamentais e os efetive em nome da promessa da inafastabilidade da jurisdição, marcando a relação umbilical entre os direitos humanos e o direito processual'.

8. Com essas considerações, pode-se inferir que é devida a condenação cumulativa do Município à reparação dos danos moral e estético causados à vítima, na medida em que o recém-nascido obteve grave deformidade – prejuízo de caráter estético – e teve seu direito a uma vida digna seriamente atingido – prejuízo de caráter moral. Inclusive, a partir do momento em que a vítima adquirir plena consciência de sua condição, a dor, o vexame, o sofrimento e a humilhação certamente serão sentimentos com os quais ela terá de conviver ao longo de sua vida, o que confirma ainda mais a efetiva existência do dano moral. Desse modo, é plenamente cabível a cumulação dos danos moral e estético nos termos em que fixados na r. sentença, ou seja, conjuntamente o *quantum* indenizatório deve somar o total de trezentos mil reais (R$ 300.000,00). Esse valor mostra-se razoável e proporcional ao grave dano causado ao recém-nascido, e contempla também o caráter punitivo e pedagógico da condenação.

9. Quanto ao pedido de majoração da condenação em danos morais em favor dos pais e do irmão da vítima, ressalte-se que a revisão do valor da indenização somente é possível quando exorbitante ou insignificante a importância arbitrada. Essa excepcionalidade, contudo, não se aplica à hipótese dos autos. Isso, porque o valor da indenização por danos morais – fixado em R$ 20.000,00, para cada um dos pais, e em R$ 5.000,00, para o irmão de onze (11) anos, totalizando, assim, R$ 45.000,00 –, nem é irrisório nem desproporcional aos danos morais sofridos por esses recorrentes. Ao contrário, a importância assentada foi arbitrada com bom senso, dentro dos critérios de razoabilidade e proporcionalidade.

10. Recurso especial parcialmente provido, apenas para determinar a cumulação dos danos moral e estético, nos termos em que fixados na r. sentença, totalizando-se, assim, trezentos mil reais (R$ 300.000,00)".

"Recurso especial adesivo do Município do Rio de Janeiro. Processual civil. Administrativo. Responsabilidade civil. Revisão do valor da indenização. Inviabilidade. Súmula 7/STJ. Recurso não conhecido.

1. O recurso especial adesivo fica prejudicado quanto ao valor da indenização da vítima, tendo em vista o exame do tema por ocasião do provimento parcial do recurso especial dos autores.

2. O *quantum* indenizatório dos danos morais fixados em favor dos pais e do irmão da vítima, ao contrário do alegado pelo Município, não é exorbitante (total de R$ 45.000,00). Conforme anteriormente ressaltado, esses valores foram fixados em patamares razoáveis e dentro dos limites da proporcionalidade, de maneira que é indevida sua revisão em sede de recurso especial, nos termos da Súmula 7/STJ.

3. Recurso especial adesivo não conhecido" (REsp 910.794/RJ, Rel. Ministra Denise Arruda, Primeira Turma, julgado em 21.10.2008, *DJe* 04.12.2008).

Faz-se mister considerar que, ainda que não tenha sido respeitado o lapso temporal previsto no Manual Técnico do Instituto Pasteur para a castração do animal, o Serviço de Zoonoses do Município de Guarujá, ao exercer tal atividade, estava praticando atos rotineiros daquele órgão, porquanto o cachorro havia sido capturado pelo fato de representar riscos às pessoas.

Deve-se ponderar também que uma indenização do porte a que fora condenado o recorrente poderia causar, sem dúvida, impacto orçamentário no Município, uma vez que tal soma em dinheiro talvez teria que ser relocada de verbas destinadas à saúde, educação, moradia, programas sociais, dentre inúmeras outros.

Ademais, não se pode deixar de lado o fato de que o cachorro foi entregue à ora recorrida com vida.

Patente, pois, a desproporcionalidade entre a gravidade da situação posta nos autos e a extensão do prejuízo material sofrido pela recorrida, deve ser reduzido o valor estipulado a título de danos morais.

Diante do exposto, dou provimento ao recurso especial para reduzir o valor arbitrado a título de danos morais para o montante de R$ 5.000,00 (cinco mil reais), corrigidos a partir deste julgado.

É como voto.

24. DANO MORAL. INDENIZAÇÃO POR OBRA DIVULGADA SEM AUTORIZAÇÃO DO AUTOR

STJ – Recurso Especial n. 1.201.340/DF (*DJe* 02.08.2012)

Relatora: Ministra Maria Isabel Gallotti.
Recorrente: Anderson Cardoso Rubin.
Advogado: José Mendonça de Araújo Filho e outro(s).
Recorrido: Instituto Evariste Galois.
Advogados: Inácio Bento de Loiola Alencastro e outro(s), Flávio Luis Medeiros Simões e outro(s).

Ementa: Recurso especial. Responsabilidade civil. Divulgação de obra literária na internet sem autorização e indicação de seu autor. Ato ilícito do preposto. Responsabilidade objetiva do empregador.

1. O empregador responde objetivamente pelos atos ilícitos de seus empregados e prepostos praticados no exercício do trabalho que lhes competir, ou em razão dele (arts. 932, III, e 933 do Código Civil).

2. Tendo o Tribunal de origem admitido que o preposto da instituição de ensino entregou obra literária de terceiro para disponibilização no sítio eletrônico daquela, sem autorização e indicação clara de seu verdadeiro autor, o reconhecimento da responsabilidade da instituição empregadora pelos danos causados é de rigor, ainda que não haja culpa de sua parte.

3. Ausente a comprovação dos danos materiais, afasta-se o pleito indenizatório.

4. Presentes os requisitos para a configuração dos danos morais, assegura-se justa reparação.

5. Recurso especial conhecido e parcialmente provido.

Acórdão

A Turma, por unanimidade, conheceu e deu parcial provimento ao recurso especial, nos termos do voto da Sra. Ministra Relatora. Os Srs. Ministros Antonio Carlos Ferreira, Marco Buzzi e Raul Araújo votaram com a Sra. Ministra Relatora. Ausente, justificadamente, o Sr. Ministro Luis Felipe Salomão. Presidiu o julgamento o Sr. Ministro Raul Araújo.

Brasília/DF, 3 de novembro de 2011 (data do julgamento).

Relatório

Ministra Maria Isabel Gallotti: Consta dos autos que Anderson Cardoso Rubin ajuizou ação de indenização por danos materiais e morais em desfavor de Instituto Evariste Galois, alegando que determinada obra intelectual do autor foi reproduzida eletronicamente pelo réu sem autorização e com a supressão do seu nome.

O Juízo de primeiro grau julgou improcedente o pedido, ao fundamento de que não foi provado o dano material e nem caracterizado o dano moral.

Inconformado, o autor interpôs apelação, tendo o réu, por sua vez, interposto recurso adesivo. O Tribunal de origem, por maioria, julgou os recursos em acórdão assim ementado:

> "Civil e processual civil. Direito autoral. Ação de indenização por danos materiais e morais. Preliminares: ilegitimidade passiva e nulidade da sentença. Rejeitadas. Mérito: divulgação de obra sem autorização. Danos materiais. Não caracterização. Danos morais. Proporcionalidade e razoabilidade. Honorários advocatícios.
>
> 1. Não resta caracterizada a nulidade da sentença nos casos em que o julgado encontra-se devidamente fundamentado.
>
> 2. A parte ré não dispõe de interesse processual para interposição de recurso adesivo em face de sentença que julga totalmente improcedente a pretensão inicial, eis que ausente o requisito da sucumbência recíproca exigido pelo *caput* do artigo 500 do Código de Processo Civil [NCPC, art. 997, §§ 1º e 2º].

3. Sem a prova de que a instituição de ensino tinha conhecimento de que a divulgação do material didático apresentado por professor, integrante de seu quadro funcional, para disponibilização em seu sítio eletrônico não havia sido autorizada pelo autor da obra intelectual, não há como lhe ser imputada a responsabilidade pelos danos morais decorrentes da violação de direitos autorais.
4. Recursos conhecidos. Preliminar rejeitada. Apelação Cível interposta pelo autor e Recurso Adesivo interposto pela ré não providos".

Opostos embargos de declaração, foram rejeitados à unanimidade.

Sobreveio, então, o presente recurso especial, em que o autor alega violação aos seguintes artigos:

(i) 131 do CPC [NCPC, art. 371], pois o acórdão recorrido não considerou o valor probante da perícia e dos depoimentos testemunhais, não tendo se embasado, por fim, em nenhuma prova;

(ii) 333, II, do CPC [NCPC, art. 373, II], visto que cabia ao réu, e não ao autor, fazer a prova de que aquele não tinha conhecimento de que seu proposto não possuía autorização para a divulgação da obra literária;

(iii) 227, parágrafo único, 932, III, e 933 do Código Civil, bem como dissídio jurisprudencial, porque o Tribunal de origem não observou a prova escrita, ignorou a responsabilidade civil objetiva do réu e nem atentou para a culpa presumida do patrão ou comitente pelo ato culposo do empregado ou preposto, nos termos do enunciado 341 da Súmula do STF;

(iv) 29, 30, 38, 50, 52, 56 e 57 da Lei 9.610/98, uma vez que os direitos autorais presumem-se feridos quando não há autorização para a divulgação do trabalho, sendo do réu o ônus de provar o contrário; e

(v) 186 do Código Civil, haja vista que o réu cometeu ato ilícito ao divulgar em seu sítio eletrônico obra de terceiro e sem autorização.

É o relatório.

Voto

Ministra Maria Isabel Gallotti (Relatora): No tocante ao art. 131 do CPC [NCPC, art. 371], afirma o recorrente que a Corte de origem não considerou o valor probante da perícia e dos depoimentos testemunhais, não tendo se embasado, por fim, em nenhuma prova.

Cumpre transcrever, por oportuno, o seguinte trecho do acórdão recorrido (e-STJ fl. 628):

"Contudo, da análise do conjunto probatório e das alegações tecidas por ambas as partes, conclui-se que o autor disponibilizou a obra ao professor Daniel, preposto da ré, apenas para que fosse utilizado para consulta, mas não para a divulgação por meio da internet. Nesse ponto, o próprio professor Daniel, ouvido como informante, afirmou que o autor não lhe outorgou tal autorização:
'(...) que foi ele quem levou o material ao Galois; que o autor cedeu o CD ROM ao depoente; que lecionava ao Magister e o autor autorizou, verbalmente, a utilização do material no Galois; (...) que o autor não autorizou a divulgação do material na Internet;

> que todos os materiais que eram utilizados na sala de aula eram disponibilizados na Internet pela Galois.' – depoimento de Daniel Costa de Faria, fl. 514.
>
> Os demais elementos dos autos também permitem tal conclusão, especialmente a circunstância de que o autor não disponibilizou a referida obra nem mesmo no sítio da própria instituição em que exerce o magistério, por receio de plágio, consoante o depoimento colhido à fl. 512.
>
> Ocorre que não há nos autos qualquer prova de que a ré tivesse conhecimento de que seu proposto, professor Daniel Faria, não teria autorização do autor do material didático para disponibilizá-lo na página eletrônica da instituição de ensino. (...)
>
> Dessa forma, tenho por descaracterizada prática de ato ilícito por parte da ré, o que afasta a sua responsabilidade pelos danos morais e materiais alegados pelo autor".

Como se vê, o acórdão recorrido encontra-se suficientemente fundamentado nas provas produzidas nos autos, não havendo falar em violação ao art. 131 do CPC [NCPC, art. 371].

Quanto aos arts. 186 do Código Civil, 29, 30, 38, 50, 52, 56 e 57 da Lei n. 9.610/1998, verifica-se que o recorrente deixou de demonstrar a forma pela qual tais dispositivos teriam sido contrariados pelo acórdão recorrido, motivo pelo qual incide, na espécie, o enunciado 284 da Súmula do STF.

Com relação à apontada ofensa aos arts. 932, III, e 933 do Código Civil, a Corte de origem, por ocasião do julgamento da apelação, manifestou o entendimento de que, por não haver prova da negligência da instituição de ensino, estava descaracterizada a conduta ilícita por parte desta, razão por que ficava afastada a sua responsabilidade por eventual dano. Confira-se (e-STJ fl. 628):

> "Ocorre que não há nos autos qualquer prova de que a ré tivesse conhecimento de que seu proposto, professor Daniel Faria, não teria autorização do autor do material didático para disponibilizá-lo na página eletrônica da instituição de ensino.
>
> De fato, poder-se-ia cogitar o reconhecimento da responsabilidade da instituição de ensino pelos danos alegados pelo autor, caso ficasse constatada negligência quanto à verificação da autoria do material que lhe foi apresentado por um de seus professores.
>
> Ocorre que não há como se imputar à instituição de ensino a obrigação de, ao disponibilizar obras intelectuais e materiais didáticos por meio da internet, apresentados por seus professores, averiguar a autenticidade dos conteúdos e a observância aos direitos autorais, sobretudo quando não há no material apresentado, a clara indicação de autor diverso do professor.
>
> Portanto, merece acolhimento a alegação de que houve boa-fé por parte da instituição de ensino, ao disponibilizar o material produzido pelo autor, na medida em que, não tinha conhecimento da inexistência de autorização para tal finalidade, fato este corroborado pela imediata retirada do material, após o recebimento da citação.
>
> Dessa forma, tenho por descaracterizada prática de ato ilícito por parte da ré, o que afasta a sua responsabilidade pelos danos morais e materiais alegados pelo autor".

Ao apreciar os embargos de declaração, o Tribunal de origem assim se pronunciou (e-STJ fl. 657):

"Percebe-se, portanto, que o egrégio colegiado, por maioria, entendeu que, nada obstante as disposições contidas no artigo 932, inciso III e 933 do Código Civil, citados pelo eminente Desembargador Revisor, não ficou demonstrada conduta ilícita por parte da instituição de ensino ré, de forma a justificar sua condenação ao pagamento dos danos materiais e morais vindicados na inicial".

Durante a vigência do Código Civil de 1916, uma interpretação literal do art. 1.523 [NCPC, arts. 932 e 933], apesar do teor do art. 1.521, III [atual, art. 932, III], poderia dar a entender que o empregador só responderia por ato do empregado se fosse também demonstrada a culpa daquele.

Carlos Roberto Gonçalves (in *Responsabilidade Civil*, 12ª ed., São Paulo, Saraiva, 2010, p. 162) lembra que "originou-se tal anomalia [art. 1.523] [NCPC, arts. 932 e 933], derrogadora dos princípios comuns universais, que regulam a matéria, de uma emenda do Senado Federal ao projeto primitivo, como diz Clóvis Beviláqua: 'Esta prova deverá incumbir aos responsáveis, por isso que há contra eles presunção legal de culpa; mas o Código, modificando a redação dos projetos, impôs o ônus da prova ao prejudicado. Essa inversão é devida à redação do Senado' (Código Civil, cit., v. 5, p. 288)".

Consoante ensina Roberto Rosas (in *Direito Sumular*, 11ª ed., Malheiros Editores, 2002, p. 144-145), tendo em vista que o teor do art. 1.523 parecia anular o disposto no art. 1.521 [atual, art. 932], o Supremo Tribunal Federal, na década de 40, iniciou uma evolução em sua jurisprudência que culminou na aprovação, em 1963, do enunciado 341 de sua Súmula, que assim dispunha: "É presumida a culpa do patrão ou comitente pelo ato culposo do empregado ou preposto". Sergio Cavalieri Filho relata que "na vigência do Código de 1916 travou-se forte controvérsia a respeito da natureza dessa responsabilidade – se com culpa provada, em face do que dispunha o art. 1.523; se com culpa presumida ou, ainda, se objetiva. Prevaleceu o entendimento de que a noção de culpa presumida era suficiente para fundamentá-la, presunção relativa, *juris tantum*, e não absoluta, como queriam alguns" (in *Programa de Responsabilidade Civil*, 6ª ed., Malheiros Editores, 2005, p. 201).

No dizer de Carlos Roberto Gonçalves (in *Responsabilidade Civil*, 12ª ed., São Paulo, Saraiva, 2010, p. 182):

"Tais considerações valem, hoje, como reminiscências históricas, pois o novo Código Civil, como já se afirmou, consagrou a responsabilidade objetiva, independente da ideia de culpa, dos empregadores e comitentes pelos atos de seus empregados, serviçais e prepostos (art. 933), afastando qualquer dúvida que ainda pudesse existir sobre o assunto e tornando prejudicada a referida Súmula 341 do Supremo Tribunal Federal, que se referia ainda à 'culpa presumida' dos referidos responsáveis".

De fato, os arts. 932, III, e 933 do atual Código Civil, sob cuja égide aconteceram os fatos em causa, prescrevem a responsabilidade objetiva dos empregadores pelos atos de seus empregados e prepostos nos seguintes termos:

"Art. 932. São também responsáveis pela reparação civil: (...)
III – o empregador ou comitente, por seus empregados, serviçais e prepostos, no exercício do trabalho que lhes competir, ou em razão dele;

Art. 933. As pessoas indicadas nos incisos I a V do artigo antecedente, ainda que não haja culpa de sua parte, responderão pelos atos praticados pelos terceiros ali referidos".

Na espécie, é forçoso concluir que o Tribunal de origem negou vigência aos arts. 932, III, e 933 do Código Civil, pois, mesmo admitindo que o material foi entregue para a disponibilização na internet pelo preposto da instituição de ensino, sem autorização e indicação clara de seu verdadeiro autor, afastou a responsabilidade desta pelo simples fundamento da inexistência de negligência de sua parte.

Nesse contexto, correta foi a conclusão do Desembargador revisor do recurso de apelação. Confira-se (e-STJ fl. 637):

> "Oportuno ressaltar ainda que, embora constatado que a conduta lesiva, e contrária à boa-fé objetiva, tenha sido realizada por preposto do instituto apelado, este responde objetivamente pelos atos daquele, nos termos do art. 932, III, c.c. art. 933, ambos do Código Civil".

Reconheço, portanto, a responsabilidade objetiva da instituição de ensino pela conduta lesiva de seu professor. Acrescento, neste ponto, que a beneficiada pela divulgação do material em seu site foi a instituição de ensino empregadora, independentemente da boa-fé com que tenha procedido.

Prossigo, então, no exame da existência dos danos aventados na inicial.

Para os efeitos da Lei n. 9.610/1998, que regula os direitos autorais, considera-se publicação o oferecimento de obra literária, artística ou científica ao conhecimento do público por qualquer forma ou processo.

Sobre os direitos morais do autor, dispõe o art. 24 da Lei n. 9.610/1998, *verbis*:

> "Art. 24. São direitos morais do autor:
> I – o de reivindicar, a qualquer tempo, a autoria da obra;
> II – o de ter seu nome, pseudônimo ou sinal convencional indicado ou anunciado, como sendo o do autor, na utilização de sua obra;
> III – o de conservar a obra inédita".

No caso dos autos, tenho que a simples circunstância de o trabalho do autor ter sido disponibilizado no sítio da ré sem sua autorização e sem menção clara de sua autoria, como incontroverso nos autos, é o bastante para render ensejo à reprimenda indenizatória.

Falhou o réu no dever de zelar pela verificação de autenticidade, autoria e conteúdo das publicações realizadas em sua página da internet.

A respeito, foi registrado no voto condutor do acórdão recorrido (e-STJ fl. 628):

> "Contudo, da análise do conjunto probatório e das alegações tecidas por ambas as partes, conclui-se que o autor disponibilizou a obra ao professor Daniel, preposto da ré, apenas para que fosse utilizado para consulta, mas não para a divulgação por meio da internet".

Assinalou, ainda, o Desembargador Revisor (e-STJ fl. 637):

> "Forçoso reconhecer, nesse contexto, que além da ausência de autorização para a divulgação do material do autor apelante no sítio eletrônico do instituto apelado, a autoria

da obra não foi devidamente informada, bem como a fonte não foi devidamente citada. Manifesta a violação dos direitos autorais do autor apelante, consoante compreensão dos arts. 29, 102, da Lei 9.610/98".

O prejuízo moral do autor também fica evidenciado na frustração de não conservar inédita sua obra intelectual pelo tempo que lhe conviria.

Assim, patente a violação ao direito do autor, reconhece-se a procedência do pedido reparatório por danos morais no valor de R$ 20.000,00 (vinte mil reais), quantia que, a meu ver, assegura justa reparação, sem proporcionar enriquecimento sem causa.

De outro lado, não ficou evidenciado nos autos o alegado prejuízo patrimonial. Com efeito, não socorre o recorrente a alegação de que havia resolvido fazer uma parceria com seu empregador e de que pretendia disponibilizar sua obra através do pagamento de R$ 80,00 (oitenta reais) por aluno, o que lhe teria causado prejuízo financeiro na ordem de R$ 32.000,00.

Ora, a indenização por dano material requer a comprovação detalhada da efetiva lesão ao patrimônio da vítima, desservindo para a sua constatação meras aspirações, suposições e ilações sobre futuros planos do autor.

Sobre este ponto, bem andou a sentença (e-STJ fl. 565):

> "Pretende o autor indenização por lucros cessantes em razão do prejuízo que alega ter sofrido pela divulgação da obra, mas este não logrou êxito em provar o alegado dano, tanto que não há nos autos qualquer prova de que a obra seria comercializada em parceria com o curso Magister e os valores lançados na petição inicial não passam de mera estimativa.
> Ora o dano material deve ser cabalmente provado, mesmo que o quanto necessite de liquidação, portanto, não merece acolhida este pedido".

Em face do exposto, dou parcial provimento ao recurso especial para reconhecer a responsabilidade objetiva do Instituto Evariste Galois pela conduta de seu preposto, condenando o réu ao pagamento de indenização por danos morais no valor de R$ 20.000,00 (vinte mil reais), corrigidos a partir da presente data, incidindo juros de mora, também a partir da presente data, na linha de precedente da Quarta Turma do STJ (REsp 903.258/RS, Rel. Min. Maria Isabel Gallotti, julgado em 21.06.2011).

Em face da sucumbência recíproca, na forma do art. 21, parágrafo único, do CPC [NCPC, art. 86, parágrafo único], cada parte arcará com as despesas processuais e os honorários advocatícios de seus advogados.

É como voto.

25. DANO MORAL. PEDIDO DE QUEBRA ABUSIVO

STJ – Recurso Especial n. 1.012.318/RR (*DJe* 14.09.2010)

Relator: Ministro Massami Uyeda.
Recorrente: Unilever Brasil Ltda.

Advogado: Daniel José Santos dos Anjos e outro(s).
Recorrido: S L da Silva e Cia Ltda. e outros.
Advogados: Fernando Pinheiro dos Santos Arquiminio Pacheco.

Ementa: Recurso especial. Negativa de prestação jurisdicional. Não ocorrência. Alegação de violação aos artigos 402 e 403, do Código Civil/2002. Ausência de particularização. Incidência da Súmula 284/STF. Responsabilidade civil. Falência. Pedido. Impossibilidade. Ausência de requisitos. Pedido de quebra. Abusividade. Reconhecimento. Dano moral. Possibilidade. Prejudicado, nos termos do parágrafo único do art. 20 do DL 7.661/45 [atual, art. 101 da Lei n. 11.101/2005]. Conceito amplo. Direito de reclamar. Possibilidade. Estado de insolvência. Ausência. Entendimento obtido pelo exame de conteúdo probatório. Vedação de reexame. Incidência da Súmula 7/STJ. Quantum indenizatório fixado nos limites da razoabilidade. Precedentes. Correção monetária. Prequestionamento. Ausência. Incidência da Súmula 282/STF. Embargos de declaração. Multa. Impossibilidade. Intuito procrastinatório. Ausência. Incidência da Sumula 98/STJ. Recurso parcialmente provido.

I – É entendimento assente que o órgão judicial, para expressar sua convicção, não precisa mencionar todos os argumentos levantados pelas partes, mas, tão somente, explicitar os motivos que entendeu serem suficientes à composição do litígio, não havendo falar, na espécie, em ofensa ao art. 535 do Código de Processo Civil [NCPC, art. 1.022];

II – A não explicitação precisa, por parte do recorrente, sobre a forma como teriam sido violados os dispositivos suscitados atrai a incidência do enunciado nº 284 da Súmula do STF.

III – Não se deve permitir, *ab initio*, que, inadimplida qualquer dívida comercial, no âmbito das normais relações empresariais, se dê ensejo ao pedido de quebra. É esse, pois, o espírito que marca a nova Lei de Falências que, em seu artigo 94 e incisos delimita, com maior rigor, os procedimentos para a decretação da Falência.

IV – O pedido abusivo de falência gera dano moral, porque a violação, no caso, é *in re ipsa*. Ou seja, a configuração do dano está ínsita à própria eclosão do fato pernicioso, não exigindo, pois, comprovação.

V – A jurisprudência desta Corte Superior admite a indenização por abuso no pedido de falência, desde que denegatória – como é o caso – por ausência dos requisitos estabelecidos pelo art. 20 do Decreto-lei 7.661/45 [atual, art. 101 da Lei n. 11.101/2005].

VI – O vocábulo prejudicado, nos termos do que dispõe o parágrafo único do art. 20 do Decreto-lei 7.661/45 [atual, art. 101 da Lei n. 11.101/2005], traduz conceito mais amplo do que falido ou mesmo devedor, admitindo-se, portanto, que o direito de reclamar a indenização protege todo aquele que foi prejudicado com o decreto de falência.

VII – Ausente o reconhecido estado de insolvência da empresa pelo Tribunal a quo com base no contexto fático-probatório dos autos, é inviável sua revisão em sede de recurso especial, diante do enunciado da Súmula 7 do STJ.

VIII – Esta Corte Superior somente deve intervir para diminuir o valor arbitrado a título de danos morais quando se evidenciar manifesto excesso do *quantum*, o que não ocorre *in casu*. Precedentes.

IX – A correção monetária não foi objeto de debate pelo Tribunal de origem, atraindo, por consequência, o enunciado da Súmula 282/STF.

X – Os embargos de declaração foram opostos com o intuito de prequestionamento, vendando-se, por lógica, a imposição de multa procrastinatória, nos termos do que dispõe o enunciado da Súmula 98/STJ.

XI – Recurso parcialmente provido.

Acórdão

Vistos, relatados e discutidos os autos em que são partes as acima indicadas, acordam os Ministros da Terceira Turma do Superior Tribunal de Justiça, na conformidade dos votos e das notas taquigráficas a seguir, a Turma, por unanimidade, dar parcial provimento ao recurso especial, nos termos do voto do(a) Sr(a). Ministro(a) Relator(a). Os Srs. Ministros Sidnei Beneti, Paulo de Tarso Sanseverino, Vasco Della Giustina (Desembargador convocado do TJ/RS) e Nancy Andrighi votaram com o Sr. Ministro Relator.

Brasília, 19 de agosto de 2010 (data do julgamento).

Relatório

O Exmo. Sr. Ministro Massami Uyeda (Relator):

Cuida-se de recurso especial interposto pela Unilever Brasil Ltda., fundamentado no art. 105, inciso III, alíneas "a" e "c", do permissivo constitucional, em que se alega violação dos artigos 6º, 165, 458, inciso II, 535, inciso II, e 542 do Código de Processo Civil [NCPC, arts. 18, 11, 489, II, 1.022 e 1.030]; 1º, 11 e 20, parágrafo único, do Decreto-lei 7.661/45 [DL revogado da Lei n. 11.101/2005]; 1.059 e 1.060 do Código Civil de 1.916; 402, 403, 944 e 945 do Código Civil de 2.002, além de divergência jurisprudencial.

Os elementos existentes nos autos noticiam que Sebastião Leci da Silva, Cleusa Gonçalves da Silva e S. L. da Silva e Cia Ltda., ajuizaram ação indenizatória, por danos materiais e morais, em face da ora recorrente, Unilever Brasil Ltda., em razão da decretação de falência, a pedido da ré, ora recorrente.

Alegaram, em resumo, que não foram preenchidos os requisitos legais para a decretação de falência, tendo em vista que houve o reconhecimento, tão somente, de inadimplência que deveria ter sido satisfeita com a aplicação do princípio da execução menos gravosa. Disseram, também, que, na oportunidade em que manifestaram sua defesa na falência, foi reconhecido o caráter abusivo do pedido de quebra.

O r. Juízo da 3ª Vara Cível da Comarca de Boa Vista/RR, Jefferson Fernandes da Silva, julgou parcialmente procedente a demanda condenando a ora recorrente, Unilever Brasil Ltda., em danos materiais, lucros cessantes e em danos morais em razão do reconhecimento de que o pedido de quebra, assim como sua determinação, se deu de forma abusiva e sem justa causa.

Irresignada, a ora recorrente, Unilever Brasil Ltda., apresentou recurso de apelação (fls. 354/371), ocasião em que o egrégio Tribunal de Justiça do Estado de Roraima negou-lhe provimento. A ementa está assim redigida:

> "Dano moral. Diminuição de crédito resultante de pedido gracioso de falência.
> 1. Tem legitimidade para integrar o polo ativo da lide quem afirma ser vítima de ato lesivo praticado pelo réu.

2. A inadimplência não se confunde com a insolvência, não se admitindo que o pedido de falência tenha natureza de cobrança. Abuso de direito configurado. Dano moral evidenciado.

4. Recurso improvido" (fl. 396).

Os embargos de declaração (fls. 401/412), opostos pela Unilever, restaram rejeitados (fls. 414/416). Novos embargos de declaração (fls. 421/432), também opostos pela Unilever, foram rejeitados (fls. 434/436), com aplicação de multa de 1% (um por cento) sobre o valor da causa.

Em suas razões, a ora recorrente, Unilever Brasil Ltda., sustenta, em síntese: a) a ocorrência de negativa de prestação jurisdicional porque, no seu entendimento, não houve manifestação expressa do v. acórdão recorrido, quando deveria fazê-lo, acerca da ilegitimidade das partes, da inexistência do dever de indenizar e da condenação excessiva; b) assevera, também, que Sebastião Leci da Silva e Cleusa Gonçalves da Silva, ora recorridos, não tem legitimidade ativa *ad causam* para pleitear a condenação por danos materiais e morais; c) aduz, ainda, que o pedido de falência, por si só, não caracteriza abuso de direito; d) outrossim, alega que não é requisito legal para a falência que o devedor esteja em estado de insolvência; e) sustenta, também, que a condenação é excessiva e merece ser reduzida; f) diz que a correção monetária não deve incidir a partir do evento danoso e sim do reconhecimento judicial; g) aponta, finalmente, que é indevida a multa aplicada nos embargos de declaração em razão de que foram opostos com o intuito de provocar o prequestionamento dos temas suscitados, nos termos da Súmula 98/STJ.

Apresentadas contrarrazões (fls. 541/555), foi proferido juízo positivo de admissibilidade (fls. 558/560).

É o relatório.

Voto

O Exmo. Sr. Ministro Massami Uyeda:

A irresignação merece prosperar, em parte.

Com efeito.

Inicialmente, no que atine ao art. 535, inciso II, do Código de Processo Civil [NCPC, art. 1.022, II], observa-se, da análise dos autos, que não há se alegar, como se quer neste inconformismo, negativa de prestação jurisdicional. *In casu*, o Tribunal de origem examinou os temas relevantes para conclusão da controvérsia, notadamente acerca da legitimidade ativa dos sócios da empresa ora recorrida, além do cabimento da indenização e, por fim, no que se refere à *quantum* fixado (fl. 393), embora o resultado não tenha, é verdade, sido favorável à parte recorrente.

Registra-se, por necessário, que a prestação jurisdicional que se revela contrária ao interesse de quem a postula, não se identifica, não se equipara, nem se confunde, para efeito de acesso à via recursal extraordinária, com a ausência de prestação jurisdicional. É entendimento assente que o órgão judicial, para expressar sua convicção, não precisa mencionar todos os argumentos levantados pelas partes, mas, tão somente, explicitar os motivos que entendeu serem suficientes à composição do litígio.

Igualmente, não prosperaram as alegações de violação dos artigos 402 e 403 do Código Civil de 2002. Verifica-se que a recorrente não demonstrou, de forma clara, precisa e objetiva, como seria de rigor, em que consistiria a alegada afronta a tais dispositivos. Dessa forma, para essas hipóteses, a não explicitação precisa, por parte da recorrente, sobre a forma como teriam sido violados os dispositivos suscitados, atrai a incidência do enunciado n. 284 da Súmula do STF.

As controvérsias aqui discutidas dizem respeito acerca da legitimidade dos sócios de pessoa jurídica, reconhecida como falida, pleitearem indenização por danos morais e materiais, bem como seu próprio cabimento em razão do pedido de quebra considerado abusivo.

Antes, porém, de enfrentarmos o mérito, faz-se mister uma breve digressão dos fatos.

Sebastião Leci da Silva e Cleusa Gonçalves da Silva, proprietários da empresa S.L. da Silva e Cia Ltda., tiveram contra si ajuizado pedido de falência, nos termos do art. 1º da antiga Lei de Falências, em razão do inadimplemento de três duplicatas no valor total de R$ 13.911,90 (treze mil, novecentos e onze reais e noventa centavos). Oportunamente, houve apresentação de contestação suscitando que os requisitos legais para decretação da quebra não foram cumpridos. Outrossim, sustentaram que estava em curso tratativa no sentido de compor amigavelmente a controvérsia. Todavia, a par da negativa da autora do pedido de quebra em reconhecer qualquer acordo em curso, decretou-se, em 26.06.1995, a falência da empresa S.L. da Silva e Cia Ltda.

Ato contínuo, interpôs a devedora, cuja quebra fora decretada, embargos à falência, alegando, em síntese, que houve acordo entre as partes, inclusive com o depósito no valor de R$ 4.777,09 (quatro mil, setecentos e setenta e sete reais e nove centavos), na conta da empresa requerente da falência, antes de sua decretação. Às fls. 119/129, tais razões foram acolhidas, anulando-se, assim, a decisão declaratória da falência anteriormente decretada.

Vê-se, pois, que, sem dúvida, a Lei de Falências fora utilizada como instituto de cobrança de dívidas. E tal não era e não é o escopo da Lei. Trata-se, na verdade, de instrumento específico, de utilização excepcional, cujo os requisitos de aplicação são absolutamente restritos. Não se deve permitir, *ab initio*, que, inadimplida qualquer dívida comercial, no âmbito das normais relações empresariais, que se dê ensejo ao pedido de quebra. É esse, pois, o espírito que marca a nova Lei de Falências que, em seu artigo 94 e incisos delimita, com maior rigor, os procedimentos para a decretação da falência.

Na verdade, não há dúvida de que, dentre os meios de satisfação do crédito à disposição da ora recorrente, Unilever Brasil Ltda., esta escolheu o mais danoso aos autores da ação indenizatória, ora recorridos, com o fim mesmo de constrangê-los, o que deixa patente o caráter abusivo do pedido de falência. Portanto, na situação vertente, tal atitude serviria apenas de instrumento de pressão, em verdadeiro abuso de direito, que não pode ser admitido nem tolerado.

Ora, como diz o art. 187 do Código Civil/2.002, *"comete ato ilícito o titular de um direito que, ao exercê-lo, excede manifestamente os limites impostos pelo seu fim econômico ou social, pela boa-fé ou pelos bons costumes"*. E o v. acórdão recorrido bem detectou que: *"(...) consta na referida sentença de embargos à falência que: 'provado restou que efetivamente a Embargante pagou à embargada, ainda antes da decretação da falência, através de depósito bancário, conforme a final, veio a confessar a embargada, em quitação ao título nº 239903-89; bem como restou comprovado que o pagamento pela embargante de uma diferença, relativa a juros, referente ao título nº 239137-16"* (grifos nossos) (fls. 393/394).

Oportuno esclarecer, ainda, que o pedido abusivo de falência gera dano moral, porque a violação, no caso, é *in re ipsa*. Ou seja, a configuração do dano está ínsita à própria eclosão do fato pernicioso, não exigindo, pois, comprovação. Evidente que, *in casu*, o comerciante que tem contra si decretada a falência fica com seu crédito prejudicado e comprometido. Mais ainda se tal pedido é acolhido, indevidamente, por abuso de direito. Nesse sentido:

> "Agravo regimental no agravo de instrumento. Recurso especial. Ausência de violação ao artigo 535 do Código de Processo Civil [NCPC, art. 1.022]. Dano moral. Revisão probatória. Impossibilidade. Súmula 7/STJ. (...)
>
> III – *Em regra, quanto ao dano moral, em si mesmo, não há falar em prova; o que se deve comprovar é o fato que gerou a dor, o sofrimento. Provado o fato, impõe-se a condenação, pois, nesses casos, em regra, considera-se o dano in re ipsa.* Agravo regimental a que se nega provimento" (AgRg no Ag 742.489/RJ, Rel. Min. Paulo Furtado (Desembargador Convocado do TJ/BA), *DJe* 16.09.2009).

Bem por isso, em casos semelhantes, a jurisprudência desta Corte Superior admite a indenização por abuso no pedido de falência, desde que denegatória – como é o caso – por ausência dos requisitos estabelecidos pelo art. 20 do Decreto-lei n. 7.661/1945. Nesse sentido, registra-se:

> "Falência. Art. 20. Ação de indenização. Denegação da quebra. Encerramento do processo de julgamento de mérito. – A obrigação de indenizar, por abuso no pedido de falência (DL 7.611/45, Art. 20) [atual, art. 101 da Lei n. 11.101/2005] só se manifesta, quando a sentença indefere o pedido, por ausência de seus requisitos. A extinção do processo, por vício de citação ou depósito elisivo não fazem incidir o Art. 20 da Lei de Falências [atual, art. 101 da Lei n. 11.101/2005]" (REsp 457.283/SP, Rel. Ministro Humberto Gomes de Barros, *DJ* 01.03.2004, p. 125).

Além disso, os sócios Sebastião Leci da Silva e Cleusa Gonçalves da Silva, ora recorridos, possuem legitimidade ativa para pleitearem a indenização por danos morais. Isso decorre da própria redação dada ao parágrafo único do art. 20 do Decreto-lei n. 7.661/1945 [atual, art. 101 da Lei n. 11.101/2005], que menciona, *in verbis*: "Por ação própria, pode o prejudicado reclamar a indenização, no caso de culpa ou abuso do requerente da falência denegada".

Portanto, pela redação do dispositivo "prejudicado" é um conceito mais amplo do que falido ou mesmo devedor, admitindo-se, portanto, que o direito de reclamar a indenização protege não só o falido/devedor, mas todo aquele que foi prejudicado com o decreto de falência. Essa orientação foi acolhida pela egrégia Quarta Turma, na oportunidade do julgamento do REsp 214.295/BA, Relator Ministro Sálvio de Figueiredo Teixeira, *DJ* de 28.08.2000, que, inclusive, dispensou o ajuizamento de ação própria para caracterização das perdas e danos, cuja ementa está assim escrita:

> "Direito comercial. Falência. D.L. 7.661/45, art. 20 [atual, art. 101 da Lei n. 11.101/2005]. Requerimento de quebra carente de pressupostos. Contestação por acionista que se alijara de suas prerrogativas gerenciais da empresa em virtude de acordo. Dolo do banco requerente afirmado nas instâncias ordinárias. Súmula/STJ, enunciado nº 7. Perdas e danos. Prejuízo pessoal do contestante-acionista a ser apurado em liquidação por artigos. Legitimidade do prejudicado. Recurso desacolhido.
>
> I – Tendo as instâncias ordinárias reconhecido a existência de prejuízo pessoal do acionista da empresa, decorrente de dolo do banco requerente da falência, injustificável no caso, em rigor, a exigência da ação própria prevista no art. 20, parágrafo único, da Lei de Quebra [atual, art. 101 da Lei n. 11.101/2005] para a caracterização das perdas e danos já reconhecidas pelo Judiciário.
>
> II – Aferição das perdas e danos do prejuízo pessoal do acionista em liquidação por artigos".

De mais a mais, de fato, no que se refere à insolvência, o v. acórdão recorrido bem pontuou que "(...) no mérito, é fato incontroverso que as duplicatas mercantis sacadas pela empresa apelada estavam vencidas e não foram pagas e, por isso, a apelante ajuizou pedido de falência (Proc. n. 0010.02.027932-8), que restou julgado improcedente pela r. sentença de fls. 120/124, sem qualquer recurso. Ocorre que a mera inadimplência não se confunde com a insolvência. Houve culpa, pelo menos negligência, da apelante, ao irrefletidamente, requerer o pedido de falência da apelada, fundado em mera inadimplência" (fls. 393/394).

Sem dúvida que, posta como está a questão, rever tal entendimento, demandaria revolvimento dessas provas, o que é inviável em sede de recurso especial, a teor do disposto no Enunciado n. 7 da Súmula/STJ. Nesse sentido, a contrário sensu, registra-se:

> "Direito comercial e processual civil. Falência. Estado de solvência da empresa. Reconhecimento com base no contexto fático-probatório. Revisão. Súmula n. 7 do STJ. Decretação da quebra. Pressupostos. Art. 1º do Decreto-lei n. 7.661/45 [DL revogado pela Lei n. 11.101/2005].
>
> 1. Reconhecido o estado de solvência da empresa pelo Tribunal a quo com base no contexto fático-probatório dos autos, é inviável sua revisão em sede de recurso especial, diante do enunciado da Súmula n. 7 do STJ.
>
> 2. A decretação de falência pelo juiz deve se ater às hipóteses em que o comerciante, sem justificativa da impontualidade ou 'relevante razão de direito' (art. 1º do Decreto-Lei n. 7.661/45) [DL revogado pela Lei n. 11.101/2005], deixa de cumprir obrigação líquida, constante de título próprio para lastrear ação executiva" (REsp 725.128/TO, Rel. Min. João Otávio de Noronha, *DJe* 09.06.2008).

Quanto à suposta exorbitância dos danos morais, vê-se, pois, que o Tribunal de origem, confirmou, no ponto, a sentença a quo. A título de indenização por dano moral, a ora recorrente, Unilever Brasil Ltda., foi condenada a pagar a Sebastião Leci da Silva, ora recorrido, a quantia de R$ 30.000,00 (trinta mil reais), e a Cleusa Gonçalves da Silva, ora recorrida, o valor de R$ 15.000,00 (quinze mil reais) (fls. 341). Tais valores, *data maxima venia*, não se revelam excessivos. Pelo contrário, estão compatíveis com o dano suportado pelos ora recorridos. Portanto, não se justifica a intervenção, sempre excepcional, desta Corte Superior, na modificação do *quantum* fixado pelas Instâncias ordinárias. Com essa orientação, registra-se, por todos, a seguinte ementa:

"Direito civil e processual civil. Advogado. Ofensa a magistrado. Excesso. Inaplicabilidade da imunidade profissional. Dano moral. Indenização. Ilegitimidade passiva dos clientes representados. Valor dos danos morais.

(...)

– O valor dos danos morais não deve ser fixado de forma ínfima, mas em patamar que compense adequadamente o lesado, proporcionando-lhe bem da vida que apazigue as dores que lhe foram impingidas. Recurso Especial parcialmente provido" (REsp 932.334/RS, Relatora Ministra Nancy Andrighi, *DJe* 04.08.2009).

No que se refere à correção monetária, observa-se, pois, das razões do v. acórdão recorrido, que o tema não foi objeto de debate ou deliberação pelo Tribunal de origem e, tampouco, foi suscitado na oportunidade de apresentação dos embargos de declaração, restando ausente, assim, o requisito indispensável do prequestionamento da matéria, incidindo, dessa forma, o teor da Súmula n. 282 do Supremo Tribunal Federal.

Por fim, em relação à incidência multa estabelecida pelo Tribunal *a quo*, com fundamento no art. 538, parágrafo único, do Código de Processo Civil [NCPC, art. 1.026, §§ 2º e 3º], argumenta a ora recorrente, Unilever Brasil Ltda., que o aresto teria deixado de considerar o propósito de prequestionamento dos embargos de declaração.

Nesse ponto, tem razão a ora recorrente, pois, embora tenham sido rejeitados os embargos de declaração, constata-se que realmente foram opostos com a finalidade de prequestionamento explícito dos dispositivos legais, merecendo prosperar, portanto, neste ponto, as alegações do recorrente, com respaldo no enunciado 98 da Súmula desta Corte, *in verbis*: "Embargos de declaração manifestados com notório propósito de prequestionamento não têm caráter protelatório".

Assim sendo, dá-se parcial provimento ao recurso especial, apenas para afastar a multa imposta pelo Tribunal de origem no julgamento dos embargos de declaração, mantidos os ônus sucumbenciais atribuídos pelas instâncias ordinárias.

É o voto.

26. DANO MORAL. BATIZADO DO FILHO PELO PAI SEM O CONHECIMENTO DA MÃE

STJ – Recurso Especial n. 1.117.793/RJ (*DJe* 28.05.2010)

Relatora: Ministra Nancy Andrighi.

Recorrente: Mônica Alves de Oliveira Girão.

Advogado: Juliana Ituassú Assumpção Vaz de Carvalho e outro(s).

Recorrido: Adriano Antônio Soares.

Advogado: Victor Esteves Dames Passos e outro(s).

Ementa: Civil. Recurso especial. Ação de compensação por danos morais. Pai que batiza o filho sem o conhecimento da mãe. Ausência de relacionamento amistoso entre os pais. Irrelevância. Danos morais. Ocorrência.

– Hipótese em que a recorrente (mãe) ajuizou ação de compensação por danos morais, em face do recorrido (pai), porque este batizou o filho sem a presença da mãe, que somente obteve conhecimento desta cerimônia religiosa após sete meses da sua realização.

– Mesmo considerando que os pais são separados judicialmente e que não possuem, entre si, relacionamento amistoso, as responsabilidades sobre os filhos menores devem ser igualmente repartidas. Não há como atribuir essas responsabilidades em favor de um dos pais, em detrimento do outro.

– A fragilidade e a fluidez dos relacionamentos entre os pais não devem perpassar as relações entre pais e filhos, as quais precisam ser perpetuadas e solidificadas. Em contraponto à instabilidade dos vínculos advindos das uniões matrimoniais, estáveis ou concubinárias, os laços de filiação devem estar fortemente assegurados, com vistas no interesse maior da criança.

– Dessarte, o recorrido, ao subtrair da recorrente o direito de presenciar a celebração de batismo do filho que tiveram em comum, cometeu ato ilícito, ocasionando danos morais à mãe, nos termos do art. 186 do CC/02. Recurso especial conhecido e provido.

Acórdão

Vistos, relatados e discutidos estes autos, acordam os Ministros da Terceira Turma do Superior Tribunal de Justiça, na conformidade dos votos e das notas taquigráficas constantes dos autos, por maioria, dar provimento ao recurso especial, nos termos do voto da Sra. Ministra Relatora, vencido o Sr. Ministro Massami Uyeda. Os Srs. Ministros Sidnei Beneti, Vasco Della Giustina e Paulo Furtado votaram com a Sra. Ministra Relatora. Dr(a). Juliana Ituassú Assumpção Vaz de Carvalho, pela parte recorrente: Mônica Alves de Oliveira Girão Dr(a). João Paulo Cantarelli Sahione, pela parte recorrida: Adriano Antônio Soares.

Brasília (DF), 4 de fevereiro de 2010 (data do julgamento).

Relatório

A Exma. Sra. Ministra Nancy Andrighi (Relator):

Recurso especial interposto por Mônica Alves de Oliveira Girão, com fundamento na alínea "a" do permissivo constitucional, contra acórdão proferido pelo TJ/RJ.

Ação: de compensação por danos morais, ajuizada pela recorrente, em face de Adriano Antônio Soares. Na inicial, a recorrente relatou que foi casada com o recorrido e que tiveram um filho em comum. Alegou que, após a separação judicial, o recorrido batizou a criança, aos dois anos de idade, na igreja católica, sem a presença da mãe e que somente obteve conhecimento desta cerimônia religiosa após sete meses da sua realização.

Aduziu a recorrente que, para o dia do batizado, o recorrido, artificiosamente, solicitou alteração do horário de visita, por meio de telegrama (juntado às fls. 39), com o seguinte teor: "em razão de compromissos urgentes e visando o bem-estar do nosso filho, solicito que no dia 24/04/2004, sábado, o Lucas veja o pai excepcionalmente das 10 horas às 15 horas".

Diante desses fatos, requereu a compensação pelos danos morais suportados.

Sentença: julgou improcedente o pedido, porque o fato de a recorrente não ter participado do batismo de seu filho configura mero aborrecimento.

Acórdão: por maioria, deu provimento à apelação interposta pela recorrente, para condenar o recorrido ao pagamento de R$ 3.000,00 (três mil reais) a título de compensação por danos morais. Confira-se a ementa:

> "Civil. Ação de conhecimento objetivando a Autora indenização por dano moral que teria sofrido em decorrência do Réu ter realizado o batizado do filho do casal, sem o seu consentimento. Improcedência do pedido. Apelação da autora. Dano moral configurado. Autora que ficou privada de participar de cerimônia única e significativa da vida de seu filho, fato que, por certo, causou aborrecimento que supera os do cotidiano. Dificuldade de relacionamento das partes que não pode repercutir na sua participação na vida de seu filho. Indenização que deve ser fixada com moderação, revelando-se o montante de R$ 3.000,00, compatível com a repercussão dos fatos. Inversão do ônus sucumbenciais. Provimento da apelação" (fls. 277).

Embargos de declaração: interpostos pelo recorrido, foram rejeitados (fls. 289). Embargos infringentes: interpostos pelo recorrido, foram acolhidos, por maioria, para negar provimento à apelação interposta pela recorrente e restabelecer os termos da sentença (fls. 331/339).

Assentou-se no acórdão que "não se pode ter como ilícita a conduta do pai que, sendo católico, procede ao batismo de seu filho, especialmente quando o catolicismo também é a religião professada pela mãe" (fls. 334). Acrescenta que o recorrido "teve motivos ponderáveis para ocultar da apelada sua decisão de batizar o filho, havendo entre as partes dificuldades de relacionamento" (fls. 334).

Embargos de declaração: interpostos pela recorrente, foram rejeitados (fls. 348).

Recurso especial: alega a recorrente violação:

I – aos arts. 1584 e 1589 do CC/02, pois o "acórdão que reconheceu a quem não tem a guarda o direito de tomar decisão tão relevante e de excluir deliberadamente a mãe é flagrantemente violador das referidas normas legais" (fls. 371);

II – aos arts. 21 da Lei 8.069/90 e 1631, parágrafo único, do CC/02, porque o poder familiar deve ser exercido pelos pais em igualdade de condições e, em caso de discordância, deve-se recorrer à autoridade judiciária para resolver a divergência;

III – aos arts. 12, 186 e 187, do CC/02, pois a ausência de comunicação da mãe para a cerimônia de batismo, bem como a impossibilidade de participação na escolha dos padrinhos, ocasionou danos morais à recorrente.

Prévio juízo de admissibilidade: após a apresentação das contrarrazões do recorrido às fls. 381/391, negou seguimento ao recurso especial interposto pela recorrente (fls. 401/404).

Interposto agravo de instrumento pela recorrente, esta Relatora deu-lhe provimento e determinou a subida do presente recurso especial.

É o relatório.

Voto

A Exma. Sra. Ministra Nancy Andrighi (Relator):

Cinge-se a controvérsia em determinar se há configuração de danos morais, o fato de o pai batizar o filho, sem o conhecimento da mãe.

I – Da ausência de prequestionamento (violação aos arts. 1.584, 1.589 e 1.631, parágrafo único, do CC/02, e 21 da Lei n. 8.069/1990).

No que concerne à suposta violação aos arts. 1.584, 1.589 e 1.631, parágrafo único, do CC/02, e 21 da Lei n. 8.069/1990, decorrente da realização do batismo por quem não tem a guarda do menor e da necessidade de intervenção do judiciário, observa-se que o recurso especial se ressente da ausência do prequestionamento.

Com efeito, essa discussão suscitada nas razões recursais não foi objeto de apreciação por parte do Tribunal de origem, o que enseja o não conhecimento do recurso especial nesse particular, ante a incidência da Súmula n. 211/STJ.

II – Da ocorrência de danos morais (violação aos arts. 12, 186 e 187, do CC/02).

Inicialmente, cumpre ressaltar que resta incontroverso nos autos que o menor foi batizado pelo recorrente sem o consentimento e o conhecimento da recorrida.

O acórdão do TJ/RJ, ao mencionar o transcurso dos fatos que ensejaram a propositura da presente ação, estabeleceu duas premissas que devem servir como ponto de partida para a análise ora realizada.

A primeira delas justifica a conduta do recorrido em razão da dificuldade de relacionamento pacífico entre os pais, ao passo que a segunda considera que a realização do batizado do menor, sob a mesma religião seguida pela mãe, afasta a configuração de danos morais.

Segundo o acórdão recorrido, "a narrativa dos fatos bem demonstra a dificuldade de relacionamento que se estabeleceu entre as partes que chegam ao ponto de se comunicarem por telegramas" (fls. 278). Em razão desses fatos, o acórdão reconheceu a licitude da ocultação do batizado pelo recorrente.

Todavia, mesmo considerando que os pais são separados judicialmente e que não possuem, entre si, relacionamento amistoso, as responsabilidades sobre os filhos menores devem ser igualmente repartidas. Não há como atribuir essas responsabilidades em favor de um dos pais, em detrimento do outro. Na ausência de um ponto de equilíbrio, a respeito dos atos que interessam a vida dos filhos, devem os pais somar esforços para administrar, em conjunto, os interesses do menor.

Com efeito, a fragilidade e a fluidez dos relacionamentos entre os pais não devem perpassar as relações entre pais e filhos, as quais precisam ser perpetuadas e solidificadas. Em contraponto à instabilidade dos vínculos advindos das uniões matrimoniais, estáveis ou concubinárias, os laços de filiação devem estar fortemente assegurados, com vistas no interesse maior da criança, que não deve ser vítima de mais um fenômeno comportamental de seus pais.

Na hipótese dos autos, trata-se de celebração de batismo, ato único e significativo na vida da criança e, sempre que possível, deve ser realizado na presença de ambos os pais.

O recorrido, ao subtrair da recorrente o direito de presenciar a celebração de batismo do menor, cometeu ato ilícito, ocasionando-lhe danos morais, nos termos do art. 186 do CC/02.

Por outro lado, a respeito da religião em que foi batizado o menor, o acórdão recorrido considerou que "não se pode ter como ilícita a conduta do pai que, sendo católico, procede ao batismo de seu filho, especialmente quando o catolicismo também é a religião professada pela mãe" (fls. 371).

Contudo, o dano moral foi caracterizado pela privação do direito da mãe em participar do batismo de seu filho. A realização do batizado sob a mesma religião seguida pela mãe não ilidiu a conduta ilícita já consumada.

Assim, reconhecido o ato ilícito, deve ser reformado o acórdão recorrido para que seja julgado procedente o pedido formulado na inicial, a fim de condenar o recorrido ao pagamento de compensação pelos danos morais suportados pela recorrente.

III – Da fixação do valor compensatório.

Verificada a existência de danos morais, mostra-se possível a fixação, de pronto, do valor da compensação devida, mediante a aplicação do direito à espécie, nos termos do art. 257 do RISTJ.

A jurisprudência do STJ é firme no sentido de que o valor da compensação por danos morais deve pautar-se por duas premissas básicas, quais sejam, fixar uma justa compensação e vedar ao enriquecimento ilícito. Assim, este Tribunal busca atingir uma coerência entre os valores fixados para situações análogas, sempre com a ressalva de não admitir uma tarifação da compensação, pois, conforme salientado no REsp n. 663.196/PR, de minha relatoria, "é da essência do dano moral ser este compensado financeiramente a partir de uma estimativa que guarde alguma relação necessariamente imprecisa com o sofrimento causado, justamente por inexistir fórmula matemática que seja capaz de traduzir as repercussões íntimas do evento em um equivalente financeiro".

Desta forma, ante as peculiaridades da espécie, em que a recorrente foi privada de ato único e irrepetível na vida do seu filho, considero ser justa a fixação do valor da compensação por dos danos morais em R$ 5.000,00 (cinco mil reais), quantia que será acrescida de juros legais desde o evento danoso e de correção monetária a partir desta data.

Forte em tais razões, conheço do recurso especial, e dou-lhe provimento, para condenar o recorrido a pagar à recorrente o valor de R$ 5.000,00 (cinco mil reais) a título de compensação pelos danos morais.

Esta quantia será acrescida de juros legais desde o evento danoso e de correção monetária a partir da data deste julgamento. Deverá o recorrido arcar, ainda, com os ônus sucumbenciais e honorários advocatícios, estes fixados em 10% (dez por cento) sobre o valor da condenação.

Voto vencido

Exmo. Sr. Ministro Massami Uyeda:

Sr. Presidente, eminente Ministra Relatora, eminentes Ministros, eminente Subprocurador-Geral da República, eminentes Advogados, tive a oportunidade de receber, na tarde de ontem, um memorial que me foi encaminhado pelo recorrido Adriano Antônio Soares, e também a tive oportunidade de ter acesso ao voto da eminente Relatora, e estava exatamente aguardando o desenrolar da nossa sessão para fixar uns pontos que, com todo respeito, ouso divergir da eminente Relatora.

A eminente Relatora, no relatório do voto de S. Exa., assinala que a mãe não teria participado da cerimônia de batismo de seu filho porque dela não teve conhecimento. Entretanto, analisando aqui a redação do acórdão, que, por maioria, havia negado provimento à apelação interposta pela recorrente, pois em Primeiro Grau a sentença julgou improcedente o pedido de reparação, na sua ementa diz que:

> "A ação de conhecimento, objetivando a autora indenização por dano moral que teria sofrido em decorrência de o réu ter realizado o batizado do filho do casal sem o seu consentimento (...)".

Quer dizer, o acórdão assinala consentimento. O relatório da eminente Ministra refere que a cerimônia se deu sem o conhecimento. Então, há uma diferença, a meu ver, entre conhecimento e consentimento.

Eu sei, na exposição que estou fazendo chegarei a esse ponto.

Esse acórdão, que, por maioria, havia dado provimento à apelação para reformar a sentença de improcedência, assinalou que essa cerimônia teria ocorrido sem o consentimento. Ocorre que houve embargos de declaração pelo recorrido. Nesse primeiro acórdão, houve uma condenação de R$ 3.000,00 (três mil reais). Esses embargos de declaração foram rejeitados e advieram embargos infringentes interpostos pelo recorrido, que foram acolhidos por maioria para negar provimento à apelação interposta pela mãe e restabelecer os termos da sentença, ou seja, em Segundo Grau encontramos a situação de improcedência dessa ação.

No corpo do acórdão que julgou os embargos infringentes está contido o seguinte – e a Sra. Ministra Relatora pinçou essas frases, que são, a meu ver, fundamentais para que possamos alicerçar a divergência:

> "Assentou-se no acórdão que 'não se pode ter como ilícita a conduta do pai que, sendo católico, procede ao batismo de seu filho, especialmente quando o catolicismo também é a religião professada pela mãe'". Na sequência, acrescenta que: "O recorrido 'teve motivos ponderáveis' para ocultar da apelada sua decisão de batizar o filho, havendo entre as partes dificuldade de relacionamento (...)".

Pois aqui, eminente Presidente, eminente Relatora, eminentes Ministros, é que sustento que este recurso especial não tem como ser analisado aqui, porque infringiremos a Súmula n. 7 – é matéria de prova. Que o relacionamento do casal já estava seriamente comprometido, isso é inegável, mas quais foram os motivos que levaram o pai a proceder ao batismo de seu filho sem o conhecimento ou sem o consentimento da mãe estão redundados nesses "motivos ponderáveis para ocultar da apelada sua decisão de batizar o filho, havendo entre as partes dificuldade de relacionamento (...)". Isso, a meu ver, afigura-se uma barreira intransponível para que possamos analisar, porque teríamos que analisar matéria de fato.

Pelo meu voto, então, com todo o respeito ao voto da Sra. Ministra Relatora, sempre louvando a análise muito sensível de S. Exa. em matéria exatamente de Direito de Família, neste caso nego provimento ao recurso especial.

Voto

O Sr. Ministro Vasco Della Giustina (Desembargador convocado do TJ/RS):

Sr. Presidente, estaria inclinado a antecipar o meu voto. Não vi, dos dados trazidos pela eminente Relatora, que a matéria estivesse vinculada à prova. Parece-me que a solução é valorar o que está aí: se se aceitam ou não, os dados trazidos, que são concretos.

Acompanho, em princípio, o voto da Sra. Ministra Relatora, inclusive quanto ao valor.

BIBLIOGRAFIA

ABDELGAWAD, Walid. *Arbitrage et droit de la concurrence*. Paris: LGDJ, 2001.

ABREU, Rogério Roberto Gonçalves de. A responsabilidade civil por assédio moral no serviço público. *Revista de Direito Privado*, São Paulo, n. 64, out. 2015.

AGUIAR, Ruy Rosado de. Responsabilidade civil do médico. *In*: TEIXEIRA, Sálvio de Figueiredo (coord.). *Direito e medicina*. Belo Horizonte: Del Rey, 2000.

AGUIAR, Ruy Rosado de. Responsabilidade civil do médico. *Revista dos Tribunais*, São Paulo, v. 718, ago. 1995.

ALMEIDA, Isis de. *Manual da prescrição trabalhista*. São Paulo: Ed. LTr, 1990.

ALSINA, Jorge Bustamante. *Teoria general de la responsabilidad civil*. 5. ed. Buenos Aires: Abeledo-Perrot, 1987.

AMARANTE, Aparecida I. *Responsabilidade civil por dano moral*. Belo Horizonte: Del Rey, 1991.

ANDORNO, Luís O. La responsabilidad civil médica. *AJURIS*, Porto Alegre, n. 59, nov. 1993.

ANDRADE, André Gustavo Corrêa de. Dano moral e pedido genérico de indenização. *Revista dos Tribunais, São Paulo, v.* 781, nov. 2000.

ARRUDA ALVIM, José Manoel; ALVIM, Thereza; ARRUDA ALVIM, Eduardo; SOUZA, James J. Martins. *Código do Consumidor comentado*. 2. ed. rev. e atual. São Paulo: Revista dos Tribunais, 1995.

AVELAR, Juarez Moraes. *Cirurgia plástica, obrigação de meio*. São Paulo: Hipócrates, 2000.

AZEVEDO, Antônio Junqueira de. Por uma nova categoria de dano na responsabilidade civil: o dano social. *Revista Trimestral de Direito Civil, São Paulo*, v. 19, jul.-set. 2004.

BASTOS, Celso Ribeiro. *Comentários à Constituição do Brasil*. São Paulo: Saraiva, 1989. v. II.

BENJAMIN, Antônio Herman de Vasconcellos e. *In*: GRINOVER, Ada Pellegrini *et al*. *Código Brasileiro de Defesa do Consumidor* – comentado pelos autores do Anteprojeto. 10. ed. Rio de Janeiro: Forense, 2011. v. 1.

BITTAR, Carlos Alberto. Danos morais: critérios para a sua fixação. *Repertório IOB de jurisprudência: civil, processual, penal e comercial*, n. 15, 1 quinz. ago. 1993.

BITTAR, Carlos Alberto. *Reparação civil por danos morais*. 2. ed. São Paulo: Revista dos Tribunais, 1994.

BUSSADA, Wilson. *Súmula do Superior Tribunal de Justiça*. São Paulo: Jurídica Brasileira, 1995.

CAHALI, Yussef Said. *Dano moral*. 2. ed. São Paulo: Revista dos Tribunais, 1998.

CAHALI, Yussef Said. *Divórcio e separação*. 8. ed. São Paulo: Revista dos Tribunais, 1995.

CAMPOS, Diogo Leite de. Lições de direitos da personalidade, separata do vol. LXVI (1990) do *Boletim da Faculdade de Direito de Coimbra*, Coimbra, 1992.

CAPEROCHIPI, Alvarez. *El enriquecimiento sin causa*. 3. ed. Granada: Editorial Comares, 1993.

CASTRO Y BRAVO, Federico. *Temas de derecho civil*. Madrid: Gráficos Marisal, 1972.

CAVALIERI FILHO, Sergio. *Programa de responsabilidade civil*. 15. ed. São Paulo: Atlas, 2022.

CHAVES, Antônio. *Tratado de direito civil*. 3. ed. São Paulo: Revista dos Tribunais, 1985. v. III.

COMOGLIO, Luigi Paolo; FERRI, Corrado; TARUFFO, Michele. *Lezioni sul processo civile*. Bologna: Il Mulino, 1996.

COMPARATO, Fábio Konder. A regulamentação jurídico-administrativa do protesto cambial. *Revista de Direito Mercantil, Industrial, Econômico e Financeiro*, São Paulo, v. 30, n. 83, jul.-set. 1991.

CRETELLA JÚNIOR, José. *Comentários à Constituição de 1988*. Rio de Janeiro: Forense Universitária, 1989. v. I.

DEDA, Artur Oscar Oliveira. Verbete "Dano Moral – Reparação". *Enciclopédia Saraiva de Direito*. São Paulo: Saraiva, 1977. v. 22.

DELGADO, Mauricio Godinho. *Curso de direito do trabalho*: obra revista e atualizada conforme a lei da reforma trabalhista e inovações normativas e jurisprudenciais posteriores. 18. ed. São Paulo: LTr, 2019.

DIAS, José de Aguiar. *Da responsabilidade civil*. 8. ed. Rio de Janeiro: Forense, 1987. v. 2.

DIAS, José de Aguiar. *Da responsabilidade civil*. 9. ed. Rio de Janeiro: Forense, 1994. v. 1.

DIAS, José de Aguiar. *Da responsabilidade civil*. 9. ed. Rio de Janeiro: Forense, 1994. v. 2.

DIDIER JÚNIOR, Fredie. *Curso de direito processual civil*. 17. ed. Salvador: Juspodivm, 2015. v. 1.

FARIAS, Cristiano Chaves de; ROSENVALD, Nelson. *Curso de direito civil*. São Paulo: Atlas, 2015. v. 1.

FERREIRA, Luiz Pinto. *Comentários à Constituição Brasileira*. São Paulo: Saraiva, 1989. v. I.

FOSTER, Nestor José. Cirurgia plástica estética: obrigação de resultado ou obrigação de meios. *Revista dos Tribunais*, São Paulo, v. 738, abr. 1997.

FRANÇA, Genival Veloso de. *Direito médico*. 6. ed. São Paulo: Fundação Editorial BYK--Procienx, 1994.

FREITAS, Maria de Ester; HELOANI, Roberto; BARRETO, Margarida. *Assédio moral no trabalho. Coleção de Debates em Administração*. São Paulo: Cengage Learning, 2009.

FROTA, Hidemberg Alves da; BIÃO, Fernanda Leite. O dano ao projeto de vida: uma leitura à luz do humanismo existencial. *Revista do Instituto dos Advogados de Minas Gerais*, Belo Horizonte, n. 16, 2010.

GATTAZ, Luciana de Godoy Penteado. Punitive damages no direito brasileiro. *Revista dos Tribunais*, São Paulo, v. 964, fev. 2016.

GONÇALVES, Carlos Roberto. *Direito civil brasileiro*. 7. ed. São Paulo: Saraiva, 2012.

GONÇALVES, Carlos Roberto. *Responsabilidade civil*. 6. ed. São Paulo: Saraiva, 1995.

GONÇALVES, Luis da Cunha. *Tratado de direito civil*. Em comentário ao Código Civil Português. 2. ed. atual. e aum. São Paulo: Max Limonad, 1957. v. XII, t. II.

GOUVÊA, José Roberto Ferreira; SILVA, Vanderlei Arcanjo da Silva. A quantificação dos danos morais pelo Superior Tribunal de Justiça. *Revista Jurídica, São Paulo, v. 52*, n. 323, set. 2004.

GRINOVER, Ada Pellegrini. *Dano moral. Observações sobre a ação de responsabilidade civil por danos morais decorrentes de abuso da liberdade de imprensa*. São Paulo: Fisco e Contribuinte, 1999.

HIRIGOYEN, Marie-France. *Mal-Estar no trabalho* – redefinindo o assédio moral. Rio de Janeiro: Bertrand Brasil, 2009.

HUNGRIA, Nélson. *Comentários ao Código Penal*. 4. ed. Rio de Janeiro: Forense, 1958. v. I, t. I.

KFOURI NETO, Miguel. *Responsabilidade civil do médico*. 2. ed. São Paulo: Revista dos Tribunais, 1996.

LARENZ, Karl. *Derecho de obligaciones*. Madrid: Editorial Revista de Derecho Privado, 1959. t. I.

LIMA, Taísa Maria Macena de. A prescrição no dano moral decorrente da relação de emprego. *Revista do TRT – 3ª R.*, Belo Horizonte, v. 28, n. 58, jan.-dez. 1998.

LIMONGI FRANÇA, Rubens. Reparação do dano moral. *Revista dos Tribunais*, São Paulo, v. 631, maio 1988.

LÔBO, Paulo Luiz Netto. Responsabilidade civil do advogado. *Revista de Direito do Consumidor*, São Paulo, n. 34, abr.-jun. 2000.

LOPES, Teresa Ancona. Dano existencial. *Revista de Direito Privado*, São Paulo, n. 57, jan.-mar. 2014.

LÓPEZ, Rafael Garcia. *Responsabilidade civil por dano moral*. Barcelona: Bosch Ed., 1990.

MAGALHÃES, Teresa Ancona Lopes de. Responsabilidade civil dos médicos. *In*: CAHALI, Yussef Said (coord.). *Responsabilidade civil*. São Paulo: Saraiva, 1984.

MAROTTA, Wander. Indenização do dano moral nos serviços de turismo. *Revista de Direito do Consumidor*, São Paulo, n. 37, jan.-mar. 2001.

MARQUES, Cláudia Lima; BENJAMIN, Antônio Herman Vasconcellos; MIRAGEM, Bruno. *Comentários ao Código de Defesa do Consumidor.* 7. ed. São Paulo: RT, 2021.

MARQUES, Cláudia Lima. *Contratos no Código de Defesa do Consumidor.* 3. ed. São Paulo: Revista dos Tribunais, 1999.

MAZEAUD, Henri; MAZEAUD, Leon. *Traité Théorique et Pratique de la Responsabilité Civile Délictuelle et Contractuelle.* 3. ed. Paris: Recueil Sirey, 1938. v. I.

MAZEAUD, Henri; MAZEAUD, Leon. *Traité Théorique et Pratique de la Responsabilité Civile Délictuelle et Contractuelle.* 4. ed. Paris: Sirey, 1947. v. I.

MAZEAUD, Henri; MAZEAUD, Leon; MAZEAUD, Jean. *Leçons de droit civil.* Paris: Montchrestien, 1978. t. 2, v. 1.

MAZEAUD, Henri; MAZEAUD Leon; TUNC, Andre. *Tratado teorico y práctico de la responsabilidade civil, delictual y contractual.* Buenos Aires: EJEA, 1977. v. 2, t. II.

MEDINA, José Miguel Garcia. Direito processual civil moderno. 2. ed. São Paulo: Revista dos Tribunais, 2016.

MEIRELLES, Hely Lopes. *Direito administrativo brasileiro.* 24. ed. São Paulo: Malheiros, 1999.

MELLO, Marco Aurélio Bezerra de. *Direito civil.* Responsabilidade civil. 3. ed. Rio de Janeiro: Forense, 2019.

MENDONÇA, Manuel Inácio Carvalho de. *Doutrina e prática das obrigações ou tratado geral dos direitos de crédito.* 4. ed. aum. e atual. pelo juiz José de Aguiar Dias. Rio de Janeiro: Revista Forense, 1956. t. II.

MIRAGEM, Bruno. Comentários ao Dec. 7.829/2012. *Revista de Direito do Consumidor,* São Paulo, v. 84, p. 326, out.-dez. 2012.

MIRAGEM, Bruno. *Responsabilidade civil.* 2. ed. Rio de Janeiro: Forense, 2021.

MIRANDA, Darcy Arruda. *Comentários à Lei de Imprensa.* 3. ed. São Paulo: Revista dos Tribunais, 1995.

MOLA, Rovira. Enriquecimento injusto. *Nueva Enciclopedia Jurídica,* v. VIII.

MONTEIRO, Washington de Barros. *Curso de direito civil. Parte geral.* 30. ed. São Paulo: Saraiva, 1991.

MORAES, Maria Celina Bodin de. *Danos à pessoa humana*: uma leitura civil-constitucional dos danos morais. Rio de Janeiro: Renovar, 2003.

MORATO, Antônio Carlos. O cadastro positivo de consumidores e seu impacto nas relações de consumo. *Revista de Direito Bancário e do Mercado de Capitais,* São Paulo, v. 53, jul.-set. 2011.

NASCIMENTO, Tupinambá Miguel Castro do. *Responsabilidade civil no Código do Consumidor.* Rio de Janeiro: Aide, 1991.

NERY JÚNIOR, Nelson; NERY, Rosa Maria de Andrade. *Código Civil comentado.* 7. ed. São Paulo: RT, 2009.

NERY JÚNIOR, Nelson; NERY, Rosa Maria de Andrade. *Código Civil comentado*. 12. ed. São Paulo: Revista dos Tribunais, 2017.

NEVES, José Roberto de Castro. O enriquecimento sem causa como fonte de obrigações. *Revista dos Tribunais*, São Paulo, v. 843, jan. 2006.

NISHIYAMA, Adolfo Mamoru; TOLEDO, Roberta Cristina Paganini. Dano moral: estudo constitucional e novo elemento de ponderação. *Revista dos Tribunais*, São Paulo, v. 997, nov. 2018.

NORONHA, Fernando. *Direito das obrigações*. São Paulo: Saraiva, 2003. v. I.

NORONHA, Fernando. Responsabilidade civil: uma tentativa de ressistematização. *Revista de Direito Civil, Imobiliário, Agrário e Empresarial*, São Paulo, n. 64, abr.-jun. 1993.

NUNES, Luiz Antônio Rizzato. *O Código de Defesa do Consumidor e sua interpretação jurisprudencial*. São Paulo: Saraiva, 1997.

PALMA, Maria Fernanda. Constituição e direito penal – questões inevitáveis. *In*: MIRANDA, Jorge (coord.). *Perspectivas constitucionais*. Coimbra: Coimbra Editora, 1997. v. II.

PAMPLONA FILHO, Rodolfo; FERNANDEZ, Leandro. *Tratado da prescrição trabalhista*: aspectos teóricos e práticos – de acordo com o CPC/15, com a reforma trabalhista e com as súmulas, OJ's e teses prevalecentes do TST e dos TRT's. São Paulo: Ed. LTr, 2017.

PANASCO, Vanderby Lacerda. *A responsabilidade civil, penal e ética dos médicos*. 2. ed. Rio de Janeiro: Forense, 1984.

PEREIRA, Caio Mário da Silva. *Instituições de direito civil*. 8. ed. Rio de Janeiro: Forense, 1986. v. II.

PEREIRA, Caio Mário da Silva. *Instituições de direito civil*. 11. ed. Rio de Janeiro: Forense, 1997. v. V.

PEREIRA, Caio Mário da Silva. *Instituições de direito civil*. 15. ed. Rio de Janeiro: Forense, 1997. v. II.

PEREIRA, Caio Mário da Silva. *Responsabilidade civil*. 2. ed. Rio de Janeiro: Forense, 1990.

PONTES DE MIRANDA, Francisco Cavalcanti. *Tratado de direito privado*. Rio de Janeiro: Borsoi, 1959. v. 54.

QUEIROZ, Odete Novais Carneiro. Responsabilidade civil e a honra do falecido. *Revista dos Tribunais*, v. 997, São Paulo, nov. 2018.

REIS, Clayton. *Os novos rumos da indenização do dano moral*. Rio de Janeiro: Forense, 2002.

RIBEIRO, Ney Rodrigo Lima. Direito à proteção de pessoas falecidas. Enfoque luso--brasileiro. *In*: MIRANDA, Jorge; RODRIGUES JÚNIOR, Otávio Luiz; FRUET, Gustavo Bonato. *Direitos da personalidade*. São Paulo: Atlas, 2012.

RODRIGUES, Silvio. *Responsabilidade civil*. 15. ed. São Paulo: Saraiva, 1997.

SANCHES, Gislene A. *Dano moral e suas implicações no direito do trabalho*. São Paulo: LTr, 1997.

SANTOS, Regina Beatriz Tavares da Silva Papa dos. *Reparação civil na separação e no divórcio*. São Paulo: Saraiva, 1999.

SAVATIER, René. *Traité de la responsabilité civile en droit français*. Paris: LGDJ, 1939. t. I.

SCHREIBER, Anderson. *Direitos da personalidade*. São Paulo: Atlas, 2011.

SEBASTIÃO, Jurandir. *Responsabilidade médica civil, criminal e ética*. 2. ed. Belo Horizonte: Del Rey, 2001.

SERPA LOPES, Miguel Maria de. *Curso de direito civil*. 5. ed. Rio de Janeiro: Freitas Bastos, 1999. v. I.

SILVA, José Afonso da. *Curso de direito constitucional positivo*. 15. ed. São Paulo: Malheiros, 1995.

SILVA, Rafael Peteffi da. *Responsabilidade civil pela perda de uma chance*. São Paulo: Atlas, 2007.

SILVA, Wilson Melo da. *O dano moral e sua reparação*. Rio de Janeiro: Forense, 1969.

SILVA, Wilson Melo da. Verbete "Dano Moral". *Enciclopédia Saraiva de Direito*. São Paulo: Saraiva, 1977. v. 22.

SOARES, Flaviana Rampazzo. *Responsabilidade civil por dano existencial*. Porto Alegre: Livraria do Advogado, 2009.

STOCO, Rui. *Responsabilidade civil e sua interpretação jurisprudencial*. 4. ed. São Paulo: Revista dos Tribunais, 1999.

TEPEDINO, Gustavo. A responsabilidade civil nos contratos de turismo. *Ensaios jurídicos. O direito em revista*. Rio de Janeiro: IBAJ, 1998. v. 5.

TEPEDINO, Gustavo; BARBOZA, Heloisa Helena; MORAES, Maria Celina Bodin de. *Código Civil interpretado*. 2. ed. São Paulo: Renovar, 2007. v. I.

THEODORO JÚNIOR, Humberto. *Direitos do consumidor*. 2. ed. Rio de Janeiro: Forense, 2001.

THEODORO JÚNIOR, Humberto. *Direitos do consumidor*. 7. ed. Rio de Janeiro: Forense, 2011.

THEODORO JÚNIOR, Humberto. *Direitos do consumidor*. 11. ed. Rio de Janeiro: Forense, 2023.

THEODORO JÚNIOR, Humberto. *Responsabilidade civil*. 4. ed. Rio de Janeiro: Aide, 1997.

VALLER, Wladimir. *A reparação do dano moral no direito brasileiro*. Campinas: E. V. Editora, 1994.

VALLER, Wladimir. *A reparação do dano moral no direito brasileiro*. 5. ed. Campinas: E. V. Editores, 1997.

VENOSA, Sílvio de Salvo. *Código Civil interpretado*. 2. ed. São Paulo: Atlas, 2011.

VINEY, Geneviève. Les obligations. La responsabilité: effets. *In*: GHESTIN, Jacques (ed.). *Traité de droit civil*. Paris: L. G. D. J., 1988.

WALD, Arnoldo. *Curso de direito civil brasileiro. Parte geral.* 3. ed. São Paulo: Sugestões Literárias, 1991.

WELTER, Belmiro Pedro. Dano moral na separação, divórcio e união estável. *Revista dos Tribunais*, São Paulo, v. 775, maio 2000.

YOSHIKAWA, Eduardo Henrique de Oliveira. A incompatibilidade do caráter punitivo da indenização do dano moral com o direito positivo brasileiro (à luz do art. 5º, XXXIX, da CF/88 e do art. 944, *caput*, do CC/2002). *Revista de Direito Privado*, São Paulo, n. 35, jul.-set. 2008.